Die Bonus-Seite

Ihr Vorteil als Käufer dieses Buches

Auf der Bonus-Webseite zu diesem Buch finden Sie zusätzliche Informationen und Services. Dazu gehört auch ein kostenloser **Testzugang** zur Online-Fassung Ihres Buches. Und der besondere Vorteil: Wenn Sie Ihr **Online-Buch** auch weiterhin nutzen wollen, erhalten Sie den vollen Zugang zum **Vorzugspreis**.

So nutzen Sie Ihren Vorteil

Halten Sie den unten abgedruckten Zugangscode bereit und gehen Sie auf **www.galileocomputing.de**. Dort finden Sie den Kasten **Die Bonus-Seite für Buchkäufer**. Klicken Sie auf **Zur Bonus-Seite / Buch registrieren**, und geben Sie Ihren **Zugangscode** ein. Schon stehen Ihnen die Bonus-Angebote zur Verfügung.

Ihr persönlicher **Zugangscode** kgi6-nhcj-xstf-q825

Monitoring und Betrieb mit dem SAP® Solution Manager

SAP PRESS

SAP PRESS ist eine gemeinschaftliche Initiative von SAP und Galileo Press. Ziel ist es, Anwendern qualifiziertes SAP-Wissen zur Verfügung zu stellen. SAP PRESS vereint das fachliche Know-how der SAP und die verlegerische Kompetenz von Galileo Press. Die Bücher bieten Expertenwissen zu technischen wie auch zu betriebswirtschaftlichen SAP-Themen.

Sternberg, Friedrich
IT-Service-Management mit dem SAP Solution Manager
2013, 670 S., geb.
ISBN 978-3-8362-1918-1

Thomas Schröder
SAP NetWeaver BW – Performanceoptimierung
3. Auflage 2013, ca. 1020 S., geb.
ISBN 978-3-8362-1993-8

Kösegi, Nerding
SAP-Änderungs- und Transportmanagement
4. Auflage 2013, 1008 S., geb.
ISBN 978-3-8362-1917-4

Schäfer, Melich
SAP Solution Manager
3. Auflage 2011, 781 S., geb.
ISBN 978-3-8362-1737-8

Föse, Hagemann, Will
SAP NetWeaver AS ABAP – Systemadministration
4. Auflage 2011, 765 S., geb.
ISBN 978-3-8362-1646-3

Aktuelle Angaben zum gesamten SAP PRESS-Programm finden Sie unter *www.sap-press.de.*

Lars Teuber, Corina Weidmann, Liane Will

Monitoring und Betrieb mit dem SAP® Solution Manager

Galileo Press

Bonn • Boston

.iebe Leserin, lieber Leser,

elen Dank, dass Sie sich für ein Buch von SAP PRESS entschieden haben.

n effizientes Monitoring der Systemlandschaft ist für den reibungslosen IT-
:trieb unerlässlich. Um sicherzugehen, dass Sie genau die Informationen
)er die Systeme erhalten, die Sie benötigen, kommt es neben einer guten
'ganisation der IT-Administration vor allem auf die Konfiguration der Moni-
ring-Umgebung an.

e Autoren dieses Buches unterstützen Sie bei der Einrichtung der neuen
onitoring- und Alerting-Infrastruktur des SAP Solution Managers 7.1 und
gen Ihnen anschließend, wie Sie Ihre Systeme effektiv überwachen. Stellen
sicher, dass wichtige Störungen und Auffälligkeiten direkt erkannt und
ırbeitet werden, und beugen Sie einer Alarm-Flut vor. Darüber hinaus
ıhren Sie alles über das Monitoring spezieller Lösungen wie SAP NetWea-
PI und lesen, wie Sie Problemen in der SAP-Systemlandschaft mit der
ıchenanalyse auf den Grund gehen.

Autoren haben keine Mühen gescheut, um Ihnen die Arbeit mit dem SAP
tion Manager so leicht wie möglich zu machen. Nachvollziehbare Schritt-
chritt-Anleitungen, viele Screenshots und ein durchgängiges Praxisbei-
helfen Ihnen bei der Planung, Einführung und Umsetzung des Monito-
mit dem SAP Solution Manager.

euen uns stets über Lob, aber auch über kritische Anmerkungen, die
elfen, unsere Bücher zu verbessern. Am Ende dieses Buches finden Sie
eine Postkarte, mit der Sie uns Ihre Meinung mitteilen können. Als
schön verlosen wir unter den Einsendern regelmäßig Gutscheine für
RESS-Bücher.

tin Angenendt
SAP PRESS

Press
rkallee 4
onn

genendt@galileo-press.de
press.de

Auf einen Blick

Der Name Galileo Press geht auf den italienischen Mathematiker und Philosophen Galileo Galilei (1564–1642) zurück. Er gilt als Gründungsfigur der neuzeitlichen Wissenschaft und wurde berühmt als Verfechter des modernen, heliozentrischen Weltbilds. Legendär ist sein Ausspruch *Eppur si muove* (Und sie bewegt sich doch). Das Emblem von Galileo Press ist der Jupiter, umkreist von den vier Galileischen Monden. Galilei entdeckte die nach ihm benannten Monde 1610.

Lektorat Martin Angenendt, Florian Zimniak
Korrektorat Osseline Fenner, Troisdorf
Einbandgestaltung Janina Conrady
Titelbild Fotolia: 6431066 © Henri Schmit
Typografie und Layout Vera Brauner
Herstellung Norbert Englert
Satz III-satz, Husby
Druck und Bindung Beltz Druckpartner, Hemsbach

Gerne stehen wir Ihnen mit Rat und Tat zur Seite:
martin.angenendt@galileo-press.de bei Fragen und Anmerkungen zum Inhalt des Buches
service@galileo-press.de für versandkostenfreie Bestellungen und Reklamationen
thomas.losch@galileo-press.de für Rezensionsexemplare

Bibliografische Information der Deutschen Nationalbibliothek
Die Deutsche Nationalbibliothek verzeichnet diese Publikation in der Deutschen Nationalbibliografie; detaillierte bibliografische Daten sind im Internet über *http://dnb.d-nb.de* abrufbar.

ISBN 978-3-8362-1855-9

1. Auflage 2013

Inhalt

Auf einen Blick

Der Name Galileo Press geht auf den italienischen Mathematiker und Philosophen Galileo Galilei (1564–1642) zurück. Er gilt als Gründungsfigur der neuzeitlichen Wissenschaft und wurde berühmt als Verfechter des modernen, heliozentrischen Weltbilds. Legendär ist sein Ausspruch *Eppur si muove* (Und sie bewegt sich doch). Das Emblem von Galileo Press ist der Jupiter, umkreist von den vier Galileischen Monden. Galilei entdeckte die nach ihm benannten Monde 1610.

Lektorat Martin Angenendt, Florian Zimniak
Korrektorat Osseline Fenner, Troisdorf
Einbandgestaltung Janina Conrady
Titelbild Fotolia: 6431066 © Henri Schmit
Typografie und Layout Vera Brauner
Herstellung Norbert Englert
Satz III-satz, Husby
Druck und Bindung Beltz Druckpartner, Hemsbach

Gerne stehen wir Ihnen mit Rat und Tat zur Seite:
martin.angenendt@galileo-press.de bei Fragen und Anmerkungen zum Inhalt des Buches
service@galileo-press.de für versandkostenfreie Bestellungen und Reklamationen
thomas.losch@galileo-press.de für Rezensionsexemplare

Bibliografische Information der Deutschen Nationalbibliothek
Die Deutsche Nationalbibliothek verzeichnet diese Publikation in der Deutschen Nationalbibliografie; detaillierte bibliografische Daten sind im Internet über *http://dnb.d-nb.de* abrufbar.

ISBN 978-3-8362-1855-9

1. Auflage 2013

Inhalt

Liebe Leserin, lieber Leser,

vielen Dank, dass Sie sich für ein Buch von SAP PRESS entschieden haben.

Ein effizientes Monitoring der Systemlandschaft ist für den reibungslosen IT-Betrieb unerlässlich. Um sicherzugehen, dass Sie genau die Informationen über die Systeme erhalten, die Sie benötigen, kommt es neben einer guten Organisation der IT-Administration vor allem auf die Konfiguration der Monitoring-Umgebung an.

Die Autoren dieses Buches unterstützen Sie bei der Einrichtung der neuen Monitoring- und Alerting-Infrastruktur des SAP Solution Managers 7.1 und zeigen Ihnen anschließend, wie Sie Ihre Systeme effektiv überwachen. Stellen Sie sicher, dass wichtige Störungen und Auffälligkeiten direkt erkannt und bearbeitet werden, und beugen Sie einer Alarm-Flut vor. Darüber hinaus erfahren Sie alles über das Monitoring spezieller Lösungen wie SAP NetWeaver PI und lesen, wie Sie Problemen in der SAP-Systemlandschaft mit der Ursachenanalyse auf den Grund gehen.

Die Autoren haben keine Mühen gescheut, um Ihnen die Arbeit mit dem SAP Solution Manager so leicht wie möglich zu machen. Nachvollziehbare Schritt-für-Schritt-Anleitungen, viele Screenshots und ein durchgängiges Praxisbeispiel helfen Ihnen bei der Planung, Einführung und Umsetzung des Monitorings mit dem SAP Solution Manager.

Wir freuen uns stets über Lob, aber auch über kritische Anmerkungen, die uns helfen, unsere Bücher zu verbessern. Am Ende dieses Buches finden Sie daher eine Postkarte, mit der Sie uns Ihre Meinung mitteilen können. Als Dankeschön verlosen wir unter den Einsendern regelmäßig Gutscheine für SAP PRESS-Bücher.

Ihr Martin Angenendt
Lektorat SAP PRESS

Galileo Press
Rheinwerkallee 4
53227 Bonn

martin.angenendt@galileo-press.de
www.sap-press.de

Lars Teuber, Corina Weidmann, Liane Will

Monitoring und Betrieb mit dem SAP® Solution Manager

Galileo Press

Bonn • Boston

Die Erfahrung ist zwar eine gute Lehrmeisterin, aber sie lässt sich die Lehre teuer bezahlen. Umso besser muss man bei ihr das erste Mal lernen.

Carl Hilty (1833 – 1909)

Vorwort

Bestimmt kennen Sie diese Zettel, die häufig einem neuen Produkt beiliegen: »Wir freuen uns, dass Sie sich zum Kauf dieses Artikels entschlossen haben! Sie nennen ein hochwertiges Produkt Ihr Eigen!« Da derartige Beipackzettel bei Büchern jedoch nicht üblich sind, möchten wir das Vorwort nutzen, um uns für Ihr Interesse zu bedanken.

Das Buch, ob gedruckt oder als elektronisches Dokument, ist für uns die ideale Möglichkeit, um Wissen auf eine schöne und angenehme Weise zu vermitteln. Durch seine kompakte Form ermöglicht es die Darstellung von Themen, die von allgemeinem Interesse sind. Wir glauben, dass der SAP Solution Manager die Mühe wert ist, die wir auf uns genommen haben, um seinen Einsatz in der Praxis in einem Buch zeigen!

Dieses Buch ist in der Tat etwas Besonderes, denn so wie der SAP Solution Manager besondere Stärken in der Integration hat, entstand dieses Buch auch durch die Integration des Wissens der Spezialisten in unserem Team. Vielleicht ist aber auch das Team das Besondere, denn es ist uns gelungen, unser Wissen in diesem Buch zu einem großen Ganzen zu integrieren. Dafür möchten wir uns bei unseren Koautoren ganz ausdrücklich bedanken! Es ist durchaus nicht selbstverständlich, dass in einem so großen Team alle füreinander einstehen und man uneingeschränkt gemeinsam an der Verwirklichung einer Idee arbeitet.

Auch in diesem Projekt gab es Höhen und Tiefen. Wie immer war die Endphase des Projekts von zu wenig Zeit und zu vielen Anforderungen geprägt. Aber auch diesmal haben unsere beiden Lektoren Florian Zimniak und Martin Angenendt das Vertrauen nicht verloren. Nicht zuletzt haben auch die Familien der Autoren Rücksicht genommen – vielleicht auch in der Hoffnung, dass es sich bei unserem Buch um einen neuen Harry Potter handeln könnte.

Mit ziemlicher Sicherheit wird dieses Buch nie derartige Verkaufszahlen erreichen. Wir hoffen jedoch, dass wir ein empfehlenswertes Buch zum praktischen Monitoring und Betrieb mit dem SAP Solution Manager geschrieben haben, das möglichst vielen IT-Experten bei ihrer Arbeit weiterhilft. Und wer weiß, vielleicht trifft man sich bei der einen oder anderen Gelegenheit. Wir freuen uns darauf!

Corinna Weidmann
Liane Will
Lars Teuber

Die ständig steigenden Installations- und Nutzungsstatistiken zeigen es: Der SAP Solution Manager hat durch die neuen Funktionen in Release 7.1 an Attraktivität gewonnen und ist aus IT-Service- und -Support-Prozessen nicht mehr wegzudenken.

Einleitung

In diesem Buch zeigen wir Ihnen, wie Sie den SAP Solution Manager für das Monitoring und den Betrieb von Systemlandschaften einsetzen. Unser Buch ist für den Einsatz in der Praxis gedacht. Anhand vieler Schritt-für-Schritt-Anleitungen machen wir Sie in allen Kapiteln mit der Implementierung und Verwendung der zahlreichen Funktionen des SAP Solution Managers vertraut. Anhand der Spielzeug AG, einem fiktiven, aber realitätsnahen Beispielunternehmen, werden wir Ihnen typische Situationen vorstellen und Vorgehensweisen praxisnah erläutern. Darüber hinaus gewähren Ihnen einige unserer Kunden einen Einblick in ihre Herausforderungen, Lösungen und Erfahrungen in Bezug auf den technischen Betrieb mit dem SAP Solution Manager.

Zwar zieren den Buchtitel lediglich drei Autorennamen, die die Gesamtverantwortung für das Projekt übernommen haben, tatsächlich ist dieses Buch jedoch das Ergebnis einer Teamarbeit praxiserfahrener Experten aus den einzelnen Gebieten. So wie sich die einzelnen Kapitel dieses Buches nahtlos aneinanderfügen, arbeiten wir auch in der Praxis bei der Implementierung der Prozesse zusammen.

Unser Ziel ist es, Ihnen mit diesem Buch eine umfassende und praktische Anleitung zum Einsatz des SAP Solution Managers für das Monitoring und den Betrieb Ihrer Systemlandschaft zu geben, was auch als *Run SAP like Factory* bezeichnet wird. Wir setzen dabei voraus, dass Sie mit der Architektur und den typischen administrativen Aufgaben beim Betrieb von SAP-Systemen vertraut sind. Sollte dies nicht der Fall sein, schlagen wir Ihnen als

In diesem Kapitel stellen wir Ihnen die Architektur des SAP Solution Managers genauer vor. Das Verständnis des Aufbaus bildet die Grundlage für die Bedienung und die initiale Konfiguration.

2 Architektur und Konfiguration des SAP Solution Managers 7.1

Um die Funktionen in den verschiedenen Anwendungen im technischen Betrieb unterstützen zu können, sollten Sie sich zunächst mit der Architektur des SAP Solution Managers vertraut machen. Dieses Kapitel gibt Ihnen einen Überblick über die Komponenten, die in einer typischen Systemlandschaft installiert und genutzt werden. Sie werden am Ende des Kapitels verstehen, wo Sie die Komponenten in Ihrer Landschaft finden, wie Sie diese implementieren und wie Sie die Werkzeuge im Fall einer Störung zur Ursachenanalyse und zur Behebung einsetzen.

Wir werden Ihnen am Beispiel der Spielzeug AG zeigen, wie Sie den SAP Solution Manager in Ihrer Landschaft einsetzen und welche Konfigurationsschritte notwendig sind, um ihn in Ihrer Systemlandschaft zu nutzen.

2.1 Architektur des SAP Solution Managers

Der SAP Solution Manager bildet innerhalb einer SAP-zentrischen Systemlandschaft einen zentralen und mit den anderen Systemen vernetzten Knoten (siehe Abbildung 2.1). Durch die Anbindung der einzelnen Systeme erhält der SAP Solution Manager administrativen Zugriff auf die Systeme und kann statistische Informationen zu deren Verwendung und Überwachung sammeln. Die angeschlossenen Systeme werden auch *verwaltete Systeme* genannt. Der Zugriff auf den SAP Solution Manager erfolgt über Endanwender-PCs.

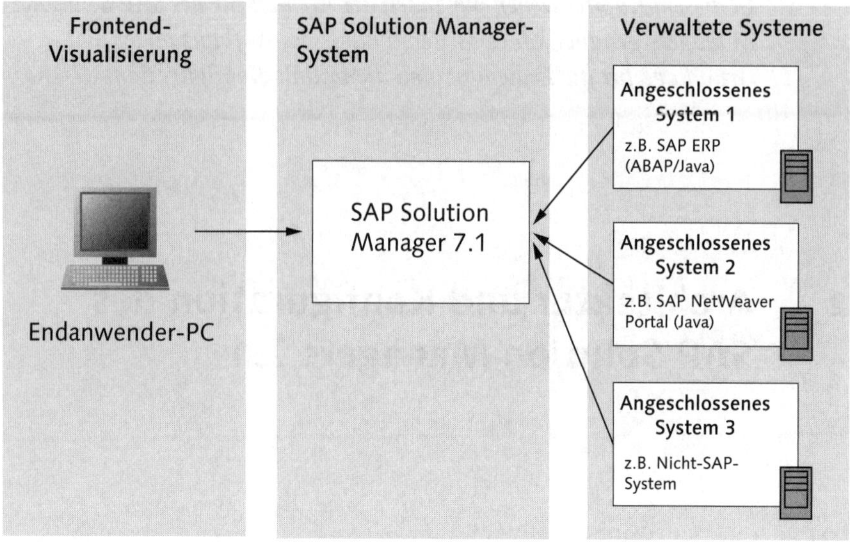

Abbildung 2.1 Integration des SAP Solution Managers in der Landschaft

2.1.1 Benutzerschnittstelle

Wie bereits erwähnt, wird der Endanwender-PC genutzt, um auf Anwendungen im SAP Solution Manager zuzugreifen. Wie in jeder SAP-Anwendung stehen dafür unterschiedliche Möglichkeiten zur Verfügung:

- SAP GUI
- SAP NetWeaver Business Client
- Webbrowser (Microsoft Internet Explorer, Mozilla Firefox etc.)

Grundsätzlich werden alle drei Zugriffsmöglichkeiten vom Work-Center-Konzept des SAP Solution Managers unterstützt und können von Ihnen eingesetzt werden. Beim Zugriff mit dem SAP GUI gibt es allerdings Einschränkungen im Zusammenhang mit der Funktion Single Sign-on (SSO). In einigen Fällen kommt es vor, dass das SSO-Ticket, das einen Benutzer identifiziert und zur Authentifizierung zwischen den unterschiedlichen Systemen übermittelt wird, nicht weitergereicht werden kann. Dies tritt besonders häufig auf, wenn der SAP Solution Manager mit einem externen SAP NetWeaver Business Warehouse (BW) betrieben wird. Daher empfehlen wir Ihnen, die Anwendungen entweder im SAP NetWeaver Business Client oder direkt im Browser zu starten. Der browserbasierte Zugriff hat darüber hinaus den Vorteil, dass keine zusätzliche Arbeitsumgebung auf den PCs der Endanwender installiert werden muss.

Nachdem Sie sich für eine Arbeitsumgebung entschieden haben, sollten Sie auf den Endanwender-PCs noch die folgenden Plug-ins installieren, die von den Anwendungen des SAP Solution Managers verwendet werden:

- **Adobe Flash Player**
  Interaktive Grafiken im SAP Solution Manager werden in der aktuellen Version mit dem Adobe Flash Player dargestellt. Beispiele für solche Elemente sind die grafischen Roadmaps in der Konfiguration und die Landschaftsgrafiken in der Systemüberwachung.
- **Microsoft Silverlight**
  Microsoft Silverlight wird für die Darstellung von Informationen verwendet, die durch CA Wily Introscope (im Folgenden Introscope) bereitgestellt werden. Introscope ist eine eigene Anwendung des Softwareherstellers Computer Associates International, die zur Anreicherung von Performanceinformationen von Nicht-ABAP-Komponenten verwendet wird. Introscope kann von allen SAP-Kunden ohne zusätzliche Lizenzkosten im Rahmen des SAP Solution Managers genutzt werden. Weitergehende Informationen zu Introscope finden Sie in Abschnitt 2.1.2, »Bestandteile des SAP Solution Manager-Systems«.
- **Java-Laufzeitumgebung**
  Die Java-Laufzeitumgebung (JRE) wird benötigt, um die Arbeitsumgebung von Introscope verwenden zu können (die Introscope Workstation) und um Grafiken im End-to-End-Trace der Ursachenanalyse darzustellen.

2.1.2 Bestandteile des SAP Solution Manager-Systems

Der SAP Solution Manager besteht aus mehreren Komponenten. Zum einen basiert das SAP Solution Manager-System selbst auf einem SAP NetWeaver-Dual-Stack-System, das sich aus einem SAP NetWeaver Application Server (AS) ABAP und einem SAP NetWeaver AS Java zusammensetzt. Der AS ABAP übernimmt die klassischen Prozesse als verarbeitende Einheit. Der AS Java wird in der aktuellen Version des SAP Solution Managers 7.1 für Darstellungszwecke genutzt. Außerdem hat er eine wichtige Funktion für die Kommunikation des SAP Solution Managers mit anderen SAP-Komponenten, die auf Java basieren, wie beispielsweise die Agenten des SAP Solution Managers.

Neben der Kernkomponente SAP NetWeaver sind drei weitere technische Komponenten maßgeblich für die vollständige Ausprägung eines SAP Solution Manager-Systems verantwortlich. Die Komponenten des SAP Customer Relationship Managements (CRM), das SAP NetWeaver BW und die Komponente Service und Support sind die standardmäßigen Bestandteile der Systeminstallation.

[»] **Hinweis**

Mit dem Upgrade von SAP Solution Manager 7.0 zu 7.1 erfolgt der Übergang des im Solution Manager eingesetzten SAP CRM-Systems von Release 5.0 auf 7.0. Dieses Release bringt einige Funktionserweiterungen für Prozesse mit, wie das Change Request Management und das IT-Service-Management (ITSM), die auf SAP CRM basieren.

Die Komponente Service und Support ist der Ursprung des SAP Solution Managers und zugleich für die Versionsbezeichnung 7.1 des SAP Solution Managers verantwortlich. Die SAP NetWeaver BW-Komponente kann direkt für den Betrieb und das Berichtswesen genutzt oder auch durch ein externes BW-System ersetzt werden.

Neben den Bausteinen, die im SAP Solution Manager integriert sind, gehören auch ein oder mehrere Introscope Enterprise Manager zum SAP Solution Manager. Der Introscope Enterprise Manager sammelt hoch aufgelöste Performancedaten, die speziell für das Monitoring und die Ursachenanalyse benötigt werden.

2.1.3 Logische Schichten

Der SAP Solution Manager selbst kann in fünf Abstraktionsschichten unterteilt werden, die seine Funktionen und die Wirkungsweise verdeutlichen. In Abbildung 2.2 sehen Sie die fünf aufeinander aufbauenden Schichten, die wir Ihnen im Folgenden genauer vorstellen werden.

Datenhaltung (DataStores)

In den DataStores werden die Daten gespeichert, die in den Anwendungen des SAP Solution Managers verwendet werden. Hierbei unterscheidet man hauptsächlich hoch aufgelöste Daten, die in großer Menge anfallen und demnach nur temporär zur Verfügung stehen, und aggregierte Daten, die für mittel- und langfristige statistische Auswertungen und Langzeitanalysen verwendet werden. In dieser Schicht des Solution Managers werden Introscope und ein Business Warehouse eingesetzt, wobei Introscope hauptsächlich nicht aggregierte, hoch aufgelöste Daten für einen kurzen Zeitraum (bis zu drei Tage) speichert und das Business Warehouse die daraus resultierenden Daten in aggregierter Form speichert.

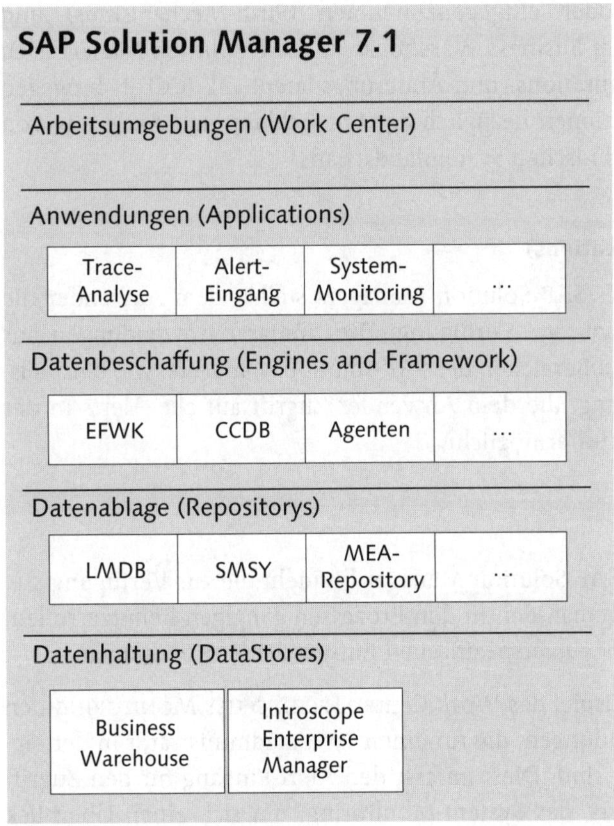

Abbildung 2.2 Fünf Schichten zur Abbildung von Informationen im SAP Solution Manager

Datenablage (Repositorys)

Repositorys sind Ablagen für die Stamm- und Konfigurationsdaten des SAP Solution Managers. Diese umfassen sowohl die Landschaftsbeschreibungen, die in der Landscape Management Database (LMDB) und der Systemlandschaft Solution Manager (SMSY) gespeichert werden, als auch die Konfigurationsdaten im Metric, Event & Alert Repository (MEA), die vom Kunden konfiguriert werden können, um dann im Alerting Directory gespeichert zu werden.

Datenbeschaffung (Engines und Framework)

Die Engines-Schicht des SAP Solution Managers ist für die Beschaffung der Daten zuständig. So wird zum Beispiel das Extraktor-Framework (EFWK) eingesetzt, um Daten aus angeschlossenen Systemen aktiv einzusammeln

(Pull-Mechanismus) oder entgegenzunehmen (Push-Mechanismus) und dann schlussendlich im Business Warehouse des SAP Solution Managers zu speichern. Die Konfigurations- und Änderungsdatenbank (CCDB) hingegen speichert die Informationen bezüglich der Entwicklung und Änderung von Komponenten der technischen Systemlandschaft.

Anwendungen (Applications)

Die Anwendungen des SAP Solution Managers stellen dem Anwender die eigentlichen Funktionen zur Verfügung. Dies umfasst Anwendungen aus allen unterschiedlichen Bereichen des SAP Solution Managers, wie beispielsweise den Alert-Eingang, die dem Anwender Zugriff auf alle Alerts in der Monitoring-Infrastruktur ermöglicht.

Work Center

Die Work Center im SAP Solution Manager bündeln die zur Verfügung stehenden Anwendung gemäß den in den Prozessen gängigen Benutzerrollen. Sie unterstützen den benutzerspezifischen Einsatz der Anwendungen.

So ermöglicht zum Beispiel das Work Center TECHNISCHES MONITORING den Zugriff auf alle Anwendungen, die für einen Systemadministrator in der täglichen Arbeit relevant sind. Dies umfasst den Alert-Eingang für den Zugriff auf die aktuellen Alerts, das System-Monitoring, um sich einen Überblick über den aktuellen Zustand eines oder mehrerer Systeme zu verschaffen, und auch das technische Reporting, das den Zugriff auf historische und aggregierte Daten ermöglicht.

Die Work Center werden von SAP bereits mit der jeweiligen Ausprägung ausgeliefert, sodass sie den Benutzern spezifisch zugewiesen werden können. Die benutzerspezifische Zuweisung erfolgt mittels eines Rollenkonzepts, das speziell für die verschiedenen Work Center im SAP Solution Manager entwickelt wurde. Die Zuweisung und Verwendung der unterschiedlichen Rollen finden Sie in Abschnitt 12.3.4, »Work-Center-Rollen im SAP Solution Manager«.

2.1.4 Verwaltete Systeme

Erst wenn auch tatsächlich Systeme an den SAP Solution Manager angeschlossen sind, kann der SAP Solution Manager seine zentralen Aufgaben übernehmen. Somit kommt der Anbindung der zu verwaltenden Systeme eine besondere Bedeutung zu.

Grundsätzlich können an den SAP Solution Manager 7.1 sowohl SAP-Systeme als auch Nicht-SAP-Systeme angeschlossen werden. Je nach Art des anzuschließenden Systems müssen unterschiedliche Voraussetzungen erfüllt werden. Wie Sie in Abbildung 2.3 erkennen können, gibt es unterschiedliche Agenten und Plug-ins, die Sie je nach Systemtyp installieren müssen.

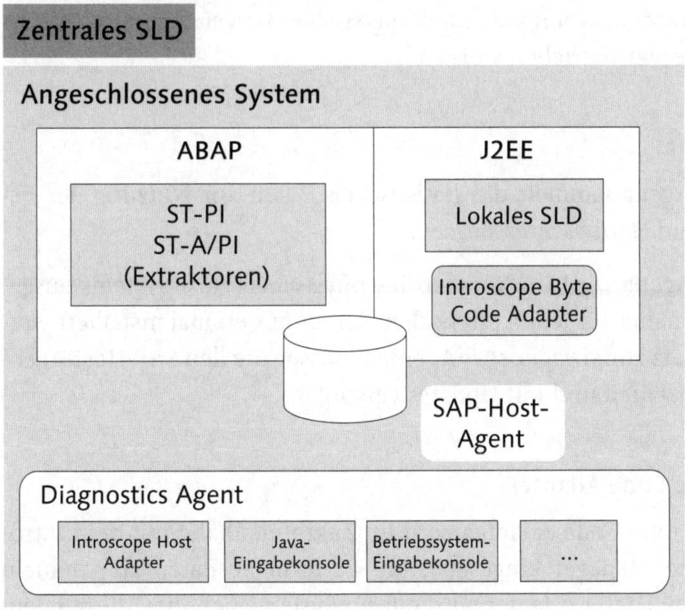

Abbildung 2.3 Agenten im verwalteten System zur Kommunikation mit dem SAP Solution Manager

Bei den Agenten unterscheidet man den Diagnostics Agenten und den SAP-Host-Agenten. Agenten sind eigenständige Komponenten, die im Auftrag einer Instanz – wie in unserem Fall des SAP Solution Managers – Informationen von entfernten Komponenten sammeln und der Instanz zur Verfügung stellen. Das Sammeln der Informationen hat auf diese Weise keinen Einfluss auf die Prozesse der entfernten Komponenten.

Diagnostics Agent

Der Diagnostics Agent sammelt insbesondere statistische Daten zur Nutzung der Instanzen, die auf Java, .NET oder C++ basieren, also im weitesten Sinn der nicht ABAP-basierten Systeme.

Rein logisch betrachtet, ist der Diagnostics Agent ein Teil des SAP Solution Managers und muss nicht separat verwaltet werden. Nach der Installation des Diagnostics Agenten werden alle weiteren Konfigurationsänderungen und Software-Updates automatisch mithilfe des SAP Solution Managers durchgeführt. Der Diagnostics Agent wird jeweils im Kontext einer verwalteten Komponente ausgeführt. Das heißt, der Diagnostics Agent wird über den logischen Host-Namen der verwalteten Komponente identifiziert. Daher kann es notwendig sein, dass auf einem System mehrere Diagnostics Agenten installiert werden, wenn auf einem physischen Server mehrere logische oder virtuelle Server betrieben werden.

SAP-Host-Agent

Der SAP-Host-Agent sammelt die statistischen Daten zur Nutzung der Betriebssystem- und Hardwareressourcen.

Der SAP-Host-Agent wird im Kontext des physischen Host-Systems ausgeführt und muss daher für jeden physischen Server nur einmal installiert werden. Im Gegensatz zum Diagnostics Agenten müssen Sie den SAP-Host-Agenten manuell verwalten und mit Updates versorgen.

Introscope Byte Code Adapter

Der Introscope Byte Code Adapter wird im Zusammenhang mit dem Introscope Enterprise Manager eingesetzt, um Performancedaten zu sammeln und zu speichern. Dieser Adapter wird nur für Systeme benötigt, die auf dem AS Java (oder J2EE) und .NET-Software basieren. Dies umfasst alle SAP NetWeaver AS Java-Systeme, wie zum Beispiel SAP NetWeaver Portal, aber auch Nicht-SAP-Systeme, die auf diesen Technologien aufsetzen, wie zum Beispiel Microsoft SharePoint oder IBM WebSphere.

Plug-ins

Zusätzlich zu den Agenten sind zwei Plug-ins relevant: das Solution Tools Plug-In (ST-PI) und das Plug-in Service Tools for Applications (ST-A/PI), die für ABAP-basierte Systeme installiert werden müssen. Dabei kommt es darauf an, welche Produkte und Produktreleases auf dem verwalteten System installiert sind. So müssen Sie zum Beispiel für ein SAP CRM 7.0-System (das auf SAP NetWeaver 7.0 basiert) ST-PI in Version ST-PI 2008 700 und ST-A/PI in Version ST-A/PI 01N CRM700 installieren. Dies ist notwendig, damit gewisse Funktionalitäten unterstützt werden, wie zum Beispiel Datenextraktion oder ITSM. Der SAP Solution Manager hat den Anspruch, stets auf dem neuesten Stand der Technik und auf dem letzten Stand der Entwicklung von SAP zu sein. Um diesen Fortschritt auch in der Sammlung von Informationen in den entfernten Systemen nutzen zu können, sind die Plug-ins unabhängig vom Releasestand des entfernten Systems und können jeder Zeit aktualisiert werden, ohne eine Abhängigkeit im System-Stack zu anderen Komponenten zu erzeugen.

System Landscape Directory

Die letzte wichtige Komponente des SAP Solution Managers ist die Landschaftsverwaltungskomponente (System Landscape Directory, SLD), die Sie auch in Abbildung 2.3 wiederfinden. Das SLD ist die zentrale Infrastrukturkomponente, in der die Informationen über die Systemlandschaft gesammelt und verwaltet werden. Diese Informationen umfassen die eingesetzten Systeme, die verwendeten Releases, den Stand der Support Packages und vieles mehr.

SAP empfiehlt, das SLD in einem eigenen AS Java und gemäß den Vorgaben des Administrators der Systemlandschaft anzulegen. Weiterführende Informationen zum SLD finden Sie in der Online-Hilfe im SAP Service Marketplace oder auch im Installationsleitfaden für das SLD.

Jedes System in der Landschaft meldet sich am SLD an und übermittelt Informationen zu seinem technischen Aufbau, wie den Host-Namen der Server, auf dem es installiert ist, oder die Anzahl der installierten Applikationsserver. Außerdem übermittelt es Informationen zu den installierten Produkten und Softwarekomponenten. Diese Informationen werden direkt aus dem SLD in die Landschaftdatenbank (LMDB) übertragen, die direkt im SAP Solution Manager integriert ist.

Die Synchronisation vom SLD in die LMDB erfolgt vollautomatisch und nutzt dabei eine Verbindung zwischen den beiden Komponenten, sodass jede Einfügung, Änderung und Löschung direkt an die LMDB übertragen und dort übernommen wird. Dadurch stehen den Anwendungen im SAP Solution Manager immer aktuelle Landschaftsinformationen zur Verfügung. Abbildung 2.4 verdeutlicht die erwähnte Kommunikation der Komponenten zwischen dem SAP Solution Manager und den angeschlossenen Systemen über das SLD.

Die Diagnostics Agenten, die auf den verwalteten Systemen installiert sind und die Informationsbeschaffung für den SAP Solution Manager sicherstellen, verbinden sich hingegen direkt mit dem SAP Solution Manager-System. Auch die technische Wartung und Verwaltung der Agenten findet über die direkte Verbindung zum SAP Solution Manager statt. Die Konfigurationsdateien und Updates werden zentral vom SAP Solution Manager bereitgestellt.

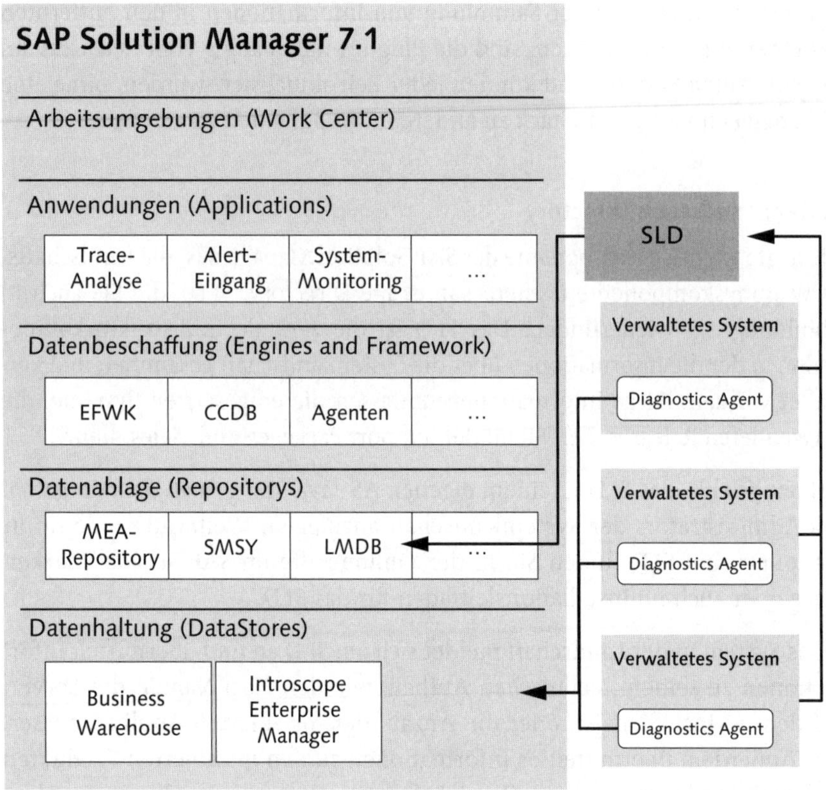

Abbildung 2.4 Kommunikation und Abhängigkeiten der Komponenten zwischen SAP Solution Manager und den angeschlossenen Systemen

Im nächsten Abschnitt werden wir die Kommunikation der hier dargestellten Infrastrukturkomponenten genauer darstellen.

2.2 Infrastruktur und Kommunikation mit dem SAP Solution Manager

Die Kommunikation mit den angeschlossenen Systemen ist das Rückgrat des SAP Solution Managers. Um Ihnen eine Grundlage für Ihre Entscheidungen bieten zu können, muss der SAP Solution Manager mit aktuellen Informationen aus den angeschlossenen Systemen versorgt werden. Es existieren verschiedene Wege und Mittel zur Kommunikation und Informationsgewinnung für den SAP Solution Manager. Wir fassen diese verschiedenen Möglichkeiten, die wir im Folgenden beschreiben, unter dem Begriff Infrastruktur des SAP Solution Managers zusammen.

In Abschnitt 2.1.2, »Bestandteile des SAP Solution Manager-Systems«, haben wir bereits erkennen können, dass die Infrastruktur des SAP Solution Managers mehrere Komponenten enthält, die die Kommunikation sowie den Austausch von Informationen zwischen dem SAP Solution Manager und den angeschlossenen Komponenten realisieren.

Eine typische SAP-Systemlandschaft beinhaltet immer wesentliche Systeme und Komponenten, die auf ABAP basieren. Diese Komponenten nutzen die RFC-Technologie (RFC = Remote Function Call), um mit anderen Komponenten zu kommunizieren und Informationen auszutauschen. Zur Kommunikationen mit Nicht-ABAP-Komponenten, wie zum Beispiel dem AS Java oder auch dem Betriebssystem, werden Diagnostics Agenten verwendet. Diese beiden Kommunikationsformen über Agenten oder RFC bilden die Grundsäulen der Kommunikation mit dem SAP Solution Manager.

Andere Agenten, wie zum Beispiel die Agenten des Introscope Enterprise Managers, werden für den direkten Datenaustausch zwischen dem SAP Solution Manager und den angeschlossenen Systemen nicht benötigt. Diese Agenten werden genutzt, um zusätzliche Informationen über das Verhalten von Nicht-ABAP-Komponenten zu erhalten. Sie kommunizieren dabei nicht direkt mit dem SAP Solution Manager, sondern liefern ihre Informationen direkt an den Introscope Enterprise Manager, wo sie dann von einem Diagnostics Agenten abgeholt und an den SAP Solution Manager übermittelt werden.

2.2.1 SAP-Host-Agent

Mit dem SAP-Host-Agenten wird der Betriebszustand von SAP-Komponenten gesteuert. Außerdem dient er zur Datensammlung und Überwachung von Serversystemen, auf denen SAP NetWeaver-Komponenten, Datenbanksysteme oder andere Komponenten zur technischen Abbildung der Kerngeschäftsprozesse betrieben werden.

Der SAP-Host-Agent ersetzt damit die CCMS-Agenten (CCMS = Computing Center Management System), die zuvor das zentrale Überwachungssystem CCMS mit Daten versorgt haben. Das CCMS kann zwar auch weiterhin für die Überwachung genutzt werden, doch wird mit dem Release SAP Solution Manager 7.1 eine neue Infrastruktur eingeführt, die die CCMS-Funktionalitäten übernimmt: die Monitoring- und Alerting-Infrastruktur (MAI).

Der SAP-Host-Agent übernimmt zum einen die Verwaltung und Steuerung der SAP-Betriebssysteminformationen, die nach wie vor mithilfe des Agenten SAPOSCOL gesammelt werden. Zum anderen unterstützt er den Betrieb einer Landschaft mit neuen Funktionen, wie dem Start- und Stoppservice für Instanzen. Der SAP-Host-Agent ist automatisch mit einer Installation von SAP NetWeaver-Komponenten ab Release 7.0 EHP2 verfügbar, kann aber auch manuell für ältere SAP NetWeaver-Komponenten installiert werden.

Bevor wir Ihnen zeigen, wie Sie den SAP-Host-Agenten installieren, möchten wir Sie jedoch mit dessen Architektur und Funktionsweise vertraut machen. Der SAP-Host-Agent kann in zwei unterschiedlichen Ausprägungen eingesetzt werden. Abhängig davon, welche Systeme und Komponenten Sie verwenden, kann er entweder als Host-Agent oder als Instanzagent eingesetzt werden. Diese Bezeichnungen beziehen sich auf die Rolle des Agenten. Der Host-Agent wird auf jedem physischen Server installiert. Der Instanzagent wird hingegen auf jeder SAP-Instanz installiert.

Host-Agenten und Instanzagenten ergänzen sich und bilden eine Einheit in den SAP NetWeaver-Komponenten. Die Implementierung der Instanzagenten wird vollautomatisch vorgenommen, sodass Sie lediglich die Host-Agenten installieren müssen. Um zu verstehen, was sich hinter diesen beiden Komponenten verbirgt, schauen wir uns die einzelnen Funktionalitäten der beiden Agenten etwas näher an.

Der Host-Agent enthält folgende Anwendungen:

- **saphostcontrol**

  Die Anwendung `saphostcontrol` läuft auf dem physischen Server und bildet die Kernanwendung für den Service `sapstartsrv`. Bereits im Startprozess wird die Rolle des SAP-Host-Agenten übergeben und definiert, ob er für eine Instanz oder für einen physischen Server (Host) zuständig ist. Ist er für einen physischen Host zuständig, wird eine Verbindung zum Service `sapstartsrv` hergestellt, was Sie in Abbildung 2.5 sehen können. Der Host-Modus wird mithilfe des Profils erkannt, das unter anderem die beiden Profilparameter `SAPSystemnummer = 99` und `SAPSystemName = SAP` enthält.

  Beide Anwendungen, `saphostcontrol` und `saphostexec`, werden bereits mit dem Starten des Hosts aktiviert und laufen durchgängig auf diesem.

[»] **Hinweis**

Für Microsoft Windows wird der Service `saphostcontrol` genutzt, um den automatisierten Start mithilfe des systemspezifischen Betriebssystembenutzers (`<sid>adm`) zu gewährleisten. Auf Unix-Servern wird der automatische Start mithilfe des Programms `sapstartsrv` durch das Start-Skript `sapinit` aktiviert.

Der Service `saphostcontrol` enthält zusätzlich die Funktionalität des ehemaligen CCMS-Agenten `SAPCCMSR`, das heißt des Agenten, der Hosts überwacht.

- **saphostexec**

  Die Anwendung `saphostexec` bildet eine so genannte Ausführebene, die unter dem Benutzer `root` (Unix) bzw. unter dem Local System Account (Microsoft Windows) läuft. Die primäre Aufgabe der Anwendung ist die Steuerung von Funktionen im Betriebssystembereich, in dem spezielle Berechtigungen erforderlich sind. Bekannte Beispiele für diese Funktionen sind der Betriebssystemkollektor SAPOSCOL und das Programm `sapacosprep` (siehe Abbildung 2.5). Die Anwendung `saphostexec` ist lokal mit dem `sapstartsrv` im Host-Modus verbunden, sodass sie bereits mit dem Host gestartet und eine sichere und schnelle Kommunikation möglich wird.

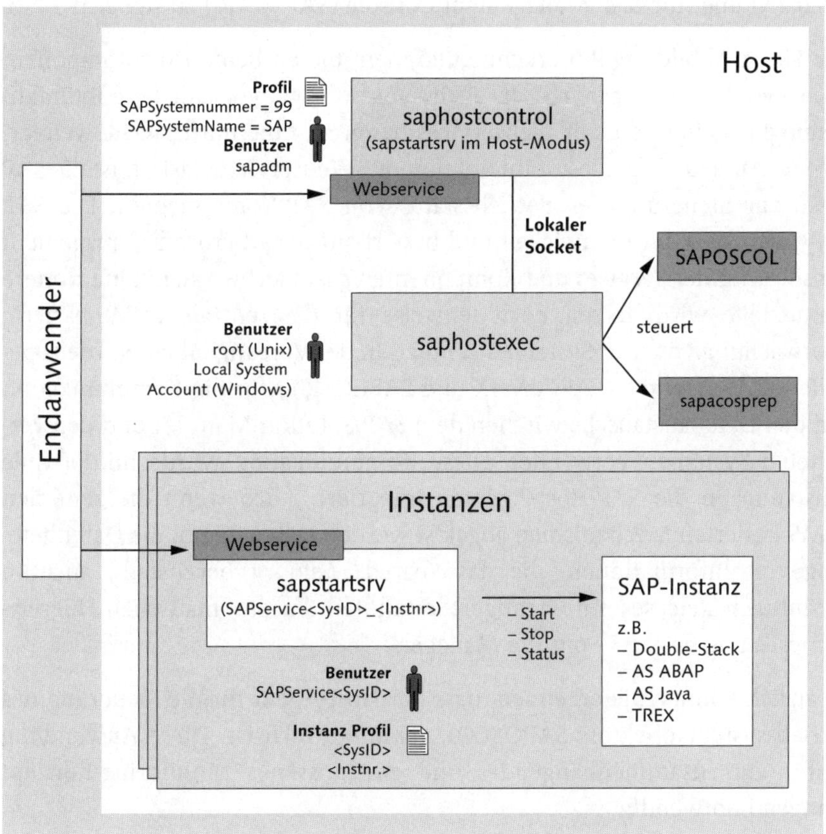

Abbildung 2.5 Aufbau und Kommunikation des SAP-Host-Agenten

[»]

Hinweis

Genau wie die Anwendung `saphostcontrol` wird auch `saphostexec` auf Microsoft Windows-Servern durch einen Service `saphostexec` gewährleistet und gestartet. Auf Unix-Servern werden die Ausführung und der automatische Start durch das Einbinden des Programms `saphostexec` in das Start-Skript `sapinit` gewährleistet.

`sapacosprep` ist ein Executable der Adaptive Computing Infrastructure, das zum Beispiel das Einhängen von Dateisystemen und allgemein die betriebssystemseitigen Vorbereitungen durchführt, um SAP-Instanzen starten zu können.

Der Instanzagent beinhaltet hingegen nur die Anwendung `sapstartsrv` für die Instanzen und wird vom Host-Agenten entsprechend den verfügbaren Instanzen zugeteilt und aktiviert. Die Instanzagenten werden automatisch mit den Hosts gestartet und bieten die Möglichkeit, über SOAP-Interfaces (Simple Object Access Protocol) Instanzinformationen abzufragen oder die Instanzen über die SAP Management Console (SAP MMC) zu steuern.

Wie Sie in Abbildung 2.5 erkennen können, bieten beide Host-Komponenten, sowohl `saphostcontrol` als auch `sapstartsrv`, verschiedene Interaktionsmöglichkeiten, die auf Webservices basieren. Eine mittlerweile weitverbreitete Anwendung, die auf Interaktion mit Webservices basiert, ist die SAP MMC zur Steuerung des Betriebsstatus von SAP-Komponenten. Die SAP MMC wurde in Java entwickelt und basiert auf der Microsoft Management Console, mit der Services und Komponenten gesteuert werden. Eine weitere Schnittstelle wird derzeit noch teilweise für die zentrale CCMS-basierte Überwachung von SAP-Systemen genutzt. In der Vergangenheit wurden spezielle CCMS-Agenten (SAPCCM4X und SAPCCMSR) für die Kommunikation und den Datenaustausch zwischen dem SAP Solution Manager und den verwalteten Systemen verwendet. Diese Kommunikation wurde mittlerweile vollständig in die SAP-Host-Agenten integriert. Auch wenn die zentralen CCMS-basierten Mechanismen abgelöst werden sollen, bleibt die Datenlieferung von Informationen, die das Shared Memory bereitstellt, auch in zukünftigen Releases ein wichtiger Bestandteil der automatischen Überwachungslösung des SAP Solution Managers.

Zusätzlich können Sie erkennen, dass der Host-Agent für die Steuerung des Betriebssystemkollektors SAPOSCOL verantwortlich ist. Diese Anwendung ist für ein zusammenhängendes und geschlossenes Monitoring-Konzept zwingend notwendig.

Installation

Das Installationspaket des SAP-Host-Agenten finden Sie im SAP Service Marketplace. Gehen Sie in den Navigationsbereich PATCHES, und navigieren Sie dort bis in das entsprechende Kernelpaket zum jeweiligen Serversystem. Das Paket enthält alle erforderlichen Bestandteile für die zentrale Überwachung eines beliebigen Hosts. Weitere Informationen finden Sie im Installationsleitfaden im SAP Service Marketplace unter dem Alias *instguidesnw*. Es wird automatisch bei der Installation aller Komponenten von SAP NetWeaver 7.0 EHP2 und höher installiert. Überprüfen Sie in Ihrer Konsole unter Linux oder in der Liste der laufenden Services unter Microsoft Windows, ob der Service des SAP-Host-Agenten auch auf jedem Host mit einer SAP-Komponente aktiv ist und läuft.

Manuelle bzw. nachträgliche Installation des SAP-Host-Agenten

Sie können den SAP-Host-Agenten mit dem Programm `SAPinst` installieren, das die empfohlene Methode für eine nachträgliche Installation in bereits existierenden Systemen ist. Die hierfür benötigten Dateien können Sie, wie bereits beschrieben, vom SAP Service Marketplace beziehen. Navigieren Sie hierzu im Bereich für Software-Downloads zu der von Ihnen verwendeten Serverbetriebssystemkonfiguration, und laden Sie aus dem Bereich der Kernelkomponente das Paket SAP HOST-AGENT herunter. Alternativ kann das Paket SAP HOST-AGENT von einer der ausgelieferten Kernel-DVDs kopiert werden. Wählen Sie hierzu das gewünschte Release und den Bereich INSTALLATION.

Das Paket SAP HOST-AGENT enthält bereits alle genannten Bestandteile des Hosts und der Instanz:

- saphostexec
- sapstartsrv
- sapacosprep
- SAPOSCOL

Einrichtung des SAP-Host-Agenten in der Systemlandschaft der Spielzeug AG

Im Folgenden zeigen wir Ihnen am Beispiel der Spielzeug AG, wie Sie den SAP-Host-Agenten einrichten. Um den SAP-Host-Agenten installieren zu können, müssen Sie zunächst eine Konsolensitzung mit dem Benutzeradministrator `root` öffnen. Da die Agenten nicht bereits mithilfe von `SAPinst` installiert wurden, sind folgende Schritte für unsere Unix-Systeminstallation erforderlich:

1. Laden Sie vom SAP Service Marketplace das aktuelle Installationspaket für den SAP-Host-Agenten herunter. Gehen Sie dazu im SAP SERVICE MARKET PLACE auf die Seite der SOFTWAREPAKETE UND PATCHES unter folgendem Link: *http://service.sap.com/patches*. Das Paket wird in der Rubrik KERNEL angeboten. Sie müssen daher nur das richtige Zielbetriebssystem auswählen und können das Paket für den SAP HOST-AGENTEN anschließend aus einem Kernel herunterladen.
2. Prüfen Sie, ob in Ihrem Betriebssystem bereits eine Benutzergruppe namens `sapsys` existiert. Dies sollte der Fall sein, wenn Sie bereits SAP-Komponenten auf diesem Host installiert haben. Sollte dies nicht der Fall sein, müssen Sie zunächst eine Gruppe `sapsys` mit dem Unix-Befehl `groupadd` anlegen.
3. Für die Ausführung des Prozesses des SAP-Host-Agenten wird der Benutzer `sapadm` benötigt. Prüfen Sie, ob dieser Benutzer bereits auf Ihrem Host vorhanden ist und ob er bereits der Gruppe `sapsys` zugewiesen wurde. Sollte der Benutzer noch nicht angelegt sein, legen Sie einen Benutzer `sapadm` mit dem Befehl `useradd` unter Linux mithilfe der Konsole an. Weisen Sie ihm anschließend die Benutzergruppe `sapsys` zu.
4. Legen Sie als Nächstes ein Arbeitsverzeichnis für den Betriebssystemkollektor SAPOSCOL fest, den Sie später installieren werden. In diesem Verzeichnis wird SAPOSCOL später alle gesammelten Informationen ablegen. Im Standard erwartet der Agent das Arbeitsverzeichnis des SAPOSCOL-Agenten unter */usr/sap/tmp*, allerdings können Sie dem Agenten mit dem Profilparameter `DIR_PERF` jeden beliebigen anderen Ablageort zuweisen. Der Profilparameter kann zu jeder Zeit in jedem Profil abgelegt werden, für SAP-Komponenten empfehlen wir jedoch, den Parameter im Systemprofil des SAP-Systems zu pflegen. Fügen Sie den Parameter `DIR_PERF = <Pfad des gewünschten Arbeitsverzeichnisses>` hinzu.
5. Entpacken Sie das vom SAP Service Marketplace heruntergeladene Paket *SAPHostAgent.SAR* mit dem Werkzeug `SAPCAR`. Verwenden Sie dafür das Kommando `SAPCAR -xvf SAP Host Agent.SAR`.
6. In dem Paket befindet sich die Anwendung `saphostexec`. Verwenden Sie den Befehl `saphostexec -install`, um die Installation auszuführen.

Der SAP-Host-Agent mit dem Steuerprogramm `saphostexec`, dem Betriebssystemkollektor SAPOSCOL sowie dem SAP NetWeaver-Management-Agenten `saphostcontrol` ist nun auf dem Host installiert und kann von anderen Komponenten und insbesondere dem SAP Solution Manager verwendet werden. Analog zu dem hier für ein Linux-System beschriebenen Vorgehen würden Sie bei Verwendung des Betriebssystems Microsoft Windows verfahren.

Sollten Sie bereits einen SAP-Host-Agenten installiert haben und eine neuere Version des SAP-Host-Agenten zur Verfügung stehen, können Sie den SAP-Host-Agenten mit dem Befehl `saphostexec -upgrade` aus einem neu heruntergeladenen Paket ersetzen, ohne ihn neu installieren zu müssen.

2.2.2 Diagnostics Agent

Der Diagnostics Agent ist der wichtigste Agent, der im SAP Solution Manager eingesetzt wird. Sowohl im Hinblick auf die technische Basis als auch auf die Funktionalitäten ist er am umfangreichsten. Der Diagnostics Agent übernimmt den Hauptanteil der Kommunikation mit den angeschlossenen Systemen und stellt beispielsweise die Informationen zur Ursachenanalyse oder zur Überwachung im SAP Solution Manager bereit.

Der Diagnostics Agent wurde erstmals in Release 4.0 des SAP Solution Managers eingesetzt. Über die Jahre wurde er stetig erweitert, wobei die grundlegende Architektur erhalten geblieben ist. Um den Agenten besser verstehen zu können, geben wir Ihnen im Folgenden einen kurzen Überblick über den Agenten, seine Architektur und die technischen Voraussetzungen. Im Anschluss werden wir anhand eines Beispiels zeigen, wie Sie einen Diagnostics Agenten in Ihrer Landschaft bereitstellen können.

Voraussetzungen und Planung der Diagnostics Agenten

Es gilt die Faustregel, dass Sie im Standard auf jedem virtuellen, logischen und auch physischen Server einen Diagnostics Agenten installieren müssen. Der Diagnostics Agent ist inzwischen nicht mehr nur für Java-Systeme relevant, sodass Sie auch AS ABAP-Komponenten einen Diagnostics Agenten zuweisen müssen. Dies muss in der Planung beachtet werden, insbesondere wenn Sie eine mittelgroße bis große Landschaft betreiben, das heißt ab ca. 50 anzuschließenden technischen Komponenten, in der mehrere SAP-Systeme auf verschiedenen virtuellen Servern verteilt sind.

Vor der Installation des Diagnostics Agenten sind einige Vorbereitungen hilfreich, um den Installationsprozess zu vereinfachen. Zu Beginn müssen Sie die richtige Agentenversion wählen. Für den SAP Solution Manager 7.1 können Sie generell den Diagnostics Agenten 7.3 SP02 verwenden. Der Vollständigkeit halber finden Sie in der nachfolgenden Tabelle 2.1 zusätzlich alle weiteren Versionen, die derzeit im SAP Service Marketplace bezogen werden können. Die aufsteigende Versionierung legt bereits nahe, dass auch bei den Diagnostics Agenten neuere Versionen und ältere Lösungen existieren.

Version des SAP Solution Managers	Version des angeschlossenen Systems	Version des Diagnostics Agenten/SAP-Hinweis
Version 7.00 (vor EHP1)	6.40, 7.0, 7.0 EHP1 & 2, 7.1 EHP1, 7.2	7.01 SR1 SAP-Hinweis 1357812
Version 7.0 EHP1 >= SP18	6.40, 7.0, 7.0 EHP1 & 2, 7.1 EHP1, 7.2	7.01 SR1 SAP-Hinweis 1357812
Version 7.0 EHP1 >= SP20 (SP4, SP2)	6.40, 7.0, 7.0 EHP1 & 2, 7.1 EHP1, 7.2	7.20 SAP-Hinweis 1368413
Version 7.1	6.40, 7.0x, 7.1x, 7.2x, 7.3	7.3 SP02 SAP-Hinweis 1448655

Tabelle 2.1 Übersicht über die momentan verfügbaren Versionen des Diagnostics Agenten

Die verschiedenen Versionen unterscheiden sich dabei hauptsächlich im Angebot der Funktionen, die die Diagnostics Agenten realisieren können. In den letzten Versionen kamen immer wieder Funktionen hinzu, mit denen der Endanwender zentral auf weitere Informationen zugreifen kann. So können die Diagnostics Agenten mittlerweile zum Beispiel remote aus der Agentenverwaltung gestartet werden, und es besteht die Möglichkeit, verschiedene Versionen von Profildaten in einer Sitzung des SAP Solution Managers auszuwerten. Die Agentenverwaltung erreichen Sie, indem Sie in der Sicht INFRASTRUKTUR im Work Center VERWALTUNG DES SAP SOLUTION MANAGERS unter FRAMEWORKS das AGENTEN-FRAMEWORK auswählen. Hier finden Sie eine Absprungmöglichkeit in die AGENTENVERWALTUNG. Alternativ finden Sie auch im Navigationsbereich des Work Centers KONFIGURATION DES SAP SOLUTION MANAGERS einen Link zur Agentenverwaltung.

Die Diagnostics Agenten sind nicht direkt an die Versionen des SAP Solution Managers gebunden, allerdings empfiehlt es sich, auch die Diagnostics Agenten an die aktuelle Version des SAP Solution Managers anzupassen, um zusätzliche Funktionen nutzen zu können. Um eine aktuelle Version des Diagnostics Agenten herunterzuladen, navigieren Sie im SAP Service Marketplace wie folgt: *http://service.sap.com/swdc* • SUPPORT PACKAGES AND PATCHES • A - Z INDEX • S • SAP SOLUTION MANAGER • SAP SOLUTION MANAGER 7.1 • ENTRY BY COMPONENT • AGENTS FOR MANAGED SYSTEMS • DIAGNOSTICS AGENT 7.3.

Für unser Beispielszenario und auch für weitere Beschreibungen in diesem Buch werden wir uns auf die derzeit aktuelle Version des Diagnostics Agenten 7.3 SP02 beziehen und anhand dieser auch im folgenden Abschnitt beschreiben, wie Sie den Diagnostics Agenten in wenigen Schritten bei sich in der Landschaft installieren.

Nachdem Sie eine Version des Diagnostics Agenten gewählt und vom SAP Service Marketplace heruntergeladen haben, müssen Sie das Installationspaket überall dort in der Landschaft verfügbar machen, wo es installiert werden soll. Überlegen Sie sich daher im Vorfeld, auf welchen Serverkomponenten Sie den Diagnostics Agenten installieren möchten. Beachten Sie dabei, dass Sie für die Kommunikation, wie in der nachfolgenden Abbildung 2.6 zu sehen ist, zwischen dem SAP Solution Manager und den angeschlossenen Systemen jeweils einen Diagnostics Agenten für jeden physischen oder virtuellen Server benötigen.

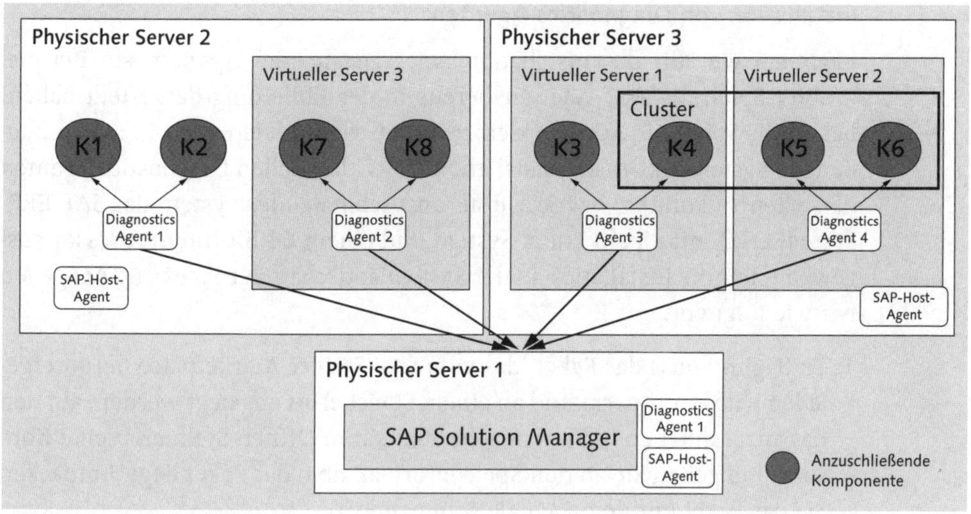

Abbildung 2.6 Agentenstrategie in der Systemlandschaft

Während der SAP-Host-Agent nur auf der physischen Ebene eines Servers installiert wird, muss der Diagnostics Agent auf allen verfügbaren Instanzen installiert werden. Sollten Sie sich nicht sicher sein, welche Servertypen im Einzelnen in Ihrer Landschaft vorliegen, können Sie in der LMDB in den Detailinformationen zu den Servern nachsehen. Diese Informationen werden vom Betriebssystemkollektor an die LMDB übermittelt.

Abbildung 2.6 zeigt einen kleinen klassischen Fall einer Systemlandschaft, in der wir den System-Clustern unterschiedliche virtuelle und physische Server zugeordnet haben. Zusätzlich kommt es nicht selten vor, dass eben in solchen Cluster-Lösungen auch eine Hochverfügbarkeitslösung im Einsatz ist. Die klassische Lösung und Installation der Diagnostics Agenten wäre in solchen komplexen Landschaftsumgebungen sehr aufwendig und störanfällig. Es ist für einen klassischen Diagnostics Agenten zum Beispiel nicht möglich, zu erkennen, ob ein Cluster nicht länger verfügbar ist oder ein Cluster neu gestartet wird. Ohne manuelles Eingreifen bleibt der Diagnostics Agent in einem solchen Fall aktiv und versucht, Informationen zu sammeln, unabhängig davon, ob der Cluster verfügbar ist oder nicht. Für solche Hochverfügbarkeitslösungen existiert eine Spezialausprägung des Diagnostics Agenten, das *Agent Node Concept*. Das Konzept und die Besonderheiten der Implementierung dieser Agententechnologie werden Ihnen im Abschnitt »Diagnostics Agent in Cluster- und Hochverfügbarkeitsumgebungen« in diesem Kapitel genauer vorgestellt.

Installation von Diagnostics Agenten

Beginnen wir mit der Installation eines Diagnostics Agenten am Beispiel unserer Spielzeug AG. Wie wir bereits in der Einleitung dargestellt haben, besitzt die Spielzeug AG eine kleinere Landschaft mit lediglich 19 anzuschließenden Systemen. Um die Installation eines klassischen Diagnostics Agenten darstellen zu können, haben wir als anzuschließendes System das SAP ERP-System OTO mit einem Linux-System und einem 64-Bit-Intel-Prozessor ausgewählt. Für die Installation in der Systemlandschaft der Spielzeug AG gehen wir wie folgt vor:

1. Zu Beginn muss das Paket, das vom SAP Service Marketplace heruntergeladen wurde, entpackt und an einem Speicherort abgelegt werden, auf den das anzuschließende System zugreifen kann. Öffnen Sie hierzu eine Konsole, und gehen Sie an den Speicherort, an dem das Paket liegt. Entpacken Sie das Paket mit dem `SAPCAR`-Kommando:

   ```
   cd /<Entpackverzeichnis>/ DIAGAGT73SP02_*.SAR
   SAPCAR -xvf DIAGAGT73SP02_*.SAR
   ```

2. Starten Sie `SAPinst` aus dem Programmverzeichnis. Prüfen Sie, ob in Ihrem Linux-System ein Reflex-Server aktiv ist, sodass die Grafik zu Ihrem Client weitergeleitet werden kann. Sollten Sie keinen so genannten Reflex-Server besitzen, der Ihnen grafische Anweisungen aus einer SSH-Sitzung (SSH = Secure Shell) auf Ihren lokalen Desktop übersetzt, können Sie alternativ auch die Remote-Funktion von `SAPinst` verwenden. Hierzu müssen Sie das Installationspaket noch einmal für Ihr Microsoft Windows-System herunterladen und hier nochmals entpacken.

Um eine entfernte Installation zu starten, aktivieren Sie `SAPinst` zu Beginn auf dem entfernten System mit dem Parameter `-nogui`. Mit diesem Parameter stellen Sie sicher, dass die grafische Oberfläche der folgenden Installation auf einem entfernten Desktop-PC aufgerufen werden kann:

3.
```
cd <Entpackverzeichnis>/SMD730_00_IM_LINUX_X86_64
./sapinst -nogui
```
   Der Installationsprozess wird nun auf Ihrem anzuschließenden System gestartet und stoppt auf der Konsole an der Position, an der der Remote-Installationsprozess fortsetzen soll.
4. Um den Installationsprozess fortzusetzen und die grafische Installationsoberfläche zu starten, wechseln Sie zu Ihrem Desktop.
5. Öffnen Sie den Ordner *SMD730_00_IM_WINDOWS_X86_64* in dem Installationspaket, und starten Sie das Programm *sapinstgui.exe*.
   Es öffnet sich ein neues Fenster (siehe Abbildung 2.7), in dem Sie die Serverinformationen angeben müssen, um sich mit der entfernten Installation verbinden zu können.

Abbildung 2.7 Herstellung der Verbindung zum entfernten, anzuschließenden System

6. Prüfen Sie in Ihrem entfernten System, welchen Port die Installation geöffnet hat, und geben Sie den Port in der Maske für die Remote-Verbindung an. Wie in Abbildung 2.7 zu erkennen ist, ist dies in unserem Beispiel der Port 21212, über den der Remote-Zugang aufgebaut werden muss.
7. Geben Sie den Server an, auf dem die Installation erfolgen soll. Starten Sie den Anmeldeprozess der Remote-Agenteninstallation.
8. Klicken Sie auf den Button Log on, um das Programm `SAPinst` zu starten.

9. Nach dem erfolgreichen Start von `SAPinst` öffnet sich ein neues Fenster, in dem Sie menügesteuert und mithilfe von zusätzlichen Informationen den Diagnostics Agenten installieren können. Navigieren Sie hierzu im Menü von `SAPinst` zum Eintrag DIAGNOSTICS AGENT, um die Agenteninstallation zu starten: SAP SOLUTION MANAGER DIAGNOSTICS • SAP SYSTEM • STANDALONE ENGINE • DIAGNOSTICS AGENT IN SAP SOLUTION MANAGER • DIAGNOSTICS AGENT.
10. Klicken Sie auf WEITER, um mit der Installation des Agenten auf dem entfernten System zu beginnen.
11. In der folgenden Phase werden die Parameter für die Installation definiert. Hierzu werden Sie schrittweise vom Installationsprogramm nach individuellen Parametern befragt. In Tabelle 2.2 finden Sie eine Übersicht über die Parameter, die von Ihnen im Lauf dieser Phase erfragt werden. Anhand unseres Beispiels der Spielzeug AG können Sie einfach nachvollziehen, welche Informationen Sie im Einzelnen in Ihrem Szenario während der Konfiguration an das Programm `SAPinst` übergeben müssen.

Gefragter Parameter	Eingabewerte im Beispielszenario der Spielzeug AG
Servername	bsl1041
SAP-System-ID	DAA
SAP-System-Benutzer (Betriebssystem)	daaadm
SAP-System-Benutzergruppe (Betriebssystem)	sapsys
Instanznummer	90
SLD-Registrierung	Keine SLD-Registrierung!
Verbindung mit SAP Solution Manager	ja, Verbindung zum SAP Solution Manager
Verbindungsport zum SAP Solution Manager	P4-Port
Verbindungsinformationen zum SAP Solution Manager	
Servername – voll qualifizierter Servername (SAP Solution Manager)	bsl1041.wdf.sap.corp
HTTP-Port der SAP Central Services-Instanz	8101
Admin-Benutzer	SMD_ADMIN
SAP-Router-Verbindung	keiner vorhanden

Tabelle 2.2 Inhalt der Parameterabfrage

Nach der Eingabe der gewünschten Parameterwerte überprüft der Installationsprozess automatisch die Voraussetzungen für die angegebene SID. Gegebenenfalls können so in Ihrem Szenario noch Nacharbeiten entstehen, um die Voraussetzungen zu erfüllen.

12. Im letzten Schritt erhalten Sie eine Zusammenfassung aller Informationen, die Sie eingegeben haben. Prüfen Sie Ihre Eingaben, und fahren Sie im nächsten Schritt mit der Installation des Agenten fort.

Die Installation endet nach einigen Minuten mit einer entsprechenden Meldung über den Erfolg. Sollte ein Problem während der Installation auftreten, bricht die Installation mit zugehöriger Fehlermeldung ab und bietet Ihnen die Möglichkeit, die Ursache für die Störung zu beheben. Ist die Störung behoben, können Sie die Installation an der Stelle fortsetzen, an der sie unterbrochen wurde.

Nach dem Abschluss der Installation prüfen Sie auf Systemebene oder auch im Agenten-Framework, ob der Agent erfolgreich gestartet und sich am SAP Solution Manager registriert hat. Das Agenten-Framework erreichen Sie, indem Sie in der Sicht INFRASTRUKTUR im Work Center VERWALTUNG DES SAP SOLUTION MANAGERS unter FRAMEWORKS das AGENTEN-FRAMEWORK auswählen. Der Inhalt des Work Centers wird nun gezielt in der Agentenadministration dargestellt. Sie haben in diesem Arbeitsbereich nun auch eine Absprungmöglichkeit in die AGENTENVERWALTUNG. In Abbildung 2.8 sehen Sie einen erfolgreich registrierten Diagnostics Agenten in der Agentenverwaltung des SAP Solution Managers.

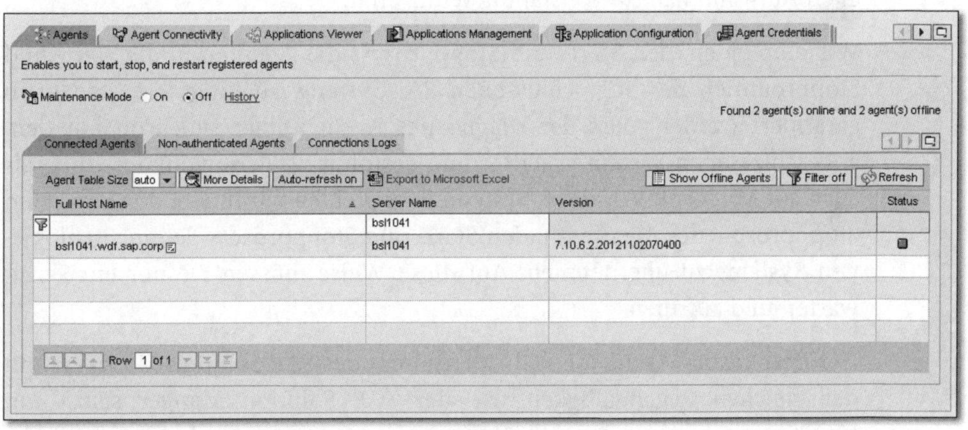

Abbildung 2.8 Agentenverwaltung des SAP Solution Managers

Es kann einige Minuten dauern, bis der Diagnostics Agent im SAP Solution Manager mit einem grünen Status dargestellt wird, da der SAP Solution Manager bei der ersten Registrierung des Agenten die Softwareversion des Diagnostics Agenten mit der des SAP Solution Manager überschreibt, um den Agenten auf den neuesten Stand zu bringen. Auch auf Betriebssystemebene sollten Sie einen Prozess mit der Agenteninstanzbezeichnung *SMDA90* sehen können, der bereits aktiv ist. In Unix-Umgebungen überprüfen Sie dies am besten mithilfe des Befehls `ps -ef |grep SMDA90`.

Ist kein derartiger Prozess aktiv, müssen Sie die Installation überprüfen und gegebenenfalls wiederholen. Ist der Prozess verfügbar, ist der Diagnostics Agent erfolgreich am SAP Solution Manager registriert und mit ihm verbunden. Um Informationen zu der angeschlossenen Komponente im SAP Solution Manager zu erhalten, sind weitere Konfigurationen notwendig, die wir Ihnen in Abschnitt 2.5.4, »Konfiguration der verwalteten Systeme«, vorstellen. Im nächsten Abschnitt erfahren Sie zunächst, wie Sie den Agenten in einer Umgebung betreiben, die der hier vorgestellten Installation ähnelt. Im Anschluss zeigen wir Ihnen, was Sie für den Betrieb einer Hochverfügbarkeitsumgebung beachten müssen.

Betrieb von Diagnostics Agenten

Der Betrieb von Diagnostics Agenten ist unkompliziert und beschränkt sich auf die Integration von Start- und Stoppprozessen sowie technischen Upgrades. Mit wenigen Konfigurationen und Anpassungen können Sie den manuellen Aufwand nahezu vollständig reduzieren.

Wir empfehlen, den Start- und Stoppprozess des Agenten in die Start- und Stopproutinen des angeschlossenen SAP-Systems zu integrieren, so kann garantiert werden, dass der Diagnostics Agent immer synchron mit dem angeschlossenen System gestartet und gestoppt wird. Sowohl auf Unix- als auch auf Microsoft Windows-Systemen empfehlen wir Ihnen, den Start- und Stoppprozess des Agenten in den Start- und Stoppprozess des angeschlossenen Systems zu übernehmen. Auf diese Weise müssen Sie nur ein Skript warten und aufrufen.

Der Diagnostics Agent sollte als Instrument des SAP Solution Managers mit der gleichen Regelmäßigkeit wie der SAP Solution Manger selbst mit Updates versorgt werden. Hierfür steht bereits eine komplett automatische Lösung zur Verfügung, in der der SAP Solution Manager zum Verteiler der Patches für die angeschlossenen Agenten verwendet wird. Der Agent überprüft bei der Anmeldung am SAP Solution Manager die dort vorhandene Arbeitsversion. Sollte diese Arbeitsversion aktueller als die des Diagnostics Agenten sein, wird direkt die aktuelle Version vom SAP Solution Manager auf den Agenten übertragen und installiert. Dieser Prozess kann einige Minuten beanspruchen, in der sich der Diagnostics Agent auch durchaus mehrmals am SAP Solution Manager an- und abmeldet, um die einzelnen Softwarepakete des Agenten zu erneuern und aktivieren. Den aktuellen Verbindungsstatus können Sie der Agentenverwaltung entnehmen, wie auch in Abbildung 2.8 zu erkennen ist. In der Spalte STATUS wird der aktuelle Verbindungsstatus des Agenten signalisiert.

Diagnostics Agent in Cluster- und Hochverfügbarkeitsumgebungen

Die Einzelinstallation des Diagnostics Agenten benötigt abhängig von der zugrunde liegenden Landschaft Zeit und Ressourcen für die Implementierung. Für die erstmalige Implementierung eines Agenten in der Landschaft sollten Sie bis zu einen halben Tag einplanen. Mit jeder weiteren Installation von Agenten sinkt die Implementierungszeit aufgrund der steigenden Erfahrung. Realistisch betrachtet, kann bei ausreichender Erfahrung und zentralem Zugriff auf die Installationsressourcen ein Agent aktuell in weniger als 15 Minuten installiert werden.

Sie sollten sicherstellen, dass ausreichend Festplatten- und Arbeitsspeicher zur Verfügung steht, bevor Sie mit der Installation in der Landschaft beginnen.

Zur Unterstützung der Automatisierung und gleichzeitig zur Minimierung des manuellen Aufwands der Agenteninstallation kann in Cluster-Umgebungen ein Diagnostics Agent mit einem eigenen Instanzenmanagement, dem so genannten *Agent-on-the-Fly-Konzept* (OTF), eingesetzt werden. Der wesentliche Vorteil dieses Konzeptes ist, dass virtuelle Server automatisch mit Agenteninstanzen versorgt werden. Haupteinsatzgebiet für einen solchen Agenten sind Cluster-Landschaften, die zumeist auch gleichzeitig in Hochverfügbarkeitsumgebungen eingesetzt werden. Solche Landschaften zeichnen sich durch eine extrem hohe Dynamik aus, das heißt, dass Systemkomponenten innerhalb kurzer Reaktions- und Aktionszeiten in unterschiedlichen physischen Umgebungen betrieben werden können. Dies mit einem einzelnen Diagnostics Agenten abzubilden ist technisch eine große Herausforderung.

Folgendes Szenario soll dies verdeutlichen. Nehmen wir eine mittelgroße Landschaft mit 13 Produktivsystemen, für die jeweils auch Qualitätssicherungs- und Entwicklungssysteme existieren. Auch der SAP Solution Manager wird in einer solchen Dreisystemlandschaft betrieben, also mit einem eigenen Qualitätssicherungs- und Entwicklungssystem. Somit haben wir zusätzlich zwei SAP Solution Manager-Systeme. Dies ergibt eine SAP-Landschaft von 41 Systemen plus weiteren Systemkomponenten wie Introscope, einem SLD und diversen SAP BusinessObjects-Komponenten.

Wir teilen die Systemlandschaft in zwei Netzsegmente auf, eines für die Produktivumgebung (PROD) und ein weiteres für die Entwicklung (DEV) und Qualitätssicherung (QA). Wir haben für unser Beispiel acht Mainframe-Server, auf denen wir die Cluster komplett abbilden werden. Die Rechenleistung der einzelnen Mainframes auf allen acht Serversystemen ist gleich und so konzipiert, dass im Notfall alle Systemkomponenten der Systemlandschaft auf vier Mainframe-Servern betrieben werden können. Für jedes der beiden Netzsegmente stehen jeweils vier Mainframe-Server zur Verfügung. Um die Hardware gleichmäßig zu belasten, werden die Cluster ausgeglichen verteilt.

Nehmen wir an, dass jeweils zum Monatsende sowohl die Lohnabrechnung als auch der Geschäftsabschluss für den Monat durchgeführt werden müssen. Somit ergibt sich regelmäßig zum Monatsende eine Hochlastsituation. Um Ressourcenengpässe zu vermeiden, werden daher immer bereits 24 Stunden vor dem Beginn der Monatsendverarbeitung alle Systemkomponenten, die ebenfalls auf diesem physischen Server aktiv sind, wie das produktive Unternehmenssystem (SAP ERP-System), auf die anderen physischen Server verteilt. Das SAP ERP-System kann so den vollen Umfang der Ressourcen nutzen und wird von den besonders hohen Monatsendaktivitäten auf dem Server nicht negativ beeinflusst.

Zu dieser Dynamik der häufig wechselnden Systemkomponenten kommt die Ressourcenverwaltung hinzu. Sollte ein Mainframe-Server Engpässe bei den Ressourcen erfahren und der Schwellenwert für eine kritische Ressourcenauslastung erreicht werden, wird automatisch eine vorher definierte Gruppe von Clustern auf ein weniger ausgelastetes Mainframe-System verschoben. Diese Aktivitäten erfolgen aus Performancegründen vorzugsweise bei Komponenten, die für die Verbuchung unkritisch sind, sowie in Systemen der Entwicklungs- und Qualitätssicherungslandschaft.

Bereits an dieser Stelle wird deutlich, dass es sich um eine sehr dynamische Umgebung handelt, in der die Cluster bei Bedarf zwischen den in unserem Beispiel vier Mainframes wechseln können. Vom Installationsprozess des Diagnostics Agenten ist uns bekannt, dass die Diagnostics Agenten eine eigene SID sowie einen eigenen Betriebssystembenutzer besitzen (siehe Abschnitt »Installation von Diagnostics Agenten« weiter oben). Die eigentliche Herausforderung in einer solchen Systemlandschaft entsteht, wenn ein Cluster auf eine neue Hardware umgezogen wird, da der einzelne klassische Diagnostics Agent keine Informationen, Einfluss oder feste Verknüpfung zum Umzug der Systeme hat. Mithilfe des OTF-Konzepts kann der Diagnostics Agent diese Dynamik abbilden. Ein solcher Diagnostics Agent greift auf die Funktionalitäten des SAP-Host-Agenten zurück. Wie wir bereits dargestellt haben, ist der SAP-Host-Agent in der Lage, die Struktur und die angelegten virtuellen und logischen Server auf einem physischen Server zu erkennen (siehe Abschnitt 2.2.1, »SAP-Host-Agent«). Mithilfe des OTF-Konzepts kann der Diagnostics Agent auf die Liste der im System betriebenen Agenten zugreifen und versorgt mithilfe eines so genannten Agenten-Controllers einen kompletten physischen Server mit Agenteninstanzen. Dieser Agenten-Controller überwacht den physischen Server permanent auf eine Veränderung der Cluster-Situation hin. Wird ein System-Cluster von einem physischen Server auf einen anderen verschoben, vollzieht der Diagnostics Agent dies nach, indem er die Agentenressource auf dem alten physischen Server beendet und auf dem neuen Server einen neuen Prozess des Diagnostics Agenten für den System-Cluster startet.

Hinweise und eine ausführliche Anleitung, wie Sie das OTF-Konzept in Ihrer Landschaft richtig einsetzen, finden Sie im Wiki zur technischen Einrichtung des SAP Solution Managers unter *http://wiki.sdn.sap.com/wiki/display/SMSETUP/Diagnostics+Agent+and+HA+Support*. Diese Seite enthält alle wichtigen Informationen zu notwendigen Parametern und eine Schritt-für-Schritt-Anleitung zur erfolgreichen Installation und Aktivierung.

2.3 Landschaftsverwaltung und Darstellung im SAP Solution Manager

Die meisten Anwendungen im Betrieb erfordern eine vollständige Dokumentation der Systemlandschaft. Da die Anwendungen und Werkzeuge im SAP Solution Manager darauf angewiesen sind, dass die Informationen der Systemlandschaft stets aktuell und vollständig sind, empfiehlt sich die manuelle Pflege dieser Daten nicht, auch wenn sie möglich ist. Eine manuelle Pflege ist nicht nur fehleranfällig, sondern mit der steigenden Komplexität der Kundenlandschaft auch mit einem unvertretbar hohen Aufwand verbunden. Aus diesem Grund werden mit dem SAP Solution Manager die Landschaftsdaten weitestgehend automatisch ermittelt, um auch die Vollständigkeit, Konsistenz und damit Vergleichbarkeit sicherzustellen.

Um zu verstehen, welche Daten wie ermittelt werden und welche Daten manuell gepflegt werden müssen, betrachten wir zunächst die zur Verfügung stehenden Einheiten der Landschaftsmodellierung. Man kann zwischen *technischen Systemen* und den so genannten *Produktsystemen* unterscheiden. Ein technisches System entspricht der Installation von Software auf einer Hardware, unabhängig davon, ob physikalische Hardware oder Virtualisierungslösungen verwendet werden. Ein Produktsystem hingegen bildet die Abhängigkeiten zwischen mehreren technischen Systemen ab, die zum Betrieb eines vollständigen Systems notwendig sind. Ein Beispiel für ein solches Produktsystem, das sehr häufig auftritt, sind die SAP NetWeaver-Double-Stack-Systeme, in denen mindestens ein Java-Stack sowie ein ABAP-Stack gemeinsam ein Produktsystem bilden.

Ein Produkt beinhaltet eine oder mehrere Produktinstanzen, wobei eine Produktinstanz wiederum aus mehreren abhängigen Softwarekomponenten besteht, die zusammen auf einem technischen System installiert werden müssen. Das technische System ist die kleinste Einheit, die in der Produktinstanz separat installierbar ist. Dabei kann ein technisches System zum Beispiel auch auf separaten Host-Systemen für Datenbanken, Servern und Message-Servern installiert werden. Das heißt, die Hardware muss nicht einem physischen Rechner entsprechen.

Für die Anwendungen des technischen Betriebs im SAP Solution Manager 7.1 sind nur die technischen Systeme und die darauf installierten Produktinstanzen und Softwarekomponenten relevant. Alle höheren Modellierungsentitäten im SAP Solution Manager, wie zum Beispiel die bereits erwähnten Produktsysteme, aber auch logische Komponenten und Lösungen, werden nicht benötigt und daher hier auch nicht weiter erläutert.

Das SLD ist die Infrastruktur, die zur automatischen Datensammlung der technischen Landschaftsbeschreibung verwendet wird. Jedes technische System meldet sich dazu mit seinem Datenlieferanten (Data Supplier) am SLD an und übermittelt regelmäßig seine Systemdaten. In einem SAP-System, das auf einem AS ABAP oder AS Java basiert, sind die Datenlieferanten bereits im System integriert. Zusätzlich dazu existieren generische Datenlieferanten, die von Drittanbietern genutzt werden, um ihre Daten an das SLD zu senden.

Beispielhaft zeigt Abbildung 2.9 den Datenlieferanten in einem AS ABAP mittels Transaktion RZ70, die für die Datenübermittlung in einem ABAP-System zuständig ist. Neben den Verbindungsdaten des SLDs im Bereich SLD BRIDGE: GATEWAY INFORMATION können Sie im Bereich SONSTIGE EINSTELLUNGEN das Standardintervall zur Datenübermittlung (in diesem Beispiel alle

720 Minuten, das heißt alle zwölf Stunden) festlegen. In der Regel können Sie hier die Standardvorgabe des Übermittlungsintervalls verwenden. Sollte Ihnen die Frequenz zu hoch sein, können Sie diese verdoppeln, jedoch raten wir von einer längeren Periode als einen Tag ab, da sonst wichtige Informationen zu spät in die LMDB übertragen werden. Wie Sie in Abbildung 2.9 sehen, können Sie außerdem festlegen, welche Daten gesammelt werden sollen, indem Sie die Programme zur Sammlung der Parameter deaktivieren, die Sie nicht übermitteln möchten, oder aktivieren für den Fall, dass sie synchronisiert werden sollen.

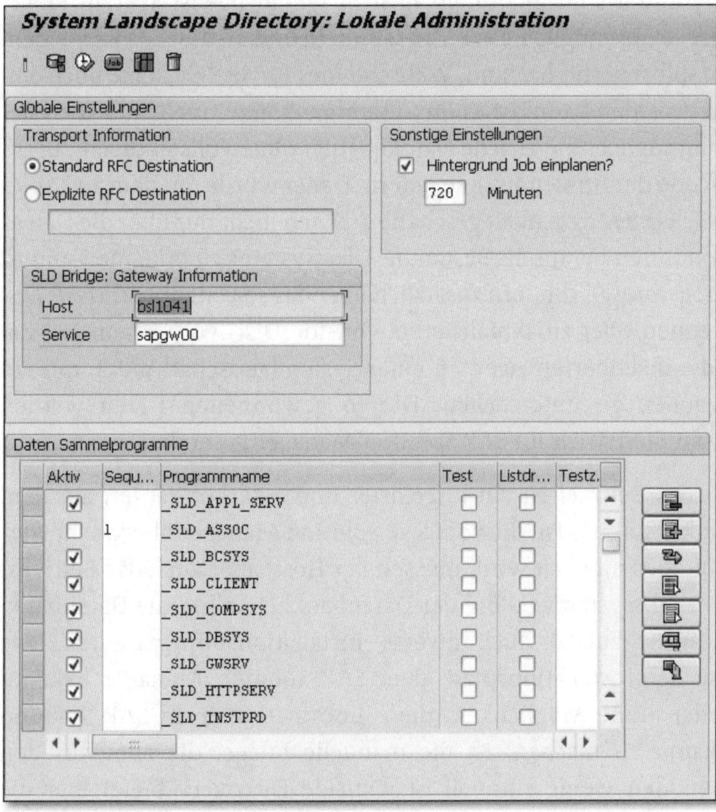

Abbildung 2.9 SLD-Datenlieferant im AS ABAP

Nachdem die Systemdaten im SLD zentral gesammelt wurden, müssen sie im Solution Manager verfügbar gemacht werden. Im SAP Solution Manager kommt hierzu die neue LMDB zum Einsatz, die analog zum SLD auf der SAP-Erweiterung des Datenmodells Common Information Model (CIM) der Distributed Management Task Force (siehe dazu auch *www.dmtf.org*) aufbaut.

Durch diese Vereinheitlichung des Datenmodells können die im SLD gesammelten, individuellen Systemdaten zusammen mit den technischen Systemen, die in CIM modelliert wurden, in der LMDB synchronisiert werden. So wird sichergestellt, dass im SAP Solution Manager immer aktuelle Daten zur Verfügung stehen, manuell hinzugefügte oder geänderte Daten aber nicht durch Aktualisierungen überschrieben werden. Seien Sie daher vorsichtig bei manuellen Änderungen in der LMDB: Da die automatische Aktualisierung nicht vorgenommen wird, müssen Aktualisierungen, die einen vorher manuell geänderten Eintrag betreffen, auch manuell aktualisiert werden.

Die Datenlieferanten sind allerdings auch in einem gewissen Maß eingeschränkt. So ist es nur möglich, Daten zu sammeln und an das SLD zu melden, die im System selbst verfügbar sind. Während dies für SAP-Systeme noch einfach umgesetzt werden kann, ist es im Zusammenhang mit Nicht-SAP-Systemen nahezu unmöglich, die gleiche Datenqualität ohne vollständigen Zugriff auf den Quellcode der Anwendung zu liefern. Daher wurde mit dem SAP Solution Manager 7.1 die Möglichkeit geschaffen, Daten nicht nur über die Datenlieferanten von innen heraus als Bestandteil des Systems zu erkennen und zu liefern (*Inside Discovery*), sondern zusätzlich über das so genannte *Outside Discovery* zu erkennen oder zu aktualisieren. Outside Discovery ist ein Mechanismus, der die installierten Agenten einer Systemlandschaft nutzt, um ein System von außen zu untersuchen. Die so gewonnenen Daten werden anschließend an die LMDB im SAP Solution Manager gesendet.

Ein anschauliches Beispiel ist ein losgelöster und autarker Server, auf dem eine Datenbank installiert ist, die vom SAP Solution Manager überwacht werden soll. Damit dies möglich wird, müssen der Host, aber auch das Betriebssystem, die Betriebssystemversion, der Datenbankhersteller, die Datenbankversion und nicht zuletzt auch diverse Installationsinformationen, wie beispielsweise der Installationspfad, dem SAP Solution Manager bekannt gemacht werden. Eine Möglichkeit, diese Informationen im SAP Solution Manager bekannt zu machen, ist die manuelle Pflege, die aber aus den genannten Gründen wenig sinnvoll ist. Outside Discovery bietet hier die Lösung des Problems, da die Daten von außen gesammelt und an den SAP Solution Manager weitergeleitet werden können, ohne dass eine manuelle Pflege notwendig ist. Dies wird über ein Zusammenspiel des Diagnostics Agenten und des SAP-Host-Agenten erreicht (siehe Abbildung 2.10).

Der SAP-Host-Agent bietet hierbei die Möglichkeit, das Dateisystem des Hosts, auf dem er installiert ist, zu untersuchen und dabei relevante installierte Software wie Datenbanken oder Microsoft-spezifische Komponenten zu entdecken. Zusätzlich dazu werden Daten des Betriebssystems und der Konfiguration des Hosts ermittelt (zum Beispiel verwendete Host-Namen, IP-Adressen, Hauptspeicher, Prozessoren). Da der SAP-Host-Agent nur einmal pro Betriebssystem installiert ist, werden diese Daten auch nur einmal gesammelt und zur Verfügung gestellt. Der Diagnostics Agent, der im Kontext des verwalteten Systems installiert ist, nutzt diese Daten, setzt sie in Beziehung zum installierten verwalteten System und sendet sie dann an den SAP Solution Manager.

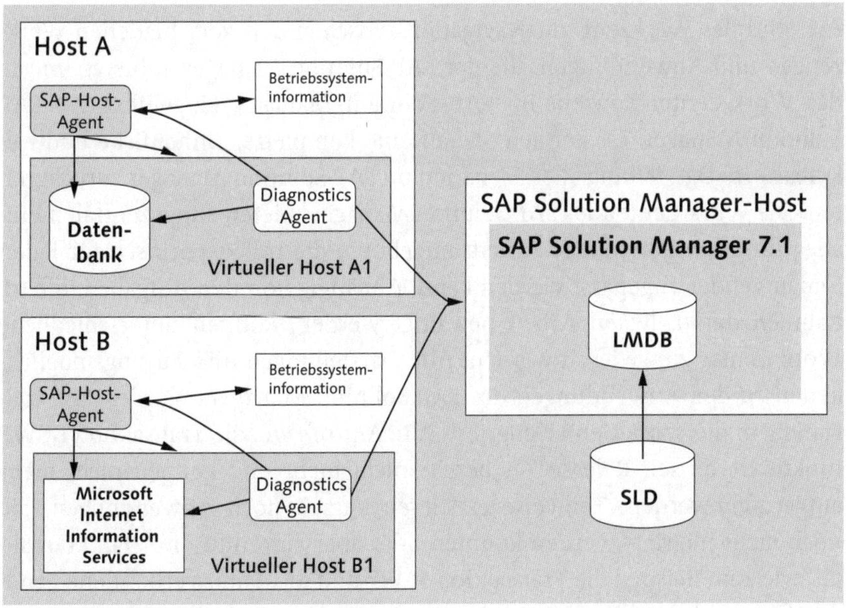

Abbildung 2.10 Datenfluss der Outside Discovery

Dadurch ist es möglich, neben den logischen Host-Namen auch die realen Host-Namen des Servers, auf dem das System installiert ist, automatisch zu erkennen und in der LMDB im Solution Manager zu schreiben. Der gesamte Outside-Discovery-Mechanismus funktioniert durch Installation der beiden Agenten und der Anbindung des Diagnostics Agenten an einen SAP Solution Manager ohne weitere manuelle Eingriffe. Das bedeutet, sobald ein Diagnostics Agent und ein SAP-Host-Agent korrekt auf einem Host installiert sind, werden die auf dem Host installierten Komponenten automatisch erkannt. Die Informationen werden direkt an die LMDB übermittelt, und alle Anwendungen des technischen Betriebs im SAP Solution Manager können somit auf die Informationen zugreifen.

Sie sehen, dass die Agenten auch in der Landschaftspflege und der vollständigen Abbildung einer Systemlandschaft eine entscheidende Rolle spielen. Achten Sie darauf, dass Sie bereits bei der Planung die frühzeitige Integration der Agenten in Ihre Landschaft mit einplanen und umsetzen.

2.4 Navigation im SAP Solution Manager 7.1: Work Center

Als zentrales Werkzeug zur Navigation zwischen den verschiedenen Werkzeugen und Anwendungen, die der SAP Solution Manager anbietet, wurde das Work-Center-Konzept im SAP Solution Manager eingeführt. Ab SAP Solution Manager 7.1 können Sie auf eine komplette, einheitliche und rollenbasierte Darstellung aller Szenarien im SAP Solution Manager zurückgreifen. Die Work Center des SAP Solution Managers bieten einen zentralen Einstieg für eine individuelle Arbeitsumgebung, die rollenspezifisch für jeden Endanwender angepasst werden kann. Abhängig von den Aufgaben, die im Rahmen der täglichen Arbeit bewältigt werden, können unterschiedliche Work Center zugewiesen werden. Alte Darstellungen und Zugangsmöglichkeiten zu den Anwendungen des SAP Solution Managers wurden fast vollständig in die Work Center migriert. Alte Aufrufe wie die Transaktion DSWP funktionieren seit Release 7.1 bereits nicht mehr und können nicht mehr aufgerufen werden. Teilweise existieren derzeit noch Anwendungen, die noch nicht migriert werden konnten oder aber aufgrund ihrer Funktionalität, wie zum Beispiel die Transaktion SMSY und die damit verbundene Landschaftsverwaltung des SAP NetWeaver AS ABAP, mit der Zeit abgelöst werden sollen.

Ein zentrales Steuerungsmittel für die Darstellung und Anordnung des Work Centers ist das Berechtigungswesen mit dem Rollenkonzept, das den Zugriff auf die Work Center regelt. Detaillierte Informationen zum Einsatz von Berechtigungen für und im Work Center und wie Sie sich Ihre individuelle Umgebung mithilfe der Work Center und den entsprechenden Berechtigungen erstellen können, finden Sie in Kapitel 12, »Berechtigungen im SAP Solution Manager-System«. An dieser Stelle konzentrieren wir uns auf den Aufbau und die Handhabung der Work Center.

Für jede im SAP Solution Manager existierende Arbeitsumgebung wurde ein Work Center erstellt. Die Arbeitsumgebungen orientieren sich dabei an den Werkzeugen und Umgebungen, die der SAP Solution Manager bereitstellt.

Der Einstieg in die Work Center, die einem Benutzer zugeordnet wurden, erfolgt mit der Transaktion SM_WORKCENTER. Die bisher wichtigsten Work Center, die den gängigen Arbeitsumgebungen bei Kunden entsprechen, sind die folgenden:

- Konfiguration des SAP Solution Managers
- Change Management
- Betrieb von Geschäftsprozessen
- Ursachenanalyse
- Einführung/Upgrade
- Incident Management
- Testmanagement
- Jobverwaltung
- Assistent zur Lösungsdokumentation
- SAP-Engagement und Servicelieferung
- Verwaltung des SAP Solution Managers
- Technische Verwaltung
- System-Monitoring
- Technisches Monitoring
- Datenvolumenmanagement

Anhand von Abbildung 2.11 können Sie mithilfe der schematischen Darstellung die allgemeine Aufteilung und Gliederung der Work Center nachvollziehen.

Die erste Navigationsebene besteht aus der Navigationsleiste, über die Sie den Arbeitsbereich bestimmen. Der Navigationsbereich stellt die zweite Navigationsebene dar, über die Sie Sichten, Funktionen und Querverweise für Ihre ausgewählten Arbeitsbereiche selektieren können.

Wenn Sie im Navigationsbereich eine Sicht auswählen, aktualisiert das System den Arbeitsbereich gemäß den Ihnen zugeordneten Berechtigungen. Der Aufbau des Arbeitsbereiches hängt von der Arbeitsumgebung ab, die Sie über die Navigationsleiste auswählen. Zusammengehörige Objekte werden dabei in so genannten Bereichen (Trays) dargestellt, um eine bessere und leichtere Möglichkeit der Anpassung der benutzerspezifischen Arbeitsumgebung zu ermöglichen.

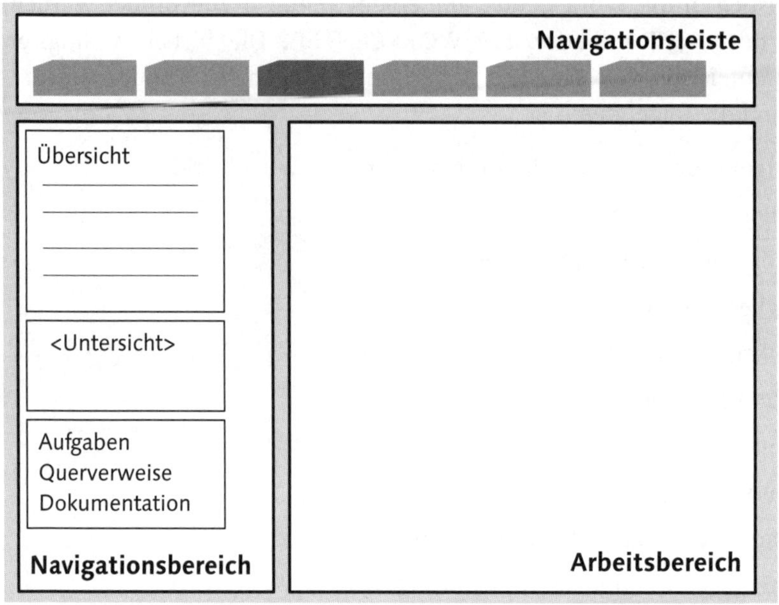

Abbildung 2.11 Aufbau der Work Center im SAP Solution Manager

Abhängig von der gewählten Aktivität im Navigationsbereich, können die Informationen zu den Objekten unterschiedlich dargestellt werden. Es gibt eine Reihe unterschiedlicher Aktivitäten, die im Navigationsbereich gewählt werden können. Entsprechend den Inhalten im Arbeitsbereich werden im Navigationsbereich verschiedene Inhalte und mögliche Absprungmöglichkeiten angezeigt. Im Folgenden haben wir die wichtigsten Elemente des Navigationsbereichs für Sie aufgelistet:

- **Übersicht**
  In diesem Bereich werden die wichtigsten Inhalte des ausgewählten Work Centers zusammengefasst. Die dargestellten Informationen werden aus den Sichten und Auswertungen des Work Centers aggregiert. Typische Inhalte sind Links auf gefilterte Listen und Auswertungen. Die Informationen beziehen sich unter anderem auf Alerts, Projekte, Systeme und Lösungen, die Ihrer Rolle und Ihrem Aufgabenbereich zugeordnet sind.
- **Spezifische Sichten der Work Center**
  Diese Sichten enthalten Listen und Serviceübersichten, die für das Work Center relevant sind.
  - Listen enthalten Objekte, die Sie nach Belieben anpassen können, und halten Funktionen bereit, die Sie aus der gewählten Sicht heraus ausführen können.

  - In Serviceübersichten erhalten Sie Hilfestellung für verschiedene Aufgaben in Form von Piktogrammen und Erklärungen. Außerdem können Sie zugehörige Funktionen aufrufen.

- **Untersichten**
  Hier finden Sie die zugehörigen Untersichten des jeweils ausgewählten Work Centers.
- **Auswertungen**
  Sofern das ausgewählte Work Center Auswertungen bereitstellt, können Sie diese hier finden.
- **Typische Aufgaben**
  Dieser Bereich enthält Funktionen, die aus jeder Sicht des Work Centers aufgerufen werden können.
- **Zugehörige Links**
  Hier sind nützliche Informationen und Funktionen mit inhaltlichem Bezug zum ausgewählten Work Center verlinkt. Wenn Sie einen Link auswählen, wird die Funktion bzw. Information in einem neuen Fenster geöffnet. Der Systemadministrator legt fest, welche Links hier angezeigt werden.

2.5 Initiale Konfiguration des SAP Solution Managers

Nachdem wir nun die Architektur und die einzelnen Komponenten im SAP Solution Manager betrachtet haben, zeigen wir Ihnen in den nächsten beiden Abschnitten die Einrichtung des SAP Solution Manager-Systems und welche Schritte anschließend notwendig sind, um ein System erfolgreich an den SAP Solution Manager anzuschließen. Die initiale Konfiguration für die aktive Verwendung des SAP Solution Managers und der zu verwaltenden Systeme erfolgt in drei wesentlichen Phasen:

1. Systemvorbereitung
2. Basiskonfiguration
3. Konfiguration der verwalteten Systeme

Ziel ist es, den SAP Solution Manager komplett für Ihre Systemlandschaft vorzubereiten und einzurichten. Nach dem zweiten Schritt ist der SAP Solution Manager bereits in einer Grundbereitschaft und könnte beispielsweise schon durchaus mit dem ITSM eingerichtet werden. Wir empfehlen Ihnen allerdings, die drei genannten Phasen abzuschließen und erst danach mit weiteren Szenarien oder der Einrichtung weiterer Anwendungen fortzufahren. Eine große Anzahl der Szenarien im SAP Solution Manager und auch alle in diesem Buch beschriebenen Anwendungen setzen voraus, dass diese drei Phasen erfolgreich absolviert wurden.

2.5.1 Konfigurationsprogramm des SAP Solution Managers

Für die Konfiguration des SAP Solution Managers wird durchgängig ein Programm eingesetzt, in dem jeder der Einrichtungsschritte erläutert wird. Dieses Konfigurationsprogramm wurde mit dem SAP Solution Manager 7.01 eingeführt und vereinfacht den Konfigurationsprozess des SAP Solution Managers durch eine interaktive Benutzerführung deutlich. Im Lauf der Weiterentwicklung des Produkts wurde die automatisierte Einrichtung auf weitere Anwendungen ausgedehnt, sodass derzeit im SAP Solution Manager 7.1 SP05 insgesamt zehn Anwendungsszenarien mit diesem Einrichtungsprogramm durchgeführt werden können. Das Work Center Konfiguration des SAP Solution Managers (Transaktion SOLMAN_SETUP) bietet dem Endanwender eine vollständig dokumentierte Form der kompletten Einrichtung des SAP Solution Managers.

2.5.2 Systemvorbereitung

Zu Beginn wird das System vorbereitet, um im nächsten Schritt die Basiskonfiguration des SAP Solution Manager-Systems erfolgreich durchführen zu können.

Mit der Transaktion SOLMAN_SETUP starten Sie das Programm in Ihrem lokalen Webbrowser. Es bietet Ihnen einen ersten Überblick über den Status Ihrer Konfiguration des SAP Solution Manager-Systems. Wie Sie in Abbildung 2.12 sehen können, ist die Darstellung in mehrere Bereiche unterteilt. Der linke Fensterbereich dient der Navigation. Hier können Sie die Szenarien auswählen oder auch zwischen den Bereichen Systemvorbereitung, Basiskonfiguration und Konfiguration der verwalteten Systeme wechseln. Rechts neben dem Navigationsbereich finden Sie im Bereich Hilfe Informationen zu dem gewählten Szenario, das Sie einrichten möchten. Im Protokollbereich können Sie sich über die letzten Änderungen erkundigen, die die gewählte Aktivität betreffen. Alle Schritte in dem Programm werden dokumentiert, sodass Sie das Protokoll später zur Analyse heranziehen können. Die Darstellung ist immer gleich aufgebaut: Im Hilfebereich des Fensters erhalten Sie eine Erläuterung zu den Aktivitäten, die sich im Aktivitätsbereich anschließen.

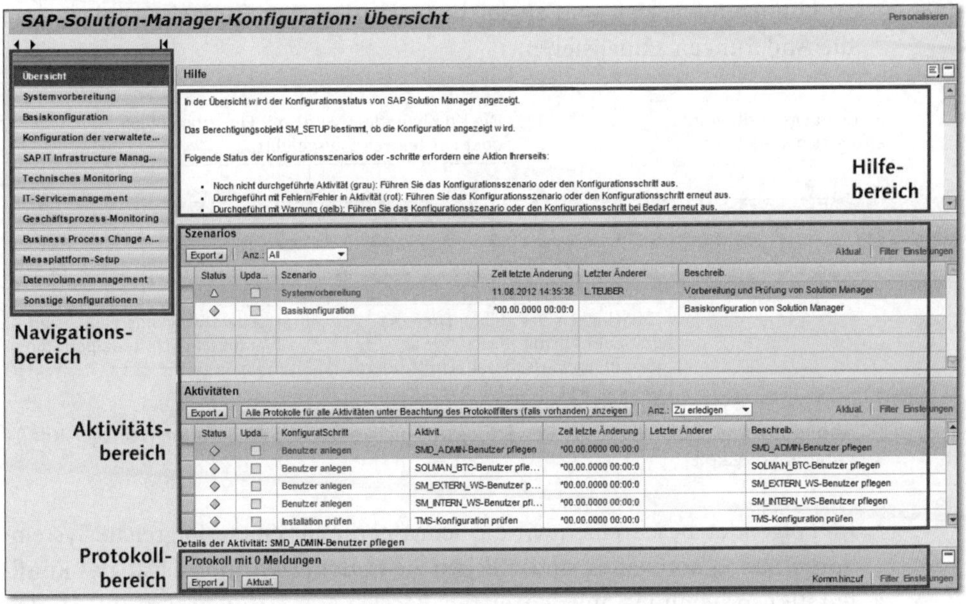

Abbildung 2.12 Darstellung des Work Centers Konfiguration des SAP Solution Managers

Bei Neuinstallationen haben die Einträge SYSTEMVORBEREITUNG und BASISKONFIGURATION im Bereich SZENARIOS noch keine Bewertung in der Spalte STATUS und sind auch nicht mit einer grauen Raute versehen. Dies zeigt Ihnen, dass die Einrichtung noch nicht begonnen hat. Sobald Sie erste Aktivitäten in der Systemvorbereitung und auch in der Basiskonfiguration beginnen, werden Ihnen diese Fortschritte in der Übersicht dargestellt, und das Szenario wird entsprechend dem Fortschritt mit einer globalen Bewertung versehen, dem so genannten Status.

In Abbildung 2.13 können Sie Beispiele für solche Bewertungen sehen, wie sie auch für die Gesamtbewertung in der Übersicht genutzt werden. Ebenso wird Ihnen mithilfe von proaktiven Prüfmechanismen angezeigt, dass beispielsweise Konfigurationsschritte wiederholt werden müssen. Dies kann aufgrund eines Releasewechsels, einer Anpassung der Basisobjekte oder eines Korrekturhinweises von SAP nötig werden. Wir empfehlen Ihnen daher, sich in regelmäßigen Abständen am Work Center KONFIGURATION DES SAP SOLUTION MANAGERS anzumelden. Besonders nach Änderungen am System erhalten Sie hier bereits einen Überblick, ob Sie die Konfiguration des SAP Solution Managers anpassen müssen.

Über die Work-Center-Navigation können Sie jederzeit in jede Phase der Einrichtung abspringen, wenn einzelne Schritte wiederholt werden müssen.

So können Sie gezielt und zugleich strukturiert den Hinweisen folgen und die Änderungen aktualisieren.

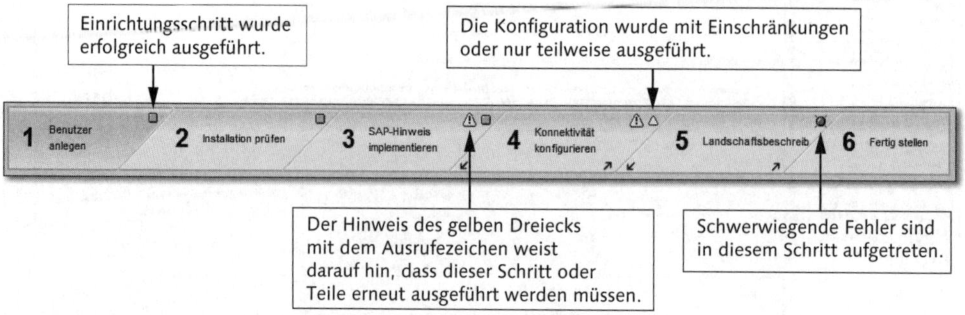

Abbildung 2.13 Darstellung der Bewertungsmöglichkeiten im SAP Solution Manager-Konfigurations-Cockpit

Im Folgenden beschreiben wir die Schritte, die für eine erfolgreiche Systemvorbereitung notwendig sind. Klicken Sie in der Navigationsleiste des Konfigurationsprogramms auf den ersten Bereich SYSTEMVORBEREITUNG. In den folgenden sechs Schritten bereiten Sie das technische System vor, sodass Sie anschließend die Basiskonfiguration durchführen können. In Abbildung 2.13 haben wir Ihnen bereits am Beispiel der Navigation für die Systemvorbereitung die Notation und Bewertungsmöglichkeiten des Status dargestellt.

Schritt 1: Benutzer anlegen

Im ersten Schritt werden notwendige Anwendungsbenutzer im SAP Solution Manager für den Betrieb und die Konfiguration des Systems angelegt. Zunächst muss der Benutzer `SOLMAN_ADMIN` angelegt werden. Der Administrator des SAP Solution Managers erhält in diesem ersten Schritt ein vollständiges Set an Rollen und Profilen, die die komplette Administration des SAP Solution Managers sowie die Verwendung und Einrichtung aller Szenarien im SAP Solution Manager erlauben. Weitere Benutzer, die angelegt werden, sind vom Typ technische Benutzer:

- `SMD_ADMIN` wird für die Kommunikation mit den Agenten eingesetzt.
- `SOLMAN_BTC` wird für die Hintergrundverarbeitung im SAP Solution Manager verwendet.
- `SM_EXTERN_WS` und `SM_INTERN_WS` werden für die Kommunikation mit den Webservices eingesetzt.

Allen vier Benutzern werden die für ihren Verwendungszweck vorgesehenen Berechtigungen automatisch zugewiesen.

Schritt 2: Installation prüfen

Im zweiten Schritt wird das System auf die unterschiedlichen Voraussetzungen hin geprüft:

- Das Transportmanagement des SAP Solution Manager-Systems sollte aktiv und einer gültigen Transportdomäne zugewiesen sein.
- Notwendige Systemparameter werden in diesem Schritt auf ihr Vorhandensein und den empfohlenen Wert hin geprüft.
- Es wird geprüft, ob eine gültige Lizenz sowohl des Produkts als auch ein gültiger Wartungsvertrag mit SAP vorhanden ist.
- Abhängig vom Basis-Release des SAP Solution Managers, müssen alle weiteren Komponenten die Mindestvoraussetzungen aus technischer Sicht erfüllen, um Inkonsistenzen zu vermeiden und die Funktionalität aller Szenarien und Programme zu gewährleisten.
- Zwei weitere Prüfungen stellen sicher, dass die Kommunikation mit dem SAP Service Marketplace ohne Störungen funktioniert. Es wird geprüft, ob der Parameter zur automatischen Übermittlung von Systemdaten an den SAP Service Marketplace aktiv ist und ob die Kommunikation zu SAP hergestellt werden kann. Diese Kommunikationsverbindung ist nicht zuletzt wichtig, wenn Sie den Support von SAP in Anspruch nehmen möchten. Durch den Austausch wichtiger Systemdaten können zum Beispiel Services, die von Ihnen über den SAP Service Marketplace angefordert werden können, passend für die jeweiligen Systeme übermittelt werden. Welche Informationen von den angeschlossenen Systemen an den SAP Service Marketplace gesendet werden, kann dem SAP-Hinweis 993775 entnommen werden.

Schritt 3: SAP-Hinweis implementieren

Sind alle Voraussetzungen erfüllt, können Sie mit dem nächsten Schritt fortfahren, der Implementierung des zentralen Sammelhinweises. Der zentrale Sammelhinweis enthält alle bisher bekannten Fehlerkorrekturen für die jeweils verwendete Komponentenversion des SAP Solution Managers, das heißt, ungeachtet der Tatsache, welche Komponenten tatsächlich genutzt werden und im Einsatz sind, werden grundsätzlich alle bekannten Fehlerkorrekturen implementiert. Auf diese Weise werden standardmäßig alle Funktionalitäten auf den neuesten Stand gebracht, sodass Sie zu einem späteren Zeitpunkt weitere Szenarien ohne weitere Updates einsetzen können.

Aus diesem Vorgehen resultiert eine vermeintlich hohe Anzahl an Korrekturen, die mit diesem Sammelhinweis ausgeliefert werden muss. Für das erste Einspielen des Sammelhinweises sollte daher etwas Zeit eingeplant werden, da insbesondere Objektkorrekturen einige Zeit erfordern.

Schritt 4: Konnektivität konfigurieren

Nach dem erfolgreichen Einspielen des Sammelhinweises und allen darin enthaltenen Korrekturen können Sie mit der Einrichtung der Verbindungsmöglichkeiten des SAP Solution Manager-Systems zu entfernten Komponenten fortfahren, wie zum Beispiel mit den zu verwaltenden Systemen. Zunächst wird in diesem Schritt die Grundlage der Kommunikation mit dem SAP Solution Manager-System geschaffen.

Falls Sie mehrere Java-Instanzen nutzen und einen Web Dispatcher zur Kommunikation zwischen den Instanzen einsetzen, können Sie diesen im ersten Teilschritt angeben. Setzen Sie keinen Web Dispatcher ein, können Sie ohne Änderung mit dem nächsten Teilschritt fortfahren. Als Nächstes müssen Sie im zweiten Teilschritt die Authentifizierungsmöglichkeiten für Webservices definieren und darauf aufbauend im dritten Teilschritt die logischen Ports für die Webservices anlegen. Im letzten und vierten Teilschritt müssen Sie das Anmeldeverfahren für die Diagnostics Agenten festlegen. Wir empfehlen Ihnen, nicht die klassische Methode mittels Benutzernamen und Passwort zu wählen, sondern die zertifikatsgesteuerte Anmeldung. Dies erleichtert Ihnen die spätere Wartung des SAP Solution Managers.

Schritt 5: Landschaftsbeschreibung

Der letzte Schritt der Systemvorbereitung ist die Einrichtung der Landschaftskomponenten im SAP Solution Manager. Der SAP Solution Manager nutzt Komponenten, um Informationen auszulesen und aufzubereiten. In diesem fünften Schritt der Systemvorbereitung werden die Komponenten SLD und LMDB für den Betrieb eingerichtet.

Das SLD dient dabei im Gegensatz zu früheren Releases vor SAP Solution Manager 7.1 als Datenlieferant für die LMDB. Das SLD wird vom SAP Solution Manager nicht mehr als aktive Landschaftsverwaltungskomponente genutzt, sondern nur noch als Datenlieferant für die LMDB, wie Sie Abbildung 2.14 entnehmen können.

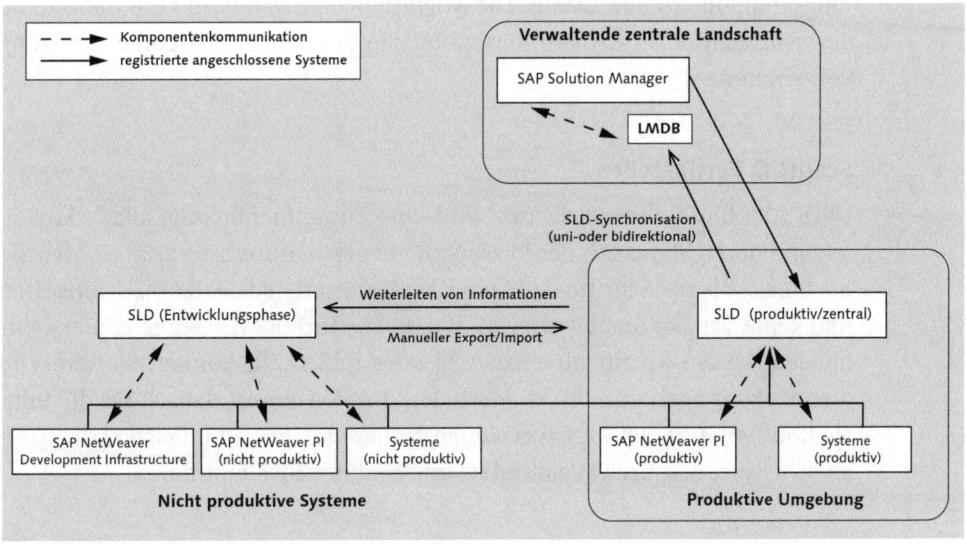

Abbildung 2.14 Interaktion und Kommunikation zwischen dem SLD und der LMDB

Die Interaktion und den Aufbau des SLDs und der LMDB können Sie Abschnitt 2.3, »Landschaftsverwaltung und Darstellung im SAP Solution Manager«, entnehmen, in dem wir bereits die beiden Komponenten für den SAP Solution Manager vorgestellt haben.

SAP empfiehlt, ein zentrales SLD als eigenständige Systemkomponente in dem System in Ihrer Landschaft anzulegen, das die neueste AS Java-Version verwendet. Normalerweise ist dies nicht der SAP Solution Manager. Der Grund hierfür liegt in dem vom SAP Solution Manager verwendeten SAP NetWeaver-Release 7.0, in dem das SLD als eine Komponente integriert ist. In der Synchronisation mit höheren SAP NetWeaver-Releases ab Release 7.1 können nur Informationen des kleinsten Releases verarbeitet werden. Da vor allem in SAP NetWeaver PI-Systemen wichtige Informationen im SLD hinsichtlich der zu verarbeitenden Routen von Informationen hinterlegt sind, würde auf Basis eines SLDs in Release 7.0 ein großer Teil nicht synchronisiert werden. Daher ist es nicht zu empfehlen, den SAP Solution Manager als Host für das SLD zu wählen.

SAP empfiehlt, einen dedizierten SLD-Server in der Landschaft aufzubauen, der weitestgehend dem letzten Entwicklungsstand entspricht. Die Informationen aus dem zentralen SLD werden komplett in der LMDB synchronisiert. Wie bereits in Abschnitt 2.3, »Landschaftsverwaltung und Darstellung im SAP Solution Manager«, beschrieben, ist die primäre Landschaftsverwaltungskomponente die LMDB. Die Migration alter Daten und die Anbindung des zentralen SLDs wird in diesem letzten Schritt der Systemvorbereitung vorgenommen.

Schritt 6: Fertigstellen

Nach Abschluss dieses Schrittes wird eine Zusammenfassung aller Aktivitäten und deren Status aus der Phase Systemvorbereitung angezeigt. Prüfen Sie nochmals, ob alle Schritte den Status ERFOLGREICH ABGESCHLOSSEN aufweisen und keine Tätigkeiten weiterer Aktivitäten bedürfen oder einen Fehlerstatus melden. Ist ein Schritt unvollständig oder fehlerhaft, können Sie direkt in diesen abspringen und ihn wiederholen. Das System ist danach für die initiale Konfiguration der Basiswerkzeuge vorbereitet, wie zum Beispiel die Ursachenanalyse, den EarlyWatch Alert und Maintenance Optimizer.

2.5.3 Basiskonfiguration

In der Basiskonfiguration des SAP Solution Manager-Systems gehen wir aufbauend auf den Ergebnissen aus der Systemvorbereitung mit einem analog aufgebauten Leitfaden vor. Die Basiskonfiguration ist in acht Teilschritte untergliedert, die aufeinander aufbauend den SAP Solution Manager für den Einsatz der verschiedenen Anwendungen der Application Operation vorbereiten. Am Ende der acht Schritte stehen Ihnen die ersten Grundwerkzeuge für die Systemverwaltung zur Verfügung. So können beispielsweise die Ursachenanalyse, der Maintenance Optimizer oder auch die Verwaltung und Darstellung der Landschaftskomponenten unmittelbar nach dem Anschluss der ersten Systeme an den SAP Solution Manager genutzt werden. Im Folgenden stellen wir Ihnen die einzelnen Schritte der Basiskonfiguration vor.

Schritt 1: Projekt anlegen

Im ersten Schritt haben Sie die Möglichkeit, alle Modifikationen und Konfigurationen des Systems in einem SAP Solution Manager-Projekt zu sichern. Wir werden Ihnen in Kapitel 3, »Implementierungsprojekte«, näher erläutern, was in einem SAP Solution Manager-Projekt zusammengefasst und dokumentiert wird. Indem Sie in der Basiskonfiguration ein SAP Solution Manager-Projekt anlegen, können Sie bei einem weiteren Einführungsprojekt auf die bereits gesammelten Informationen und Ergebnisse zurückgreifen.

Legen Sie daher in diesem Schritt das Projekt an. SAP gibt Ihnen bereits einen Vorschlagsnamen für das Projekt vor, den Sie allerdings gern durch einen eigenen ersetzen können. Sollten Sie ein System besitzen, das auf einem Upgrade basiert, kann durchaus aus vorangegangenen Upgrades oder Implementierungen bereits ein Projekt existieren. In diesem Fall müssen Sie an dieser Stelle keine weiteren Aktivitäten vornehmen, sondern können das existierende Projekt auswählen und mit dem nächsten Schritt fortfahren.

Das Projekt wird mit einer neuen Landschaft angelegt. Ziel und Hintergrund ist es, eine unabhängige und auch eigenständige Landschaft zu erzeugen, in der alle Systeme, die für die Systemverwaltung und den Support relevant sind, in einer Lösung verwaltet werden.

Schritt 2: Benutzer- und Verbindungsdaten anlegen

Im nächsten Schritt BENUTZER- UND VERBINDUNGSDATEN ANLEGEN werden alle notwendigen technischen Standardbenutzer im SAP Solution Manager angelegt, die letztlich unter anderem auch die Anbindung von anzuschließenden Systemen ermöglichen werden. Zunächst können Sie einen SAP-Servicebenutzer (S-User) für die Kommunikation mit dem SAP Support Portal anlegen. Wir empfehlen Ihnen, einen dedizierten Benutzer für den SAP Solution Manager bei SAP zu beantragen, der alle notwendigen Systeme und Installationen am SAP Support Portal pflegen darf. Dieser neue SAP-Servicebenutzer ist damit unabhängig von Ihrem persönlichen SAP-Servicebenutzer und kann im Auftrag des SAP Solution Managers mit dem SAP Service Marketplace kommunizieren. Der SAP-Servicebenutzer wird beispielsweise für die Synchronisation mit dem SAP Service Marketplace verwendet, um einmal am Tag die Statusinformationen zu den angeschlossenen Systemen zu aktualisieren. Auch für eine automatische Verteilung der Wartungslizenzen wird der SAP-Servicebenutzer verwendet.

Sind alle Informationen erfolgreich angelegt, können Sie mit dem nächsten Teilschritt zur Verwendung der BI-Daten im SAP Solution Manager fortfahren. Sofern nicht schon geschehen, entscheiden Sie hier über die zukünftige Systemkonfiguration Ihres BI-Mandanten. Sie haben die Möglichkeit, die SAP NetWeaver BW-Ressourcen direkt aus dem produktiven Mandanten zu beziehen. In dem Fall wird das SAP NetWeaver BW direkt im produktiven Mandanten Ihres SAP Solution Managers aktiviert. Sie können sich allerdings auch für die Verwendung eines separaten Mandanten oder eines komplett eigenständigen Systems entscheiden. Wir empfehlen die Verwendung desselben Mandanten, da dadurch die Einrichtung, die Schnittstellenkommunikation und die Wartung des Gesamtsystems für Sie erheblich erleichtert werden.

Im nächsten Teilschritt ANMELDEINFORMATIONEN EINRICHTEN werden Sie um die Angabe von Administrationsbenutzern gebeten. Diese Administrationsbenutzer werden für weitere automatische Aktivitäten verwendet. Es wird empfohlen, den SOLMAN_ADMIN-Benutzer zu verwenden. Damit soll sichergestellt werden, dass der Benutzer bereits alle benötigten Berechtigungen besitzt, da wir diesen in der Systemvorbereitung aus einer automatischen Benutzererstellung heraus generieren konnten.

[»]

Hinweis

Wenn Sie das SAP NetWeaver Business Warehouse (BW) in einem separaten SAP Solution Manager-Mandanten oder in einem separaten System eingerichtet haben, müssen Sie einen SAP NetWeaver BW-Administrator im BW-System anlegen oder das Rollenprofil eines vorhandenen BW-Administrators aktualisieren.

Legen Sie im nächsten Teilschritt BENUTZER ANLEGEN weitere Standardbenutzer an. Sie haben auch die Möglichkeit, Berechtigungsprofile für die Standardbenutzer zu aktualisieren. Eine Aktualisierung kann beispielsweise aufgrund einer Änderung in einem Support Package oder nach dem Einspielen einer Korrektur erforderlich sein. In solchen Fällen sollten die Berechtigungen der Benutzer erneut generiert werden. Sie werden in der Spalte AKTUALISIERUNG explizit darauf hingewiesen, wenn eine Aktualisierung für ein Berechtigungsobjekt an einem Benutzer vorliegen sollte.

Wie auch schon bei der Grundeinrichtung empfehlen wir Ihnen, in regelmäßigen Abständen den Gesamteinrichtungsstatus auf der Überblickseite im Work Center KONFIGURATION DES SAP SOLUTION MANAGERS zu prüfen. Sollte eine Aktualisierung vorliegen, wird dies auch im Gesamtstatus dargestellt. Die Benutzer, die in diesem Schritt angelegt werden, dienen der Kommunikation und der Verwaltung von anzuschließenden Systemen.

Im nächsten und letzten Teilschritt zu BENUTZER- UND VERBINDUNGSDATEN ANLEGEN werden die internen Kommunikationsschnittstellen zwischen dem AS Java und dem AS ABAP angelegt. Die interne RFC-Verbindung WEBADMIN wird für die direkte Kommunikation und Aufrufe zwischen den technischen Instanzen eingerichtet. Eine weitere Kommunikationsschnittstelle, die für den Betrieb des SAP Solution Managers eingerichtet wird, dient der Interaktion zwischen dem SAP NetWeaver BW und dem SAP Solution Manager. Daten, die von den anzuschließenden Systemen gesammelt werden, besitzen vordefinierte Ablageorte im SAP NetWeaver BW. Die Schnittstellen übernehmen die korrekte Beschaffung und die richtige Adressierung dieser Daten.

Damit sind alle erforderlichen Benutzer im SAP Solution Manager angelegt.

Schritt 3: Landschaftsdaten eingeben

Im dritten Schritt LANDSCHAFTSDATEN EINGEBEN werden die Komponenten Introscope Enterprise Manager und SAPconnect, die beispielsweise zum Versand von E-Mails verwendet wird, eingerichtet. Bereits vorhandene Introscope Enterprise Manager-Installationen können im ersten Teilschritt CA WILY INTROSCOPE KONFIGURIEREN bereits angegeben werden, sodass sie mit dem SAP Solution Manager verbunden werden können.

Mit Release SAP Solution Manager 7.1 wird erstmals die Möglichkeit angeboten, mithilfe des SAP Solution Managers auch Remote-Installationen von Introscope zu erstellen. In diesem Teilschritt können Sie sich einen Überblick verschaffen, welche Introscope Enterprise Manager bereits an den SAP Solution Manager angebunden sind und in welcher allgemeinen Auslastungsverfassung sich diese befinden. Der Auslastungsgrad gibt Ihnen bereits einen Hinweis darauf, ob Sie eine Einzelinstallation oder eine Cluster-Lösung einrichten müssen. Der Introscope Enterprise Manager kann auf zwei verschiedene Arten in die SAP Solution Manager-Lösung eingebracht werden:

- Als Einzelinstallation, das heißt, es gibt nur eine Instanz, die Informationen sammelt und mit dem SAP Solution Manager kommuniziert.
- Als eine verteilte Lösung, das heißt, es existiert ebenfalls eine Instanz, die mit dem SAP Solution Manager kommuniziert, allerdings sammeln separate Instanzen (Cluster) des Enterprise Managers die Informationen von den anzuschließenden Systemen.

Haben Sie beispielsweise eine Landschaft mit mehr als hundert anzuschließenden Systemen, sollten Sie bereits eine verteilte Lösung des Introscope Enterprise Managers erwägen. Eine Instanz eines Introscope Enterprise Managers kann nur begrenzt Informationen in Echtzeit von den angeschlossenen Systemen verarbeiten, woraus sich die Notwendigkeit ergibt, bei einer großen Anzahl anzuschließender Systeme eine verteilte Installation mit mehreren Instanzen zu verwenden. Eine solch verteilte Lösung des Introscope Enterprise Managers ist im Aufbau etwas umfangreicher, da sie in ihrer kleinsten Ausführung aus mindestens zwei Instanzen besteht. Allerdings ist eine solche Lösung mit dynamischer Lastverteilung und der Möglichkeit der Ressourcenerweiterung deutlich flexibler und einfacher zu bedienen.

Für das Versenden von E-Mails aus dem SAP Solution Manager-System ist es notwendig, eine Schnittstelle vom SAP-System zum Serviceanbieter in Ihrem Unternehmen herzustellen. Diese können Sie im nächsten Teilschritt SAPCONNECT KONFIGURIEREN einrichten. Zu diesem Zweck werden Sie nach dem

Zugangspunkt Ihres Anbieters bzw. nach Ihrer Kommunikationsschnittstelle gefragt. SAPconnect wird sowohl zum Versenden von E-Mails als auch von SMS verwendet.

Schritt 4: Manuelle Konfiguration

Dieser Schritt enthält eine Reihe von Teilschritten mit manuellen Aktivitäten. Nicht alle Schritte werden für Sie relevant sein. Entscheiden Sie, welche Schritte für Sie notwendig sind, und führen Sie die Schritte gemäß der Anleitung aus.

Die ersten Schritte sind wichtige Schritte zur Vorbereitung des BW-Systems, wie die Aktivierung des BW-Quellsystems, die Einrichtung des BW-Berechtigungskonzepts und die Pflege der logischen Systeme. Dabei definieren Sie die Datenstrukturen für die Ablage der in den angeschlossenen Systemen gesammelten Informationen. Sie bestimmen das Anmeldeverfahren für die BW-Ressourcen und richten die technische Bezeichnung des BW-Mandanten im System ein.

Im nächsten manuellen Schritt werden die Inhalte und Definitionen der Services im SAP Solution Manager aktualisiert, die Ihnen von SAP im Rahmen Ihres Wartungsvertrags angeboten werden. Ein wichtiger Service ist beispielsweise der EarlyWatch Alert, aber auch die so genannten Selbstüberprüfungen gehören zum Inhalt der Services. Weiterführende Informationen zu diesen Services finden Sie im SAP Service Marketplace unter dem Alias *supportservices*.

Schritt 5: Automatische Konfiguration

In diesem Schritt werden automatische Konfigurationen vorgenommen, die für den Betrieb des SAP Solution Managers zwingend notwendig sind. Dies sind vorwiegend Schritte, die vor allem die interne Kommunikation der verschiedenen Komponenten betreffen und sicherstellen, wie die des Introscope Enterprise Managers, der BW-Extraktoren und anderer Datensammelmethoden.

Vor jedem Teilschritt wird geprüft, ob die Ausführung, das heißt, die Umsetzung des Teilschrittes im SAP Solution Manager-System, notwendig oder unter Umständen lediglich die Aktualisierung der Aktivitäten oder gar keine Aktivität erforderlich ist. Mit dieser Funktionalität erhalten Sie die Sicherheit, dass von Ihnen vorgenommene Änderungen am System, wie beispielsweise die Aktivierung von Stücklisten, bei einer wiederholten Ausführung nicht wieder ungewollt mit Standardwerten überschrieben werden können. Nachdem alle Schritte erfolgreich ausgeführt wurden, ist Ihr SAP Solution Manager bereits technisch vollständig konfiguriert. Fahren Sie nun mit den letzten Schritten fort, um die Basiskonfiguration des SAP Solution Managers abzuschließen.

Schritt 6: Engagement-Auswertung

Kunden, die über den Wartungsvertrag SAP Product Support for Large Enterprises (PSLE) verfügen, steht ab Release SAP Solution Manager 7.1 SP05 ein gleichnamiger Kunden-Report zur Verfügung. Falls Sie keinen solchen Wartungsvertrag mit SAP haben, werden Sie keinen Mehrwert aus diesem Report ziehen können, da dieser sich mit Informationen zum Inhalt des SAP PSLE-Wartungsvertrags beschäftigt. Weitere Informationen finden Sie im SAP Service Marketplace unter dem Alias *supportservices*.

Der eigenständig vom Kunden durchzuführende Service SAP-PSLE-AUSWERTUNG bietet Ihnen als SAP-PSLE-Kunde einen umfassenden Überblick über den aktuellen Status Ihrer Anwendung, das Lifecycle-Management Ihrer geschäftskritischen Vorgänge und das SAP-Leistungsangebot. Ziel ist es, die Zusammenarbeit zwischen Ihrer IT-Organisation und SAP sicherzustellen, um Ihre SAP-Softwarelösungen zu optimieren. Außerdem soll die SAP-PSLE-Auswertung zur Lösung offener Probleme beitragen, die sich negativ auf den Betrieb Ihrer Anwendungen oder Unternehmenslösungen auswirken könnten. Im Schritt ENGAGEMENT-AUSWERTUNG können Sie die notwendigen Schritte zur Konfiguration des Reports vornehmen. Sind Sie kein PSLE-Kunde, können Sie diesen optionalen Schritt überspringen und direkt mit dem Anlegen der Konfigurationsbenutzer fortfahren.

Schritt 7: Konfigurationsbenutzer anlegen

Der letzte Schritt der Basiskonfiguration Ihres SAP Solution Managers ist das Anlegen der Konfigurationsbenutzer. Dieser Schritt ist für Sie optional und keine Voraussetzung für die Funktionsfähigkeit Ihres SAP Solution Managers. In diesem Schritt können Sie Konfigurationsbenutzer für die einzelnen Szenarien im SAP Solution Manager-System mit den jeweils erforderlichen Berechtigungen anlegen. Führen Sie diesen Schritt durch, wenn Sie für ein bestimmtes Szenario, wie zum Beispiel das BW-Reporting oder das Änderungsmanagement, einen dedizierten Konfigurationsbenutzer anlegen möchten. Die Benutzer werden mit einem vollständigen Set aus allen benötigten Rollen für die Einrichtung eines jeweiligen Szenarios automatisch angelegt.

Schritt 8: Fertigstellen

Abschließend wird der Gesamtstatus der Basiskonfiguration auf einer Seite zusammengefasst (siehe Abbildung 2.15). Wie Sie sehen, haben alle Schritte und die darin enthaltenen Teilschritte eine grüne Markierung in der Spalte STATUS, das heißt, sie wurden erfolgreich abgeschlossen.

Prüfen Sie wie in der Systemvorbereitung, ob keine Schritte mehr offen sind, die für Ihre Basiskonfiguration wichtig sind. Optionale Konfigurationen in den Schritten MANUELLE KONFIGURATION, ENGAGEMENT-AUSWERTUNGEN KONFIGURIEREN und KONFIGURATIONSBENUTZER ANLEGEN können je nach der von Ihnen getroffenen Entscheidung auch grau sein, weil Sie diese übersprungen haben. Schließen Sie alle Tätigkeiten ab, und verlassen Sie die Basiskonfiguration, indem Sie das Browser-Fenster schließen oder in der Navigationsleiste einen weiteren Bereich zur Einrichtung auswählen.

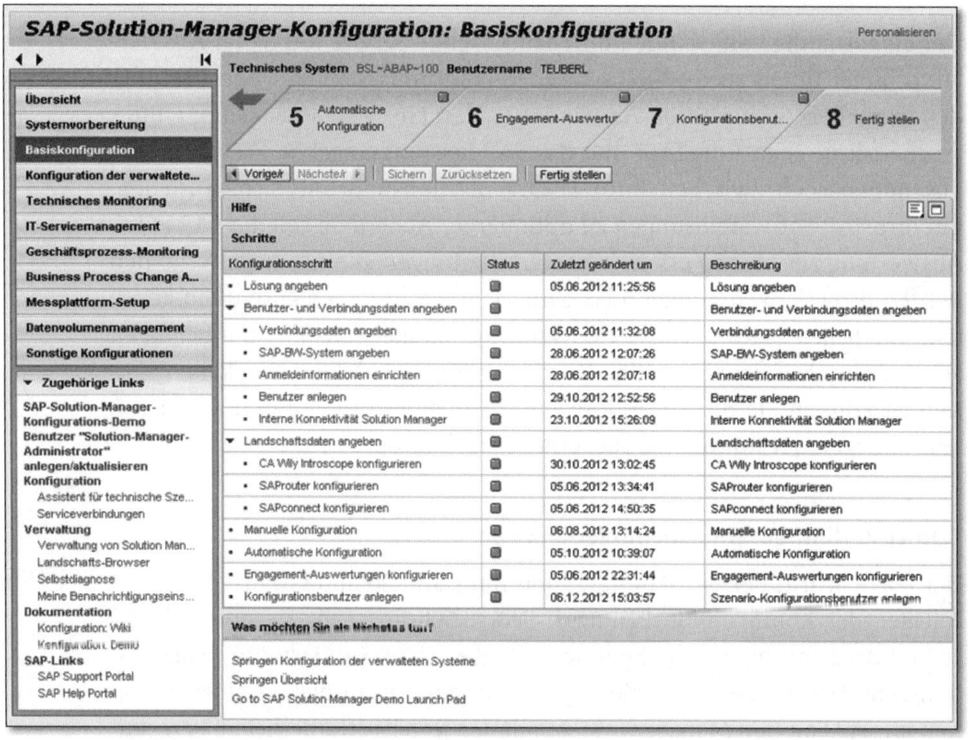

Abbildung 2.15 Zusammenfassung und Bericht über die erfolgreiche Durchführung der Basiskonfiguration im SAP Solution Manager 7.1

Die Basiskonfiguration ist abgeschlossen, und Ihr SAP Solution Manager steht nun zur Verwendung bereit. Sie können nun die einzelnen Szenarien einrichten und Systeme am SAP Solution Manager anschließen.

2.5.4 Konfiguration der verwalteten Systeme

Nachdem Sie erfolgreich alle Schritte der Systemvorbereitung und der Basiskonfiguration durchgeführt haben, können Sie die zu verwaltenden Systeme an den SAP Solution Manager anschließen. Abhängig von der technologischen Basis der anzuschließenden Systeme, werden die Schritte der Einrichtung automatisch vom Konfigurationsprozess angepasst.

Mit SAP Solution Manager 7.1 SP05 haben Sie die Möglichkeit, nicht nur SAP-Komponenten an Ihren SAP Solution Manager anzuschließen, sondern zum Beispiel auch Datenbanken, die nicht von SAP-Systemen genutzt werden, oder Serversysteme, auf denen kein SAP-System installiert ist. Dadurch können Sie über die Grenzen der SAP-Systeme hinaus einen schnellen Überblick über den Status der verschiedenen Komponenten erhalten. Welche Komponenten und Systeme derzeit von Ihrem SAP Solution Manager unterstützt werden und welche Besonderheiten bei der Einrichtung zu beachten sind, können Sie dem offiziellen Wiki zum SAP Solution Manager entnehmen. Sie finden die Informationen unter folgendem Link: *http://wiki.sdn.sap.com/wiki/display/SMSETUP/Maintenance+of+Product+in+the+System+Landscape.*

Im Folgenden zeigen wir Ihnen am Beispiel des SAP ERP-Systems der Spielzeug AG, das auf SAP NetWeaver 7.0 basiert und den Namen OTO trägt, welche Schritte für die Einrichtung eines anzuschließenden Systems notwendig sind. Das System OTO besteht aus zwei aktiven Systemkernen, einem SAP NetWeaver AS Java für die Abbildung der Mitarbeiterverwaltung und der Selbsterfassung sowie einem SAP NetWeaver AS ABAP mit der SAP ERP Central Component (ECC) zur Abbildung der Kerngeschäftsprozesse der Spielzeug AG.

1. Starten Sie die Einrichtung der anzuschließenden Systeme über das Work Center KONFIGURATION DES SAP SOLUTION MANAGERS.
2. Wählen Sie im linken Navigationsbereich den vierten Menüpunkt KONFIGURATION DER VERWALTETEN SYSTEME aus. Im rechten Aktionsbereich werden nun alle Systeme angezeigt, die Sie an den Solution Manager anbinden können. Wählen Sie das anzuschließende System aus der Liste aus.
3. Starten Sie nun die Einrichtung des anzuschließenden Systems, indem Sie das gewünschte System in der Liste der Systeme auswählen und auf den Button SYS. KONFIG. klicken. Es öffnet sich ein neues Browser-Fenster, in dem Sie die passenden Konfigurationsschritte zu Ihrem System finden.

Jedes anzuschließende System besitzt eine technologische Basis, die es von anderen Systemen unterscheidet. Ein AS Java-System besitzt eine andere

Technologie als ein AS ABAP-System. Vor allem in der Kommunikation gibt es Unterschiede, die es zu beachten gilt. Ihr SAP Solution Manager kann mit diesen Unterschieden umgehen und bietet Ihnen daher verschiedene, auf das System abgestimmte Einrichtungsschritte an.

Die ersten Schritte zur Einrichtung der anzuschließenden Systeme im SAP Solution Manager sind unabhängig von den unterschiedlichen Technologien identisch.

1. Im ersten Schritt prüft der SAP Solution Manager, ob die von Ihnen gewählte Systemkomponente ein von SAP unterstütztes Format und eine gültige Version enthält. Für unser OTO-System entspricht dies einem SAP ERP-System mit der Komponente ECC. Wie Sie in Abbildung 2.16 erkennen können, wird diese Information der LMDB entnommen. Sie können die Angaben in der LMDB anpassen und ergänzen, damit die Informationen in diesem Schritt korrekt dargestellt werden.

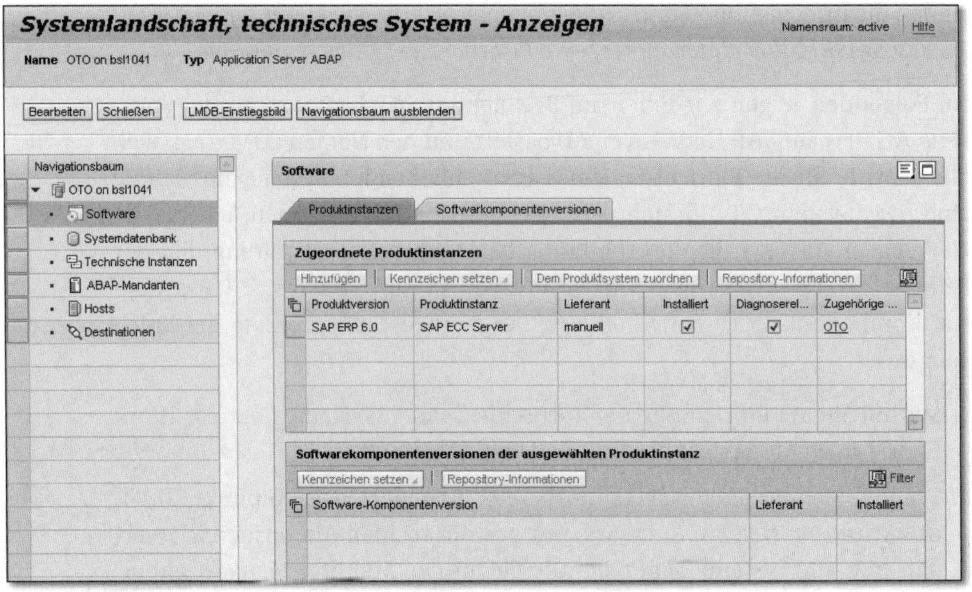

Abbildung 2.16 Pflege der Produktinformationen und der Instanz des anzuschließenden Systems

2. Im zweiten Schritt werden die technischen Voraussetzungen des anzuschließenden Systems geprüft. Die technologische Systembasis wird beispielsweise auf die Mindestvoraussetzungen hin überprüft. Die Mindestvoraussetzungen werden von SAP regelmäßig angepasst. Weitere Informationen hinsichtlich der Versionsabhängigkeiten und Mindestvoraussetzungen für

den Anschluss der Systeme an den SAP Solution Manager finden Sie in SAP-Hinweis 1483508 (SAP Solution Manager 7.1: Voraussetzungen für Ursachenanalyse).

Diese ersten beiden Teilschritte sind notwendig, um sicherzustellen, dass bei der weiteren Anbindung und Einrichtung keine großen Störungen auftreten.

Im dritten Teilschritt werden die Servicekomponenten ST-PI und ST-A/PI geprüft. Die Servicekomponenten ST-PI und ST-A/PI sollten auf den anzuschließenden Systemen in ihrer aktuellsten Version installiert sein, damit aktuelle Erkenntnisse aus dem SAP-Support bei der Sammlung von Informationen von anzuschließenden Systemen mit einfließen können. Diese beiden Komponenten steuern, welche Informationen von den anzuschließenden Systemen in den SAP Solution Manager übertragen werden. In unserem System OTO sind alle Voraussetzungen erfüllt, und uns wird sowohl in der Spalte Status zu den einzelnen Teilschritten als auch in der Navigationsleiste ein grüner Status angezeigt, sodass wir mit dem nächsten Schritt fortfahren können.

3. Im dritten Schritt werden abhängig von der gewählten technologischen Basis des anzuschließenden Systems die Verbindungen eingerichtet. In unserem AS ABAP-System werden die üblichen RFC-Verbindungen zur Kommunikation zwischen den Systeminstanzen verwendet. In Nicht-ABAP-Systemen können Sie bereits im dritten Schritt den Diagnostics Agenten anbinden, in AS ABAP-Systemen erfolgt dies dann einen Schritt später nach dem Anlegen der RFC-Verbindungen. Bei der Anbindung des Diagnostics Agenten ist es wichtig, dass Sie auf jedem virtuellen oder lokalen Server einen Diagnostics Agenten installieren. Haben Sie eine verteilte Systeminstallation, werden Sie mehrere Diagnostics Agenten für die Anbindung Ihres anzuschließenden Systems benötigen. Nachdem Sie alle technischen Instanzen mit einem Diagnostics Agenten verbunden haben, können Sie mit dem nächsten Schritt fortfahren.

4. In diesem Schritt geben wir nun alle Systemparameter an, die zum Konfigurieren des verwalteten Systems erforderlich sind. Welche Parameter angegeben werden müssen, hängt vom Typ des anzuschließenden Systems ab. Sie werden aufgefordert, einen Benutzer für Ihre technische Instanz anzugeben. In unserem Beispiel müssen wir einen Administrator für den anzuschließenden Mandanten des Systems OTO sowie den gültigen Port für den Message-Server angeben, auf dem unser OTO-System läuft.

   Die Pflege der Zugangsinformationen für die Datenbank läuft für alle technischen Systeme gleich ab. Nachdem Sie die Zugangsinformationen gepflegt und gespeichert haben, wird ein Eintrag für das anzuschließende System im zentralen Datenbank-Cockpit (DBA Cockpit) des SAP Solution Managers angelegt. Das DBA Cockpit ermöglicht einen zentralen Einstieg für alle angeschlossenen Datenbanksysteme zur Administration und täglichen Wartung von Datenbanksystemen. Sie können das DBA Cockpit jederzeit mit der Transaktion DBACOCKPIT in Ihrem SAP Solution Manager aufrufen. Diese Information wie auch die weiteren Systemparameter werden im Schritt der automatischen Konfiguration für die Einrichtung des anzuschließenden Systems verwendet. Achten Sie darauf, dass der Benutzer, den Sie angeben, auf der anzuschließenden Instanz ausreichend Berechtigungen besitzt, um die automatischen Konfigurationsschritte auszuführen. Nachdem Sie alle Parameter vollständig angegeben haben, können Sie mit der automatischen Konfiguration fortfahren.

5. Im fünften Schritt AUTOMATISCHE KONFIGURATION werden Extraktoren angelegt, die für die Sammlung von Performanceinformationen oder auch von Informationen über Änderungen an den technischen Systemen verantwortlich sind. Ebenso werden Kommunikationsschnittstellen angelegt sowie notwendige Parameteränderungen vorgeschlagen und bei einem wiederholten Setup angepasst. Prüfen Sie im PROTOKOLL unter Ihrer AKTIVITÄTEN-LISTE, ob alle Teilschritte erfolgreich ausgeführt wurden, und fahren Sie mit den manuellen Schritten fort.
6. Im Schritt MANUELLE KONFIGURATION ergänzen Sie weitere Parameter für den Betrieb auf dem anzuschließenden System. Bei AS Java-Instanzen müssen Sie außerdem den Cluster der Instanz einmal komplett neu starten. Während der automatischen Konfiguration haben Sie bereits wichtige Parameter im anzuschließenden System hinterlegt, die es den Introscope-Werkzeugen erlauben, Informationen auf einer Nicht-ABAP-Instanz einzusammeln. Damit die Startparameter für die Introscope Byte Code Adapter für das anzuschließende System ausgeführt werden und der Agent sich am Introscope Enterprise Manager anmeldet, ist ein Neustart der Instanzen zwingend erforderlich. In unserem OTO-System sind keine weiteren manuellen Schritte notwendig. Wir gehen daher zum nächsten Schritt über, bevor im letzten Schritt die abschließende Prüfung erfolgt.
7. Vor der abschließenden Prüfung muss unserem anzuschließenden technischen System eine LOGISCHE KOMPONENTE zugwiesen werden, die die Produktinformationen sowie die Systemlinie korrekt darstellt. Für unser OTO-System legen wir eine Kopie der logischen Komponente SAP ERP ECC SERVER an und weisen das System als Produktivsystem aus. Diese logische Komponente kann von verschiedenen Lösungen innerhalb des

SAP Solution Managers verwendet werden. Sie sollten sicherstellen, dass das anzuschließende System in mindestens einer Lösungslandschaft vorhanden ist.

8. Prüfen Sie mithilfe des Schrittes KONFIGURATION PRÜFEN abschließend, ob das System erfolgreich angeschlossen wurde.

Die Anbindung des anzuschließenden Systems ist mit dem Schritt der Prüfung abgeschlossen. Anschließend können Sie das System für Szenarien wie den EarlyWatch Alert, den Maintenance Optimizer, die zentrale Administration oder auch die Ursachenanalyse einsetzen. Wir können unser OTO-System nun für die folgenden Szenarien, wie zum Beispiel das technische Monitoring, nutzen und weiter konfigurieren.

2.6 Kundenbeispiel – Einsatz des SAP Solution Managers bei Munich Re

Herr Carsten Bein, Development Engineer bei Munich Re, stellt uns im Folgenden vor, wie der SAP Solution Manager bei Munich Re eingesetzt wird.

Munich Re

Das Geschäftsmodell von Munich Re basiert auf der Kombination von Erst- und Rückversicherung unter einem Dach. Weltweit übernehmen wir Risiken unterschiedlichster Komplexität und Ausprägung.

Munich Re steht für ausgeprägte Lösungsexpertise, konsequentes Risikomanagement, finanzielle Stabilität und große Kundennähe. Mit Beitragseinnahmen von rund 28 Mrd. € allein aus der Rückversicherung ist Munich Re einer der weltweit führenden Rückversicherer. Das globale und lokale Know-how unserer rund 11.200 Mitarbeiterinnen und Mitarbeiter in der Rückversicherung ist einzigartig.

Die Erstversicherungsaktivitäten bündelt Munich Re vor allem in der ERGO Versicherungsgruppe. Weltweit ist die Gruppe in über 30 Ländern vertreten und konzentriert sich auf die Regionen Europa und Asien. 50.000 Menschen arbeiten als angestellte Mitarbeiter oder als hauptberufliche selbstständige Vermittler für die Gruppe. In der Erstversicherung nahm Munich Re 2012 Beiträge von rund 17 Mrd. € ein. Unter der Marke Munich Health bündelt Munich Re ihr globales Gesundheits-Know-how in der Erst- und Rückversicherung mit einem Beitragsvolumen von über 6 Mrd. €.

IT-Organisation von Munich Re

Die konsequent globale Unternehmensausrichtung wurde schon frühzeitig in der hauseigenen IT-Organisation manifestiert. Ein zentrales IT Corporate Center verantwortet drei regionale Hubs. Die IT-Hubs sind unterteilt in AMERICAS (Nord- und Südamerika), EMEA (Europa, Mittlerer Osten und Afrika) und APAC (Asiatisch pazifischer Raum). Globale IT-Systeme werden ausschließlich durch den Hub EMEA betrieben, dezentrale Lösungen hingegen durch die IT-Service-Zentren vor Ort.

Im Jahr 1992 wurde das erste SAP R/3-Entwicklungssystem in München installiert. Das SAP HR-Modul wurde 1996 eingeführt. Es folgten die Module FI, CO und MM. Mit dem Go-live des so genannten »GLORIA«-Projektes im Jahre 2008 wurde das bis dato in der Unternehmensgeschichte umfassendste IT-Projekt erfolgreich abgeschlossen und SAP FS-RI eingeführt. Daneben wurde mit dem so genannten Global Data Warehouse ein Business-Intelligence-System für umfassende Reporting-Anforderungen etabliert. Allein SAP FS-RI und die zugehörige Global-Data-Warehouse-Systemlinie umfassen heute mit allen Entwicklungs-, Test-, Qualitätssicherungs- und Produktionssystemen knapp 22 SAP-Systeme. Mittlerweile ist die gesamte SAP-Landschaft auf rund 56 SAP Systeme angewachsen.

Die Wartung und Pflege der SAP-Landschaft gestaltet sich entsprechend komplex. Der SAP Solution Manager wurde dabei schon frühzeitig eingesetzt. Zunächst wurde primär der Maintenance Optimizer zum Herunterladen und zur Implementierung von Support Packages, die zentrale Systemadministration zur Verwaltung und Überwachung von Aufgabenplänen, der Diagnoseservice EarlyWatch Alert zur Überwachung der Systemlandschaft, sowie die System- und Geschäftsprozessüberwachung mittels CCMS eingesetzt.

Im Jahr 2011 wurde für einen Großteil der SAP-Systemlinien das Change-Request-Management-Szenario (Verwaltung von Änderungsanträgen) eingeführt. 2012 erfolgte schließlich das Upgrade des SAP Solution Managers auf Release 7.1 SP06 inklusive der Umstellung auf das neue Change Request-Management-Szenario.

Upgrade des SAP Solution Managers bei Munich Re

Für 2013 ist die Ablösung des bisher genutzten CCMS-basierten Monitorings durch das technische Monitoring und Alerting geplant. Mit der neuen Technologie sind eine Reihe von infrastrukturellen Verbesserungen verbunden, welche die Wartung der Monitoring-Lösung wesentlich vereinfachen. Zur

Weiterverarbeitung der erzeugten Alerts wurde eine eigene Schnittstelle zum HP OpenView entwickelt, sodass aus bestimmten Alerts automatisch Incidents im zentralen Ticketing-System erzeugt werden. Aufgrund unserer Erfahrungen im Rahmen des SAP Solution Manager Upgrade-Projekts können wir anderen Kunden die folgenden Tipps für ein erfolgreiches SAP Solution Manager Upgrade-Projekt geben:

- **Stakeholder frühzeitig einbinden**
  Durch die frühzeitige Einbindung der Stakeholder war es uns möglich, zahlreiche Detailanforderungen speziell für das Change-Request-Management-Szenario zu berücksichtigen. Dadurch konnte die Akzeptanz enorm gesteigert werden.
- **Satellitensysteme rechtzeitig vorbereiten**
  Für die Anbindung der Satellitensysteme ist die Komponente ST-PI, sowie die Verteilung von bestimmten technischen Rollen und die Anlage von technischen Benutzern erforderlich. Aufgrund interner Regularien, bestehender Prozesse und zur Verfügung stehender Ressourcen gestaltete sich diese Aufgabe wesentlich langwieriger als geplant.
- **Know-how auf mehrere Wissensträger verteilen**
  Die Bündelung von Expertenwissen über mehrere SAP Solution Manager-Szenarien in einer Person kann sich nachteilig auswirken. Es hat sich als Vorteil erwiesen, sowohl hausintern als auch bei unseren externen Partnern auf mehrere Experten für die unterschiedlichen Szenarien zurückgreifen zu können.
- **Angemessenen Testaufwand einplanen**
  Frühzeitige Tests erhöhen die Qualität des konfigurierten SAP Solution Manager-Systems schon vor dem Produktivstart, was sich letztendlich auf die spätere Akzeptanz der Endanwender positiv auswirkt.
- **Iterative inkrementelle Vorgehensweise**
  Durch die iterative Vorgehensweise konnten Risiken schon frühzeitig identifiziert und minimiert werden. Der Iterationsumfang sollte sich im beherrschbaren Rahmen bewegen, da nur auf diese Weise der Komplexität des SAP Solution Managers erfolgreich begegnet werden kann.
- **Geeignete Kollaborationsplattform und -medien wählen**
  Gerade bei der Zusammenarbeit mit externen Partnern spielt der Austausch von Arbeitsergebnissen eine entscheidende Rolle. Auch ist ein effektiver Wissenstransfer essentiell für den Projektfortschritt und sollte durch geeignete Werkzeuge unterstützt werden.

2.7 Weitere Dokumentationen

Links

- Wiki für technische Informationen:
  http://wiki.sdn.sap.com/wiki/display/SMSETUP/Home
- Installation des SAP Web Dispatcher:
  http://wiki.sdn.sap.com/wiki/display/Basis/Installation+of+SAP+Web+Dispatcher+and+SSL+Setup+%28updated+and+corrected%29
- Überblick über unterstützte Nicht-SAP-Komponenten:
  http://wiki.sdn.sap.com/wiki/display/SMSETUP/Maintenance+of+Product+in+the+System+Landscape
- SAP Service Marketplace, Alias *performance*
- SAP Service Marketplace, Alias *supportservices*

SAP-Hinweise

Tabelle 2.3 gibt einen Überblick über wichtige SAP-Hinweise im Zusammenhang mit der Architektur und Konfiguration des SAP Solution Managers.

Inhalt	Hinweis
Verwendung des automatischen Upgrades des SAP Host-Agenten	1473974
Installationspaket für SAP Host-Agent	1031096
Informationen zu den an den SAP Service Marketplace übertragenen Daten	993775
SAP Solution Manager 7.1: Voraussetzungen für Ursachenanalyse	1483508

Tabelle 2.3 SAP-Hinweise zur Architektur und Konfiguration des SAP Solution Managers

Mithilfe einer ausführlichen Dokumentation Ihrer Projekte können Sie jederzeit auf Informationen zu Projekten und SAP-Systemen zurückgreifen. Der SAP Solution Manager unterstützt Sie bei der Erstellung einer solchen Dokumentation.

3 Implementierungsprojekte

In Kapitel 1, »Einführung in den technischen Betrieb«, haben wir das Application Lifecycle Management (ALM) und das Projektmanagement erläutert. In diesem Kapitel schlagen wir den Bogen von der Theorie zur Praxis und zeigen Ihnen, wie Sie den SAP Solution Manager in Ihren Implementierungsprojekten einsetzen können.

Genau wie jedes andere Projekt, wird auch ein Implementierungsprojekt mithilfe einer Projektmanagementmethodik durchgeführt. Unabhängig vom Projektumfang folgt jeder Projektablauf im Grunde dem gleichen Schema. Zur Unterstützung des Projektablaufs können Werkzeuge wie der SAP Solution Manager eingesetzt werden, die die Dokumentation vereinfachen und für Transparenz des Projektablaufs sorgen.

Das Projektmanagement im SAP Solution Manager ermöglicht die Identifikation, das Hinzufügen und die Implementierung von neuen beziehungsweise erweiterten Geschäftsprozessen sowie von technischen Informationen. Die hierbei gesammelten Informationen wachsen stetig und werden durch die Lösungsdokumentation im SAP Solution Manager in klarer und verständlicher Weise strukturiert.

In diesem Kapitel erhalten Sie einen Einblick darin, wie Sie Projekte mithilfe des SAP Solution Managers als Dokumentationswerkzeug durchführen, und Sie erfahren, welchen Mehrwert diese Informationen für die Wiederverwendbarkeit der Projektdaten nach der Überführung in den laufenden Betrieb bieten.

3.1 Projekte vs. Lösungen

Geschäftsprozesse bilden die Grundlage für *Projekte* und *Lösungen*. In den Projekten werden IT-gestützte Geschäftsprozesse modelliert, und in den Lösungen werden diese Geschäftsprozesse überwacht. Im Fall einer Störung wird dafür Sorge getragen, dass die Prozesse einwandfrei funktionieren.

Aufgrund der unterschiedlichen Aufgaben, die Projekte und Lösungen haben, unterscheiden sie sich auch in Ihrer Sicht auf die Geschäftsprozesse (siehe Abbildung 3.1). So hat das Projekt die Aufgabe, einen Geschäftsprozess in den produktiven Betrieb zu überführen, und die Lösung hat die Aufgabe, den Geschäftsprozess am Laufen zu halten.

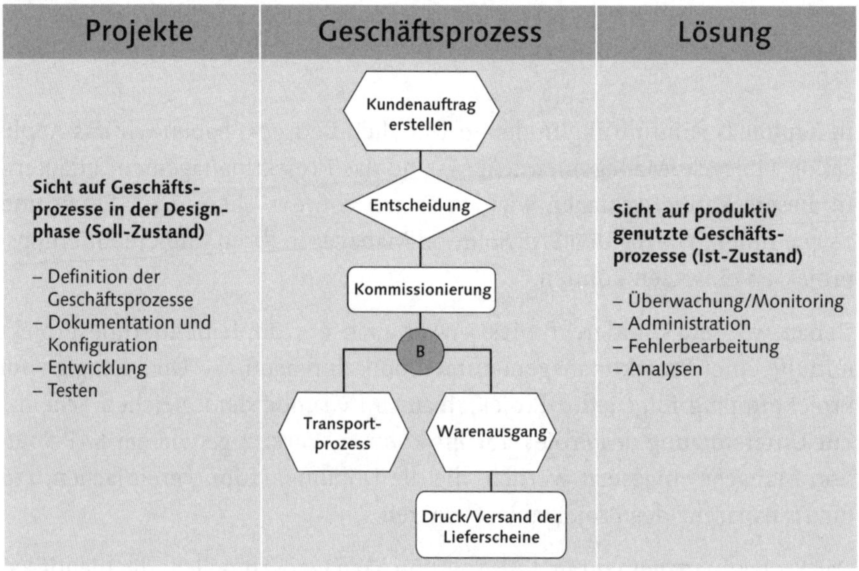

Abbildung 3.1 Geschäftsprozesse aus der Sicht von Projekten und Lösungen

Projekte geben einen Handlungsrahmen vor, wie die Umsetzung von IT-Anforderungen zu erfolgen hat. Dabei werden in einer strukturierten Reihenfolge Projektaufgaben abgearbeitet, die durch einen klaren Projektauftrag definiert wurden. Dazu gehören unter anderem die Erarbeitung eines Konzepts, die permanente Projektdokumentation sowie die Umsetzung und Überführung in den Betrieb. Die Projektinformationen, wie Prozesse, Prozessverantwortlichkeiten und Prozessdokumente, dienen unter anderem dem Verständnis von Geschäftsprozessen im Unternehmen, um gegebenenfalls schnell auf Veränderungen am Markt reagieren zu können und diese zu implementieren.

Die Lösungen stellen das Ergebnis eines Projektes dar. Sie enthalten konkrete Informationen, wie zum Beispiel Dokumente darüber, wie Ihre Geschäftsprozesse im operativen Betrieb behandelt werden.

3.2 Projektarten

Die Möglichkeiten zur Umsetzung des ALM im SAP Solution Manager sind in Abbildung 3.2 dargestellt. Hier sehen Sie die verschiedenen Projektarten und deren Interaktion mit der Lösung. Im Folgenden werden wir Ihnen die einzelnen Projektarten im Detail vorstellen.

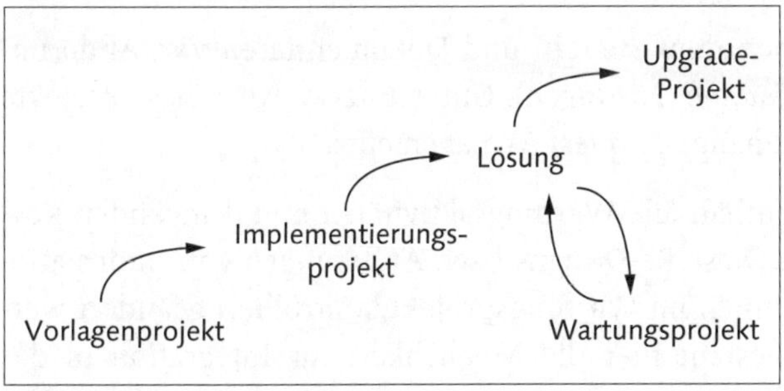

Abbildung 3.2 Projektarten

3.2.1 Vorlagenprojekt

Das Vorlagenprojekt wird verwendet, um Vorlagen zu erstellen und zu verteilen. Eine Vorlage enthält eine definierte Projektstruktur und zugeordnete Objekte wie Dokumente, Testfälle, IMG-Objekte, Entwickler- und Trainingsmaterial. Diese Objekte können anschließend für Folgeprojekte abgerufen werden, wobei deren Änderbarkeit gesteuert werden kann. Werden mehrere SAP Solution Manager eingesetzt, können Vorlagen und ihre Inhalte transportiert werden. Vorlagenprojekte eignen sich, um eine Standardprozesshierarchie aufzubauen oder effizient globale Roll-outs zu steuern.

3.2.2 Implementierungsprojekt

Implementierungsprojekte verwenden Sie für die Implementierung von Geschäftsprozessen in Ihre SAP-Landschaft. Hierfür wird in einer durch den SAP Solution Manager vorgegebenen Drei-Ebenen-Hierarchie (Geschäftsszenario, Geschäftsprozess, Prozessschritt) die Struktur der Geschäftsprozesse abgebildet.

Beim Aufbau einer Prozessstruktur können Sie im SAP Solution Manager auf folgende Hilfsmittel zurückgreifen:

- eine oder mehrere Vorlagen
- existierende Projekte
- vordefinierte SAP-Prozesse aus dem *Business Process Repository* (BPR)

Ein solches Implementierungsprojekt werden wir Ihnen in Abschnitt 3.6, »Projektunterstützung bei der Monitoring-Einführung«, am Beispiel der Spielzeug AG näher vorstellen.

3.2.3 Wartungsprojekt

Wartungsprojekte dienen dem Steuern und Dokumentieren von Änderungen der produktiven Systeme (Lösungen). Unterstützt werden diese Projekte durch den Einsatz des Change-Request-Managements.

Das Wartungsprojekt enthält alle Wartungsaktivitäten und dringenden Korrekturen einer Lösung. Diese Re-Designs bzw. Änderungen von Informationen in einer Lösung können im Wartungsprojekt kontrolliert geändert werden. Darüber hinaus besteht hier die Möglichkeit zur Integration in das Change-Request-Management.

3.2.4 Upgrade-Projekt

Ein Upgrade-Projekt dient der Implementierung und Dokumentation von zusätzlichen bzw. der Verbesserung existierender Funktionen, die im Zusammenhang mit einer aktuellen Lösung stehen.

3.3 Projektzyklus

Während eines Projektes mithilfe des SAP Solution Managers durchlaufen Sie verschiedene Phasen, wie in Abbildung 3.3 dargestellt. Die Phasen entsprechen den ALM-Phasen, wie sie bereits in Abschnitt 1.2.1, »Application Lifecycle Management«, beschrieben wurden. Darauf aufbauend, verwenden Sie den SAP Solution Manager als das Werkzeug für das ALM. Der SAP Solution Manager stellt Ihnen eine Vielzahl von Funktionalitäten zur Verfügung, die Sie während des gesamten Projektzyklus unterstützen. Somit können Sie die einzelnen Phasen im Projektzyklus strukturiert abarbeiten und jederzeit Informationen zum aktuellen Projektstand erhalten.

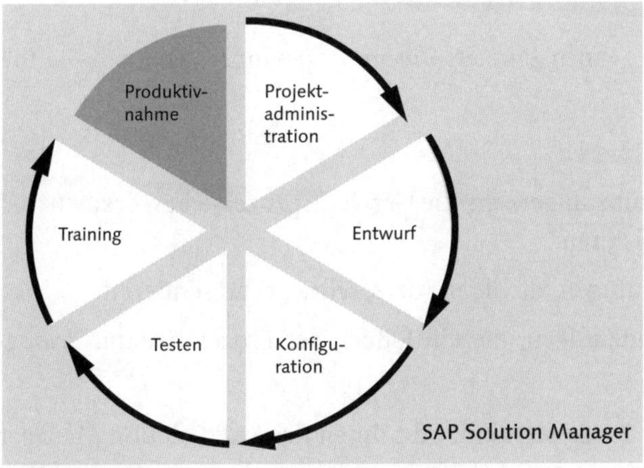

Abbildung 3.3 Projektzyklus

Im Folgenden stellen wir Ihnen die einzelnen Phasen und Funktionalitäten des SAP Solution Managers näher vor.

3.3.1 Projektadministration

In der Projektadministration erstellen Sie Ihr Projekt und definieren generelle Einstellungen wie:

- **Systemlandschaft**
  Die Systemlandschaft umfasst alle Systeme, in denen die Geschäftsprozesse durch ein Projekt definiert, dokumentiert und implementiert werden. Verschiedene Systemrollen werden durch die *logische Komponente* repräsentiert. Einer logischen Komponente ordnen Sie *logische Systeme* system- und projektübergreifend zu. Ein Beispiel: Hauptinstanz SAP Solution Manager-Server mit Release 7.1 (logisches System) mit der Systemrolle Entwicklungssystem für die Konfiguration.
- **Roadmaps**
  SAP stellt Ihnen in Roadmaps Standardvorgehensweisen für Projekte zur Verfügung.
- **Projektstandards**
  In Projektstandards definieren Sie Schlüsselwörter und Dokumententypen.

Die Funktionen zur Projektdefinition und -verwaltung versetzen Sie in die Lage, zum Beispiel als Projektmanager, Ihr Projekt zu planen und vorzubereiten. Hierauf gehen wir in Abschnitt 3.5, »Projektdefinition und Projektverwaltung« näher ein.

3.3.2 Entwurf

In der Entwurfsphase – auch *Business Blueprint* genannt – nehmen Sie folgende Schritte vor:

- Prozessstruktur definieren
- Dokumentationen hinzufügen, die die Geschäftsprozesse beschreiben und sie technisch spezifizieren
- Transaktionen hinzufügen, die den Prozessschritt repräsentieren
- Strukturattribute hinzufügen, die ein Filtern der Prozessstruktur ermöglichen

Für die Definition der Prozessstruktur gibt Ihnen der SAP Solution Manager eine dreistufige Hierarchie aus Geschäftsszenario, Geschäftsprozess und Prozessschritt vor (siehe Abbildung 3.4):

- **Geschäftsszenario (Beispiel: Absatzplanung)**
  Im Geschäftsszenarien werden die Geschäftsprozesse zusammengefasst und die Aufgaben in einer einfachen Art und Weise beschrieben.
- **Geschäftsprozess (Beispiel: Auftragsverarbeitung/Auftragsabwicklung)**
  Der Geschäftsprozess enthält logisch voneinander abhängige Aktivitäten.
- **Prozessschritt (Beispiel: Anfrage erstellen)**
  Ein Prozessschritt ist eine elementare Aktivität zur Umsetzung des Geschäftsprozesses. Ein Prozessschritt kann verschiedene Transaktionen enthalten.

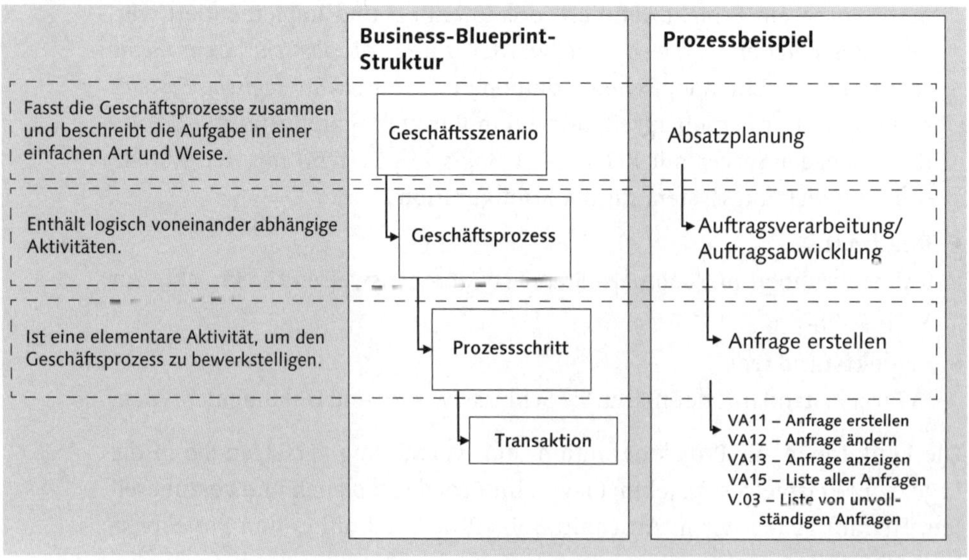

Abbildung 3.4 Business-Blueprint-Struktur mit Beispiel

In Abschnitt 3.6.2, »Business Blueprint« stellen wir Ihnen die einzelnen Aktivitäten im Business Blueprint näher vor.

3.3.3 Konfiguration

Die Konfigurationsphase baut auf der Prozessstruktur der Entwurfsphase auf und erweitert sie. Hierbei werden sowohl Ihre kundeneigenen Entwicklungen als auch Konfigurationsobjekte, Testfälle und Trainingsmaterialen dokumentiert.

Diese können zum Beispiel IMG-Objekte, Reports, Funktionsmodule oder eCATT-Testfälle (eCATT = extended Computer Aided Test Tool), eine SAP-eigene Entwicklung für die Testautomatisierung, sein und sollten auf der niedrigsten Ebene der Prozessstruktur, dem Prozessschritt, hinzugefügt werden.

3.3.4 Testen

Basierend auf den zur Prozessstruktur hinzugefügten Testfällen, können Sie Testpläne erstellen. Nutzen Sie Strukturattribute oder Stichwörter zur Definition und Spezifizierung Ihrer Testpläne (siehe Abschnitt 3.7.3, »Pflege von Stichwörtern und Attributen). Sie können die Prozessstruktur wiederverwenden. Erstellen Sie in einem Testplan so genannte Testpakete, und weisen Sie diese direkt den Benutzern zu. Die Testausführung erfolgt ebenfalls im SAP Solution Manager.

3.3.5 Training

Um Ihre Endanwender in neuen Lösungen und Funktionen zu schulen, können Sie die Trainingsumgebung des SAP Solution Managers verwenden. Hierbei generieren Sie aus der vorhandenen Prozessstruktur Lernmaterial für die jeweiligen Aufgabengebiete der Endbenutzer. Dazu werden Lernmaterialien verwendet, die ein übersichtliches Inhaltsverzeichnis besitzen, das im HTML-Format kurze Informationen zu den Lerneinheiten und Links zu den Lernmaterialien präsentiert. Nutzen Sie auch die Rückmeldung der Endanwender, um Ihre Lernmaterialien zu verbessern.

3.3.6 Go-Live

Die bisher vorgestellten Projektaktivitäten helfen Ihnen, alle notwendigen Informationen und Funktionen zu strukturieren, die Sie bei der Einführung und dem Upgrade von SAP-Lösungen benötigen. Die einzelnen Funktionen im SAP Solution Manager orientieren sich stets am Projektverlauf, von der Evaluierung Ihrer Prozessanforderungen bis hin zum Produktivstart Ihrer Lösung.

Bei der Produktivsetzung entscheiden Sie nach Abschluss eines Implementierungsprojektes, welche Geschäftsprozesse und Inhalte an die Lösung übergeben werden. Basierend auf diesen Informationen, sind Sie nun in der Lage, Ihre Geschäftsprozesse aktuell zu halten oder weitere Themen im Applikationsmanagement zu nutzen, wie zum Beispiel die Geschäftsprozessüberwachung (siehe Kapitel 11).

Nachdem wir Ihnen die verschiedenen Projektarten und deren Projektphasen vorgestellt haben, erfahren Sie im Folgenden, welche Voraussetzungen Sie zur Nutzung dieser Funktionen erfüllen müssen.

3.4 Voraussetzungen für die Projekterstellung

In diesem Abschnitt zeigen wir Ihnen, welche Konfigurationsschritte und Berechtigungen notwendig sind, um die Projektmanagementfunktionen im SAP Solution Manager im vollen Umfang zu nutzen.

3.4.1 Allgemeines zur Konfiguration

Der SAP Solution Manager ist der zentrale Zugriffspunkt für Ihre Systemlandschaft. Möchten Sie ein neues zu verwaltendes System (verwaltetes System) hinzufügen, müssen einige Basiskonfigurationen durchgeführt werden.

Eine der wichtigsten Konfigurationschritte ist dabei die Erstellung der Remote Function Calls (RFC). Diese dienen der Kommunikation zwischen dem SAP Solution Manager und seinem angebundenen System (siehe Abschnitt 2.5.4, »Konfiguration der verwalteten Systeme«).

Um in Projekten und Lösungen sowohl zwischen den einzelnen Systeminstanzen als auch den Clients differenzieren zu können, werden logische Komponenten durch die Basis-Administration definiert. Sie beschreiben, auf welchen SAP- oder Nicht-SAP-Systemen ein Geschäftsprozess abläuft.

3.4.2 Notwendige Berechtigungen

Neben der Basiskonfiguration gibt es weitere Voraussetzungen, die in Vorbereitung auf die Nutzung der Work Center für die Implementierungsprojekte im SAP Solution Manager wichtig sind. Der Funktionsumfang für den

Anwender hängt von den zugewiesenen Berechtigungen ab. Somit kann in Abhängigkeit von den Aufgaben eine unterschiedliche Anzahl von Work Centern zugeordnet sein. Für die Arbeit mit dem Work Center EINFÜHRUNG/UPGRADE sowie für generelle Aktivitäten in Projekten und Lösungen benötigt Ihr Benutzer folgende Berechtigungsrollen:

- SAP_SMWORK_BASIC
- SAP_SMWORK_IMPL
- SAP_SMWORK_SETUP
- SAP_SOL_PROJ_ADMIN_ALL
- SAP_SOLAR01_ALL
- SAP_SOLAR02_ALL
- SAP_SOL_KW_ALL
- SAP_SM_SOLUTION_ALL

Die Autorisierungen eines Benutzers können auf Basis von Projekten oder deren Struktur eingeschränkt werden. Für Projekte können Sie das Berechtigungsobjekt S_PROJECT nutzen. In Abhängigkeit von der Anzahl der Implementierungsprojekte kann diese Berechtigung einem Anwender mit Zugriff auf das Objekt PROJECT_ID - Projektname zugeordnet werden.

Die zweite Möglichkeit besteht darin, mit vordefinierten Namensräumen für ein Projekt zu arbeiten, die vom Projektverantwortlichen definiert werden. Ein Beispiel:

- Namensraum I_xxxx für Implementierungsprojekte
- Namensraum T_xxxx für Vorlagenprojekte

Hierdurch kann das Berechtigungsobjekt S_PROJECT in verschiedenen Benutzergruppen verwendet werden, zum Beispiel:

- Benutzergruppe für Implementierungsprojekte mit PROJECT_ID = I*
- Benutzergruppe für Vorlagenprojekte mit PROJECT_ID = T*

Die Berechtigungsobjekte S_PROJECTS und S_PROJECT befinden sich zum Beispiel in der Berechtigungsrolle SAP_SOLAR_PM. Diese können Sie kopieren und beliebig anpassen.

Die Änderbarkeit der Projektstruktur durch einen Benutzer kann in Transaktion *SOLAR_PROJECT_ADMIN* auf dem Karteireiter PROJEKTMITARBEITER durch die Einstellung ÄNDERUNG AN KNOTEN IM PROJEKT AUF ZUGEORDNETE MITARBEITER EINSCHRÄNKEN gesteuert werden.

Zudem sollte für eine reibungslose und kontinuierliche Arbeit im SAP Solution Manager die Nutzung folgender Transaktionen durch Ihren Benutzer möglich sein:

- SM_WORKCENTER
- SOLAR_PROJECT_ADMIN
- SOLAR_01
- SOLAR_02
- SOLAR_EVAL
- SOLMAN_DIRECTORY
- RMAUTH
- RMDEF
- RMMAIN
- SI80
- SI23
- SI24
- SPRO
- SE11
- SE16
- SE10

Weitere Information zu Berechtigungen finden Sie in Kapitel 12, »Berechtigungen im SAP Solution Manager-System«.

3.4.3 Sonstige Voraussetzungen

Ein weitere Voraussetzung zur Nutzung des vollen Funktionsumfangs im SAP Solution Manager ist die Implementierung des *Solution Tools Implementation Content* (ST-ICO)«. Der ST-ICO enthält vordefinierte Inhalte wie Standardprozesse, Dokumente, Testfälle oder IMG-Objekte. Diese Inhalte können während der verschiedenen Phasen eines Implementierungsprojektes genutzt werden.

Sie können den aktuellen ST-ICO unter *www.service.sap.com/installations* • Software Downloads • Support Packages and Patches • Search for Support Packages and Patches finden, indem Sie nach ST-ICO suchen.

3.5 Projektdefinition und Projektverwaltung

Nachdem wir Ihnen im vorangegangenen Abschnitt alle wesentlichen Voraussetzungen für die Nutzung der Projektfunktionalität erläutert haben, werden wir Ihnen in diesem Abschnitt erklären, wie Sie beim Anlegen eines Projektes vorgehen müssen.

Die Projektdefinition und -verwaltung ermöglicht es Ihnen, das Projekt zu initiieren, zu planen, vorzubereiten und auszuführen. Das Work Center Einführung/Upgrade dient als erster und zentraler Zugriffspunkt für alle Funktionen rund um Ihre Projekte; Sie können es über Transaktion SM_WORKCENTER aufrufen. In Abbildung 3.5 sehen Sie die Gesamtübersicht Ihrer Projekte.

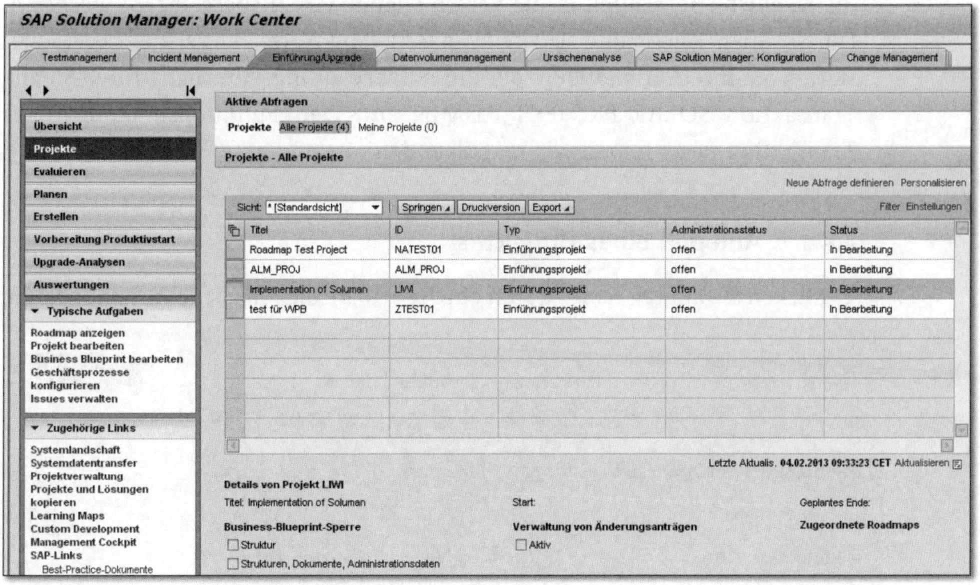

Abbildung 3.5 Work Center Einführung/Upgrade

Hier haben Sie einen Überblick über den Status Ihrer Projekte. Außerdem können Sie im Bereich AKTIVE ABFRAGEN zwischen den folgenden Sichten wechseln:

- **Meine Projekte**
  Es werden nur Projekte angezeigt, die Ihrem Benutzer zugeordnet sind.
- **Alle Projekte**
  Es werden alle Projekte angezeigt, für die Sie Berechtigungen besitzen.

Der Projektstatus wird in der Tabelle PROJEKT – MEINE PROJEKTE in der Spalte STATUS dargestellt. Der Status eines Projektes unterscheidet sich folgendermaßen:

- aktuelle Projekte
- abgeschlossene Projekte: Das eingetragenes Projektenddatum liegt in der Vergangenheit.
- Projekte im Rückstand: Das eingetragene Projektenddatum liegt in der Vergangenheit; die im aktuellen Enddatum bzw. Meilenstein eingetragenen Daten hingegen liegen in der Gegenwart.

Wird der Status eines Projektes in der Transaktion SOLAR_PROJECT_ADMIN gepflegt, erscheint er ebenfalls im Work Center.

Auf der linken Seite des Work Centers bietet Ihnen der Navigationsbereich die Möglichkeit, schnell in die verschiedenen Arbeitsbereiche zu wechseln. Durch einen Klick auf PROJEKT BEARBEITEN im Bereich TYPISCHE AUFGABEN starten Sie Ihre Aktivitäten in der Projektverwaltung. Alternativ rufen Sie die Transaktion SOLAR_PROJECT_ADMIN auf. Den Funktionsumfang dieser Transaktion beschreiben wir im Folgenden.

3.5.1 Anlegen eines Projektes

1. Klicken Sie auf das Icon, um ein Projekt anzulegen (siehe Abbildung 3.6).

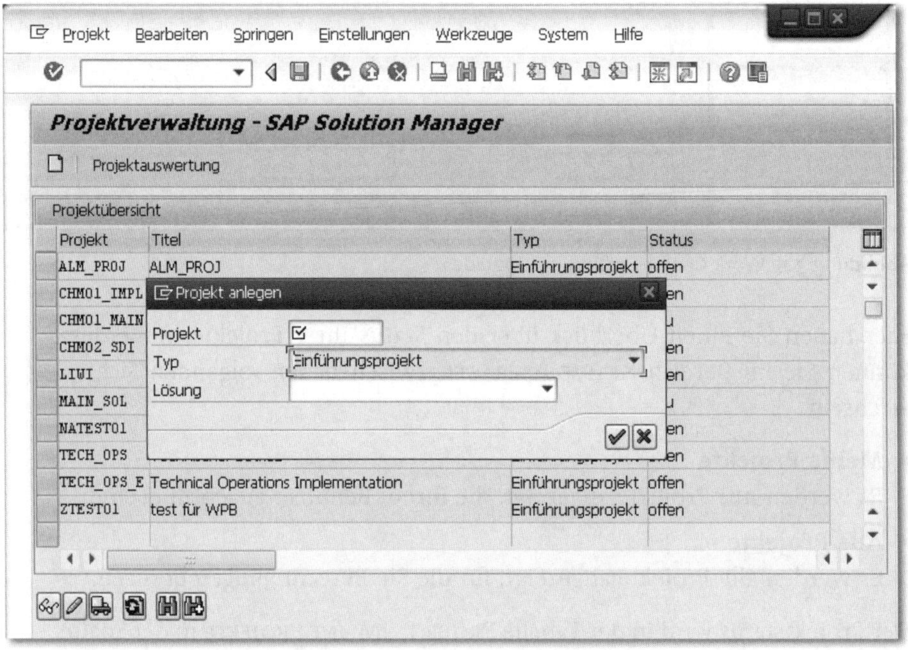

Abbildung 3.6 Projekt anlegen

2. Im Dialogfenster vergeben Sie nun eine Projekt-ID im Feld PROJEKT. Diese kann nachträglich nicht mehr geändert werden. Sie kann als Buchstaben- und Zahlenkombination eingegeben werden und darf maximal zehn Zeichen lang sein. Beachten Sie hierzu auch die Information bezüglich der Namensräume in Abschnitt 3.4.2, »Notwendige Berechtigungen«.

3. Wählen Sie anschließend eine Projektart im Feld TYP aus. Informationen zu den einzelnen Projektarten finden Sie in Abschnitt 3.2. Sie können die Projektart innerhalb desselben Projektes nachträglich nicht ändern. Wenn Sie daher zum Beispiel ein Einführungsprojekt angelegt haben, zu einem späteren Zeitpunkt jedoch damit Vorlagen erstellen möchten, können Sie das Projekt kopieren und die Projektart im neuen Projekt ändern.
4. Ordnen Sie dem Projekt gegebenenfalls eine existierende Lösung zu. Weitere Informationen zu Lösungen im SAP Solution Manager lesen Sie in Abschnitt 3.9, »Dokumentationsübergabe an den operativen Betrieb«.
5. Bestätigen Sie Ihre Eingaben mit einem Klick auf das Icon ✔. In der folgenden Übersicht können Sie Ihre Projektdaten weiter pflegen.
6. Vergeben Sie einen TITEL und die gewünschte SPRACHE für Ihr Projekt. In der Projektsprache machen Sie die sprachabhängigen Informationen (Projektdokumentation und Statusinformationen) allen Projektmitarbeitern zugänglich, unabhängig von der jeweiligen Anmeldesprache. Sie können die Projektsprache nachträglich nicht ändern. Die Projektstruktur wird in der angegebenen Projektsprache aufgebaut.
7. Sichern Sie Ihre Daten über das Icon im Menübereich.
8. Geben Sie im nachfolgenden Dialogfenster eine ORDNERBEZEICHNUNG für den Ordner ein, in dem die angelegten Dokumente im SAP Knowledge Warehouse abgelegt werden sollen. Das System richtet beim Anlegen von Projekten und Lösungen automatisch eine Mappe im SAP Knowledge Warehouse ein und legt die zugehörigen Dokumente darin ab. Das System legt außerdem eine gleichnamige Mappengruppe an. Über Mappengruppen können Sie die Berechtigungen für Dokumente in Projekten, Lösungen und Roadmaps steuern.
9. Klicken Sie auf WEITER.
10. Sichern Sie Ihr Projekt über das Icon im Menübereich.

Das Projekt wird daraufhin in der Projektübersicht des SAP Solution Managers angezeigt. Im Folgenden müssen Sie die weiteren Kopfdaten des Projektes festlegen.

3.5.2 Allgemeine Daten für Projekte

Durch Doppelklick auf die Projekt-ID gelangen Sie in die Projektadministration. Auf dem Karteireiter ALLGEMEINE DATEN können neben dem Titel und der Sprache auch ZUSTÄNDIGKEITEN, PLANDATEN oder der STATUS eingetragen werden.

Die verantwortlichen Personen der Projektleitung müssen in die Benutzerverwaltung des SAP-Systems aufgenommen sein. Über den Button DETAILS können Sie sich Informationen anzeigen lassen, wie zum Beispiel den OSS-Benutzer und die E-Mail-Adresse der verantwortlichen Personen.

Im Bereich ALLGEMEINEN PROJEKTINFORMATIONEN kann eine Projektbeschreibung in Form eines Dokumentes hinzugefügt werden, die das Projekt zum Beispiel näher erläutert.

Durch Zuweisen eines Status können Sie Ihre Projekte später im Work Center sortieren. Auf dem Karteireiter PROJEKTSTANDARDS können Sie Ihre unternehmensspezifischen Statuswerte vergeben.

Durch das Eintragen von PLANDATEN können Sie manuell die Termine für den geplanten BEGINN und das geplante ENDE sowie den AUFWAND in PERSONENTAGEN (PT) eintragen. Die ISTDATEN dienen hingegen zum Eintragen des tatsächlichen BEGINN des Projektes.

3.5.3 Projektumfang festlegen

Auf dem Karteireiter UMFANG können Sie folgende Inhalte für Ihr Projekt festlegen:

- **Solution Packages**
  Wählen Sie aus, welche Solution Packages Sie in Ihrem Projekt übernehmen möchten.
- **Vorlagen**
  Wenn Sie eine Vorlage verwenden möchten, übernehmen Sie die Struktur der Vorlage und die Zuordnungen zu dieser Struktur in Ihr Projekt.
- **Roadmap**
  Wählen Sie eine Roadmap aus, mit der Ihre Projektmitarbeiter arbeiten werden.
- **Branchen und Länder**
  Hier wählen Sie aus, welche Länder und Branchen Sie bei der Festlegung des Projektumfangs berücksichtigen möchten.

3.5.4 Projektmitarbeiter definieren

Ebenfalls auf dem Karteireiter UMFANG erstellen und aktualisieren Sie die Mitarbeiterliste für Ihr Projekt. Jedem Projekt können mehrere Projektmitarbeiter zugeordnet werden. Sie haben die Möglichkeit, in der Benutzerverwaltung definierte Benutzer und generische (nicht in der Benutzerverwaltung angelegte) Benutzer zuzuordnen. Alle Mitarbeiter, die keinen SAP-Benutzer haben, werden in der Liste farbig hervorgehoben.

Gehen Sie folgendermaßen vor, um Projektmitarbeiter zu pflegen:

1. Tragen Sie den Namen eines Projektmitarbeiters im Feld PROJEKTMITARBEITER ein. Sofern Sie einen in der Benutzerverwaltung definierten Mitarbeiter suchen und zuordnen möchten, können Sie dazu auch die Wertehilfe (F4) verwenden.
2. Im Feld NAME/ERLÄUTERUNG geben Sie eine beschreibende Erklärung zum betreffenden Projektmitarbeiter ein. Dieses Feld steht später zum projektinternen Gebrauch zur Verfügung. Sofern der Benutzer im SAP-System bekannt ist, wird der Name des Projektmitarbeiters hier standardmäßig gezogen.
3. Um Strukturelemente im Projekt gegen Änderungen durch Unbefugte zu sperren, setzen Sie das Kennzeichen ÄNDERUNGEN AN KNOTEN IM PROJEKT AUF ZUGEORDNETE MITARBEITER EINSCHRÄNKEN. Wenn Sie das Kennzeichen gesetzt haben, können Mitarbeiter, die Sie dem Strukturelement nicht zugeordnet haben, das Strukturelement und dessen Karteireiter im Business Blueprint und der Konfiguration nur anzeigen.
4. Geben Sie gegebenenfalls Namen und Details zu den SAP-Partnern an, die am Projekt beteiligt sind.
5. Über den Button ERSETZEN wird der neu hinzugefügte Mitarbeiter in der gesamten Projektstruktur gegen den existierenden Mitarbeiter ersetzt.

3.5.5 Systemlandschaft definieren

Damit Sie in den einzelnen Projektphasen, wie z. B. Entwicklung oder Testen, auf die entsprechenden Systeme zugreifen können, müssen, wie in Abbildung 3.7 dargestellt, zuerst die logischen Komponente dem Projekt zugeordnet werden. Öffnen Sie dazu den Karteireiter SYSTEMLANDSCHAFT. Weitere Informationen zur Systemlandschaft finden sie in Abschnitt 3.4.1, »Allgemeines zur Konfiguration«.

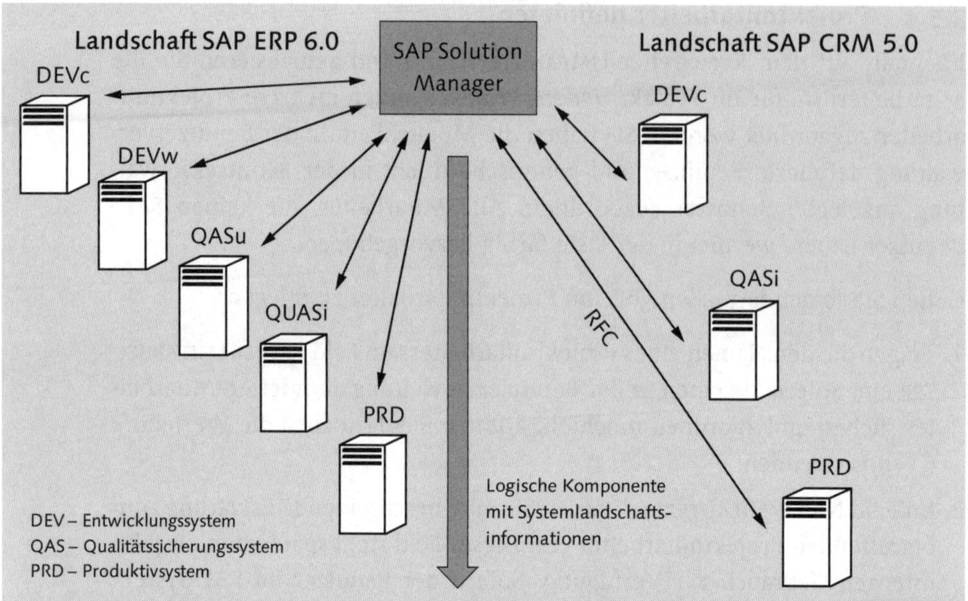

Logische Komponente	Produktversion	Hauptinstanz	DEVw	DEVc	QASu	QASi	PRD
Z_ERP_EMEA	SAP ERP 6.0	ECC-Server	ERW:100	ERC:100	ERU:100	ERI:100	ERP:100
Z_CRM_EMEA	SAP CRM 5.0	CRM-Server	CRD:100				

Abbildung 3.7 Systemlandschaft und deren logische Komponenten

Ordnen Sie Ihrem Projekt auf dem untergeordneten Karteireiter SYSTEME die logischen Komponenten zu. Hierdurch können Sie eine zentrale Ablage für Objekte wie manuelle Testfälle, externe Anwendungen und eCATT-Testkonfigurationen definieren. Nutzen Sie außerdem die Möglichkeit zur Integration des Quality-Gate-Managements und des Change-Managements für Ihr Projekt auf dem untergeordneten Karteireiter CHANGE MANAGEMENT. Die Integration des Quality-Gate-Managements und Change Managements ermöglicht Ihnen eine bessere Kontrolle und Dokumentation, z.B. beim Wechsel von Projektphasen.

Nachdem Sie dem Projekt auf dem Karteireiter SYSTEMLANDSCHAFT logische Komponenten zugeordnet haben, sehen Sie nun auf dem Karteireiter IMG-PROJEKTE die zugehörigen IMG-Projekte, das heißt alle Teilprojekte in den verwalteten Systemen, die zu Ihrem SAP Solution Manager-Projekt gehören (siehe Abbildung 3.8). Generieren Sie nun Ihre IMG-Projekte in den verwalteten Systemen. Gegebenenfalls hat eine Generierung und Verteilung bereits stattgefunden. Dies erkennen Sie an den grünen und roten Statussymbolen in der Spalte SICHT:

- Rot: Projekt existiert noch nicht.
- Grün: Projekt existiert in der angegebenen logischen Komponente und den zugeordneten logischen Systemen.

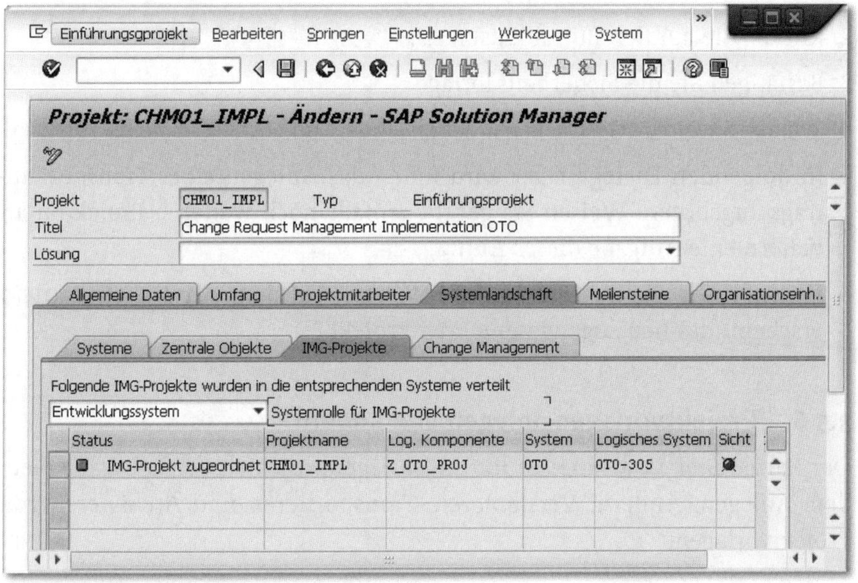

Abbildung 3.8 Projekt generieren und verteilen

Um die Verteilung und Generierung eines Projektes anzustoßen, gehen Sie wie folgt vor:

1. Wählen Sie die Systemrolle für IMG-Projekte.

   Wenn Sie beispielsweise ein IMG-Projekt im Entwicklungssystem eines verwalteten Systems generieren möchten, wählen Sie über das Auswahlmenü die Systemrolle für dieses IMG-Projekt ENTWICKLUNGSSYSTEM (siehe Abbildung 3.8).
2. Markieren Sie das IMG-Projekt, und klicken Sie auf den Button IMG-PROJEKT ANLEGEN.
3. Sie können über das folgende Dialogfenster optional einen Transportauftrag für das Projekt anlegen. Ordnen Sie dem Transportauftrag eventuell zusätzliche Projektmitarbeiter zu.

Die Generierung und Verteilung in den verwalteten Systemen wird gestartet. Sobald das Projekt existiert, wird Ihnen dies durch ein grünes Statussymbol angezeigt. Im entsprechenden verwalteten System erhalten Sie zudem eine Systemmeldung, sobald die Generierung abgeschlossen ist.

Wenn in einem gewählten zu verwaltenden System bereits ein IMG-Projekt existiert, das Sie anstelle des standardmäßig zugeordneten IMG-Projektes zuweisen möchten, gehen Sie wie folgt vor:

1. Markieren Sie das jeweilige IMG-Projekt.
2. Klicken Sie auf den Button ERSETZEN.
3. Bestätigen Sie die Sicherheitsabfrage.
4. Wählen Sie ein IMG-Projekt aus der Liste aus, und bestätigen Sie die Auswahl.
5. Im folgenden Dialogfenster wird Ihnen das Anlegen eines Transportauftrags angeboten. Weisen Sie gegebenenfalls noch weiteren Projektmitarbeitern eine Aufgabe dieses Auftrags zu.
6. Übernehmen Sie die Einträge mit WEITER. Auf dem Karteireiter-PROJEKT erscheint das neu zugewiesene IMG-Projekt.

3.5.6 Projektvorlagen anlegen und ändern

Der Karteireiter VORLAGEN ist nur in Vorlagenprojekten verfügbar. Er dient dem Anlegen, Ändern, Versionieren, Transportieren und Archivieren von Projektvorlagen.

Während der Bearbeitung einer Vorlage ist diese systemweit nicht nutzbar. Durch Umstellen des Sichtbarkeit Button auf ÖFFENTLICH wird die Vorlage systemweit verfügbar und kann in jedem beliebigen Projekt genutzt werden.

Durch die Aktivierung der GLOBAL-ROLLOUT-FUNKTIONALITÄT können Sie im Business Blueprint Ihre Vorlagen gegen Änderungen in den Tochtergesellschaften schützen. Hierbei werden globale Attribute verwendet, die einem Strukturelement standardmäßig zugeordnet werden.

Die Zuordnung von Strukturelementen zu einer Vorlage ist nur möglich, solange die Sichtbarkeit privat ist. Außerdem können Sie Dokumente anzeigen, anlegen, ändern, löschen und den Vorlagen Dokumente zuordnen.

Um eine neue Version zu erzeugen und die alte Version zu archivieren, klicken Sie auf VERSIONSZÄHLER ERHÖHEN.

3.5.7 Arbeiten mit Meilensteinen im Projekt

Der Karteireiter MEILENSTEINE dient der Überwachung des Projektfortschritts anhand gesetzter Zeitparameter. Haben Sie Ihrem Projekt eine Roadmap zugeordnet, besteht die Möglichkeit, deren Meilensteine zu nutzen. Klicken Sie hierfür auf den Button ROADMAP, und wählen Sie die gewünschten Meilensteine aus. Sie können die Meilensteine aus der Roadmap nur ergänzen, aber nicht ändern.

Neben der Integration einer Roadmap können standardmäßige oder eigene Meilensteine verwendet werden.

Meilensteine sollten *Quality Gates* repräsentieren, die die Phasen in einem Projekt voneinander abgrenzen. Quality Gates sind im Voraus eindeutig bestimmte Qualitätskriterien, die über die Freigabe des nächsten Projektschritts entscheiden.

3.5.8 Arbeiten mit Organisationseinheiten im Projekt

Um Informationen zu Funktion, Land und Zeitzone zu pflegen, verwenden Sie den Karteireiter ORGANISATIONSEINHEITEN. Er dient ausschließlich der Darstellung von Informationen zu Ihren Organisationseinheiten, die Daten können im weiteren Projektverlauf nicht verwendet oder ausgewertet werden.

3.5.9 Projektstandards

Die auf dem Karteireiter PROJEKTSTANDARDS festgelegten Werte dienen in der Projektverwaltung, der Roadmap, im Business Blueprint und in der Konfiguration als Vorschlagswerte. Nutzen Sie die Projekt-Vorlage, um projektübergreifend Statuswerte, Stichwörter und Dokumentationsarten zu definieren. Sie erreichen die Projekt-Vorlagen für die verschiedenen Projektarten in der Projektverwaltung über SPRINGEN und PROJEKTTEMPLATE.

Auf dem Karteireiter PROJEKTSTANDARDS haben Sie Zugriff auf die folgenden untergeordneten Karteireiter:

- **Statuswerte**
  Statuswerte geben über den Stand von Prozessen oder Projekten Auskunft. Der Statuswert besteht aus einem Statuskürzel und der Bezeichnung für den Status. Es bietet sich an, erklärende Statuskürzel zu vergeben. Nach Statuswerten können Sie Ihre Projektstruktur filtern oder in der Projektauswertung danach suchen.
- **Stichwörter**
  Stichwörter dienen als Vorschlagswerte für die Klassifikation von Inhalten im Business Blueprint, der Konfiguration und im Solution Directory. Es empfiehlt sich, für die Vergabe von Stichwörtern prägnante Begriffe zu wählen. Nach Stichwörtern können Sie ebenfalls Ihre Projektstruktur filtern oder in der Projektauswertung danach suchen.

- **Dokumentationsarten**
  Nutzen Sie Dokumentationsarten, um Ihre Projektdokumentation zu strukturieren. Sie können auf die verschiedenen ausgelieferten Dokumentationsarten zurückgreifen oder eigene erstellen. Dabei können Sie unterscheiden, ob die Dokumentationsarten nur projektspezifisch oder projektübergreifend genutzt werden sollen.
- **Registerkarten**
  Hier können Sie die Sichtbarkeit der verschiedenen Karteireiter im Business Blueprint oder der Konfiguration festlegen. Darüber hinaus können Sie hier die Aufzeichnung der Änderungshistorie ein- bzw. ausschalten. Beachten Sie, dass sich die Karteireiter Komponentensicht und BPMN Grafik gegenseitig ausschließen. Ist einer dieser Karteireiter ausgewählt, kann der jeweils andere nicht angezeigt werden.

In diesem Abschnitt haben wir Ihnen die Projektverwaltung des SAP Solution Managers vorgestellt, sodass Sie nun in der Lage sind, alle administrativen Aufgaben in Ihren Projekten durchzuführen. Darauf basierend, zeigen wir Ihnen im nächsten Abschnitt, wie Sie ein Business Blueprint erstellen, das Ihre Projektstruktur mit den unternehmensspezifischen Geschäftsszenarien enthält. Anschließend können Sie die Konfigurationsphase verwenden, um Ihre Dokumentation mit den relevanten Konfigurationsinhalten anzureichern.

3.6 Projektunterstützung bei der Monitoring-Einführung

Nachdem wir Ihnen allgemein beschrieben haben, wie ein Projekt angelegt wird, können Sie das Projekt als nächstes mit Prozessinformationen füllen. Wir werden Ihnen in der Folge am Beispiel der Spielzeug AG demonstrieren, wie Sie das Projekt mit Projektdaten für den technischen Betrieb anlegen. Sie erfahren, wie Sie unter Zuhilfenahme von SAP-Standardprozessen und Roadmaps in Kürze ein vollständiges Szenario mit Geschäftsprozessen, Prozessschritten und weiteren relevanten Projektinformationen erhalten, dass Sie später als Dokumentation zur weiteren Bearbeitung nutzen können.

3.6.1 Prozessabbildung

Zur Abbildung der Prozesse innerhalb eines Projektes stehen verschiedene Möglichkeiten bereit. Neben der manuellen Anlage von Prozessen oder der

Nutzung von bereits bestehenden Prozessen im SAP Solution Manger bieten sich mehrere Optionen an.

Business Process Repository

Das BPR enthält eine Vielzahl von Geschäftsprozessen für alle SAP-Kernanwendungen wie SAP ERP, SAP CRM, SAP SRM und auch den SAP Solution Manager. Durch die Nutzung des von SAP angebotenen Standardinhalts kann eine Einführung deutlich beschleunigt werden. Hierbei werden unterschiedliche Quellen genutzt und deren Inhalte an die Voraussetzungen und Gegebenheiten im Projekt angepasst. Diese können in Ihr erstelltes Projekt übernommen und an Ihre Bedürfnisse angepasst werden.

Um Ihrem Projekt Prozesse zuzuordnen, klicken Sie im linken Bereich des WORK CENTERS EINFÜHRUNG/UPGRADE auf PLANEN (siehe Abbildung 3.9). Daraufhin können Sie über den Link BUSINESS BLUEPRINT DEFINIEREN in die Entwurfsphase abspringen.

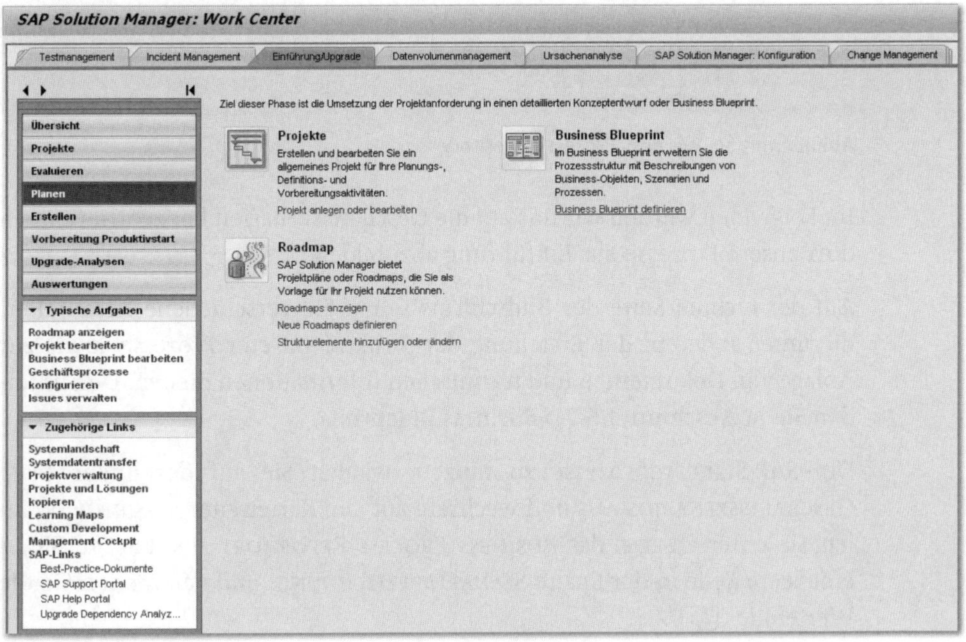

Abbildung 3.9 Work Center »Einführung/Upgrade« – Planen

Dadurch gelangen Sie in die Transaktion SOLAR01, die den Ausgangspunkt für alle Arbeiten am Business Blueprint darstellt. Der Bildschirm ist in zwei Bereiche aufgeteilt. Auf der linken Seite finden Sie die Navigationsübersicht

BUSINESS BLUEPRINT STRUKTUR, die in ORGANISATIONSEINHEITEN, STAMMDATEN, GESCHÄFTSSZENARIOS und SCHNITTSTELLENSZENARIEN aufgeteilt ist (siehe Abbildung 3.10).

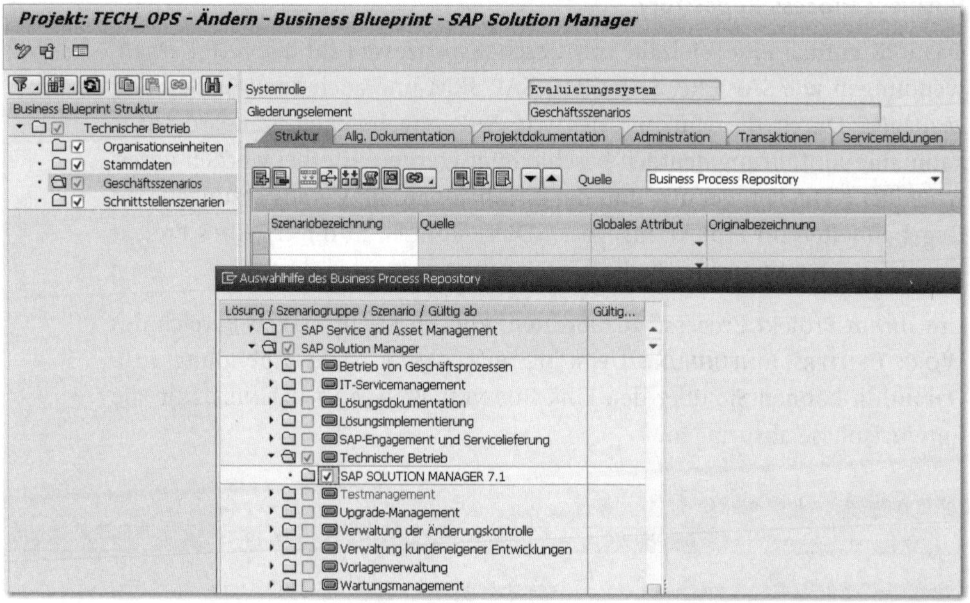

Abbildung 3.10 Business Process Repository

Im Folgenden werden wir uns auf die Geschäftsszenarien konzentrieren, um dort unsere Prozesse zur Einführung abzubilden.

Auf der rechten Seite des Bildschirms sehen Sie verschiedene Karteireiter, die unter anderem der Erstellung der Struktur unserer Prozesse sowie zur Ablage von Dokumenten und technischen Informationen dienen. Details finden Sie in Abschnitt 3.6.2, »Business Blueprint«.

Um SAP-Standardprozesse zu nutzen, wählen Sie auf der linken Seite GESCHÄFTSSZENARIOS AUS und wechseln auf den Karteireiter STRUKTUR. Wählen Sie unter QUELLE das BUSINESS PROCESS REPOSITORY aus, klicken Sie in eine leere Zeile in der Spalte SZENARIOBEZEICHNUNG, und verwenden Sie die Wertehilfe ([F4]).

Wie in Abbildung 3.10 dargestellt, erhalten Sie eine Auswahl an möglichen Szenarien. Unter dem Punkt SAP SOLUTION MANAGER finden Sie den Eintrag TECHNISCHER BETRIEB. Markieren Sie den Eintrag, und bestätigen Sie diesen mit dem Icon ✔. Nach dem Speichern der Daten wird die Struktur auf der linken Seite übernommen. Die so übertragenen Prozesse können Sie anschließend weiter an Ihre Bedürfnisse anpassen (siehe Abschnitt 3.7.1, »Anpassung der Geschäftsprozesse«).

Hochladen eigener Geschäftsprozesse

Neben der Möglichkeit, Standardprozesse von SAP zu nutzen, können Sie auch Prozesse, die Sie mit anderen Werkzeugen wie Microsoft Excel oder Powerpoint erstellt haben, in den SAP Solution Manager hochladen. Diese Funktion finden Sie in der Transaktion SOLAR_PROJECT_ADMIN. Zur Pflege der Prozesse werden Microsoft Excel-Vorlagen verwendet.

1. Wählen Sie Ihr Projekt in Transaktion SOLAR_PROJECT_ADMIN aus.
2. In Ihrem Projekt wählen Sie BEARBEITEN • BUSINESS BLUEPRINT FÜLLEN • VORLAGENDATEI ERSTELLEN • STRUKTUR.
3. Speichern Sie die Microsoft Excel-Vorlage als *txt*-Datei und öffnen sie diese mit Microsoft Excel.
4. Füllen Sie die Vorlagendatei mit den hochzuladenden Szenarien/Prozessen/Schritten.
5. Speichern sie die Datei erneut als *txt* ab. Der Upload erfolgt ebenfalls im Projekt unter BEARBEITEN • BUSINESS BLUEPRINT FÜLLEN • DATEI HOCHLADEN • STRUKTUR.
6. Wählen Sie Ihre Microsoft Excel-Vorlage aus, und bestätigen Sie diese.

Ein Hintergrundprozess lädt alle Prozesse in Ihr Projekt. Wie auch bei der Nutzung des Business Process Repositorys können hochgeladene Prozesse weiter angepasst werden (siehe Abschnitt 3.7.1, »Anpassung der Geschäftsprozesse«).

3.6.2 Business Blueprint

Das Business Blueprint (Transaktion SOLAR01) bietet Ihnen die Möglichkeit, die Struktur Ihrer Geschäftsprozesse anzulegen und sie anschließend mit geschäftsrelevanten Informationen zu füllen. Dies wird im Folgenden am Beispielszenario des technischen Betriebs genauer erläutert. Aus dem Business Process Repository wurden folgende Prozesse in unser Einführungsprojekt übernommen:

- Technisches Monitoring und Alerting
- Ursachenanalyse
- Technische Verwaltung

- Konfigurationsvalidierung
- Data Volume Management
- Service Level Report

Jeder dieser Prozesse ist in weitere Schritte untergliedert, es besteht immer eine dreistufige Hierarchie aus Geschäftsszenario, Geschäftsprozess und Prozessschritt, die wir Ihnen in Abschnitt 3.3.2, »Entwurf«, näher vorstellen. Auf allen Ebenen können auf den Karteireitern Informationen hinzugefügt werden.

Die für die Einführung des technischen Betriebs relevanten Karteireiter enthalten folgende Informationen und Dokumente:

- **Struktur**
  Der Karteireiter STRUKTUR enthält die die zugehörigen Geschäftsprozesse und Schritte der in der Navigation ausgewählten Struktur. Sie haben die Möglichkeit, Strukturen zu löschen, umzubenennen und neue Strukturen hinzuzufügen.
- **Allgemeine Dokumentation**
  Auf dem Karteireiter ALLGEMEINE DOKUMENTATION werden Ihnen Dokumente angezeigt, die von SAP ausgeliefert wurden oder Bestandteil einer Vorlage sind, zum Beispiel Szenariobeschreibungen.
- **Administration**
  Der Karteireiter ADMINISTRATION bietet die Möglichkeit, den Aufwand der Implementierung dieses Prozessschrittes oder Prozesses zu pflegen und verantwortlichen Mitarbeitern die Suche und Filterung mit Stichwörtern nach bestimmten Geschäftsprozessen zu erlauben.

  Weiterhin ist eine Pflege des Status für diesen Prozessschritt möglich. Es kann damit gekennzeichnet werden, in welchem Status der Implementierung sich ein Prozess oder Prozessschritt befindet.
- **Transaktionen**
  Der Karteireiter TRANSAKTIONEN enthält Web-Dynpro-Anwendungen, Programme und Transaktionen, die in dem Prozessschritt ausgeführt werden; Erweiterungen durch Kundentransaktionen sind möglich. Es besteht die Möglichkeit, diese direkt aus der Dokumentation heraus aufzurufen und im angeschlossenen System auszuführen.
- **Servicemeldungen**
  Bei aktiver Nutzung des Service Desks im SAP Solution Manager können auf dem Karteireiter SERVICEMELDUNGEN Meldungen abgelegt werden, die die Implementierung betreffen, zudem ist eine Verknüpfung von Änderungsanträgen und Änderungsdokumenten möglich.

- **Komponentensicht**
  Der Karteireiter Komponentensicht ist nur auf Geschäftsprozessebene sichtbar und stellt die einzelnen Schritte in ihrer logischen Abfolge dar.

Die Transaktionen, Links und Dokumentationen können Sie sowohl während der Implementierung als auch später im operativen Betrieb nutzen. Alle Informationen werden vom Implementierungsprojekt an die Lösung übergeben.

Um Strukturen als relevant für die Übergabe an eine Lösung zu markieren oder um den Projektumfang festzulegen, lassen sich alle Geschäftsszenarien, Geschäftsprozesse und Prozessschritte selektieren oder deselektieren. Dies geschieht über die Checkboxen direkt vor den einzelnen Elementen im Navigationsbereich Business Blueprint Struktur. Bei der Übergabe der Strukturen und Informationen an eine Lösung können Sie dann auswählen, ob nur selektierte oder alle Strukturen kopiert werden sollen (siehe auch Abschnitt 3.9.1, »Erstellen einer neuen Lösung«).

3.6.3 Technische Inhalte pflegen

In der folgenden Konfigurationsphase besteht die Möglichkeit, neben der allgemeinen Dokumentation und den Transaktionen weitere technische Objekte zu pflegen. Auf die Konfigurationsphase kann über das Work Center Einführung/Upgrade zugegriffen werden. Springen Sie in die Phase Erstellen und dort zu Konfiguration • Springen zu technischer Konfiguration oder nutzen sie die Transaktion SOLAR02.

Die generelle Oberfläche ähnelt der Entwurfsphase. Es ist aber nicht möglich, die Struktur innerhalb dieser Phase zu ändern. Neben den Karteireitern, die auch im Business Blueprint angezeigt werden, sehen Sie hier die folgenden Karteireiter mit speziellem technischen Hintergrund:

- **Konfiguration**
  Auf dem Karteireiter Konfiguration können Sie Konfigurationsobjekte wie zum Beispiel IMG-Objekte pflegen. Auf Geschäftsprozessebene stehen Konfigurationsbeschreibungen zur Verfügung, die Sie bei der Implementierung unterstützen.
- **Entwicklung**
  Auf dem Karteireiter Entwicklung können Sie alle entwicklungsrelevanten Objekte wie Funktionsgruppen, BAdIs, Klassen und Programme pflegen. Neben SAP-Objekten können sie auch kundeneigene Objekte pflegen.

- **Testfälle**
  Auf dem Karteireiter TESTFÄLLE können Sie Testfällen hinterlegen, um nach Abschluss der Entwicklung die Erstellung von Testplänen und Testpaketen zu beschleunigen und ein End-to-End-basiertes Testen zu ermöglichen.

3.6.4 Roadmap und AcceleratedSAP

Roadmaps sind Bestandteil des SAP Solution Managers. Sie beinhalten die Standardeinführungsmethoden von SAP, wie *AcceleratedSAP* (ASAP), und decken die wichtigsten Aspekte und Phasen einer SAP-Einführung ab. Durch die Nutzung einer Roadmap können die verschiedenen Projektaufgaben beschleunigt werden. Dazu stehen neben dem eigentlichen Vorgehen auch Dokumente zur Verfügung, die auch *Beschleuniger* genannt werden. Dabei handelt es sich zum Beispiel um Projektpläne oder SAP-Best-Practice-Dokumente.

Roadmaps können mit Projektbezug verwendet werden, indem sie einem bestimmten Projekt zugeordnet werden, das der enthaltenen Methode folgt. Bei der Nutzung ohne Projektbezug ist eine Änderung der Roadmap nicht möglich, aber die darin enthaltenen Beschleuniger und Funktionen können Sie nutzen.

Um eine Roadmap einem Projekt hinzuzufügen, gehen Sie wie folgt vor:

1. Das Hinzufügen einer Roadmap zu einem Projekt geschieht über die *Projektadministration*. Wählen Sie dazu in der Transaktion SOLAR_PROJECT_ADMIN Ihr Projekt aus.
2. Gehen Sie auf den Karteireiter UMFANG und markieren Sie auf dem untergeordneten Karteireiter ROADMAP die Roadmap, hier zum Beispiel ESRV RSLAF APPL. OPERATIONS (V*).
3. Klicken Sie auf das Icon 💾, um Ihre Einstellungen zu sichern.
4. Die Roadmap erreichen Sie nun über das Work Center EINFÜHRUNG/UPGRADE im Menüpunkt PLANEN.
5. Klicken Sie dort auf den Link ROADMAP ANZEIGEN im Bereich ROADMAPS. Sie gelangen in die Transaktion RMMAIN, in der alle verfügbaren Roadmaps dargestellt werden können. Um die für Sie relevante Roadmap auszuwählen, nutzen Sie die Funktionalität ANDERES PROJEKT aus dem Menü ROADMAP.
6. Wählen Sie Ihr Projekt aus, und bestätigen Sie die Auswahl.

Daraufhin wird Ihnen die Roadmap ESRV RSLaF Appl. Operations (V*) angezeigt (siehe Abbildung 3.11). Sie enthält alle nötigen Schritte für eine erfolgreiche Implementierung des technischen Betriebs und unterstützt Sie bei allen weiteren Aktivitäten.

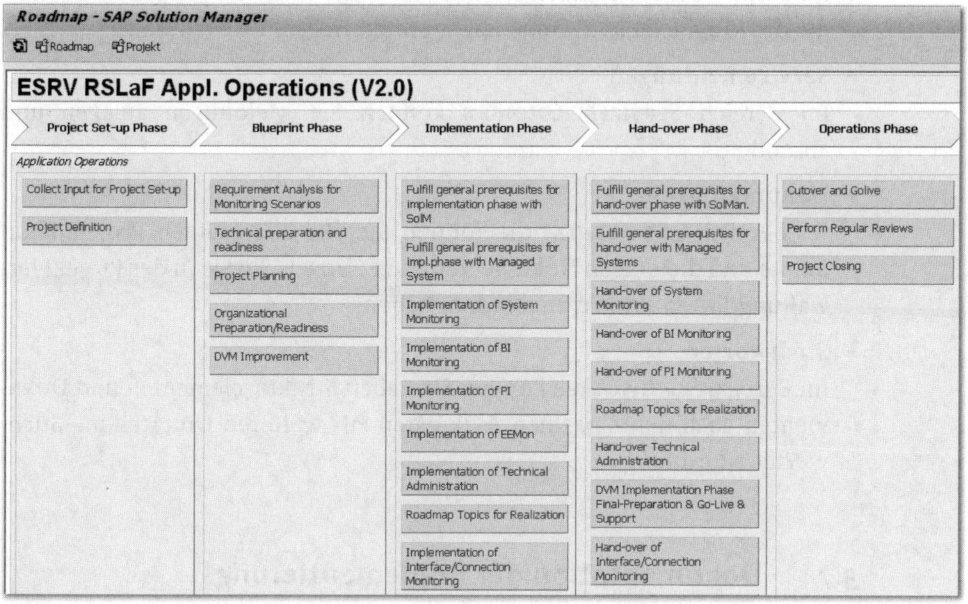

Abbildung 3.11 Roadmap »Run SAP like a Factory«

Von dieser Übersicht der Roadmap aus haben Sie Zugriff auf die einzelnen Phasen Ihres Projektes sowie die zugeordneten Arbeitspakete. Durch Auswahl eines Arbeitspaketes gelangen Sie in die eigentliche Struktur der Roadmap. Auf der linken Seite steht Ihnen ein Navigationsbereich zur Verfügung, der die Roadmap in mehrere Kapitel und Unterkapitel gliedert. Arbeitspakete werden dabei als Kapitel wiedergegeben. Zu allen Kapiteln finden Sie auf der rechten Seite die folgenden Bereiche:

- **Beschreibungen**
  Im Bereich Beschreibungen finden Sie eine Übersicht über möglichen Input/Output dieser Phase sowie eine Beschreibung der durchzuführenden Aktivitäten.
- **Beschleuniger**
  Der Bereich Beschleuniger enthält Dokumente, Guides und Hilfestellungen, um die Phase in kurzer Zeit mit der höchstmöglichen Qualität abzuschließen.

- **Referenzen**
  Im Bereich REFERENZEN finden Sie Verknüpfungen zu anderen Kapiteln/ Unterkapiteln.
- **Status**
  Im Bereich STATUS können Sie den Status der Aktivität pflegen und haben die die Möglichkeit, Kommentare zu hinterlegen.
- **Servicemeldungen**
  Im Bereich SERVICEMELDUNGEN können Sie Meldungen anlegen und absenden.
- **Dokumentation**
  Im Bereich DOKUMENTATION können Sie alle allgemeinen Projektdokumente und diejenigen Dokumentenarten nutzen, die Sie in der Projektverwaltung Ihrem Projekt zugeordnet haben.
- **Stichwörter**
  Im Bereich STICHWÖRTER können Sie neben Strukturelementen und Dokumenten auch den einzelnen Aktivitäten zur weiteren Unterteilung Stichwörter zuordnen.

3.7 Dokumentation der Implementierung

Nachdem Sie das Szenario des technischen Betriebs mit den darunterliegenden Geschäftsprozessen erstellt haben, wird in diesem Abschnitt beschrieben, wie Sie das Szenario an Ihr Unternehmen anpassen können. Dazu können Sie Geschäftsprozesse ändern, eigene Dokumente hochladen sowie Stichwörter hinzufügen, um eine bessere Übersichtlichkeit im Projekt zu gewährleisten.

3.7.1 Anpassung der Geschäftsprozesse

Die im vorangegangenen Abschnitt aus dem BPR hinzugefügten Geschäftsszenarien, Geschäftsprozesse und Prozessschritte können beliebig angepasst werden. Rufen Sie dazu im Business Blueprint (Transaktion SOLAR01) das zuvor erstellte Projekt auf. Um einen bestehenden Geschäftsprozess um einen Prozessschritt zu erweitern, gehen Sie wie folgt vor.

1. Öffnen Sie die Struktur bis zur Geschäftsprozessebene TECHNISCHES MONITORING UND ALERTING.

2. Geben Sie auf dem Karteireiter STRUKTUR unter SCHRITTBEZEICHNUNG den Namen des neuen Schrittes an, und wählen Sie die logische Komponente in der Spalte LOG. KOMPONENTE aus (siehe Abbildung 3.12).
3. Speichern Sie dies mit einem Klick auf 💾.

Sie können auch alle Prozessschritte verschieben, löschen oder umbenennen. Verwenden Sie dazu das Menü auf dem Karteireiter STRUKTUR. Mithilfe der Icons und sowie ▲ und ▼ können Sie den Geschäftsprozess weiter individualisieren.

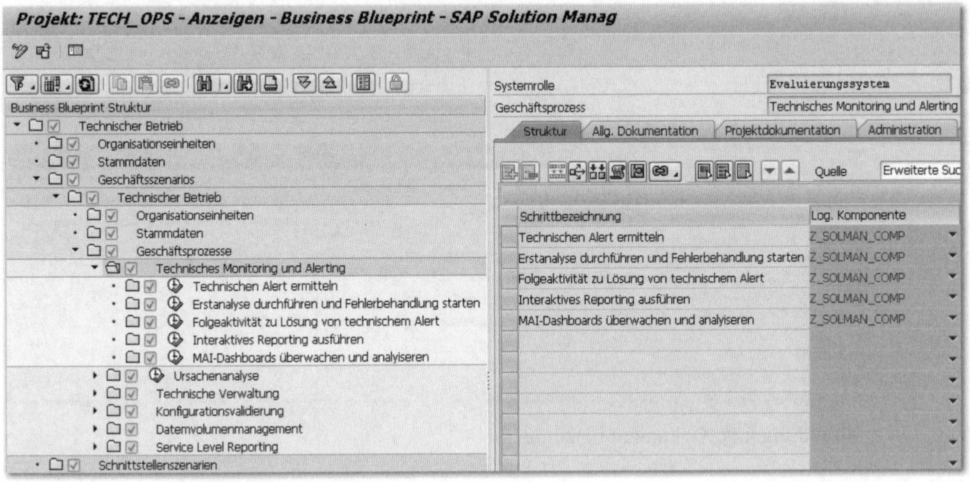

Abbildung 3.12 Prozessschritt hinzufügen

3.7.2 Hinzufügen von Dokumenten und Objekten

Nach dem Anpassen des Geschäftsprozesses können nun kundenspezifische Dokumente oder Objekte zugeordnet werden. Um einem Prozessschritt eine Ihrer Transaktionen zuzuordnen, gehen Sie wie folgt vor.

1. Markieren sie den relevanten Prozessschritt im Navigationsbereich BUSINESS BLUEPRINT STRUKTUR.
2. Wählen Sie auf dem Karteireiter TRANSAKTIONEN in der Spalte TYP TRANSAKTION aus.
3. Sie können den Transaktionsnamen direkt eingeben oder die WERTEHILFE (F4) verwenden.
4. Das System fügt Bezeichnung, Typ und logische Komponente automatisch ein.

Um Ihre bestehende Dokumentation mit neuen Dokumenten zu vervollständigen, wählen Sie zunächst eine beliebige Hierarchieebene aus, der das Dokument zugeordnet werden soll. Wechseln Sie anschließend auf den Karteireiter PROJEKTDOKUMENTATION (siehe Abbildung 3.13).

1. Klicken Sie auf das *Plus-Icon* in der Menüleiste.
2. Wie in Abbildung 3.13 dargestellt, pflegen Sie den TITEL und die DOKUMENTATIONSART im erscheinenden Dialogfenster.

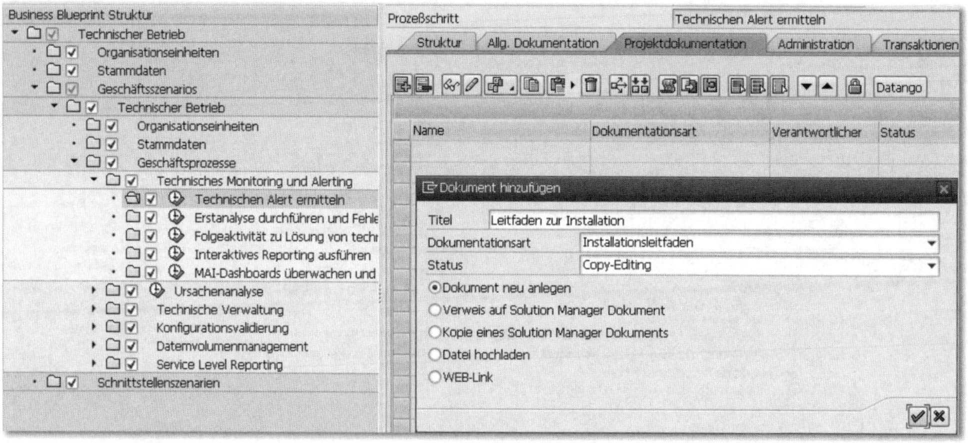

Abbildung 3.13 Dokument hinzufügen

3. Wählen Sie anschließend über die Radiobuttons im unteren Bereich des Dialogfensters aus, ob Sie ein neues Dokument erstellen, ein bereits im SAP Solution Manager befindliches Dokument verlinken oder kopieren, ein Dokument von einem Laufwerk hochladen oder einen Weblink, z. B. von Sharepoint, nutzen möchten.

   Wählen Sie beispielsweise DATEI HOCHLADEN aus und bestätigen Sie Ihre Auswahl mit einem Klick auf den Button. Daraufhin öffnet sich ein Dialog, in dem Sie ihr Dokument auswählen können. Abschließend müssen Sie ihre Wahl noch bestätigen.

3.7.3 Pflege von Stichwörtern und Attributen

Um Ihre Struktur und die darin befindliche Dokumentation weiter zu strukturieren, können Sie Stichwörter und Attribute verwenden. Während Sie Stichwörter für eine projektinterne Strukturierung nutzen können, werden Attribute an die Lösung übergeben und ermöglichen daher eine Strukturierung über Projektgrenzen hinaus.

Um Stichwörter anzulegen, wählen Sie den Strukturknoten aus, und wechseln Sie auf den Karteireiter Administration. Sie können nun alle dem Projekt zugeordneten Stichwörter vergeben:

1. Klicken Sie dazu auf das Icon .
2. Im folgenden Popup können nun Stichwörter selektiert werden.
3. Bestätigen Sie mit dem Button um alle Stichwörter zu übernehmen.

Nachdem Sie Stichwörter angelegt haben, können Sie mit einem Klick auf das Trichter-Icon über dem Navigationsbereich Business Blueprint Struktur nach Stichwörtern filtern, um eine bessere Übersicht über das Projekt zu erhalten. Mögliche Stichwörter sind:

- Test relevant
- Blueprint relevant
- Kundenentwicklung

Sie können Stichwörter auch direkt an eine Dokumentation anhängen, um diese für bestimmte Nutzergruppen, Phasen oder als testrelevant zu markieren.

Um ein Attribut anzulegen gehen sie wie folgt vor,

1. Wählen Sie das Dokument aus, und klicken Sie auf den Button in der Menüleiste.
2. Es erscheint das Pop-up-Fenster Attributpflege. Hier können SAP-Attribute wie Land und Branche oder auch kundeneigene Attribute zugeordnet werden.
3. Nutzen Sie dafür die Wertehilfe (F4) in der Spalte Attributwert

Um nach diesen Dokumentenstichwörtern, Attributen und anderen Informationen zu suchen, nutzen Sie Transaktion SOLAR_EVAL, wie im folgenden Abschnitt beschrieben.

3.8 Auswertungen

Transparenz und aktuelle Informationen zum Projekt sind sowohl für den Projektleiter als auch für die Projektmitglieder notwendig. Um einen besseren Überblick über bestimmte Prozesse, Dokumente und Transaktionen zu gewähren, stehen verschiedene Auswertungen im SAP Solution Manager zur Verfügung.

Im Work Center EINFÜHRUNG/UPGRADE unter dem Menüpunkt AUSWERTUNGEN finden Sie eine Übersicht über alle verfügbaren Auswertungen, wie in Abbildung 3.14 dargestellt.

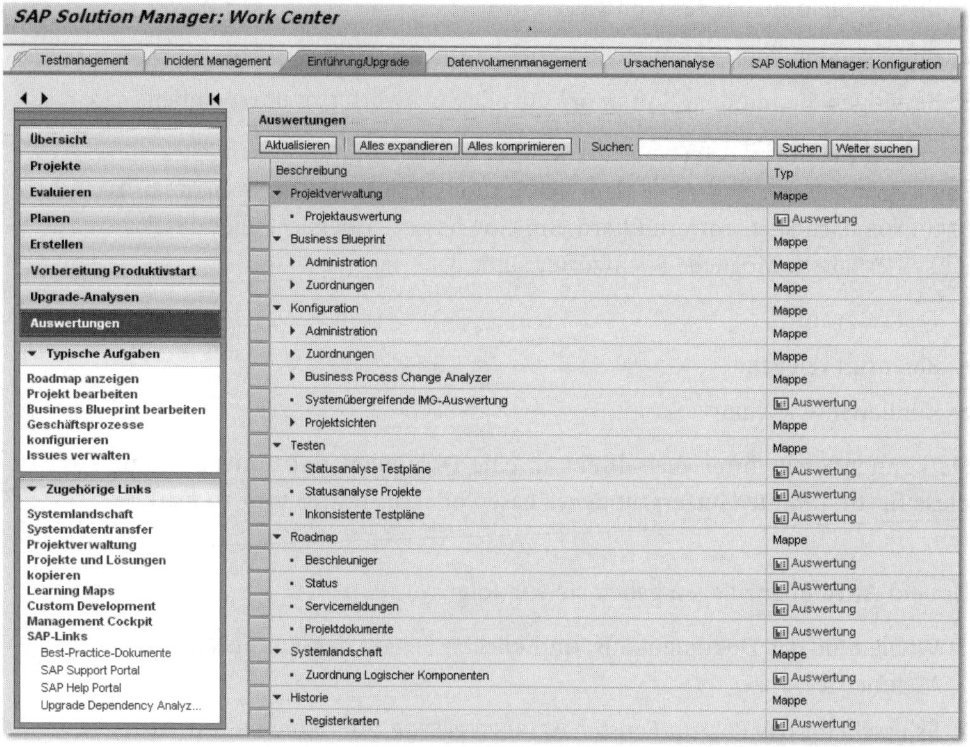

Abbildung 3.14 Projektauswertungen

Diese Auswertungen unterstützen Sie bei der Suche nach Informationen in ihrem Projekt. Gehen Sie dazu wie folgendermaßen vor:

1. Wählen Sie unter BUSINESS BLUEPRINT • ZUORDNUNGEN • DOKUMENTATION aus. Sie gelangen in die Transaktion SOLAR_EVAL. Hier können Sie das zu analysierende Projekt auswählen. Es stehen verschiedene Filterkriterien wie Mitarbeiter, Dokumentationstyp oder Status des Dokumentes zur Verfügung. Selektieren Sie hier das zuvor vergebene Stichwort, um nach allen Dokumenten mit diesem Stichwort zu filtern.
2. Wählen Sie die entsprechenden Kriterien aus, und starten Sie die Analyse mit [F8]. Als Ergebnis erhalten Sie eine Übersicht über alle dem Projekt zugeordneten Dokumente, die den Selektionskriterien entsprechen.
3. Öffnen Sie den Strukturbaum auf der linken Seite.

4. Durch einen Doppelklick auf den Dokumentennamen springen Sie direkt in die Transaktion SOLAR01 oder SOLAR02 zu dem Strukturknoten und auf dem Karteireiter, auf der sich das Dokument befindet.

Nutzen Sie die Auswertungen, um schnell und einfach einen Überblick über noch offene Dokumentationen, nicht fertiggestellte Konfigurationsobjekte oder den Gesamtfortschritt Ihres Projektes zu jedem beliebigen Zeitpunkt zu erhalten.

3.9 Dokumentationsübergabe an den operativen Betrieb

Nachdem das Szenario technischer Betrieb mit den relevanten IT-Prozessen erstellt wurde, werden die Projektinformationen in Vorbereitung auf die Implementierung dem Application Management und der Systemadministration im Unternehmen der Spielzeug AG zur Verfügung gestellt.

Grundlage für die Nutzung der Projektinformation im operativen Betrieb ist immer eine Lösung innerhalb des SAP Solution Managers. Um die gewonnenen Informationen aus dem Projekt nicht zu verlieren, können alle Prozesse und Objekte in eine Lösung überführt werden, um dort als Dokumentationsbasis zu dienen. Im folgenden Abschnitt wird Ihnen gezeigt, wie Sie dabei vorgehen.

3.9.1 Erstellen einer neuen Lösung

Sie können eine Lösung mithilfe der Funktion Projekt und Lösung kopieren erstellen. Dabei wird eine komplett neue Lösung erstellt und mit allen Inhalten aus dem Projekt gefüllt. Diese Vorgehensweise können Sie anwenden, wenn Sie eine Lösung initial anlegen möchten.

1. Wechseln Sie in das Work Center Einführung/Upgrade.
2. Unter Zugehörige Links wählen Sie Projekte und Lösungen kopieren aus.
3. Unter Quelle wählen auf dem Karteireiter Projekt fügen Sie das Einführungsprojekt hinzu ([F4]), wie in Abbildung 3.15 zu sehen ist.
4. Unter Ziel definieren wechseln Sie zum Karteireiter Lösung und pflegen einen Namen und die Rolle der Lösung. Die Rolle sollte bei einer Lösung immer Produktivsystem sein, um später auch Ihre produktiven Systeme überwachen zu können.

5. Im Bereich KOPIEROPTIONEN FÜR DOKUMENTE, müssen Sie nun auswählen, ob Sie die Dokumente aus einem Projekt referenzieren oder kopieren möchten. Wir empfehlen Ihnen, Dokumente aus einem Projekt nicht zu referenzieren, sondern sie zu kopieren, um eine klare Trennung zwischen der Projektwelt und dem operativen Betrieb sicherzustellen.

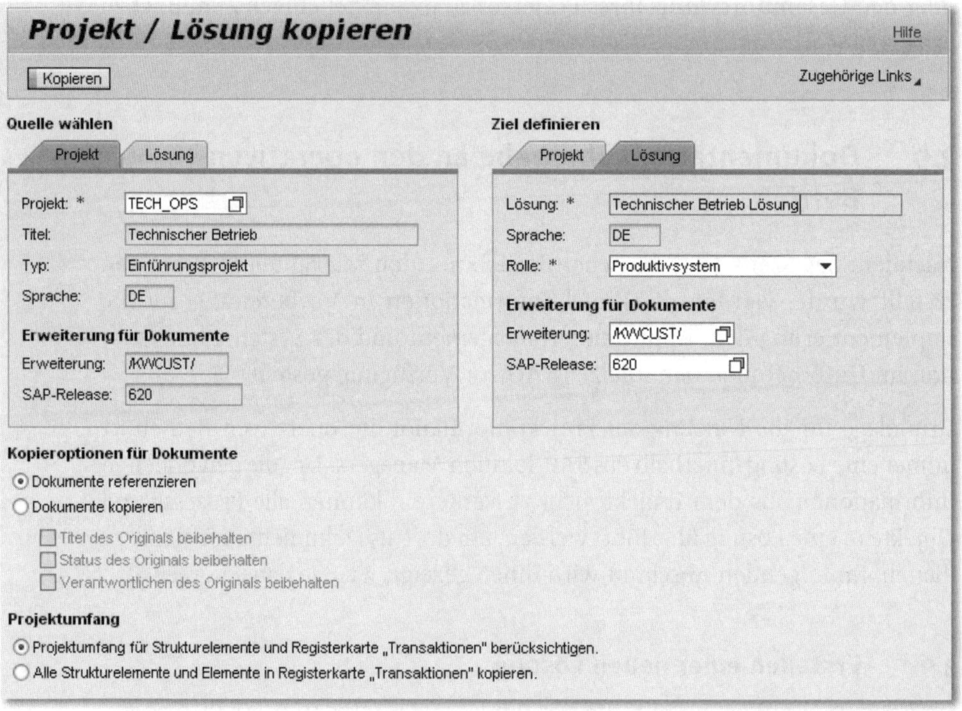

Abbildung 3.15 Kopieren von Projekten und Lösungen

Markieren Sie daher den Radiobutton DOKUMENTE KOPIEREN. Wenn Sie Titel, Status und Verantwortlichkeiten nicht ändern möchten, selektieren Sie alle Checkboxen unterhalb des Radiobuttons DOKUMENTE KOPIEREN.

6. Im Bereich PROJEKTUMFANG können Sie festlegen, ob die Lösung nur Strukturelemente und Transaktionen enthalten soll, die im Fokus sind, oder ob alle Strukturelemente und Transaktionen in die Lösung übernommen werden sollen (siehe Abschnitt 3.6.2, »Business Blueprint«).

7. Klicken Sie auf den Button KOPIEREN, um eine neue Lösung zu erstellen.

Sie können nun über das Work Center VERWALTUNG DES SAP SOLUTION MANAGERS oder Transaktion SOLMAN_DIRECTORY auf die neue Lösung zugreifen.

3.9.2 Übergabe der Informationen an eine bestehende Lösung

Wenn Sie bereits eine Lösung haben, die mit dem Inhalt des Einführungsprojektes gefüllt werden soll, muss diese Information aus dem Projekt kopiert werden.

1. Gehen Sie hierzu in das Work Center VERWALTUNG DES SAP SOLUTION MANAGERS • LÖSUNGEN.
2. Wählen Sie die entsprechende Lösung aus, und klicken Sie doppelt auf den Link in der Spalte LÖSUNG.
3. Es öffnet sich nun das Lösungsverzeichnis, in dem Sie nun in der linken Navigationsleiste das GESCHÄFTSPROZESSSZENARIO ANklicken können.
4. Als Quelle sollte ein Projekt gewählt sein. Nutzen Sie nun die Wertehilfe ([F4]) auf dem Karteireiter STRUKTUR der Spalte SZENARIOBEZEICHNUNG.
5. Selektieren Sie das Projekt und alle zu kopierenden Szenarien.
6. Um die Aktion abzuschließen, klicken Sie auf KOPIEREN, und speichern Sie den Vorgang.

Alle Prozesse und Informationen, die das Projekt enthält, werden nun in die Lösung übernommen. Das gilt ebenso für die logischen Komponenten. Diese Variante der Informationsübergabe kann genutzt werden, um zu einem späteren Zeitpunkt Deltainformationen aus anderen Projekten und Lösungen zu überführen.

Sie sollten mit Abschluss dieses Kapitels in der Lage sein, eigene Projekte im SAP Solution Manager anzulegen. Wir haben Ihnen gezeigt, welche Projektarten es gibt und welche Möglichkeiten SAP als Unterstützung für das Projektmanagement bietet. Des Weiteren haben wir am Beispiel der Spielzeug AG das Szenario technischer Betrieb mit den zugehörigen IT-Prozessen erstellt. Nachdem wir nun die Grundlage gelegt haben, können wir in den folgenden Kapiteln die Implementierung der Prozesse des technischen Betriebs umsetzen.

Performanceprobleme und Ausnahmesituationen gehören zu den täglichen Herausforderungen in der IT. Mithilfe der Ursachenanalyse können Sie Problemen in Ihrer SAP-Systemlandschaft auf den Grund gehen und Einschränkungen im Betrieb so gering wie möglich halten oder gar beseitigen.

4 Ursachenanalyse

Die *Ursachenanalyse* (*Root Cause Analysis*) ist eine Sammlung unterschiedlicher Werkzeuge im SAP Solution Manager, die Sie bei der Untersuchung verschiedener Problemfälle innerhalb einer heterogenen SAP-Systemlandschaft unterstützen.

Bevor Sie die Ursachenanalyse verwenden, ist es wichtig, nicht nur die Werkzeuge zu kennen, sondern auch deren Zusammenhänge untereinander zu verstehen. Zudem sollten Sie auch mit den Herangehensweisen der Ursachenanalyse und mit den Technologien der zu untersuchenden Landschaftskomponenten vertraut sein. Dafür ist es sinnvoll, die interne Support-Organisation wie auch externe Beteiligte (zum Beispiel der SAP-Support) für den Analyseprozess organisatorisch aufzustellen und einzuführen, um unnötigen Aufwand bei der Untersuchung zu vermeiden. Auf diese Weise sparen Sie viel Ressourcen, Zeit und Geld.

4.1 Ursachenanalyse im SAP Solution Manager

Der SAP Solution Manager bietet mit der Ursachenanalyse eine Vielzahl an Werkzeugen, die einen entfernten und sicheren Zugriff auf Informationen der verwalteten Systeme bis hin zum Betriebssystem ermöglichen. Sie stellen sicher, dass keine Änderungen auf den Kundensystemen vorgenommen werden können. Durch die zentrale Stellung des SAP Solution Managers stehen die Analysedaten jedem anderen befugten Anwender zur Verfügung, und die Untersuchungsergebnisse können somit leichter an weitere Beteiligte übergeben werden.

Aus dem Blickwinkel der Sicherheit betrachtet, lässt sich der Einsatz der Werkzeuge risikolos realisieren. Die zur Verfügung stehenden Analyseanwendungen greifen primär nur lesend auf landschaftsbezogene Daten wie Performancedaten, technische Änderungsdaten oder Fehlerinformationen zu. Mithilfe des Berechtigungskonzepts im SAP Solution Manager lässt sich der Zugriff auf kritische Informationen aus der produktiven Systemlandschaft ausschließen, wie beispielsweise Personaldaten.

Gerade aus diesem Grund sind die Werkzeuge zur Ursachenanalyse nicht nur für den internen Gebrauch der IT-Organisation von Nutzen. Das gesamte SAP-Ökosystem, das heißt auch der SAP-Support oder SAP-Partner, sollte die Möglichkeit haben, im Problemfall auf die Werkzeuge zuzugreifen, um Sie schnellstmöglich zu unterstützen und die Ursache des Fehlers aufdecken zu können. Gerade für SAP-Kunden, die aus Sicherheitsgründen keinen direkten Zugriff auf die interne IT-Infrastruktur gestatten, ist diese Funktionalität sehr hilfreich.

[+] **Tipp**

Falls mehrere Teams in die Analyse involviert sind, erweist es sich oft als sinnvoll, sämtliche Erkenntnisse mit allen Zusammenhängen zu dokumentieren und zentral abzulegen. Im Idealfall nutzen Sie dazu Ihr existierendes Ticketsystem. Alternativ können Sie die Dokumentation auch als Datei auf einem zentral zugänglichen Dateisystem ablegen. Auf diese Weise kann jede andere Person von den aktuellen Erfahrungen einen Eindruck erhalten.

Mit dem SAP Solution Manager steht Ihnen eine Infrastruktur zur Verfügung, die verschiedene Funktionalitäten für die Ursachenanalyse bereitstellt. Von der Analyse verschiedenster Ausgangssituationen über die Kontrolle zum Beispiel von technischen Parametern bis hin zur Anforderungsaufnahme können Sie zentral auf diese Werkzeuge zugreifen. Sie erlauben Ihnen die Analyse ausgehend vom Benutzerarbeitsplatz über Systeme und Landschaftskomponenten hinweg bis hin zum Datenbankmanagementsystem. Diese Vorgehensweise wird allgemein als End-to-End-Methodik bezeichnet.

Die Ursachenanalyse ist in die folgenden vier End-to-End-Methodiken unterteilt:

- Die *Change-Analyse* beschreibt Vorgehensweisen, wie Sie eine Systemlandschaft hinsichtlich Änderungen einzelner Landschaftskomponenten untersuchen.

- Die *Workload-Analyse* untersucht die Systemlandschaft bezogen auf Performance sowie die Lastverteilung zwischen den Landschaftskomponenten.
- Die *Trace-Analyse* umfasst das Erstellen sowie die Auswertung so genannter *Traces*, das heißt technische Aufzeichnungen der Aktivitäten auf verschiedenen Komponenten der Systemlandschaft.
- Die *Exception-Analyse* beschäftigt sich mit der Analyse von Ausnahmefehlern, die sowohl durch Hintergrundaktivitäten als auch durch Aktivitäten auf Endbenutzerseite verursacht werden können.

Hinweis [«]

In diesem Kapitel zur Ursachenanalyse werden zwei Begriffsarten behandelt, bei denen es oft zu Verwechslungen kommt. Daher möchten wir gern vorab den Unterschied folgender zwei Bedeutungen hervorheben:

- *Werkzeug:* Die im Work Center URSACHENANALYSE unter dem Menüpunkt END-TO-END-ANALYSE befindlichen Werkzeuge werden auch gern als End-to-End-Change-Analyse, End-to-End-Workload-Analyse, End-to-End-Trace-Analyse und End-to-End-Exception-Analyse bezeichnet. In den folgenden Abschnitten werden wir auch genau diese Schreibweise für diese Werkzeuge verwenden.
- *End-to-End-Methodik:* Zudem sprechen wir in diesem Kapitel von End-to-End-Methodiken, bei denen die genannten Werkzeuge zum Einsatz kommen. Jede End-to-End-Methodik wird in einem eigenen Abschnitt der Ursachenanalyse behandelt und im Folgenden nur als »Change-Analyse«, »Workload-Analyse«, »Trace-Analyse« oder »Exception-Analyse« bezeichnet. Falls das Präfix »End-to-End« in Verbindung mit der Methodik genannt wird, erfolgt dies nur, wie in diesem Beispiel zu lesen ist: »End-to-End-Methodik: Workload-Analyse«.

4.1.1 Voraussetzungen für die Ursachenanalyse

Wurde die initiale Konfiguration, wie in Abschnitt 2.5, »Initiale Konfiguration des SAP Solution Managers«, beschrieben, vollständig und erfolgreich durchgeführt, ist keine zusätzliche Konfiguration des Szenarios notwendig. Stellvertretend sind an dieser Stelle die SAP-Hinweise 1483508 (SAP Solution Manager 7.1: Voraussetzungen für Ursachenanalyse), 1478974 (Diagnostics in SAP Solution Manager 7.1) sowie 1365123 (Installation von Diagnostics Agenten) als zusätzliche Informationsquelle und Unterstützung zu nennen.

Um die SAP-Systeme in der Systemlandschaft gezielt analysieren zu können, müssen diese vollständig an den SAP Solution Manager angebunden sein (siehe Abschnitt 2.5.4, »Konfiguration der verwalteten Systeme«). Dabei ist es wichtig, dass die Introscope-Komponenten sowie die jeweiligen Diagnostics Agenten auf den verwalteten Systemen für die Sammlung der Metriken auch korrekt funktionieren. Die Funktionsfähigkeit dieser Komponenten können Sie mithilfe der *Selbst-Diagnose* im SAP Solution Manager überprüfen. Diese finden Sie im Work Center URSACHENANALYSE unter ZUGEHÖRIGE LINKS im Bereich ADMINISTRATION.

Sollten Sie für eine Ursachenanalyse Unterstützung vom SAP-Support benötigen, stellen Sie sicher, dass die jeweiligen TCP-Ports im SAProuter gepflegt sind, um den Zugriff auf die Werkzeuge im SAP Solution Manager sowie der verwalteten Systeme bzw. Applikationen wie den Introscope-Komponenten zu gewährleisten. Notwendig wird der Zugriff auf folgende Komponenten:

- AS ABAP des SAP Solution Managers
- AS Java des SAP Solution Managers
- Introscope WebView oder Workstation
- Optional: AS ABAP des verwalteten Systems
- Optional: AS Java des verwalteten Systems

Weitere Details über die notwendigen TCP/IP-Ports erhalten Sie auch im Security Guide für SAP Solution Manager, den Sie im SAP Service Marketplace unter *http://service.sap.com/instguides/* finden.

[»]

Hinweis

Falls Sie die Tabelle *saprouttab* des SAProuters nicht manuell pflegen möchten, können Sie in der Basiskonfiguration des SAP Solution Managers unter SAPROUTER KONFIGURIEREN auch Verbindungsdaten zum SAP-Router angeben, um die Einträge automatisch vom SAP Solution Manager pflegen zu lassen. Dazu gehen Sie wie folgt vor:

- Starten Sie die Transaktion SOLMAN_SETUP.
- Navigieren Sie zu BASISKONFIGURATION und dann SAPROUTER KONFIGURIEREN.
- Tragen Sie an dieser Stelle die notwendigen SAP-Router-Daten ein.

4.1.2 Navigationskonzept

Für die Ursachenanalyse steht Ihnen im SAP Solution Manager das Work Center URSACHENANALYSE zur Verfügung. Mehr zum Navigationskonzept im SAP Solution Manager erfahren Sie in Abschnitt 2.4, »Navigation im SAP Solution Manager 7.1: Work Center«.

Die Werkzeuge im Work Center URSACHENANALYSE sind im Wesentlichen in die folgenden vier Menüpunkte unterteilt (siehe Abbildung 4.1):

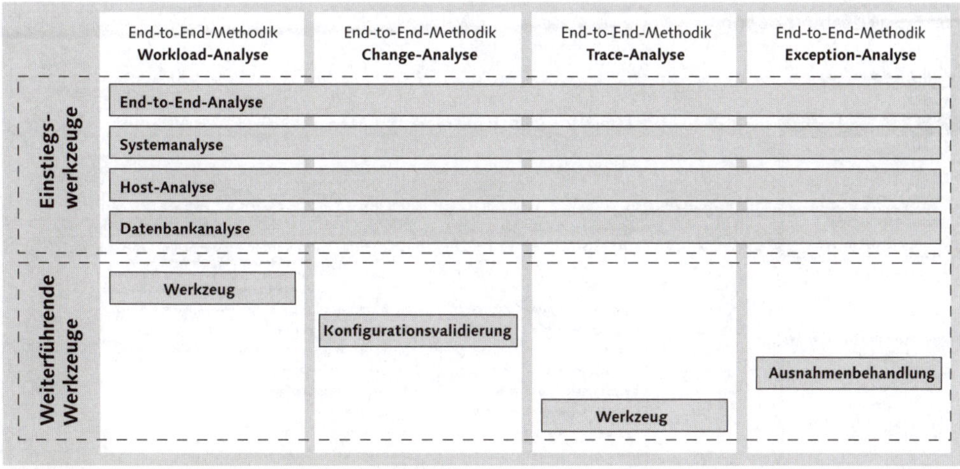

Abbildung 4.1 Werkzeuge der Ursachenanalyse

- End-to-End-Analyse
- Systemanalyse
- Host-Analyse
- Datenbankanalyse

Diese vier genannten Menüpunkte verwenden Sie als Einstieg, sie beinhalten in der Regel für jede End-to-End-Methodik ein geeignetes Werkzeug. Je spezifischer die Applikation, desto höher der Detailgrad und die Komplexität der Analysedaten. Infolgedessen ist auch zunehmendes Expertenwissen bei der Nutzung nötig. Gehen Sie wie folgt vor, um die Werkzeuge zu starten:

1. Wählen Sie im Work Center URSACHENANALYSE den gewünschten Menüpunkt aus (siehe Abbildung 4.2).
2. Abhängig von Ihrer Auswahl, sehen Sie im Bereich FEINSELEKTION auf der rechten Seite des Bildschirms eine tabellarische Darstellung der betrachteten Landschaftskomponenten. Hier können Sie aus den vorhandenen Elementen genau diejenigen auswählen, die für die Analyse relevant sind. Dabei haben Sie die Möglichkeit, eine oder mehrere Zeilen gleichzeitig zu selektieren, indem Sie bei der Auswahl [Strg] gedrückt halten.
3. Ausgehend von dieser Selektion können Sie die gewünschte Anwendung aufrufen, die problemabhängig für die jeweilige End-to-End-Methodik zum Einsatz kommt. Benötigen Sie Daten aus dem Business Warehouse, wählen Sie den Link KLICKEN SIE HIER, UM DATEN AUS DEM BUSINESS WAREHOUSE ZU LADEN.

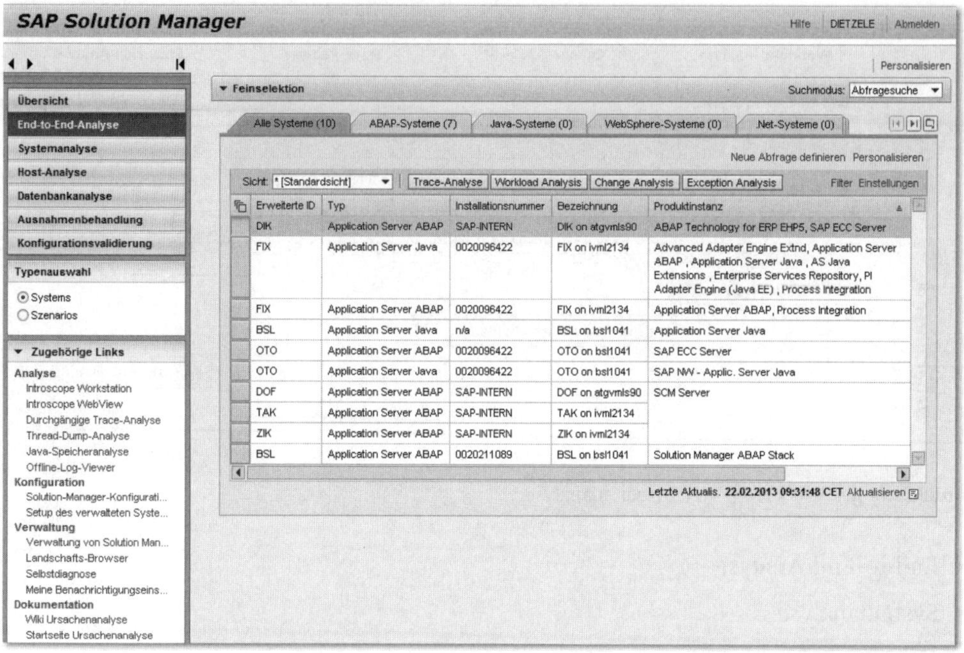

Abbildung 4.2 Work Center »Ursachenanalyse«

Ergänzend zu den genannten vier Menüpunkten finden sich weiterführende Werkzeuge wie die KONFIGURATIONSVALIDIERUNG oder die AUSNAHMENBEHANDLUNG in der Navigation des Work Centers (siehe Abbildung 4.2), die in Abschnitt 4.3.6 und in Abschnitt 4.6.6 erläutert werden.

Nicht alle Werkzeuge für die Ursachenanalyse befinden sich im Work Center. Manche weiterführende Werkzeuge befinden sich auf den verwalteten Systemen oder sind völlig eigenständige Applikationen (wie zum Beispiel das Drittanbieterwerkzeug Introscope). Diese sind dann innerhalb der genannten Applikationen oder im Bereich ZUGEHÖRIGE LINKS (siehe Abbildung 4.2) verlinkt.

In den folgenden Abschnitten stellen wir Ihnen die vier wichtigsten Menüpunkte im Work Center URSACHENANALYSE vor. Für jeden dieser Bereiche werden die existierenden Werkzeuge dargestellt und in den nachfolgenden Abschnitten genauer erläutert.

- **End-to-End-Analyse**
  Die wichtigsten Funktionen der Ursachenanalyse sind die End-to-End-Werkzeuge. Mit deren Hilfe analysieren Sie einzelne Systeme und können auch systemübergreifend Analysen durchführen. Unter diesen Werkzeugen befinden sich:

  - Change Analysis (im Folgenden *End-to-End-Change-Analyse* genannt; siehe Abschnitt 4.3.3)
  - Workload Analysis (im Folgenden *End-to-End-Workload-Analyse* genannt; siehe Abschnitt 4.4.3)
  - Trace-Analyse (im Folgenden *End-to-End-Trace-Analyse* genannt; siehe Abschnitt 4.5.2)
  - Exception Analysis (im Folgenden *End-to-End-Exception-Analyse* genannt; siehe Abschnitt 4.6.3)
- **Systemanalyse**
  Die Systemanalyse liefert systemspezifische Daten und ermöglicht Ihnen, sich ein Bild vom technischen Zustand eines Systems zu machen. Auf dieser Applikationsebene finden Sie folgende Werkzeuge:
  - Introscope (siehe Abschnitt 4.2.3)
  - Change Reporting (siehe Abschnitt 4.3.4)
  - Expert Links
    Expert Links bieten technologieabhängige Verweise zu weiteren Expertenwerkzeugen. Aktuell werden diese nur für Java-Systeme wie die Thread-Dump-Analyse angeboten (siehe Abschnitt 4.4.5).
  - Log Viewer (siehe Abschnitt 4.6.4)
- **Host-Analyse**
  Diese Werkzeugsammlung wird verwendet, um gezielt hostspezifische Untersuchungen durchzuführen. Sie besteht aus:
  - Dateisystem-Browser (siehe Abschnitt 4.2.2)
  - Introscope (siehe Abschnitt 4.2.3)
  - Host-Analyse (siehe Abschnitt 4.4.1)
  - Betriebssystemkommandokonsole (siehe Abschnitt 4.2.1)
- **Datenbankanalyse** (siehe Abschnitt 4.4.4)

4.1.3 Ursachenanalyse bei der Spielzeug AG

In Abschnitt 4.1.2, »Navigationskonzept«, haben Sie einen Überblick über das Work Center URSACHENANALYSE erhalten. Anhand des Beispielszenarios der Spielzeug AG verdeutlichen wir im Folgenden, wie die Werkzeuge eingesetzt werden können.

Ein Endbenutzer der Spielzeug AG hat ein Performanceproblem, während er in einer Portalanwendung seine Bankdaten pflegt. Im vorliegenden Beispiel, wie in Abbildung 4.3 dargestellt, ruft der Endbenutzer eine Applikation auf dem SAP NetWeaver Portal (AS Java) auf, die mit dem SAP ECC-System (AS ABAP) im Hintergrund kommuniziert. Die Ursachen können auf jedem System bzw. jeder Komponente liegen. Daher ist eine tiefer gehende Analyse notwendig.

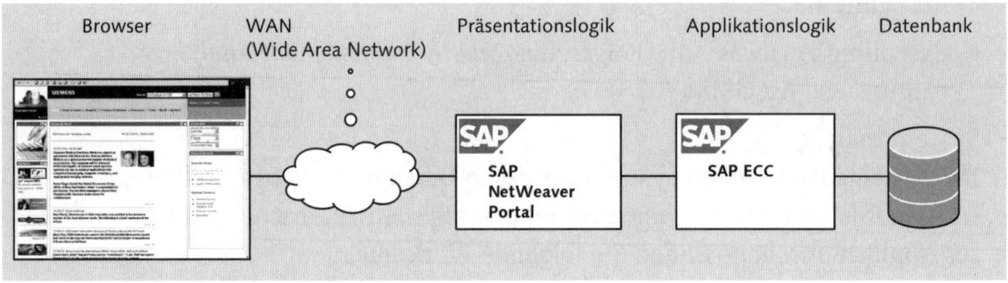

Abbildung 4.3 Mitarbeiter-Portalanwendung

Der Benutzer öffnet eine Support-Meldung im Service Desk des SAP Solution Managers, um die Störung beim Application Management der Spielzeug AG zu melden. Der IT-Support der Spielzeug AG veranlasst umgehend den Prozess der Ursachenanalyse, um Schritt für Schritt die technische Komponente zu isolieren, die für die Störung verantwortlich ist.

Die IT-Organisation der Spielzeug AG geht wie folgt vor:

1. **End-to-End-Analyse**
   Zu Beginn der Untersuchung werden zunächst sämtliche Aspekte der Workload-Analyse betrachtet. Dabei verschafft sich die IT-Organisation mithilfe der End-to-End-Workload-Analyse (siehe Abschnitt 4.4.3) einen Überblick über die generelle Performance der Systeme sowie über mögliche systemübergreifende Zusammenhänge. Nachdem Auffälligkeiten in den durchschnittlichen Antwortzeiten auf dem AS ABAP zu erkennen sind, setzen die Experten ihre Analysen direkt auf dem SAP ECC-System fort.

2. **Systemanalyse – AS ABAP**
   Nach Auswertung des Performancemonitors ST03N im AS ABAP wird schnell deutlich, dass mehrere Benutzer eine bestimmte Art der ABAP-Programme ausführen, die eine erhöhte Laufzeit aufweisen – so auch unser Benutzer, der die erwähnte Support-Meldung geöffnet hat.

   Dabei ermittelt der IT-Support, dass gerade die Zeit für die Datenbankverarbeitung den größten Anteil der gesamten Laufzeit ausmacht. Ein Blick in die Datenbankanalyse (siehe Abschnitt 4.4.4) durch den jeweiligen Experten lässt keine generellen Auffälligkeiten erkennen, sodass im nächsten Schritt die Applikation selbst untersucht werden muss.

Um weitere Problemursachen ausschließen zu können, überprüfen die Systemexperten sicherheitshalber das Verhalten der ABAP-Speicherbereiche (auch SAP-Puffer genannt), die Performance der Kommunikation zu anderen Systemen und die Hardwareauslastung. Diese Bereiche können dabei bereits als weitere Ursache ausgeschlossen werden.

3. **Systemanalyse – Java**
   Auf dem SAP NetWeaver-Portal-System hingegen können keine weiteren Auffälligkeiten in der Applikationsperformance (in der End-to-End-Workload-Analyse – Java-Details – siehe Abschnitt 4.4.3), im Speicherverbrauch (durch Nutzung von Introscope – siehe Abschnitt 4.2.3) oder in der Datenbankverarbeitung festgestellt werden.
4. **End-to-End-Trace-Analyse**
   Da es keinen klaren Hinweis auf ein generelles Performanceproblem gibt, wird eine End-to-End-Trace-Analyse (siehe Abschnitt 4.5.2) durchgeführt. Diese Traces werden eingeschaltet, um eine konkrete Benutzertransaktion zu betrachten und die problemverursachende Landschaftskomponente zu isolieren. Zur besseren Nachvollziehbarkeit der Störung wird einer der betroffenen Endanwender die gleichen Aktivitäten im System wiederholen. Während der Durchführung werden Daten seines Endanwender-PCs mit dem dazu notwendigen *SAP Client Plug-In* aufgezeichnet. Nach der Aufzeichnung werden sämtliche Daten an das SAP Solution Manager-System gesendet. Der IT-Support greift auf diese Daten zurück, um mit der Auswertung zu beginnen.

   Es stellt sich heraus, dass der größte Zeitanteil auf dem SAP ECC-Server liegt. Mit dem bereits ausgeführten Trace können direkt weitere Analysen auf dem SAP ECC-System selbst durchgeführt werden, ohne das Szenario erneut aufzeichnen zu müssen. Der IT-Support greift über die End-to-End-Trace-Analyse im SAP Solution Manager direkt auf das SAP ECC-System zu und beginnt dort die Auswertung des ABAP- und des SQL-Trace.
5. **Trace-Analyse auf dem AS ABAP-Stack**
   Während der Auswertung des ABAP-Trace ist zu erkennen, dass der meiste Anteil der serverseitigen Verarbeitung nicht durch das reine ABAP-Coding, sondern durch Datenbankabfragen verursacht wird. Der IT-Support erkennt mit den Trace-Werkzeugen, welche Datenbankaufrufe er analysieren muss. Eine Analyse der langlaufenden SQL-Anfragen zusammen mit dem Datenbankexperten ergibt, dass zahlreiche Indizes auf vereinzelte Datenbanktabellen aktualisiert und zum Teil auch neu angelegt werden müssen.

Mit diesem Beispiel haben Sie einen Überblick erhalten, wie eine typische Herangehensweise eines Performanceproblems aussehen kann. Im Folgenden werden wir Ihnen die einzelnen Werkzeuge im Detail vorstellen. Vielfach werden wir dabci auf praktische Anwendungsbeispiele eingehen, die Ihnen helfen sollen, die einzelnen Werkzeuge sinnvoll einzusetzen.

4.2 Methodenunabhängige Werkzeuge

Bevor Sie die End-to-End-Methodiken und deren Werkzeuge im Detail kennenlernen, stellen wir Ihnen in diesem Abschnitt die folgenden wichtigen Werkzeuge vor und zeigen Ihnen, wie Sie sie anwenden:

- Betriebssystemkommandokonsole
- Dateisystem-Browser
- Introscope

Diese Werkzeuge werden teilweise innerhalb verschiedener End-to-End-Methodiken angewendet, können aber auch völlig losgelöst von dem End-to-End-Ansatz genutzt werden.

4.2.1 Betriebssystemkommandokonsole

Die Betriebssystemkommandokonsole erlaubt einem Mitarbeiter, verschiedene Kommandos an das Betriebssystem eines verbundenen Servers zu senden, ohne dass er einen eigenen Benutzer auf Betriebssystemebene benötigt. Der sichere Zugriff ist durch einen vordefinierten Satz an Betriebssystemkommandos garantiert, die lediglich lesenden Zugriff ermöglichen.

Verwenden Sie das Werkzeug wie folgt:

1. Klicken Sie im Work Center URSACHENANALYSE auf den Menüpunkt HOST-ANALYSE.
2. Wählen Sie im Bereich FEINSELEKTION den zu betrachtenden Host aus, und starten Sie die Applikation mithilfe des Buttons OS COMMAND CONSOLE. Es öffnet sich ein neues Fenster, in dem Sie alle verfügbaren Betriebssystemkommandos ausführen können.
3. Im Bereich CONTEXT können Sie auswählen, welches System Sie auf dem Host betrachten möchten. Sofern möglich, werden die Betriebssystemkommandos anschließend auch systemabhängig aufgerufen.

4. Im Bereich PROMPT können Sie die Art der Befehle auswählen, jedoch nur die vorgegebenen. Abhängig vom Betriebssystem, variieren die Kommandos. Um den Überblick zu verbessern, sind die Betriebssystemkommandos nach Themen gruppiert, die Sie im Feld GROUP auswählen können (siehe Abbildung 4.4).

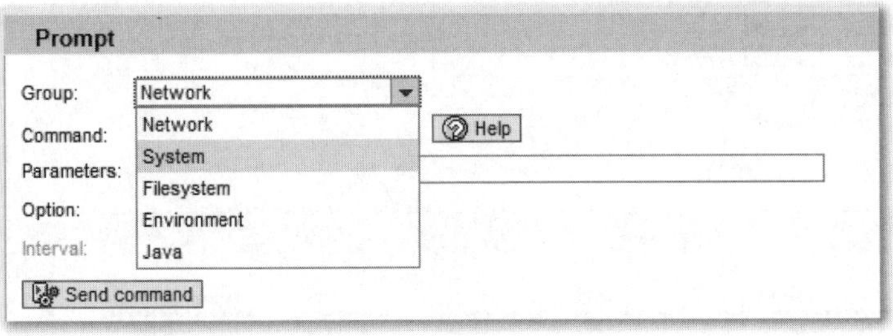

Abbildung 4.4 OS Command Console – Gruppen

Das Feld COMMAND ermöglicht Ihnen nun die Auswahl des gewünschten Kommandos. Für jedes einzelne ist ein Hilfe-Dokument verfügbar. Um diese anzuzeigen, klicken Sie auf den Button HELP. Betriebssystemseitig wird dabei das Kommando `help` ausgeführt, und im Bereich RESULT erscheint das Ergebnis.

Parameter können Sie im Feld PARAMETERS definieren. Um die Sicherheitsstandards des SAP Solution Managers zu befolgen, können nicht alle in der Hilfe angezeigten Kommandos ausgeführt werden. Lediglich die Parameter, die Informationen anzeigen, sind auch erlaubt.

5. Wählen Sie Ihr gewünschtes Betriebssystemkommando aus, geben Sie einen gültigen Parameter dazu an, und führen Sie den Befehl mit einem Klick auf den Button SEND COMMAND aus. In Abbildung 4.5 sehen Sie das Ergebnis der Befehlsausführung.

Für manche Kommandos (wie zum Beispiel das Kommando PROCESSSTAT in Abbildung 4.5) ist es hilfreich, sie mehrmals kurz hintereinander auszuführen. Somit erhalten Sie nicht nur eine Momentaufnahme, sondern können den Status im System live verfolgen. Dafür steht Ihnen in der Betriebssystemkommandokonsole die Option RECURRENT zur Verfügung. Hier können Sie ein Intervall in Sekunden definieren. Nachdem Sie den Button SEND COMMAND angeklickt haben, wird das Kommando in dem definierten Zeitabstand so lange ausgeführt und der Bereich RESULT aktualisiert, bis Sie den Vorgang mit dem Button STOP COMMAND wieder beenden.

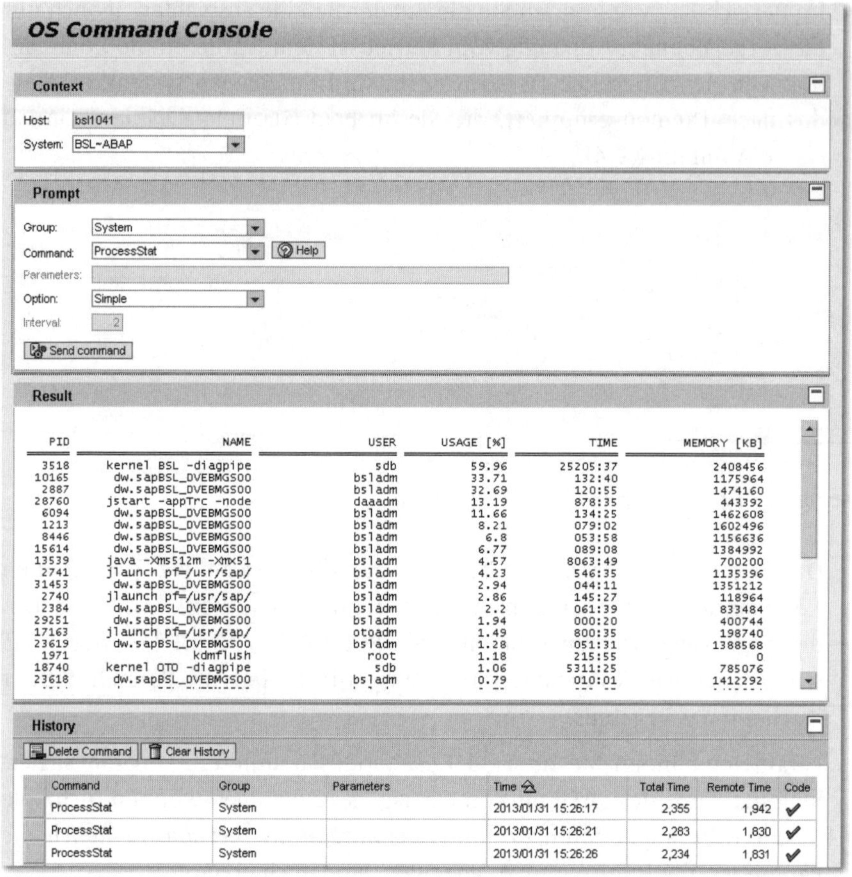

Abbildung 4.5 Betriebssystemkommandokonsole – Ergebnis

Im Bereich HISTORY werden sämtliche Befehle und Ergebnisse angezeigt, die Sie in der Vergangenheit einmal ausgeführt haben.

4.2.2 Dateisystem-Browser

Der Dateisystem-Browser bietet Ihnen einen zentralen Einstiegspunkt in das Dateisystem des verwalteten Systems. Er eignet sich besonders, um Log-Dateien remote auszuwerten, ohne dass ein Benutzer auf Betriebssystemebene notwendig ist. Er ermöglicht ausschließlich einen Lesezugriff auf die Ordner, die mit dem verwalteten System in Zusammenhang stehen.

Klicken Sie im Work Center URSACHENANALYSE auf den Menüpunkt HOST-ANALYSE. Im Bereich FEINSELEKTION markieren Sie anschließend den jeweiligen Host und starten den Dateisystem-Browser mit einem Klick auf den Button FILE SYSTEM BROWSER. Genau wie die Betriebssystemkommandokonsole öffnet sich der Dateisystem-Browser in einem eigenen Fenster (siehe Abbildung 4.6).

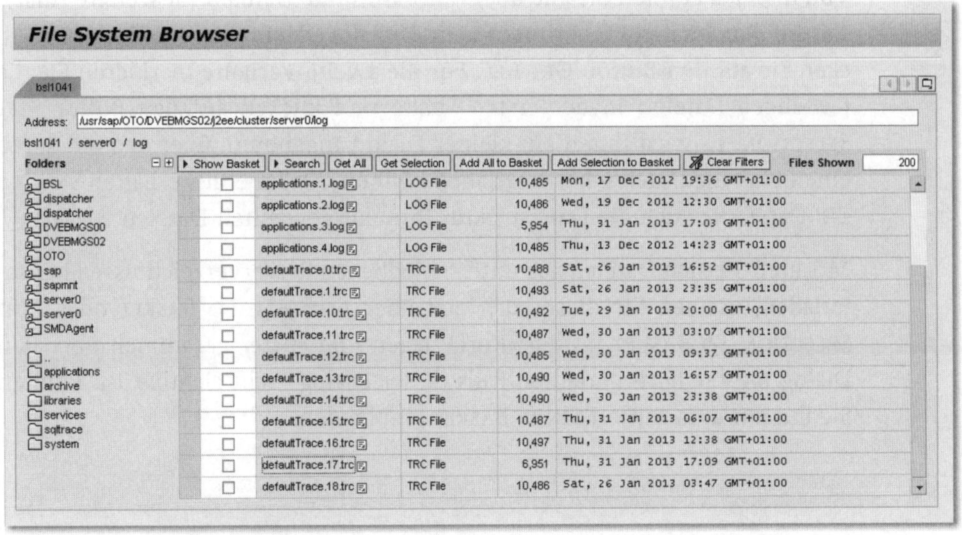

Abbildung 4.6 Dateisystem-Browser

Der Dateisystem-Browser ist in drei Bereiche untergliedert:

- **Adressbereich**
  Im oberen Bereich des Dateisystem-Browsers sehen Sie im Feld ADDRESS immer die aktuelle Adresse, die Sie ausgewählt haben. Falls Sie bereits Ihr Zielverzeichnis kennen, in dem Sie eine Datei suchen, können Sie dieses hier eingeben. Der Adressbereich steht auch in direkter Verbindung mit dem Navigationsbereich. Wenn Sie dort per Maus zu Ihrem gewünschten Zielverzeichnis navigieren, wird der Adressbereich immer aktualisiert.
- **Navigationsbereich**
  Dieser Bereich stellt alle für ein SAP-System wichtigen Verzeichnisse untereinander dar. Wählen Sie eines der Verzeichnisse aus, und Ihnen werden darunter alle zugehörigen Unterverzeichnisse sowie im Arbeitsbereich alle verfügbaren Dateien angezeigt.
- **Arbeitsbereich**
  In diesem Bereich werden alle verfügbaren Dateien des gewählten Verzeichnisses mit den dazugehörigen Eigenschaften aufgelistet. Zudem stehen Ihnen unterschiedliche Funktionen zur Verfügung, um zum Beispiel eine Datei anzuzeigen oder herunterzuladen.

Navigieren Sie bis zu dem Verzeichnis, in dem die gewünschte Datei liegt, die Sie untersuchen möchten. Normalerweise untersuchen Sie eine Log- oder Konfigurationsdatei.

Von hier aus können Sie alle oder nur bestimmte Dateien für weitere Analysen auf den lokalen PC herunterladen. Um alle Dateien herunterzuladen, klicken Sie auf den Button GET ALL. Für die zweite Variante markieren Sie die jeweiligen Dateien in der ersten Spalte und klicken auf den Button GET SELECTION. Es wird Ihnen ein kleiner Dialog angeboten, über den Sie durch einen Link die Dateien herunterladen können. Als Ergebnis erhalten Sie eine ZIP-Datei, die auch die Dateistruktur Ihrer ausgewählten Dateien enthält.

Möchten Sie sich Dateien aus unterschiedlichen Serververzeichnissen herunterladen, können Sie diese auch erst über ADD ALL TO BASKET oder ADD SELECTION TO BASKET in den »Korb« legen und später gesammelt über den Dialog BASKET herunterladen. Falls dieser Dialog nicht sichtbar ist, können Sie ihn mit dem Button SHOW BASKET einblenden.

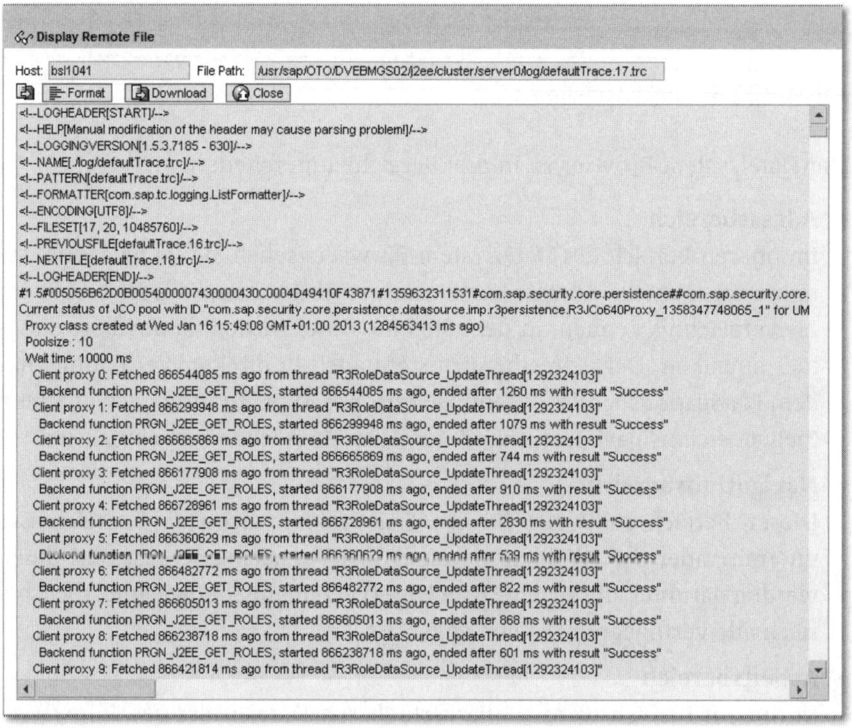

Abbildung 4.7 Dateisystem-Browser – Dateiinhalt

Vom Korb aus oder im Anzeigebereich können Sie auch durch die Textdatei blättern, ohne die gesamte Datei heruntergeladen zu haben. Klicken Sie dazu im Anzeigebereich auf die zu untersuchende Datei bzw. im Korb auf das Anzeige-Icon . Es öffnet sich eine eingebettete Ansicht, in der Ihnen der gesamte Inhalt der Datei angezeigt wird, wie in Abbildung 4.7 dargestellt.

Hier können Sie zum Beispiel die aktuelle Datei herunterladen (Button DOWNLOAD) oder über den Button FORMAT eine schwer lesbare Datei etwas leserlicher anzeigen lassen. Beispielsweise werden mit der Formatfunktion Unix-Zeitstempel in Standardzeitformat konvertiert.

4.2.3 Introscope

Introscope wurde entworfen, um serviceorientierte Architekturen erfolgreich verwalten zu können. Um dies zu erreichen, bietet es eine Echtzeitsicht für kritische Webapplikationen und Infrastruktursysteme hinsichtlich Performance und Verfügbarkeit. Introscope wird für Ad-hoc-Analysen des Ressourcenverbrauchs, des Systemverhaltens sowie des generellen Systemzustands verwendet, da es aktuelle und historische Daten in grafischer Form bereitstellt. Zudem betrachtet es Daten für verschiedene Technologien in unterschiedlichen Granularitäten. Daher steht Introscope auch in den meisten Menüpunkten des Work Centers URSACHENANALYSE bereit.

Introscope besteht aus den folgenden Komponenten (siehe Abbildung 4.8):

- **Introscope WebView**
  Die Applikation *Introscope WebView* ermöglicht die Anzeige von Introscope-Daten in einer webbasierten grafischen Benutzeroberfläche. Die Applikationslogik liegt auf der Serverseite. Dort wird die Benutzeroberfläche vollständig berechnet und anschließend eine HTML-Seite mit eingebetteten Grafiken an den Webbrowser des Endanwenders übertragen. Um die Grafiken korrekt darstellen zu können, ist die Webbrowser-Erweiterung ~~Microsoft Silverlight notwendig~~ (siehe auch SAP-Hinweis 1273028).
  wird nicht mehr unterstützt
- **Introscope Workstation**
  Introscope Workstation ist eine Java-basierte Benutzeroberfläche, die vollständig auf dem PC des Endanwenders gerendert wird. Das heißt, die Applikationslogik wird nicht server-, sondern clientseitig ausgeführt, und es werden nur die notwendigen Daten über das Netzwerk zum PC des Endanwenders übertragen. Als Voraussetzung ist auf dem Endanwender-PC eine aktuelle Java-Laufzeitumgebung (JRE) erforderlich. Verglichen mit Introscope WebView ist sie die gebräuchlichere Benutzeroberfläche und wird auch von SAP für die Verwendung bei Kunden oder Partnern empfohlen.

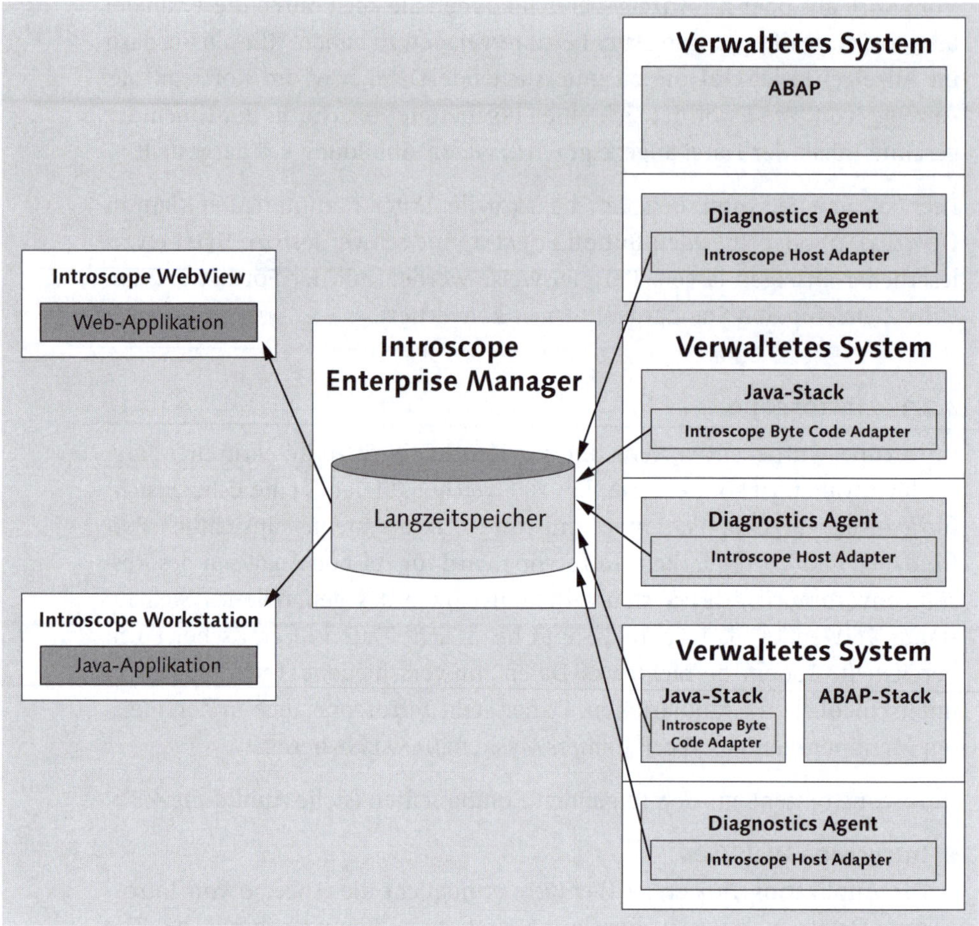

Abbildung 4.8 Introscope-Infrastruktur

- **Agenten**
  Die Agenten der Introscope-Infrastruktur sind die Datenlieferanten und senden die Informationen alle 15 Sekunden an den Introscope Enterprise Manager. Es stehen zwei unterschiedliche Agenten zur Verfügung:
  - Der *Introscope Byte Code Adapter* ist eine auf dem AS Java laufende Applikation. Er sammelt verschiedene Daten zur Laufzeit eines Java-Programms, die für eine spätere Analyse notwendig sind. Im Investigator-Modus der Introscope-Benutzeroberfläche wird dieser Agent als Knoten mit dem Namen SAP NETWEAVER dargestellt.
  - Der *Introscope Host Adapter* ist eine auf dem Diagnostics Agenten eingebettete Applikation. Er sammelt Betriebssysteminformationen mittels SAP-Host-Agenten und SAPOSCOL sowie ABAP-spezifische Informatio-

nen direkt vom ABAP-Stack des angebundenen Systems. Im Investigator-Modus der Introscope-Benutzeroberfläche heißt dieser Agent auch SAP HostAgent Process.

- **Introscope Enterprise Manager**
  Dies ist die zentrale Komponente von Introscope, die für die Datensammlung, die Speicherung sowie für die Anzeige der Daten verantwortlich ist. Die Introscope-Daten werden in einem Langzeitspeicher abgelegt, in dem sie standardmäßig bis zu 30 Tage aufbewahrt werden. Da sämtliche Metriken alle 15 Sekunden durch den Introscope Enterprise Manager erfasst werden, entsteht auf lange Sicht ein riesiges Datenvolumen. Ältere Daten im Speicher des Introscope Enterprise Managers werden daher in regelmäßigen Zeitabständen aggregiert. Auf diese Weise kann das Datenwachstum begrenzt werden, und der erforderliche Speicherplatz bleibt abhängig von der Anzahl angebundener Systeme konstant.

Aktuell gibt es drei unterschiedliche Modi in Introscope, die in beiden Benutzeroberflächen (Introscope WebView und Workstation) zur Verfügung stehen:

- **Console**
  Im *Console-Modus* können vordefinierte Dashboards angezeigt werden. Bei den Dashboards handelt es sich um vordefinierte grafische Sichten auf die Metrik-Daten. Diese greifen gelegentlich auf Symbole zurück, die Ihnen einen schnellen Überblick über den aktuellen Status der Landschaft ermöglichen. Teilweise sind die Dashboards auch miteinander verlinkt, sodass Sie einfach zwischen den Dashboards hin- und herspringen können, sofern sie miteinander in Zusammenhang stehen. Die Inhalte eines Dashboards sind immer abhängig von der vom Endanwender eingestellten zeitlichen Auflösung sowie dem gesetzten Betrachtungszeitraum.
- **Investigator**
  Der *Investigator-Modus* stellt eine Detailsicht auf die Introscope-Daten bereit. In einer Baumstruktur haben Sie die Möglichkeit, die in der Introscope-Infrastruktur verfügbaren Komponenten auszuwählen und bis hin zu den gesuchten Details zu navigieren. Auch für diesen Modus kann der Endbenutzer die zeitliche Auflösung sowie den Betrachtungszeitraum bestimmen, in dem die Daten angezeigt werden.
- **Transaction Tracer**
  Der Modus *Transaction Tracer* ermöglicht das Aufzeichnen und anschließende Auswerten von einzelnen Benutzeraktivitäten auf dem AS Java eines Systems. Typischerweise wird dieser Modus innerhalb der End-to-End-Trace-Analyse verwendet.

Beim Introscope WebView finden Sie die drei Modi im oberen Teil des Bildschirms nebeneinander angeordnet, und in der Introscope Workstation nutzen Sie die Menüzeile, um zwischen den Modi zu wechseln. Beide Benutzeroberflächen, Introscope WebView und Introscope Workstation, sind ähnlich aufgebaut und stellen dieselben Daten für die Anzeige bereit. Im Detail bzw. in der Ausführung unterscheiden sie sich minimal. Wir erklären Ihnen deshalb die Verwendung am Beispiel der Introscope Workstation.

1. Nachdem Sie die Applikation aus dem Work Center Ursachenanalyse gestartet haben, melden Sie sich mit einem für Introscope bereitgestellten Benutzer an.
2. Introscope wird daraufhin im Console-Modus geöffnet. Im oberen Bereich des Bildschirms finden Sie eine Mehrfachauswahl, aus der Sie die verfügbaren Dashboards auswählen. Der Einstiegsbildschirm wird immer das Dashboard Navigation 1 sein (siehe Abbildung 4.9). Von diesem Dashboard aus können Sie in die Haupt-Dashboards für die wichtigsten SAP-Produkte abspringen, die mit Introscope analysiert werden können.

   Die Dashboard sind unterschiedlich dargestellt, um die Daten zu visualisieren. Dazu werden verschiedene Elemente der Benutzeroberfläche verwendet:

   - **Daten-Viewer** werden verwendet, um Daten in Metriken oder Metrik-Gruppierungen oder solche zu zeigen, die durch Elemente repräsentiert werden, wie zum Beispiel Alerts.
   - **Grafiken** und **Textobjekte** werden verwendet, um ein Layout herzustellen, das Benutzern hilft, die Dashboards abzusuchen und zu klären, was die Daten im Daten-Viewer zu bedeuten haben.
3. Im rechten oberen Bereich können Sie den Betrachtungszeitraum in der Mehrfachauswahl Time range sowie den zeitlichen Detailgrad in der Mehrfachauswahl Resolution auswählen. Wählen Sie einen für Sie sinnvollen Zeitraum aus.
4. Ebenfalls im rechten oberen Bereich finden Sie die Lens-Funktion über den Button 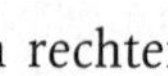

. Damit können Sie auswählen, welche Agenten der Introscope-Infrastruktur in der aktuellen Sicht des Console-Modus betrachtet werden sollen. Wenn Sie Introscope direkt über die URL *http://<Wily-IS-host>:<Wily-IS-Port/* (der Standard-Port ist 8081) im Webbrowser aufrufen, sind standardmäßig alle Agenten ausgewählt. Starten Sie Introscope aus dem Work Center Ursachenanalyse, werden nur die Agenten betrachtet, die mit der Vorauswahl im Bereich Feinselektion (zum Beispiel der ausgewählte Host) in Verbindung stehen.

5. Da die Dashboards untereinander verlinkt sind, ist die Navigation per Doppelklick auf verschiedene Elemente der Benutzeroberfläche (Links, Statussymbole etc.) möglich. Somit können Sie von einem Übersichts-Dashboard zu den themenspezifischen Dashboards springen.
6. Die Diagramme sind die kleinstmögliche Sicht auf die Introscope-Daten. Mit einem Doppelklick auf das Diagramm können Sie sich die Hilfe für die betrachteten Leistungskennzahlen (Key Performance Indicators, KPI) anzeigen lassen.

Abbildung 4.9 Introscope im Console-Modus

Anschließend können Sie eine detaillierte Analyse durchführen, indem Sie einzelne Werte im Investigator-Modus prüfen:

1. Wechseln Sie vom Console-Modus in den Investigator-Modus, indem Sie im Menü Workstation • New Investigator aufrufen. Im Introscope Web-

View finden Sie den Investigator direkt in der Navigation im oberen Bereich. Der Investigator untergliedert sich in drei Bereiche (siehe Abbildung 4.10):

- Betrachtungszeitraum (ganz oben)
- Navigation (links)
- Arbeitsbereich (rechts)

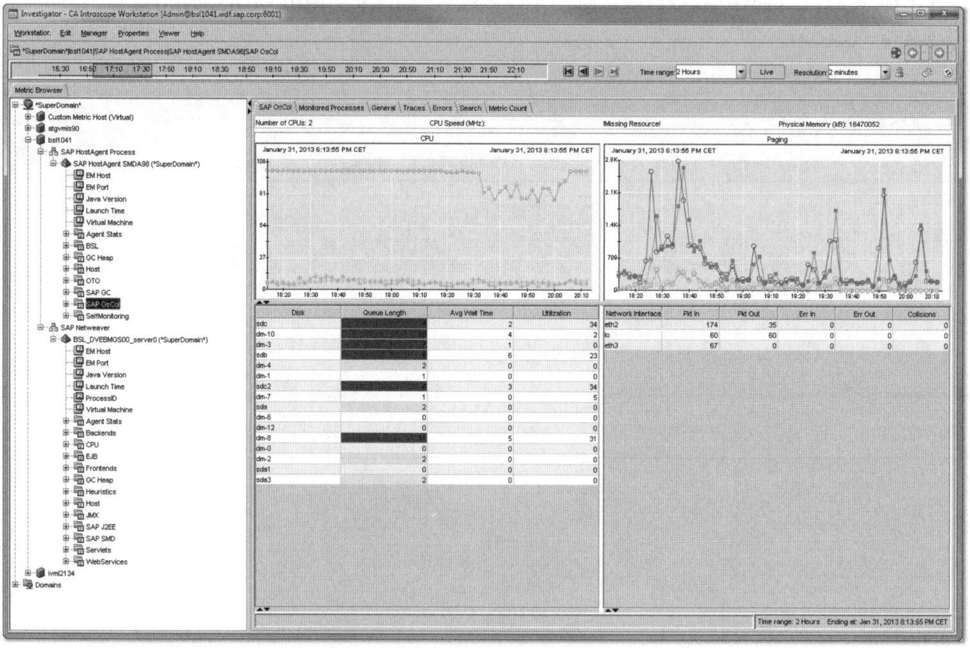

Abbildung 4.10 Introscope im Investigator-Modus

2. Im oberen Bereich können Sie wieder den Betrachtungszeitraum in der Mehrfachauswahl TIME RANGE und die Granularität in der Mehrfachauswahl RESOLUTION festlegen. Zudem finden Sie in diesem Modus eine Zeitschiene, die Sie per Drag & Drop einfach hin- und herschieben können. Die Änderung des Zeitraums verändert automatisch die Sicht im Arbeitsbereich.
3. Links können Sie innerhalb der Hierarchie bis hin zu den gesuchten Informationen navigieren. Sie können beim Host beginnen, die darauf laufenden Agenten und schließlich die Metriken auswählen, die Sie sich ansehen möchte. Dies ist besonders hilfreich, wenn Sie bereits wissen, nach welchen Metriken Sie suchen.
4. Auch hier können Sie teilweise per Doppelklick innerhalb des Modus hin- und herspringen. Klicken Sie beispielsweise auf eine Metrik einer höheren

Aggregationsstufe, springen Sie direkt in die Details. Im Navigationsbaum auf der linken Seite wird gleichzeitig mit dem Absprung das jeweilige Element markiert.

Der dritte Modus, *Transaction Tracer*, wird in Abschnitt 4.5.3, »Bedienung des Introscope Transaction Trace«, näher beschrieben.

Nachdem Sie nun die wichtigsten methodenunabhängigen Werkzeuge der Ursachenanalyse kennengelernt haben, stellen wir Ihnen in den folgenden Abschnitten die verschiedenen End-to-End-Methodiken vor.

4.3 End-to-End-Methodik: Change-Analyse

Technische Änderungen in einer Systemlandschaft können sowohl funktionale Probleme als auch Performanceprobleme auslösen. Insbesondere in großen, verteilten Lösungen benötigen Sie daher effektive Werkzeuge, die zuverlässig alle Änderungen in einem bestimmten Zeitraum überwachen. Genau dies leisten die Werkzeuge der Change-Analyse in der Ursachenanalyse.

4.3.1 Werkzeuge für die Change-Analyse im SAP Solution Manager

In der Change-Analyse des SAP Solution Managers stehen Ihnen die folgenden beiden Werkzeuge zur Verfügung:

- **End-to-End-Change-Analyse**
  Die End-to-End-Change-Analyse bietet Ihnen Transparenz über Änderungen in der gesamten Systemlandschaft. Diese Analyse ist besonders nützlich, um schnell Änderungen festzustellen, die möglicherweise für Störungen im Produktivbetrieb verantwortlich sind. Mit diesem Werkzeug verschaffen Sie sich einen statistischen Überblick über verschiedene Änderungen in der Systemlandschaft, die in Themengebiete (die so genannten *Sichten*) eingeteilt sind (siehe Abschnitt 4.3.2, »Extraktion und Ablage der Daten«).

  Dabei handelt es sich sowohl um Daten der technischen Konfiguration als auch um die Konfiguration der Anwendungen, der Inhalte und des Programmcodes. Das Werkzeug vereinfacht die Suche nach Änderungen in der Systemlandschaft, die direkt vor einer Störung vorgenommen wurden. In Abschnitt 4.3.3, »Verwendung der End-to-End-Change-Analyse«, erfahren Sie mehr über die Möglichkeiten dieses Werkzeugs.

- **Change Reporting**
  Mit dem Change Reporting überprüfen Sie die Konfiguration für ABAP- und Java-Systeme im Detail. Das Werkzeug richtet sich eher an Experten aus dem SAP-Basis-Bereich. Bei der Verwendung des Change Reportings stehen Ihnen zwei Funktionen zur Verfügung: das Anzeige- und das Vergleichswerkzeug. Damit können Sie vier grundsätzliche Anwendungsfälle für die Analyse praktizieren:
  - Konfiguration anzeigen
  - Vergleich zweier Zeitpunkte
  - Vergleich zweier Landschaften
  - Vergleich mehrerer Instanzen

  In Abschnitt 4.3.4, »Verwendung des Change-Reporting-Werkzeugs«, erfahren Sie mehr über die Möglichkeiten dieses Werkzeugs.

  Mithilfe des Change-Reporting-Werkzeugs können Sie zwei Zustände miteinander vergleichen. Umfangreichere Möglichkeiten bietet die Konfigurationsvalidierung, mit der Sie basierend auf einer Ausgangskonfiguration auch mehrere Systeme gleichzeitig miteinander vergleichen können (siehe Abschnitt 4.3.6, »Konfigurationsvalidierung«).

Bevor wir Ihnen die einzelnen Werkzeuge im Detail vorstellen, zeigen wir Ihnen im folgenden Abschnitt, was Sie im Hinblick auf die Datenbasis beachten müssen.

4.3.2 Extraktion und Ablage der Daten

In den nächsten Abschnitten lernen Sie die Datenextraktion sowie die Ablage der Daten für die Change-Analyse im SAP Solution Manager kennen. Diese bilden die Datenbasis für die End-to-End-Change-Analyse, das Change Reporting und die Konfigurationsvalidierung.

Ablage der Daten

Die für die Change-Analyse im SAP Solution Manager notwendigen Daten werden in zwei Aggregationsstufen und dementsprechend auf zwei Ebenen gespeichert (siehe Abbildung 4.11):

- **Speicherung in der Konfigurations- und Änderungsdatenbank**
  Sämtliche Konfigurationsänderungen (Konfigurationsparameter, -werte und deren Historie) sind in der Konfigurations- und Änderungsdatenbank (CCDB = Configuration and Change Database) in Konfigurationsspeichern abgelegt.

- **Speicherung im SAP NetWeaver BW**
  Die Daten aus den Konfigurationsspeichern der CCDB werden in regelmäßigen Zeitabständen verarbeitet, ausgewertet und in aggregierter Form im SAP NetWeaver BW des SAP Solution Managers abgelegt.

Durch diese zwei Ebenen der Datenablage besteht für Sie die Möglichkeit, die Daten vom Groben bis ins Detail auszuwerten. Sie können sowohl die aktuelle Ist-Situation bis ins Detail analysieren als auch historische Statistiken über Änderungen analysieren.

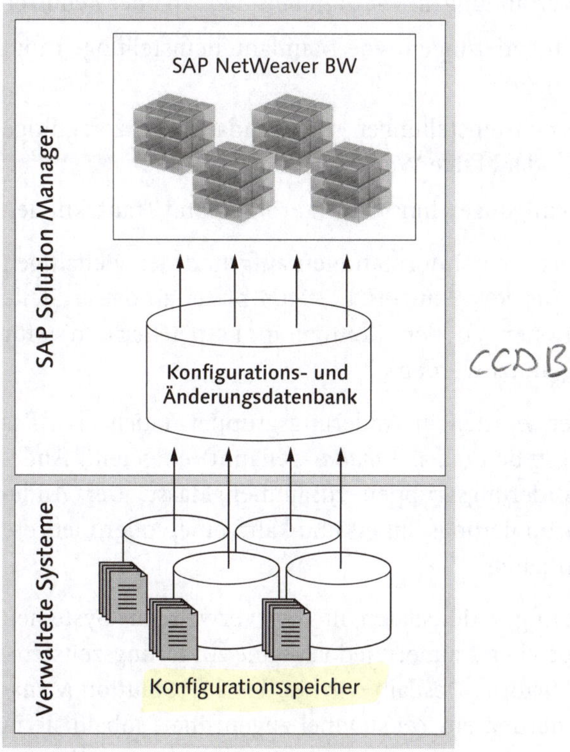

Abbildung 4.11 Datenablage der Change-Analyse

Konfigurationsspeicher der CCDB

Konfigurationsspeicher in der CCDB sind in der Regel thematisch unterteilt und stellen somit jeweils Daten zu einem bestimmten Aspekt bereit:

Für ABAP-Systeme sind dies beispielsweise die folgenden Bereiche:

- Softwarekonfiguration, wie Kernel-Version, Support-Package-Stand, implementierte SAP-Hinweise sowie Transporte, die in das System importiert wurden

- ABAP-Instanzparameter, wie aktive Parameter der ABAP-Instanz sowie die genutzten Profile
- Datenbankkonfiguration, das heißt alle wichtigen Parameter des Datenbankmanagementsystems
- Betriebssystemkonfiguration, wie zum Beispiel Host, CPU oder Speicherparameter
- SAP NetWeaver BW-Konfiguration, wie Informationen zu BW-Parametern und zur detaillierten Konfiguration
- Konfiguration der RFC-Verbindungen, wie zum Beispiel Typ oder Benutzer
- Konfiguration der Systemänderungen, wie Mandanteneinstellungen und globale Systemeinstellungen
- Konfiguration der Sicherheitseinstellungen, wie Standardbenutzer, gültige Zertifikate, Trusted RFC oder aktive Webservices
- kritische Anwenderberechtigungen hinsichtlich Profilen und Transaktionen

Für AS Java gibt es weitaus mehr Informationen aufgrund der vielfältigen Konfigurationsparameter. Der SAP-Hinweis 1230404 bietet an dieser Stelle eine Reihe von Informationen zu den Konfigurationsspeichern, die für ABAP- und Java-Systeme genutzt werden.

Die Konfigurationsspeicher wurden in Änderungsgruppen (auch als *Alias* bezeichnet) und Änderungstypen (auch *Subalias* genannt) eingeteilt. Änderungstypen werden in Änderungsgruppen zusammengefasst. Der Änderungstyp ist die kleinste Gruppierungseinheit und kann einen oder mehrere Konfigurationsspeicher enthalten.

Üblicherweise werden Konfigurationsdaten in den verwalteten Systemen zwar vorgehalten und gespeichert, zumeist jedoch ohne Änderungszeitstempel und somit auch ohne Historie. Deshalb wird in der SAP Solution Manager-Infrastruktur jeder Änderung ein Zeitstempel zugeordnet, sobald sie in den SAP Solution Manager übertragen wurde. Der Zeitpunkt der Übertragung kann daher vom Zeitpunkt der tatsächlich durchgeführten Änderung geringfügig abweichen. Ausnahmen bilden lediglich die Änderungen an SAP-Hinweisen, RFC-Verbindungen und Transportaufträgen, die ereignisgesteuert und daher mit realem Zeitstempel registriert werden.

[»] **Hinweis**

Für das Sammeln der Daten sind die Diagnostics Agenten zuständig, die daher durchgehend auf allen zu untersuchenden Systemen verfügbar sein müssen (siehe auch Abschnitt 4.1.1, »Voraussetzungen für die Ursachenanalyse«).

Extraktion der Daten

Das Extraktor-Framework (EFWK) spielt eine wesentliche Rolle für die Datensammlung und -verarbeitung sowie für die Ablage der Informationen im SAP Solution Manager. Abbildung 4.11 verdeutlicht mit der Ausrichtung der Pfeile die Richtung des Datenflusses von Änderungsdaten. Im Detail läuft die Verarbeitung wie folgt ab:

1. In regelmäßigen Zeitabständen werden Extraktoren auf dem SAP Solution Manager gestartet, die mitunter weitere Extraktoren auf den verwalteten Systemen starten. Diese werden basierend auf der Art des technischen Systems während der Konfiguration des SAP Solution Managers eingeplant und lesen abhängig von der Technologie die Änderungsinformationen aus den verschiedenen Konfigurationsspeichern. Das heißt, für den AS ABAP eines verwalteten Systems werden nur ABAP-spezifische Konfigurationsänderungen gesammelt (zum Beispiel ABAP-Parameter, SAP-Hinweise), wohingegen auf AS Java nur Java-relevante Daten betrachtet werden (zum Beispiel JVM-Parameter, Java-sicherheitsrelevante Einstellungen etc.).

   Der erste Extraktorlauf erfolgt sofort nach der Anbindung eines Systems an den SAP Solution Manager, bei dem initial der gesamte Konfigurationsspeicher des technischen Systems in der CCDB abgebildet wird. Alle nachfolgenden Extraktorläufe registrieren nur noch Änderungen in den Konfigurationsspeichern der Systeme, wodurch die erforderliche Speicherkapazität in der CCDB gering gehalten wird. Auf diese Weise kann die gesamte Konfiguration der Systemlandschaft über einen längeren Zeitraum mit minimalen Datenaufkommen verfolgt werden.

2. Im zweiten Schritt der Datenverarbeitung führt das EFWK stündlich einen Extraktor auf dem SAP Solution Manager aus. Dieser scannt die Konfigurationsspeicher der CCDB und verdichtet die Änderungsdetails zu statistischen Informationen. Die Ergebnisse dieser Aggregation werden in InfoCubes im Business Warehouse des SAP Solution Manager abgelegt.

3. Durch einen regelmäßigen Hintergrundjob werden diese Inhalte später noch weiter verdichtet, wodurch bei gleichbleibenden Datenaufkommen dennoch eine Langzeitanalyse möglich ist.

4. Die Daten des BW im SAP Solution Manager stehen Ihnen anschließend für vielseitige Abfragen zur Verfügung. Die End-to-End-Change-Analyse bietet Ihnen hierzu eine einfach zu bedienende Oberfläche und enthält bereits die wichtigsten Sichten. Mit entsprechendem BW-Wissen können Sie jedoch auch ganz individuelle Analysen der Daten in den InfoCubes des Business Warehouses erstellen.

4.3.3 Verwendung der End-to-End-Change-Analyse

Im Folgenden zeigen wir Ihnen an einem Beispiel, wie Sie die End-to-End-Change-Analyse verwenden:

1. Klicken Sie im Work Center URSACHENANALYSE auf den Menüpunkt END-TO-END-ANALYSE.
2. Im Bereich FEINSELEKTION wählen Sie nun die infrage kommenden technischen Systeme aus. Nach Ihrer Auswahl starten Sie die End-to-End-Change-Analyse mit dem Button CHANGE ANALYSIS.
3. Auf dem Karteireiter ÜBERSICHT der End-to-End-Change-Analyse sehen Sie die Änderungen pro technisches System (siehe Abbildung 4.12).

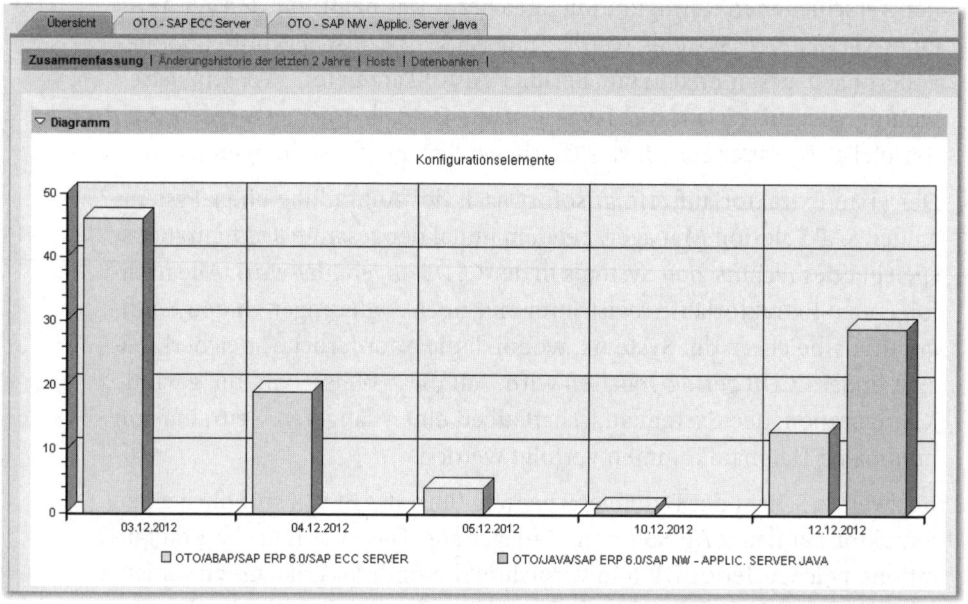

Abbildung 4.12 End-to-End-Change-Analyse – Übersicht

In unserem Beispiel der Spielzeug AG besteht das ausgewählte Szenario aus einem AS ABAP (hier OTO – SAP ECC SERVER) und einem AS Java (hier als OTO – SAP NW – APPLIC. SERVER JAVA dargestellt). Die erfassten Änderungen werden auf einer täglichen Basis angezeigt. Im unteren Teil des Diagramms zeigt eine Legende, welches Balkendiagrammelement zu welchem technischen System gehört. Somit sehen Sie auf einen Blick, in welchem technischen System Änderungen im gewählten Zeitraum erfolgt sind. In Abbildung 4.12 kam es offenbar am 03.12.2012 zu besonders vielen Änderungen auf dem SAP ECC-Server.

Auf dem Karteireiter ÜBERSICHT finden Sie unterhalb der grafischen Darstellung im Bereich TABELLE die Änderungen in tabellarischer Form, wie in Abbildung 4.13 dargestellt.

▽ Tabelle

Systemkennung	Hauptinstanzname	Änderungsgruppe	Konfigurationsspeicher Kalendertag	10.12.2012	11.12.2012	Gesamtergebnis
BSL	APPLICATION SERVER JAVA	J2EE	SAP_J2EEClusterNode	9		9
			SAP_J2EEClusterNode	2		2
		J2EE-SOFTWARE	SAP_J2EEDeployedSCService	192		192
			J2EE_COMP_SPLEVEL	19		19
		JVM PARAMETERS	instance.properties	1		1
		Ergebnis		223		223
	SOLUTION MANAGER ABAP STACK	ABAP-PARAMETER	ABAP_INSTANCE_PAHI		1	1
		RFC-DESTINATIONS	RFCDES_TYPE_3	1		1
			RFCDES	1		1
			RFCDES_TYPE_3_CHECK	1		1
		SECURITY	SICF_SERVICES	2		2
		Ergebnis		5	1	6

Abbildung 4.13 End-to-End-Change-Analyse – tabellarische Übersicht

4. Für weitere Details nutzen Sie den entsprechenden Karteireiter für die komponentenspezifischen Details:

   - **Beispiel AS ABAP**
     In Abbildung 4.14 sehen Sie die Sicht ZUSAMMENFASSUNG auf dem Karteireiter OTO – SAP ECC SERVER, die eine zusammenfassende Darstellung der verschiedenen Sichten auf die Änderungen bietet, die für einen AS ABAP typisch sind. Sie werden in der Legende unten farbig nebeneinander aufgelistet.

     Die Sicht SOFTWAREWARTUNG zeigt Änderungen wie Updates von Softwarekomponenten und ihren Patch-Level. Die Sicht PARAMETER zeigt Änderungen der ABAP-Instanz- und Datenbankparameter. In den Sichten TRANSPORTAUFTRÄGE und SAP-HINWEISE werden Änderungen nach der Anzahl der eingespielten Transporte und SAP-Hinweise angezeigt. Die Sicht SONSTIGE zeigt weitere Änderungen für das System an, wie relevante Mandanten- oder Betriebssystemkonfigurationen. Über die Links im oberen Bereich können Sie die einzelnen Sichten im Detail aufrufen.

   - **Beispiel AS Java**
     In Abbildung 4.15 sehen Sie die Sicht ZUSAMMENFASSUNG auf dem Karteireiter OTO – SAP NW – APPLIC. SERVER JAVA, in der die typischen Änderungssichten für ein technisches System des Typs J2EE angezeigt werden. Sie werden wie folgt eingeteilt: SECURITY, DISPATCHER, SERVER, NODE TYPE INDEPENDENT und SOFTWARE MAINTENANCE.

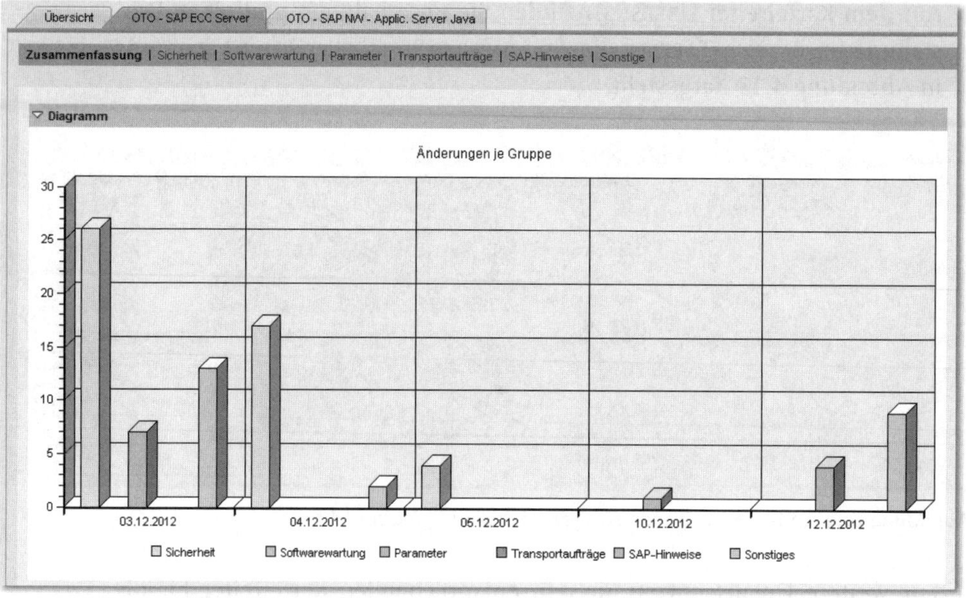

Abbildung 4.14 End-to-End-Change-Analyse – Beispiel für ABAP

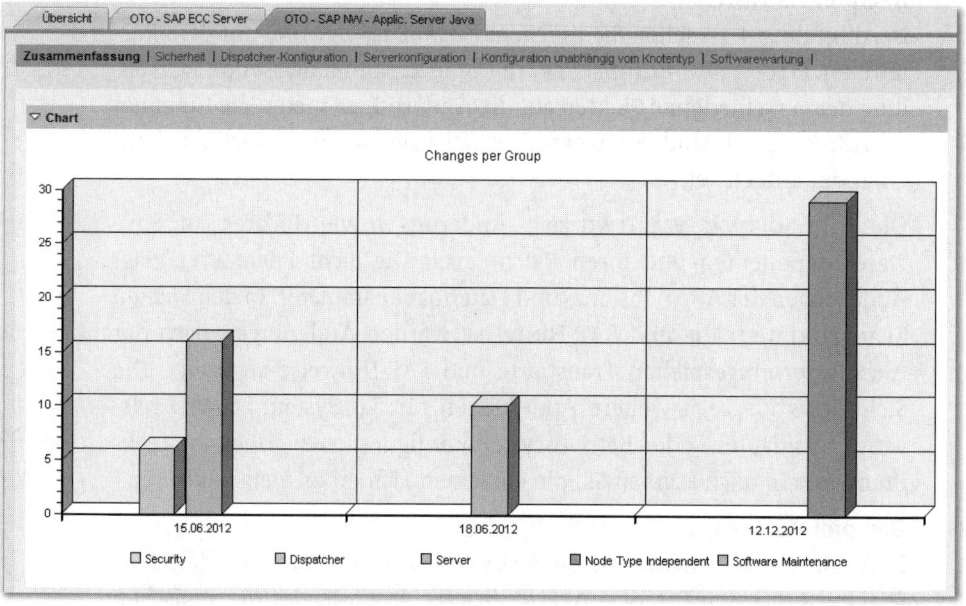

Abbildung 4.15 End-to-End-Change-Analyse – Beispiel für Java

5. Von der Sicht ZUSAMMENFASSUNG auf dem Karteireiter der komponentenspezifischen Details aus navigieren Sie zu der Sicht mit der für Sie relevanten Änderungsart.

In Abbildung 4.16 sehen Sie zum Beispiel die Sicht PARAMETER, in der alle ABAP-relevanten Parameteränderungen des SAP ECC-Servers der Spielzeug AG zu finden sind. Je nach Art der Änderung werden diese nochmals semantisch unterteilt: Bei Parameteränderungen wird zwischen instanzunabhängig und instanzabhängig unterschieden. Die Meldung KEINE ZUTREFFENDEN DATEN GEFUNDEN im Bereich PARAMETERÄNDERUNGEN: INSTANZUNABHÄNGIG bedeutet, dass für den gewählten Zeitraum und Bereich keine Änderungen vorliegen.

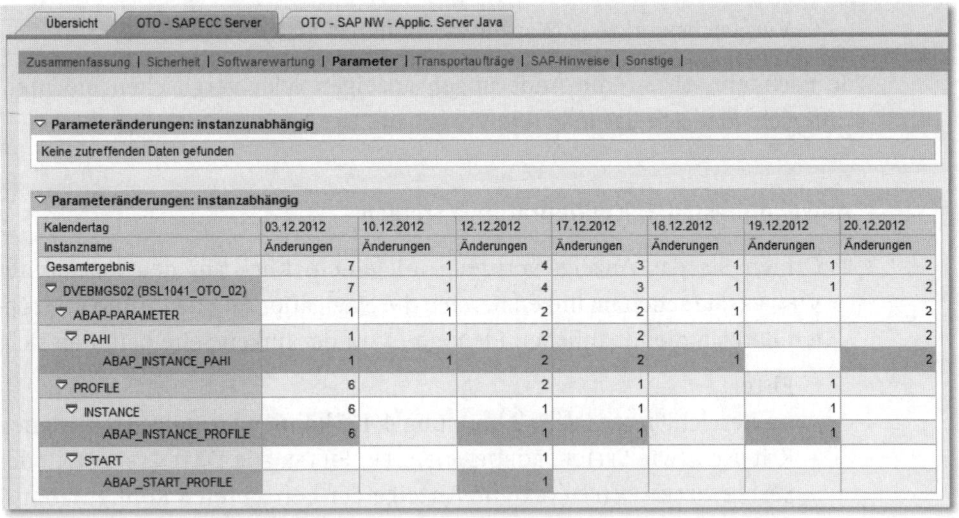

Kalendertag	03.12.2012	10.12.2012	12.12.2012	17.12.2012	18.12.2012	19.12.2012	20.12.2012
Instanzname	Änderungen	Änderungen	Änderungen	Änderungen	Änderungen	Änderungen	Änderungen
Gesamtergebnis	7	1	4	3	1	1	2
DVEBMGS02 (BSL1041_OTO_02)	7	1	4	3	1	1	2
ABAP-PARAMETER	1	1	2	2	1		2
PAHI	1	1	2	2	1		2
ABAP_INSTANCE_PAHI	1	1	2	2	1		2
PROFILE	6		2	1		1	
INSTANCE	6		1	1		1	
ABAP_INSTANCE_PROFILE	6		1	1		1	
START			1				
ABAP_START_PROFILE			1				

Abbildung 4.16 End-to-End-Change-Analyse – ABAP-Parameterdetails

Bei der Spielzeug AG wurden am 12.12.2012 insgesamt vier Änderungen unterschiedlicher Art registriert Die Zeilen `ABAP_INSTANCE_PAHI`, `ABAP_INSTANCE_PROFILE` und `ABAP_START_PROFILE` sind grün hervorgehoben. Das bedeutet, dass dafür weitere Details vorhanden sind.

6. Wählen Sie ein grün hinterlegtes Feld in einer Zeile aus, für die Sie weitere Details sehen möchten, und Sie gelangen automatisch in das Change-Reporting-Werkzeug. Diese Absprungmöglichkeit besteht für nahezu jede Änderungsart. Wie Sie das Change-Reporting-Werkzeug einsetzen, zeigen wir Ihnen im folgenden Abschnitt.

4.3.4 Verwendung des Change-Reporting-Werkzeugs

Mit dem Change-Reporting-Werkzeug greifen Sie auf die in der CCDB abgelegten Änderungsdetails zu. Im Folgenden zeigen wir Ihnen, wie Sie das Change-Reporting-Werkzeug einsetzen:

1. Klicken Sie auf den Menüpunkt SYSTEMANALYSE in der Navigationsleiste des Work Centers URSACHENANALYSE.
2. Im Bereich FEINSELEKTION wählen Sie das oder die technischen Systeme aus, die Sie als primäre Landschaftskomponente analysieren möchten.
3. Klicken Sie auf den Button CHANGE REPORTING. Falls Sie mehrere Systeme ausgewählt haben, werden Ihnen diese als separate Karteireiter angezeigt.
4. Wählen Sie zwischen den beiden Funktionen:
   - Anzeigewerkzeug (Karteireiter VIEWER)
   - Vergleichswerkzeug (Karteireiter VERGLEICHEN)

Je nachdem, ob Sie die Änderungen anzeigen oder vergleichen möchten, unterscheidet sich das folgende Vorgehen.

Anwendungsfall 1: Konfiguration anzeigen

1. Öffnen Sie das Anzeigewerkzeug mit einem Klick auf den Karteireiter VIEWER. Sie sehen im linken Bereich die Navigationselemente und im rechten Bereich die inhaltlichen Elemente. Auf der linken Seite befinden sich:
   - **Filter**
     Im Bereich FILTER (siehe Abbildung 4.17) können Sie mit verschiedenen Kriterien (wie SPEICHERGRUPPENFILTER, FILTER FÜR DATENABLAGEN oder SPEICHERELEMENTEFILTER) die Anzeige der betrachteten Konfigurationsspeicher einschränken. Dies ist besonders hilfreich, wenn Sie bereits wissen, in welcher Art der Konfigurationsspeicher Sie nach Konfigurationsdetails suchen möchten.
   - **Speicherelemente suchen**
     Im Bereich SPEICHERELEMENTE SUCHEN (siehe Abbildung 4.17) können Sie die Darstellung der angezeigten Konfigurationsspeicher noch genauer einschränken. Sie geben dazu einen Suchbegriff ein und lassen in der CCDB danach suchen. Es werden Namen von Konfigurationsspeichern, Parametern oder auch Werte durchsucht. Auf diese Weise können Sie nach Begriffen suchen, die als Teil der Konfiguration infrage kommen.
   - **Navigation**
     Im Bereich NAVIGATION finden Sie eine Baumstruktur, die entweder hierarchisch passend zu der jeweiligen Landschaft (Karteireiter NACH LANDSCHAFT) oder abhängig von der Art der Konfigurationsspeicher (Karteireiter NACH ALIAS) sortiert ist (siehe Abbildung 4.18).

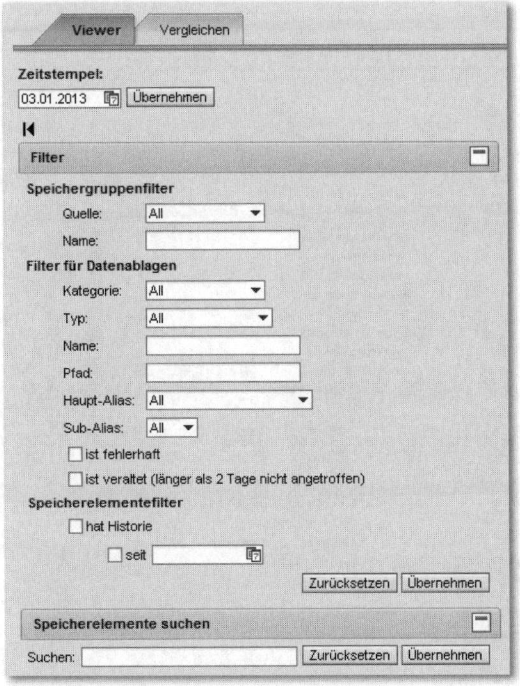

Abbildung 4.17 Change Reporting – Filter- und Suchfunktion

2. Wählen Sie unter Verwendung der Filter- und Suchfunktion oder durch direktes Navigieren innerhalb der Baumstruktur den Speichertyp in der Navigation aus. Im Beispiel der Spielzeug AG wurde der Typ `INSTANCE` ausgewählt (siehe Abbildung 4.18).

   Basierend auf dieser Auswahl, wird auf der rechten Seite die SPEICHERLISTE angezeigt. Diese beinhaltet alle Konfigurationsspeicher, die zum ausgewählten Typ gehören. In der Tabelle werden in den Spalten die Eigenschaften der Konfigurationsspeicher angezeigt, wie NAME, ALIAS: SUB-ALIAS, TYP und SPEICHERSTATUS, LOG- und WEITERE DETAILS. Wenn Sie wissen möchten, woher die Daten kommen oder warum bestimmte Informationen eventuell nicht in der CCDB vorliegen, können Sie dies hier genauer untersuchen.

3. Selektieren Sie die Zeile des zu betrachtenden Konfigurationsspeichers in der SPEICHERLISTE. Unterhalb wird der Inhalt des Konfigurationsspeichers im Bereich SPEICHER-CONTENT angezeigt. Der Inhalt wird immer abhängig vom Typ des Konfigurationsspeichers in tabellarischer Form dargestellt. In Abbildung 4.18 sehen Sie den Inhalt des Konfigurationsspeichers `SAP_KERNEL`.

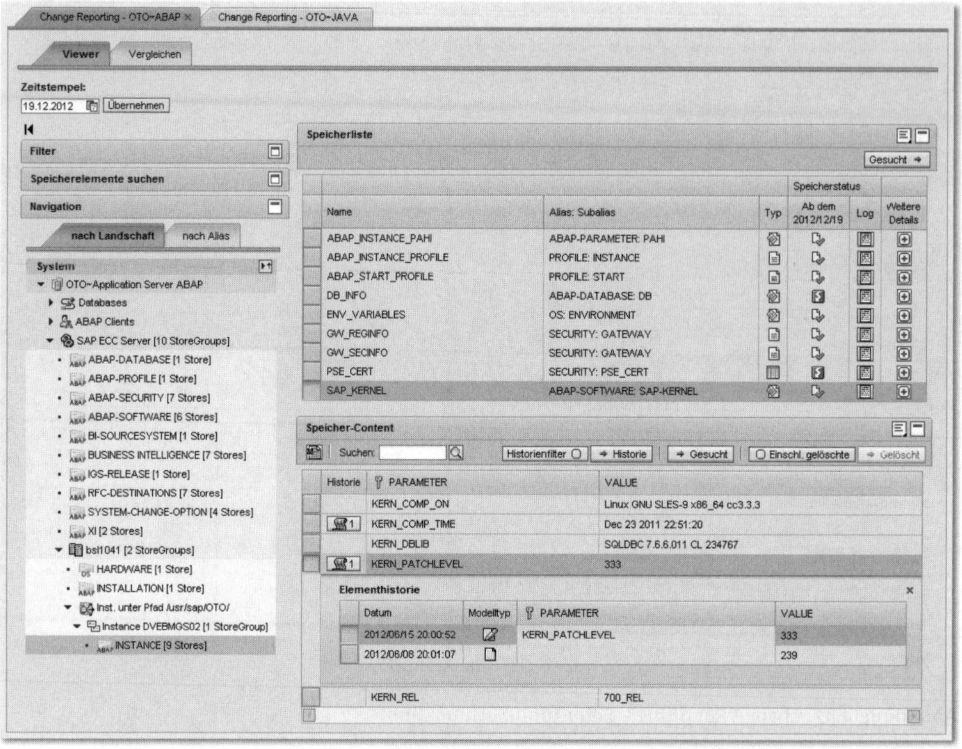

Abbildung 4.18 Change Reporting – Viewer

4. Wenn in der Spalte HISTORIE ein kleines Icon zu sehen ist (siehe Abbildung 4.18), hat sich im Lauf der CCDB-Aufzeichnung für diese Zeile der Wert geändert. Klicken Sie auf das Icon , um die Details der Änderungen anzeigen zu lassen. In der Tabelle im Bereich ELEMENTHISTORIE werden daraufhin die Detailinformationen wie der Originalwert, die zwischenzeitlichen Änderungen sowie der aktuelle Wert für das jeweilige Element angezeigt. Alle Einträge besitzen einen entsprechenden Zeitstempel. Im Beispiel in Abbildung 4.18 sehen Sie, dass bei der Spielzeug AG am 15. Juni ein neuer Patch-Level für den SAP-Kernel eingespielt wurde.

Anwendungsfall 2 und 3: Vergleichen zweier Landschaften oder Zeitpunkte

1. Öffnen Sie das Vergleichswerkzeug mit einem Klick auf den Karteireiter VERGLEICHEN.
2. Im oberen Teil der beiden Bereiche REFERENZ und KUNDENEIGEN (siehe Abbildung 4.19) finden Sie jeweils das TECHNISCHE SYSTEM sowie den ZEIT-

STEMPEL des betrachteten Konfigurationszustandes. Beim Einstieg ist im linken Bereich REFERENZ das Referenzsystem ausgewählt, das Sie zuvor im Bereich FEINSELEKTION selektiert haben. Den Zeitstempel können Sie ändern. Im rechten Bereich KUNDENEIGEN sind ebenfalls das System aus der FEINSELEKTION und ein ZEITSTEMPEL vorgegeben. Beides ist jedoch änderbar. Sie können

- die Konfiguration verschiedener Systeme vergleichen, indem Sie im Feld TECHNISCHES SYSTEM unterschiedliche Systeme auswählen und im Feld ZEITSTEMPEL in beiden Bereichen den gleichen Zeitstempel angeben,
- die Konfiguration eines Systems zu verschiedenen Zeitpunkten vergleichen, indem Sie in beiden Bereichen das gleiche System im Feld TECHNISCHES SYSTEM und unterschiedliche Zeitstempel im Feld ZEITSTEMPEL angeben.

Abbildung 4.19 Vergleich zweier Landschaften oder Zeitpunkte

3. Wählen Sie im linken Bereich REFERENZ den Konfigurationsspeichertyp aus, den Sie vergleichen möchten. Im Bereich KUNDENEIGEN wird daraufhin automatisch ein gleichwertiger Konfigurationsspeichertyp ausgewählt.
4. Wurde für beide Seiten ein Konfigurationsspeichertyp ausgewählt, wird der Button VERGLEICHEN sichtbar, mit dem Sie den Vergleich starten können. Bevor Sie den Vergleich starten, können Sie im Feld VERGLEICHSTYP die folgende Auswahl treffen:

- **Schnell**
  Mit dieser Option zeigt der Vergleich nur Konfigurationselemente an, die tatsächlich geändert wurden. Gleiche oder gelöschte Konfigurationsobjekte werden an dieser Stelle nicht beachtet.
- **Tief**
  Mit dieser Option werden alle Konfigurationen miteinander verglichen und angezeigt, was natürlich rechenintensiver ist. Es werden dann alle Konfigurationselemente angezeigt, das heißt gleiche, unterschiedliche und gelöschte. Bei der Auswahl dieser Option wird die Verarbeitung der Vergleichsoperationen spürbar länger dauern.

Nachdem Sie sich für eine Option entschieden haben, klicken Sie nun auf den Button VERGLEICHEN, um den Vergleich zu starten. Nach einer kurzen Berechnungszeit wird im unteren Bereich der Oberfläche die ERGEBNISZUSAMMENFASSUNG sichtbar (siehe oben in Abbildung 4.20).

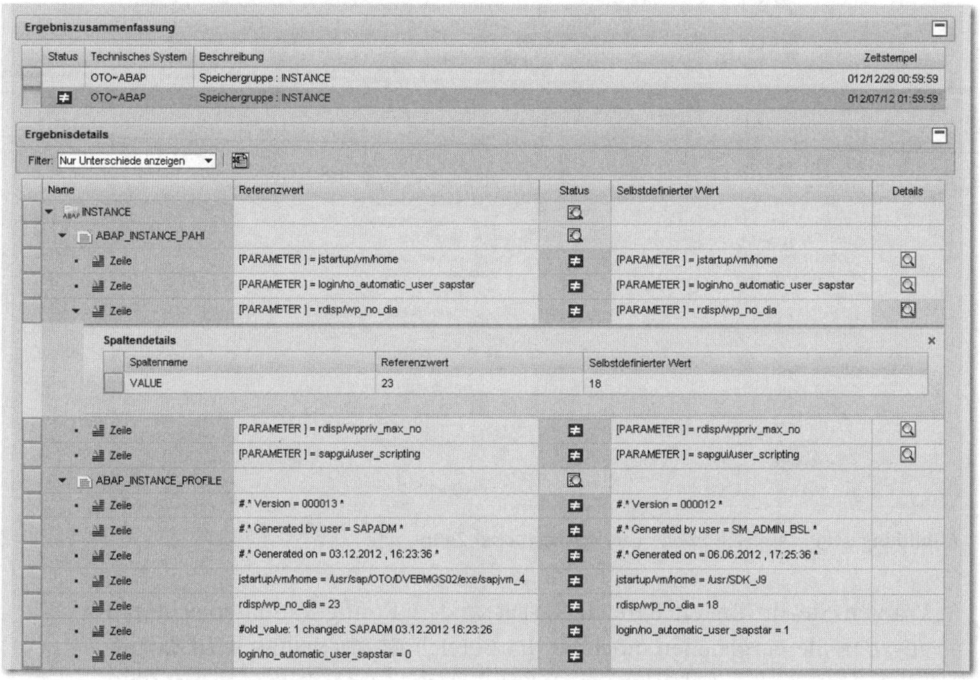

Abbildung 4.20 Vergleich zweier Landschaften oder Zeitpunkte – Ergebnis

In der ersten Zeile wird immer die Referenzlandschaft dargestellt. Die darauffolgende Zeile zeigt an, ob sich die Landschaft auf der rechten Seite (Bereich KUNDENEIGEN) in Bezug auf die Referenzlandschaft unterscheidet.

In Abbildung 4.20 sehen Sie anhand des Icons ≠ in der Spalte STATUS, dass sich die Instanz des Systems OTO offensichtlich in jeder Hinsicht vom Referenzsystem unterscheidet. Gleiche Konfigurationszustände wären mit einem Gleichheitszeichen = dargestellt worden.

5. Wählen Sie eine mit einem Ungleichzeichen versehene Zeile aus. Daraufhin sehen Sie im Bereich ERGEBNISDETAILS die Details mit den Referenzwerten in der linken Spalte REFERENZWERT sowie den Vergleichswerten in der rechten Spalte SELBSTDEFINIERTER WERT. Alle Konfigurationsspeicher innerhalb des ausgewählten Speichertyps werden aufgelistet. Wenn Sie diese nacheinander aufklappen, sehen Sie standardmäßig nur die sich unterscheidenden Konfigurationen. Nur wenn Sie anfangs den Vergleichstyp TIEF gewählt haben, können Sie über die Mehrfachauswahl FILTER auch ALLE ANZEIGEN.

   Für einige Konfigurationen finden Sie rechts in der Spalte DETAILS das Lupen-Icon, durch dessen Anklicken Sie weitere Details einsehen können. In unserem Beispiel (siehe Abbildung 4.20) hat die Spielzeug AG den Parameter `rdisp/wp_no_dia` verkleinert und damit die Anzahl verfügbarer Workprozesse reduziert. Dies könnte beispielsweise einen Ressourcengenpass verursacht haben.

Anwendungsfall 4: Vergleich mehrerer Instanzen

Die Option, mehrere Instanzen zu vergleichen, wurde für die Homogenisierung verschiedener Instanzen in einem System entwickelt. Stellen Sie sich vor, Sie haben mehrere Instanzen im Einsatz, von denen eine sich in ihrem Verhalten von den anderen unterscheidet. Das Vergleichswerkzeug erlaubt Ihnen, die Konfigurationsunterschiede zwischen Instanzen mit »gutem« und »schlechtem« Verhalten herauszufinden.

Der Vergleich zweier Instanzen ist sowohl für ABAP- als auch für Java-Instanzen möglich. Der Unterschied besteht nur darin, dass bei AS ABAP die Instanzen und bei AS Java die Serverknoten innerhalb des Java-Clusters betrachtet werden. Im Grunde verwenden Sie das Vergleichswerkzeug auf dieselbe Weise, wie gerade beim Vergleich zweier Landschaften oder Zeitpunkte beschrieben wurde. Im Folgenden konzentrieren wird uns daher auf die Abweichungen von der dargestellten Vorgehensweise:

1. Auf der linken Seite wählen Sie wie gewohnt das Referenzobjekt aus: für AS ABAP die Referenzinstanz und für AS Java den jeweiligen Serverknoten. Um gleichzeitig mehrere Instanzen mit der Referenzinstanz zu ver-

gleichen, markieren Sie im Bereich KUNDENEIGEN die Checkbox MULTI-COMPARE AKTIVIEREN (unten rechts in Abbildung 4.21). Dabei können Sie beobachten, dass auf der rechten Seite (Bereich KUNDENEIGEN) vor den Instanz- oder Serverknoten ein Kontrollkästchen erscheint. Dort wählen Sie aus, welche der Instanzen Sie gegen die Referenzinstanz vergleichen möchten.

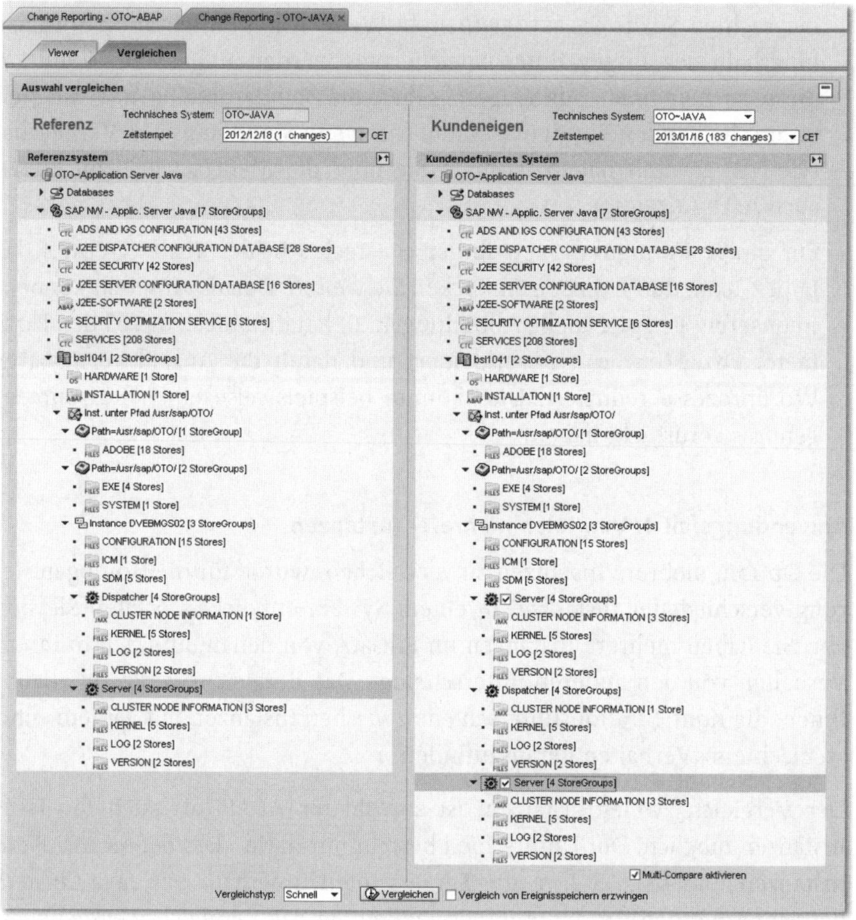

Abbildung 4.21 Vergleichen mehrerer Instanzen

2. Starten Sie den Vergleich mit dem Button VERGLEICHEN.
3. Falls Sie mehrere Instanzen ausgewählt haben, finden Sie in der ERGEBNISZUSAMMENFASSUNG zusätzliche Einträge. Für jeden Vergleich gegen die Referenzinstanz erscheint ein eigenes Ergebnis mit einem entsprechenden Status (siehe Abbildung 4.22).

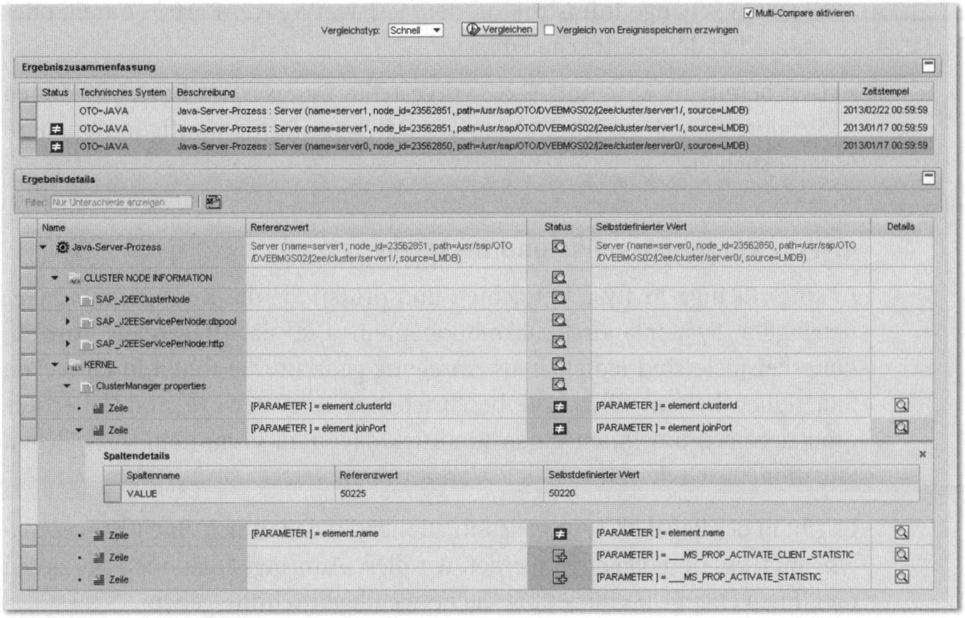

Abbildung 4.22 Vergleichen mehrerer Instanzen – Ergebnis

4. Die Auswertung der Vergleichsergebnisse führen Sie analog zu dem Vergleich zweier Landschaften oder Zeitpunkte aus.

Mit den bisher vorgestellten Werkzeugen haben Sie bereits ein gutes Bild über die aktuelle Konfiguration der Systemlandschaft erhalten. Um jedoch eindeutig zu beweisen, dass eine Konfigurationsänderung tatsächlich die Ursache eines Problems ist, können weiterführende Analysen und auch Expertenwissen erforderlich sein. Zusätzlich sollten Sie die eigentlichen Datenquellen noch einmal prüfen, um Ihre Auswertungsergebnisse im SAP Solution Manager zu bestätigen.

An dieser Stelle möchten wir Sie auf zwei weiterführende Expertenwerkzeuge hinweisen:

- Für die Untersuchung von Transporten eignet sich das Enhanced Change and Transport System (CTS+). Dazu klicken Sie im Change-Reporting-Werkzeug bei der Analyse von Transporten auf den jeweiligen Transportauftrag oder verwenden die Transaktion STMS im für das angebundene System zuständigen Transport-Controller. Hiermit analysieren Sie sowohl die klassischen ABAP-Transporte als auch Nicht-ABAP-Objekte wie Java-Objekte aus der SAP NetWeaver Development-Infrastruktur, der SAP Net-

Weaver Exchange-Infrastruktur, dem SAP NetWeaver Portal Content oder andere kundenspezifische Objekte.

- Den bereits in Abschnitt 4.2.2 vorgestellte Dateisystem-Browser können Sie nutzen, um gezielt Dateien als Datenquelle für Konfigurationen zu untersuchen.

4.3.5 Vorgehensweise und Beispiele

In einer Change-Analyse betrachten und prüfen Sie die Konfiguration aller beteiligten Systemlandschaftskomponenten. Die nachfolgenden Anwendungsbeispiele sind lediglich als Anregung gedacht, die Ihnen in ähnlichen Situationen helfen sollen. Die beschriebenen Analysewege sind daher nur grob skizziert, um Ihnen einen Eindruck davon zu vermitteln, in welchen Situationen sich der Einsatz der Werkzeuge anbietet.

Es gibt in der Regel drei Ausgangssituationen, in denen sich eine Change-Analyse anbietet. Im Folgenden werden wir diese Ausgangssituationen skizzieren und Ihnen einen Überblick über die notwendigen Schritte geben.

Beispiel 1: Ein oder mehrere technische Systeme zeigen eine schlechte Performance oder verursachen Fehler

Sie suchen die mögliche Ursache für ein Performance- oder funktionales Problem und analysieren innerhalb der Systemlandschaft. Eine geeignete Herangehensweise in diesem Fall ist folgende:

1. Im ersten Schritt der Change-Analyse verschaffen Sie sich mithilfe der End-to-End-Change-Analyse einen Überblick über die Änderungen aller beteiligten Landschaftskomponenten. Führen Sie die Analyse möglichst in einem Zeitfenster durch, in dem die Performanceprobleme oder Fehlermeldungen aufgetreten sind. Suchen Sie nach dem technischen System mit den meisten Änderungen, da hier wahrscheinlich das größte Fehlerpotenzial besteht.
2. Für das identifizierte technische System navigieren Sie in der End-to-End-Change-Analyse in die Komponentendetails und suchen nach weiteren Auffälligkeiten. Hier analysieren Sie, welche Art der Änderungen vorgenommen wurden und verifizieren die jeweiligen Änderungstypen und -gruppen im betrachteten Zeitfenster.
3. Bisher haben Sie nur statistische Informationen betrachtet und möchten nun auch wissen, was genau geändert wurde und wie die Änderung aussieht. Springen Sie deshalb in das Change-Reporting-Werkzeug ab. Unter-

suchen Sie hier die Änderungen im Detail, und prüfen Sie diese im Bezug zum aufgetretenen Symptom. Auf diese Weise können Sie bereits eine potenzielle Ursache für das aufgetretene Problem identifizieren.

Beispiel 2: Das Entwicklungssystem verhält sich anders als das Produktivsystem

Für den Fall, dass sich das Entwicklungssystem anders verhält als das Produktivsystem ist neben der Analyse der Änderungen auch ein Vergleich zweier Komponenten sinnvoll. Üblicherweise gehen Sie in diesem Fall wie folgt vor:

1. Zu Beginn der Analyse stellen Sie in der End-to-End-Change-Analyse das Entwicklungssystem dem Produktivsystem gegenüber. Überprüfen Sie hier für sämtliche Änderungskategorien, ob die Anzahl der Änderungen auf beiden Systemen etwa deckungsgleich ist.

Hinweis [«]

Da eine Vielzahl von Konfigurationen (zum Beispiel Korrekturen der SAP-Hinweise) üblicherweise transportiert werden, könnten Änderungen auf dem nachgelagerten System auch Teil eines Transportes und somit nicht als eigene Änderung erfasst worden sein. Zudem können die Änderungen auf beiden Systemen auch einfach zeitlich versetzt dargestellt sein.

2. Sind die Änderungen auf beiden Systemen nicht deckungsgleich, führen Sie mithilfe des Change-Reporting-Werkzeugs einen direkten Vergleich für die Konfigurationsspeicher durch, die Sie bereits vorher identifiziert haben. Auf diese Weise erhalten Sie recht schnell einen Überblick, welche Einstellungen für das unterschiedliche Verhalten potenziell verantwortlich sind.

Beispiel 3: Bestimmte Java-Instanzen des Produktivsystems verhalten sich unterschiedlich zu den anderen

Sollten Sie feststellen, dass sich das Verhalten bestimmter Java-Instanzen des Produktivsystems vom Verhalten anderer Instanzen unterscheidet, ist es sinnvoll, innerhalb des AS Java einen direkten Vergleich durchzuführen. Die Analyse führen Sie üblicherweise wie folgt durch:

1. In der End-to-End-Change-Analyse betrachten Sie lediglich das technische System, auf dem die Unterschiede festgestellt wurden. Fokussieren Sie sich auf die Java-Komponentendetails, und betrachten Sie die Konfiguration aller Serverknoten.

2. Betrachten Sie den Serverknoten mit dem ungewöhnlichen Verhalten sowie einen weiteren, den Sie als repräsentativ für einen performanten Serverknoten einstufen. Falls Sie hier feststellen, dass Änderungen zu verschiedenen Zeitpunkten in unterschiedlicher Weise vorgenommen wurden, sollten Sie die jeweiligen Änderungen tief gehender analysieren, zum Beispiel mit dem Anzeigewerkzeug des Change Reportings.
3. Haben Sie jedoch noch keinen konkreten Anhaltspunkt auf Unterschiede zwischen den Serverknoten, verwenden Sie die Vergleichsfunktion des Change Reportings. Über den direkten Vergleich können Sie so die Konfiguration mehrerer Java-Instanzen gegenüberstellen und diese anschließend auf denselben Stand bringen, falls Sie dies wünschen.

Nachdem Sie die wichtigsten Ursachenanalyse-Werkzeuge in der Change-Analyse kennengelernt haben, stellen wir Ihnen ein weiteres Werkzeug in diesem Zusammenhang vor: die Konfigurationsvalidierung. Dieses Werkzeug eignet sich nicht nur in der Ursachenanalyse, sondern kann auch völlig losgelöst in die Prozesse einer IT-Abteilung eingebunden werden, um Systemlandschaften in ihrer Konfiguration zu überprüfen.

4.3.6 Konfigurationsvalidierung

Wie der Name Konfigurationsvalidierung schon beschreibt, besteht mit dieser Funktionalität die Möglichkeit, Einstellungen bzw. Konfigurationen in Ihrer Systemlandschaft auf ihre Richtigkeit hin zu überprüfen und auf diese Weise die Homogenität Ihrer Systemlandschaft sicherzustellen. Die Möglichkeiten dieser Validierung sind vielfältig. So können reale Systeme miteinander verglichen oder eigene Definitionen einer gewünschten Einstellung zur Überprüfung realer Systeme herangezogen werden.

Die dabei zur Verfügung stehenden Parameter sind sehr vielfältig. Sie können mit der Konfigurationsvalidierung zum Beispiel Parametereinstellungen, Sicherheitseinstellungen oder durchgeführte Änderungen in Form von Transporten überprüfen. Ein flexibles Framework erlaubt zudem weitreichende Anpassungen und Gestaltungsmöglichkeiten ganz individueller Abfragen.

In den folgenden Abschnitten zeigen wir, welche Grundvoraussetzungen für die Konfigurationsvalidierung erfüllt sein müssen und welche Informationen und Funktionen bei der Nutzung zur Verfügung stehen. Abschließend sollen einige Anwendungsszenarien zeigen, wie Sie die Konfigurationsvalidierung gewinnbringend für sich einsetzen können.

Grundvoraussetzungen

Bevor Sie die Konfigurationsvalidierung nutzen können, müssen verschiedene Voraussetzungen erfüllt sein. Diese werden in den folgenden Abschnitten kurz beschrieben. Sie bestehen aus der Verifizierung der notwendigen Analysedaten und der Sicherstellung des Zugriffs auf die Funktionalität.

Einrichtung der technischen Systeme

Das Grundprinzip der Konfigurationsvalidierung ist der Vergleich von Daten aus verschiedenen verwalteten Systemen. Daher ist die Überprüfung der korrekten Anbindung dieser Systeme der erste Schritt zur Erfüllung der Grundvoraussetzung. Mehr zum Anschluss von Systemen an den SAP Solution Manager lesen Sie in Abschnitt 2.5.4, »Konfiguration der verwendeten Systeme«.

Sobald Sie sichergestellt haben, dass die Systeme, die später mit der Konfigurationsvalidierung überprüft werden sollen, korrekt an den SAP Solution Manager angeschlossen sind, sollten Daten aus dem System extrahiert werden können. Ob diese Datenextraktion erfolgreich ist, überprüfen wir im nächsten Schritt.

Überprüfung der Datenextraktion

Die Daten für die Konfigurationsvalidierung werden, wie in Abschnitt 4.3.2, »Extraktion und Ablage der Daten«, beschrieben, in der CCDB des SAP Solution Managers in Konfigurationsspeichern strukturiert. Zur Überprüfung der korrekten Datenextraktion öffnen Sie zunächst das Work Center VERWALTUNG DES SAP SOLUTION MANAGERS. Anschließend wählen Sie aus dem Menü auf der linken Seite den Punkt INFRASTRUKTUR und im Arbeitsbereich auf der rechten Seite die Mehrfachauswahl VERWALTUNG • CONFIGURATION CHANGE DATABASE.

In der anschließenden Anzeige sehen Sie einen Überblick über den Status der Datenextraktion. Abbildung 4.23 zeigt ein Beispiel für eine erfolgreiche Überprüfung der durch die Extraktoren beschafften Daten.

Sollten Sie an weiteren Details interessiert sein, können Sie auf den Karteireiter TECHNISCHE SYSTEME klicken. Dort erhalten Sie anschließend eine detaillierte Darstellung verschiedener Informationen, wie zum Beispiel die Anzahl der fehlgeschlagenen oder aller Extraktoren. Mit einem Klick auf die Zahlenwerte können Sie anschließend weitere Detaildarstellungen aufrufen.

* Transaktion CCDB

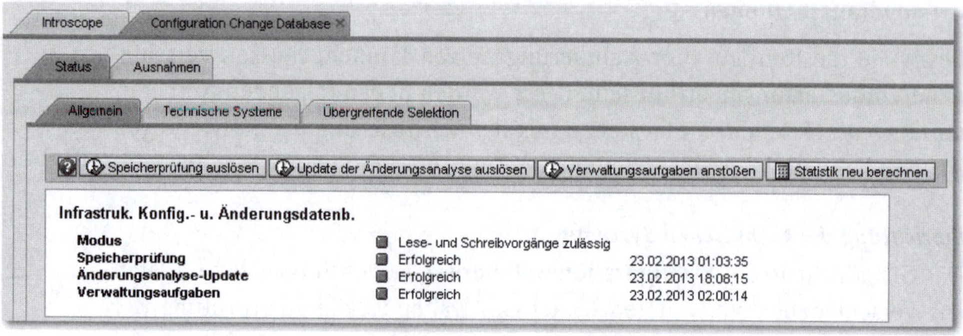

Abbildung 4.23 Status der Datenextraktion

Status der Befüllung der InfoCubes

Ob die extrahierten Daten im für die Konfigurationsvalidierung erforderlichen InfoCube `0SMD_CA02` zur Verfügung stehen, kann ebenfalls in der Übersicht der Configuration Change Database geprüft werden. Schauen Sie dazu auf dem Karteireiter Status • Allgemein einfach im Bereich Infrastruk. Konfig. – u. Änderungsdatenb. nach dem Status beim Punkt Änderungsanalyse-Update. Ist dieser Status grün (Erfolgreich), wurden die Daten korrekt abgelegt.

Darüber hinaus sollten Sie die beiden InfoProvider `0SMD_VCA1` und `0SMD_VCA2` in der Transaktion RSDIPROP auf den Parameter für den Lesemodus (A Query soll Daten auf einmal einlesen) hin überprüfen.

Berechtigungen

Abschließend müssen Sie sicherstellen, dass Ihr Benutzer über die notwendigen Berechtigungen für die Konfigurationsvalidierung verfügt.

Es werden zwei Sammelrollen für die Konfigurationsvalidierung zur Verfügung gestellt. Jede Sammelrolle enthält eine Sammlung von Einzelrollen, die im Folgenden kurz dargestellt sind:

- `SAP_CV_ADMIN_COMP` (Administrator für Konfigurationsvalidierung)
  - `SAP_CV_ALL` (volle Berechtigung für Konfigurationsvalidierung)
  - `SAP_SMWORK_BASIC` (Work Center Grundlegende Berechtigungsobjekte)
  - `SAP_SMWORK_CHANGE_MAN` (Work Center Verwaltung von Änderungsanträgen)
  - `SAP_SYSTEM_REPOSITORY_DIS` (Solution Manager: Systemlandschaft – Anzeigeberechtigungen)

- SAP_CV_DISPLAY_COMP (Anzeigebenutzer für Konfigurationsvalidierung)
  - SAP_CV_DIS (Berechtigung für Konfigurationsvalidierung anzeigen)
  - SAP_SMWORK_BASIC (Work Center GRUNDLEGENDE BERECHTIGUNGS-OBJEKTE)
  - SAP_SMWORK_CHANGE_MAN (Work Center VERWALTUNG VON ÄNDERUNGS-ANTRÄGEN)
  - SAP_SYSTEM_REPOSITORY_DIS (Solution Manager: Systemlandschaft – Anzeigeberechtigungen)

Zudem sollte für das BI-Reporting die Rolle SAP_BI_E2E zugewiesen werden.

Detailliertere Informationen zum Berechtigungskonzept für den SAP Solution Manager finden Sie in Kapitel 12, »Berechtigungen im SAP Solution Manager-System«.

Vorstellung der Funktionen

Die Konfigurationsvalidierung kann sowohl über das Work Center URSACHEN-ANALYSE als auch über das Work Center CHANGE MANAGEMENT aufgerufen werden. Im Work Center CHANGE MANAGEMENT finden Sie einen entsprechenden Link im linken unteren Bereich ZUGEHÖRIGE LINKS des Navigationsmenüs. Im Work Center URSACHENANALYSE finden Sie einen eigenen Menüpunkt KONFIGURATIONSVALIDIERUNG im linken Navigationsmenü.

Darüber hinaus können Sie die Konfigurationsvalidierung auch über das SAP Easy Access-Menü aufrufen. Legen Sie zu diesem Zweck einen Link zur Web-Dynpro-Applikation AGS_WORK_CHANGE_MAN im SAP Easy Access-Menü an.

In der Konfigurationsvalidierung werden immer ein oder mehrere Vergleichssysteme, die in einer *Vergleichsliste* zusammengefasst sind, mit einem *Zielsystem*, also der Ausgangskonfiguration, verglichen. Wie Sie das Zielsystem oder die Vergleichsliste (manchmal im System auch als Systemliste bezeichnet) pflegen und wie Sie den Vergleich ausführen, stellen wir Ihnen in den nächsten Abschnitten vor.

Pflege der Zielsysteme

Bei der Konfigurationsvalidierung bildet die Definition eines Zielsystems den Ausgangspunkt für spätere Validierungs-Reports. Bei Systemvergleichen in der Konfigurationsvalidierung wird das Zielsystem auch als Referenzsystem bezeichnet. Ein Referenzsystem stellt die Zielkonfiguration dar und somit die Basis, gegen die andere Systeme verglichen werden. Solch ein Referenzsystem kann dabei aus einem realen System hervorgehen oder komplett frei definiert werden. Eine freie Definition bietet sich zum Beispiel für den Fall an, dass ein gewünschtes Zielszenario in Form von Konfigurationsparametern definiert und später gegen alle real existierenden Systeme verglichen wird.

Nach dem Aufruf der Konfigurationsvalidierung sehen Sie den in Abbildung 4.24 dargestellten Bildschirm. Auf dem ersten Karteireiter PFLEGE ZIELSYSTEM erfolgt die Definition von Zielsystemen.

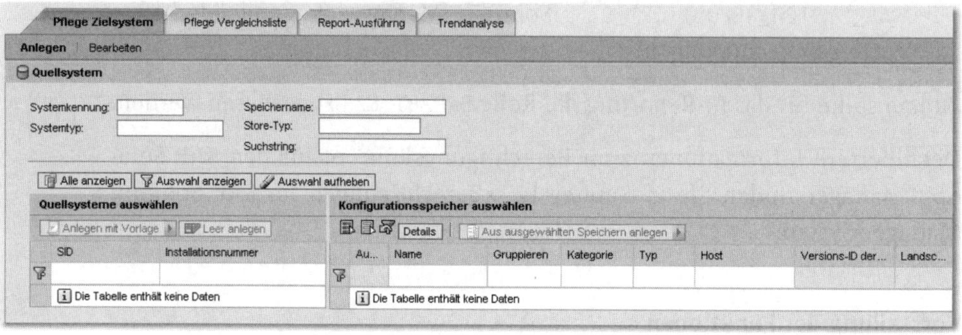

Abbildung 4.24 Pflege des Zielsystems

Im Bereich ANLEGEN können Sie Ihr Zielsystem definieren. Dabei stehen Ihnen drei Wege zur Verfügung:

- **Leer anlegen**
  Mithilfe des Buttons LEER ANLEGEN können Sie ein »leeres« Zielsystem definieren, ohne sich bereits für die Konfigurationsspeicher festzulegen. Das darin definierbare Quellsystem bildet die Grundlage der später wählbaren Konfigurationsspeicher.
- **Technisches System als Vorlage**
  Falls Sie bereits wissen, welche Konfigurationsspeicher Sie im Zielsystem definieren möchten und auf welche technischen Systeme der LMDB diese basieren sollen, können Sie das Zielsystem direkt im Bereich QUELLSYSTEM anlegen. Wählen Sie im linken Bereich QUELLSYSTEM AUSWÄHLEN ein reales System, erscheinen auf der rechten Seite die dazugehörigen Konfigurationsspeicher. Hier können Sie nun die Konfigurationsspeicher wählen, die für Sie wichtig sind, und anschließend mit einem Klick auf den Button AUS AUSGEWÄHLTEN SPEICHERN ANLEGEN ein neues Zielsystem definieren.
- **Zielsystem als Vorlage**
  Über den Button ANLEGEN MIT VORLAGE wählen Sie ein bereits existierendes Zielsystem aus, das Sie als Vorlage verwenden. Dabei werden alle darin definierten Konfigurationsspeicher und Validierungsdefinitionen übernommen.

Nach Anlage eines Zielsystems ist dieses im Bereich BEARBEITEN sichtbar und kann dort weiterbearbeitet werden. Wählen Sie dazu zunächst das Zielsystem und anschließend den Konfigurationsspeicher auf der rechten Seite aus. In Abbildung 4.25 sehen Sie ein Beispiel mit einem definierten Zielsystem für sicherheitsrelevante Informationen.

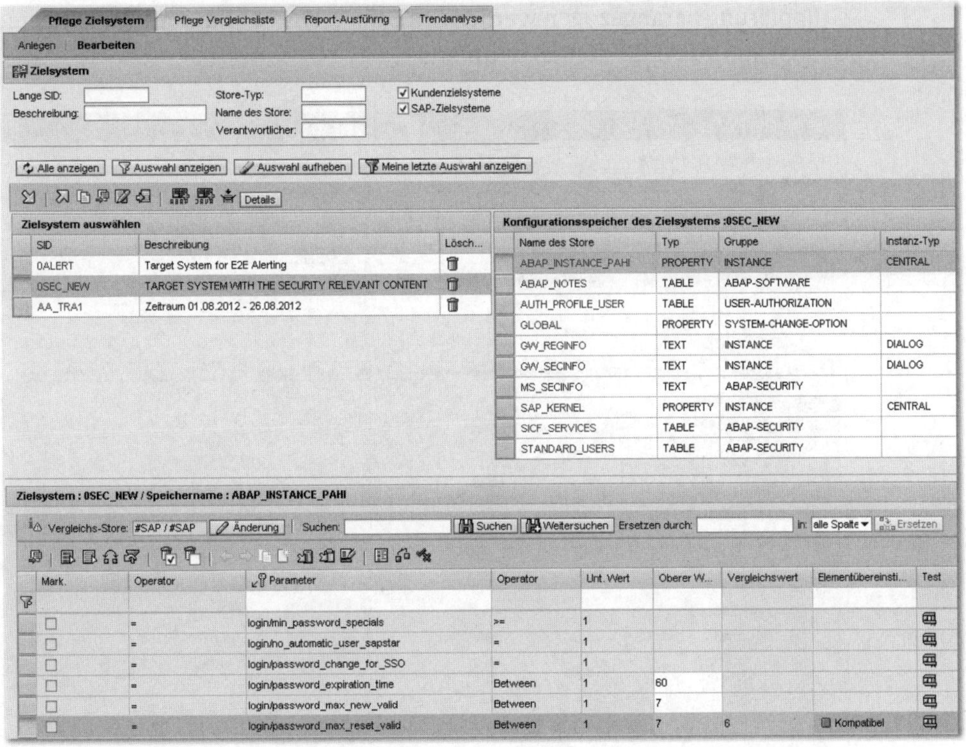

Abbildung 4.25 Pflege der Zielsysteme mit Operatoren

Ist ein Konfigurationsspeicher ausgewählt, wird im unteren Bereich der Anzeige der entsprechende Inhalt mit den dazugehörigen Operatoren dargestellt. In dieser Anzeige können nun verschiedene Änderungen vorgenommen werden. So können zum Beispiel Konfigurationselemente entfernt oder hinzugefügt oder die Operatoren angepasst werden. Über das Icon können Sie Beispiele für verschiedene Operatoroptionen aufrufen. Eine Testoption am Ende der Zeilen ermöglicht einen Test der korrekten Funktionsweise der Operatoren. Dies ist in Abbildung 4.25 beispielhaft in der markierten Zeile mit dem Vergleichswert »6« dargestellt. Speichern Sie abschließend Ihre Einstellungen über das Icon .

Pflege der Vergleichsliste

Auf dem Karteireiter PFLEGE VERGLEICHSLISTE können Sie Systeme anhand ausgewählter Kriterien gruppieren. Dies bietet sich insbesondere für regelmäßige Validierungen spezifischer Systemgruppen an. Die Kriterien zur Definition einer Vergleichsliste sind dabei vielfältig. So können zum Beispiel Datenbanken, Systemtypen oder Software-Level als Grundlage für eine Gruppierung herangezogen werden. Im Beispiel in Abbildung 4.26 wird eine Gruppe mit ABAP-Systemen definiert.

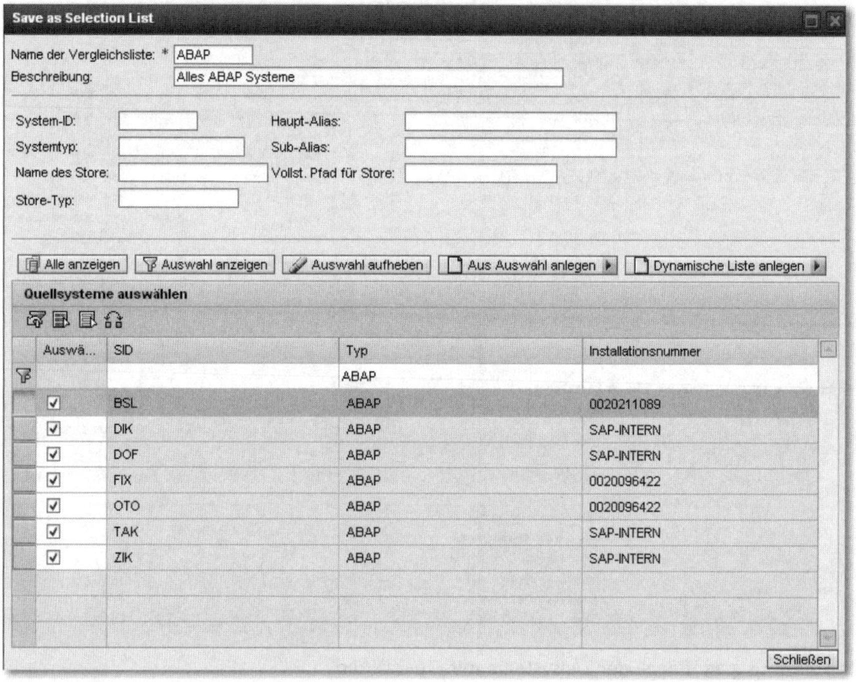

Abbildung 4.26 Pflege der Vergleichsliste

Nach Erstellung der Vergleichsliste ist diese als feste Liste auf dem Karteireiter PFLEGE VERGLEICHSLISTE abgelegt und steht nun bei der Ausführung der Reports zur Verfügung. Wird die Vergleichsliste gewählt, werden automatisch alle der Vergleichsliste zugehörigen Systeme in die Validierung einbezogen. Im Pop-up für die Abfragevariablen, das vor der Report-Ausführung angezeigt wird, erscheint die Liste der Vergleichssysteme und kann an dieser Stelle auch nachträglich durch das Hinzufügen oder Löschen weiterer Systeme angepasst werden.

Eine nachträgliche Bearbeitung der Vergleichsliste ist ebenfalls möglich. Selektieren Sie dazu auf dem Karteireiter PFLEGE VERGLEICHSLISTE die entsprechende Liste, wie in Abbildung 4.27 dargestellt.

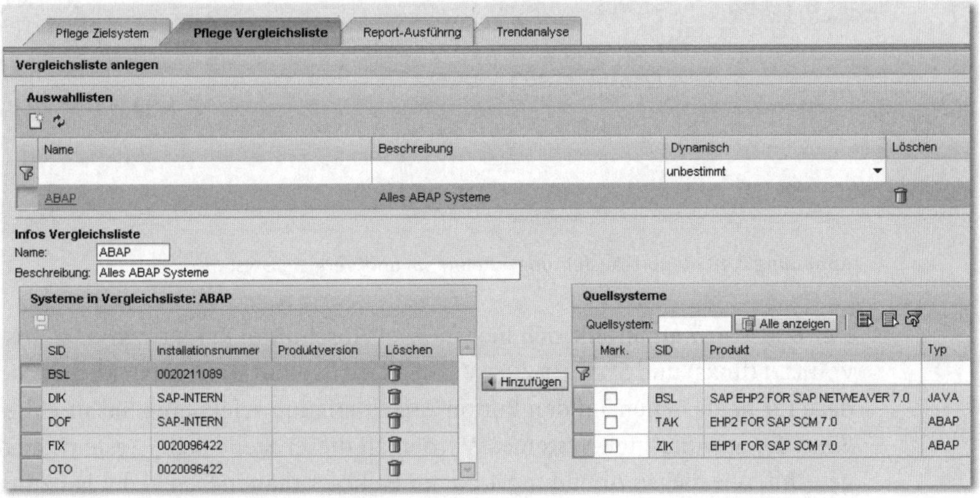

Abbildung 4.27 Vergleichslisten bearbeiten

Anschließend haben Sie die Möglichkeit, bestehende Systeme zu löschen bzw. weitere Quellsysteme hinzuzufügen.

Neben der statischen Variante einer Liste können auch dynamische Listen erstellt werden. In diesem Fall wird bei der Erstellung der Vergleichsliste das entsprechende Suchkriterium definiert, zum Beispiel Systemtyp Java. Mit dem Button AUSWAHL ANZEIGEN kann die Suche überprüft werden. Anschließend kann über den Button DYNAMISCHE LISTE ANLEGEN eine Liste erstellt werden. Wird nun diese Vergleichsliste bei der Ausführung von Reports verwendet, wird die entsprechende Anzahl der Systeme im selben Moment aktuell ermittelt.

Ausführung der Reports

Nach der Pflege von Zielsystemen und Vergleichslisten können auf dem Karteireiter REPORT-AUSFÜHRUNG vier verschiedene Optionen für Konfigurationsvalidierungs-Reports genutzt werden. Diese werden im Folgenden kurz vorgestellt.

Im ersten Bereich REFERENZSYSTEM UND VERGLEICHSSYSTEME können Sie entsprechende Referenz- und Vergleichssysteme definieren.

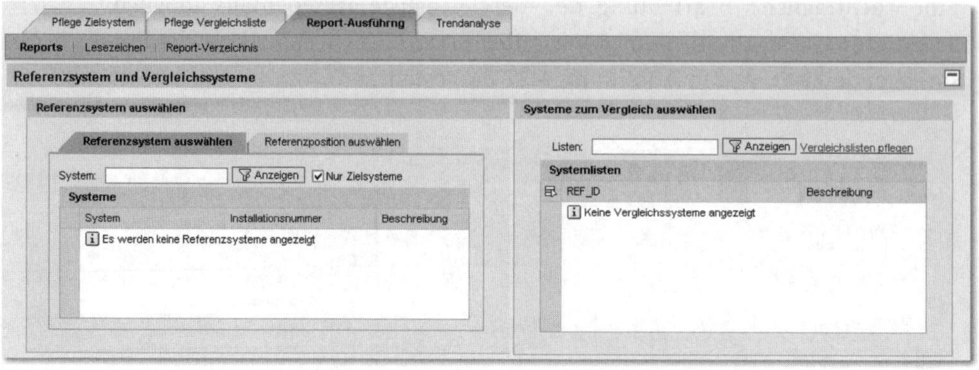

Abbildung 4.28 Report-Ausführung – Referenz- und Vergleichssystem

Der Bildschirm unterteilt sich hier in zwei Abschnitte: Referenzsystem auswählen (links) und Systeme zum Vergleich auswählen (rechts). Klicken Sie dazu für beide Seiten auf den Button Anzeigen, und selektieren Sie anschließend die gewünschten Systeme. Werden an dieser Stelle keine Systeme ausgewählt, wie dies in Abbildung 4.28 der Fall ist, erhalten Sie bei der Nutzung der folgenden Validierungs-Reports eine leere Eingabemaske mit der Möglichkeit, manuell Systeme als Referenz- bzw. Vergleichssystem zu definieren.

Auf dem Karteireiter Referenzposition auswählen können Sie statt eines Systems auch einen einzelnen Evaluierungswert definieren. Hier definieren Sie den Konfigurationsspeicher und das Element, das Sie validieren möchten.

Abbildung 4.29 zeigt dies am Beispiel des Konfigurationsspeichers ABAP_NOTES. Im Feld Note kann ein spezieller SAP-Hinweis erfasst werden, der anschließend gegen andere Systeme validiert werden kann.

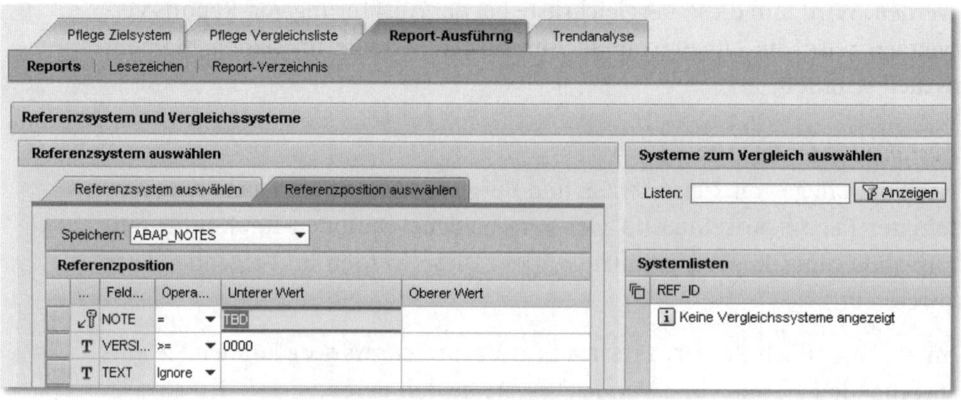

Abbildung 4.29 Validierung einer Referenzposition

Im Bereich KONSISTENZVALIDIERUNG finden Sie eine Reihe von Reports für Auswertungen, die von SAP ausgeliefert wurden (siehe Abbildung 4.30). In diesen Reports sind die Konfigurationsspeicher in der Regel thematisch vordefiniert, sodass lediglich die Definition der Ziel- und Referenzsysteme notwendig ist.

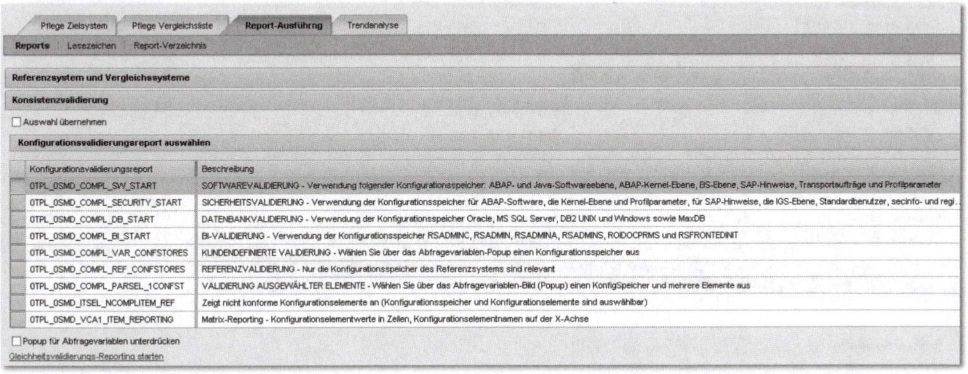

Abbildung 4.30 Report-Ausführung – Konsistenzvalidierung

So können Sie beispielsweise mit dem Report `0TPL_0SMD_COMPL_SECURITY_START` unterschiedliche Sicherheitsaspekte abfragen. Ein anderes Beispiel ist der Report `0TPL_0SMD_COMPL_PARSEL_1CONFST`, mit dem gezielt einzelne Konfigurationselemente überprüft werden können, wie zum Beispiel Datenbank- oder Kernel-Version. Soll zum Beispiel überprüft werden, ob ein bestimmter Transport in die Zielsysteme importiert wurde, kann diese Abfrage mit dem Report `0TPL_0SMD_COMPL_VAR_CONFSTORES` erstellt werden.

Hinweis [«]

Generell empfehlen wir Ihnen, die entsprechenden Konfigurationsspeicher vorab mithilfe des Change-Reporting-Werkzeugs (siehe Abschnitt 4.3.4) zu validieren. So können Sie direkt die richtigen Konfigurationsspeicher ermitteln, die die gesuchten Informationen enthalten.

Nach Auswahl einer Vorlage wird die Ausführung durch den Link GLEICHHEITSVALIDIERUNGS-REPORTING STARTEN ausgeführt, wie im unteren Bereich von Abbildung 4.30 zu sehen ist. Die Ergebnisliste stellt zunächst einen Gesamtüberblick mit der Möglichkeit dar, in die einzelnen Unterbereiche zu navigieren, so zum Beispiel beim Konfigurationsvalidierungs-Report `0TPL_0SMD_COMPL_SW_START`, wie in Abbildung 4.31 gezeigt.

Abbildung 4.31 Ergebnis des Konfigurationsvalidierungs-Reports

Auf diese Weise ist anhand der roten bzw. grünen Markierung schnell ersichtlich, ob das Vergleichssystem bzw. die Vergleichssysteme dem gewählten Zielsystem entsprechen. Durch die Auswahl des entsprechenden Karteireiters verzweigen Sie in die Detailansicht, in der Sie Informationen darüber finden, worin exakt eine Abweichung besteht.

Während der Bereich Konsistenzvalidierung auf die Gleichheit zum Referenzsystem hin prüft, bietet der Bereich Operatorvalidierung weiterführende Optionen zur Abfrage und Bewertung der Informationen. So können Sie beispielsweise die Anzahl der zu vergleichenden Elemente sowie deren Bewertung (exakte Übereinstimmung, Ausschlusskriterien, Wertebereiche etc.) näher bestimmen. Die Operatorvalidierung bietet ebenfalls Vorlagen für Auswertungen (siehe Abbildung 4.32) in Bezug auf die dargestellten Informationen und die genutzten Konfigurationsspeicher an. Referenzsysteme können dabei mit Operatoren (siehe Abbildung 4.25) individuell definiert werden, um zum Beispiel Werte auszuschließen oder Wertebereiche zu definieren, die im Verlauf der Validierung als konform bzw. nicht konform gewertet wurden.

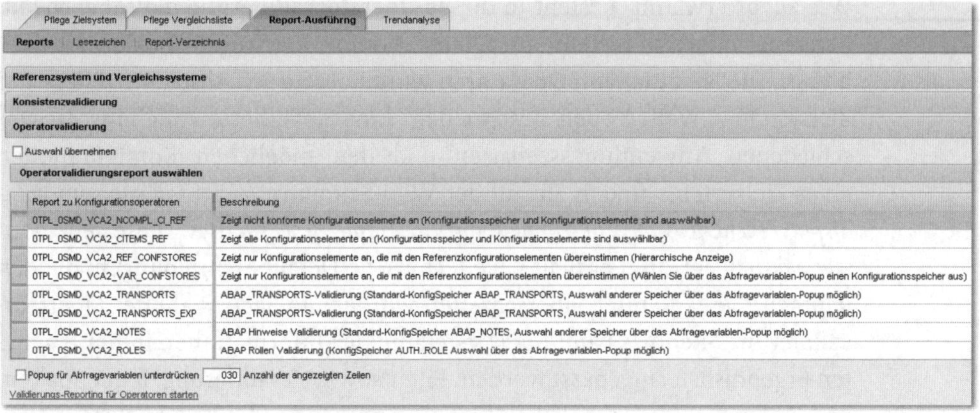

Abbildung 4.32 Report-Ausführung – Operatorvalidierung

Der Report 0TPL_0SMD_VCA2_REF_CONFSTORES bietet zum Beispiel wenige zusätzliche Abfrageoptionen und eignet sich daher gut für einen direkten Vergleich von Systemen. Der Report 0TPL_0SMD_VCA2_VAR_CONFSTORES hingegen ermöglicht, den Inhalt der Validierung deutlich zu reduzieren und sich somit auf einen bestimmten Umfang zu beschränken.

Der Report 0TPL_0SMD_VCA2_NCOMPL_CI_REF beschränkt sich auf die Darstellung aller nicht konformen Parameter, während der Report 0TPL_0SMD_VCA2_CITEMS_REF zunächst alle Daten anzeigt, unabhängig, ob konform oder nicht konform.

Für Transporte gibt es den Report 0TPL_0SMD_VCA2_TRANSPORTS, mit dem für ein reales System (Referenzsystem) eine Transportstatistik erstellt wird. Dabei werden Freigabe- und Importzeitstempel ermittelt und somit die Durchlaufzeit der Transporte errechnet. Auf diese Weise können Sie beispielsweise feststellen, wie lange eine Änderung in einem Testsystem zum Testen bereitstand, bevor der Import in das Produktionssystem durchgeführt wurde. Der Report 0TPL_0SMD_VCA2_TRANSPORTS_EX erstellt eine Vergleichsliste von Transporten, die entsprechend den darin enthaltenen Objekte sortiert ist.

Für SAP-Hinweise gibt es den Report 0TPL_0SMD_VCA2_NOTES. Damit kann überprüft werden, ob die im Referenzsystem implementierten Hinweise auch in den Zielsystemen enthalten sind. Demselben Prinzip folgt der Report 0TPL_0SMD_VCA2_ROLES. In diesem Fall wird die Existenz von Berechtigungsrollen validiert.

Wie zuvor erwähnt, besteht in dieser Operatorvalidierung die Möglichkeit, Referenz- oder Zielsysteme und deren Konformitätsregeln flexibel zu definieren. Die Nutzung von Operatoren wurde bereits im Abschnitt »Pflege der Zielsysteme« weiter oben beschrieben. Eine detaillierte Anleitung zu verschiedenen Anwendungsszenarien und den möglichen Konfigurationen eines Zielsystems finden Sie auf der Wiki-Seite *http://wiki.sdn.sap.com/wiki/display/TechOps/ConfVal_Home#ConfVal_Home-BestPractises*. Diese Seite wird stets aktualisiert und enthält viele technische Detailbeschreibungen, die den Rahmen dieses Kapitels überschreiten würden. Je nach Wahl des Operatorvalidierungs-Reports kann die Darstellung der Informationen in der erzeugten Ergebnisliste angepasst werden. Filter sowie Veränderungen der Spalten- und Zeilenanzeige ermöglichen hier eine ganz individuelle Gestaltung. Auch dazu finden Sie Beispiele im Wiki.

Im Bereich Konfigurations-Reporting werden Vorlagen für Reports zur Verfügung gestellt, die ausschließlich dem Reporting dienen und keinerlei Validierung beinhalten.

Bisher sind insgesamt vier Vorlagen für das Konfigurations-Reporting verfügbar. Der Report `OTPL_OSMD_VCA2_VAR_REP_HER` unterstützt die hierarchische Anzeige von Konfigurationselementen. Der Report `OTPL_OSMD_VCA2_VAR_REP_FLAT` erzeugt dagegen eine flache Liste. Mit dem Report `OTPL_OSMD_VCA2_VAR_REP_CELL` wird eine Matrix erzeugt, in der die Konfigurationselementwerte in den Zeilen und die Namen in den Spalten angezeigt werden. `OTPL_OSMD_VCA2_SYS_RECOMM_NOTES` ist ein Report, der die empfohlenen Hinweise für ein gewähltes SAP-Produkt aus der SAP Solution Manager-Funktion Systemempfehlungen (im Work Center Change Management) darstellt.

Im Beispiel des Reports `OTPL_OSMD_VCA2_VAR_REP_FLAT` können Sie das Referenzsystem sowie das oder die zu vergleichenden Systeme wählen. Zudem kann die Selektion durch weitere Parameter wie Systemtyp, Konfigurationsspeicher, Konfigurationselement oder Transportaufträge eingegrenzt werden. Abbildung 4.33 zeigt den Selektionsbildschirm.

Nach Ausführung des Reports erscheint eine Ergebnisliste, deren Darstellung durch einen Wechsel von Spalten und Zeilen sowie dargestellten Elementen verändert werden kann. Im Beispiel in Abbildung 4.34 wurde der Konfigurationsspeicher `ABAP_NOTES` genutzt, um die implementierten SAP-Hinweise auf zwei unterschiedlichen Systemen darzustellen. Somit ist für jedes System ersichtlich, welche SAP-Hinweise jeweils eingespielt sind.

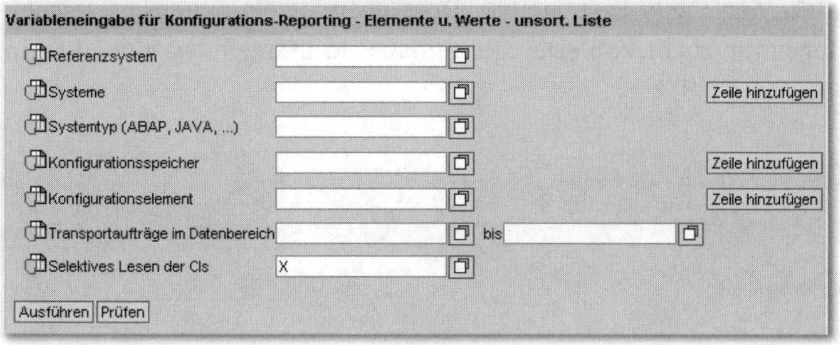

Abbildung 4.33 Variablen für das Konfigurations-Reporting

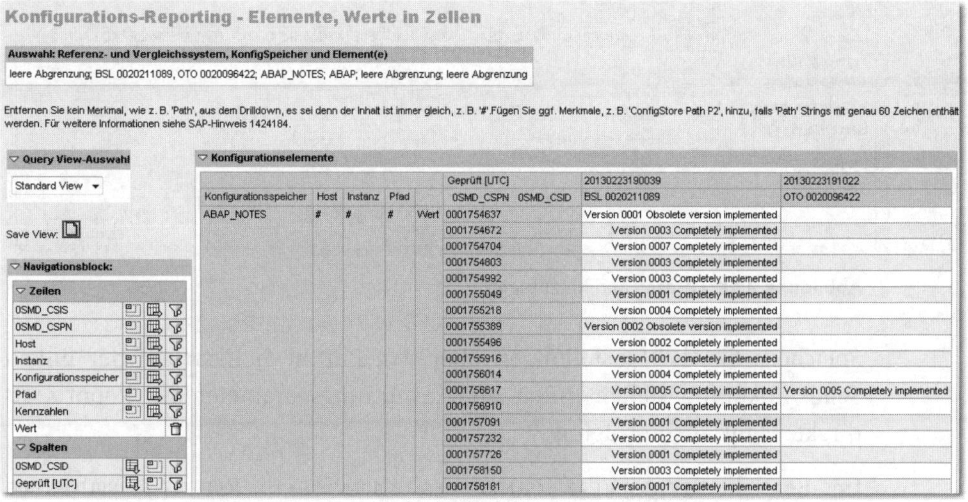

Abbildung 4.34 Konfigurations-Reporting – Ergebnisliste

Wenn Sie die Ergebnisdarstellung durch die Anwendung von Filtern oder die Veränderung der Zeilen- und Spaltendarstellung anpassen, können Sie diese veränderte Darstellung auch als eigene Sicht speichern und somit später wiederverwenden. Wählen Sie dazu die Option SAVE VIEW (Icon) auf der linken Seite der Ergebnisliste aus.

Führen Sie Reports immer wieder für eine bestimmte Selektion aus, können Sie die aufgerufene URL (inklusive Ausführungsparameter) auch als Lesezeichen im Webbrowser abspeichern und somit zukünftig schneller aufrufen. Öffnen Sie dazu in der Ergebnisanzeige mit einem Rechtsklick das Kontextmenü des BW-Reports, und wählen Sie den Punkt BOOKMARK. Kopieren Sie in dem sich öffnenden Browser-Fenster die URL, und wählen Sie anschließend in der Konfigurationsvalidierung innerhalb des Karteireiters REPORT-

AUSFÜHRUNG den Punkt LESEZEICHEN. Dort legen Sie ein neues Lesezeichen an und fügen die zuvor kopierte URL in das Feld LESEZEICHEN FÜR URL ein (siehe Abbildung 4.35).

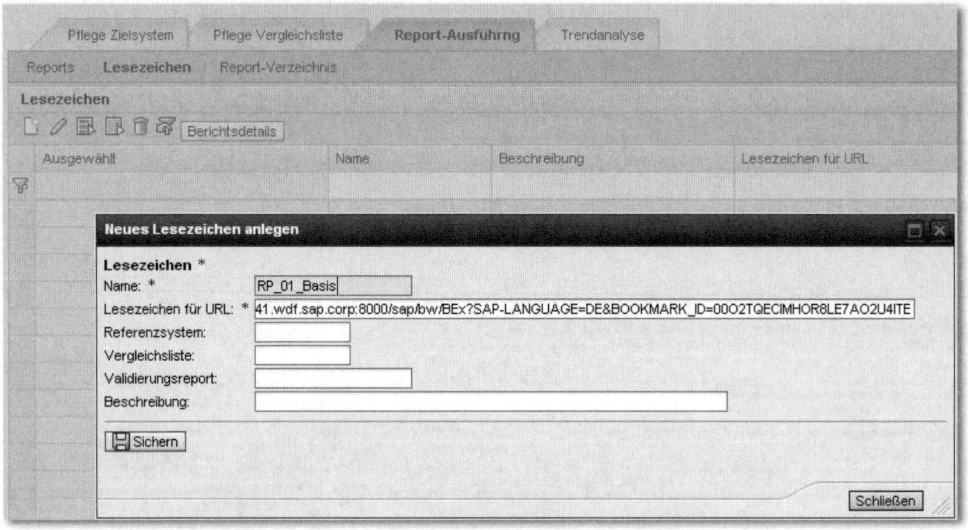

Abbildung 4.35 Lesezeichen hinzufügen

Speichern Sie die Einstellungen über den Button SICHERN auf der linken Seite. Zukünftig stehen Ihnen die Ausführungsparameter des Reports als direkter Link zur Verfügung.

Im Bereich REPORT-VERZEICHNIS des Karteireiters REPORT-AUSFÜHRUNG besteht die Möglichkeit, zuvor erzeugte Reports zur schnellen, wiederholten Erzeugung abzulegen. Neben kundenindividuellen Reports stehen hier auch Reports zur Verfügung, die SAP standardmäßig bereitstellt. Abbildung 4.36 zeigt die Auswahl eines Reports sowie die dazugehörigen Details.

Mittels optionaler Einstellungen kann die Ausführung bzw. der Auswertungszeitraum jederzeit angepasst werden.

Zu den von SAP ausgelieferten Reports gehört auch die Überprüfung des aktuell verfügbaren Support Packages oder der empfohlenen SAP-Hinweise für die entsprechenden Zielsysteme.

Der Vorteil der im Report-Verzeichnis verfügbaren Reports ist die schnelle Anwendung, ohne notwendigerweise ein Zielsystem zu definieren. Die unterschiedlichen Aspekte, die mithilfe dieser Reports überprüft werden, helfen, die Stabilität und somit die Qualität in Ihrer Lösung sicherzustellen.

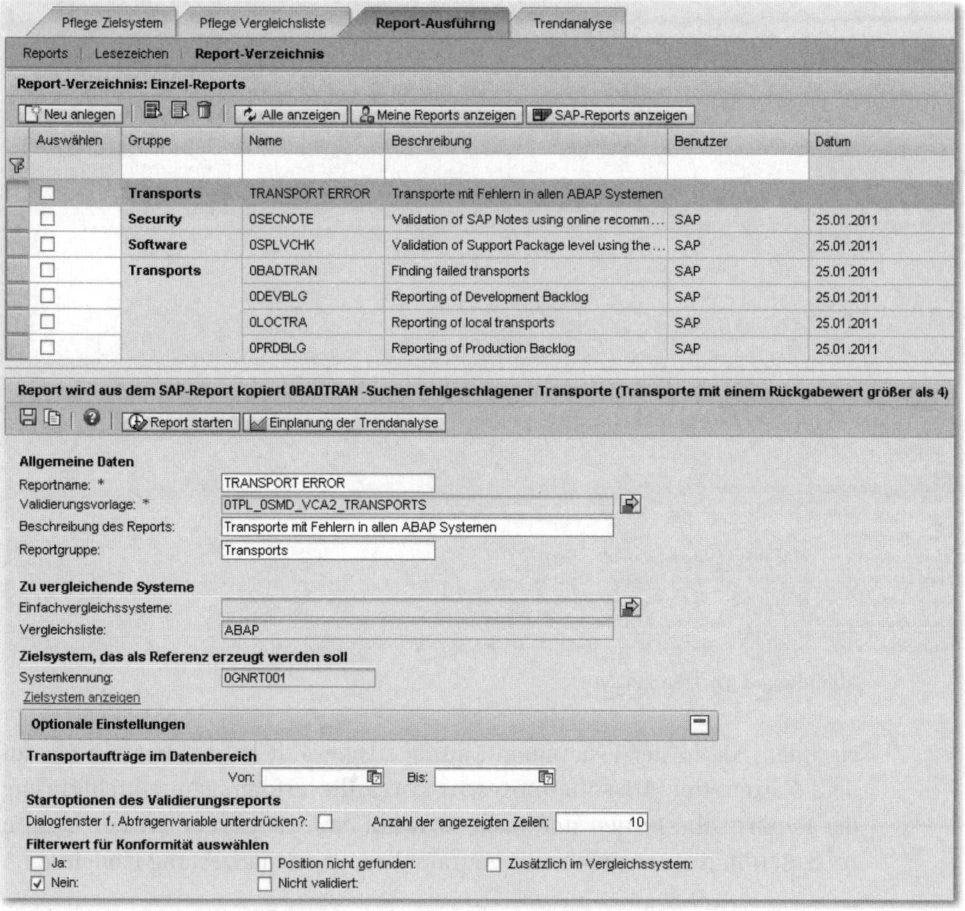

Abbildung 4.36 Report-Verzeichnis

Trendanalyse

Auf dem letzten Karteireiter TRENDANALYSE ist eine neue Funktion der Konfigurationsvalidierung zu finden. Seit SP05 besteht die Möglichkeit, die Analyseergebnisse zu speichern und somit über einen zeitlichen Verlauf hinweg zu analysieren.

Die dabei zur Verfügung stehenden Reports stammen aus dem REPORT-VERZEICHNIS. Möchten Sie einen der SAP-Standard-Reports nutzen, kopieren Sie diesen im Report-Verzeichnis mithilfe des Buttons KOPIEREN. Den so erstellten Report können Sie für die Trendanalyse verwenden. Im Report-Verzeichnis besteht auch die Möglichkeit, einen Report direkt zur Trendanalyse einzuplanen (siehe Abbildung 4.37).

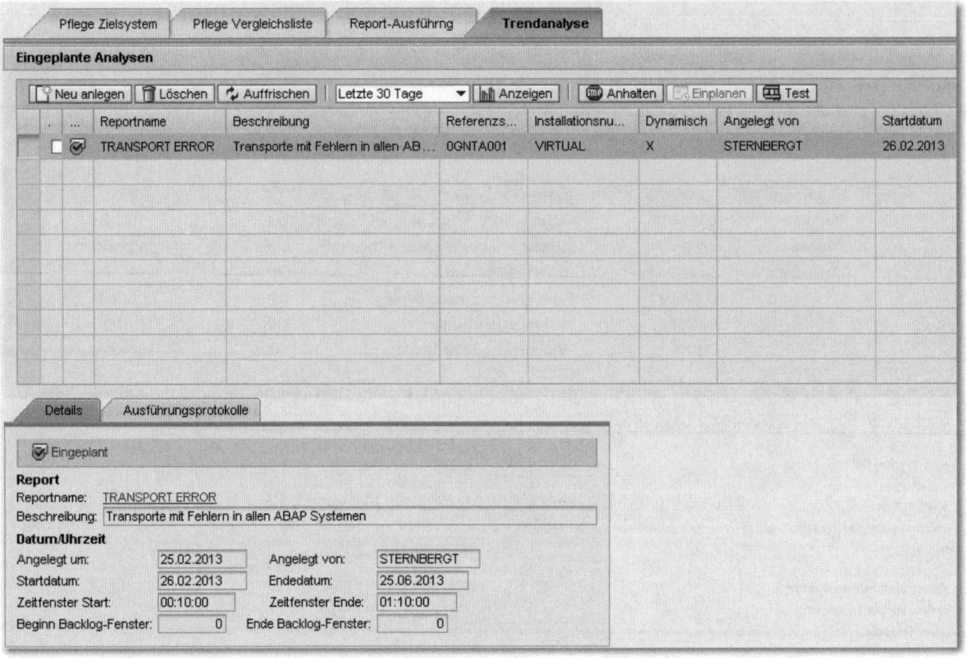

Abbildung 4.37 Trendanalyse

Nachdem Sie in der Liste einen Eintrag ausgewählt haben, können Sie auf dem Karteireiter AUSFÜHRUNGSPROTOKOLLE die erfolgreiche Durchführung der Reports überprüfen und nach Auswahl eines Reports über den Button ANZEIGEN in die entsprechende zeitraumbezogene Auswertung navigieren.

Damit sind die grundlegenden Funktionen der Konfigurationsvalidierung erklärt. Im folgenden Abschnitt stellen wir einige typische Anwendungsszenarien für die Konfigurationsvalidierung vor.

Anwendungsszenarien

Im Folgenden stellen wir typische Anwendungsfälle für Reports vor. Dies soll Ihnen zeigen, wann der Einsatz bestimmter Reports sinnvoll sein kann.

Transportanalyse

Die Transportanalyse ist immer dann sinnvoll, wenn Antworten auf folgende Fragen gesucht werden:

- Sind alle Transporte in ein Zielsystem importiert worden?

  Werden nicht alle Transporte wie vorgesehen in das Zielsystem transportiert, kann dies die Datenkonsistenz gefährden.

- Wie lange hat es gedauert, bis Transporte in ein Zielsystem importiert wurden?

  Die Antwort auf diese Frage gestattet einen Rückschluss auf die Qualität des Testens. Werden die Transporte schnell in das Zielsystem importiert, laufen auch die Tests schnell ab. Dauert es umgekehrt sehr lange, bis die Transporte importiert werden, könnte dies auf Probleme mit den Testplänen hindeuten, da offenbar Objekte nicht zeitnah getestet werden.

- Gab es Transporte mit einem Rückgabewert größer als 4?

  Kam es beim Import von Transporten zu Meldungen größer als 4, sind dies ernsthafte Fehler, die auf unvollständig ausgeführte Importe hindeuten. Diese Fehler müssen in jedem Fall gewissenhaft analysiert werden, da sie leicht die Ursache von Inkonsistenzen sein können.

- Wie viele offene Transporte gibt es im Entwicklungssystem?

  Die Anzahl der offenen Transporte im Entwicklungssystem erlaubt einen Rückschluss auf die Änderungsaktivitäten und den zu erwartenden Aufwand für Tests und Importe in Qualitätssicherungs- und Produktivsysteme.

- Wurden in einem System lokale Transporte angelegt?

  Lokale Transportaufträge bedeuten immer auch lokale Änderungen, die nicht transportiert werden. Damit ergeben sich zwangsläufig Unterschiede zwischen dem geänderten System und den aus Transportsicht nachfolgenden Systemen. Lokale Änderungsaufträge bergen daher auch ein spezielles Risiko.

Analyse von Berechtigungen oder Sicherheitseinstellungen

Auch Überprüfungen verschiedener Sicherheitsaspekte können mit der Konfigurationsvalidierung durchgeführt werden. Folgende Fragestellungen können dabei zum Beispiel im Mittelpunkt stehen:

- Gibt es Anwender mit dem Berechtigungsprofil `SAP_ALL` etc.?

  Diese Anwender haben uneingeschränkte bzw. system- oder geschäftskritische Berechtigungen im System und bilden daher ein potenzielles Risiko.

- Gibt es RFC-Verbindungen mit eingetragenen Benutzern oder RFC-Verbindungen zu kritischen Systemen?

  Benutzer können solche Verbindungen nutzen, um sich an einem anderen System anzumelden. So könnten Sicherheitsbeschränkungen umgangen werden.

- Welche Parameter für Systeme (wie zum Beispiel Einstellungen für den Ablauf von Kennwörtern, Login-Versuche) wurden eingestellt?

  Dies hilft bei der Überprüfung der Sicherheitseinstellungen.

- Haben bestimmte Anwender dieselben Berechtigungen in verwalteten Systemen?

  Diese Frage stellt sich insbesondere dann, wenn Benutzer mit identischen Aufgaben in den Systemen ein unterschiedliches Zugriffsverhalten feststellen.

- Gibt es Benutzer, die sicherheitskritische Transaktionen ausführen dürfen, wie die Konfiguration von RFC-Verbindungen (Transaktion SM59) oder die Nutzung des ABAP-Editors (Transaktion SE38)?

  Gewisse Transaktionen können bei falschem oder mutwilligem Einsatz Systeme gefährden. Daher sollten Sie genau prüfen, welche Benutzer eventuell sicherheitskritische Transaktionen auf welchem System ausführen können.

- Welche der relevanten SAP-Hinweise und speziell sicherheitsrelevanten Hinweise basierend auf den Systemempfehlungen (Work Center CHANGE MANAGEMENT) und den Online-Empfehlungen (*http://service.sap.com/secnotes*) wurden implementiert?

  SAP liefert in regelmäßigen Zeitabständen neue Sicherheitshinweise aus. Fehlende SAP-Hinweise können zu potenziellen Sicherheitslücken führen. Stellen Sie daher sicher, dass Sie die für Ihr System relevanten SAP-Hinweise eingespielt oder zumindest verifiziert haben.

- Haben alle Systeme in einer Systemlandschaft den Softwarestand, der gemäß den Kundenvorgaben notwendig ist?

  Überprüfung von Software-Level und relevanter SAP-Hinweise in der Systemlandschaft

Einzelne bzw. komplette Validierung von Systemen

Die komplette Validierung eines Systems ist zum Beispiel für die Vorbereitung eines Releasewechsels notwendig. So können Sie in den Zielsystemen überprüfen, ob die Einstellungen den Anforderungen entsprechen. Dabei wird zum Beispiel überprüft, ob das System den richtigen Software-Level (Support Package, Kernel-Version etc.) und die richtigen Parametereinstellungen hat und ob alle notwendigen SAP-Hinweise oder Transporte enthalten sind.

Die vorgestellten Anwendungsszenarien sollen Ihnen Anregungen geben und demonstrieren, wie vielfältig die Einsatzmöglichkeiten der Konfigurationsvalidierung sind. Sicher fallen Ihnen mit der Zeit noch viele weitere Einsatzmöglichkeiten ein, für die Sie das Potenzial der Konfigurationsvalidierung nutzen können.

4.4 End-to-End-Methodik: Workload-Analyse

Die Workload-Analyse wird verwendet, wenn die Performance von IT-gestützten Geschäftsprozessen nicht zufriedenstellend ist. In diesem Fall besteht die Herausforderung darin, zu analysieren, in welchem Prozessschritt oder gar in welchem System eines über mehrere Systeme verteilten Prozesses tatsächlich Zeit verloren geht.

Die Workload-Analyse stellt Ihnen notwendige Informationen bezüglich der Auslastung in der gesamten Systemlandschaft zur Verfügung, um Performanceprobleme zu identifizieren. In der Regel beginnen Sie dabei mit der Auswertung der Antwortzeiten. Daraus leiten Sie anschließend ab, in welchem Bereich Sie nach der Ursache von Performanceproblemen suchen sollten.

Die Werkzeuge der Workload-Analyse bestehen aus verschiedenen Monitoren und Analysewerkzeugen, die Sie ebenfalls im Work Center URSACHENANALYSE aufrufen können. Mithilfe dieser Werkzeuge können Sie sowohl grobe als auch sehr detaillierte Analysen vornehmen.

4.4.1 Werkzeuge für die Workload-Analyse im SAP Solution Manager

Die wichtigsten Werkzeuge im SAP Solution Manager für die Workload-Analyse sind:

- **End-to-End-Workload-Analyse**
  Die End-to-End-Workload-Analyse ermöglicht einen vereinheitlichten Zugriff auf die Workload-Statistiken in der gesamten Systemlandschaft. Dieses Werkzeug liefert KPI wie die Antwortzeiten von unterschiedlichen technischen Komponenten in einer einzigen Ansicht. Dabei werden die Informationen über die verschiedenen Technologien hinweg integriert und können produktspezifisch in separaten Sichten angezeigt werden. Die End-to-End-Workload-Analyse stellen wir Ihnen in Abschnitt 4.4.3 näher vor.
- **Introscope**
  Introscope wurde primär für die Analyse von Performance und Verfügbarkeit von Webapplikationen und Infrastruktursystemen entworfen.

Mittlerweile sammelt Introscope jedoch auch KPI vieler weiterer, unterschiedlicher Technologien, unter anderem auch zu ABAP- und Java-Systemen. Die Funktionsweise und die Verwendung der hierbei verfügbaren Werkzeuge haben Sie bereits in Abschnitt 4.2.3 kennengelernt.

- **Thread-Dump-Analyse**
  Die Thread-Dump-Analyse kann verwendet werden, um eine Momentaufnahme von aktuell prozessierenden Threads in einer Java Virtual Machine (JVM) zu erstellen, den so genannten *Thread Dump*. Der Thread Dump kann online oder auch offline analysiert werden. Der Thread Dump wird ausgewertet, um Threads einzuordnen und diejenigen zu identifizieren, die blockiert werden oder in einem anderen kritischen Zustand sind. Weitere Informationen zur Thread-Dump-Analyse erhalten Sie in Abschnitt 4.4.5.
- **Datenbankanalyse**
  Die Datenbankanalyse ermöglicht es Ihnen, das Verhalten der Datenbank in einem frei wählbaren Zeitraum zu betrachten. Dabei werden Ihnen statistische Informationen über verschiedene KPI der Datenbank angeboten. Die Menge sowie der Detailgrad der Informationen können sich im Einzelfall abhängig vom Hersteller der Datenbank unterscheiden. In Abschnitt 4.4.4 erhalten Sie weitere Informationen zur Datenbankanalyse.
- **DBA Cockpit**
  Das DBA Cockpit des SAP Solution Managers stellt einen zentralisierten Zugriff auf die Datenbanken der verwalteten Systeme zur Verfügung. Damit die Benutzer dieser Funktion keinen Schaden anrichten können, sollten nur Lese-Berechtigungen auf das DBA Cockpit vergeben werden. Die Standardberechtigungen der Ursachenanalyse bieten mit der Rolle `SAP_DBA_DISP` eine geeignete Vorlage dafür. Die Benutzung des DBA Cockpits setzt ein bestimmtes Wissen über das verwendete Datenbankmanagementsystem voraus.
- **Host-Analyse**
  In der Host-Analyse finden Sie eine statistische Darstellung der verschiedenen hostspezifischen Metriken für einen frei definierbaren Zeitrahmen.

4.4.2 Extraktion und Speicherung der Daten

Die Workload-Analyse im SAP Solution Manager bietet Ihnen für einen ausgewählten Zeitraum einen Überblick über produktspezifische Daten, wenn zuvor die dafür erforderlichen Daten aus den verwalteten Systemen gesammelt wurden.

Das EFWK spielt daher auch hier eine wichtige Rolle. In Abbildung 4.38 sehen Sie den schematischen Ablauf der Extraktion und der Speicherung der Workload-Daten.

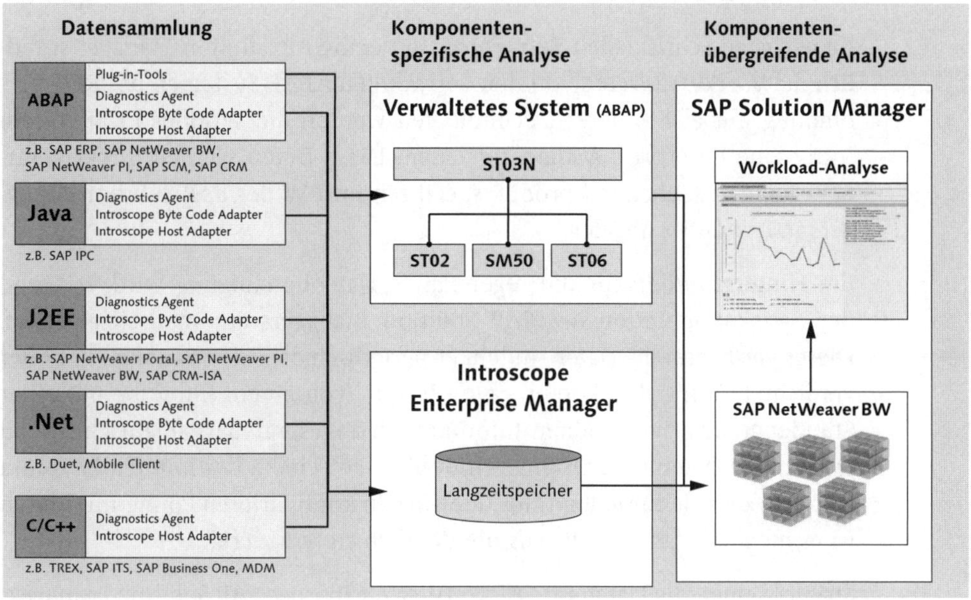

Abbildung 4.38 Extraktion und Speicherung der Workload-Daten

Die Datensammlung auf den verwalteten Systemen geschieht in der Regel über verschiedene Agenten oder die Softwarekomponente ST-PI:

- Für AS ABAP werden die Daten hauptsächlich mithilfe von Reports der Komponente ST-PI gesammelt und auf dem verwalteten System selbst abgelegt. Daten, wie beispielsweise die Performancedaten im Workload-Monitor (Transaktion ST03N), werden in regelmäßigen Zeitabständen verdichtet. Diese Aggregation trägt dazu bei, dass das benötigte Datenvolumen auf dem verwalteten System nur bis zu einem bestimmten Maß ansteigt und dann konstant bleibt. Einige weitere relevante Informationen für ein ABAP-System, wie Workprozess-Aktivitäten, Gateway-Verhalten, RFC-Aktivtäten oder Host-Daten, werden auch mithilfe der Diagnostics Agenten bzw. der darauf befindlichen Introscope Host Adapter gesammelt und im Speicher des Introscope Enterprise Managers abgelegt.
- Im Java-Stack des verwalteten Systems werden Performancedaten (Antwortzeiten) der JVM mithilfe des Introscope Byte Code Adapters gesammelt und alle 15 Sekunden an den Introscope Enterprise Manager gesendet. Performancedaten für den Host, auf dem der Java-Stack installiert ist, werden

wiederum durch den Introscope Host Adapter gesammelt und ebenfalls alle 15 Sekunden an den Introscope Enterprise Manager versendet.

- Für alle weiteren Technologien verwalteter Systeme wie Java, .Net oder C/C++, verläuft die Datensammlung und -ablage wie für die Technologie Java.

Im nächsten Schritt laden Extraktoren auf dem SAP Solution Manager stündlich die Workload-Daten von den verwalteten ABAP-Systemen per RFC-Verbindung; für alle anderen Technologien werden die Workload-Daten vom Introscope Enterprise Manager geladen. Diese Daten werden direkt verarbeitet und anschließend produktspezifisch im BW des SAP Solution Managers in InfoCubes abgelegt.

Ein Hintergrundjob für die regelmäßige Datenbereinigung wird während der Basiskonfiguration des SAP Solution Managers automatisch aktiviert. Dieser verdichtet die Daten, indem er periodisch die Informationen in höher verdichtete InfoCubes kopiert, zum Beispiel von einem InfoCube mit einer Stundengranularität in einen InfoCube mit Tagesgranularität. Anschließend werden die Daten vom Original-InfoCube nach einem bestimmten Zeitraum gelöscht, den Sie für jeden InfoCube einzeln konfigurieren können. Dadurch ist es möglich, das Datenwachstum deutlich zu reduzieren.

Später können die Daten im SAP NetWeaver BW des SAP Solution Managers mithilfe komplexer und vielseitiger Abfragen durch den Endanwender angezeigt und ausgewertet werden. Hierzu stellt die End-to-End-Workload-Analyse vordefinierte Sichten auf die Informationen zur Verfügung. Die Anwendung der End-to-End-Workload-Analyse stellen wir Ihnen im folgenden Abschnitt vor.

4.4.3 Verwendung der End-to-End-Workload-Analyse

Um die End-to-End-Workload-Analyse aufzurufen, klicken Sie zunächst im Work Center URSACHENANALYSE auf den Menüpunkt END-TO-END-ANALYSE. Wählen Sie anschließend im Bereich FEINSELEKTION das System aus, das Sie betrachten möchten. Wenn Sie [Strg] gedrückt halten, können Sie auch mehrere Systeme auswählen. Klicken Sie anschließend auf den Button WORKLOAD ANALYSIS

Die Übersicht der End-to-End-Workload-Analyse zeigt Ihnen eine grafische Übersicht über die KPI in Ihrer Systemlandschaft. Im oberen Bereich des Werkzeugs wählen Sie den Zeitraum für die Betrachtung aus. Auf der rechten Seite finden Sie die KPI mit ihren Werten nach technischen Systemen geordnet. In dieser Übersicht werden nur die Metriken angezeigt, für die im betrachteten Zeitraum auch Daten existieren. Es ist also möglich, dass in einem Diagramm weniger Metriken angezeigt werden, als in der Legende zu sehen sind. Die Ansicht des Graphen können Sie oberhalb mithilfe der Mehrfachauswahl verändern. Dabei haben Sie folgende Möglichkeiten zur Auswahl. Abbildung 4.39 visualisiert die verschiedenen Diagrammtypen:

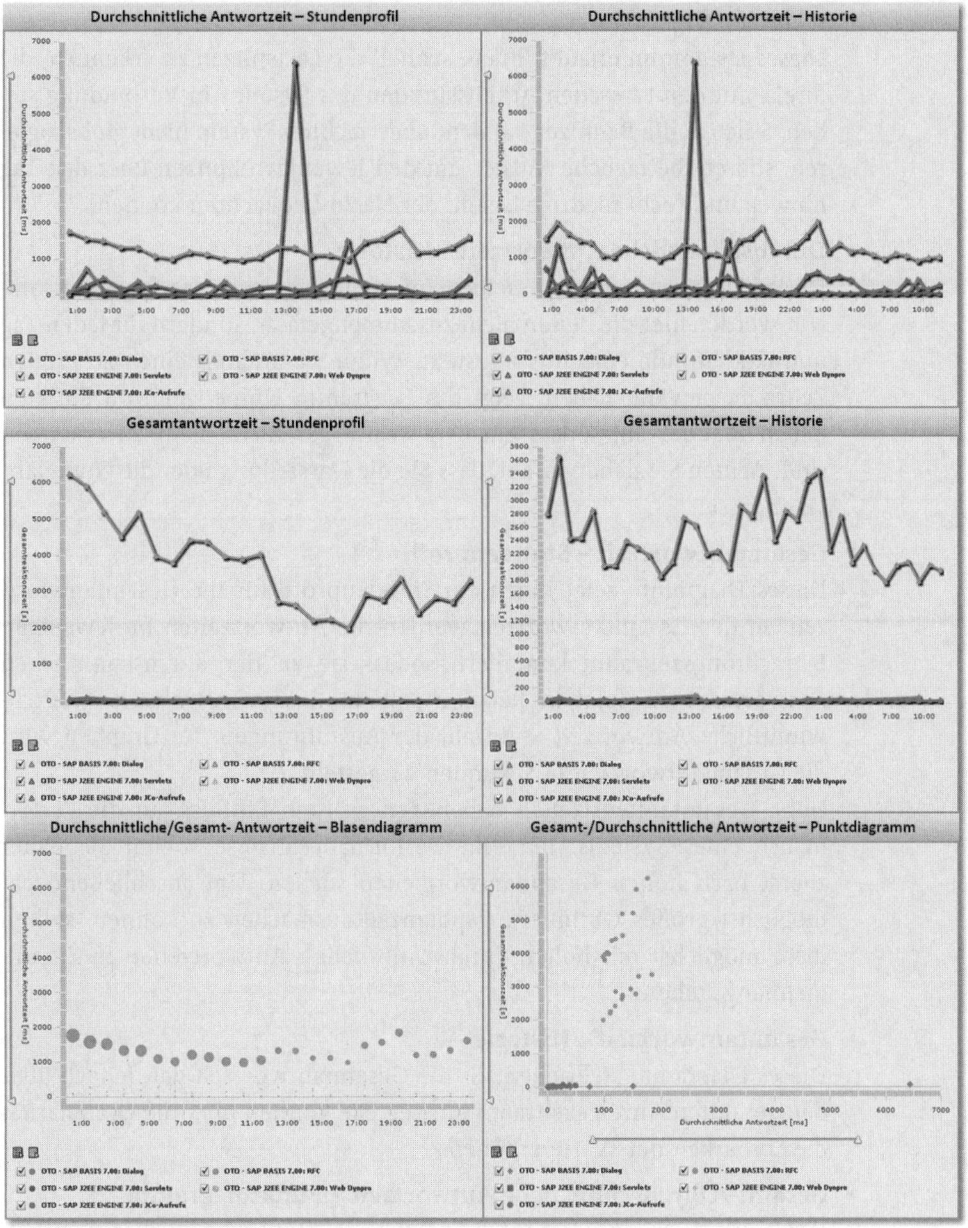

Abbildung 4.39 End-to-End-Workload-Analyse – Diagrammtypen

- **Durchschnittliche Antwortzeit – Stundenprofil**
  Dies ist die Standardsicht, die beim Start der End-to-End-Workload-Analyse zu sehen ist. Ungeachtet vom ausgewählten Zeitfenster wird hier das zusammengefasste Tagesprofil angezeigt. Das heißt, auch wenn Sie das Zeitfenster für die Ansicht verändern, wird auf der x-Achse immer 00:00 bis 23:00 Uhr angezeigt. Die durchschnittliche Antwortzeit wird in Millisekunden angegeben.
  Dieses Diagramm erlaubt Ihnen, schnell die Lastspitzen zu erkennen, die direkt mit den typischen Arbeitsstunden des Systems in Verbindung stehen. Solange die Benutzer auf dem überwachten System nicht global agieren, sollten Sie tägliche Muster mit den jeweiligen Spitzen über den Tag hinweg und recht niedrige Last in der Nacht beobachten können.
- **Durchschnittliche Antwortzeit – Historie**
  Dieses Diagramm zeigt dieselben Informationen wie das Stundenprofil. Nur werden hier die Zeiten nicht zusammengefasst, sondern für jeden Tag und jede Stunde einzeln dargestellt. Wenn Sie anfangs einen zu großen Zeitraum gewählt haben, zeigt das Diagramm Unmengen von Punkten nebeneinander an, sodass einzelne Werte gar nicht mehr zu erkennen sind. Achten Sie daher darauf, dass Sie die Darstellung über die Granularität anpassen.
- **Gesamtantwortzeit – Stundenprofil**
  Dieses Diagramm zeigt Ihnen ein Stundenprofil für die Gesamtantwortzeit. In der Gesamtantwortzeit werden die Antwortzeiten im jeweiligen Betrachtungszeitraum kumuliert, sodass sie zu der durchschnittlichen Antwortzeit wie folgt in Relation stehen: Gesamtantwortzeit = durchschnittliche Antwortzeit × Anzahl der Ausführungen. Im Graphen wird die Gesamtantwortzeit in Sekunden dargestellt.
  Hohe Gesamtantwortzeiten haben den größten Einfluss auf die Performance eines Systems. Für eine Performanceanalyse sollten Sie daher zuerst nach hohen Gesamtantwortzeiten suchen. Um anschließend ein möglichst großes Optimierungspotenzial ausmachen zu können, sollten diese möglichst mit hohen durchschnittlichen Antwortzeiten in Zusammenhang stehen.
- **Gesamtantwortzeit – Historie**
  Dieses Diagramm stellt ebenfalls die Gesamtantwortzeit dar, jedoch über den gesamten Anzeigezeitraum hinweg. Sie können über die Granularität die Lesbarkeit der Werte erhöhen.
- **Gesamt-/Durchschnittliche Antwortzeit – Punktdiagramm**
  Das Punktdiagramm zeigt auf der x-Achse die durchschnittlichen Antwort-

zeiten und die Gesamtantwortzeit auf der y-Achse. Ähnlich wie in den Zeitprofildiagrammen werden die Datenpunkte als stündliche Durchschnittswerte des gewählten Zeitfensters angezeigt.
Das Punktdiagramm hilft Ihnen, Engpässe zu erkennen. Teilen Sie das Diagramm gedanklich in vier Quadranten ein (siehe Abbildung 4.40).

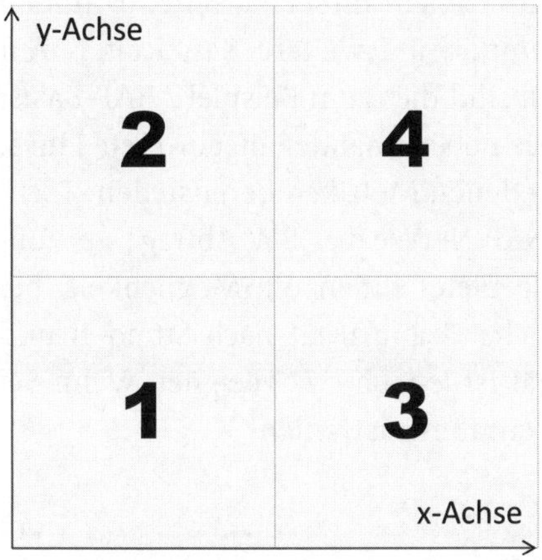

Abbildung 4.40 Diagrammaufteilung in Quadranten

Im ersten Quadranten finden Sie geringe durchschnittliche Antwortzeiten sowie eine geringe Gesamtantwortzeit. Diese Werte sind also unkritisch. Interessanter sind die Werte im zweiten Quadranten mit einer hohen Gesamtantwortzeit und einer geringen durchschnittlichen Antwortzeit. Ähnlich interessant sind die Werte mit hoher durchschnittlicher Antwortzeit und geringer Gesamtantwortzeit im dritten Quadranten. Die Werte in beiden Quadranten bieten jedoch nur mäßiges Optimierungspotenzial. Der kritischste Quadrant für die gesamte Systemperformance ist der vierte (rechts oben), in dem sowohl die Gesamtantwortzeit als auch die durchschnittliche Antwortzeit hoch sind. Hier werden Sie das größte Optimierungspotenzial finden und im Verhältnis den wenigsten Aufwand investieren müssen.

- **Durchschnittliche/Gesamtantwortzeit – Blasendiagramm**
  Im Blasendiagramm wird die durchschnittliche Antwortzeit auf der y-Achse und das Zeitprofil des Tages auf der x-Achse abgebildet. Die Größe der Blasen repräsentiert die Gesamtantwortzeit. Kritische Situationen äußern sich daher durch besonders große Blasen.

Wenn in den Diagrammen mehrere technische Systeme angezeigt werden, können Sie diese miteinander vergleichen, um eventuelle Parallelen ausfindig zu machen. Im Folgenden zeigen wir Ihnen, wie Sie vorgehen, wenn Sie dabei feststellen, dass die Lastverteilung zwischen den Komponenten nicht optimal ist und sich die Hauptlast auf bestimmten Systemen besonders zeigt.

Navigieren Sie zur komponentenspezifischen Analyse, indem Sie auf einen der Karteireiter für die jeweilige Komponente neben dem Karteireiter ÜBERSICHT klicken (siehe Abbildung 4.41). Auf jedem dieser Karteireiter finden Sie abhängig von der betrachteten Komponente weitere Karteireiter. Auf dem Karteireiter OTO - SAP ECC SERVER sind dies zum Beispiel ABAP-BASIS, RFC, VMC und HOST. Darunter finden Sie nebeneinander angeordnete Links, die die Workload-Daten zu den verschiedenen Metriken bereitstellen. Technisch ist jede dieser Sichten mit einer SAP NetWeaver BW-Abfrage verbunden. Die End-to-End-Workload-Analyse bietet Ihnen die Möglichkeit, bei der Darstellung der Graphen die zeitliche Granularität nach Stunden und Tagen anzupassen. Die Tagesgranularität ist jedoch erst geeignet, wenn Sie mindestens drei Tage im Betrachtungszeitraum auswählen.

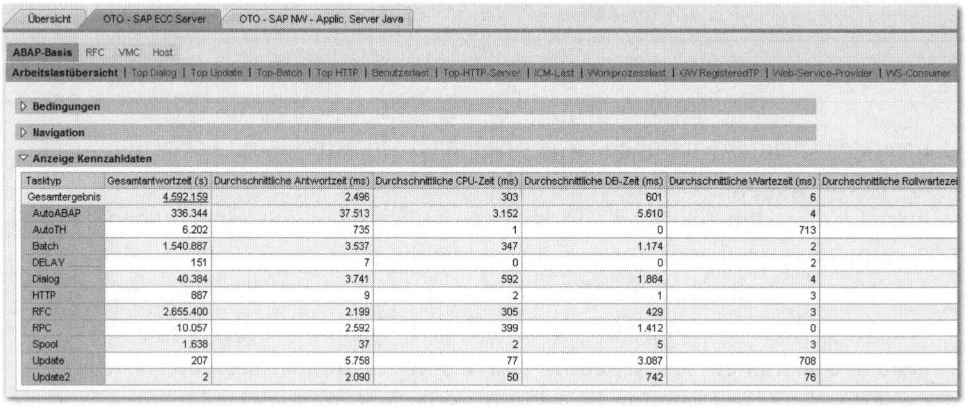

Tasktyp	Gesamtantwortzeit (s)	Durchschnittliche Antwortzeit (ms)	Durchschnittliche CPU-Zeit (ms)	Durchschnittliche DB-Zeit (ms)	Durchschnittliche Wartezeit (ms)	Durchschnittliche Rollwartezei
Gesamtergebnis	4.592.159	2.496	303	601	6	
AutoABAP	336.344	37.513	3.152	5.610	4	
AutoTH	6.202	735	1	0	713	
Batch	1.540.887	3.537	347	1.174	2	
DELAY	151	7	0	0	2	
Dialog	40.384	3.741	592	1.884	4	
HTTP	887	9	2	1	3	
RFC	2.655.400	2.199	305	429	3	
RPC	10.057	2.592	399	1.412	0	
Spool	1.638	37	2	5	3	
Update	207	5.758	77	3.087	708	
Update2	2	2.090	50	742	76	

Abbildung 4.41 Workload-Analyse – ABAP-Übersicht

Die Erklärung jeder einzelnen Sicht würde den Rahmen dieses Buches überschreiten. Zudem sind die KPI sehr stark abhängig von der betrachteten Komponente. Daher sollten Sie gegebenenfalls einen Applikationsexperten hinzuziehen, um die Werte korrekt interpretieren zu können. In den meisten Monitoren können Sie unterschiedliche Antwortzeiten in Bezug auf die ausgewählte Komponente sehen. Beim Auswerten dieser Monitore gilt immer die Faustregel: Ermitteln Sie erst in der Auslastungsübersicht, welcher Task- bzw. Metrik-Typ die meiste Gesamtlast (höchste Gesamtantwortzeit) auf dem System verursacht. Anschließend schauen Sie sich die Sicht der jeweiligen Metrik an und ermitteln die Systemaufrufe, die am meisten Last verursachen.

Nachdem Sie mit der End-to-End-Workload-Analyse bereits Probleme ausschließen konnten und konkretere Vermutungen haben, woher die Performanceprobleme stammen, beziehen Sie auch weitere Werkzeuge für eine Detailuntersuchung ein. Beginnen wir zunächst mit der Datenbankanalyse. Diese kommt zum Einsatz, wenn Sie Auffälligkeiten im Datenbankbereich identifiziert haben, wie beispielsweise hohe Datenbankzeiten.

4.4.4 Verwendung der Datenbankanalyse

Die Datenbankanalyse verwenden Sie auf folgende Weise:

1. Klicken Sie im Work Center URSACHENANALYSE auf den Menüpunkt DATENBANKANALYSE.
2. Im Bereich FEINSELEKTION wählen Sie die Datenbank aus, die mit Ihrem betroffenen System in Verbindung steht, und klicken anschließend auf den Button DATENBANKANALYSE.
3. Im Eingangsbildschirm sehen Sie gleich die SYSTEMLAST der Datenbank (siehe Abbildung 4.42). Es ist möglich, dass Sie erst noch die Daten aus dem SAP NetWeaver BW des SAP Solution Managers laden müssen, indem Sie auf den Link KLICKEN SIE HIER, UM DATEN AUS DEM BUSINESS WAREHOUSE ZU LADEN klicken.

   Auf dem Karteireiter DATENBANK erhalten Sie einen guten Überblick über die wichtigsten Informationen für die Performance der Datenbank. Dazu zählen:

   - Systemlast
   - Lese- und Schreibaktivitäten (E/A)
   - Speicher
   - Größe
   - Sperren
   - Protokolle

   Oft finden Sie unterhalb der angezeigten Grafik auch eine tabellarische Darstellung der Statistiken.
4. Sehen Sie sich auch den Karteireiter CACHES an, der wichtige Informationen über die Zugriffsqualität aller SQL-Abfragen auf der Datenbank liefert. Im Normalfall sollte die Qualität der Zugriffe immer über 95 % liegen.

Alles Darunterliegende weist darauf hin, dass während der Abfragen zu viele Daten direkt vom Speicher geladen werden mussten, anstatt die Caches zu verwenden. Grund hierfür könnten fehlende Indizes in den Datenbanktabellen, zeitintensive SQL-Abfragen oder auch zu kleine Caches sein.

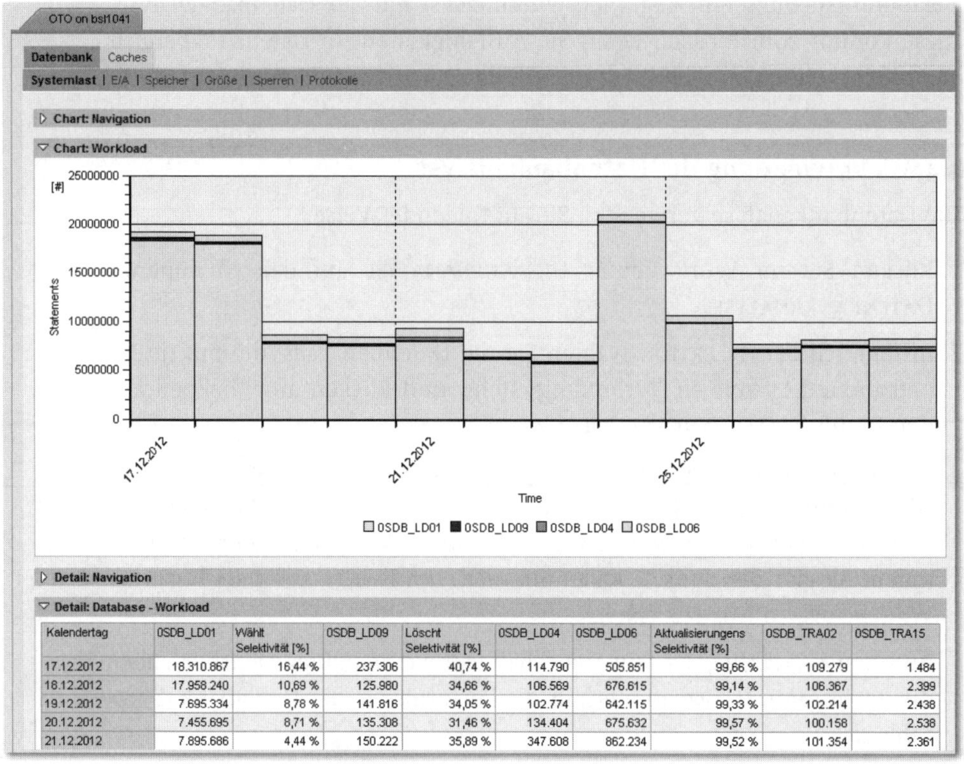

Kalendertag	0SDB_LD01	Wählt Selektivität [%]	0SDB_LD09	Löscht Selektivität [%]	0SDB_LD04	0SDB_LD06	Aktualisierungens Selektivität [%]	0SDB_TRA02	0SDB_TRA15
17.12.2012	18.310.867	16,44 %	237.306	40,74 %	114.790	505.851	99,66 %	109.279	1.484
18.12.2012	17.958.240	10,69 %	125.980	34,66 %	106.569	676.615	99,14 %	106.367	2.399
19.12.2012	7.695.334	8,78 %	141.816	34,05 %	102.774	642.115	99,33 %	102.214	2.438
20.12.2012	7.455.695	8,71 %	135.308	31,46 %	134.404	675.632	99,57 %	100.158	2.538
21.12.2012	7.895.686	4,44 %	150.222	35,89 %	347.608	862.234	99,52 %	101.354	2.361

Abbildung 4.42 Datenbankanalyse

Neben einer Analyse auf Datenbankebene sollten Sie auch in der Lage sein, Untersuchungen auf Applikationsebene vorzunehmen. Verschiedene Werkzeuge im SAP Solution Manager-Umfeld haben wir bereits in Abschnitt 4.4.1, »Werkzeuge für die Workload-Analyse im SAP Solution Manager«, erläutert. Auf die Thread-Dump-Analyse gehen wir an dieser Stelle etwas genauer ein.

4.4.5 Verwendung der Thread-Dump-Analyse

Die Thread-Dump-Analyse hat dieselbe Funktion wie die Transaktion SM50 in einem ABAP-System. Sie wird verwendet, um eine Übersicht über alle aktuell laufenden Threads innerhalb einer JVM zu erhalten. Zu diesem Zweck wird eine Momentaufnahme, der Thread Dump erstellt, mit dem Sie den Status der Java-Thread-Aktivität analysieren können, zum Beispiel nach einem Stillstand der JVM. Zwei Beispiele für die Verwendung der Thread-Dump-Analyse sind:

- Das System antwortet nicht mehr auf Anfragen oder reagiert nur sehr langsam. In diesem Fall starten Sie eine Serie von Thread Dumps in kurzen Zeitintervallen, sodass Sie die Benutzeraktivitäten einfangen.
- Das System hängt offensichtlich und reagiert selbst nach einiger Zeit nicht mehr auf Anfragen. In diesem Fall bringen Sie das System wieder zum Beispiel durch einen Neustart der Java-Instanz zum Laufen und zeichnen die Aktivitäten bis zum erneuten Stillstand durch eine Serie von Thread Dumps mit einem größeren Zeitintervall auf. Planen Sie zum Beispiel eine Reihe von Dumps alle 15 Minuten über mehrere Tage hinweg ein.

Thread Dumps enthalten den Status für jeden Java-Thread sowie die Informationen zum gerade verarbeiten Java-Paket oder den Bezug zu anderen Threads.

Starten Sie die Applikation wie folgt:

1. Klicken Sie im Work Center URSACHENANALYSE auf den Menüpunkt SYSTEMANALYSE.
2. Markieren Sie im Bereich FEINSELEKTION das Java-System, das Sie analysieren möchten, und klicken Sie auf den Button EXPERT-LINKS.
3. Im nächsten Bildschirm wird der Link THREAD-DUMP-ANALYSE angezeigt, mit dem Sie die Thread-Dump-Analyse starten.
4. Markieren Sie nun einen oder mehrere zu analysierende Serverknoten, und lösen Sie mit einem Klick auf den Button TRIGGER THREAD DUMP einen Thread Dump aus (siehe Abbildung 4.43).

Hinweis [«]

Je nach Anwendungsfall empfiehlt es sich auch, eine Reihe von Thread Dumps auf einmal zu erstellen:

Wechseln Sie dazu in den Expertenmodus (siehe Abbildung 4.43), indem Sie auf den Button EXPERT MODE klicken. Um eine solche Reihe von Thread Dumps zu erstellen, müssen Sie nur ein Sekundenintervall und die Anzahl der Thread Dumps angeben, die Sie erstellen möchten. Anschließend klicken Sie auf den Button START NOW. Für jeden erzeugten Thread Dump erhalten Sie eine Meldung im oberen Bereich der Applikation.

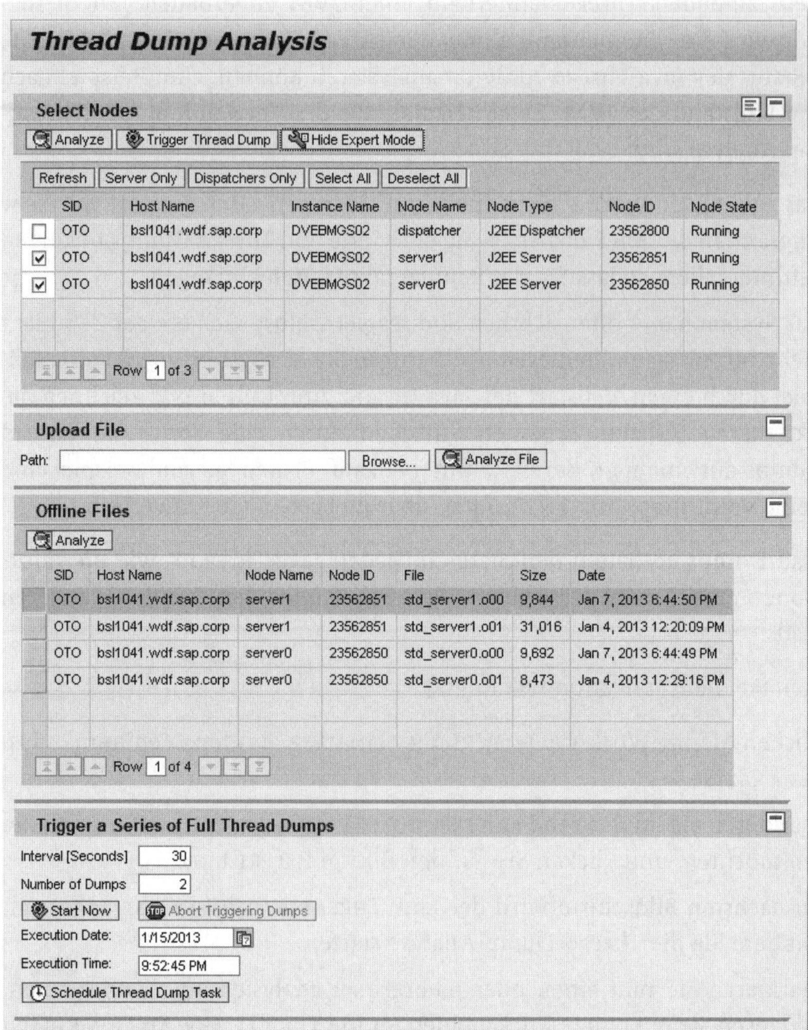

Abbildung 4.43 Thread-Dump-Analyse

5. Starten Sie die Analyse der Thread Dumps mit einem Klick auf den Button ANALYZE. Hier stehen Ihnen verschiedene Karteireiter zur Verfügung:
   - Auf dem Karteireiter OVERVIEW sehen Sie eine Zusammenfassungstabelle. Für jeden analysierten Serverknoten wird hier eine Spalte angezeigt (siehe Abbildung 4.44). Hier erhalten Sie Informationen zum Systemneustart, zur Anzahl der Thread Dumps und zur Systemlaufzeit. Wenn ein Dump einen Deadlock beinhaltet, wird dies angezeigt und mit einem roten Dreieck markiert. Sie können eine Offline-Analyse durchführen, indem Sie auf DOWNLOAD COMPLETE VM LOG klicken. Außer-

dem können Sie mit dem Button TRIGGER THREAD DUMP einen neuen Thread-Dump anstoßen.

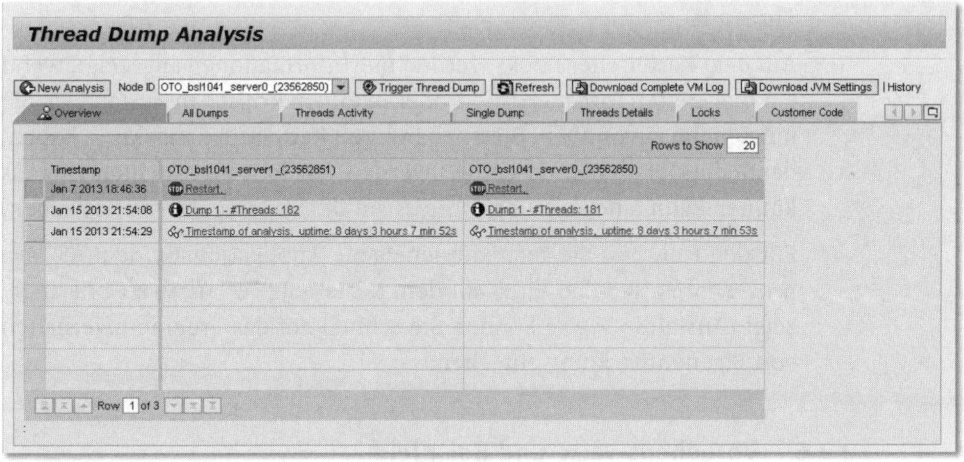

Abbildung 4.44 Übersicht der Thread-Dump-Analyse

- Der Karteireiter ALL DUMPS gibt Ihnen einen Überblick über die Lastverteilung über alle Thread Dumps hinweg. Hier sehen Sie eine Spalte pro Thread Dump, wobei die Threads gruppiert sind. In dieser Ansicht können Sie leicht Veränderungen im Thread-Status über die Thread Dumps hinweg erkennen.
- Auf dem Karteireiter TRENDS ACTIVITY werden alle Threads untereinander und auf der rechten Seite mit farbigen Status dargestellt. Falls Sie mehrere Thread Dumps analysieren, eignet sich auch diese Sicht, um die Veränderungen in den Aktivitäten zu erkennen. Kritische Threads werden mit einem roten Status  dargestellt. Für die weitere Analyse klicken Sie auf den Button im unteren Bereich mit der Bezeichnung LOCKED BY THREAD <THREADNAME>. Auf diese Weise wird automatisch der Karteireiter LOCKS sichtbar und die gesperrten Threads angezeigt.
- Auf dem Karteireiter SINGLE DUMP werden alle Details eines einzelnen Thread Dumps angezeigt, den Sie zuvor in der Übersicht oder im oberen Bereich explizit ausgewählt haben. Alle in diesem Thread Dump erfassten Threads werden mit ihrem Status in gruppierter Form abgebildet.

Hinweis [«]

In den Thread Dumps sollten Sie nach Threads mit dem Status WAITING ON MONITOR ENTRY Ausschau halten. Dieser könnte ein Hinweis sein auf eine Deadlock-Situation sein, wodurch die Applikation blockiert wird und der Endanwender keine Rückmeldung mehr auf seine Systemanfrage erhält.

- Auf dem Karteireiter THREAD DETAILS sehen Sie eine Liste mit detaillierten Informationen zu allen im Thread Dump erfassten Threads, wie zum Beispiel Status, Java-Paket, Beziehung zu anderen Threads oder die Thread-ID.
- Auf dem Karteireiter LOCKS werden nur Informationen angezeigt, wenn ein blockierter Thread existiert oder in einem kritischen Zustand ist. Sie müssen ihn zuvor über einen der anderen Karteireiter angeklickt haben, damit die Details hier dargestellt werden. Die hier dargestellten Threads können kann einen ernsten Einfluss auf die Systemperformance haben.
- Für den Fall, dass Sie auch kundeneigene Applikation auf dem AS Java prozessieren, werden diese auf dem Karteireiter CUSTOMER CODE angezeigt. Auf diese Weise können Sie schnell auf das Programmverhalten von Eigenentwicklung eingehen.

4.4.6 Vorgehensweise und Beispiele

Grundsätzlich lassen sich Performanceprobleme in systemweite und spezifische Performanceprobleme unterteilen. Bevor wir die prinzipielle Vorgehensweise zur Analyse eines Performanceproblems näher beschreiben, stellen wir Ihnen zunächst die beiden Kategorien näher vor.

Systemweites Performanceproblem

Ein solches Performanceproblem äußert sich meist darin, dass sämtliche Aktivitäten auf dem betroffenen System deutlich längere Laufzeiten zeigen, als es normalerweise der Fall ist. Betroffen sind dann nicht nur Benutzeraktivitäten, die auch als Dialogaktivitäten bezeichnet werden, sondern auch alle anderen Prozesse, wie zum Beispiel die Hintergrundverarbeitung. Somit kann bei begrenzten Hardwareressourcen eine Aktivität eine andere verlangsamen und diese wiederum eine weitere Aktivität negativ beeinflussen. Führt man diese Überlegungen weiter, könnte sich dies zu einer Kettenreaktion auf dem System entwickeln bis hin zum kompletten Systemkollaps.

Die Ursache dafür können ein oder mehrere Faktoren sein. Oft äußert sich ein solches Problem direkt nach dem Produktivstart des Systems. Das können eine Produktivsetzung nach der Systemeinführung, ein Upgrade oder andere signifikante Veränderungen hinsichtlich der Benutzerlast sein. In diesem Fall sind häufig unzureichende Hardwareressourcen die Ursache. Es ist ebenfalls denkbar, dass verschiedene Grundeinstellungen wie Speicherparameter nicht korrekt vorgenommen wurden, sodass die verfügbare Hardware nicht optimal ausgelastet wird. Um genau diesen Problemen vorzubeugen, stellt SAP diverse Going-Live-Check-Services und damit in Zusammenhang stehende Standardempfehlungen für die Systemkonfiguration zur Verfügung. Weitere Informationen finden Sie im SAP Service Marketplace unter *http://service.sap.com/supportofferings*.

Spezifisches Performanceproblem

Ein spezifisches Performanceproblem kann vielfältige Formen annehmen:

- Benutzer oder Benutzergruppe haben ein Performanceproblem.
- Einzelne Transaktionen oder Programme zeigen eine schlechte Performance.
- Ein bestimmter Workprozess-Typ wie Dialog, Hintergrund oder Update weist lange Laufzeiten auf.

So vielfältig wie das Problem kann auch die Ursache eines spezifischen Performanceproblems sein. Meist jedoch steht die Ursache im direkten Zusammenhang mit der Situation selbst. So sollten Sie zu Beginn der Analyse die direkte Situation aus verschiedenen Blickwinkeln betrachten. Am besten ist es sogar, sich das Problem vorführen zu lassen, sodass es für Sie vollständig reproduzierbar ist. Meist zeigen sich schon währenddessen oder bei einem ersten Blick in den jeweiligen Systemmonitor mögliche Ursachen.

Prinzipielles Vorgehen

Ausgehend vom systemweiten Performanceproblem, erklären wir Ihnen beispielhaft, wie Sie in der Workload-Analyse vorgehen können. Die nachfolgende Beschreibung ist grob skizziert, um Ihnen ein Verständnis für die Workload-Analyse zu vermitteln. Die eigentliche Verwendung der Werkzeuge wurde bereits in den vorangegangenen Abschnitten genauer beschrieben.

1. Um ein generelles Performanceproblem zu identifizieren, beginnen Sie für gewöhnlich mit der End-to-End-Workload-Analyse. Mit dieser betrachten Sie die Antwortzeiten der in der Systemlandschaft befindlichen Komponenten und versuchen, anhand verschiedener KPI das Problem einzugrenzen. Achten Sie hierbei darauf, ob Abhängigkeiten zwischen einzelnen Komponenten bestehen und ob Komponenten sich parallel verhalten.
2. Sobald Sie in der Übersicht der End-to-End-Workload-Analyse die problematische Landschaftskomponente identifiziert haben – zum Beispiel die

Komponente mit der größten Last –, können Sie mit der komponentenspezifischen Analyse fortfahren. Dazu verwenden Sie die jeweilige Sicht in der End-to-End-Workload-Analyse und untersuchen die verschiedenen KPI für die SAP-Basis und die Applikation des technischen Systems. Abhängig von der Technologie, betrachten Sie alle möglichen Bereiche, wie Hardwareauslastung, Speicherverbrauch, Laufzeiten von Systemaktivitäten, und suchen nach Auffälligkeiten. Mit den gewonnenen Erkenntnissen sollte es nun möglich sein, auf potenzielle Ursachen zu schließen und das Problem weiter einzugrenzen. Daraus leiten Sie ab, welches Werkzeug Sie als nächstes zur Analyse oder zur finalen Bestätigung der Problemursache hinzuziehen.

3. In diesem Schritt konzentrieren Sie sich primär auf die Applikationsebene, das heißt alle Programmaktivitäten oberhalb der Datenbank. Dabei unterscheiden Sie zwischen den Technologiearten ABAP, Java etc. und wechseln abhängig davon direkt in das verwaltete System bzw. öffnen das benötigte Expertenwerkzeug in der SAP Solution Manager-Landschaft.

   - In einem ABAP-System finden Sie nahezu alle notwendigen Werkzeuge auf dem System wieder. Die wichtigsten Monitore hierfür sind der ABAP-Workload-Monitor (Transaktion ST03N) sowie weiterführende Hilfsmittel wie die Monitore für SAP-Puffer (Transaktion ST02), das Betriebssystem (Transaktion ST06) oder die Workprozesse (Transaktionen SM50 und SM66).

     Beginnen Sie mit der Auswertung der Antwortzeiten mithilfe der verschiedenen Sichten in Transaktion ST03N. Daraus leiten Sie ab, ob es sich tendenziell um einen Hardwareengpass, ein SAP-Pufferproblem oder ein anderweitiges Problem handelt. Im Anschluss ziehen Sie einen der anderen Monitore hinzu, um Ihren Verdacht mit Beweisen zu belegen. Da dieses Buch vorrangig auf die Werkzeuge innerhalb der SAP Solution Manager-Landschaft ausgerichtet ist, würde eine detaillierte Beschreibung der ABAP-Werkzeuge den Umfang überschreiten. Daher verweisen wir an dieser Stelle für weitere Details auf das Buch *SAP-Performanceoptimierung* von Thomas Schneider, das ebenfalls bei SAP PRESS (2010) erschienen ist.

   - Der Java-Stack eines SAP NetWeaver-Systems beinhaltet von Haus aus leider keine so umfangreichen Analysewerkzeuge wie der ABAP-Stack. Deshalb verwenden Sie für ein Java-System am besten Werkzeuge rund um den SAP Solution Manager. Eines der wichtigsten Werkzeuge ist Introscope. Damit verschaffen Sie sich mithilfe zahlreicher Dashboards und Metriken einen Überblick über die generelle Performance des Java-Stacks. Introscope zeigt neben verschiedenen Antwortzeiten auch Metriken über Speicherverhalten bzw. Auslastung der JVM an. Gerade auch die integrierten Introscope-Dashboards wurden für diesen Zweck von SAP bereitgestellt und geben einen Überblick über die aktuelle Speichersituation der JVM. Häufig ist gerade dieser Bereich verantwortlich für langlaufende Benutzeranfragen. Einen tieferen Einblick in die Speicheranalyse einer JVM erhalten Sie im Abschnitt »JVM-Speicheranalyse« im Anschluss an diesen Abschnitt. Im Fall solcher Langläufer wird auch oft die Thread-Dump-Analyse hinzugezogen, um beispielsweise Deadlock-Situationen oder blockierte Threads zu erkennen, die ebenfalls eine Ursache sein können (siehe Abschnitt 4.4.5). Die Thread-Dump-Analyse bietet Ihnen zahlreiche Sichten und Funktionen.

4. Stellt sich bei der Betrachtung der Antwortzeiten (der Landschaft, bestimmter Technologien oder einzelner Applikationen) heraus, dass die Datenbankzeit den größten Anteil der Antwortzeit ausmacht, sollten Sie sich auch die verfügbaren Datenbankwerkzeuge anschauen:
   - Verhältnismäßig unabhängig vom Typ der Datenbank ist die Datenbankanalyse (siehe Abschnitt 4.4.4, »Verwendung der Datenbankanalyse«). Mit ihrer Hilfe verschaffen Sie sich schnell einen statistischen Überblick über das gesamte Datenbankverhalten. Prüfen Sie besonders die Systemlast, das Log-Verhalten, die Größe, den Füllgrad sowie das Datenbankwachstum. Auch die Qualität der Datenbankpuffer kann ein Indiz für zeitintensive Datenbankabfragen liefern, wenn zum Beispiel SQL-Statements zu einer erhöhten Datenbanklast führen.
   - Wenn Sie tiefer im Bereich der Datenbank analysieren möchten, weil Sie Auffälligkeiten gefunden oder einen konkreten Verdacht haben, sollten Sie das DBA Cockpit verwenden. An dieser Stelle kann es notwendig werden, dass Sie einen Datenbankexperten bei der Analyse hinzuziehen, da die Analyse im Detail sehr unterschiedlich ausfallen kann. Das ist abhängig von der Art der Datenbank. Auch zum Vorgehen bei der Datenbankanalyse finden Sie nähere Informationen im bereits erwähnten Buch *SAP-Performanceoptimierung* von Thomas Schneider, das ebenfalls bei SAP PRESS (2010) erschienen ist.

5. Natürlich liegt unterhalb der Datenbank sowie der Applikationsinstanz ein Server mit den jeweiligen Hardwareressourcen. Auch hier kann die Ursache für schlechte Antwortzeiten zu finden sein, beispielsweise wenn die CPU-Ressourcen des Servers vollständig erschöpft sind. Deshalb sollten Sie sich auch immer einen Überblick über die Hardwareressourcen und ihre Auslastung innerhalb der Systemlandschaft verschaffen. Das setzt natürlich voraus, dass Sie Kenntnis über die vorhandenen Server und die

darauf befindlichen Systeme und Datenbanken haben oder zumindest in der Lage sind, sich diese Informationen zu beschaffen.

Die Host-Analyse im Work Center URSACHENANALYSE bietet Ihnen einen schnellen Überblick über die verfügbaren Server. Überprüfen Sie dort innerhalb des betrachteten Zeitraums die CPU-Auslastung, die Paging-Aktivitäten sowie die Auslastung des Dateisystems. Berücksichtigen Sie dabei, dass hohes Betriebssystem-Paging (abhängig vom Betriebssystemtyp) eine hohe CPU-Last und somit schlechte Performance verursachen kann. Die Auslastung der Netzwerkanbindung für den Host kann ebenfalls mithilfe der Host-Analyse betrachtet werden.

Um ein spezifisches Performanceproblem zu untersuchen, wenden Sie normalerweise gleich die Trace-Analyse an (siehe Abschnitt 4.5). Wir raten Ihnen jedoch, auch die Monitore der Workload-Analyse in Ihre Analyse mit einzubeziehen, um sich nützliche Informationen zu Antwortzeiten der Benutzer- und Hintergrundaktivitäten oder auch einzelner Transaktionen nicht entgehen zu lassen.

Wie bereits angedeutet, gehen wir nun kurz auf die JVM-Speicheranalyse ein, die Teil der komponentenspezifischen Performanceanalyse ist.

JVM-Speicheranalyse

Speicherprobleme in einem Serverknoten des Java-Clusters sind eine mögliche Ursache für langlaufende Benutzeranfragen für Webapplikationen. Oftmals werden diese durch Applikationsfehler verursacht. Die folgenden drei Monitore unterstützen Sie bei der Analyse:

- **End-to-End-Workload-Analyse**
  Eine erste Speicheranalyse für eine JVM können Sie bereits mit der End-to-End-Workload-Analyse realisieren. Neben Monitoren mit verschiedenen Antwortzeiten finden Sie dort auch wertvolle KPI zur JVM-Speicherverwaltung unter dem Link JAVA-SPEICHERNUTZUNG (siehe Abbildung 4.45). Hier finden Sie die wichtigsten KPI für das Speicherverhalten eines Serverknotens, die Ihnen bereits viel über das Verhalten der JVM verraten.

  Eine tiefere Analyse führen Sie mithilfe von Introscope durch (siehe Abschnitt 4.2.3). Im Idealfall ist das Problem noch aktuell, und Sie können es live im Introscope WebView oder der Introscope Workstation beobachten.
- **Console-Modus**
  Nutzen Sie den Console-Modus, und öffnen Sie das Dashboard J2EE GC OVERVIEW. Hier werden Ihnen die wichtigsten KPI der JVM-Speicherver-

waltung nochmals angezeigt, wobei die Sicht im Vergleich zur End-to-End-Workload-Analyse bereits detaillierter ist.

- **Investigator-Modus**
  Einen noch genaueren Überblick über die KPI erhalten Sie mithilfe des Investigator-Modus. Dort navigieren Sie in der Baumstruktur über den jeweiligen Host und den zuständigen Introscope Host Adapter zum betroffenen Serverknoten. Hier finden Sie einen Bereich GC HEAP, worunter sämtliche KPI analysiert werden können.

Die Erklärung und die Interpretation aller möglichen KPI in der JVM-Speicherverwaltung würden hier zu weit führen. Daher gehen wir nur auf die wichtigsten ein. Mögliche Engpasssituationen in der JVM-Speicherverwaltung erkennen Sie daran, dass die GC TIME (benötigte Zeit für Garbage Collections in einem bestimmten Zeitraum) oder die FULLGC FRACTION (Anteil der Full Garbage Collections verglichen mit allen Garbage Collections im betrachteten Zeitraum) über einen längeren Zeitraum zu hoch sind. Normalerweise liegen die Werte für beide KPI konstant unter 5 %. Achten Sie bei der Untersuchung aber darauf, dass Sie verschiedene Zeiträume betrachten und sich nicht nur auf einen identifizierten Höchstwert berufen.

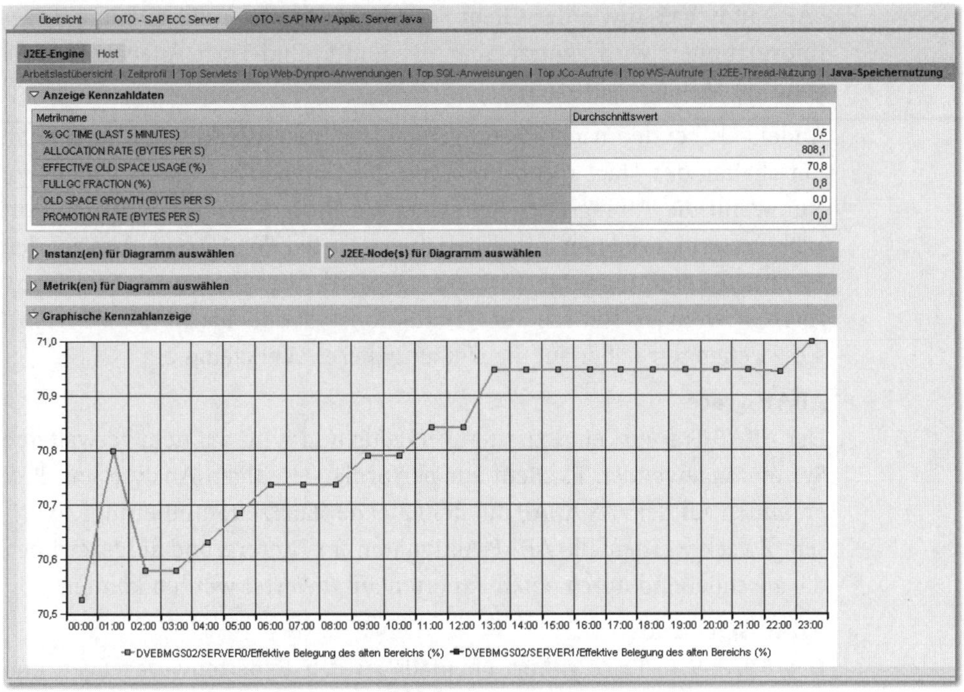

Abbildung 4.45 Workload-Analyse – Java-Speichernutzung

4.5 End-to-End-Methodik: Trace-Analyse

Mit der Trace-Analyse können Sie ein spezifisches Performanceproblem untersuchen. Wir bereits in Abschnitt 4.4.6 unter »Spezifisches Performanceproblem« erwähnt, kann sich ein solches Performanceproblem auf unterschiedliche Art und Weise äußern.

Mithilfe der Trace-Analyse können Sie einem solchen Problem nicht nur auf einem einzelnen AS ABAP oder AS Java nachgehen, sondern haben die Möglichkeit, von den Aktionen der Endanwender im Browser oder SAP GUI bis hin zu Daten, die auf der Datenbank geschrieben werden, die gesamte Situationen zu analysieren.

4.5.1 Werkzeuge für die Trace-Analyse im SAP Solution Manager

Folgende Werkzeuge sind in diesem Bereich verfügbar:

- **End-to-End-Trace-Analyse**
  Mit diesem Werkzeug ermitteln Sie, wie sich die gesamte Laufzeit einer Benutzertransaktion über alle Landschaftskomponenten hinweg aufteilt. Für die Auswertung werden Performancedaten von allen Systemen der SAP-Landschaft sowie der Client-Seite benötigt. Die Aufzeichnung dieser Informationen wird zentral über die End-to-End-Trace-Analyse im SAP Solution Manager gesteuert.

  Anders als bei den nachfolgend genannten Trace-Werkzeugen wird beim Einschalten des Trace nicht direkt mit der Datenaufzeichnung begonnen. Nur wenn die Abfrage des Benutzers ein System erreicht, werden dort auch Performancedaten mitgeschrieben. Das hat den Vorteil, dass auf den Systemen keine unnötige Last erzeugt wird, was die End-to-End-Trace-Analyse weniger kritisch für Produktionssysteme macht. In Abschnitt 4.5.2 gehen wir näher auf die Nutzung dieses Werkzeugs ein.
- **ABAP-Trace**
  Der ABAP-Trace ist ein Expertenwerkzeug und wird auf dem verwalteten System angewendet. Es dient zur performanceseitigen Analyse von Programmen auf dem AS ABAP mit dem Ziel der Laufzeitoptimierung. Zu diesem Zweck werden alle ABAP-Aktivitäten im Hintergrund aufgezeichnet, die anschließend durch einen Experten ausgewertet werden können.
- **ABAP-SQL-Trace**
  Der ABAP-SQL-Trace gehört ebenfalls zu den Expertenwerkzeugen und befindet sich auf dem verwalteten System. Mit Unterstützung dieses

Werkzeugs können Sie langlaufende Datenbankaktivitäten zur Laufzeit eines Programms identifizieren und mögliche Lösungsansätze für eine Optimierung finden. Dazu werden die an die Datenbank geschickten SQL-Abfragen mitgeschrieben und für eine Performanceanalyse entsprechend aufbereitet.

- **Introscope Transaction Trace**
  Der Introscope Transaction Trace ist ein Werkzeug zum Erkennen von Applikationsproblemen in der Java-Infrastruktur. Es zeichnet Performancedaten auf und stellt anschließend die Java-Programmabschnitte in ihrer Reihenfolge zeitlich dar. So können Sie langlaufende Programmteile schneller identifizieren und weitere Schritte zur Performanceoptimierung zielgerichtet einleiten.

4.5.2 Verwendung der End-to-End-Trace-Analyse

Im Folgenden zeigen wir Ihnen, wie Sie die End-to-End-Trace-Analyse verwenden. Wir gehen dabei davon aus, dass Sie nicht genau wissen, auf welche Systeme die Benutzertransaktion zugreift, die Sie analysieren möchten. So könnte es beispielsweise der Fall sein, dass ein Endanwender eine Anfrage an ein SAP-System schickt, das wiederum mit anderen SAP-Systemen im Hintergrund kommuniziert.

Vorbereitung des Trace

Für die Aufzeichnung der Aktivitäten auf dem Endwanwender-PC wird ein so genanntes Plug-in benötigt. Dieses Plug-in versieht die Benutzeranfrage, die Sie untersuchen möchten, mit einer so genannten *Korrelationskennung*. Die Kennung ist über die gesamte Laufzeit mit der Anfrage fest verknüpft, sodass die gerufenen Systeme wissen, dass für diese Abfrage auch Performancedaten mitgeschrieben werden müssen. Später kann die End-to-End-Trace-Analyse die verteilten Traces mithilfe der Korrelationskennung für die Auswertung der Benutzeranfrage wieder sinnvoll zusammenführen.

Wir unterscheiden zwischen zwei verschiedenen Plug-ins:

- `/SDF/E2E_TRACE` ist ein Programm auf dem verwalteten ABAP-System für Benutzeranfragen über SAP GUI. Der Report wird über die Softwarekomponente ST-PI ausgeliefert und steht umgehend zur Nutzung auf dem verwalteten System bereit. Zur Verwendung des Programms sind keine größeren Vorbereitungen erforderlich. Es genügt, wenn der ausführende Benutzer die notwendigen Berechtigungen hat.

- Das *SAP Client Plug-In* ist eine Applikation, die auf dem Endanwender-PC lokal gestartet wird und den Webbrowser für die Aufzeichnung der Benutzeraktivitäten verwendet. Mit diesem Plug-in können Sie Webapplikationen analysieren, die auf Web Dynpro ABAP oder Java bzw. Business Server Pages basieren.

  Anders als das Plug-in für das SAP GUI steht dieses Plug-in gewöhnlich noch nicht auf dem Endanwender-PC bereit. Laden Sie es über den SAP-Hinweis 1435190 oder direkt in der End-to-End-Trace-Analyse über den Karteireiter OPTIONS herunter und stellen es dem Endanwender zur Verfügung.

Aktivieren Sie die Datensammlung auf allen infrage kommenden Systemen, in denen die Benutzeranfrage verarbeitet wird. Setzen Sie zu diesem Zweck die End-to-End-Trace-Analyse ein:

1. Klicken Sie im Work Center URSACHENANALYSE auf den Menüpunkt END-TO-END-ANALYSE.
2. Wählen Sie im Bereich FEINSELEKTION alle betrachteten Systeme der SAP-Landschaft aus, und starten Sie das Werkzeug mit einem Klick auf den Button TRACE-ANALYSE.
3. Es öffnet sich ein neues Fenster, in dem Sie zum zweiten Karteireiter TRACE ENABLING wechseln.
4. Die ausgewählten Systeme werden zeilenweise dargestellt und in zwei Spalten unterteilt: ABAP und Java. Sie könnten für jedes einzelne technische System den Trace aktivieren. Da wir jedoch vorher in der FEINSELEKTION eine Auswahl getroffen haben, können Sie den Trace für alle Systeme aktivieren, indem Sie auf den Button ENABLE ALL klicken. Die verwalteten Systeme sind in Trace-Bereitschaft versetzt. Falls Sie später vergessen sollten, den Trace zu deaktivieren, wird dieser standardmäßig nach 180 Minuten automatisch deaktiviert.

Durchführung des Trace

Im nächsten Schritt führt der Benutzer die Aktivitäten im System aus, die untersucht werden sollen. Im Idealfall führt der Benutzer den Systemaufruf zweimal hintereinander völlig identisch aus. Der erste Lauf dient dem Füllen verschiedener Puffer auf der Datenbank und den Applikationsservern. Die zweite Ausführung wird aufgezeichnet, indem der Benutzer die Datensammlung über das Plug-in startet.

Im Folgenden erklären wir Ihnen die Handhabung mithilfe des SAP Client Plug-Ins für webbasierte Anwendungen. Den Report `/SDF/E2E_TRACE` für SAP GUI-Abfragen verwenden Sie analog:

1. Schließen Sie auf dem Endanwender-PC alle Webbrowser-Fenster.
2. Starten Sie das SAP Client Plug-In mithilfe der *.exe*-Datei, die Sie zuvor heruntergeladen haben. Das Plug-in entpackt zunächst einige Dateien und öffnet dann das Hauptfenster (siehe Abbildung 4.46). Wählen Sie im Feld APPLICATION den MICROSOFT INTERNET EXPLORER aus, und klicken Sie auf den Button LAUNCH.

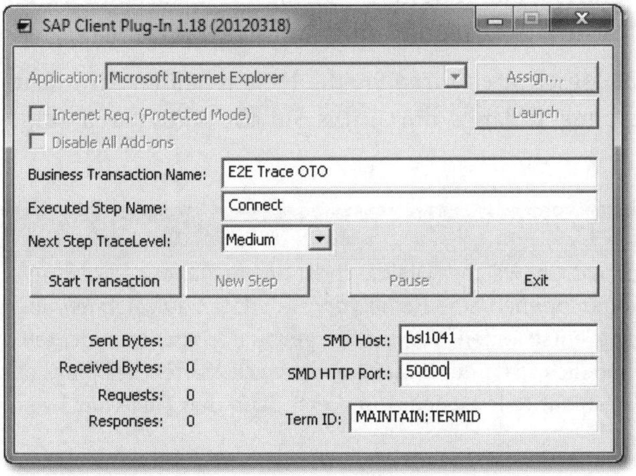

Abbildung 4.46 SAP Client Plug-In – Hauptfenster

3. Geben Sie im Plug-in-Fenster unter BUSINESS TRANSACTION NAME den Namen für Ihre Aufzeichnung ein, um sie später in der End-to-End-Trace-Analyse wiedererkennen zu können. Füllen Sie zudem im unteren rechten Bereich auch die Verbindungsdaten für den Java-Teil des SAP Solution Managers aus.
4. Klicken Sie auf den Button START TRANSACTION, wodurch das Plug-in für die Aufzeichnung bereit ist.
5. Im Feld EXECUTED STEP NAME sehen Sie als Vorgabe den Namen STEP-1. Ändern Sie diesen ab, wenn Sie dem ersten ausgeführten Dialogschritt einen anderen Namen geben möchten. In Abbildung 4.47 haben wir uns für die Bezeichnung CONNECT entschieden.
6. Öffnen Sie den Microsoft Internet Explorer, und führen Sie die gewünschte URL oder Aktivität aus. Im Plug-in-Fenster können Sie an den Zahlenwerten in den Feldern SENT BYTES und RECEIVED BYTES erkennen, dass durch das Plug-in auf dem Endanwender-PC Daten eingesammelt werden. Gleichzeitig werden auf der Serverseite auf allen beteiligten Systemen der SAP-Landschaft Trace-Daten aufgezeichnet.

7. Nachdem sich die aufgerufene Webseite vollständig im Webbrowser aufgebaut hat, ist der erste Dialogschritt abgeschlossen.
8. Klicken Sie im Plug-in-Fenster auf den Button NEW STEP. Daraufhin wird im Feld EXECUTED STEP NAME ein neuer Name STEP-X vorgeschlagen. Sie können wiederum einen eigenen Namen für den folgenden Schritt in das Feld eingeben.
9. Führen Sie im Webbrowser einen weiteren Dialogschritt aus, und warten Sie, bis sich der Bildschirm vollständig aufgebaut hat.
10. Für alle weiteren Dialogschritte führen Sie die letzten beiden Anweisungen dieser Beschreibung so lange durch, bis Sie alle Aktivitäten aufgezeichnet haben.

[»]

Hinweis

Falls Sie noch nicht genau wissen, welcher Dialogschritt des Anwenders problematisch ist, können Sie wie beschrieben eine Reihe von Aktivitäten aufzeichnen und zu Beginn der Auswertung entscheiden, worauf Sie genauer eingehen möchten. Anderenfalls ist es auch möglich, dass der Endanwender nach Starten des Plug-ins im Webbrowser bis zur Problemstelle navigiert und erst dann den Trace mit START TRANSACTION startet.

11. Nachdem alle relevanten Dialogschritte aufgezeichnet wurden, kann der Benutzer mit STOP TRANSACTION die Aufzeichnung auf dem Endanwender-PC stoppen.

Wenn die Verbindung vom Endanwender zum SAP Solution Manager korrekt funktioniert, überträgt das Plug-in anschließend die Trace-Daten des Clients an den SAP Solution Manager. Falls Sie hierbei eine Fehlermeldung erhalten, können Sie diese noch von Hand in der End-to-End-Trace-Analyse hochladen. Dies ist in der End-to-End-Trace-Analyse des SAP Solution Managers im Bereich MANUAL UPLOAD möglich (siehe Abbildung 4.47).

Nachbereitung des Trace

Der Endbenutzer hat seine Aufgabe erfüllt. Im nächsten Schritt muss der Trace nun nachbereitet werden:

1. Zuerst werden die Trace-Informationen aus der Landschaft eingesammelt. Starten Sie dafür wieder die END-TO-END-TRACE-ANALYSE im Work Center URSACHENANALYSE. Falls der Karteireiter TRACE ANALYSIS nicht bereits ausgewählt ist, wählen Sie ihn aus. In der Liste im Bereich BUSINESS TRANSACTIONS sehen Sie alle bisher durchgeführten End-to-End-Traces. Ganz oben mit dem

neuesten Zeitstempel in der Spalte DATE/TIME sollte auch Ihr soeben durchgeführter Trace mit einem grauen Status in der Spalte STATE zu sehen sein (siehe Abbildung 4.47). Sollte dies nicht der Fall sein, laden Sie die Datei `BusinessTransaction.xml` im Plug-in-Verzeichnis des Endanwender-PCs im Bereich MANUAL UPLOAD der End-to-End-Trace-Analyse hoch.

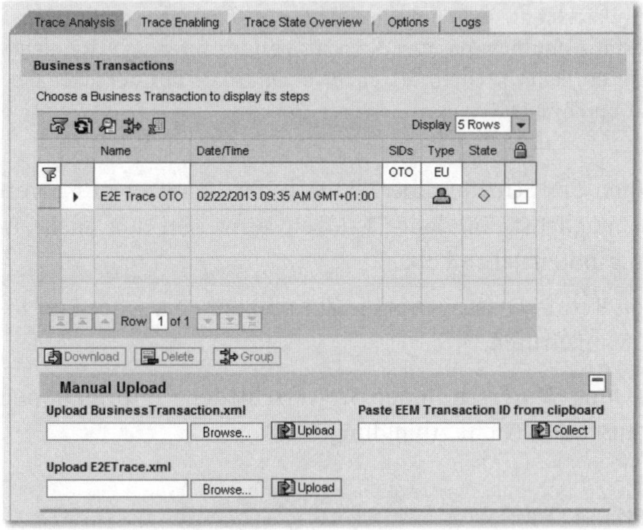

Abbildung 4.47 End-to-End-Trace-Analyse

2. Markieren Sie die Zeile, und Sie werden umgehend gefragt, ob Sie die Datensammlung von den beteiligten Landschaftskomponenten beginnen möchten.
3. Bestätigen Sie dies mit einem Klick auf den Button YES. Anschließend sehen Sie, wie nacheinander die einzelnen Traces innerhalb der Systemlandschaft eingesammelt werden. Warten Sie, bis die Liste mit den Traces erscheint. Wurden alle Daten korrekt gesammelt, wird für Ihren Trace anschließend ein grüner Status in der Spalte STATE für die korrekte Datensammlung zu sehen sein.
4. Nachdem die Daten zentral verfügbar sind, stoppen Sie die Trace-Bereitschaft der Server. Klicken Sie dazu auf dem Karteireiter TRACE ENABLING auf den Button DISABLE ALL.

Auswertung des Trace

1. Auf dem Karteireiter TRACE ANALYSIS markieren Sie die zu analysierende Aufzeichnung. Unterhalb im Bereich TRANSACTION STEPS finden Sie alle

gerade aufgezeichneten Dialogschritte mit Zeitstempel und deren Laufzeit (siehe Spalte DURATION). Hier können Sie nachvollziehen, welche Schritte eine längere Laufzeit hatten.

[»] **Hinweis**

Falls der Benutzer bei der Aufzeichnung nicht zwischen jedem Dialogschritt den Button NEW STEP angeklickt hat, werden alle Schritte in einem angezeigt. Dies erschwert die Auswertung deutlich, da man die nicht performanten Schritte nicht mehr einzeln herausfiltern kann. Achten Sie daher darauf, dass der Benutzer die Aufzeichnung korrekt durchführt.

2. Markieren Sie einen der Schritte, über die sich der Benutzer beschwert hat. Dieser sollte möglichst eine lange Laufzeit aufweisen, um auch ein hohes Optimierungspotenzial zu haben.
3. Klicken Sie auf den Button DISPLAY, um die Zusammenfassung der End-to-End-Trace-Analyse aufzurufen.

In der Zusammenfassung des Trace finden Sie verschiedene Informationen über die Benutzertransaktion (siehe Abbildung 4.48).

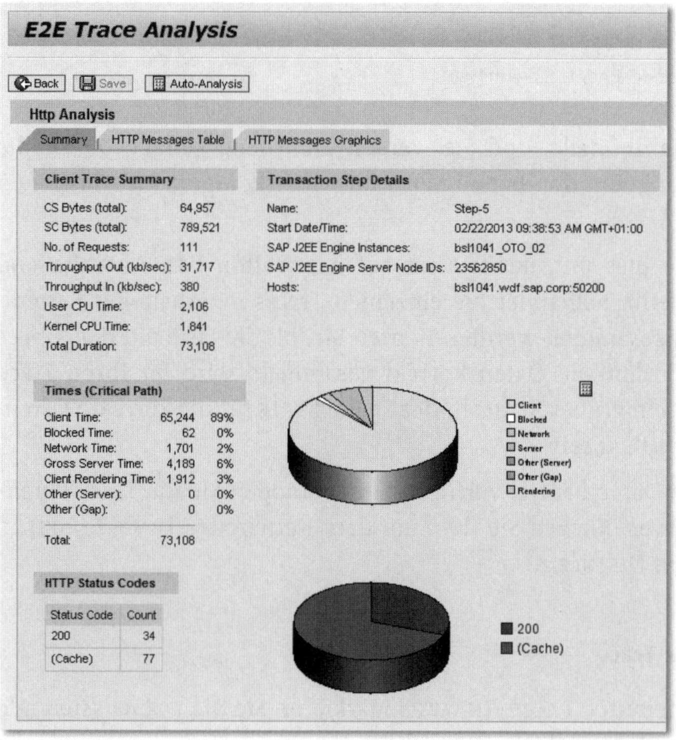

Abbildung 4.48 End-to-End-Trace-Analyse – Zusammenfassung

- **Client Trace Summary**
  In diesem Bereich werden alle notwendigen Client-Informationen zusammengefasst, die während der Aufzeichnung des Dialogschritts erkannt wurden.
- **Transaction Step Details**
  In diesem Bereich sehen Sie die technischen Informationen für die aufgezeichnete Transaktion, die für die Trace-Analyse nützlich sein können.
- **Times (Critical Path)**
  Die gesamte Antwortzeit eines Dialogschritts unterteilt sich in verschiedene Zeitkomponenten. Dabei wird jeweils immer der kritische Pfad auf einer Komponente betrachtet. Die Übersicht zeigt Ihnen, wie viel Zeit auf den einzelnen Komponenten verbraucht wurde. Ein Tortendiagramm auf der rechten Seite visualisiert die Zeitverteilung.
- **HTTP Status Codes**
  Eine HTTP-Anfrage setzt sich aus vielen Unteranfragen zusammen. Dieser Bereich zeigt Ihnen alle HTTP-Meldungsarten (zum Beispiel FEHLER 404) für den betrachteten Schritt, die an den Endanwender-PC zurückgeliefert wurden. Auch hierfür sehen Sie eine visuelle Darstellung auf der rechten Seite.

Mit dem Tortendiagramm unter TIMES (CRITICAL PATH) erfassen Sie recht schnell, welche Komponente die meiste Zeit verbraucht hat:

- Im Beispiel der Spielzeug AG (siehe Abbildung 4.48) wurde die meiste Zeit auf dem Client (CLIENT TIME) verbraucht. In diesem Fall würden Sie weitere Schritte zur Analyse und Optimierung des Endanwender-PCs einleiten. BMC AppSight ist für diesen Zweck ein geeignetes Werkzeug, das jedoch in diesem Buch nicht detaillierter beschrieben wird. Es handelt sich dabei um ein kostenloses Werkzeug, das über die Lizenz des SAP Solution Managers für die Analyse von SAP-Transaktionen verwendet werden darf.
- Im Fall von netzwerkbezogenen Problemen empfehlen wir, eine Netzwerkanalyse durchzuführen (zum Beispiel mithilfe des Werkzeugs NIPING). Hierauf wird an dieser Stelle jedoch nicht näher eingegangen.

Im Folgenden nehmen wir an, dass nicht die Client-Komponente, sondern die Verarbeitung auf dem Server den größten Teil der gesamten Antwortzeit ausmacht. Klicken Sie auf den Button AUTO-ANALYSIS, oder nehmen Sie die Analyse manuell vor.

Wechseln Sie dazu auf den Karteireiter HTTP Messages Table. Klicken Sie oberhalb der Tabelle auf den Button Hide cached. In der Tabelle werden alle einzelnen Unteranfragen des Browsers angezeigt, die zu dem betrachteten Dialogschritt gehören.

In der Spalte sRT (für Serverantwortzeit) sehen Sie, wie viel Zeit eine Unteranfrage an den Server beansprucht hat. Hier selektieren Sie die am längsten laufende Anfrage. Unterhalb im Bereich Server Analysis wird daraufhin automatisch eine Zeile im Anfragebaum (Request Tree) markiert. In dieser Ansicht sehen Sie in der Spalte System, auf welchem technischen System der SAP-Landschaft dieser Teilschritt verarbeitet wurde. Weiter links in der Spalte Type sehen Sie, ob es sich um eine Verarbeitung auf einem AS ABAP oder AS Java handelt. Im darunterliegenden Bereich Distributed Statistics Record erhalten Sie zusätzliche Details zu dem gerade ausgewählten Schritt.

Dies ist der höchste Detailgrad, den Sie mit einer End-to-End-Trace-Analyse erreichen können. Wenn für einzelne Unteranfragen eine Serverantwortzeit von mehr als 1.000 ms (1 Sekunde) angezeigt wird, können Sie für die weitere Analyse andere Werkzeuge hinzuziehen.

Weitere Analyse mit Expertenwerkzeugen

Für eine weitere Analyse sind im zuletzt beschriebenen Bildschirmabschnitt Server Analysis die dafür notwendigen Expertenwerkzeuge verlinkt:

- Introscope Transaction Trace: Analyse der Java-Applikation
- J2EE SQL Trace: Analyse von Datenbankabfragen im AS Java
- ABAP Trace: Analyse der ABAP-Applikation
- ABAP SQL Trace: Analyse von Datenbankabfragen im AS ABAP

In der Tabelle Request Tree sehen Sie auf der rechten Seite für manche Schritte die Icons  und . Wenn Sie mit dem Mauszeiger über ein Icon fahren, zeigt Ihnen der Tooltip, in welche von den genannten Applikationen Sie springen können. Hinter den Links verbirgt sich jedes Mal eine Zusammenfassung der jeweiligen Trace-Daten. In jeder dieser Zusammenfassungen auf dem Karteireiter Details finden Sie einen Link. Mit diesem gelangen Sie in das eigentliche Expertenwerkzeug, das Ihnen die Daten zu diesem End-to-End-Trace darstellt.

Im Folgenden stellen wir Ihnen die Detailanalyse am Beispiel des Introscope Transaction Trace näher vor. Auf die anderen Expertenwerkzeuge wird an dieser Stelle nicht näher eingegangen. Im Buch *SAP-Performanceoptimierung* von Thomas Schneider finden Sie ausführliche Informationen, wie Sie die Trace-Werkzeuge bedienen und Auswertungen erstellen.

4.5.3 Bedienung des Introscope Transaction Trace

In diesem Abschnitt erklären wir Ihnen die Detailanalyse für Java-Applikationen. Anders als die sonstigen Trace-Werkzeuge für Experten wird diese Applikation außerhalb des verwalteten Systems im Introscope Enterprise Manager bereitgestellt. Sie können die Aufzeichnung entweder selbst starten oder die Aufzeichnung der End-to-End-Trace-Analyse verwenden:

- Falls Sie den Java-Trace manuell durchgeführt haben, öffnen Sie die Auswertung, indem Sie den Introscope Transaction Trace starten. Öffnen Sie über WORKSTATION • QUERY HISTORICAL EVENTS Ihren kürzlich erstellten Trace.
- Falls Sie die End-to-End-Trace-Analyse verwendet haben und von dort in den Introscope Transaction Trace abgesprungen sind, wird die Aufzeichnung automatisch geöffnet.

Der Introscope Transaction Trace zeigt im oberen Teil des Fensters den oder die existierenden Traces an. Die Details des ausgewählten Trace sehen Sie im unteren Teil des Fensters, das in verschiedene Karteireiter unterteilt ist:

- SUMMARY VIEW: Auf diesem Karteireiter sind Java-interne Programmaufrufe aller Hierarchien aufgelistet. Dabei werden Ihnen die Anzahl der Aufrufe, die aggregierte Laufzeit dieser Aufrufe sowie die kleinste, größte und durchschnittliche Zeit dieser Aufrufe angezeigt. Oberhalb der Tabelle werden Ihnen Informationen über den aufgezeichneten Benutzeraufruf im Java-Stack angezeigt.
- TRACE VIEW: Hier werden alle internen Schritte der Verarbeitung grafisch in ihrer Relation und in einer Zeitleiste dargestellt. Sie können also anhand eines durchgehend längeren Balkens im Diagramm schnell sehen, welche Komponente viel Zeit verbraucht hat.
- TREE VIEW: In dieser hierarchischen Anordnung sehen Sie in einer Baumstruktur alle Unterelemente in ihren Zusammenhängen. Sie können durch Aufklappen der einzelnen Knoten gezielt nach großen Zeitanteilen suchen, indem Sie sich dabei auf die rot und gelb bewerteten Elemente konzentrieren.
- PLAIN TABLE VIEW: Auf diesem Karteireiter werden Ihnen alle Unteraufrufe im Java-Stack in einer flachen Auflistung dargestellt. Neben der Hierarchieebene können Sie auch Brutto (engl. GROSS) und Nettozeit (engl. NET) entnehmen.

Konzentrieren Sie sich wie bei anderen Trace-Analysen immer auf die größten Zeitanteile der Aufzeichnung. Suchen Sie nach einer hohen Nettozeit. Diese Aufrufe beinhalten keine weiteren Unteraufrufe und haben damit das größte Potenzial für die zeitliche Optimierung. Bestimmen Sie während der Untersuchung im Introscope Transaction Trace auch, welches Java-Paket die langen Laufzeiten verursacht. Anschließend geben Sie die Analyseergebnisse an die verantwortliche Entwicklung weiter.

4.5.4 Vorgehensweise und Beispiele

Für eine Trace-Analyse sollte sichergestellt sein, dass die zu analysierende Benutzertransaktion reproduzierbar ist. Das heißt, sie sollte unter den gleichen Bedingungen aufgezeichnet werden, unter denen die Probleme festgestellt wurden. Bevor Sie mit der Aufzeichnung beginnen können, entscheiden Sie, mit welchem Werkzeug Sie die Analyse optimal starten:

- Wenn Sie noch nicht genau wissen, welche Systeme bei der Benutzertransaktion durchlaufen werden, verwenden Sie die End-to-End-Trace-Analyse im SAP Solution Manager.
- Wenn Sie bereits ganz sicher sind, dass die Verarbeitung einer Benutzeranfrage ausschließlich auf einem AS ABAP geschieht, nutzen Sie eines der folgenden Expertenwerkzeuge:
  - ABAP-Trace
  - ABAP-SQL-Trace
- Für Applikationen auf dem AS Java kommen idealerweise die folgenden Expertenwerkzeuge zum Einsatz:
  - Introscope Transaction Trace
  - J2EE-SQL-Trace

Die Vorgehensweise ist dabei für jedes der Werkzeuge nahezu identisch und entspricht dem, was wir Ihnen in Abschnitt 4.5.2, »Verwendung der End-to-End-Trace-Analyse«, vorgestellt haben.

4.6 End-to-End-Methodik: Exception-Analyse

Die Exception-Analyse umfasst die Analyse von funktionalen Problemen in einer heterogenen Systemlandschaft. Dabei geht es um Fehlermeldungen im

Dialog, die auf dem Endanwender-PC oder während der Datenverarbeitung auf den Systemen im Hintergrund aufgetreten sind.

Die Herausforderung bei der Analyse von Ausnahmesituationen besteht darin, dass IT-Systemlandschaften eine komplexe Infrastruktur haben. Dadurch wird die Identifizierung der eigentlichen Ursache eines Problems erschwert. Die Exception-Analyse als End-to-End-Methodik vereinfacht die Fehleranalyse. Mit ihrer Hilfe erhalten Sie auf einen Blick zusammenhängende Informationen über die gesamte IT-Landschaft. Die Exception-Analyse stellt Ihnen Fehlerprotokolle und Log-Dateien in einem zentralen Überblick zur Verfügung, sodass Sie sie nicht erst einzeln aus den unterschiedlichen Datenquellen zusammensuchen müssen.

4.6.1 Werkzeuge für die Exception-Analyse im SAP Solution Manager

Für die Analyse von Ausnahmefehlern unterstützen Sie die folgenden Werkzeuge in der SAP Solution Manager-Landschaft:

- **End-to-End-Exception-Analyse**
  Die End-to-End-Exception-Analyse ist der zentrale Einstiegspunkt für die Behandlung von Ausnahmefehlern in einer SAP-Systemlandschaft. Sie stellt eine Übersicht verschiedener Fehlerarten in der Systemlandschaft zur Verfügung. Darüber hinaus hilft Ihnen eine Auswahl von vorgegebenen KPI, die Situation effektiv und schnell einzuschätzen. Weitere Informationen über die Verwendung des Werkzeugs entnehmen Sie Abschnitt 4.6.3.
- **Log Viewer**
  Der Log Viewer zum Anzeigen von Protokolldateien ist bereits Teil von SAP NetWeaver und somit in den meisten verwalteten Systemen vorhanden. Der SAP Solution Manager stellt diese Funktionalität hingegen zentral zur Verfügung, sodass Sie aus dem Work Center URSACHENANALYSE heraus die Analyse ausführen können, ohne sich im verwalteten System oder gar auf Betriebssystemebene anmelden zu müssen.
  Mit dem Log Viewer haben Sie einen vereinheitlichten Zugriff auf die Protokolldateien in einer Java-Umgebung. Anstatt mehrere Dateien lesen zu müssen, können Sie auch deren Inhalte über den Zeitstempel zusammenführen und anzeigen lassen. Zudem bereitet der Log Viewer die Protokolldateien visuell auf, sodass Sie wichtige Inhalte, wie zum Beispiel Fehler, leichter erkennen können.

4.6.2 Extraktion und Speicherung der Daten

Bei der Datensammlung für die End-to-End-Exception-Analyse kommt wiederum das EFWK des SAP Solution Managers zum Einsatz. Die Datensammlung für die Exception-Analyse läuft nahezu genauso ob, wie die Datensammlung für die Workload-Analyse (siehe Abschnitt 4.4.2, »Extraktion und Speicherung der Daten«):

- Aufzeichnung der Daten auf dem verwalteten System (in Datenbanktabellen bzw. Protokollen)
- Reports der Komponente ST-PI und Diagnostics Agenten analysieren diese Daten und senden sie zum SAP Solution Manager.
- Verarbeitung der Daten und zentrale Ablage der statistischen Informationen im SAP NetWeaver BW des SAP Solution Managers
- Mit vordefinierten Sichten bietet die End-to-End-Exception-Analyse einen einfachen Zugriff für den Endanwender auf die statistischen BW-Daten.

4.6.3 Verwendung der End-to-End-Exception-Analyse

Gehen Sie wie folgt vor, um die End-to-End-Exception-Analyse zu verwenden:

1. Klicken Sie im Work Center URSACHENANALYSE auf den Menüeintrag END-TO-END-ANALYSE.
2. Markieren Sie im Bereich FEINSELEKTION die zu betrachtenden technischen Systeme, und klicken Sie auf den Button EXCEPTION ANALYSIS
3. Auf dem Karteireiter ÜBERSICHT sehen Sie ein Diagramm für alle verschiedenen Fehlerarten mit der Anzahl der Fehler auf der y-Achse und der Zeitleiste auf der x-Achse. Rechts zeigt Ihnen die Applikation die wichtigsten KPI, sodass Sie auf einen Blick die Situation für den gewählten Zeitraum einschätzen können.

   Wenn Sie eine erhöhte Anzahl einer Fehlerart sehen, sollten Sie diesem Problem gegebenenfalls auf den Grund gehen. In Abbildung 4.49 sehen Sie am Beispiel der Spielzeug AG, dass in der Zeit zwischen dem 12.12.2012 und 17.12.2012 vermehrt J2EE-Anwendungsfehler auf Java-Seite und SysLog-Fehler auf ABAP-Seite aufgetreten sind. Auch die J2EE-Systemfehler sollten nicht außer Acht gelassen werden!
4. Wechseln Sie anschließend auf einen der Karteireiter neben dem Karteireiter ÜBERBLICK, um nähere Informationen zu den einzelnen Komponenten zu erhalten. Je nach Technologie und Produktdefinition des techni-

schen Systems können Sie über die Links im oberen Bereich der jeweiligen Karteireiter Details aufrufen:

- Typisch für AS ABAP sind ABAP-SysLog-Fehler, ABAP-Dumps, ABAP-Aktualisierungsfehler oder IDoc-Fehler.
- Typisch für AS Java sind J2EE-Systemfehler, J2EE-Anwendungsfehler oder J2EE-Dumps (siehe Abbildung 4.50).

Abhängig von Ihrem technischen System, kann neben den Karteireitern für AS ABAP und AS Java auch noch ein weiterer Karteireiter angezeigt werden, wie zum Beispiel RFC.

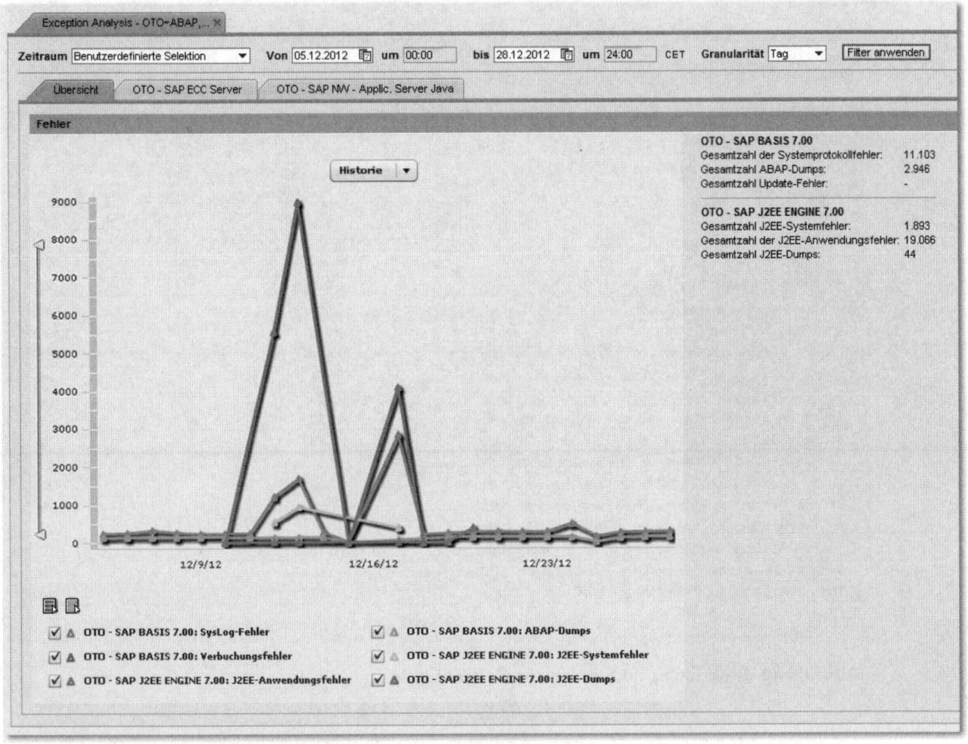

Abbildung 4.49 End-to-End-Exception-Analyse – Übersicht

Fehler können auf all diesen Ebenen auftreten, sind jedoch nicht immer kritisch. Ein besonderes Augenmerk sollten Sie auf Fehler im Zusammenhang mit der Datenbank legen. Solche Fehler könnten auf Inkonsistenzen hinweisen, die bei zu später Behandlung nur mit viel Aufwand oder gar nicht beseitigt werden können. Darüber hinaus sind J2EE-Dumps kritisch, da hier mit hoher Wahrscheinlichkeit ein Serverknoten unerwartet abgestürzt ist, beispielsweise durch einen Speicherengpass. Auch weniger kritische Fehler können zu einer ernsten Gesamtsituation führen, gerade wenn sie besonders häufig auftreten. So könnte zum Beispiel das hochfrequente Schreiben der Protokolle das Festplattensystem stark belasten und ein Performanceproblem auslösen. Generell hängt es stark von Ihrem System ab, welche Fehler als kritisch einzustufen sind. Sie sollten deshalb alle Fehler bei einer End-to-End-Analyse einbeziehen und sich dann auf die konzentrieren, die für Ihr System die höchste Relevanz haben.

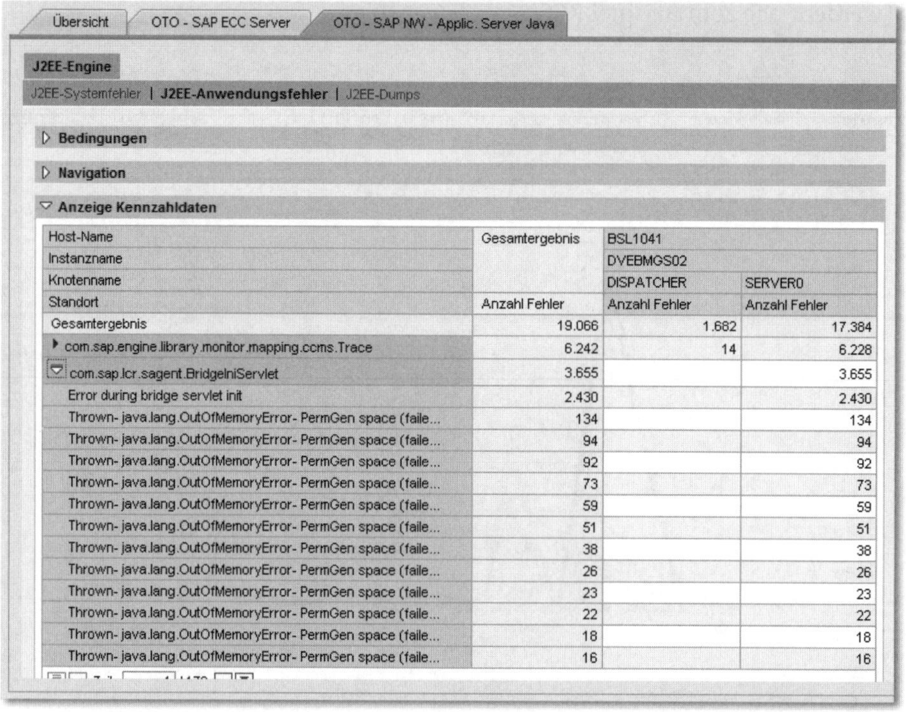

Host-Name	Gesamtergebnis	BSL1041	
Instanzname		DVEBMGS02	
Knotenname		DISPATCHER	SERVER0
Standort	Anzahl Fehler	Anzahl Fehler	Anzahl Fehler
Gesamtergebnis	19.066	1.682	17.384
com.sap.engine.library.monitor.mapping.ccms.Trace	6.242	14	6.228
com.sap.lcr.sagent.BridgelniServlet	3.655		3.655
Error during bridge servlet init	2.430		2.430
Thrown- java.lang.OutOfMemoryError- PermGen space (faile...	134		134
Thrown- java.lang.OutOfMemoryError- PermGen space (faile...	94		94
Thrown- java.lang.OutOfMemoryError- PermGen space (faile...	92		92
Thrown- java.lang.OutOfMemoryError- PermGen space (faile...	73		73
Thrown- java.lang.OutOfMemoryError- PermGen space (faile...	59		59
Thrown- java.lang.OutOfMemoryError- PermGen space (faile...	51		51
Thrown- java.lang.OutOfMemoryError- PermGen space (faile...	38		38
Thrown- java.lang.OutOfMemoryError- PermGen space (faile...	26		26
Thrown- java.lang.OutOfMemoryError- PermGen space (faile...	23		23
Thrown- java.lang.OutOfMemoryError- PermGen space (faile...	22		22
Thrown- java.lang.OutOfMemoryError- PermGen space (faile...	18		18
Thrown- java.lang.OutOfMemoryError- PermGen space (faile...	16		16

Abbildung 4.50 Exception-Analyse – Beispiel Java

In Abschnitt 4.6.5, »Vorgehensweise und Beispiele«, zeigen wir Ihnen, wie Sie die soeben gewonnenen Erkenntnisse nutzen können und anschließend das entsprechende Expertenwerkzeug einsetzen.

4.6.4 Einsatz des Log Viewers

Im Folgenden zeigen wir Ihnen, wie Sie den Log Viewer einsetzen:

1. Klicken Sie im Work Center Ursachenanalyse auf den Menüpunkt Systemanalyse.

2. Wählen Sie im Bereich FEINSELEKTION ein Java-System aus, für das Sie die Protokolle analysieren möchten, und klicken Sie anschließend auf den Button LOG VIEWER. Es öffnet sich ein neues Fenster (siehe Abbildung 4.51). Hier sehen Sie, ob der benötigte Diagnostics Agent funktioniert und welche Protokolle aktuell für das System verfügbar sind.

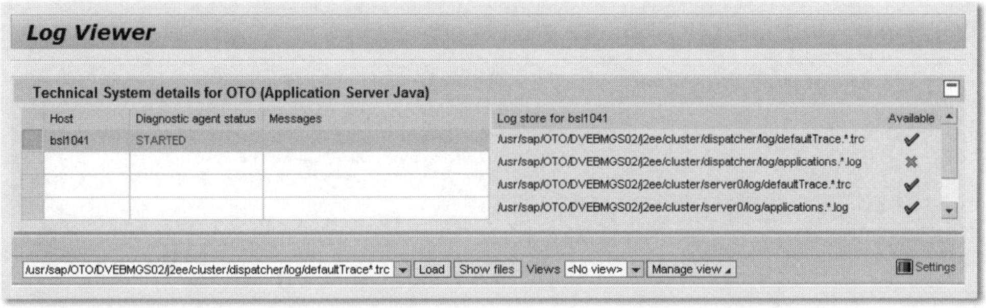

Abbildung 4.51 Log Viewer – Startfenster

3. Im unteren Bereich des Fensters können Sie links die gewünschte Protokolldatei auswählen (siehe Abbildung 4.51). Wenn Sie die aktuell gewählte Datei anzeigen möchten, klicken Sie auf den Button LOAD. Wenn Sie eine andere Datei auswählen, wird im Anschluss automatisch der Inhalt geladen.
4. Verschiedene Protokolle (wie zum Beispiel *DefaultTrace.trc* oder *applications.log*) im AS Java werden sequenziell in mehrere gleichnamige Dateien geschrieben. Der Log Viewer führt diese zusammen und erleichtert die Lesbarkeit und Analyse der Protokolle. Die genauen Dateinamen der Serie können Sie mit einem Klick auf den Button SHOW FILES anzeigen.
5. Nachdem die Inhalte des Protokolls (wie in Schritt 3 beschrieben) geladen wurden, werden alle Einträge mit Zeitstempel und anderen wichtigen Informationen unterhalb des Protokollnamens dargestellt (siehe Abbildung 4.52). In der Spalte SEVERITY finden Sie Informationen zum Schweregrad des Fehlers.

Hinweis [«]

Java-Systeme protokollieren die Fehler standardmäßig erst ab einem bestimmten Schweregrad, um eine hohe Last durch häufiges Schreiben der Protokolle zu vermeiden. Falls notwendig, passen Sie die Protokollkonfiguration im SAP NetWeaver Administrator des Systems vorübergehend an, und setzen Sie diese anschließend wieder zurück. Auf diese Weise erhalten Sie mehr Hintergrundinformationen zu der Problemsituation, die Ihnen bei der Analyse sehr hilfreich sein können.

In der Spalte Location wird die verursachende Applikation oder zumindest das verantwortliche Java-Paket angezeigt. Die Spalte Text gibt eine Kurzbeschreibung zum Fehler und die Spalte ThreadName den verantwortlichen Thread des Serverknotens an. Mit diesen Daten haben Sie weitere Hinweise, wonach Sie im System suchen können.

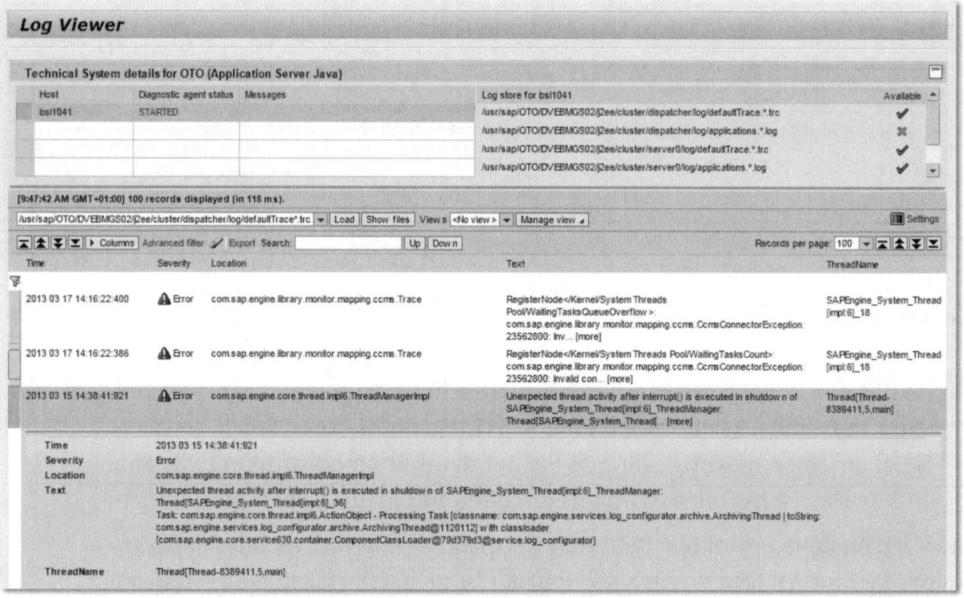

Abbildung 4.52 Log Viewer – Auswertung einer Protokolldatei

6. Für zusätzliche Informationen über den Fehler können Sie mithilfe des Buttons Columns zusätzliche Spalten einblenden. Diese Spalten werden jedoch nur angezeigt, wenn die Daten für die dargestellten Fehler auch verfügbar sind.
7. Wenn Sie einen Eintrag im Protokoll selektieren, werden unterhalb des Eintrags weitere Details angezeigt (siehe Abbildung 4.52). Diese Informationen sind für eine Detailanalyse nützlich und benötigen einen Experten bzw. den verantwortlichen Entwickler zur Interpretation bzw. Auswertung.
8. Haben Sie einen konkreten Verdacht oder möchten Sie nach einem bestimmten Wort in einem Fehler suchen, nutzen Sie die Suchfunktion unterhalb des Protokollnamens. Geben Sie dazu einen Begriff in das Feld Search ein, und klicken Sie auf die Buttons Up oder Down. Je nach Aus-

wahl wird der nächste oder vorherige Fehler im Protokoll markiert, in dem dieser Begriff vorkommt.

9. Falls Sie das Protokoll für eine fortführende Analyse weitergeben möchten, können Sie die Datei auch mit einem Klick auf den Link EXPORT vollständig oder teilweise herunterladen.

4.6.5 Vorgehensweise und Beispiele

Die Exception-Analyse eignet sich grundsätzlich für zwei typische Anwendungsfälle:

- Ein Benutzer hat zu einem bestimmten Zeitpunkt unter bestimmten Bedingungen einen Programmabbruch verursacht. Oder Sie entdecken während der täglichen Wartungsarbeiten, dass ein Hintergrundjob zu einem bestimmten Zeitpunkt einen Fehler ausgelöst hat.
- Sie möchten eine Trendanalyse zu Ausnahmefehlern durchführen, die das Systemverhalten über einen längeren Zeitraum betrachtet.

  Dies ist sinnvoll, um beispielsweise eine einzelne Komponente in der Systemlandschaft zu identifizieren, die eine hohe Anzahl von Fehlern verursacht. Außerdem können Sie ermitteln, ob eine höhere Anzahl von Fehlern in der Systemlandschaft nach Änderungen in einzelnen Komponenten aufgetreten sind, wie zum Beispiel Patches, Support Packages oder Konfigurationsänderungen.

In diesen Fällen können Sie sich am folgenden Ablauf für die Exception-Analyse orientieren:

1. Verschaffen Sie sich mit der End-to-End-Exception-Analyse zuerst einen Überblick über alle in der Landschaft aufgetretenen Probleme. Vergleichen Sie dabei auch die verschiedenen technischen Systeme, um eventuelle Zusammenhänge zwischen ihnen zu erkennen. Falls Sie eine bestimmte Situation betrachten, schränken Sie den betrachteten Zeitraum entsprechend ein. Bei einer Trendanalyse sollten Sie sich die Informationen über mehrere Wochen oder sogar Monate hinweg ansehen, um eine aussagekräftige Bewertung vornehmen zu können.
2. Wenn Sie eine Landschaftskomponente mit auffällig vielen oder kritischen Fehlern identifiziert haben, wechseln Sie in den komponentenspezifischen Teil der End-to-End-Exception-Analyse. Dort untersuchen Sie technologieabhängig die relevanten Fehlerarten auf der Basis von Statistiken.
3. Nutzen Sie im dritten Schritt entsprechende Expertenwerkzeuge, um für die jeweilige Technologie die Fehlerbeschreibung im Detail zu betrachten:

- Für ABAP arbeiten Sie direkt auf dem verwalteten System. Dort verwenden Sie Transaktion ST22 für die ABAP-Dump-Analyse, Transaktion SM21 für die Auswertung von System-Logs, Transaktion SM13 für Update-Fehler oder Transaktion SLG1 für Anwendungs-Logs. Auf die Verwendung der ABAP-Werkzeuge werden wir in diesem Buch nicht näher eingehen.
- Für Java können Sie mithilfe des bereits erwähnten *Dateisystem-Browsers* (siehe Abschnitt 4.2.2) auf die Log-Dateien zugreifen und diese nach Auffälligkeiten durchsuchen. Allerdings wäre dies sehr aufwendig. Nutzen Sie daher stattdessen den Log Viewer, um eine gut lesbare Ansicht auf die Protokolle des Systems zu erhalten (siehe Abschnitt 4.6.4).

Sie haben Methodiken und Werkzeuge kennengelernt, um Fehler in der SAP-Systemlandschaft zu analysieren. Abschließend zeigen wir Ihnen ein Werkzeug, mit dem Sie einzelne Fehler analysieren und nachverfolgen oder auch komplexere Zusammenhänge zwischen verschiedenen Ausnahmen in heterogenen Systemlandschaften analysieren können.

4.6.6 Ausnahmenbehandlung

Seit SAP Solution Managers 7.1 SP05 steht Ihnen als weiteres Werkzeug in der Ursachenanalyse die *Ausnahmenbehandlung (Exception Management)* zur Verfügung.

Im Gegensatz zur End-to-End-Exception-Analyse, mit der Sie eine statistische Übersicht über bestimmte Fehler in den beteiligten Komponenten erhalten, haben Sie mit der Ausnahmenbehandlung eine Möglichkeit, gezielt einzelne Ausnahmen zu analysieren, zu dokumentieren und Folgeaktivitäten wie das Anlegen einer Support-Meldung anzustoßen.

Außerdem ist diese neue Funktion an die Monitoring- und Alerting-Infrastruktur (MAI) gekoppelt, sodass Alerts gezielt für bestimmte Ausnahmen ausgelöst werden können.

Ein wesentlicher Vorteil der Ausnahmenbehandlung im SAP Solution Manager ist die Anzeige von korrelierten Fehlern zu einer gewählten Ausnahme auch über Systemgrenzen hinweg. Gerade das Sammeln aller relevanten Fehlerinformationen als Voraussetzung einer erfolgreichen Ursachenanalyse bei funktionalen Problemen stellt den Administrator immer wieder vor eine große Herausforderung: Er muss wissen, wo in den jeweiligen Systemen

Informationen zu bestimmten Fehlersituationen zu finden sind und vor allem welche Ausnahmen zusammengehören. Hier kann die Ausnahmenbehandlung im SAP Solution Manager helfen, diese Art der Fragestellung zu beantworten.

Es können folgende Ausnahmen für die verwalteten Systeme gesammelt werden:

- ABAP-Kurzdumps (Laufzeitfehler)
- ABAP-SysLog-Fehlermeldungen
- ABAP-Jobabbrüche
- ABAP-Application-Log-Fehler
- ABAP-Websservice-Fehler

Darüber hinaus haben Sie die Möglichkeit, über eigene Coding-Implementierungen Fehlermeldungen für kritische Geschäftsprozessschritte zu dokumentieren.

Um die Ausnahmenbehandlung einsetzen zu können, müssen Sie mindestens SAP Solution Manager 7.1 SP05 und ST-PI 2008_1 700 SP06 oder höher einsetzen. Sind diese Voraussetzungen erfüllt, können Sie die Ausnahmenbehandlung im Work Center Konfiguration von SAP Solution Manager über den folgenden Menüpfad aktivieren: Konfiguration der Verwalteten Systeme • Manuelle Konfiguration • Ausnahmenbehandlung aktivieren.

Hier können Sie pro System festlegen, welche Ausnahmen gesammelt werden sollen. Außerdem können Sie Filter setzen, um zum Beispiel die Ausnahmen auf bestimmte Laufzeitfehler oder spezielle Hintergrundjobs einzuschränken.

Hinweis [«]

Die vollständige Konfiguration der Ursachenanalyse-Werkzeuge ist nicht zwingende Voraussetzung für die Nutzung der Ausnahmenbehandlung, wird aber von SAP empfohlen, um eine komplette Ursachenanalyse bei allen Arten von Problemen durchführen zu können.

Mit der Ausnahmenbehandlung können Sie sowohl Einzelausnahmen analysieren als auch Ausnahmen, die aus mehreren Schritten bestehen. Im nächsten Abschnitt zeigen wir Ihnen zunächst, wie Sie für die Analyse einer Einzelausnahme vorgehen.

Einzelausnahmen analysieren

1. Klicken Sie im Work Center URSACHENANALYSE auf den Menüpunkt AUSNAHMENBEHANDLUNG.
2. Klicken Sie auf der rechten Seite im Arbeitsbereich auf den Button MONITORING. Sie können auswählen, ob Sie die Ausnahmenbehandlung eingebettet oder in einem neuen Fenster öffnen möchten.
3. Markieren Sie in der Tabelle die Kategorie (zum Beispiel ABAP-Jobabbrüche), die Sie analysieren möchten (siehe Abbildung 4.53).

Im unteren Bereich INSTANZGRUPPE sehen Sie die einzelnen Ausnahmen zu der gewählten Kategorie mit dem jeweiligen Zeitstempel. Als Vorgabewert werden die Ausnahmen der letzten beiden Tage angezeigt. Sie können das Zeitfenster mithilfe des Buttons KRITERIENSCHNELLPFLEGE ANZEIGEN entsprechend anpassen.

In der Einstellung AUTOMATISCHE AKTUALISIERUNG können Sie festlegen, in welchem Zeitintervall die Anzeige automatisch aktualisiert wird. Die Fehlermeldungen selbst werden von den verschiedenen Extraktoren alle zehn Minuten automatisch gesammelt. Die Frequenz der Datensammlung und die Aufbewahrungszeit werden im Bereich KONFIGURATION festgelegt, worauf wir weiter unten im Abschnitt »Konfiguration der Ausnahmenbehandlung« kurz eingehen.

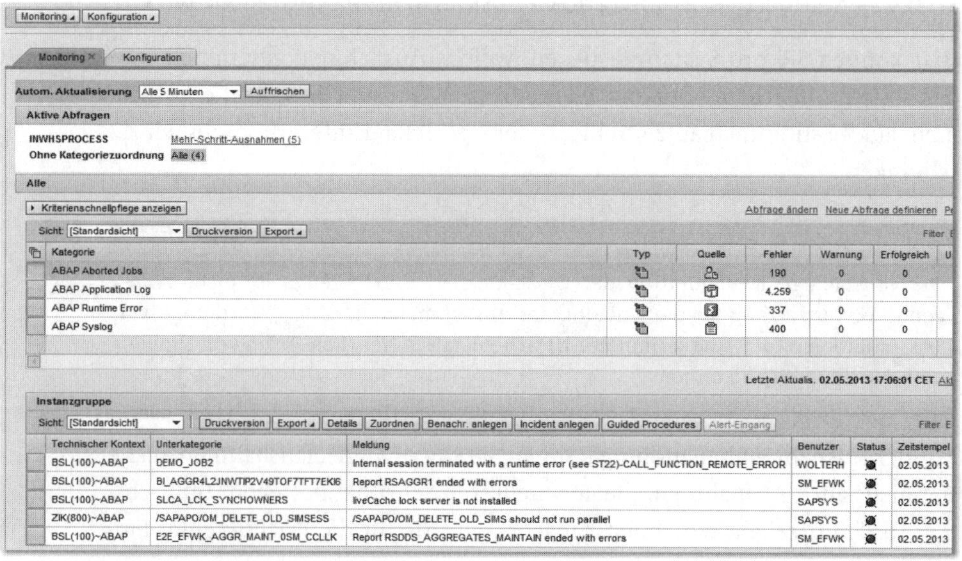

Abbildung 4.53 Cockpit für die Ausnahmenbehandlung – Übersicht

Sie können aus der Ausnahmenbehandlung mehrere Folgeaktivitäten starten. Dazu stehen Ihnen die folgenden Buttons im Bereich INSTANZGRUPPE zur Verfügung:

- DRUCKVERSION: Sie können die angezeigte Liste der Ausnahmen über den Adobe Document Service drucken.
- EXPORT: Die Liste der Ausnahmen kann über diese Funktion nach Microsoft Excel exportiert werden.
- DETAILS: Über diesen Button gelangen Sie in die Detailansicht zu einer selektierten Ausnahme. Hier haben Sie die Möglichkeit, sich Informationen zur Aufrufliste, zu Variablenbelegungen oder zum verwendeten Passport anzeigen zu lassen. *Passport* ist eine Bezeichnung für Informationen, die jedem Aufruf automatisch mitgegeben werden und Angaben zu der Transaktions-ID sowie zu Sender und Empfänger beinhalten. Über den Button KORRELIERTE AUSNAHMEN werden alle Fehler auch über Systemgrenzen hinweg angezeigt, die mit der gewählten Ausnahme in Zusammenhang stehen. Über diese Funktion haben Sie somit die Möglichkeit, sich eine komplette Liste aller Ausnahmen anzeigen zu lassen, die in allen beteiligten Systemen zu einem Fehlerfall ausgelöst wurden. Das erleichtert Ihnen die Suche nach der ursächlichen Fehlermeldung.
- ZUORDNEN: Über diese Funktion können Sie eine verantwortliche Person festlegen und den Status einer Ausnahme setzen.
- BENACHR. ANLEGEN: Sie können zu markierten Ausnahmen eine SMS, E-Mail oder beides verschicken. Hierbei können Sie direkt E-Mail-Adressen eingeben oder auf E-Mail-Adressen von Benutzern oder Empfängerlisten zugreifen, die Sie im Benachrichtigungsmanagement bei der technischen Verwaltung hinterlegt haben.
- INCIDENT ANLEGEN: Mit dieser Funktion steht Ihnen die Integration in das ITSM des SAP Solution Managers zur Verfügung. Sie können als Folgeaktivität zu der gewählten Ausnahme eine Störung (Vorgangsart SMIN), eine Support-Benachrichtigung (SNWS) oder einen Testfallfehler (SMDT) anlegen, die Sie dann im IT-Service-Management (ITSM) bearbeiten können.
- GUIDED PROCEDURES: Diese Funktion kann für die zentrale Dokumentation und Korrekturbehandlung genutzt werden. Durch die Integration mit dem Guided-Procedure-Framework haben Sie die Möglichkeit, die Ausnahmenbehandlung für bestimmte Fehler zentral zu dokumentieren. Außerdem können Sie nach vorhandenen Dokumentationen oder vorgefertigten Lösungen suchen. Sie haben die Möglichkeit eine eigens defi-

nierte Guided Procedure hinterlegen, um Ausnahmen nach vorgefertigten Regeln zu behandeln.

- ALERT-EINGANG: Hier befindet sich die Integration mit der MAI des SAP Solution Managers. Sie haben die Möglichkeit, bestimmte Ausnahmen (zum Beispiel spezielle ABAP-Laufzeitfehler oder wichtige Jobabbrüche) in den Alert-Eingang im Work Center TECHNISCHES MONITORING mit aufzunehmen. Eine so konfigurierte Ausnahme würde entsprechend einen Alert auslösen. Über den Button ALERT-EINGANG können Sie direkt in den Alert-Eingang abspringen. Die Konfiguration dazu wird ebenfalls im Work Center TECHNISCHES MONITORING vorgenommen.

Im Folgenden demonstrieren wir den Einsatz der Werkzeuge an einem Beispiel. Im System BSL der Spielzeug AG ist aufgefallen, dass der Hintergrundjob `DEMO_JOB2` abgebrochen ist.

Daher selektieren wir im Cockpit für Ausnahmenbehandlung den entsprechenden Fehler zum Job `DEMO_JOB2` und klicken auf DETAILS (Abbildung 4.53).

In der Detailsicht klicken wir auf KORRELIERTE AUSNAHMEN (❶ in Abbildung 4.54). Im folgenden Fenster CORRELATED EXCEPTIONS werden nun alle Fehlermeldungen angezeigt, die zu diesem Jobabbruch in allen beteiligten Systemen erzeugt wurden ❷. Das System nimmt Ihnen auf diese Weise die Suche nach den beteiligten Systemen ab. In dem sich öffnenden Fenster markieren wir die zugehörige Ausnahme für den Laufzeitfehler. Die Anzeige verzweigt in die Detailsicht zum erzeugten Laufzeitfehler ❸. Im Feld PRODUKTSYSTEM können Sie erkennen, dass der Laufzeitfehler im System OTO ausgelöst wurde.

Über den Button QUELLE AUSNAHME (siehe Abbildung 4.54) können Sie außerdem über das Web GUI direkt in die Transaktion ST22 des Systems OTO verzweigen, um sich den gesamten Dump anzeigen zu lassen.

Im vorliegenden Beispiel hat der abgebrochene Job im System einen Funktionsbaustein aufgerufen, der wiederum versucht hat, einen anderen Funktionsbaustein aufzurufen. Da dieser zweite Funktionsbaustein jedoch im System nicht existiert, kam es zum Jobabbruch im System BSL. Dieses Beispiel verdeutlich den Vorteil, den Sie über diese Funktion haben: Eine Suche nach den beteiligten Systemen und zugehörigen Fehlermeldungen wäre manuell erheblich schwieriger gewesen.

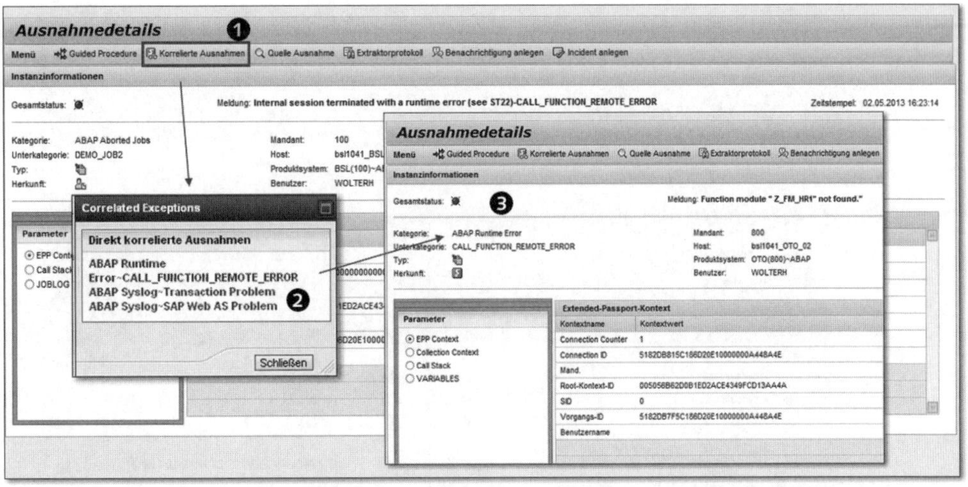

Abbildung 4.54 Details zur gewählten Ausnahme und Anzeige aller korrelierten Ausnahmen

Analyse von Mehrschrittausnahmen

Um eine effiziente Verfolgung von kritischen Geschäftsprozessschritten über Systemgrenzen hinweg zu ermöglichen, wurde mit der neuen Ausnahmenbehandlung die SAP Exception Management Instrumentation Platform eingeführt. Mit dieser Plattform können Sie überprüfen, ob wichtige Prozessschritte vollständig ausgeführt wurden oder ob es bei der Ausführung irgendwelche Probleme oder Fehler gab.

Dazu können Sie in den von den einzelnen Prozessschritten verwendeten Klassen und Funktionsbausteinen eigene Implementierungen in Form von Erweiterungen aufnehmen, um so zum Beispiel auf unvollständige Prozessschritte mit eigenen Fehlermeldungen zu reagieren. Zur Laufzeit verwendet das System eine Erweiterung der SAP Passport-Technologie, das SAP Business Passport-Konzept. Mit dem SAP Passport werden Informationen über die verwendeten Transaktions-IDs ausgetauscht, um so Korrelationen innerhalb verteilter Statistiksätze zu ermöglichen. Mit dem erweiterten SAP Business Passport-Konzept werden zusätzliche Informationen über Vorgänger- und Nachfolgeschritte der Prozesse gespeichert.

Weitere Informationen zur Konfiguration von Mehrschrittausnahmen finden Sie auch unter *http://wiki.sdn.sap.com/wiki/display/TechOps/ExMan_Home*.

Mehrschrittausnahmen können Sie wie Einzelausnahmen über das Cockpit für Ausnahmenbehandlung analysieren. Im Folgenden erläutern wir die Vorgehensweise wiederum an einem Beispiel.

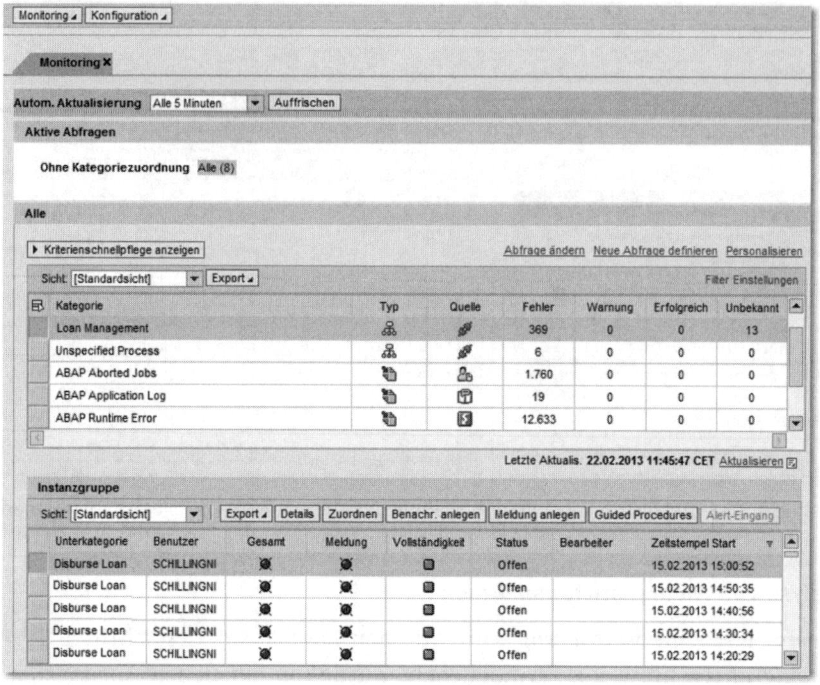

Abbildung 4.55 Mehrschrittausnahmen – Übersicht

In der Übersicht sehen Sie alle Einzelausnahmen sowie die Ausnahmen zu Mehrschrittprozessen (siehe Abbildung 4.55). Einer dieser Prozesse ist der Prozess LOAN MANAGEMENT. Dieser Mehrschrittprozess soll analysiert werden. Abbildung 4.55 zeigt, dass insgesamt 369 Fehler im Loan Management aufgetreten sind. Die anderen Fehler gehören zu dem Prozess UNSPECIFIED PROCESS oder sind Einzelausnahmen aus den Bereichen ABAP-Jobabbrüche, ABAP-Laufzeitfehler oder ABAP-Syslog-Fehler. Um das Loan Management genauer zu untersuchen, selektieren Sie im Cockpit diesen Prozess. Im Bereich INSTANZGRUPPE werden die Meldungen zum gewählten Prozess angezeigt. Markieren Sie einen Eintrag, und klicken Sie auf DETAILS. Im nächsten Fenster (Abbildung 4.56) erhalten Sie Informationen zu den einzelnen Schritten:

- Bereich INFORMATIONEN ZU EXTENDED PASSPORT: Passport-Informationen
- Bereich INSTANZINFORMATIONEN: Informationen über die Vollständigkeit der einzelnen Schritte
- Bereich INSTANZFLUSS: Auflistung und Status aller Prozessschritte
- Bereich SCHRITTINFORMATIONEN: Kontextinformationen sowie Aufrufliste (Call-Stack) zu den einzelnen Schritten
- Bereich UNIT-INFORMATIONEN: Fehlermeldungen und zugehörige Details

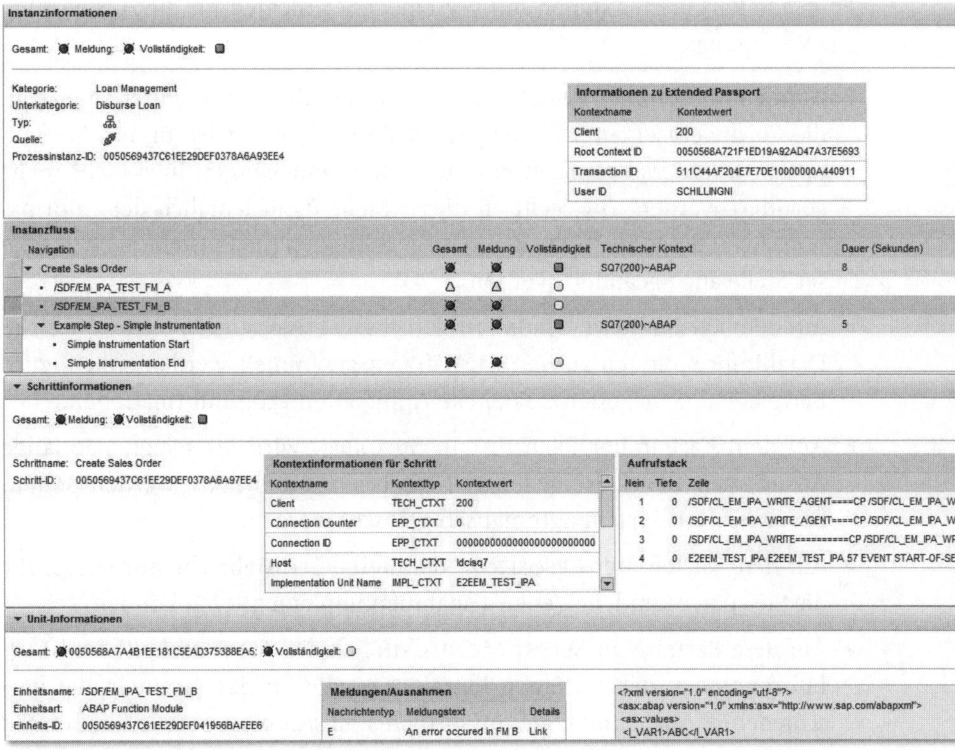

Abbildung 4.56 Mehrschrittausnahmen – Details

Wir können in der Detailsicht erkennen, dass der Schritt CREATE SALES ORDER zwar ausgeführt wurde, es aber in diesem Schritt im Funktionsbaustein /SDF/EM_IPA_TEST_FM_B einen Fehler gegeben hat – im Bereich MELDUNGEN/AUSNAHMEN wird der Meldungstext »An error occured in FM B« ausgegeben. Sie können jetzt mit der Analyse der einzelnen Meldungen zu den jeweiligen Unterschritten fortfahren.

Sie können an diesem Bespiel gut erkennen, dass Sie über die Analyse der Mehrschrittausnahmen sehr detaillierte Informationen erhalten, was genau bei der Ausführung der einzelnen Schritte geschehen ist.

Konfiguration der Ausnahmenbehandlung

Im Einstiegsbild der Ausnahmenbehandlung können Sie über den Button KONFIGURATION Konfigurationen und Customizing-Einstellungen für die Ausnahmenbehandlung anzeigen bzw. ändern.

Folgende Karteireiter stehen mit verschiedenen Sichten für die Auswertung zur Verfügung:

- Auf dem Karteireiter ÜBERSICHT werden Ausnahmen und Filter angezeigt, die für die einzelnen Systeme gesetzt sind. Diese werden in der Konfiguration der verwalteten Systeme festgelegt und können hier nicht mehr geändert werden. Die Sicht an dieser Stelle dient lediglich der Information. Ab SP8 des SAP Solution Managers können die Einstellungen an dieser Stelle auch geändert werden.
- Auf dem Karteireiter INSTRUMENTIERUNGSPLATTFORM legen Sie fest, welche Detailinformationen zu den Ausnahmen gesammelt werden sollen, zum Beispiel Call-Stack oder zusätzliche Applikations-Log-Informationen.
- Auf dem Karteireiter PERIODISCHE AUFGABEN wird festgelegt, wie lange Ausnahmen der verschiedenen Kategorien aufbewahrt werden sollen, bevor sie vom System automatisch gelöscht werden.
- Auf dem Karteireiter REPOSITORY definieren Sie Mehrschrittprozesse, für die Sie später kundeneigene Ausnahmen implementieren können.
- Auf dem Karteireiter SELBST-MONITORING finden Sie Protokolle und Log-Informationen der einzelnen Extraktoren, die für das Sammeln der verschiedenen Ausnahmen verantwortlich sind. An dieser Stelle können Sie auch das Zeitintervall für die einzelnen Extraktoren ändern. Wählen Sie dazu EXPERTENMODUS • ÄNDERN • EXTRAKTORDETAIL • KONFIGURATION • ZEITRAUM. Der Minimalwert beträgt 5 Minuten.

4.7 Weitere Dokumentation

Links

- Weitere Dokumentationen und Demos zu den Werkzeugen der Ursachenanalyse im SAP Solution Manager: *http://service.sap.com/diagnostics* sowie *http://wiki.sdn.sap.com/wiki/display/TechOps/RCA_Home*
- Weitere Informationen zum Einsatz von Konfigurationsvalidierung: *http://service.sap.com/rkt-solman* • SAP SOLUTION MANAGER 7.1 • CHANGE CONTROL MANAGEMENT • CHANGE DIAGNOSTICS&CONFIGURATION VALIDATION
- Technische Details zur Change-Analyse und zur Konfigurationsvalidierung: *http://wiki.sdn.sap.com/wiki/display/TechOps/Home*
- Online-Training zur Konfigurationsvalidierung für Enterprise-Support-Kunden: *http://service.sap.com/enterprisesupport*

- Informationen zur Konfigurationsvalidierung im SAP Hilfe-Portal: *http://help.sap.com/solutionmanager71* • Release Notes • Application Help • Verwaltung der Änderungskontrolle • Konfigurationsprüfung
- Eine vollständige Dokumentation zur Benutzung und Konfiguration des Werkzeuges Ausnahmenbehandlung (inkl. Mehrschritt-Ausnahmen): *http://wiki.sdn.sap.com/wiki/display/TechOps/ExMan_Home*

SAP-Hinweise

Tabelle 4.1 gibt einen Überblick über wichtige SAP-Hinweise zur Ursachenanalyse.

Inhalt	Hinweis
SAP Solution Manager 7.1:Voraussetzungen für Ursachenanalyse	1483508
Diagnostics in SAP Solution Manager 7.1	1478974
Installation von Diagnostics-Agents	1365123
E2E CA Store Content List	1230404
SAP Client Plug-In	1435190
End-to-End Diagnostics	1010428
How to create/record an end-to-end trace for root cause analysis	1608474

Tabelle 4.1 SAP-Hinweise zur Ursachenanalyse

Das technische Monitoring ist die Voraussetzung für die Kontrolle und Steuerung Ihrer IT-Systemlandschaft. Monitoring-Aufgaben laufen dabei zunehmend automatisch ab, und neue Funktionalitäten steigern die Sicherheit von IT-Systemen.

5 Technisches Monitoring

Mit dem Release des SAP Solution Managers 7.1 wurde eine neue Möglichkeit für das technische Monitoring von Systemlandschaften eingeführt. Die *Monitoring- und Alerting-Infrastruktur* (MAI) ist eine Lösung mit neuen und weiterentwickelten Funktionalitäten und löst Funktionalitäten sowie Konzepte aus der CCMS-Monitoring (Computing Center Management System) und dem SAP Solution Manager 7.0 ab.

In diesem Kapitel erhalten Sie anhand praktischer Beispiele einen detaillierten Einblick in die Einrichtung des technischen Monitorings. Sie erfahren, was sich hinter dem Begriff *technisches Monitoring* verbirgt und wie sich die neue MAI von der Vorgängerversion CCMS unterscheidet. Wir zeigen Ihnen die Vorteile auf, damit Sie optimal davon profitieren können.

5.1 Motivation

Vergleicht man eine typische SAP-Systemlandschaft, wie sie noch vor einigen Jahren bei SAP-Kunden zu sehen war, mit den heutigen Systemlandschaften, wird deutlich, dass vor allem die Komplexität und Heterogenität der Systemlandschaften deutlich zugenommen hat.

Der Einsatz von neuen Technologien, die Verwendung verschiedener Anwendungskomponenten, auch außerhalb des SAP-Portfolios, und unzählige Schnittstellen erfordern viel Wissen von den Administratoren, um die Stabilität der Systemlandschaft zu gewährleisten und die Anwender zufriedenzustellen. Selbst in Unternehmen, die eine überschaubare Systemlandschaft mit zwei oder drei Systemen betreiben, spielt das System-Monitoring eine immer wichtigere Rolle und wird zu einem festen Bestandteil im täglichen Betrieb einer IT-Abteilung. Die Werkzeugsammlung MAI hilft dem Administrator, das Monitoring seiner Systemlandschaft weitestgehend zu automatisieren. Ein manuelles Monitoring, zum Beispiel mithilfe von Checklisten, ist heutzutage kaum noch vorstellbar und wird nur noch selten verwendet.

Ein automatisiertes Monitoring der Systemlandschaft spart dem Administrator Zeit, sodass er sich auf andere Aufgaben konzentrieren kann. Zugleich wird er mit zuverlässigen Informationen versorgt. Im Fall einer drohenden Störung des Betriebs wird der Administrator durch die automatisierte Erstellung einer Störung (Incident) rechtzeitig alarmiert.

Neben der Realisierung des permanenten und automatisierten Monitorings Ihrer Systemlandschaft sammelt der SAP Solution Manager 7.1 alle Informationen zentral, sodass Sie sie zur Auswertung heranziehen können. Diese Informationen werden darüber hinaus im SAP Solution Manager 7.1 von verschiedenen Werkzeugen wie der *Ursachenanalyse* genutzt (siehe Kapitel 4). Durch die Verwendung des Monitoring-Werkzeugs MAI können Sie die Performance und den Zustand von Systemen in komplexen Landschaften analysieren und optimieren.

5.2 Überblick über das technische Monitoring

Das technische Monitoring im SAP Solution Manager 7.1 beinhaltet eine Reihe von produktspezifischen Monitoring-Arten und Werkzeugen, die verschiedene Szenarien beim zentralen Monitoring der Systemlandschaft berücksichtigen. Folgende Monitoring-Szenarien werden vom SAP Solution Manager im aktuellen Release 7.1 angeboten:

- System-Monitoring
- Datenbank-Monitoring
- Server-Monitoring
- BI-Monitoring
- PI-Monitoring
- End-User-Experience-Monitoring
- Schnittstellenkanal-Monitoring

- Schnittstellen-Monitoring
- Selbst-Monitoring des SAP Solution Manager-Systems und der technischen Infrastruktur

An die genannten Szenarien im SAP Solution Manager 7.1 schließen sich weitere Szenarien wie das dokumentenbasierte und interaktive Reporting sowie ein zentraler Alert-Eingang an. In den nächsten Abschnitten erfahren Sie mehr zu den einzelnen Szenarien und Bereichen des technischen Monitorings mit dem SAP Solution Manager 7.1.

5.3 Monitoring- und Alerting-Infrastruktur

Mit der Einführung der MAI wurde ein neuer SAP-Standard für das zentrale Monitoring und Alerting geschaffen. Diese Infrastruktur basiert auf einer bereits im SAP Solution Manager 7.0 EHP1 etablierten Architektur – der *End-to-End Diagnostics*. Im neuen Release des SAP Solution Managers 7.1 sind die Komponenten der End-to-End Diagnostics, wie zum Beispiel die Diagnostics Agenten oder der Introscope Enterprise Manager, nicht länger nur für die Ursachenanalyse von Bedeutung, sondern auch ein wichtiger Bestandteil der MAI.

Gleichzeitig wurde auch ein neues Work Center TECHNISCHES MONITORING eingeführt, in dem sich alle erwähnten Monitoring-Arten wiederfinden. Somit kann der Benutzer zum Beispiel schneller den Status des gewünschten Systems abfragen oder zwischen den einzelnen Bereichen problemlos navigieren. Die neue Infrastruktur bietet Ihnen auch eine bessere Integration mit verschiedenen Werkzeugen des SAP Solution Managers 7.1, wie zum Beispiel der *Arbeitsmodusverwaltung* oder der Ursachenanalyse.

5.3.1 Architektur der MAI

Es gibt einigen Voraussetzungen, die erfüllt sein müssen, um mit der Einrichtung des technischen Monitorings starten zu können. Das sind unter anderem:

- die Installation der Diagnostics Agenten und SAP-Host-Agenten auf den relevanten Hosts, auf denen die Satellitensysteme bzw. die Komponenten installiert sind und überwacht werden sollen (siehe Abschnitt 2.2.1, »SAP-Host-Agent«, und Abschnitt 2.2.2, »Diagnostics Agent«)
- die Installation und Konfiguration des Introscope Enterprise Managers (siehe Abschnitt 2.5.3, »Basiskonfiguration«)

- die Registrierung verwalteter Systeme im System Landscape Directory (SLD) mit anschließender Durchführung der Systemvorbereitung (siehe Abschnitt 2.5.2) und der Basiskonfiguration (siehe Abschnitt 2.5.3)
- die Konfiguration der relevanten verwalteten Systeme (siehe Abschnitt 2.5.4, »Konfiguration der verwalteten Systeme«)

Während des Setups der verwalteten Systeme werden weitere Elemente der MAI-Infrastruktur konfiguriert.

- die Implementierung von Adaptern (Introscope Host Adapter und Introscope Byte Code Adapter)
- die Einplanung von Extraktoren im Extraktor-Framework (EFWK)
- die Ausführung des DB-Setups

In Abbildung 5.1 sehen Sie, welche Komponenten der MAI auf welchen Systemkomponenten installiert werden müssen und wie sie miteinander kommunizieren. Erst nach dem vollständigen Abschluss der Basiskonfiguration des SAP Solution Managers 7.1, die in Abschnitt 2.5.3 beschrieben wird, steht Ihnen eine funktionsfähige Infrastruktur zur Verfügung.

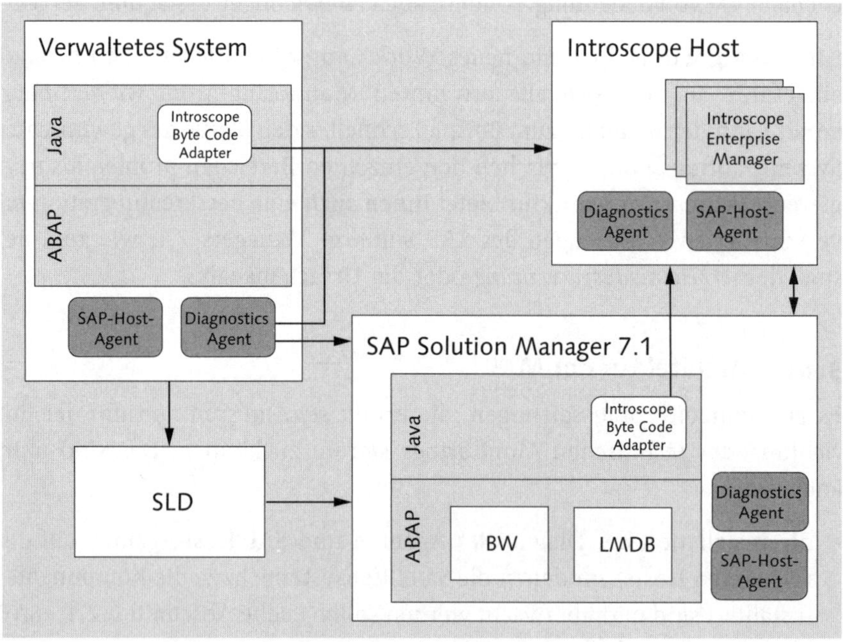

Abbildung 5.1 Monitoring- und Alerting-Infrastruktur

Die MAI verwendet zur Laufzeit verschiedene Quellen für die Datensammlung, die so genannten DataProvider), die periodisch die gesammelten Werte an das SAP Solution Manager-System senden. Diese Werte, auch *Metriken* genannt, werden zunächst mithilfe des *Data Provider Connectors* bearbeitet.

Der Data Provider Connector hat grundsätzlich zwei Aufgaben: Die erste Aufgabe ist das Ablegen der gelieferten Informationen im BW-Store, die später für das Reporting wiederverwendet werden können. Die zweite Aufgabe ist das Weiterleiten der Metrik-Werte an die *Event Calculation Engine*. Die Event Calculation Engine speichert die Daten im Metrik- und Ereignis-Store als Ereignisse ab, die dann für das Monitoring zur Verfügung stehen. Gleichzeitig sendet die Engine diese Ereignisse an den *Alert Consumer Connector* weiter. An dieser Stelle werden generierte Alerts im *Alert-Store* gespeichert. Des Weiteren ist der Alert Consumer Connector für das Weiterleiten der Alerts an die gewünschten Alert-Konsumenten zuständig. In den folgenden Abschnitten werden einzelne Bereiche dieses Prozesses näher beschrieben.

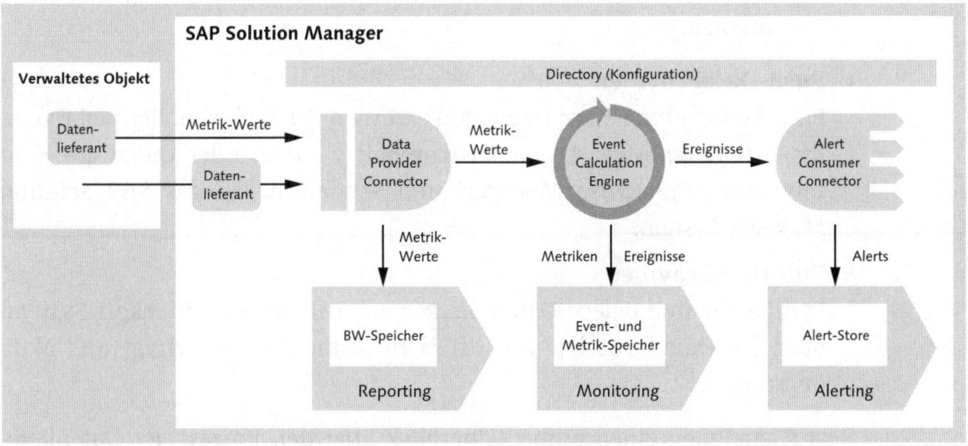

Abbildung 5.2 MAI-Komponenten

In Abbildung 5.2 sehen Sie das Gesamtbild der beschriebenen Komponenten zur Laufzeit des Monitorings mithilfe der MAI.

Im Folgenden haben wir einzelne Prozessschritte zur Laufzeit des technischen Monitorings für Sie aufgelistet:

1. Die DataProvider sammeln die relevanten Daten in verwalteten Systemen.
2. Der Data Provider Connector erhält die Daten von den DataProvidern.

3. Der Data Provider Connector sendet die Daten an den Alert-Store.
4. Die Event Calculation Engine erhält die Metrik-Werte vom Data Provider Connector.
5. Die Event Calculation Engine berechnet Alerts anhand von gelieferten Werten.
6. Die Alerts werden im Alert-Store abgelegt.
7. Die erzeugten Alerts werden über den Alert Consumer Connector an die definierten Alert-Konsumenten weiterleitet.

5.3.2 DataProvider der MAI

DataProvider sind für das Sammeln von Informationen zur Erstellung der Metrik-Werte zuständig. Da unterschiedliche technische Komponenten existieren, für die Informationen gesammelt werden müssen, gibt es auch unterschiedliche DataProvider-Typen. Zunächst unterscheidet man die DataProvider nach der Liefermethode. Demnach lassen sich DataProvider grob in zwei Arten einteilen:

- **Push-DataProvider**
  Push-Lieferanten liefern Daten von externen Quellen (zum Beispiel Daten, die von Diagnostics Agenten gesammelt werden, oder Daten aus dem Introscope Enterprise Manager) und senden sie an das SAP Solution Manager-System.
- **Pull-DataProvider**
  Pull-Lieferanten liefern Daten direkt vom SAP Solution Manager-System, oder die Daten werden von externen Komponenten erfragt und aktiv übermittelt.

Bevor wir Ihnen einen groben Überblick über den Prozess der Datenlieferung geben, stellen wir Ihnen die einzelnen DataProvider im Detail vor.

RFC Pull: ST-PI

Der DataProvider RFC Pull: ST-PI wird im SAP Solution Manager-System eingeplant (exakt ein Extraktor pro Satellitensystem). Mithilfe des RFC-Aufrufs sendet das SAP Solution Manager-System an das angeschlossene System die Liste mit allen Metriken, die gesammelt werden müssen. Danach werden diese Metriken lokal auf dem Satellitensystem über die Funktionsmodule gesammelt, die ein Teil des Solution Tools Plug-In (ST-PI) sind. Innerhalb dieses RFC-Aufrufs erhält das SAP Solution Manager-System die angeforderten Daten, wie in Abbildung 5.3 zu sehen ist.

Mithilfe dieses DataProviders werden beispielsweise folgende Daten gesammelt:

- Metriken aus dem lokalen CCMS des ABAP-Systems
- ABAP-Arbeitsprozessinformationen
- ABAP-Memory-Informationen

Abbildung 5.3 DataProvider – RFC Pull: ST-PI

RFC Pull: ST

Ähnlich wie beim ST-PI-DataProvider findet die Einplanung des ST-DataProviders in Form eines Extraktors im SAP Solution Manager-System statt. Der interne RFC-Aufruf erzwingt das lokale Sammeln von Metriken, das mithilfe von Funktionsmodulen realisiert wird, wie in Abbildung 5.4 dargestellt.

Mithilfe dieses DataProviders werden beispielsweise folgende Daten gesammelt:

- Daten aus der Konfigurations- und Änderungsdatenbank (CDDB, Configuration and Change Database), die über die End-to-End-Change-Analyse gewonnen werden
- Daten aus dem SAP EarlyWatch-Alert-Bericht

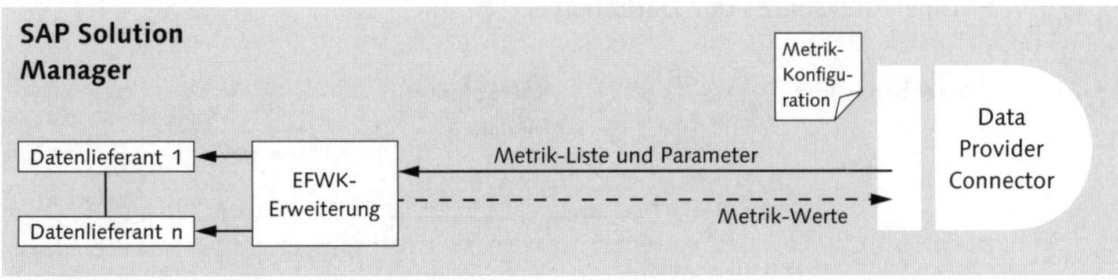

Abbildung 5.4 DataProvider – RFC Pull: ST

RFC Pull: ST-BW

Bei diesem DataProvider ruft das SAP Solution Manager-System die ABAP-Funktionsmodule auf, die dann die erforderlichen Informationen aus einem internen oder externen BW-System bzw. Mandanten ziehen (siehe Abbildung 5.5). Ein RFC aus dem Solution Manager an den angegebenen BW-Mandanten ist zuständig für das Sammeln der Daten aus den BW-InfoCubes.

Mithilfe dieses DataProviders werden beispielsweise folgende Daten gesammelt:

- Daten aus den InfoCubes für die End-to-End-Workload-Analyse
- Daten aus den InfoCubes für die End-to-End-Exception-Analyse

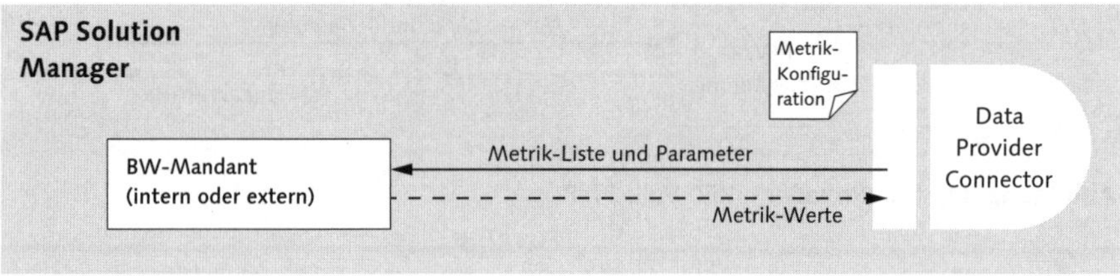

Abbildung 5.5 DataProvider – RFC Pull: ST-BW

RFC Pull: DBMS

Dieser DataProvider ist für die datenbankspezifischen Metriken zuständig. Pro Datenbank wird ein entsprechender Extraktor im SAP Solution Manager-System eingeplant. Ein Funktionsmodul, das mithilfe der ADBC-Verbindung (ABAP Database Connectivity) mit der Datenbank verbunden ist, extrahiert relevante DB-spezifische Daten (siehe Abbildung 5.6).

Mithilfe dieses DataProviders werden beispielsweise folgende Daten gesammelt:

- Backup-Status der Datenbank
- freie Tablespaces der Datenbank

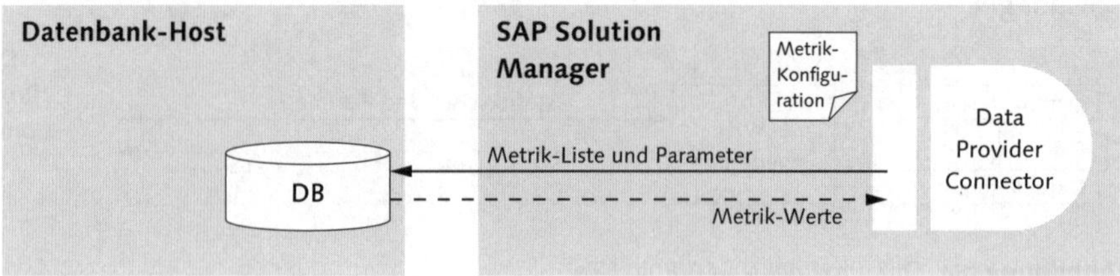

Abbildung 5.6 DataProvider – Pull DBMS

Push Introscope

Wie Abbildung 5.7 zeigt, werden die Metriken direkt im Introscope Enterprise Manager gesammelt. Welche Metriken für das Monitoring relevant sind und an das SAP Solution Manager-System gesendet werden sollen, wird in einer XML-Datei gespeichert. Diese Datei erhält der Diagnostics Agent, der auf dem Host des Introscope Enterprise Managers installiert ist. Die entsprechenden Metriken werden dann über einen Webservice an den Data Provider Connector weitergegeben.

Mithilfe dieses DataProviders werden beispielsweise folgende Daten gesammelt:

- J2EE-Metriken (Java 2 Platform, Enterprise Edition)
- SAP BusinessObjects-Metriken

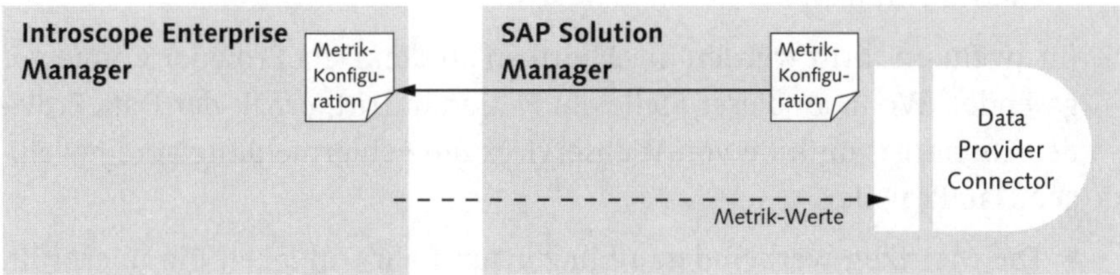

Abbildung 5.7 DataProvider – Push Introscope

Push Diagnostics Agent

Der Push Diagnostics Agent sammelt die Metriken lokal auf dem Host des Satellitensystems und sendet die Daten dann mithilfe des Webservice-Aufrufs an das SAP Solution Manager-System. Ähnlich wie beim Introscope-DataProvider erhält jeder Agent eine XML-Datei, wie in Abbildung 5.8 dargestellt. Diese Datei enthält die Liste der notwendigen Metriken, die gesammelt werden sollen.

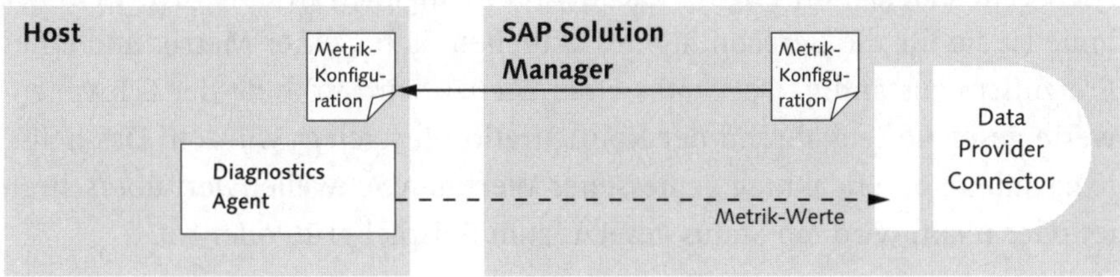

Abbildung 5.8 DataProvider – Push Diagnostics Agent

Mithilfe dieses DataProviders werden z.B. folgende Daten gesammelt:

- betriebssystemspezifische Daten vom Betriebssystemkollektor `SAPOSCOL` (siehe Abschnitt 2.2.1, »SAP-Host-Agent«)
- HTTP-URL-Ping/RFC-Ping einer ABAP-Instanz
- Prozessstatus in `sapstartsrv` (siehe ebenfalls Abschnitt 2.2.1)

Der Prozess der Datenlieferung besteht aus zwei Schritten.

1. Im ersten Schritt werden die Metriken gesammelt. Welche Metriken gesammelt werden, wird zentral im SAP Solution Manager konfiguriert. Folgende Kriterien können dabei genauer bestimmt werden:
   - DataProvider-Typ
   - Sammelintervall
   - Metrik-Parameter
2. Im zweiten Schritt werden die Metriken an den Data Provider Connector gesendet. Wenn an dieser Stelle ein Fehler auftritt, erhält der Data Provider Connector mithilfe von Webservices die Fehlermeldung vom jeweiligen DataProvider.
   - Die Metriken werden daraufhin zunächst auf Gültigkeit hin überprüft. Diejenigen Metriken, die in der zentralen Konfiguration dem System nicht bekannt sind, werden abgelehnt.
   - Im nächsten Schritt entscheidet der Data Provider Connector, ob die erhaltenen Metriken für das Reporting relevant sind, um sie dann im BW-Store ablegen zu können. Des Weiteren wird überprüft, ob die Metriken für das Monitoring und Alerting relevant sind. In solchen Fällen werden die Daten an die Alert Calculation Engine weitergeleitet.

5.3.3 Event Calculation Engine

Die Event Calculation Engine hat mehrere Aufgaben in der MAI. In erster Linie ist sie für die Berechnung des aktuellen Status einer Metrik und eines Ereignisses zuständig. Der Status einer Metrik wird mithilfe der Schwellenwerte gesetzt, die während der Konfiguration festgelegt wurden. Das heißt, je nachdem, ob ein aktuell gemessener Wert den Schwellenwert überschreitet oder nicht, wird ein Status gesetzt, zum Beispiel grün oder rot.

Darüber hinaus berechnet die Event Calculation Engine auch den Ereignisstatus, der sich aus den zugehörigen Metriken und Ereignisregeln zusammensetzt. Danach wird der berechnete Status von Metriken und Ereignissen in den Metrik- und Ereignis-Store geschrieben. Die Ereignisse werden im letzten Schritt dem Alert Consumer Connector zur Verfügung gestellt, der dann die Information an die entsprechenden Alert-Konsumenten weiterleitet.

Die Event Calculation Engine besteht aus einem Report, der im Hintergrund jede Minute ausgeführt wird. Dieser Hintergrundjob wird im Rahmen der Basiskonfiguration des SAP Solution Manager-Systems eingeplant (siehe Abschnitt »Schritt 5: Automatische Konfiguration« in Abschnitt 2.5.3, »Basiskonfiguration«).

Hinweis [«]

In früheren Releases des SAP Solution Managers wurde dieser Schritt im Setup des Work Centers TECHNISCHES MONITORING ausgeführt. Erst mit dem Support Package Stack 5 wurde die Einplanung in die Basiseinrichtung übernommen.

Nach der erfolgreichen Einplanung sollte dieser Job unter dem Namen `SAP_ALERT_CALCULATION_ENGINE` in der Übersicht der Hintergrundverarbeitung (Transaktion SM37) als eingeplant zu finden sein. Abbildung 5.9 zeigt die Ausführungen des Alert-Berechnungsjobs in Transaktion SM37.

Jobname	Spool	Job Dok	Job-Erstelle	Status	Startdatum	Startzeit	Dauer(sec.)	Verzögerung(sec.)
SAP_ALERT_CALCULATION_ENGINE			TEUBERL	fertig	21.12.2012	00:00:37	5	7
SAP_ALERT_CALCULATION_ENGINE			TEUBERL	fertig	21.12.2012	00:01:37	14	7
SAP_ALERT_CALCULATION_ENGINE			TEUBERL	fertig	21.12.2012	00:02:34	9	4
SAP_ALERT_CALCULATION_ENGINE			TEUBERL	fertig	21.12.2012	00:03:56	6	26
SAP_ALERT_CALCULATION_ENGINE			TEUBERL	fertig	21.12.2012	00:05:08	9	38
SAP_ALERT_CALCULATION_ENGINE			TEUBERL	fertig	21.12.2012	00:06:00	3	30
SAP_ALERT_CALCULATION_ENGINE			TEUBERL	fertig	21.12.2012	00:07:03	5	33
SAP_ALERT_CALCULATION_ENGINE			TEUBERL	fertig	21.12.2012	00:08:02	7	32
SAP_ALERT_CALCULATION_ENGINE			TEUBERL	fertig	21.12.2012	00:09:02	5	32
SAP_ALERT_CALCULATION_ENGINE			TEUBERL	fertig	21.12.2012	00:10:03	4	33
SAP_ALERT_CALCULATION_ENGINE			TEUBERL	fertig	21.12.2012	00:11:02	4	32
SAP_ALERT_CALCULATION_ENGINE			TEUBERL	fertig	21.12.2012	00:12:03	7	33
SAP_ALERT_CALCULATION_ENGINE			TEUBERL	fertig	21.12.2012	00:12:44	3	14
SAP_ALERT_CALCULATION_ENGINE			TEUBERL	fertig	21.12.2012	00:13:58	8	28

Abbildung 5.9 Alert-Berechnungsjob

Wurde ein Job nach einer Minute nicht beendet, wird parallel ein zweiter Job gestartet. Es können bis zu vier Hintergrundjobs gleichzeitig laufen.

Wie in Abschnitt »Schritt 5: Automatische Konfiguration« in Abschnitt 2.5.3, »Basiskonfiguration« beschrieben wurde, werden während der Basiskonfiguration auch weitere, für das technische Monitoring relevante Aktivitäten ausgeführt (siehe Abbildung 5.10).

Folgende Schritte sind für das technische Monitoring relevant:

- Selbst-Monitoring-Szenario anlegen
- DPC-Grundkonfiguration

- DPC-Konfiguration über Push an Wily senden
- Alert-Berechnungsjob anlegen
- Job zur Reorganisation der Metrikablage anlegen
- Job zur Reorganisation des Alert-Store anlegen
- Standard-Content-Auslieferung übernehmen

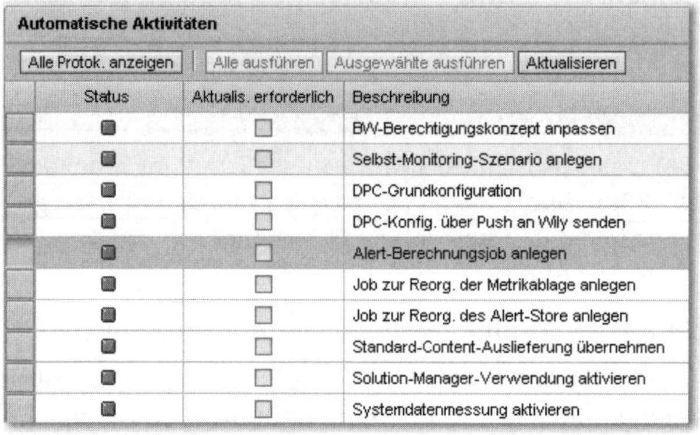

Abbildung 5.10 Automatische Aktivitäten – technisches Monitoring

Im Folgenden stellen wir Ihnen die einzelnen Elemente näher vor, die bei der Statusberechnung mit der Event Calculation Engine eine Rolle spielen, und erläutern Ihnen, wie diese miteinander in Zusammenhang stehen.

Metrik

Eine Metrik gehört immer einer Kategorie an und repräsentiert Messwerte, die dann das Ergebnis bilden. So enthält beispielsweise eine Verfügbarkeits-Metrik Daten über die Verfügbarkeit von Instanzen. Eine Metrik hat ihre eigenen Schwellenwerte, die den Status der Metrik anhand der gemessenen Werte bestimmen. Jede Metrik bildet eine unabhängige Einheit, die dementsprechend auch unabhängig ist und nicht durch andere Einflüsse wie weitere Metriken oder Ereignisse in ihrer eigenen Bewertung beeinflusst werden kann.

In Abbildung 5.11 sehen Sie zum Beispiel eine Metrik für die ABAP-Dialogantwortzeit. Im vorliegenden Beispiel liegt der aktuell gemessene Wert von 2.200 Millisekunden über dem definierten Schwellenwert von 2.000 Millisekunden zur ersten Warnung. Aufgrund dieser Überschreitung wird in der Event Calculation Engine ein gelber Status für diese Metrik berechnet und an den Alert-Konsumenten weitergeleitet.

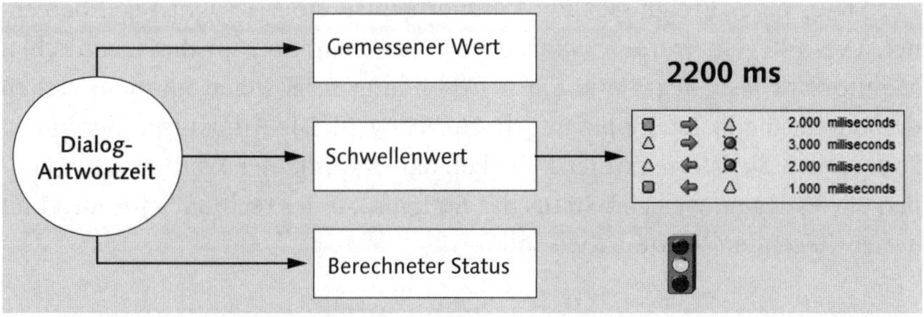

Abbildung 5.11 Dialogantwortzeit-Metrik

Je nach Schwellenwerttyp liefert die Metrik bestimmte Werte. Der numerische Typ ist dabei einer am häufigsten verwendeten Schwellenwerttypen im technischen Monitoring.

Ereignis

Ein *Ereignis* beschreibt eine Statusänderung, die eine Auswirkung auf das IT-Service-Management (ITSM) haben kann. Im technischen Monitoring wird ein Ereignis ausgelöst, wenn sich der Status eines verwalteten Objekts signifikant ändert. Eine solche Änderung wird mithilfe einer oder mehrerer Metriken festgestellt. Ein Ereignis wird immer einer Kategorie zugewiesen; der Status eines Ereignisses kann von mehreren Metriken oder anderen Ereignissen bestimmt werden (siehe Abbildung 5.12).

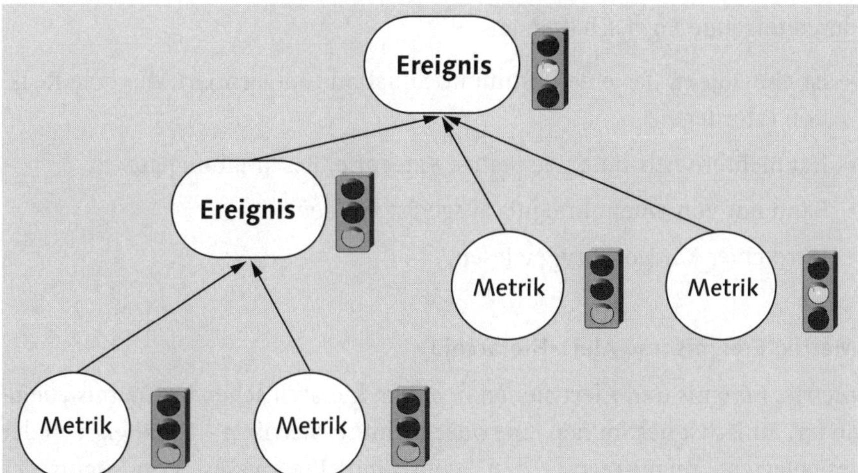

Abbildung 5.12 Monitoring-Ereignis

Der Status eines Ereignisses wird immer gemäß einer Ereignisregel berechnet. Diese Regeln werden während der Konfiguration im des technischen Monitorings festgelegt. Wie Sie in Abbildung 5.13 sehen können, stehen drei unterschiedliche Ereignisregeln zur Auswahl. Die Ampeln auf der linken Seite stellen die Werte zweier Metriken dar. Mithilfe der Konfiguration können Sie festlegen, welchen Status das Ereignis auf der rechten Seite aufgrund der vorliegenden Werte haben soll.

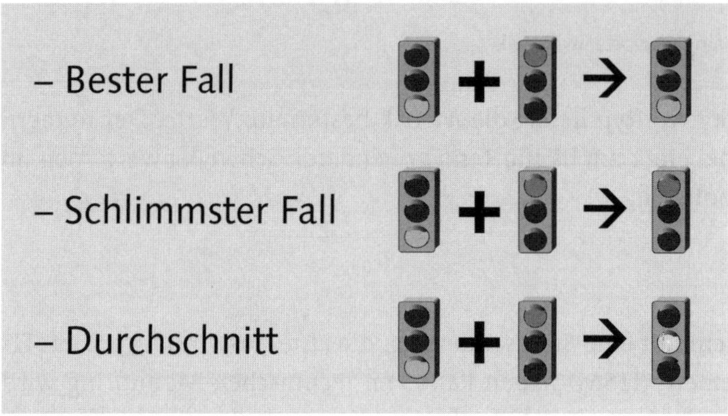

Abbildung 5.13 Ereignisregeln

Alert

Ein Alert tritt auf, sobald der Schwellenwert erreicht ist bzw. irgendetwas verändert wurde oder ein Fehler aufgetreten ist. Ein Alert zeichnet sich durch folgende Eigenschaften aus:

- Ist ein Objekt, das eine bestimmte Situation repräsentiert, die eine Reaktion erfordert.
- Hat mehrere Attribute wie Status, Kategorie, Beschreibung etc.
- Kann nur von einem Ereignis ausgelöst werden.
- Wird einer Kategorie zugewiesen.

Metrik, Ereignis und Alert-Hierarchie

Metrik, Ereignis und Alert stehen in einem hierarchischen Verhältnis zueinander. Zunächst bestimmen eine oder mehrere Metriken – abhängig von der festgelegten Ereignisregel – den Status eines Ereignisses. Vom Status des Ereignisses hängt es nun ab, ob ein Alert ausgelöst wird.

Am Beispiel der ABAP-Instanzenverfügbarkeit kann die Abhängigkeit in der Hierarchie gut verdeutlicht werden (siehe Abbildung 5.14). In diesem Beispiel besteht ein Ereignis aus drei Metriken, die Informationen über den Status und die Verfügbarkeit einer Instanz liefern. Standardmäßig wird hier eine Ereignisregel »Schlimmster Fall« angewendet, das heißt, wenn mindestens eine dieser Metriken als »nicht verfügbar« gemeldet wird, erhält das ganze Ereignis einen roten Status. Ein roter Status des Ereignisses hat wiederum zur Folge, dass ein Alert »ABAP-Instanz nicht verfügbar« im Alert-Eingang erscheint.

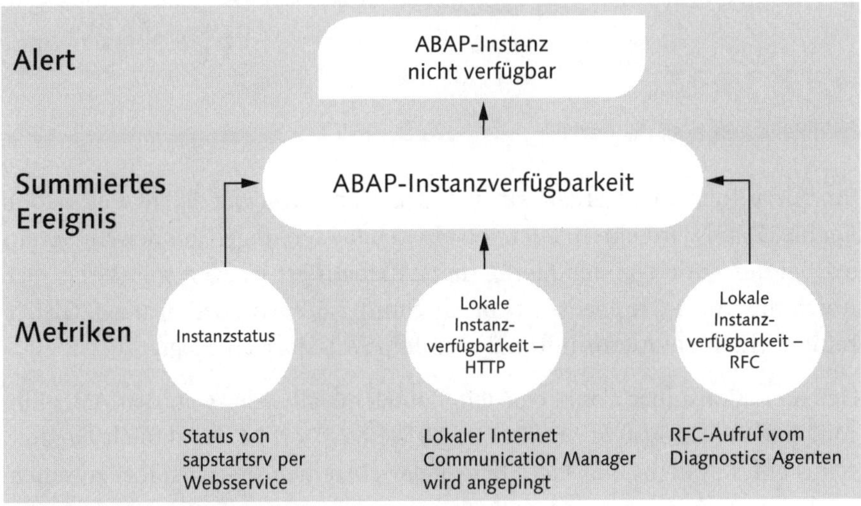

Abbildung 5.14 Metrik, Ereignis und Alert-Hierarchie

5.3.4 Alert Consumer Connector

Der SAP Solution Manager Release 7.1 und seine Infrastruktur stellen Ihnen verschiedene Alert-Methoden zur Verfügung. Außerdem können Sie unterschiedliche Alert-Konsumenten erreichen.

Neben dem zentralen Alert-Eingang, in dem alle Alerts aufgelistet werden und der ein Echtzeit-Monitoring-Tool als grafische Oberfläche besitzt, wird im Standard die Einrichtung einer automatischen Benachrichtigung mittels E-Mail oder SMS ermöglicht. Dank der Integration mit dem Service Desk steht Ihnen außerdem die automatische Generierung von Störungsmeldungen im Fall eines Alerts zur Verfügung. Des Weiteren können Alerts mithilfe der BAdI-Schnittstelle an Nicht-SAP-Alert-Konsumenten übergeben werden, wie in Abbildung 5.15 dargestellt.

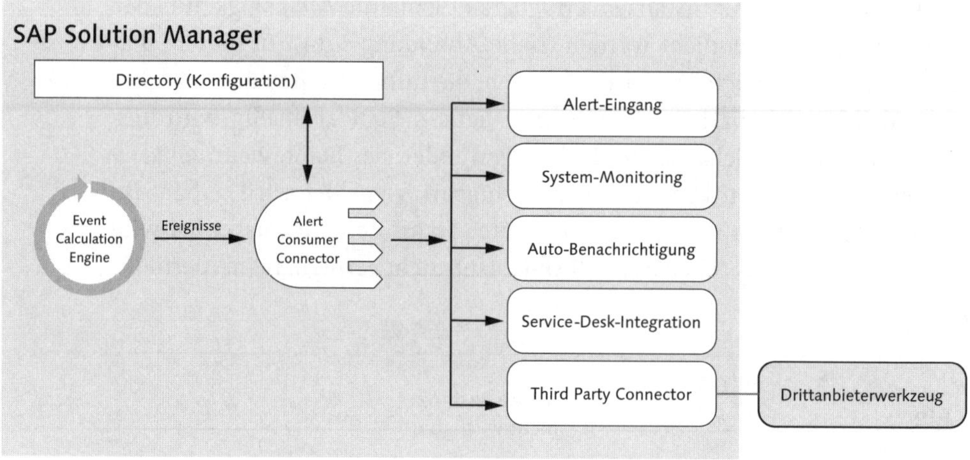

Abbildung 5.15 Alert-Konsument

Ein Alert-Konsument erhält ein neues Ereignis von der Event Calculation Engine. Dann wird entschieden, ob ein neuer Alert angelegt oder ein bereits existierender Alert in der Alert-Gruppe aktualisiert werden soll (siehe auch Abschnitt »Alert-Gruppensicht« in Abschnitt 5.5.2, »Alert-Eingang«). Gleichzeitig werden die Alert-Informationen im Alert-Store abgelegt.

Der Alert Consumer Connector leitet zunächst alle Alerts an den Alert-Eingang und an das System-Monitoring-UI weiter. Dort ist der aktuelle Gesamtstatus eines Systems oder der Status jeder einzelnen Metrik sofort zu sehen. Zusätzlich, wenn weitere Alert-Konsumenten konfiguriert wurden, leitet der Alert Consumer Connector Alerts an beliebige Konsumenten weiter, wie zum Beispiel an den zuständigen Mitarbeiter via E-Mail.

5.3.5 Vorlagenkonzept für das Monitoring von Systemkomponenten

Ein wesentlicher Bestandteil des technischen Monitorings ist das so genannte *Vorlagenkonzept*. Dieses Konzept erleichtert die Konfiguration des Monitorings wesentlich und bietet Ihnen die Möglichkeit, ein System in wenigen Schritten in das Monitoring aufzunehmen.

Zunächst stellt sich die Frage: Was ist eine Vorlage? Vorlagen werden automatisch mit dem Inhalt des technischen Monitorings mitgeliefert. Das heißt, dass diese Vorlagen im SAP Solution Manager 7.1 bereits im Standard enthalten sind. Eine Vorlage besteht aus den Best Practices und Standards von SAP für das Monitoring eines Systems. Genau genommen, ist eine Vorlage eine Sammlung von Metriken, die für ein spezielles Produkt verwendet werden können. Diese Metriken sind vorkonfiguriert, beinhalten bestimmte Schwellenwerte, haben bereits einen zugewiesenen DataProvider, gehören einer bestimmten Alert-Hierarchie an etc. Sie werden daher auch als *SAP-Standardvorlagen* bezeichnet.

Wenn Sie mit der Einrichtung des technischen Monitorings starten, werden Sie im Setup eine Reihe von SAP-Standardvorlagen vorfinden, die sofort verwendet werden können. Eine Vorlage gehört immer zu einer Kategorie, die eine Komponente abbildet, wie zum Beispiel eine Datenbank in der Systemlandschaft. Insgesamt gibt es vier Kategorien: Hosts, Datenbanken, technische Instanzen und technische Systeme. Gemeinsam bilden diese Kategorien ein technisches Szenario im System-Monitoring.

Jede Kategorie enthält SAP-Standardvorlagen, die ein bestimmtes Produkt repräsentieren, wie in Abbildung 5.16 zu sehen ist. In der Host-Kategorie sind dies beispielsweise unter anderem die SAP-Standardvorlagen für Microsoft Windows, Linux und Solaris. Dadurch hat der Administrator die Möglichkeit, ein Szenario mit nur drei Klicks zu aktivieren:

1. System auswählen
2. automatische Zuweisung von Vorlagen
3. Aktivierung der Vorlagen

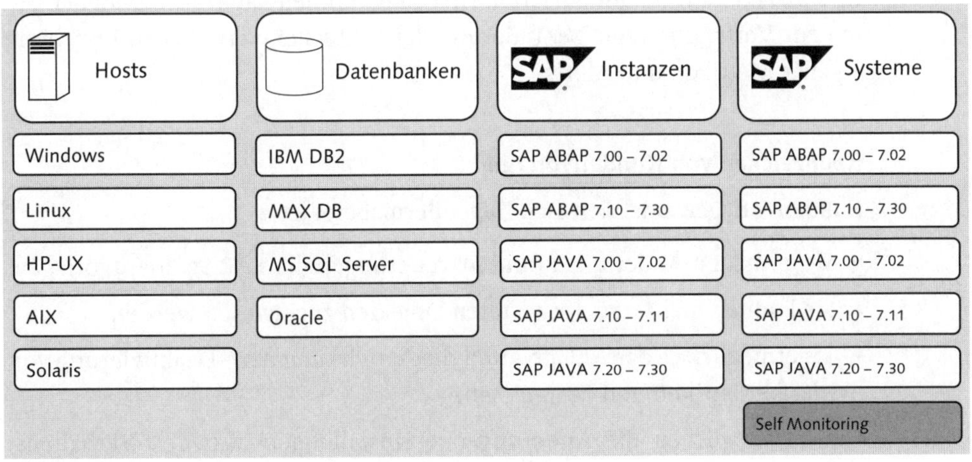

Abbildung 5.16 Kategorien für SAP-Standardvorlagen

Nachdem Sie ein relevantes System ausgewählt haben, werden die SAP-Standardvorlagen automatisch zugewiesen. Welche Vorlagen zugewiesen werden, hängt von den systemspezifischen Informationen in der Landscape

Management Database (LMDB) ab. Aus diesem Grund ist es wichtig, dass die Systeme in der LMDB korrekt gepflegt sind.

Die SAP-Standardvorlagen werden regelmäßig aktualisiert. Dies erfolgt automatisch mit dem Service Content Update, das von SAP bereitgestellt wird. Des Weiteren besteht die Möglichkeit, die Vorlagen zu transportieren, zum Beispiel aus einem SAP Solution Manager-Entwicklungssystem in das produktive System. Die SAP-Standardvorlagen im Originalzustand sind wenig flexibel, lassen sich aber problemlos anpassen bzw. erweitern, indem sie in Kundenvorlagen kopiert werden.

Kennzeichen von SAP-Standardvorlagen

SAP-Standardvorlagen zeichnen sich folgendermaßen aus:

- Sie werden automatisch von SAP bereitgestellt.
- Sie werden installierten Produktreleases eines verwalteten Objekts automatisch zugewiesen.
- Sie enthalten Standarddefinitionen für Alert, Metriken und Ereignisse.
- Sie enthalten Einstellungen für das Incident Management.
- Sie enthalten Einstellungen für die automatische Benachrichtigung.

Im Gegensatz zu einer Standardvorlage können Sie die Kundenvorlage nach Ihrem Wunsch frei konfigurieren. Hier stehen Ihnen nahezu alle Möglichkeiten zur Verfügung: von Veränderung der Schwellenwerte bis zu Erstellung eigener Metriken und Alerts.

Kennzeichen von Kundenvorlagen

Kundenvorlagen zeichnen sich folgendermaßen aus:

- Sie enthalten Änderungen und Erweiterungen der SAP-Standardvorlagen.
- Sie können mehreren verwalteten Objekten zugewiesen werden.
- Sie ermöglichen das Anlegen und die Aktivierung bzw. Deaktivierung von Alerts, Metriken und Ereignissen.
- Sie ermöglichen die Änderung der Einstellungen des Alert-Verhaltens, wie zum Beispiel automatische Benachrichtigung.
- Sie ermöglichen die Änderung der Schwellenwerte.
- Sie ermöglichen die Änderung des Textes bzw. das Hinzufügen der Links für die Analyse.

Mithilfe der Vorlagenverwaltung können Sie beliebig viele Kundenvorlagen erstellen. Abhängig vom Konzept, das Sie anwenden, kann zum Beispiel entweder eine Vorlage für mehrere Systeme wiederverwendet oder es können unterschiedliche Versionen einer Vorlage demselben System zugewiesen werden (zum Beispiel Entwicklungs- und Produktionssystem). Sind demnach in Ihrer Systemlandschaft dieselben Komponenten mehrmals vertreten, wie zum Beispiel ABAP-Systeme mit derselben ABAP-Version, können Sie theoretisch eine Vorlage für all diese Systeme im Monitoring anwenden.

Vorlagenhierarchie

Die Vorlagen sind hierarchisch angeordnet, wie Sie in Abbildung 5.17 sehen können.

Die erste Ebene der Hierarchie bilden die SAP-Standardvorlagen, die mit einem geringen Aufwand aktiviert werden können. Um die Vorlage entsprechend den Anforderungen anpassen zu können, müssen Sie zunächst eine Kundenvorlage erstellen, die in Wirklichkeit nichts anderes ist als eine Kopie der Standardvorlage. Diese Kundenvorlagen bilden die zweite Ebene in der Hierarchie.

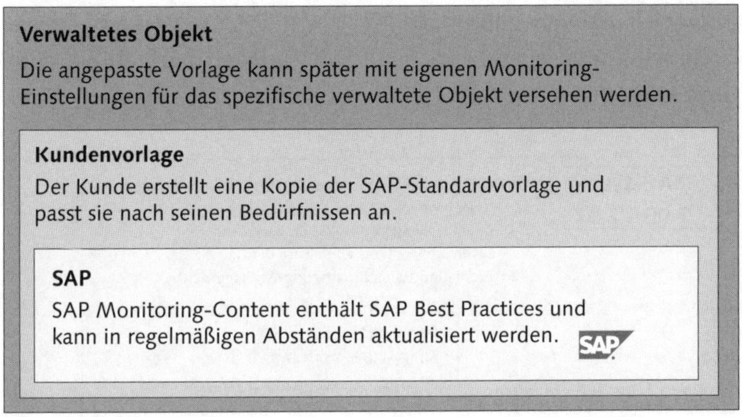

Abbildung 5.17 Vorlagenhierarchie

Auf der dritten Hierarchieebene steht Ihnen eine weitere Möglichkeit für die Anpassung zur Verfügung. Nachdem Sie die erstellten Kundenvorlagen dem gewünschten System zugewiesen haben, können Sie diese vor der Aktivierung nochmals verändern. Die Einstellungen, die Sie auf dieser dritten Ebene vornehmen, gelten nur für das ausgesuchte verwaltete Objekt. Mit anderen Worten: Die Originaleinstellungen aus der Kundenvorlage werden überschrieben, sind aber nur bei dem ausgewählten Objekt sichtbar.

So kann die Konfiguration für ein AS ABAP-System in einer Systemlandschaft mit einem Entwicklungs- und einem Produktionssystem folgendermaßen aussehen (siehe Abbildung 5.18):

- Kopieren einer SAP-Standardvorlage in eine Kundenvorlage
- Eine Kundenvorlage enthält die Konfiguration für Entwicklungssysteme:
  - Monitoring von kritischen Alerts und Systemausnahmen
  - höhere Schwellenwerte
  - Service-Desk-Integration deaktiviert
- Eine andere Kundenvorlage wird für produktive Systeme angelegt:
  - Aktivierung aller Metriken
  - niedrigere Schwellenwerte
  - Verwendung der Service-Desk-Integration
  - Einschalten der automatischen Benachrichtigung

Das Beispiel in Abbildung 5.18 zeigt nur grob, wie die konzeptionelle Erstellung der Vorlagen aussehen könnte. In Abschnitt 5.4.4, »Vorlagenverwaltung«, erklären wir Ihnen ausführlich, wie Sie Vorlagen nach Ihren Wünschen gestalten können.

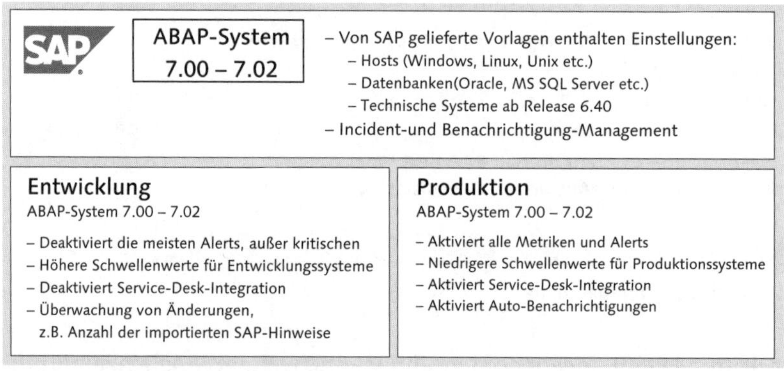

Abbildung 5.18 Vorlagenkonzept

Zusätzlich zu der bereits beschriebenen Vorlagenhierarchie existiert eine weitere Struktur mit drei Ebenen, die für die Konfiguration von Vorlagen verwendet werden kann. Hier können Sie Konfigurationen für die folgenden speziellen Anwendungsfälle vornehmen:

- Incidents
- Benachrichtigungen
- Drittanbieterkomponenten
- Arbeitsmodi

Diese Anwendungsfälle können auf folgenden Ebenen konfiguriert werden:

- **Globale Einstellungen**
  Globale Einstellungen werden über die Transaktion SOLMAN_SETUP • WORK CENTER TECHNISCHES MONITORING • SYSTEM-MONITORING • INFRASTRUKTUR KONFIGURIEREN konfiguriert. Sie werden als Standardwerte verwendet, wenn keine spezifischen Einstellungen auf der Vorlagen- bzw. Alert-Ebene festgelegt sind.
- **Vorlageneinstellungen**
  Vorlageneinstellungen bilden die zweite Ebene. Die Einstellungen werden direkt in der Vorlage vorgenommen. Somit überschreiben diese Einstellungen die globalen Einträge.
- **Alert-Einstellungen**
  Alert-Einstellungen bilden die dritte Ebene und sind auf dem Karteireiter ALARME in einer Vorlage zu finden. Diese Prozedur überschreibt sowohl globale als auch vorlagenspezifische Einstellungen. Eine ausführliche Beschreibung der Vorlagenverwaltung finden Sie in Abschnitt 5.4.4, »Vorlagenverwaltung«.

5.4 Konfiguration des technischen Monitorings

Nachdem Sie alle notwendigen Voraussetzungen geschaffen haben, also unter anderem die Basiskonfiguration ausgeführt, relevante Systeme angeschlossen und Diagnostics Agenten installiert haben, können Sie mit der Konfiguration des technischen Monitorings beginnen.

Ausgangspunkt der Konfiguration ist das Work Center KONFIGURATION DES SAP SOLUTION MANAGERS (Transaktion SOLMAN_SETUP). Klicken Sie im Navigationsbereich auf TECHNISCHES MONITORING, und wählen Sie aus der Auswahl auf der linken Seite den Radiobutton SYSTEM-MONITORING aus.

5.4.1 Übersicht

Der erste Schritt Übersicht ist die Einstiegsseite für die Konfiguration des System-Monitorings (siehe Abbildung 5.19). Zum System-Monitoring zählt das Monitoring von technischen Systemen sowie von Datenbanken und Hosts. Die Farben der Statussymbole repräsentieren den aktuellen Konfigurationszustand der Monitoring-Infrastruktur. Auf der rechten Seite im Bereich Übersicht können Sie über die Links entweder zum nächsten Schritt gelangen, um die Konfiguration der Infrastruktur zu überprüfen bzw. zu ändern, oder zum Einstieg der System-Monitoring-Konfiguration für das technische Szenario (System, DB, Host) abspringen.

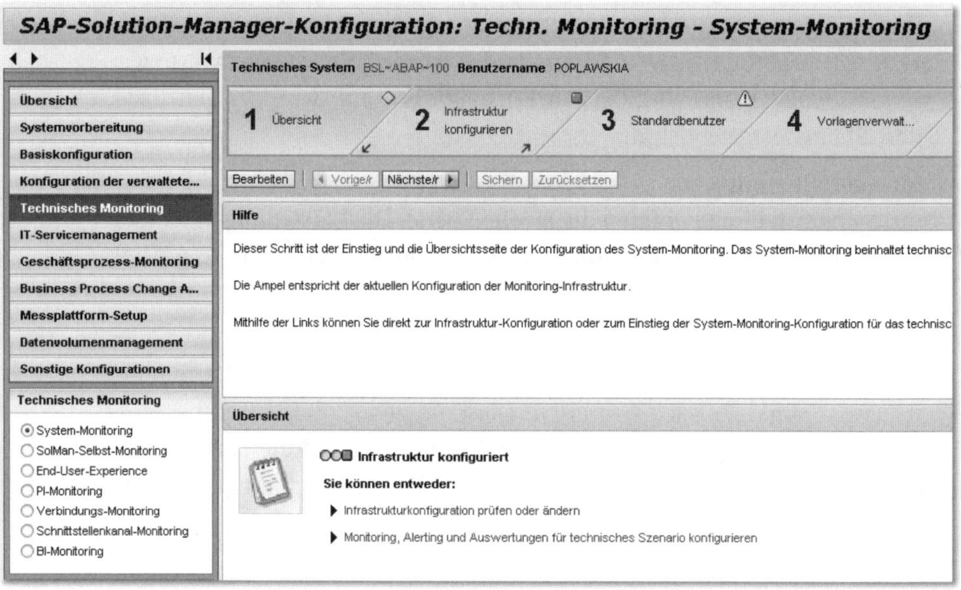

Abbildung 5.19 Technisches Monitoring – Setup – Übersicht

5.4.2 Infrastruktur konfigurieren

Im nächsten Konfigurationsabschnitt Infrastruktur konfigurieren wird in mehreren Schritten die initiale Grundkonfiguration des Monitorings umgesetzt. Im Bereich Schritte erhalten Sie einen Überblick über die einzelnen Schritte dieses Konfigurationsabschnitts (siehe Abbildung 5.20). Folgende Schritte werden hier konfiguriert:

- Voraussetzungen prüfen
- Manuelle Konfiguration
- Standardeinstellungen

- Auswertungen – Einstellungen
- Periodische Aufgaben
- Arbeitsmoduseinstellungen
- Content aktualisieren

Um in einen Unterpunkt abzuspringen, können Sie entweder auf den jeweiligen Schritt in der Navigationsleiste klicken oder ihn im Bereich SCHRITTE direkt auswählen. Wir empfehlen Ihnen, bei der ersten Konfiguration keine Schritte zu überspringen und die Navigation mittels der Buttons VORIGE/R oder NÄCHSTE/R vorzunehmen.

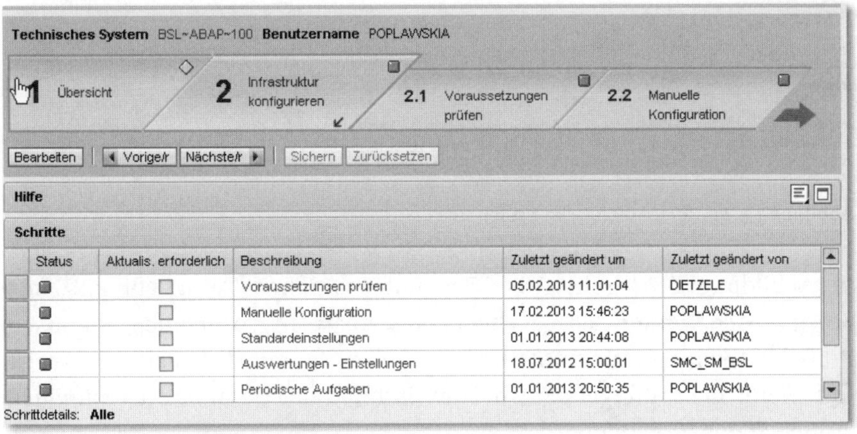

Abbildung 5.20 Infrastruktur konfigurieren

Voraussetzungen überprüfen

In diesem Schritt prüft das System, ob die Voraussetzungen für die Konfiguration der Infrastruktur erfüllt sind. Im Bereich AUTOMATISCHE AKTIVITÄTEN, der in Abbildung 5.21 dargestellt ist, werden die auszuführenden Schritte angezeigt. Sie können entweder alle Schritte gleichzeitig ausführen lassen oder nur den ausgewählten Schritt.

Um die notwendigen Aktivitäten ausführen zu können, müssen Sie zunächst in den Bearbeitungsmodus wechseln. Klicken Sie dazu auf den Button BEARBEITEN und anschließend auf ALLE AUSFÜHREN. Nach dem Beenden der Checks sehen Sie in der ersten Spalte den gesetzten Status.

Wie Sie in Abbildung 5.21 sehen, können Sie jederzeit die Protokolle aller bisherigen Konfigurationsschritte und deren Status anschauen, indem Sie auf ALLE PROTOK. ANZEIGEN klicken.

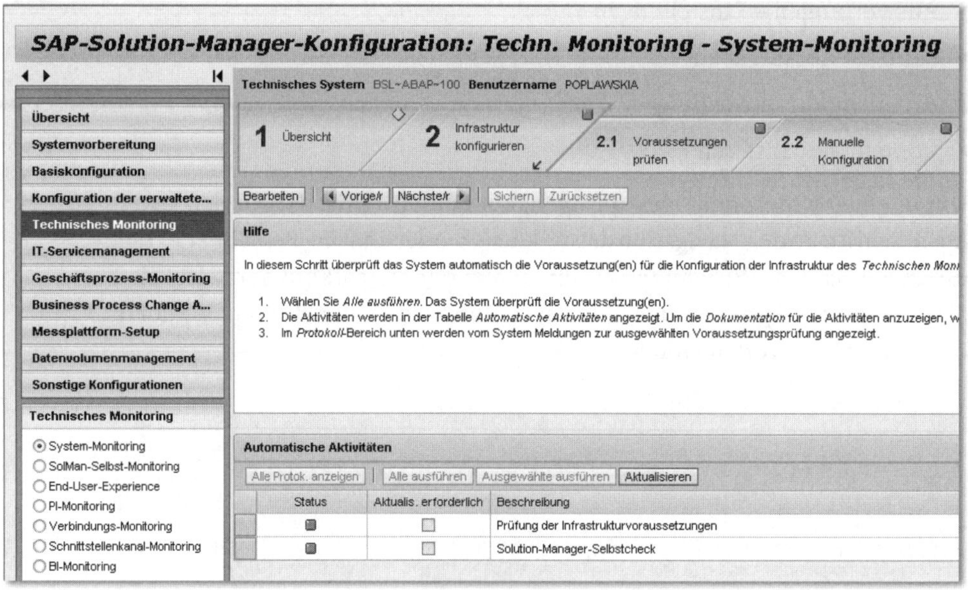

Abbildung 5.21 Voraussetzungen prüfen

In Abbildung 5.22 sehen Sie Detailinformationen zu jedem einzelnen Schritt. Hier können Sie gegebenenfalls Analysen vornehmen, wenn ein Prüfschritt keinen grünen Status hat. Fahren Sie mit dem nächsten Schritt fort, wenn alle Prüfergebnisse positiv sind und der Gesamtstatus mit einem grünen Status bestätigt wird.

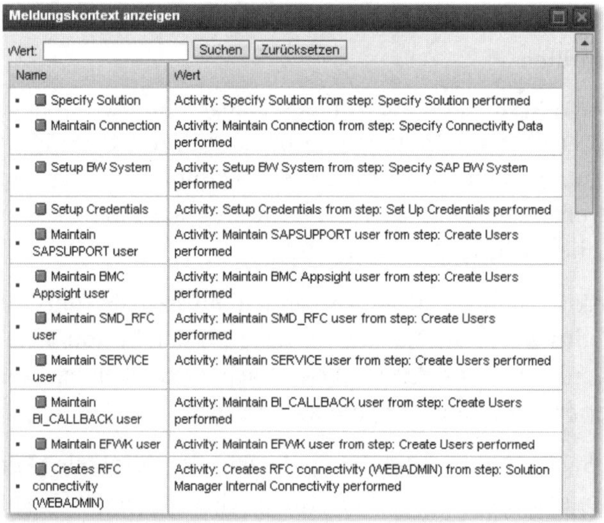

Abbildung 5.22 Voraussetzungen prüfen – Details

Manuelle Konfiguration

In der manuellen Einrichtung entscheiden Sie selbst, welche Konfigurationsaktivitäten und erweiterten Konfigurationsoptionen für Ihr Szenario relevant sind. In der Spalte BESCHREIBUNG (siehe Abbildung 5.23) sehen Sie in Klammern, welche dieser Schritte optional sind. Verfügbare manuelle Aktivitäten sind.

- Agenten-Framework (optional)
- Extraktor-Framework (optional)
- Alerting-Framework (optional)
- Anpassung von Content

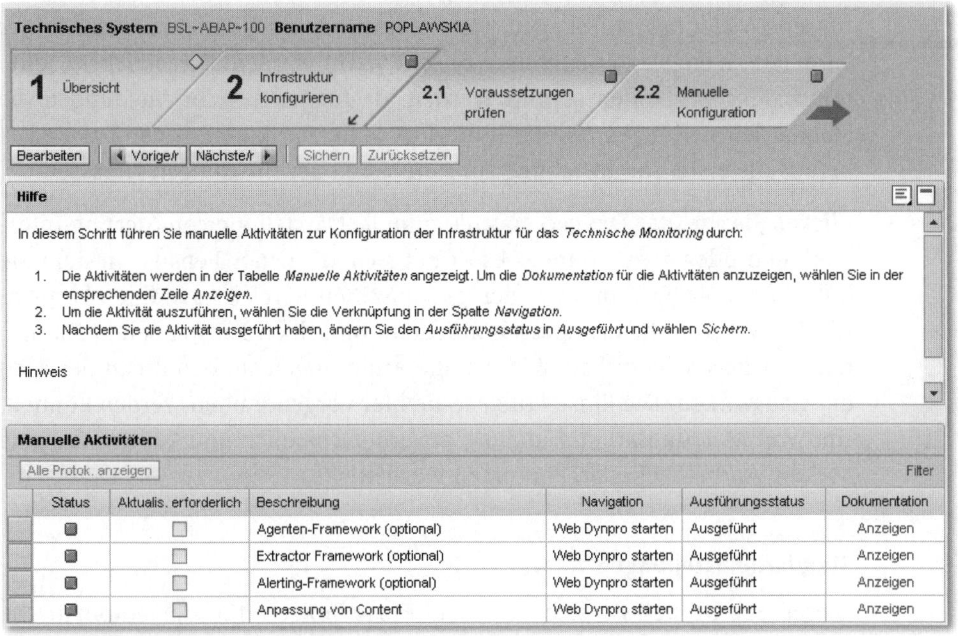

Abbildung 5.23 Manuelle Konfiguration

Die ersten drei Schritte enthalten zusätzliche Konfigurationsmöglichkeiten, die Sie in einem separaten Fenster vornehmen können, wenn Sie auf den jeweiligen Link WEB DYNPRO STARTEN klicken.

Unserer Erfahrung nach sind hier in der Regel keine manuellen Aktivitäten notwendig. Dennoch ist es ratsam, an dieser Stelle die genannten Schritte auszuführen, um sicherzustellen, dass alles richtig konfiguriert wurde. Die Anwendung dieser Aktivitäten finden Sie in Tabelle 5.1.

Konfigurationsschritt	Verwendung
Agenten-Framework	Anzeigen des aktuellen Status von installierten Diagnostics Agenten und gegebenenfalls Änderung der Rollenzuordnung von Agenten
Extraktor-Framework	Verwaltung eingeplanter Extraktoren
Alerting-Framework	Übersicht aller Data-Provider-Collector-Extraktoren

Tabelle 5.1 Technisches Monitoring – manuelle Konfiguration

Im letzten manuellen Schritt Anpassung von Content können Sie die Darstellung von Analyse-Reports, E-Mails, Incident-Meldungen und SMS für das Alerting bereits grundlegend konfigurieren. So können Sie beispielsweise für jede Meldungsart festlegen, welche Informationsbausteine später in der automatisch angelegten Meldung zu sehen sein werden. Dieser Schritt sollte mindestens von Ihnen geprüft werden, da für jede dieser Meldungen die Standardeinstellungen bereits hinterlegt sind. Sie können hier bei Bedarf bereits die erste Voreinstellung zum Aussehen der Meldungen anpassen.

Klicken Sie auf Web Dynpro starten, um die Darstellung von Alerting-Informationen pflegen zu können. Es öffnet sich ein neues Fenster, in dem Sie links in der Navigationsleiste den gewünschten Bereich auswählen können, für den Sie die Inhalte anpassen möchten. Im selben Fenster sehen Sie mithilfe der Beispielvorschau, wie sich die Änderungen auf den Inhalt der Meldung auswirken. Die Einstellungen, die hier vorgenommen werden können, sind von Meldungsart zu Meldungsart unterschiedlich und können für jede Meldungsart einzeln vorgenommen werden.

Standardeinstellungen

Dieser Schritt befasst sich mit den Einstellungen für die automatische Benachrichtigung im technischen Monitoring. Hier können Sie die Standardeinstellungen festlegen, die für alle Monitoring-Vorlagen gültig sind. In diesem Schritt werden die globalen Einstellungen für die automatischen Benachrichtigungen bzw. Meldungen konfiguriert, die in Abschnitt 5.3.5, »Vorlagenkonzept für das Monitoring von Systemkomponenten«, erläutert wurden.

Dieser Schritt besteht aus vier Karteireitern: Zusammenfassung, Meldungen, Benachrichtigungen und Drittanbieterkomponenten. Auf dem Karteireiter Zusammenfassung können Sie entscheiden, welche von den verfügbaren Benachrichtigungskanälen aktiv verwendet werden sollen (siehe Abbildung 5.24). Um die Optionen auswählen zu können, müssen Sie sich im Bearbeitungsmodus befinden. Wenn Sie sich für die Option AKTIV entscheiden, wird in diesem Fall die Meldung bzw. die Benachrichtigung anhand eines Alerts automatisch erstellt. Wenn Sie diese Funktion deaktivieren, können Sie die Meldung später manuell direkt im Alert-Eingang anlegen.

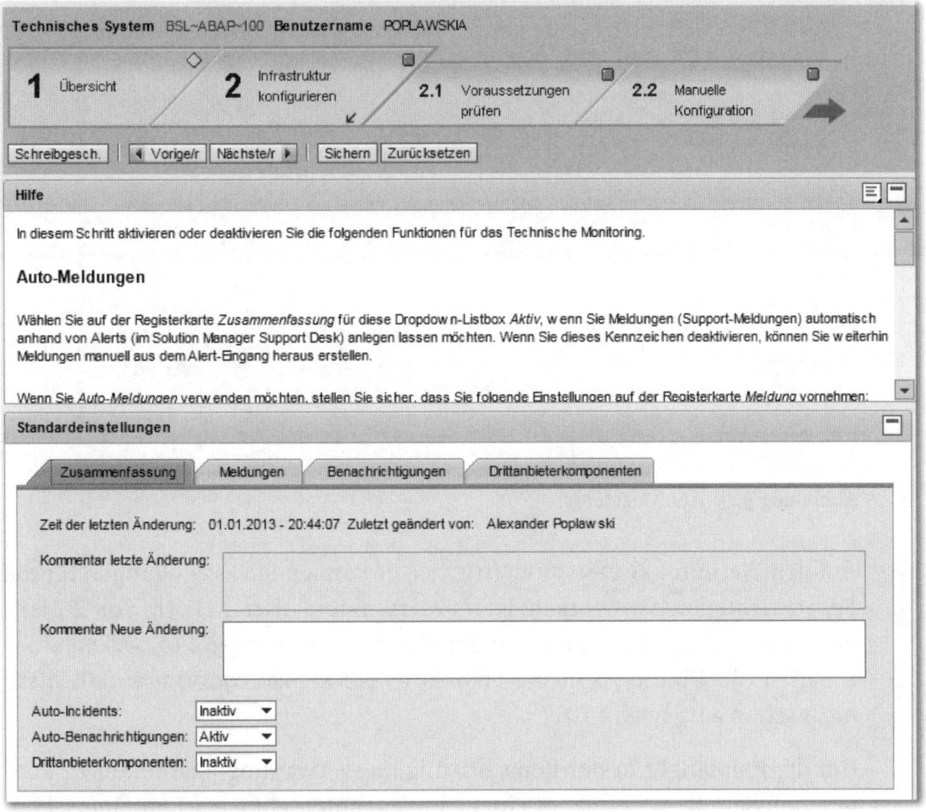

Abbildung 5.24 Standardeinstellungen – Zusammenfassung

Wenn Sie sich für Auto-Incidents entscheiden, müssen Sie auf dem nächsten Karteireiter MELDUNGEN folgende Standardeinstellungen vornehmen (siehe Abbildung 5.25).

Damit Sie die gewünschten Einstellungen setzen können, müssen Sie zunächst im Feld AUTO-INCIDENTS die Option AKTIV auswählen, falls dies nicht schon geschehen ist. Dann können Sie festlegen, welcher Support-Komponente die erstellte Meldung zugeordnet werden soll. Öffnen Sie dazu die Wertehilfe im Feld ZUGEORDNETE SUPPORT-KOMPONENTE. In dem Pop-up-Fenster erscheint die Liste aller verfügbaren Support-Komponenten. Des Weiteren muss eine passende CRM-VORGANGSART zugewiesen werden, zum Beispiel STÖRUNG (IT SERVICEMANAGEMENT). Wenn beim Schließen einer Meldung auch der entsprechende Alert geschlossen werden soll, müssen Sie die Checkbox im Feld INCIDENT-BESTÄTIGUNG SCHLIEẞT ALERT aktivieren.

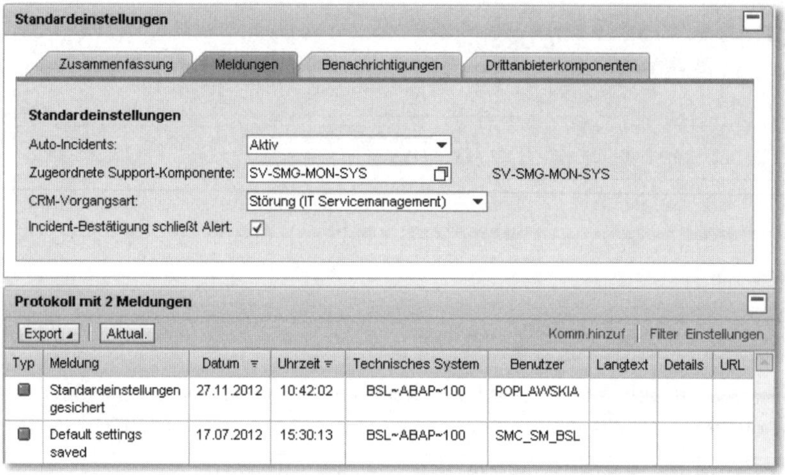

Abbildung 5.25 Auto-Incidents

Auf dem Karteireiter BENACHRICHTIGUNGEN können Sie Einstellungen für die Benachrichtigung vornehmen, wenn Alerts automatisch in Form von E-Mails oder SMS versendet werden sollen (siehe Abbildung 5.26). Wählen Sie zunächst die Option AKTIV im Feld AUTO-BENACHRICHTIGUNGEN, falls diese nicht schon ausgewählt ist.

Um die Empfänger in der Benachrichtigungsverwaltung bearbeiten zu können, müssen diese bereits in einem so genannten globalen Empfänger-Pool vorhanden sein. Dieser Empfänger-Pool enthält die Namen aller Benutzer, die unter anderem im technischen Monitoring für die automatische Benachrichtigung verwendet werden können. Um einen Benutzer zu diesem Empfänger-Pool hinzuzufügen, klicken Sie unten auf den Link MEINE BENACHRICHTIGUNGSEINSTELLUNGEN. Im Folgenden Pop-up-Fenster bestätigen Sie die Frage mit einem Klick auf JA. Danach wird Ihr Benutzer diesem Pool hinzugefügt und steht für die Auswahl zur Verfügung. Dieser Pool aller verfügbaren Benutzer kann über den Button GLOBALE EMPFÄNGER PFLEGEN aufgerufen werden. In dieser Sicht können die Benachrichtigungseinstellungen der Empfänger angeschaut bzw. geändert werden. Zusätzlich besteht die Möglichkeit, weitere Empfänger hinzuzufügen.

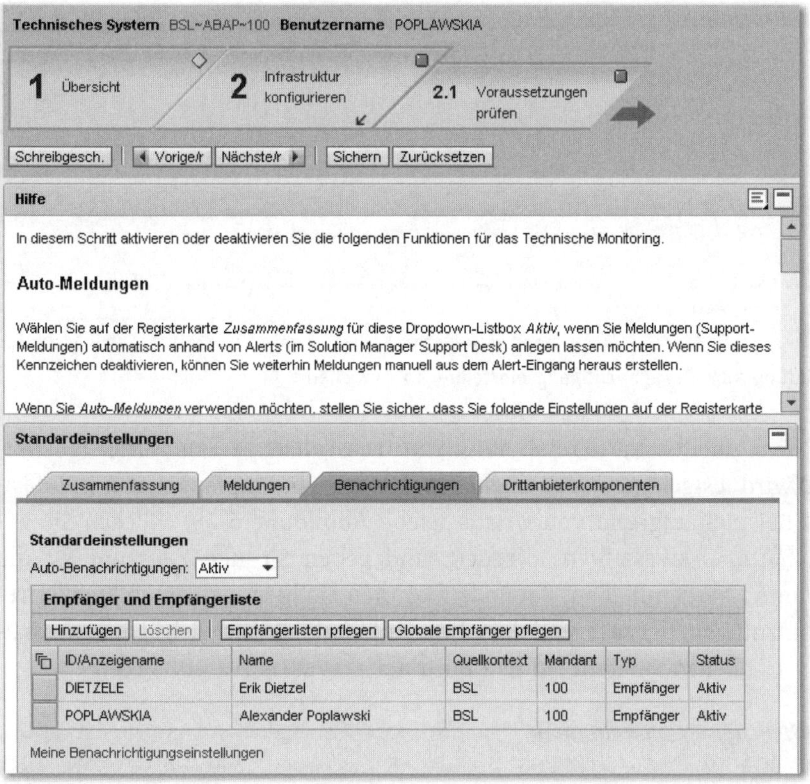

Abbildung 5.26 Auto-Benachrichtigungen

Danach können Sie für Ihren eigenen Benutzer benachrichtigungsrelevante Einstellungen pflegen, wie in Abbildung 5.27 auf dem Karteireiter Bei Anwesenheit (im Dienst) zu sehen ist. Im Feld Status legen Sie fest, ob der Benutzer als Empfänger zur Verfügung stehen soll oder nicht. Alternativ kann die Option An Vertreter weiterleiten ausgewählt werden. In diesem Fall wird die Nachricht an einen Stellvertreter weitergeleitet. Dies ist zum Beispiel dann sinnvoll, wenn der Empfänger länger abwesend ist. Neben dem Status kann auch die Zeitzone ausgewählt werden, in der Sie sich befinden.

Des Weiteren können Sie entscheiden, was an regulären Arbeitstagen und Standardabwesenheiten wie Feiertagen und Wochenenden geschehen soll. Hier können Sie mithilfe des Fabrikkalenders und des Feiertagskalenders genau bestimmen, an welchen Tagen und in welchem Zeitraum Alerts an Empfänger versendet werden. Umgekehrt können Sie auch Tage als arbeitsfreie Tage definieren.

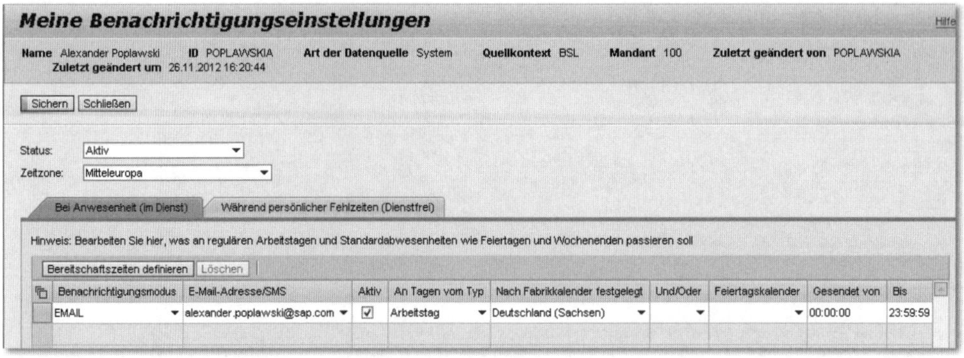

Abbildung 5.27 Benachrichtigungseinstellungen – im Dienst

Auf dem zweiten Karteireiter WÄHREND PERSÖNLICHER FEHLZEITEN (DIENSTFREI) wird festgelegt, was geschehen soll, wenn ein Empfänger abwesend ist, zum Beispiel aufgrund von Urlaub (siehe Abbildung 5.28). Klicken Sie auf den Button ABWESENHEIT ANLEGEN, und geben Sie den Zeitraum für die geplante Abwesenheit an. Bei Bedarf können Sie hier auch einen Stellvertreter hinzufügen, der während der Abwesenheit die Benachrichtigungen erhalten soll. Klicken Sie dazu auf den Button STELLVERTRETER HINZUFGN.

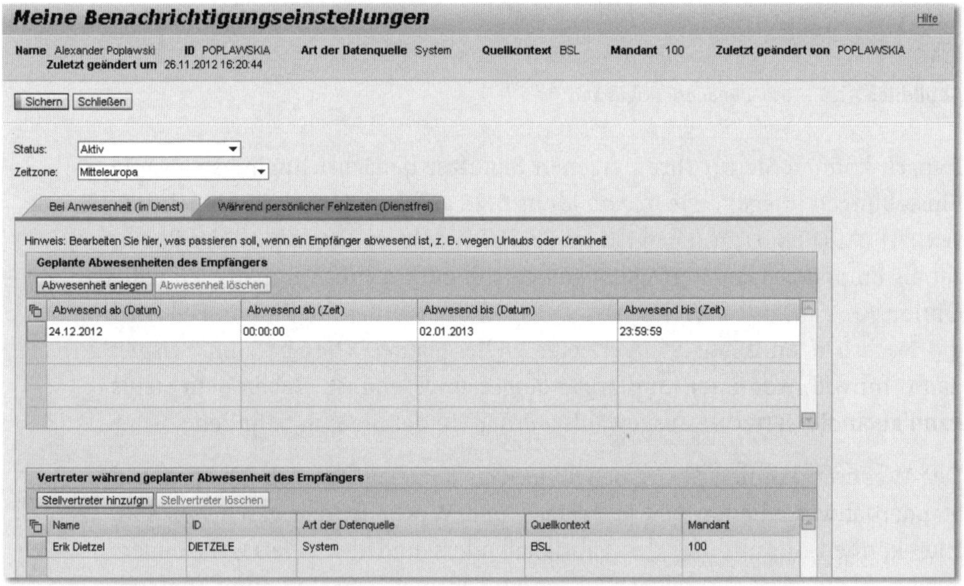

Abbildung 5.28 Benachrichtigungseinstellungen – dienstfrei

Zusätzlich besteht die Möglichkeit, einzelne Empfänger zu einer Empfängerliste zusammenzufassen. So können Sie zum Beispiel Teams abbilden, die für komplette Bereiche oder Komponenten zuständig sind. Wählen Sie den Karteireiter BENACHRICHTIGUNGEN aus, und klicken Sie auf den Button EMPFÄNGERLISTEN PFLEGEN. In Abbildung 5.29 sehen Sie ein Beispiel von Empfängerlisten, die bearbeitet werden können. Über den Button ANLEGEN können Sie außerdem neue Empfängerlisten hinzufügen.

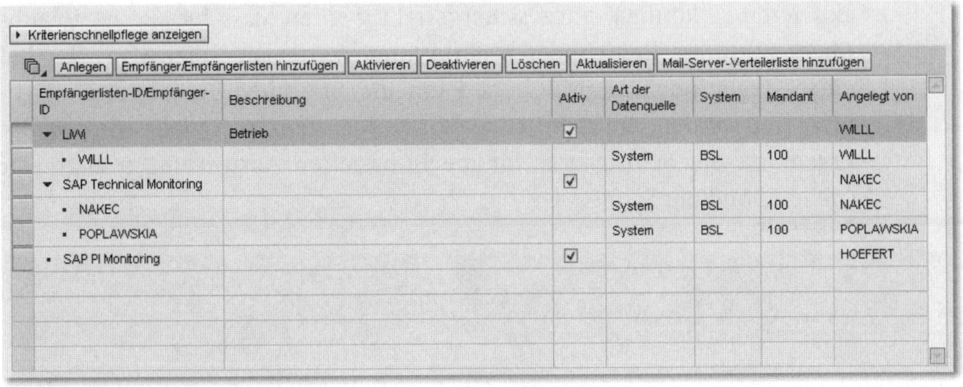

Abbildung 5.29 Empfängerlisten

Abschließend können Sie dann die erstellten Empfänger bzw. Empfängerlisten in dem Karteireiter BENACHRICHTIGUNGEN durch einen Klick auf den Button HINZUFÜGEN ergänzen und als Standardeinstellung für die Benachrichtigung verwenden.

Der SAP Solution Manager 7.1 bietet Ihnen mithilfe der BAdI-Schnittstelle die Möglichkeit, Nicht-SAP-Produkte im Work Center TECHNISCHES MONITORING zu verwenden. Auf diese Weise können Sie weitere Alert-Konsumenten implementieren, die nicht im Standard enthalten sind. So können beispielsweise die Störungsmeldungen im Drittanbieter-Tool erzeugt oder Alerts an eine Konsole übergeben werden. Auf dem Karteireiter DRITTANBIETERKOMPONENTEN können Sie die Verwendung von Drittanbieterkomponenten aktivieren. Des Weiteren spezifizieren Sie in dieser Sicht den Drittanbieterkonnektor und den Umfangsfilter für die hinzugefügte Alert-Reaktion.

Hinweis [«]

Für die Implementierung einer Drittanbieterkomponente mithilfe der BAdI-Schnittstelle sind Experten-Entwicklungskenntnisse erforderlich. Zusätzliche Informationen finden Sie unter *http://wiki.sdn.sap.com/wiki/display/TechOps/System+Monitoring+-++Home*.

Auswertungen-Einstellungen

Die Informationen, die während des Monitorings gesammelt werden, können auch im Hinblick auf eine Auswertung der vergangenen Werte aufbereitet werden. Dazu sind im SAP Solution Manager weitere Konfigurationsschritte für die Auswertungen notwendig. Ein solcher Schritt ist die Überprüfung der *Health-Checks*, die den Zustand des Systems analysieren.

Um den BI-Content für das Business Warehouse des SAP Solution Managers aktivieren zu können, muss sichergestellt werden, dass für alle im Health-Check geprüften Komponenten ein grüner STATUS angezeigt wird. Nur bei einem fehlerfreien Health-Check kann die BI-Content-Aktivierung vorgenommen werden. Im Schritt AUSWERTUNGEN-EINSTELLUNGEN werden die Ergebnisse des Selbstchecks für die BI-basierten Auswertungen angezeigt (siehe Abbildung 5.30).

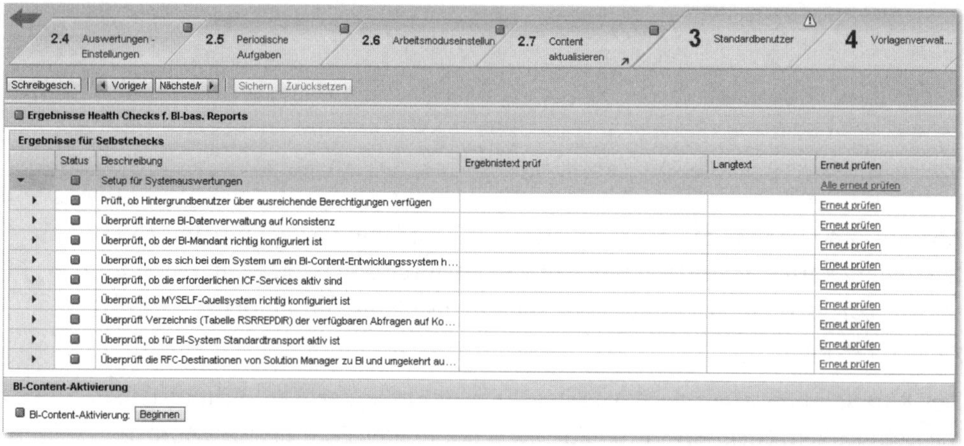

Abbildung 5.30 Auswertungen – Einstellungen

Jede Zeile im unteren Teil ERGEBNISSE FÜR SELBSTCHECKS hat einen eigenen Status. Falls Probleme bei der Überprüfung aufgetreten sind, wird ein rotes Statussymbol angezeigt. In der Spalte BESCHREIBUNG wird angegeben, welche Bereiche geprüft wurden. Die Spalte LANGTEXT enthält weitere Details zu Ursache und Lösung des gemeldeten Problems.

Haben alle Checks einen grünen Status, können Sie den BI-Content aktivieren, indem Sie auf den Button BEGINNEN klicken. Beachten Sie, dass die BI-Content-Aktivierung erforderlich ist, wenn Sie die BI-basierten Auswertungen zum ersten Mal durchführen, Ihr BI-System aktualisiert haben oder ein neues Support Package implementiert wurde.

Periodische Aufgaben

Im nächsten Schritt bestimmen Sie, wie lange die Metriken im BW-System sowie die Daten im Alert- und Ereignis-Store aufbewahrt werden sollen. Dieser Konfigurationsschritt besteht aus den zwei Bereichen LEBENSDAUER VON BI-DATEN FÜR JEDE GRANULARITÄT und OPTIONEN FÜR PERIODISCHE AUFGABEN und wird in Abbildung 5.31 dargestellt. Es besteht die Möglichkeit, entweder die vorgeschlagenen Standardwerte für die Lebensdauer und periodische Aufgaben beizubehalten oder bei Bedarf diese anzupassen.

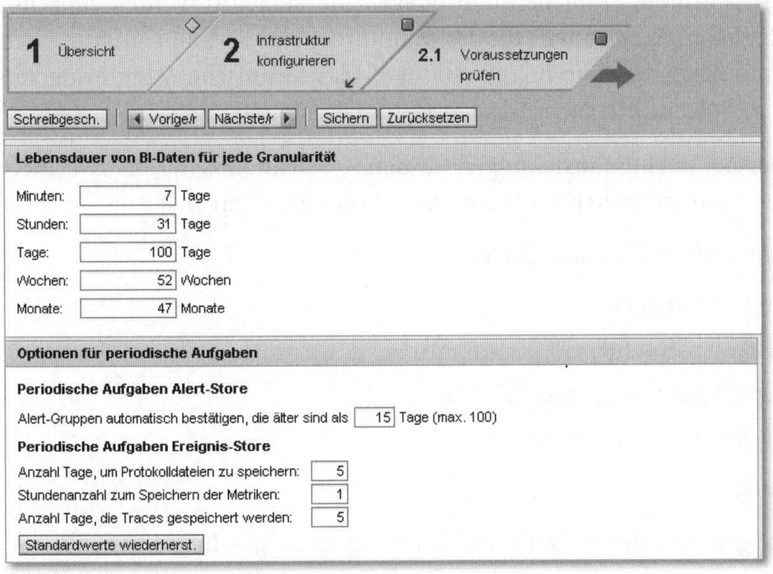

Abbildung 5.31 Periodische Aufgaben

Im Bereich LEBENSDAUER VON BI-DATEN FÜR JEDE GRANULARITÄT kann für jede Granularität ein separater Wert festgelegt werden. So werden im Beispiel in Abbildung 5.31 die Minutenwerte sieben Tage lang aufbewahrt und dann vom System bereinigt. Die Standardlebensdauerwerte sind so vorkonfiguriert, dass die im BW-System gespeicherten Metriken optimal für interaktive Auswertungen verwendet werden können. Sie können hier jedoch die Lebensdauer der ausgewählten Granularität (zum Beispiel Minutenwert) verkürzen und somit das Datenbankwachstum steuern und besser eingrenzen.

Im Bereich OPTIONEN FÜR PERIODISCHE AUFGABEN können Sie festlegen, wie lange Alert-Gruppen, Metriken, Protokolldateien und Traces im System archiviert werden sollen. Alle Werte bis auf Metriken werden in Tagen angegeben. Die Archivierungsdauer für Metriken legen Sie in Stunden fest.

Arbeitsmoduseinstellungen

Im Schritt ARBEITSMODUSEINSTELLUNGEN werden arbeitsmodusspezifische Einstellungen vorgenommen, die für das Monitoring relevant sind. Für jeden Arbeitsmodus können Sie bestimmen, ob das Monitoring aktiviert oder deaktiviert werden soll. Die eigentlichen Arbeitsmodi werden im Work Center TECHNISCHE VERWALTUNG gepflegt (siehe Abschnitt 7.6, »Arbeitsmodusverwaltung«).

Mithilfe der Arbeitsmodusverwaltung können Sie für ausgewählte Komponenten Arbeitsmodi einplanen und pflegen. Im Standard werden zunächst alle verfügbaren Arbeitsmodi für das Monitoring aktiviert und aufgrund der Integration der Arbeitsmodusverwaltung in das technische Monitoring zur Laufzeit des Monitorings berücksichtigt.

Folgende Monitoring-Einstellungen für den Arbeitsmodus der überwachten Szenarien/Systeme stehen im technischen Monitoring zur Auswahl:

- Kein Arbeitsmodus konfiguriert
- Geplante Ausfallzeit
- Spitzengeschäftszeiten
- Außerhalb der Spitzengeschäftszeiten
- Außerhalb der Geschäftszeiten
- Wartung

Die Konfiguration der Arbeitsmodi kann ein wichtiges Instrument für die Reduzierung der Alerts sein, indem die definierten Wartungsfenster, Kerngeschäftszeiten etc. beim Monitoring von Systemen berücksichtigt werden. So können Sie mithilfe der Arbeitsmodusverwaltung beispielsweise unnötige Alerts verhindern, während geplante Backups oder Updates von Support Packages durchgeführt werden. Dabei wird eine Alerting-Pause für das relevante System eingelegt. Außerdem können Sie auf der Vorlagenebene die Schwellenwerte für die Arbeitsmodi anpassen.

Content aktualisieren

Der Schritt CONTENT AKTUALISIEREN ist der letzte Schritt im Abschnitt INFRASTRUKTUR KONFIGURIEREN. Der Monitoring-Content spielt eine wichtige Rolle für alle Anwendungsfälle des technischen Monitorings. Nach dem Einspielen einer neuen Content-Version wird der gesamte Content für alle Anwendungsfälle aktualisiert.

Für jedes Support Package existiert eine eigene Content-Version. Nach einem Support-Package-Update des SAP Solution Managers (zum Beispiel von SP05 auf SP06) muss auch die Content-Version entsprechend angepasst werden. Diese Aktivität ist erforderlich, damit Änderungen für die Anwendungsfälle verfügbar sind, wie zum Beispiel neue Funktionalitäten, aktualisierte oder neue Vorlagen. Es kann vorkommen, dass selbst innerhalb ein und derselben Content-Version geringfügige Änderungen vorgenommen werden, obwohl die Version identisch ist. In diesem Fall sollten Sie die aktualisierte Content-Version herunterladen und erneut einspielen.

In der Content-Verwaltung stehen Ihnen folgende Optionen zur Verfügung (siehe Abbildung 5.32):

- Mit dem Button CONTENT IMPORTIEREN können Sie die ausgewählte Version des Contents importieren.
- Der Button ÜBERNEHMEN bietet Ihnen zwei Optionen:
  - Mit der Option DIREKT ÜBERNEHMEN wird der geladene Content ohne Impact-Analyse übernommen.
  - Mit der Option MIT ANALYSE ÜBERNEHMEN können Sie sich mithilfe einer Auswirkungsanalyse vorab anzeigen lassen, wie sich das Einspielen des Contents auswirken wird. Danach kann entschieden werden, ob der Content übernommen werden soll oder nicht.
- Mit einem Klick auf den Button AUFTRAG GENERIEREN öffnen Sie ein neues Werkzeug. Hier haben Sie die Möglichkeit, den Content an den Transportauftrag anzuhängen.
- Mit einem Klick auf den Button VERGLEICHEN können Sie verschiedene Content-Versionen einer SAP-Standardvorlage miteinander vergleichen.

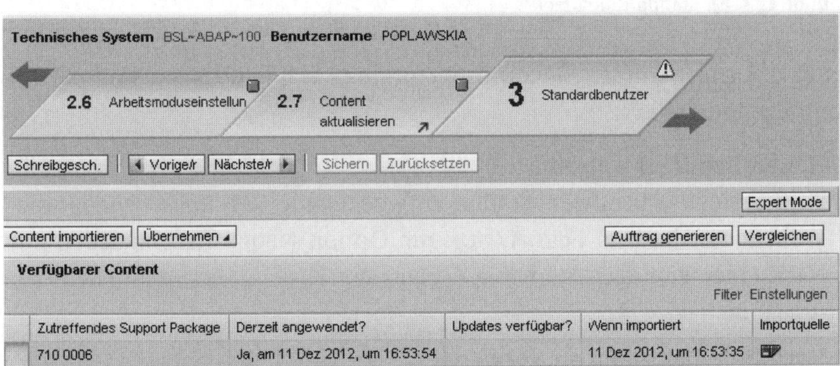

Abbildung 5.32 Content aktualisieren

Zusätzlich können Sie im Expertenmodus (EXPERT MODE) eine manuelle Content-Aktualisierung vornehmen. Im aktuellen Support Package Stack 6 ist diese Option noch nicht verfügbar.

5.4.3 Standardbenutzer

Der Schritt STANDARDBENUTZER, wie in Abbildung 5.33 dargestellt, ist ein optionaler Schritt, in dem Sie Standardbenutzer für das technische Monitoring im SAP Solution Manager erstellen können. Auf diese Weise können Sie die empfohlenen Berechtigungen auf bereits vordefinierte Anwendergruppen ausrollen. Hiermit können automatisch Benutzer angelegt werden, die über ein bestimmtes Berechtigungsprofil verfügen.

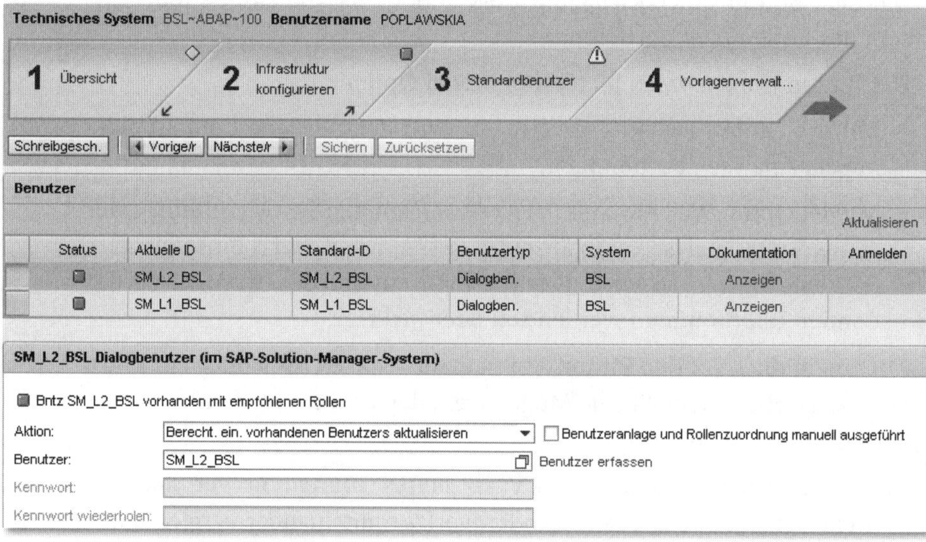

Abbildung 5.33 Standardbenutzer

Im Feld AKTION können Sie aus drei Optionen wählen. Davon sind die beiden folgenden relevant:

- **Neuen Benutzer anlegen**
  Dem erstellten Benutzer werden entsprechende SAP-Rollen zugeordnet. Wählen Sie dazu im Feld AKTION die Option NEUEN BEN. ANLEGEN aus. Nach einer Benutzer- und Passwortangabe klicken Sie anschließend auf AUSFÜHREN.
- **Vorhandenen Benutzer verwenden**
  Das System weist die relevanten Rollen zu. Wählen Sie dazu im Feld

AKTION die Option VORH. BENUTZER ANGEBEN aus. Nach einer Benutzer- und Passwortangabe klicken Sie anschließend auf AUSFÜHREN.

Wenn Ihr BW-Mandant sich vom produktiven SAP Solution Manager-Mandanten unterscheidet oder sich gar in einem anderen System befindet, müssen Sie den Standardbenutzern BW-spezifische Rollen im jeweiligen BW-Mandanten zuweisen. In einem Standard-BW-Szenario ist dieser zusätzliche Schritt nicht notwendig.

Folgende Benutzervorlagen können bei der Erstellung bzw. Zuweisung verwendet werden: System-Monitoring-Level 1 (SM_L1_SID) und System-Monitoring-Level 2 (SM_L2_SID).

- Der Level-1-Benutzer erhält Berechtigungen für folgende Aktivitäten:
  - Anzeigen von Alerts im Alert-Eingang (technisches Monitoring)
  - Alerts verteilen und schließen auf der Ebene Alert-Typ und Alert-Gruppe
  - Incidents und Benachrichtigungen anlegen
  - Landschafts-Browser anzeigen
- Zusätzlich zu den Berechtigungen des Level-1-Benutzers kann der Level-2-Benutzer folgende Aktivitäten ausführen:
  - Work Center TECHNISCHES MONITORING und URSACHENANALYSE aufrufen
  - relevante Alerts für das Solution-Manager-Monitoring im Alert-Eingang anzeigen
  - Verbindungs-Monitoring und Status-Monitoring ausführen
  - Alerts prozessieren und bestätigen auf der Ebene Alert-Typ und Alert-Gruppe
  - Ursachenanalyse ausführen
  - Problemkontextanalyse ausführen
  - Incidents und Benachrichtigungen anlegen
  - am verwalteten System anmelden
  - Landschafts-Browser anzeigen

In manchen Fällen kann eine Warnung erscheinen, dass aufgrund einer Änderung im System diese Aktivitäten nochmals ausgeführt werden sollten. Um diese Warnung zu beseitigen, müssen Sie die Rollenzuordnung aktualisieren, indem Sie im Feld AKTION BERECHT. EIN. VORHANDENEN BENUTZERS AKTUALISIEREN auswählen und auf AUSFÜHREN klicken.

[»] **Hinweis**

Ist bereits eine weitere Kopie einer SAP-Rolle vorhanden, markiert das System diese Rollenzuordnung als aktualisierungsbedürftig, nachdem Sie die Benutzer- und Rollenzuordnung vorgenommen haben, obwohl alle Rollen korrekt zugeordnet sind. Sie müssen daher die anderen Kopien der jeweiligen SAP-Rolle auf notwendige Aktualisierungen hin prüfen. Alle Benutzer und Benutzerrollen sind nur Vorlagen.

Weichen Ihre Benutzerdefinitionen und -prozesse vom Standard ab, müssen Sie die Benutzer und Benutzerrollen(-berechtigungen) entsprechend anpassen. Weitere Informationen finden Sie im Security Guide auf *http://service.sap.com/instguides* unter INSTALLATION & UPGRADE GUIDES • SAP COMPONENTS • SAP SOLUTION MANAGER • RELEASE 7.1 • OPERATIONS.

Im unteren Bereich des Bildschirms sehen Sie eine Liste der Rollen, die einem Benutzer zugeteilt werden (siehe Abbildung 5.34).

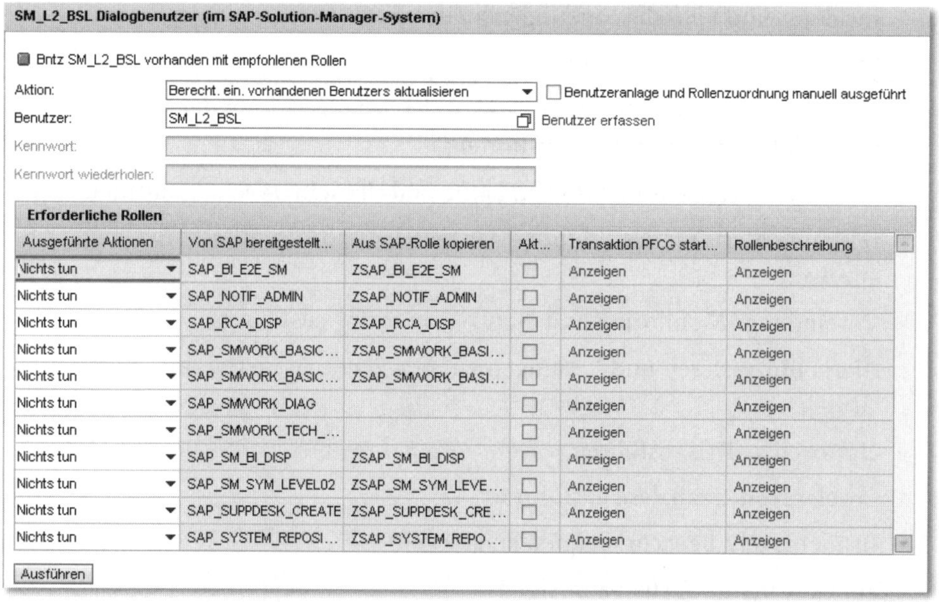

Abbildung 5.34 Standardbenutzerrollen

5.4.4 Vorlagenverwaltung

In Abschnitt 5.3.5, »Vorlagenkonzept für das Monitoring von Systemkomponenten«, haben wir beschrieben, dass das Monitoring der Systeme der MAI auf den Vorlagen basiert, die von SAP standardmäßig ausgeliefert werden. Die SAP-Standardvorlagen sind vorkonfiguriert und können sofort angewendet werden. Um Vorlagen nach Ihren Wünschen zu gestalten, können Sie kundeneigene Vorlagen erstellen.

Zur Erstellung bzw. Bearbeitung der Vorlagen klicken Sie im Schritt Vorlagenverwaltung auf den Konfigurations-Explorer. Auf der linken Seite des Konfigurations-Explorers in der Navigationsleiste sehen Sie für jeden verwalteten Objekttyp die Liste aller verfügbaren Vorlagen (siehe Abbildung 5.35). Ein verwaltetes Objekt stellt eine Komponente (zum Beispiel eine Datenbank) in Ihrer Systemlandschaft dar. Für jedes Produkt (zum Beispiel MaxDB für den Objekttyp Datenbank) finden Sie eine Vorlage mit der Standardkonfiguration, die die Werte für Metriken, Ereignisse und Alerts enthält.

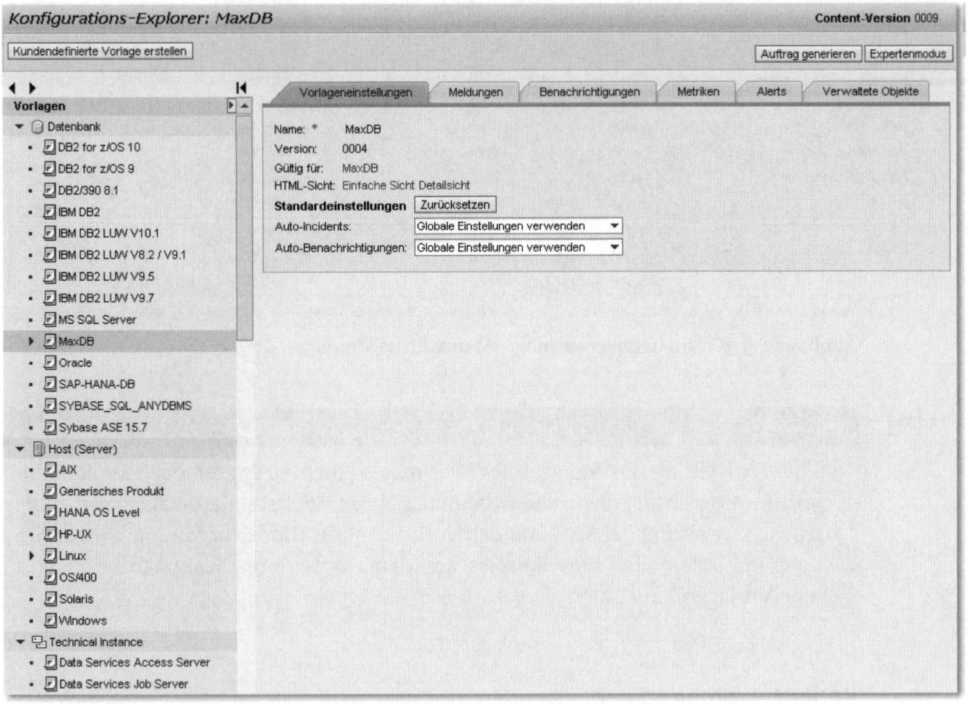

Abbildung 5.35 Vorlagenverwaltung – Konfigurations-Explorer

Sie können auch Kundenvorlagen erstellen, die als Standardvorlagen verwendet werden. Dazu wählen Sie den gewünschten verwalteten Objekttyp in der Navigationsleiste aus. Auf der rechten Seite wird daraufhin auf dem Karteireiter Standardzuordnung die Liste der Standardvorlagen für jedes Produkt angezeigt (siehe Abbildung 5.36). Im Bearbeitungsmodus können Sie die Standardzuordnung verändern, indem Sie eine eigene Kundenvorlage zuweisen.

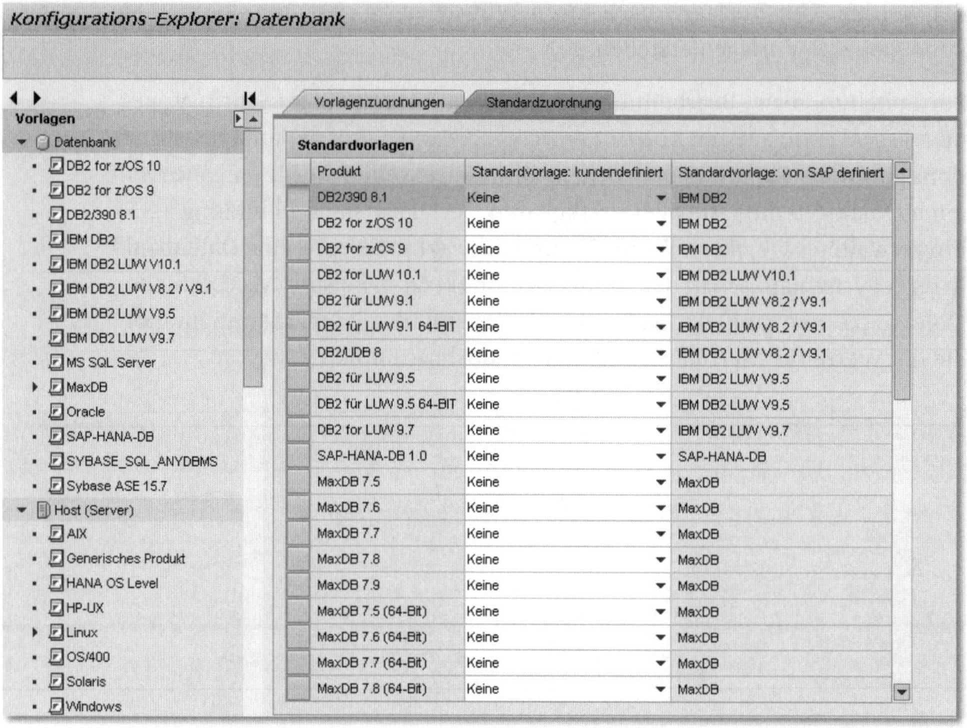

Abbildung 5.36 Vorlagenverwaltung – Standardzuordnung

[»] **Hinweis**

Bei der Aktivierung des Monitorings für ein ausgesuchtes System bzw. Szenario im Schritt MONITORING-SETUP (siehe Abschnitt 5.4.6) findet standardmäßig eine automatische Zuweisung der SAP-Standardvorlagen statt. Diese Zuordnung können Sie verändern, indem Sie zum Beispiel auf dem Karteireiter STANDARDZUORDNUNG eigene Vorlagen auswählen.

Vorlagenerstellung

1. Um eine kundeneigene Vorlage anzulegen, markieren Sie in der Navigationsleiste die Vorlage, auf der Ihre Kundenvorlage basieren soll. Wählen Sie zum Beispiel DATENBANK als verwaltetes Objekt und ORACLE als Produkt (siehe Abbildung 5.37).
2. Klicken Sie für die Erstellung einer kundeneigenen Vorlage auf den Button KUNDENDEFINIERTE VORLAGE ERSTELLEN.

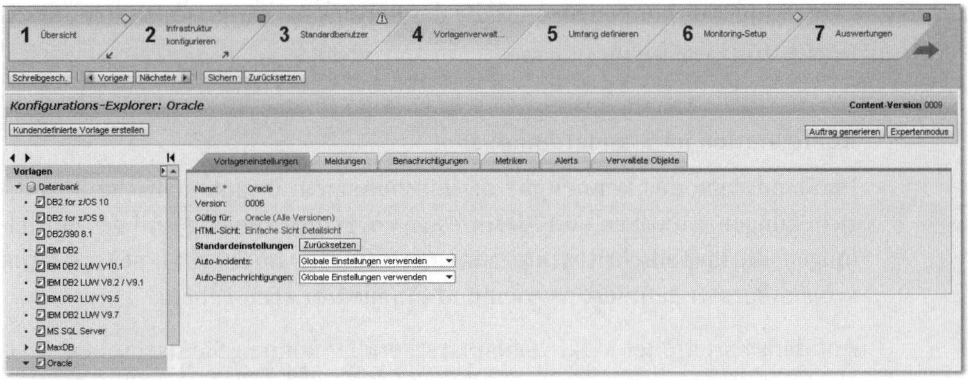

Abbildung 5.37 Vorlagenerstellung

3. Ordnen Sie der Vorlage ein Entwicklungspaket zu, in dem sie abgelegt werden soll. So stellen Sie sicher, dass kundeneigene Vorlagen, die in einem SAP Solution Manager-Entwicklungssystem erstellt wurden, später in das produktive System transportiert werden können. Alternativ kann die Vorlage auch in einem lokalen Objekt gespeichert werden. Speichern Sie die Vorlage mit einem Klick auf SICHERN. Es öffnet sich ein Pop-up-Fenster, in dem Sie die Vorlage einem Paket zuordnen (siehe Abbildung 5.38). In unserem Beispiel haben wir die Checkbox LOKALES OBJEKT aktiviert. Klicken Sie auf den Button OK, um die Vorlage für das gewünschte Produkt anzulegen.

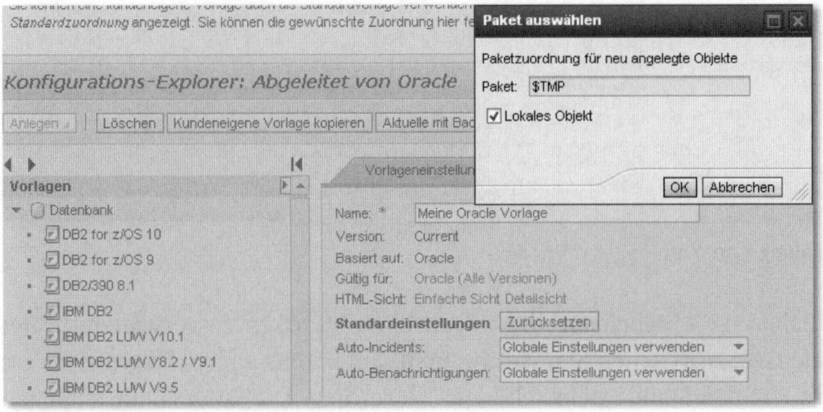

Abbildung 5.38 Paketzuordnung

Für die weitere Bearbeitung der Vorlagen stehen Ihnen zwei Modi zur Verfügung: der Standard- und der Expertenmodus. Zwischen Standard- und

Expertenmodus können Sie mithilfe des Buttons EXPERTENMODUS bzw. STANDARDMODUS wechseln.

Konfiguration im Standardmodus

Im Standardmodus können Sie die Einstellungen für automatische Benachrichtigungen, Metriken und Alerts festlegen. Standardmäßig sind das Einstellungen, die im Teilschritt STANDARDEINSTELLUNGEN im Schritt INFRASTRUKTUR KONFIGURIEREN definiert wurden und für alle Vorlagen gelten.

Auf dem Karteireiter VORLAGENEINSTELLUNGEN können Sie nachsehen, welche Einstellungen zurzeit verwendet werden. Auf den weiteren Karteireitern MELDUNGEN und BENACHRICHTIGUNGEN können globale Einstellungen mit vorlagenspezifischen Einstellungen überschrieben werden.

Metriken

Wie in Abbildung 5.39 zu sehen ist, finden Sie auf dem Karteireiter METRIKEN IM KONFIGURATIONS-EXPLORER die Liste aller verfügbaren Metriken, die beim Monitoring des ausgewählten verwalteten Objekts angewendet werden können.

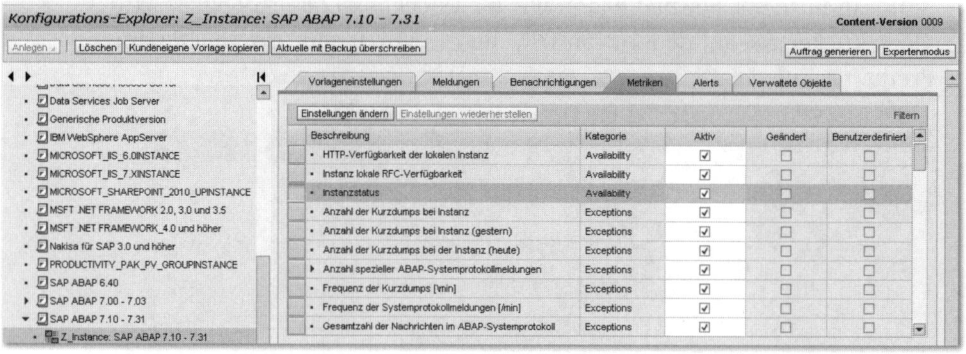

Abbildung 5.39 Karteireiter »Metriken«

Sie haben die Möglichkeit, die aufgelisteten Metriken zu verwalten. In der Spalte GEÄNDERT sehen Sie, welche Metriken bereits angepasst wurden, das heißt von den Standardeinstellungen abweichen. Die Originaleinstellungen können problemlos wiederhergestellt werden, indem Sie die gewünschte Metrik markieren und auf den Button EINSTELLUNGEN WIEDERHERSTELLEN klicken. Nachdem eine Metrik ausgewählt wurde, erscheinen im unteren Bereich des Fensters weitere Karteireiter, wie in Abbildung 5.40 dargestellt. Hier können Sie Detaileinstellungen für einzelne Metriken vornehmen.

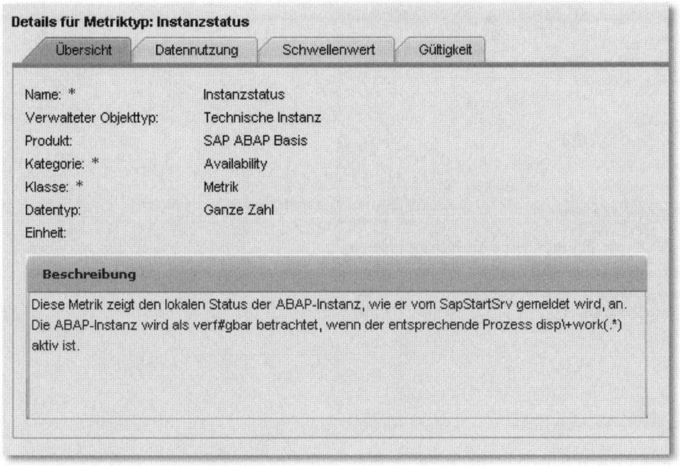

Abbildung 5.40 Details für Metrik-Typ – Übersicht

Auf dem Karteireiter ÜBERSICHT haben Sie die Möglichkeit, die Standardtextbausteine einer Metrik mit kundenspezifischen Beschreibungen zu ergänzen. Im Beschreibungseditor können Sie Symbole, URLs oder Bilder einfügen, die den Text erweitern sollen. In diesem Bereich können Sie beispielsweise Handlungsanweisungen für den technischen Betrieb erstellen für den Fall, dass ein Alert ausgelöst wird. Sie können zum Beispiel die nächsten Schritte zur Analyse der Störung beschreiben. Oder Sie können auch einfach Verantwortlichkeiten sowie ergänzende Informationen zu der Metrik hinterlegen.

Auf dem zweiten Karteireiter DATENNUTZUNG wird festgelegt, ob die gesammelten Werte an die EREIGNIS-BERECHNUNGS-ENGINE und an das SAP BUSINESS WAREHOUSE gesendet werden sollen. Standardmäßig sind beide Optionen ausgewählt.

In Abbildung 5.41 sehen Sie den Karteireiter SCHWELLENWERT, auf dem der aktuell verwendete Schwellenwerttyp angezeigt und gegebenenfalls verändert wird. Wenn Sie das Informations-Icon neben dem ausgewählten Schwellenwerttyp anklicken, erscheint eine ausführliche Beschreibung. Zusätzlich können Sie bestimmen, welcher Wert (zum Beispiel Durchschnittswert oder Höchstwert) überwacht und wann ein Alert ausgelöst werden soll (zum Beispiel wenn der Wert überschritten wurde).

Auf dem Karteireiter GÜLTIGKEIT können Sie festlegen, ob die ausgewählte Metrik für alle Szenarien oder nur in einem bestimmten Fall berücksichtigt werden soll. Standardmäßig werden alle Szenarien betrachtet.

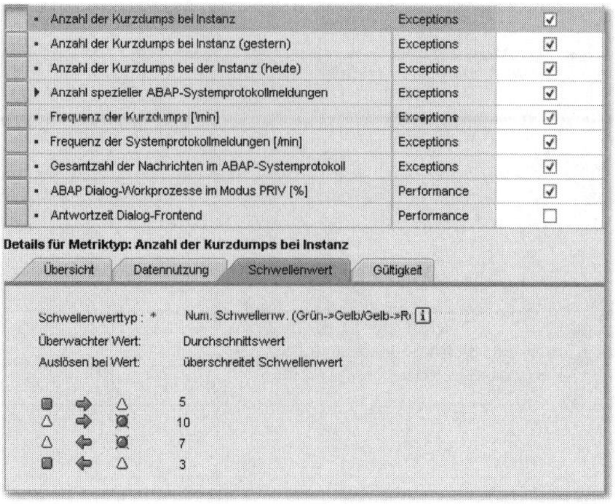

Abbildung 5.41 Details für Metrik-Typ – Schwellenwert

Alerts

Der Karteireiter ALERTS im Konfigurations-Explorer zeigt die Liste aller Alerts, die für das verwaltete Objekt ausgelöst werden können. Die Beschreibung, was ein Alert ist, finden Sie in Abschnitt 5.3.3, »Event Calculation Engine«. In der Liste der verfügbaren Alert-Typen (siehe Abbildung 5.42) können Sie auswählen, welche übernommenen Einstellungen der Vorlage für Meldungen und Benachrichtigungen überschrieben werden sollen.

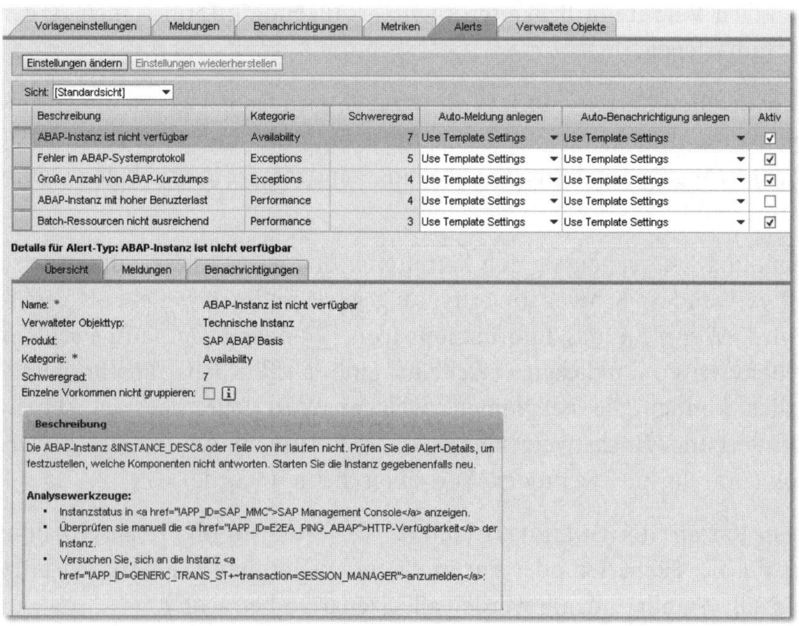

Abbildung 5.42 Karteireiter »Alerts«

Verwaltete Objekte

Auf dem letzten Karteireiter VERWALTETE OBJEKTE sehen Sie, welche verwalteten Objekte bereits dieser Vorlage zugeordnet sind und in welchem Status sie sich befinden Ein grüner Status in der Spalte ZUORDNUNGSSTATUS zeigt an, dass das entsprechende verwaltete Objekt erfolgreich aktiviert wurde (siehe Abbildung 5.43). Wird hingegen ein gelber Status angezeigt, ist eine Rekonfiguration erforderlich. Ein roter Status weist auf eine falsche Zuordnung hin.

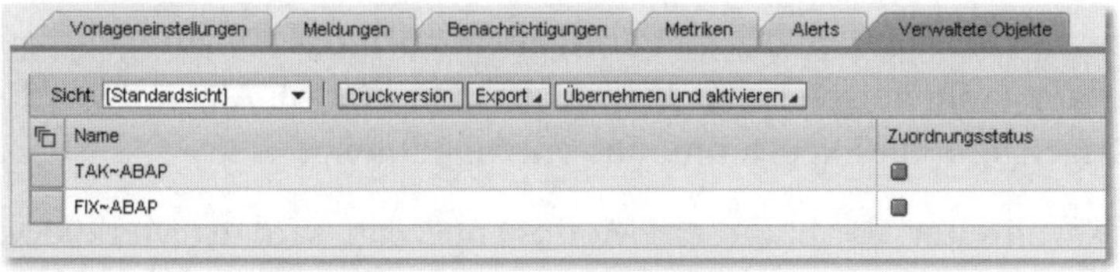

Abbildung 5.43 Karteireiter »Verwaltete Objekte«

Konfiguration im Expertenmodus

Der Expertenmodus bietet Ihnen eine erweiterte Konfigurationsmöglichkeit für Kundenvorlagen. So können Sie zusätzlich zu den beschriebenen Optionen im Standardmodus auf dem Karteireiter VORLAGENEINSTELLUNGEN verschiedene Arbeitsmodi festlegen und bestimmen, was mit den Auto-Benachrichtigungen und Auto-Meldungen geschehen soll.

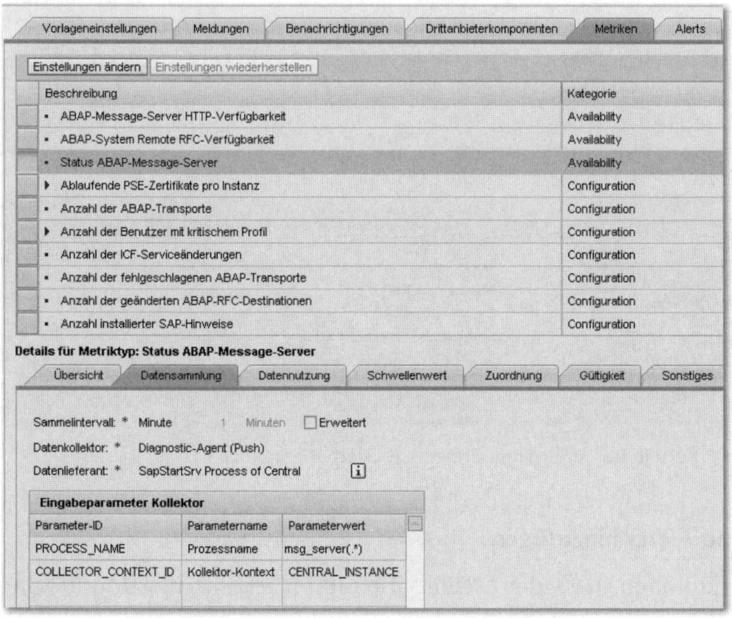

Abbildung 5.44 Details für Metrik-Typ – Datensammlung

Auf dem Karteireiter DRITTANBIETERKOMPONENTEN haben Sie zusätzlich zu den Karteireitern MELDUNGEN und BENACHRICHTIGUNGEN die Möglichkeit, die Standardwerte zu verändern bzw. die globalen Einstellungen zu überschreiben. Auch auf dem Karteireiter METRIKEN stehen Ihnen zusätzliche Experteneinstellungen zur Verfügung. Auf dem Karteireiter DATENSAMMLUNG können Sie für einzelne Metriken die Parameter für DataProvider und Datenkollektoren ansehen und bei Bedarf ändern (siehe Abbildung 5.44). Die Auswahl der Parameter hängt vom DataProvider ab.

Die Verwendung von Kundenvorlagen ermöglicht auch das Hinzufügen von eigenen Metriken (zum Beispiel eine Metrik aus dem CCMS). Alle notwendigen Einstellungen sind im Expertenmodus vorzunehmen.

Ein weiterer Karteireiter, der in diesem Modus angezeigt wird, ist METRIKEN, EREIGNISSE, ALERT-HIERARCHIE (siehe Abbildung 5.45). In dieser Sicht sehen Sie den Zusammenhang zwischen den Alerts, Metriken und Ereignissen (siehe Abschnitt »Metrik, Ereignis und Alert-Hierarchie« in Abschnitt 5.3.3, »Event Calculation Engine«). In der Spalte AUSWERTUNGSMETHODE sehen Sie, welche Ereignisregel zurzeit verwendet wird.

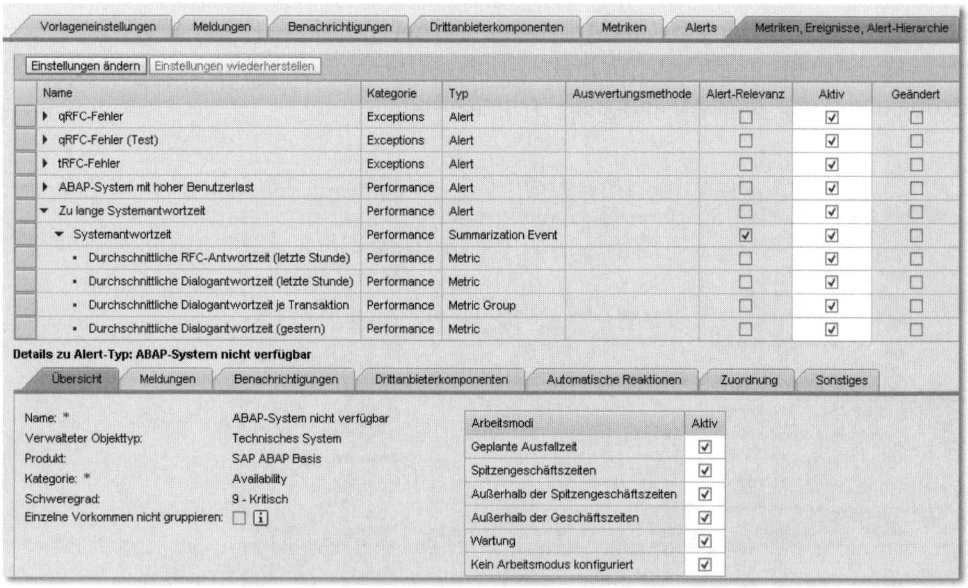

Abbildung 5.45 Karteireiter »Metriken, Ereignisse, Alert-Hierarchie«

Metriken und Alerts hinzufügen

Es kann vorkommen, dass die Metrik, die Sie im technischen Monitoring sehen möchten, in der SAP-Standardvorlage nicht zu finden ist. In der Kundenvorlage haben Sie die Möglichkeit, eigene Metriken bzw. Alerts zu erstellen. In diesem Abschnitt wird am Beispiel einer CCMS-Metrik erklärt, wie Sie eine eigene Metrik in der MAI abbilden können.

MTE-Klasse und Datenkollektor bestimmen

Da die Werte jeder Metrik von einem DataProvider gesammelt werden, müssen Sie zunächst den richtigen DataProvider bestimmen, der die gewünschte Metrik liefern kann. In diesem Fall möchten wir den Inhalt aus dem CCMS-Monitoring verwenden. Dafür ist der Kollektortyp RFC Pull zuständig (siehe Abschnitt 5.3.2, »DataProvider der MAI«).

Um die CCMS-Metrik im technischen Monitoring abbilden zu können, benötigten Sie die entsprechende MTE-Klasse (Monitoring Tree Element). Mithilfe der Transaktion RZ20 können Sie nachsehen, welche Metriken Ihnen im CCMS-Monitoring (siehe Abbildung 5.46) zur Verfügung stehen. Wichtig ist, dass diese Metrik (bzw. die zugehörige MTE-Klasse) in Transaktion RZ20 regelmäßig mit Daten versorgt wird.

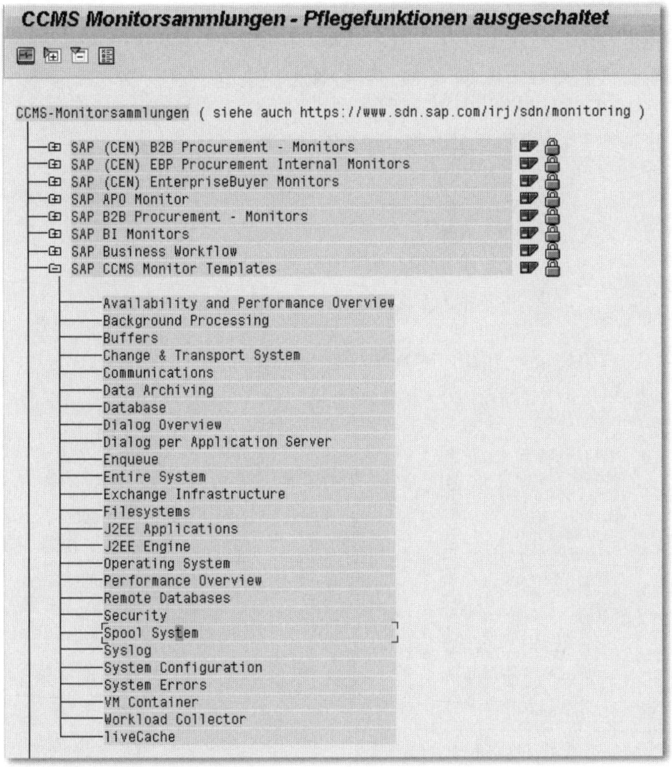

Abbildung 5.46 Verfügbare Metriken des CCMS-Monitorings

Neben den Namen der MTE-Klasse können weitere Eigenschaften bei der Metrik-Erstellung eine Rolle spielen:

- Objektname
- Instanz
- Attributname
- Granularität

Mit Ausnahme der Granularität finden Sie die Eigenschaften der MTE-Klassen wie folgt: Suchen Sie die relevante MTE-Klasse heraus, markieren Sie sie, und klicken Sie auf das Icon Eigenschaften in der oberen Menüleiste (siehe Abbildung 5.47). In unserem Beispiel haben wir die MTE Queue Length ausgewählt. Es öffnet sich die Sicht Monitoring: Eigenschaften und Methoden (siehe Abbildung 5.48). Im Feld Eigenschaften von ist der vollständige Name der ausgewählten MTE zu sehen. Dieser Name setzt sich folgendermaßen zusammen:
<System-ID>\<Kontextname>\ <Pfadelement>\<Objektname>\<Attributname>.

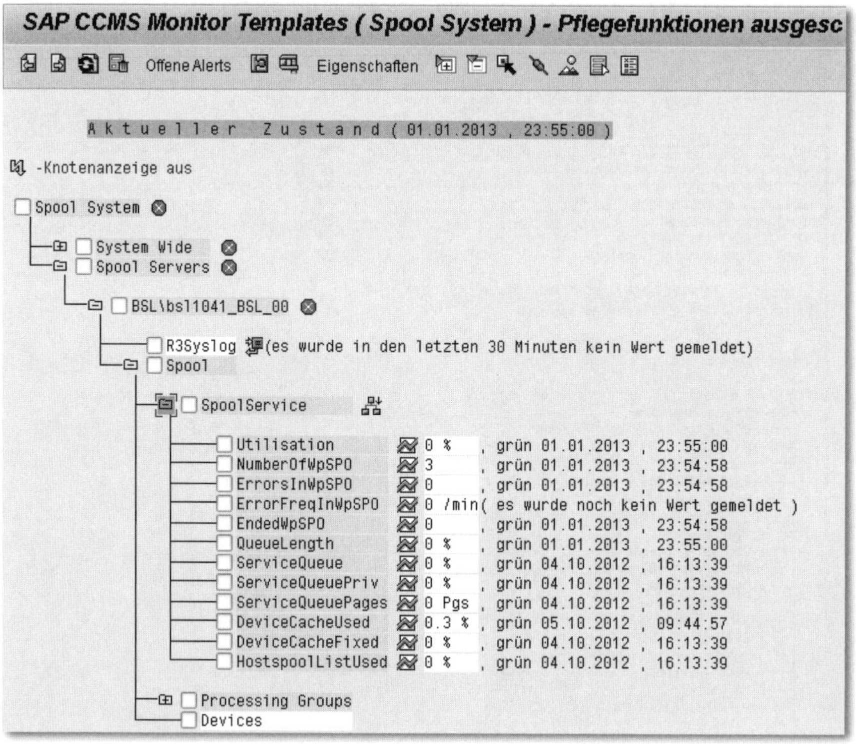

Abbildung 5.47 CCMS-Monitor-Vorlage – Spool System

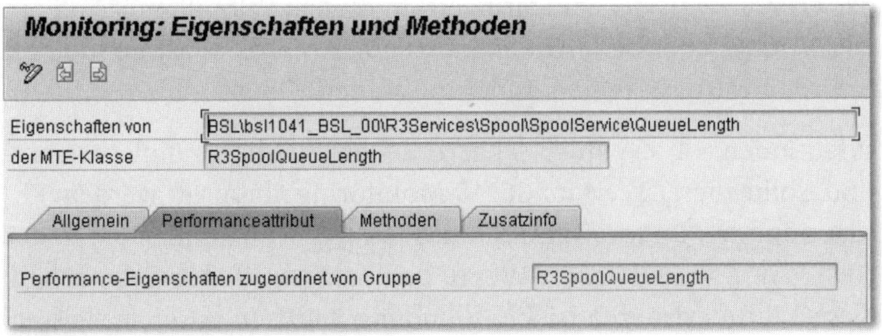

Abbildung 5.48 MTE-Eigenschaften

In Tabelle 5.2 sehen Sie, aus welchen Eigenschaften sich unser Beispiel zusammensetzt und was sich hinter den einzelnen Eigenschaften verbirgt.

Element	Beispiel	Beschreibung/Hinweise
<System-ID>	BSL	ID des lokalen Systems
<Kontextname>		Im Fall einer Instanz-Metrik beinhaltet der Kontext den Instanznamen. Im Fall einer System-Metrik kann das auch für was anderes stehen.
<Pfadelement>	R3Services\Spool	Eine CCMS-Metrik kann kein, ein oder mehrere solcher Pfadelemente haben.
<Objektname>	SpoolService	Name des Objekts
<Attributname>	QueueLength	Name des Attributs

Tabelle 5.2 MTE-Eigenschaften

Hinweis [«]

Der Name der MTE-Klasse ist nicht in der beschriebenen Struktur enthalten, sondern wird separat im Feld der MTE-Klasse angezeigt. In unserem Beispiel ist dies R3SpoolQueueLength.

Während der Implementierung der Metrik muss auch die Granularität dieser Metrik spezifiziert werden. Das heißt, es wird festgelegt, in welchem Zeitintervall die Metriken gesammelt werden. Der Standardwert beträgt fünf Minuten. Die Granularität kleiner als fünf Minuten einzustellen ist nur in den seltensten Fällen wirklich sinnvoll, da die *DPC-Infrastruktur* (Data Provider Connector) die DataProvider nicht öfter als alle fünf Minuten aufruft. Auf der anderen Seite kann es auch vorkommen, dass die Granularität einer

MTE-Klasse größer ist als der Standardwert. In diesem Fall sollten Sie diesen Wert in der Vorlage anpassen, da der Status einer Metrik sonst unnötig oft angefragt wird, ohne dass es eine Änderung an dem Objekt gibt.

Um herauszufinden, ob eventuell längere Zeiten für die Granularität notwendig sind, sollte dieser Wert im CCMS-Monitoring überprüft werden. Klicken Sie dazu auf den Button DETAILS ANZEIGEN . Nun können Sie in der Tabelle GEGLÄTTETE PERFORMANCE-WERTE DER LETZTEN 30 MINUTEN sehen, wie oft diese Werte existieren (siehe Abbildung 5.49). In unserem Beispiel kann man sehen, dass der Wert nur alle zehn Minuten beliefert wird, was wiederum bedeuten würde, dass der Standardwert für unsere Vorlage angepasst werden sollte.

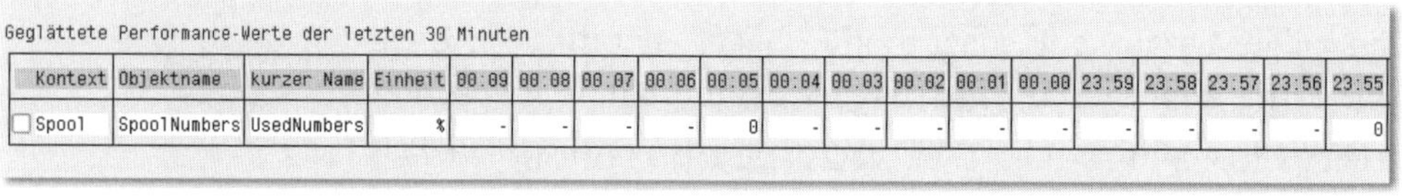

Geglättete Performance-Werte der letzten 30 Minuten

Kontext	Objektname	kurzer Name	Einheit	00:09	00:08	00:07	00:06	00:05	00:04	00:03	00:02	00:01	00:00	23:59	23:58	23:57	23:56	23:55
Spool	SpoolNumbers	UsedNumbers	%	-	-	-	-	0	-	-	-	-	-	-	-	-	-	0

Abbildung 5.49 MTE-Granularität

DataProvider auswählen

In Tabelle 5.3 sehen Sie die CCMS-DataProvider, die für den Kollektortyp RFC Pull zur Verfügung stehen.

Name des DataProviders	Beschreibung	Implementierung des DataProviders	Parameter
CCMS Get Current Values (Pull)	Erhält aktuelle Werte der MTE-Klasse.	/SDF/E2E_CCMS_MTE_CURRENT	▸ CONTEXT ▸ MTE_CLASS
CCMS MTE (Pull)	Erhält Informationen vom CCMS (Name der MTE-Klasse).	/SDF/E2E_CCMS_MTE	▸ MTE_CLASS ▸ GRANULARITY ▸ INSTANCE
CCMS MTE + Object name (Pull)	Erhält Informationen vom CCMS (Name der MTE-Klasse und des Objekts).	/SDF/E2E_CCMS_MTE	▸ KEY_FIGURE ▸ OBJECT_NAME ▸ GRANULARITY ▸ INSTANCE

Tabelle 5.3 Übersicht der MTE-DataProvider

Name des DataProviders	Beschreibung	Implementierung des DataProviders	Parameter
CCMS System wide MTEs (Pull)	Erhält Informationen vom CCMS (Name der MTE-Klasse und des Objekts für systemweite Metriken).	/SDF/E2E_CCMS_MTE	▸ MTE_CLASS ▸ OBJECT_NAME ▸ GRANULARITY

Tabelle 5.3 Übersicht der MTE-DataProvider (Forts.)

Die DataProvider-Implementierung `/SDF/E2E_CCMS_MTE` kann für numerische Werte verwendet werden. Dieser DataProvider erwartet immer die MTE-Klasse und die Granularität als Input.

Der zweite DataProvider-Typ `/SDF/E2E_CCMS_MTE_CURRENT` liefert immer den aktuellen Wert eines MTEs. Zusätzlich zu den numerischen Werten kann er auch Textwerte und Status von MTEs wiedergeben.

Metrik erstellen – Parameter definieren

Nachdem die gewünschte Metrik »identifiziert« ist, können Sie die Metrik erstellen. Wechseln Sie dazu zunächst im Konfigurations-Explorer in den Bearbeitungsmodus und anschließend in den Expertenmodus. Markieren Sie daraufhin im linken Bereich die Kundenvorlage, die Sie bearbeiten möchten. Klicken Sie dazu auf der linken Seite im Konfigurations-Explorer auf den Button ANLEGEN (siehe Abbildung 5.50). Wählen Sie im folgenden Dropdown-Menü METRIK aus, um eine neue Metrik anzulegen.

Nach der Auswahl erscheint ein Assistent zum Erstellen benutzerdefinierter Metriken (siehe Abbildung 5.51). Dort werden Sie aufgefordert, Schritt für Schritt alle relevanten Parameter zu pflegen. Als Beispiel einer CCMS-Metrik nehmen wir die Metrik SPOOL SERVICE QUEUE (siehe Abbildung 5.51). Die CCMS-Metrik kann entweder auf der Instanz- oder Systemebene existieren. Die Metrik auf der Instanzebene muss in der Vorlage *Technische Instanz* angelegt werden, eine System-Metrik dagegen in der Vorlage *Technisches System*.

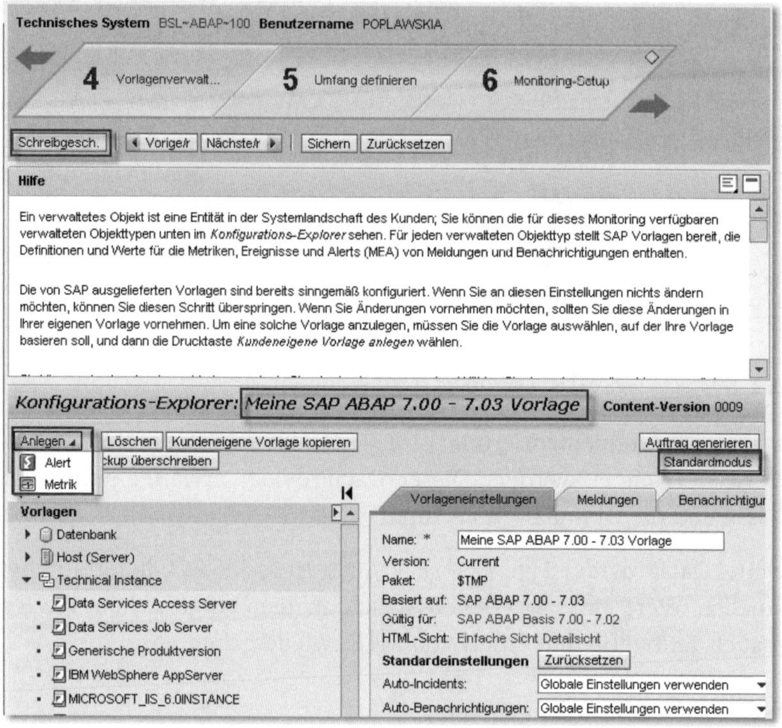

Abbildung 5.50 Metrik anlegen

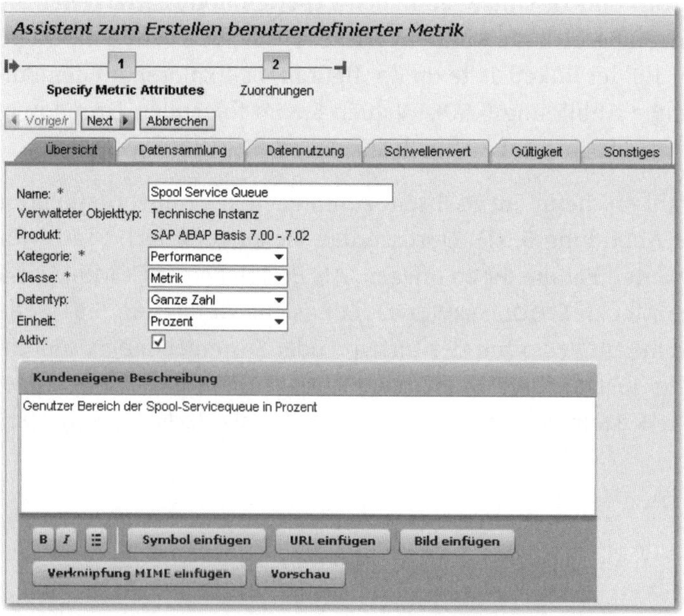

Abbildung 5.51 Assistent zum Erstellen der Metrik – Übersicht

Für unsere Beispieleinrichtung nehmen wir das instanzspezifische MTE für die SPOOL SERVICE QUEUE, die sich auch im MTE-Knoten des Instanznamens in der Transaktion RZ20 wiederfindet.

Auf dem ersten Karteireiter ÜBERSICHT müssen Sie folgende Parameter eingeben (siehe Abbildung 5.51):

- Name der Metrik
- Kategorie
- Klasse
- Datentyp
- Einheit (optional)

Zusätzlich können Sie im Bereich KUNDENEIGENE BESCHREIBUNG eine eigene Beschreibung für die Metrik pflegen.

Auf dem zweiten Karteireiter DATENSAMMLUNG werden der DATENKOLLEKTOR, der DATENLIEFERANT und das SAMMELINTERVALL definiert (siehe Abbildung 5.52). Hier muss der richtige Datenkollektor und entsprechende DataProvider ausgesucht werden, damit die Werte ordnungsgemäß gesammelt werden können. Für den Eingabeparameter DATENKOLLEKTOR wird die MTE-Klasse und die Granularität in der Spalte PARAMETERWERT angegeben. Da es eine Metrik auf der Instanzebene ist, wird der Parameter INSTANZ automatisch mit der Variablen `$INSTANCE_DESC$` befüllt.

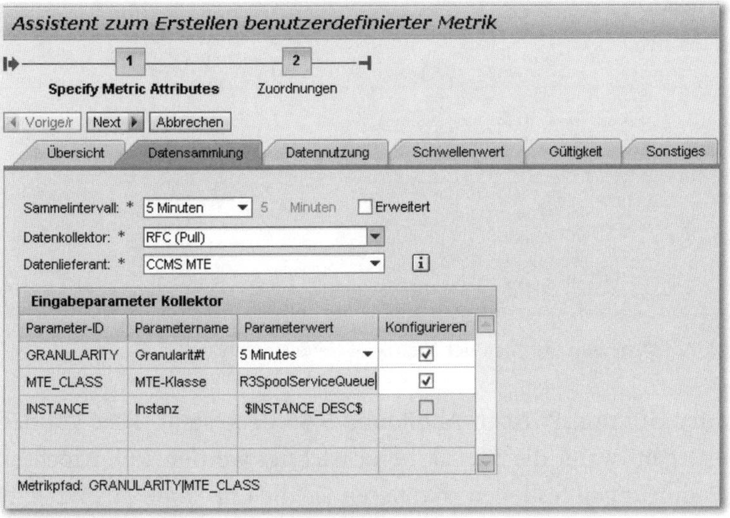

Abbildung 5.52 Assistent zum Erstellen der Metrik – Datensammlung

Auf dem nächsten Karteireiter Datennutzung können Sie mithilfe zweier Checkboxen entscheiden, ob die neue Metrik für das Monitoring (Werte an Ereignis-Berechnungs-Engine senden) und/oder Reporting (Werte an SAP NetWeaver Business Warehouse senden) verfügbar sein soll. Standardmäßig sind beide Optionen aktiviert (siehe Abbildung 5.53).

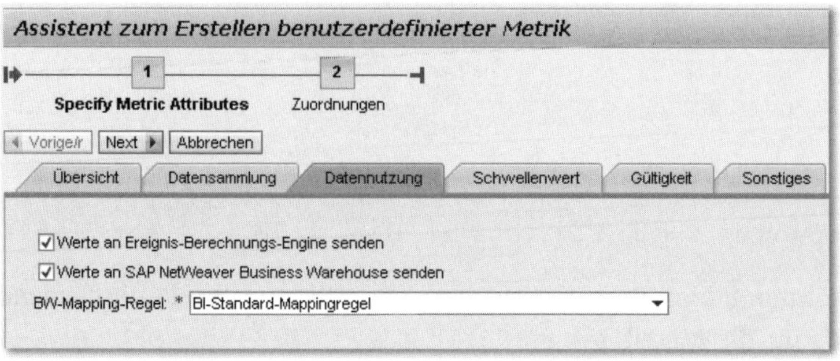

Abbildung 5.53 Assistent zum Erstellen der Metrik – Datennutzung

Abbildung 5.54 zeigt den Karteireiter Schwellenwert. Er beinhaltet die Einstellungen für die Schwellenwerte der Metrik. Da unsere Metrik numerische Werte liefern soll, kann hier ein beliebiger numerischer Schwellenwerttyp ausgewählt werden.

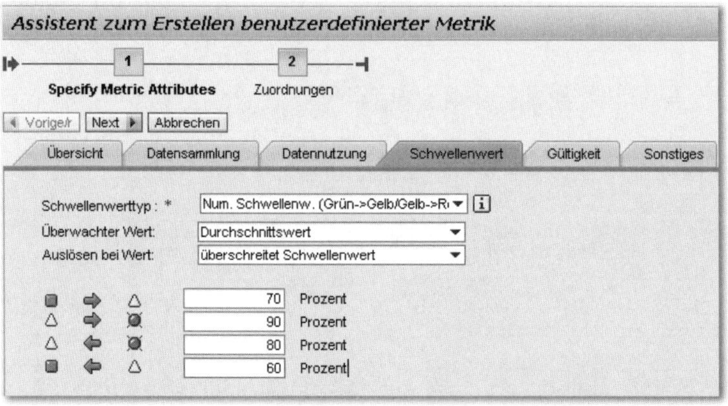

Abbildung 5.54 Assistent zum Erstellen der Metrik – Schwellenwert

Der Karteireiter Gültigkeit ist in Abbildung 5.55 dargestellt. Hier können Sie genau festlegen, wann die Metrik berücksichtigt werden soll. Möchten Sie weitere Bedingungen festlegen, aktivieren Sie die Checkbox Zusätzliche Gültigkeit prüfen und wählen eine Einschränkung aus, wie zum Beispiel

NUR GÜLTIG FÜR VIRTUELLE HOSTS. Im Standard ist die Checkbox deaktiviert und die Metrik für alle Szenarien gültig.

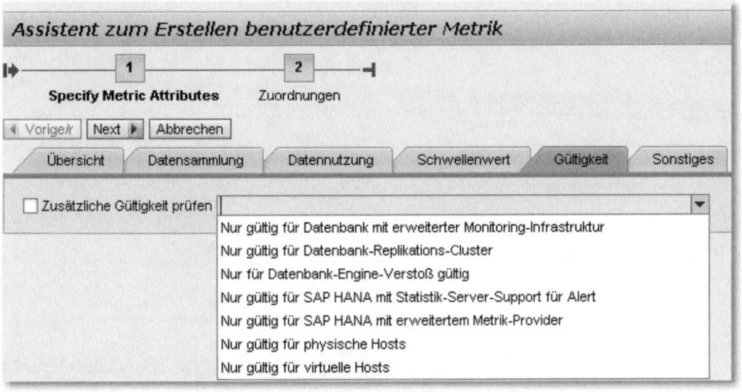

Abbildung 5.55 Assistent zum Erstellen der Metrik – Gültigkeit

Auf dem letzten Karteireiter SONSTIGES definieren Sie den Namen der Metrik im Feld TECHNISCHER NAME. Wie in Abbildung 5.56 zu sehen ist, fängt der Name, der im Kundennamensraum gespeichert wird, mit dem Buchstaben »Z« an.

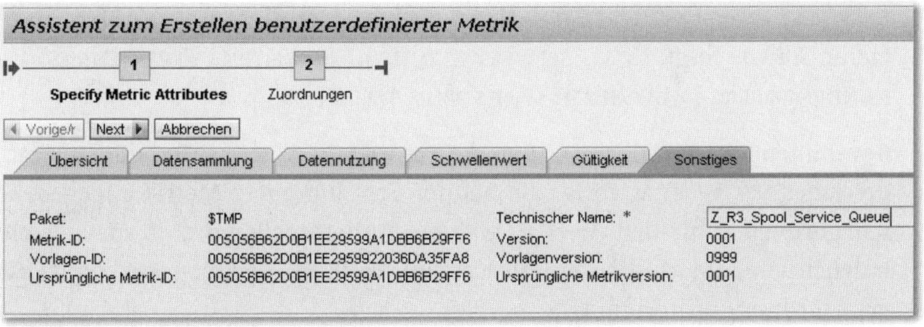

Abbildung 5.56 Assistent zum Erstellen der Metrik – Sonstiges

Klicken Sie als Nächstes auf den Button NEXT, um die Metrik einem Alert zuzuordnen. Da noch kein Alert angelegt wurde, ist die Liste leer. Speichern Sie daher die Änderungen, und beenden Sie den Assistenten.

Die Metrik ist jetzt in der ausgewählten Vorlage zu sehen und in der Spalte BENUTZERDEFINIERT markiert (siehe Abbildung 5.57). Im folgenden Schritt legen wir ähnlich wie beim Erstellen der Metrik einen Alert an.

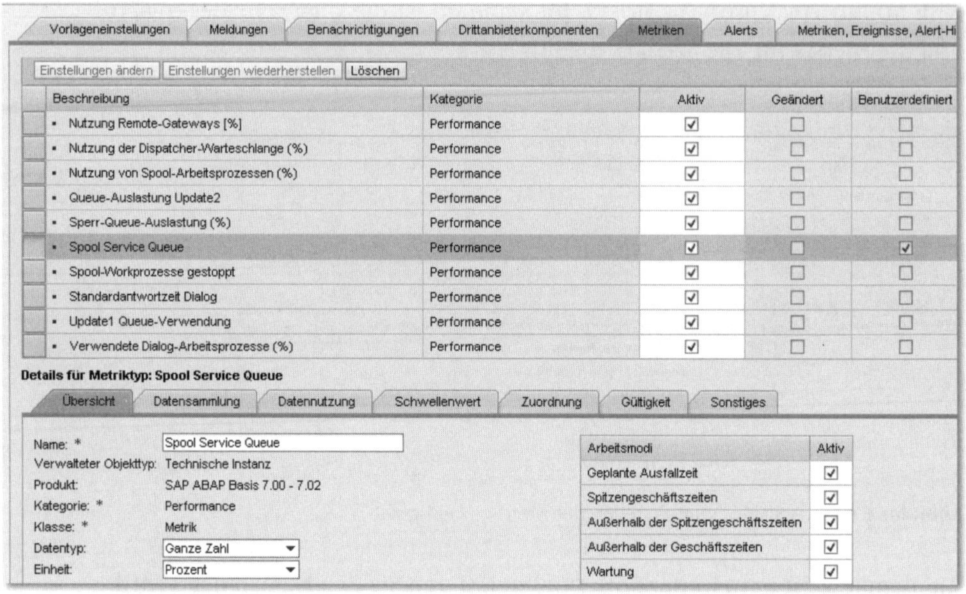

Abbildung 5.57 Benutzerdefinierte Metrik

Alert erstellen

In Abbildung 5.58 sehen Sie den Karteireiter ÜBERSICHT im ASSISTENT ZUM ERSTELLEN VON BENUTZERDEFINIERTEN ALERTS. Um diesen aufzurufen, navigieren Sie wie folgt: VORLAGENVERWALTUNG • BEARBEITEN • EXPERTENMODUS • KUNDENVORLAGE MARKIEREN • ANLEGEN • ALERT.

Bestimmen Sie zunächst NAME und KATEGORIE des Alerts. Bei der Auswahl der Kategorie ist es wichtig, die bei der Erstellung der Metrik angegebene Kategorie auch für den Alert zu wählen. Anderenfalls wird es später nicht möglich sein, die Metrik dem Alert zuzuordnen, da die Kategorie bereits das erste Ordnungskriterium ist.

Des Weiteren können Sie die Priorität des Alerts im Feld SCHWEREGRAD festlegen und eine KUNDENEIGENE BESCHREIBUNG erstellen. Die Priorität wird später im Alert-Eingang eine Rolle spielen – je höher die Priorität, desto weiter oben wird ein Alert in der Liste erscheinen. Bei der Beschreibung können Sie auch Symbole und Platzhalter verwenden, um beispielsweise immer die aktuelle SID eines Systems anzeigen zu lassen.

Die nächsten vier Karteireiter MELDUNGEN, BENACHRICHTIGUNGEN, DRITTANBIETERKOMPONENTEN und AUTOMATISCHE REAKTIONEN beinhalten die Einstellungen für automatische Benachrichtigungen und Meldungen. Sie können diese Einstellungen entweder jetzt oder auch später auf dem Karteireiter ALARME in der Vorlage pflegen.

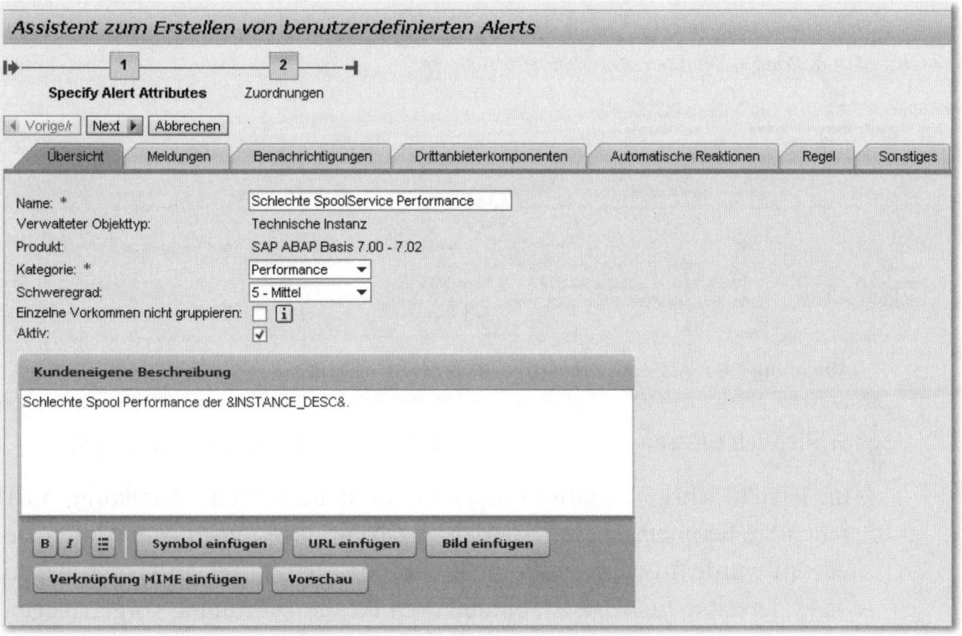

Abbildung 5.58 Assistent zum Erstellen von Alerts – Übersicht

Auf dem Karteireiter REGEL wird die Ereignisregel definiert, das heißt, es wird festgelegt, wann ein Alert erzeugt werden soll (siehe Abbildung 5.59). In den SAP-Standardvorlagen ist immer die REGEL »SCHLIMMSTER FALL« im Feld REGELTYP definiert. In diesem Fall bestimmt der schlechteste Wert der Metrik-Gruppe den Status des Ereignisses. Weitere Informationen zu den einzelnen Regeltypen finden Sie im Abschnitt »Ereignis« in Abschnitt 5.3.3, »Event Calculation Engine«.

Abbildung 5.59 Assistent zum Erstellen von Alerts – Übersicht – Regel

Auf dem letzten Karteireiter SONSTIGES geben Sie im Feld ALERT-NAME ähnlich wie bei der Erstellung der Metrik den Namen des Alerts an (siehe Abbildung 5.60).

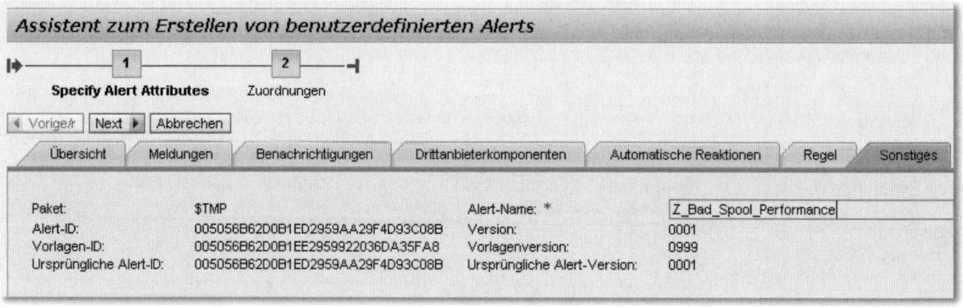

Abbildung 5.60 Assistent zum Erstellen von Alerts – Sonstiges

Schließlich müssen Sie noch Metrik und Alert miteinander verknüpfen.

Im letzten Schritt ZUORDNUNGEN des Assistenten (siehe Abbildung 5.61) sehen Sie beispielhaft die Liste der Metriken, denen noch kein Alert zugewiesen wurde. In unserem Beispiel wird die Metrik, die wir erstellt haben, da es derzeit die einzige ist, automatisch für die Zuordnung vorgeschlagen. Danach können Sie mit einem Klick auf den Button FINISH die Auswahl bestätigen und die Änderungen speichern.

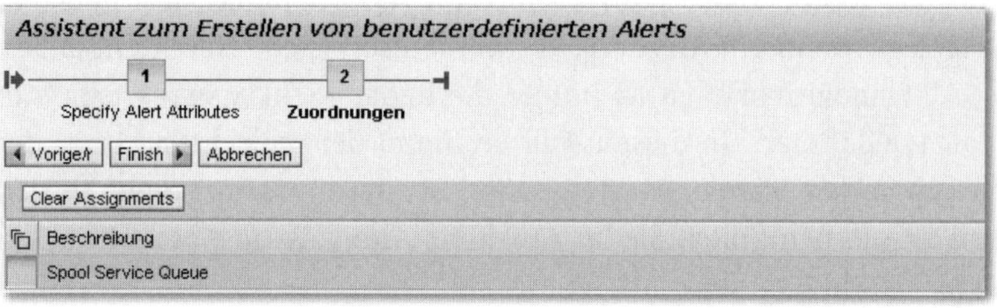

Abbildung 5.61 Assistent zum Erstellen von Alerts – Zuordnungen

In der Alert-Hierarchie wird nun der Alert zusammen mit der Metrik dargestellt (siehe Abbildung 5.62). Zum Schluss sollte die Aktivierung der Vorlagen für das gewünschte System vorgenommen werden, um den Prozess für die Metrik-Sammlung anzustoßen. Weitere Informationen finden Sie in den nächsten Abschnitten.

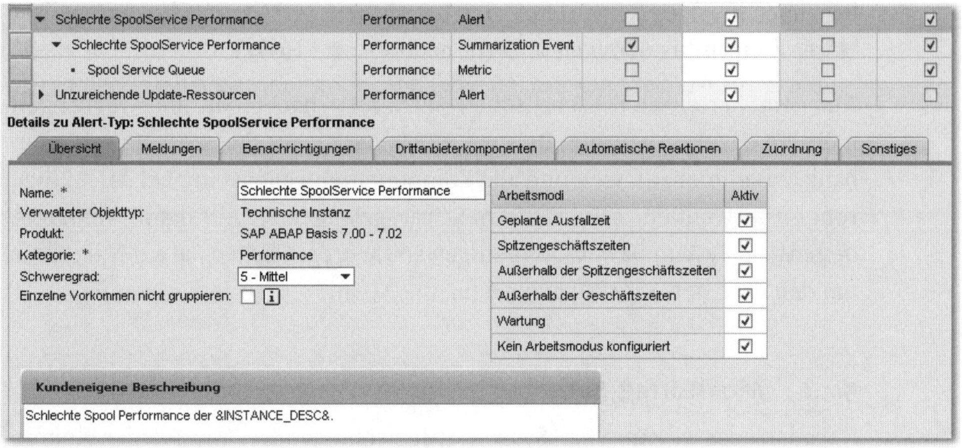

Abbildung 5.62 Benutzerdefinierter Alert

5.4.5 Umfang definieren

Im nächsten Schritt wählen wir die zu verwaltenden Objekte aus, die anschließend in das Monitoring aufgenommen werden sollen. Dies nehmen wir im Schritt UMFANG DEFINIEREN VOR, dem fünften Schritt der Einrichtung des technischen Monitorings (siehe Abbildung 5.63).

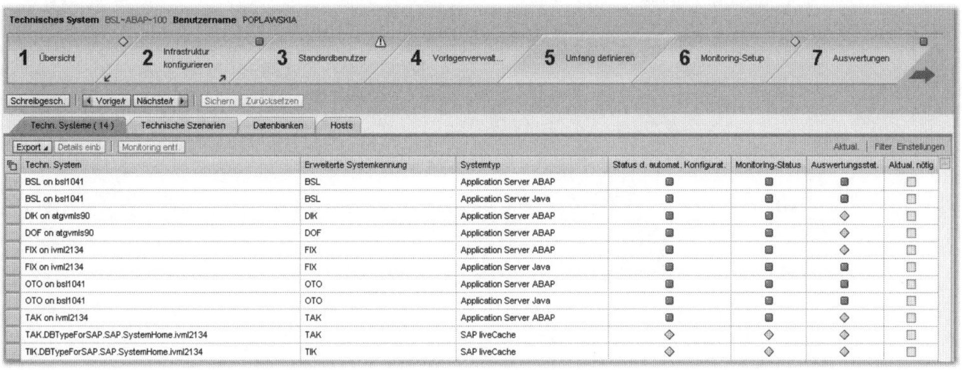

Abbildung 5.63 Umfang definieren

Auf dem Bildschirm sehen Sie die Liste der Systeme, für die das Monitoring konfiguriert werden kann. Es ist wichtig, dass das relevante System bzw. Objekt vollständig an den SAP Solution Manager angeschlossen ist (siehe Abschnitt 2.5.4, »Konfiguration der verwalteten Systeme«). Insgesamt stehen über die vier Karteireiter vier Kategorien zur Verfügung: TECHN. SYSTEME, TECHNISCHE SZENARIEN, DATENBANKEN und HOSTS.

Auf dem Karteireiter TECHNISCHEN SZENARIEN haben Sie die Möglichkeit, mehrere Objekte, wie zum Beispiel ABAP-Stack, Java-Stack, Host und Datenbank, zusammenzufassen und alle Komponenten gleichzeitig bei der Aktivierung zu verwenden. Zum nächsten Schritt gelangen Sie nur dann, wenn mindestens ein System bzw. Objekt ausgewählt wurde. Klicken Sie auf NÄCHSTE/R, um den nächsten Schritt aufzurufen.

5.4.6 Monitoring-Setup

Nachdem das gewünschte System ausgewählt wurde, muss jeder Komponente des technischen Systems, wie zum Beispiel der technischen Instanz, eine entsprechende Monitoring-Vorlage zugeordnet werden. Standardmäßig ist die Vorlagenzuweisung schon so vorkonfiguriert, dass im Schritt Monitoring-Setup die SAP-Standardvorlagen automatisch ausgewählt werden (siehe Abbildung 5.64). Mit dem Button ÜBERNEHMEN UND AKTIVIEREN wird die Auswahl der Vorlagen bestätigt. Nach der erfolgreichen Aktivierung beginnen die DataProvider, die Daten für das Monitoring zu sammeln.

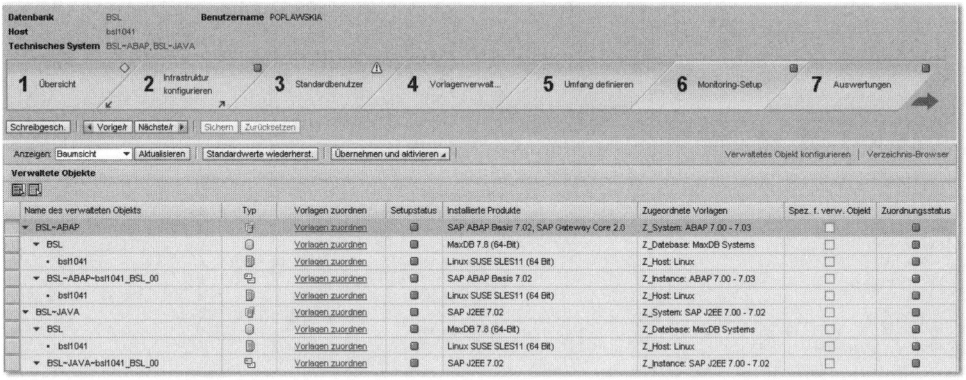

Abbildung 5.64 Monitoring-Setup

Neben der reinen Aktivierung des Monitorings besteht die Möglichkeit, mithilfe des Links VERWALTETES OBJEKT KONFIGURIEREN, den Sie auf der linken Seite im unteren Teil sehen, die allgemeingültigen Einstellungen der Vorlage zu verändern. Hier können Sie unter anderem eine bestimmte Metrik deaktivieren oder die Schwellenwerte anpassen (siehe Abbildung 5.65).

Generell stehen Ihnen die gleichen Einstellungen zur Verfügung, die Sie auch in der Vorlagenverwaltung pflegen können (siehe Abschnitt 5.4.4). Der Unterschied besteht darin, dass die Einstellungen, die Sie hier vornehmen, nur auf die gewählten Objekte angewendet werden. Auf diese Weise können Sie die Originalwerte mit objektspezifischen individuellen Werten überschreiben. Die Vorlage an sich bleibt aber unverändert.

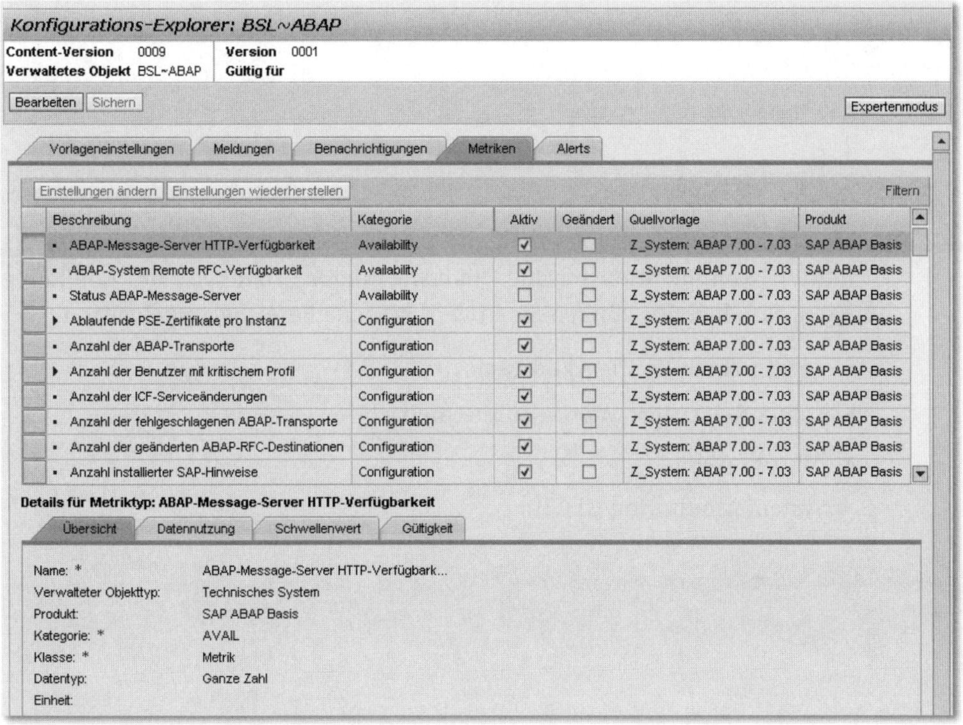

Abbildung 5.65 Verwaltetes Objekt konfigurieren

5.4.7 Auswertungen

Im Schritt AUSWERTUNGEN geben Sie an, ob die Metriken vom verwalteten System für interaktive Auswertungen gesammelt werden sollen. Hierzu wird das relevante Objekt bzw. System über die Checkboxen in der ersten Spalte markiert (siehe Abbildung 5.66). Mit einem Klick auf AKTIVIEREN werden die Einstellungen übernommen. An dieser Stelle wird nur die Datensammlung für Auswertungen aktiviert. Mehr Informationen über die Datensammlung finden Sie in Kapitel 8, »Technische Analyse und Auswertung«.

Mit dem Schritt AUSWERTUNGEN ist die technische Konfiguration der Monitoring-Umgebung vollständig abgeschlossen.

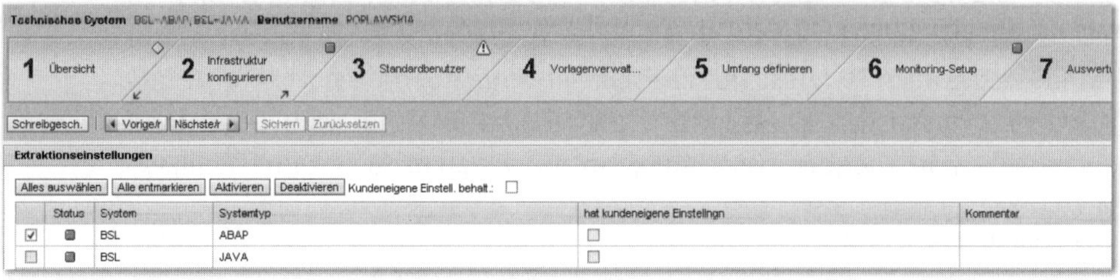

Abbildung 5.66 Auswertungen

5.4.8 Fertigstellen

Im Schritt FERTIGSTELLEN erhalten Sie eine Zusammenfassung aller ausgeführten Konfigurationsschritte inklusive deren Status (siehe Abbildung 5.67). Von hier aus können Sie in verschiedene Bereiche abspringen:

- gewünschten Konfigurationsschritt
- Solution-Manager-Work-Center-Übersicht
- Alert-Eingang
- System-Monitoring-UI

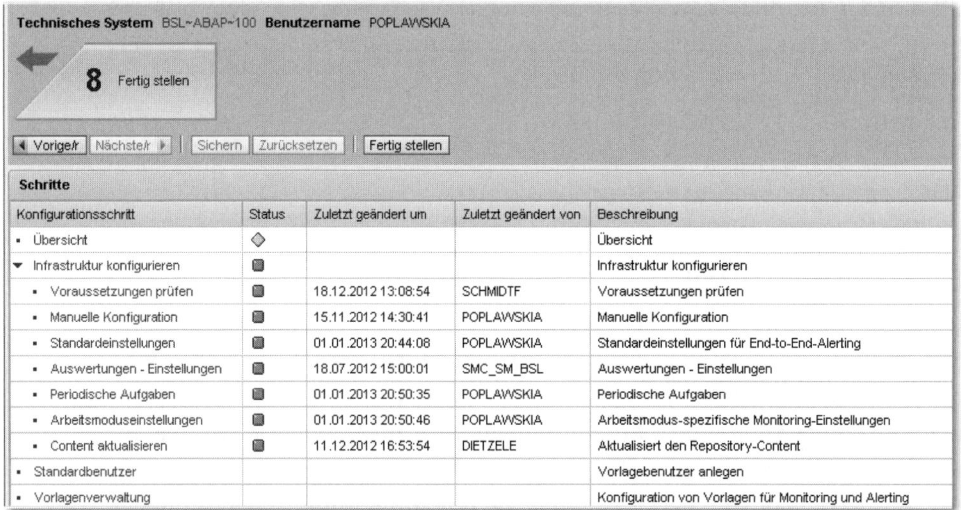

Konfigurationsschritt	Status	Zuletzt geändert um	Zuletzt geändert von	Beschreibung
▪ Übersicht				Übersicht
▾ Infrastruktur konfigurieren				Infrastruktur konfigurieren
▪ Voraussetzungen prüfen		18.12.2012 13:08:54	SCHMIDTF	Voraussetzungen prüfen
▪ Manuelle Konfiguration		15.11.2012 14:30:41	POPLAWSKIA	Manuelle Konfiguration
▪ Standardeinstellungen		01.01.2013 20:44:08	POPLAWSKIA	Standardeinstellungen für End-to-End-Alerting
▪ Auswertungen - Einstellungen		18.07.2012 15:00:01	SMC_SM_BSL	Auswertungen - Einstellungen
▪ Periodische Aufgaben		01.01.2013 20:50:35	POPLAWSKIA	Periodische Aufgaben
▪ Arbeitsmoduseinstellungen		01.01.2013 20:50:46	POPLAWSKIA	Arbeitsmodus-spezifische Monitoring-Einstellungen
▪ Content aktualisieren		11.12.2012 16:53:54	DIETZELE	Aktualisiert den Repository-Content
▪ Standardbenutzer				Vorlagebenutzer anlegen
▪ Vorlagenverwaltung				Konfiguration von Vorlagen für Monitoring und Alerting

Abbildung 5.67 Fertigstellen

5.5 Work Center »Technisches Monitoring«

Nachdem Sie das technische Monitoring konfiguriert haben, können Sie das Work Center TECHNISCHES MONITORING für alle Aktivitäten des Betriebs verwenden, wie das Anzeigen des Systemstatus oder die Analyse der aufgetretenen Alerts.

Im Work Center TECHNISCHES MONITORING finden Sie alle zugehörigen Bereiche, die zur Laufzeit des Monitorings genutzt werden können (siehe Abbildung 5.68). Hier können Sie unter anderem die beiden Bereiche ALERT-EINGANG und SYSTEM-MONITORING auswählen, die wir Ihnen im Folgenden näher vorstellen. Alle anderen Bereiche des Work Centers TECHNISCHES MONITORING werden wir in Kapitel 6, »Monitoring spezieller Lösungen«, ausführlich erläutern.

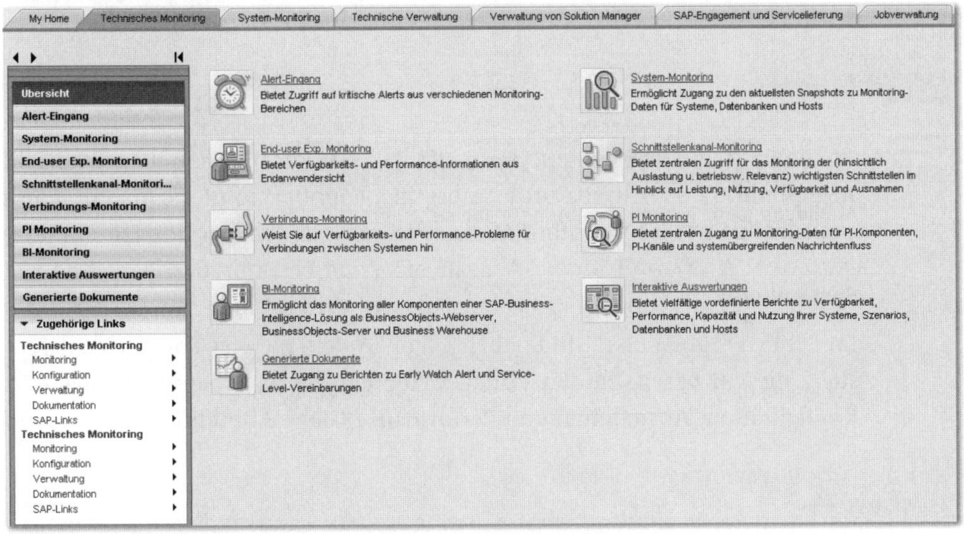

Abbildung 5.68 Work Center »Technisches Monitoring«

5.5.1 System-Monitoring – Monitoring-UI

Nach der Aktivierung des zentralen System-Monitorings eines technischen Systems bzw. Szenarios kann im Bereich SYSTEM-MONITORING der aktuelle Status des verwalteten Objektes angezeigt werden. Klicken Sie hierzu im Bereich ÜBERSICHT im Work Center TECHNISCHES MONITORING auf den Link SYSTEM-MONITORING.

Über die Karteireiter kann man die gewünschten Systemtypen auswählen, zum Beispiel ABAP-Systeme oder Java-Systeme. Standardmäßig werden alle

Systeme angezeigt (siehe Abbildung 5.69). Sie können auch mehrere Systeme gleichzeitig markieren. Außerdem haben Sie die Möglichkeit, die grafische Oberfläche entweder im selben Fenster oder in einem separaten Fenster anzeigen zu lassen. Die gewünschte Option wählen Sie mithilfe des Buttons SYSTEM MONITORING aus. Zusätzlich können Sie über den Button WORKSTATION den Introscope Enterprise Manager aufrufen.

Im Bereich TYPENAUSWAHL auf der linken Seite im Navigationsbereich des Work Centers können Sie die Systemliste verändern, indem Sie den gewünschten Typ auswählen, zum Beispiel SYSTEMS oder HOSTS.

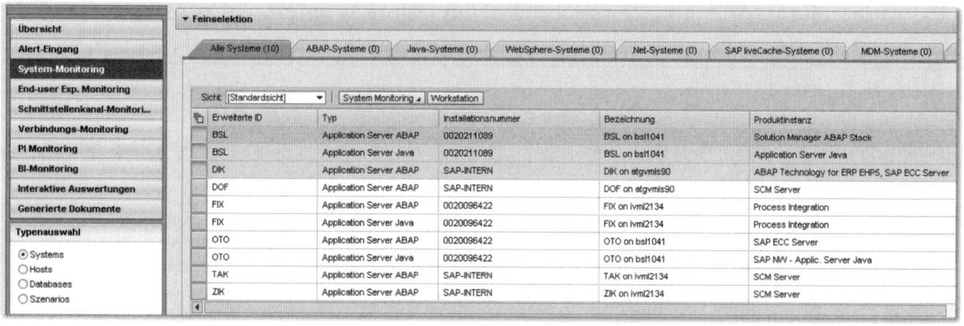

Abbildung 5.69 System-Monitoring – Übersicht

Systemliste

Im Bereich SYSTEM LISTE sind neben jedem System die vier Kategorien dargestellt, die wir bereits in den Vorlagen kennengelernt haben: Verfügbarkeit, Konfiguration, Ausnahmen und Performance (siehe Abbildung 5.70).

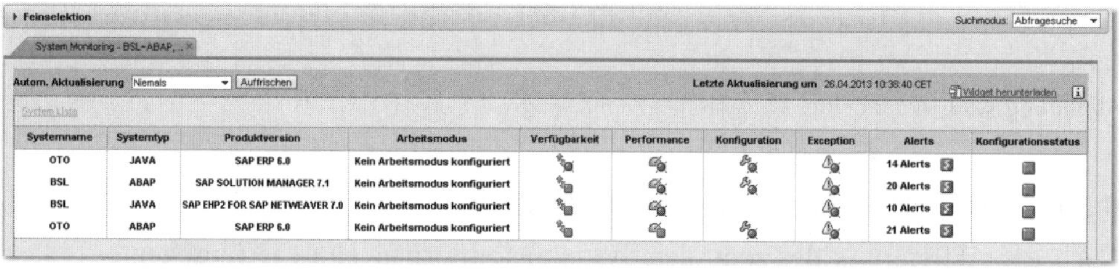

Abbildung 5.70 Systemliste

In der Liste wird der aktuelle Gesamtstatus jeder Kategorie angezeigt. Dieser Gesamtstatus repräsentiert den »kritischsten« Status, der in der Kategorie jeweils aufgezeichnet wurde. Zusätzlich ist in der Spalte ALERTS die Anzahl von Alerts zu sehen, die sich im offenen Status im Alert-Eingang befinden.

Systemhierarchie

Die nächste Ebene dieser grafischen Anzeige ist die Sicht SYSTEM HIERARCHIE. Wählen Sie ein System aus der Spalte SYSTEMNAME aus, um in diese Sicht zu gelangen (siehe Abbildung 5.71).

In dieser Sicht sehen Sie im linken Bereich die Gesamtübersicht des aktuellen Status aller Komponenten, die zu dem ausgewählten technischen System gehören: technisches System, technische Instanz(en), Host und Datenbank. Jede Box repräsentiert exakt ein Objekt. Wie der Name dieser Sicht schon sagt, sehen Sie hier, wie alle verwalteten Objekte hierarchisch zueinander stehen. Die oberste Ebene bildet immer das technische System. Eine Ebene tiefer werden technische Instanzen und Datenbank dargestellt. Auf der dritten Ebene sind schließlich die Hosts zu sehen, auf denen die Objekte installiert wurden. Zu jedem verwalteten Objekt werden die entsprechenden Kategorien und deren Gesamtstatus angezeigt.

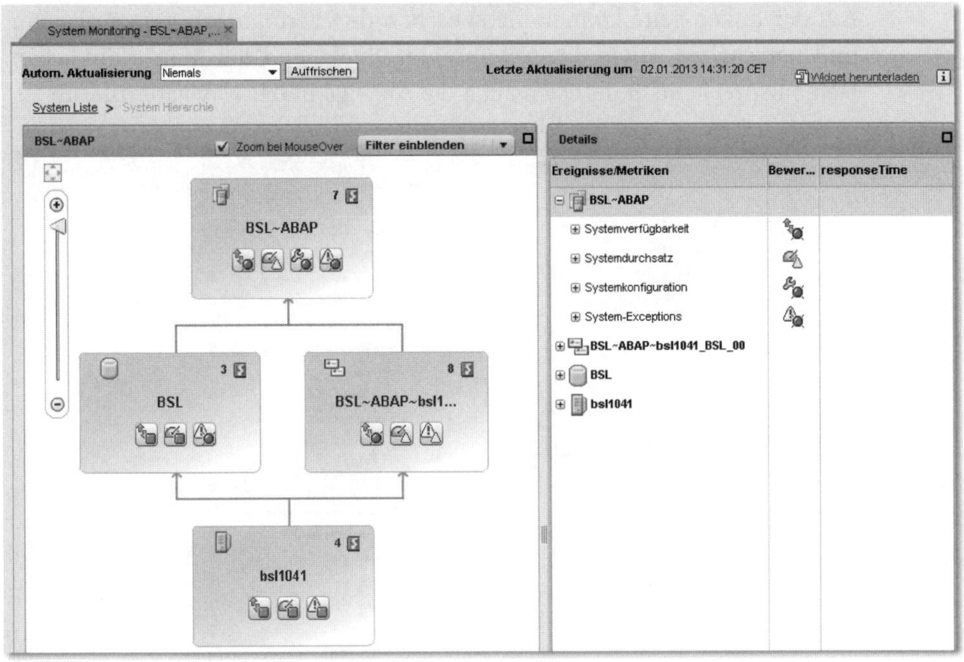

Abbildung 5.71 Systemhierarchie

In der rechten oberen Ecke der Box steht die Gesamtanzahl der Alerts, die noch nicht bestätigt wurden. Mit einem Klick auf das Alert-Icon gelangen Sie direkt in den Alert-Eingang. An dieser Stelle überspringen wir den

Schritt, da die Funktionalität und einzelne Bereiche des Alert-Eingangs im nächsten Abschnitt erläutert werden.

Mit einem Klick auf die jeweiligen Kategorien-Icons für Systemverfügbarkeit, Performance, Konfiguration und Ausnahmen wird die Sicht Ereignisse/Metriken aufgerufen. Dort sehen Sie den Status der einzelnen Ereignisse und Metriken, die in den Vorlagen konfiguriert wurden.

Ereignisse/Metriken

In der Sicht Ereignisse/Metriken finden Sie detaillierte Informationen zu jeder Metrik (siehe Abbildung 5.72). Auf der rechten Seite des Bildschirms wird die Navigationsleiste angezeigt. Für jede Kategorie sehen Sie die Ereignisse und den dazugehörigen Status. Beim Aufklappen der Ereignisse werden dann die einzelnen Metriken mit dem aktuell gemeldeten Status und den gesammelten Werten aufgelistet.

Auf der linken Seite können Sie zwischen den verfügbaren Kategorien hin- und herschalten sowie das gewünschte Objekt und die Metrik anklicken. Dementsprechend ändert sich auch die Anzeige in der Navigationsleiste.

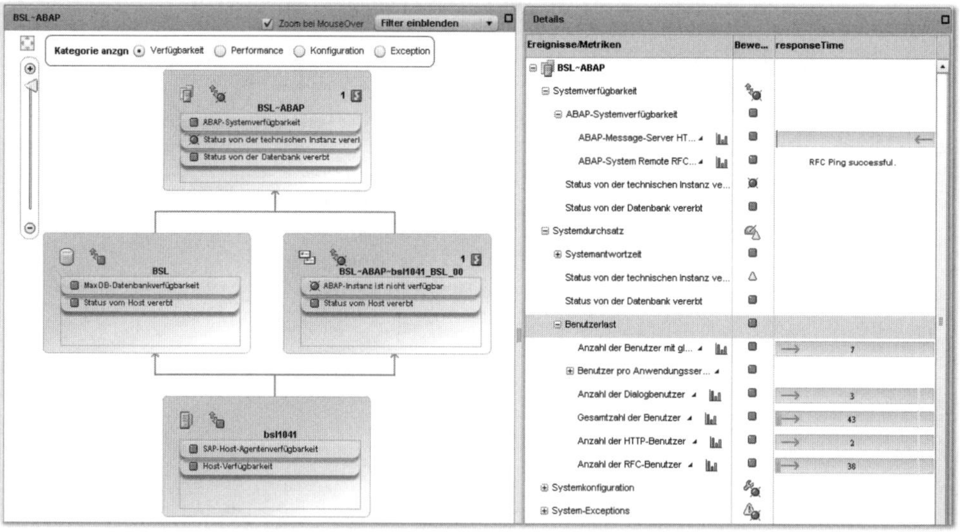

Abbildung 5.72 Ereignisse/Metriken

Metrik-Monitor

Der Metrik-Monitor ist ein Teil des interaktiven Reportings im technischen Monitoring. Dieses Werkzeug steht Ihnen zur Verfügung, sobald Sie das

Monitoring und Reporting im Setup des technischen Monitorings aktiviert haben und die gesammelten Monitoring-Werte im Business Warehouse abgespeichert sind. Der Metrik-Monitor zeigt Ihnen die historischen Werte einer ausgewählten Metrik in der grafischen und tabellarischen Form an, wie in Abbildung 5.73 zu sehen ist.

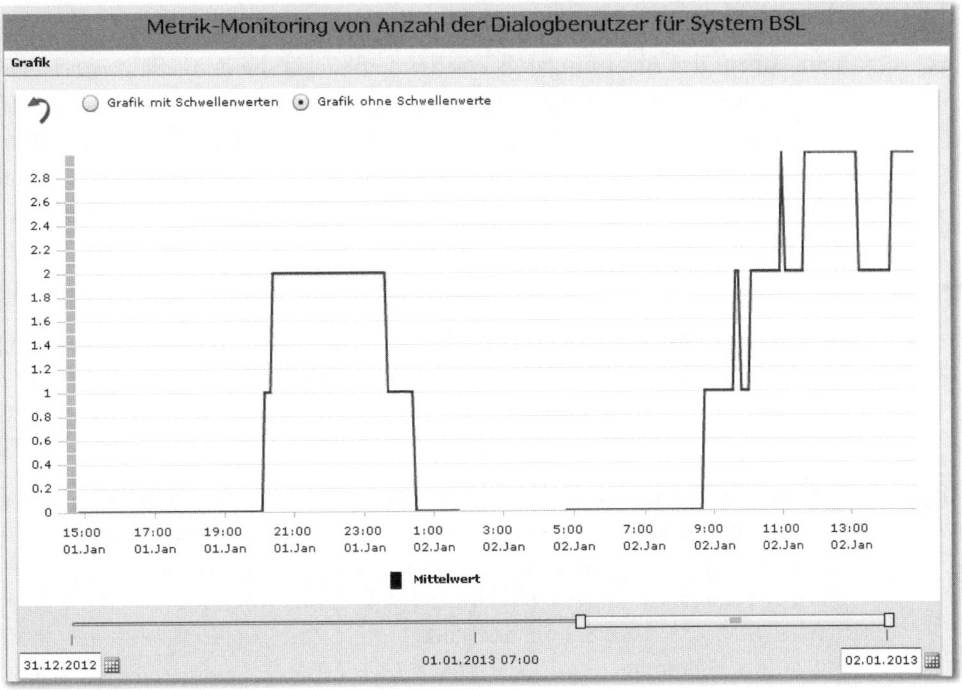

Abbildung 5.73 Metrik-Monitor

Um das Werkzeug aufzurufen, können Sie entweder in der Übersicht des Work Centers Technisches Monitoring auf Interaktive Auswertungen oder auf das Balkendiagramm-Icon neben der Metrik im Bereich Details rechts in Abbildung 5.72 klicken.

Das Werkzeug unterstützt Sie bei der Analyse und Auswertung historischer Daten. Anhand der Kurvendarstellungen bzw. der Entwicklung der Werte können Sie kritischen Trends und Risiken zeitnah entgegenwirken.

5.5.2 Alert-Eingang

Zum Alert-Eingang gelangen Sie, indem Sie im Work Center Technisches Monitoring auf Alert Eingang klicken. Er ist der zentrale Einstiegspunkt für das Monitoring. Die Alerts werden strukturiert im Alert-Eingang abgelegt und nach Kategorien sortiert, zum Beispiel DB- oder hostspezifische Alerts. Damit erhalten Sie schnell einen Überblick über den derzeitigen Status.

Der Alert-Eingang besteht aus drei Ebenen bzw. Sichten und ermöglicht somit einen Drilldown: *Alert-Typsicht*, *Alert-Gruppensicht* und *Detailsicht*.

Alert-Typsicht

Beim Aufruf des Alert-Eingangs erscheint zunächst die erste Sicht Alert-Typsicht, in der alle bereits aufgetretenen Alerts samt aktuellem und kritischstem Status aufgelistet werden (siehe Abbildung 5.74). In diesem Fenster können Sie entscheiden, wie weiter vorzugehen ist. Hier können Sie zum Beispiel den zuständigen Mitarbeiter elektronisch zu benachrichtigen oder eine Störungsmeldung zu erstellen.

Des Weiteren können Sie Alerts mit zusätzlichen Ergänzungskommentaren versehen, die Bearbeitung verschieben und natürlich nach der Beseitigung der Ursache auch Alerts bestätigen und schließen.

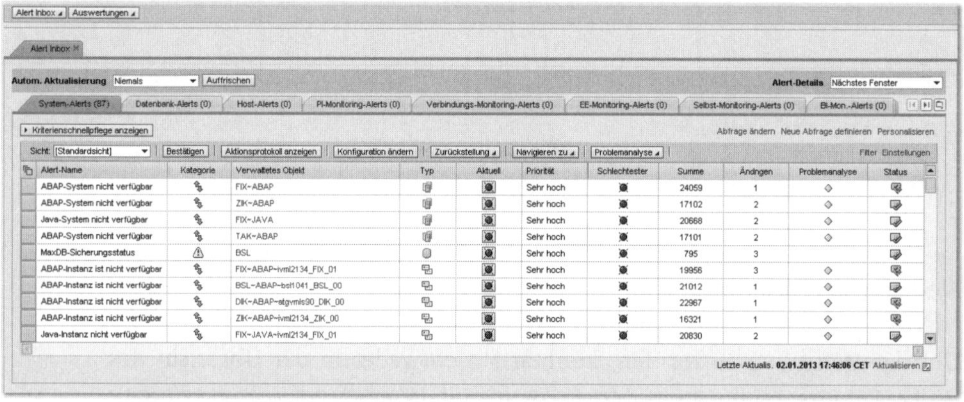

Abbildung 5.74 Alert-Eingang – Alert-Typsicht

Alert-Gruppensicht

Um ein so genanntes *Alert Flooding* zu verhindern, das heißt eine Flut an Benachrichtigungen und neuen Alerts, wurde ein neuer Mechanismus im Prozess der Alert-Berechnung implementiert. Dank der so genannten *Alert-Gruppen* werden Alerts eines Monitoring-Objekts zusammengefasst, die vom selben Ereignis stammen und denselben Status repräsentieren. So werden Alerts zusammengezählt, solange zum Beispiel eine technische Instanz eines Systems im SAP Solution Manager als »Nicht verfügbar« gemeldet wird. In diesem Fall erhält der Mitarbeiter nur eine Benachrichtigung, dass eine technische Instanz nicht verfügbar ist, auch wenn das System diesen Zustand jede Minute ermittelt. Ändert sich der Status eines Alerts (zum Beispiel von rot auf gelb), wird eine neue Alert-Gruppe angelegt, und alle relevanten Alerts werden in die neue Alert-Gruppe geschrieben, solange der Status sich nicht erneut ändert.

In der zweiten Sicht, der Alert-Gruppensicht, werden Alerts daher nur pro Alert-Gruppe erstellt. Diese Sicht rufen Sie auf, indem Sie einen bestimmten Alert-Namen markieren. Hier können Sie alle bestehenden Alert-Gruppen zu einem bestimmten Alert anzuschauen (siehe Abbildung 5.75).

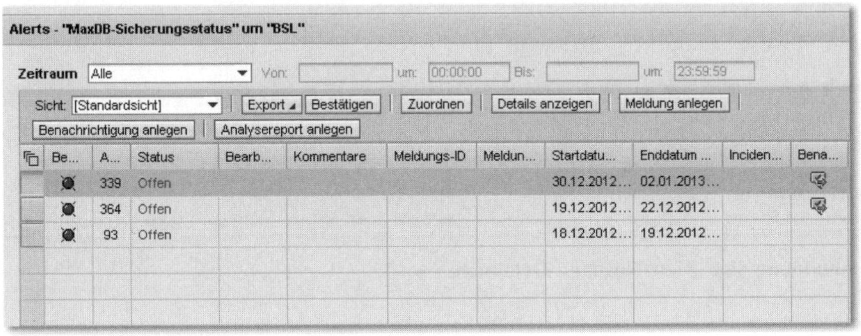

Abbildung 5.75 Alert-Eingang – Alert-Gruppensicht

Detailsicht

Die Detailsicht ist die letzte verfügbare Sicht im Drilldown-Menü des Alert-Eingangs. Sie ermöglicht Ihnen, eine Detailanalyse zu starten. Um die Detailsicht aufrufen zu können, markieren Sie in der *Alert-Gruppensicht* die gewünschte Gruppe und klicken auf DETAIL ANZEIGEN. Zur Verfügung stehen Ihnen verschiedene Analysewerkzeuge wie der Metrik-Monitor, Analyse-Report oder bestimmte Transaktionen auf dem Satellitensystem (siehe Abbildung 5.76).

Den Metrik-Monitor können Sie aufrufen, indem Sie in der Tabelle im Bereich ALERT-DETAILS neben dem Namen einer Metrik auf das Balkendiagramm-Icon  klicken. Daraufhin wird der Metrik-Monitor in einem neuen Fenster gestartet. Wenn Sie eine Metrik markieren, erscheinen im Bereich METRIKBESCHREIBUNG verfügbare Analysewerkzeuge (zum Beispiel E2E-WORKLOAD-ANALYSE). Für jede Metrik sind ausschließlich nur die Analysewerkzeuge zu sehen, die im Monitoring-Setup in der Metrik-Beschreibung vorhanden sind bzw. hinzugefügt wurden. Den Analyse-Report können Sie mithilfe des Buttons ANALYSEREPORT ANLEGEN aufrufen.

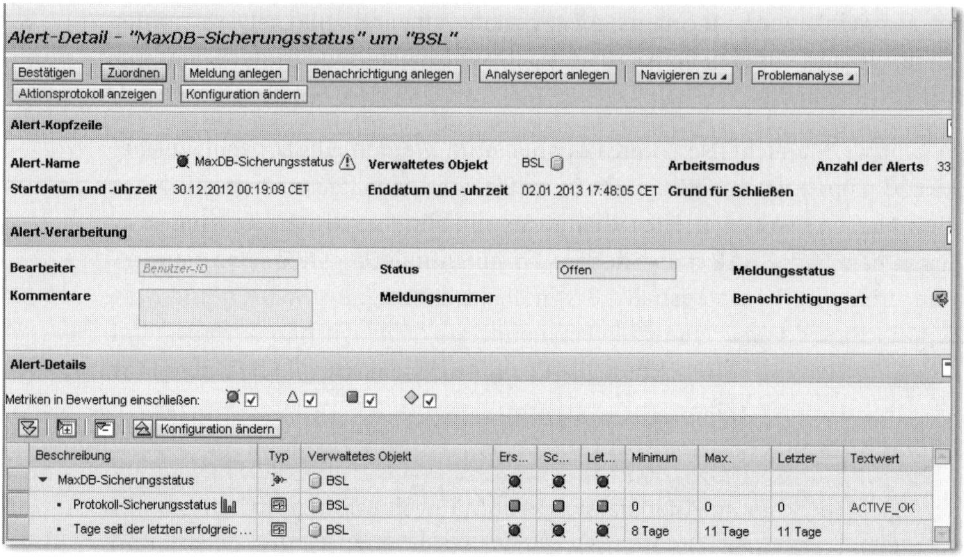

Abbildung 5.76 Alert-Eingang – Detailsicht

5.6 Monitoring-Konzept der Spielzeug AG

Die Grundlage jedes System-Monitorings sollte ein Monitoring-Konzept bilden. Das Monitoring-Konzept ist ein Dokument, das alle notwendigen Informationen zum Monitoring enthält. Hierzu zählt unter anderem die Definition des Umfangs, die Festlegung der Alerting-Methoden und die Beschreibung der Verantwortungsbereiche. Die Implementierung des System-Monitorings sollte aus der Perspektive eines Projektes betrachtet werden. Aus diesem Grund ist es wichtig, alle Schritte ausführlich zu dokumentieren.

Dieser Abschnitt beschreibt nur die wichtigsten Ansätze, die bei der Erarbeitung des Monitoring-Konzepts hilfreich sein können. Die einzelnen Bereiche des Monitoring-Konzepts werden anhand der Systemlandschaft der Firma Spielzeug AG erläutert. Dieses Buch zielt nicht darauf ab, das vollständige Konzept zur Monitoring Ihrer Systemlandschaft anzubieten. Die Gestaltung des Konzepts ist von Unternehmen zu Unternehmen unterschiedlich und sollte aus diesem Grund individuell angegangen werden. Sie kann von vielen Einflussfaktoren abhängen, wie zum Beispiel von dem Einsatz unterschiedlicher SAP- und Nicht-SAP-Komponenten oder von firmenspezifischen Anforderungen an das System-Monitoring, die nicht in diesem Buch berücksichtigt werden können, aber dennoch für Ihre Systemlandschaft eine bedeutende Rolle spielen.

Das Dokument des Monitoring-Konzepts umfasst alle Details, die für den täglichen Gebrauch relevant sind, von der ausführlichen Beschreibung der Anforderungen an das System-Monitoring bis hin zu Handlungsanweisungen für eine Problembehebung im Rahmen des Monitorings. Da das System-Monitoring ein laufender Prozess ist, sollte auch dieses Dokument kontinuierlich an die Änderungen bzw. Neuerungen im Monitoring-Umfeld angepasst werden. Daher ist es wichtig, einen Ansprechpartner für diesen Bereich zu haben, der nicht nur die Änderungen in dem Dokument pflegt, sondern auch bei den Änderungsanträgen zur Verfügung steht und entscheidet, ob die gewünschten Veränderungen erforderlich sind. Um die Informationen aus dem Monitoring-Konzept effektiv nutzen zu können, sollte es zentral abgelegt werden, damit alle am Prozess beteiligten Mitarbeiter jederzeit problemlos darauf zugreifen können.

5.6.1 Anforderungen an das System-Monitoring

Im ersten Abschnitt des Konzepts sollten die Anforderungen an das System-Monitoring definiert werden. In erster Linie sollten alle Probleme, die bereits in der Vergangenheit aufgetreten sind, einer Analyse unterzogen werden. Als Ergebnis dieser Analyse sollte eine Entscheidung getroffen werden, ob diese aufgeschriebenen Probleme eventuell auch im weiteren Verlauf ein Risiko für den Systembetrieb darstellen können. Es ist wichtig, solche Punkte bei der Erstellung des Dokuments zu berücksichtigen und als Anforderung in das Konzept mit aufzunehmen.

Bei der Spielzeug AG ist es beispielsweise in der Vergangenheit vorgekommen, dass fehlender Speicher in der Datenbank einen Stillstand der Systeme hervorgerufen hat.

5.6.2 Dokumentation der Systemlandschaft

Ein weiterer wichtiger Bestandteil des Monitoring-Konzepts ist die Übersicht über die Systemlandschaft. An dieser Stelle sollte jeder für sich entscheiden, wie detailliert und in welcher Form die Systemlandschaft beschrieben werden soll. Ob die komplette Systemlandschaft beschrieben wird oder nur ein Teil, hängt natürlich von den aktuellen Anforderungen ab. Es kann zum Beispiel sein, dass zunächst nur eine bestimmte produktive Umgebung in das

Monitoring aufgenommen wird, die das Kerngeschäft der Firma bildet. Oder man entscheidet sich von Anfang an dafür, die Systemlandschaft vollständig abzubilden.

Um die Übersichtlichkeit im Dokument beizubehalten, empfehlen wir Ihnen, die Systemlandschaft in mehrere Bereiche nach Anwendungskomponenten zu gliedern. Eine Möglichkeit besteht darin, für jeden Bereich eine separate Tabelle anzulegen – für Systeme, Instanzen, Datenbanken und Hosts. In Tabelle 5.4 werden die SAP-Anwendungskomponenten am Beispiel der Spielzeug AG dargestellt. In der ersten Tabelle sehen Sie die Übersicht der SAP-Anwendungskomponenten der Spielzeug AG.

Anwendungskomponente	Produkt-Release	SID	Installations-nummer	System-beschreibung
SAP ECC 6.0 EHP5	7.00	OTO	0020096422	Produktivsystem
SAP NetWeaver PI 7.3	7.31	FIX	0020096423	Produktivsystem
SAP SCM 7.0 EHP2	7.31	TAK	0020096424	Produktivsystem
SAP NetWeaver Portal 7.0	7.00	PEP	0020096422	Produktivsystem
...	...	...	...	...

Tabelle 5.4 SAP-Systemlandschaft der Spielzeug AG

Natürlich sollten Sie auch die Produkte der Drittanbieter erfassen, falls Sie solche Produkte in Ihrer Systemlandschaft einsetzen. Auch die Spielzeug AG setzt Nicht-SAP-Produkte in ihrer Landschaft ein (siehe Tabelle 5.5).

SID	Produkt/ Version	Hersteller	Servername	Beschreibung
WAMA	WAMA/12	Outside AG	wamaber01	Warehouse-Management-System
XCH10	Exchange 2010	Microsoft	bslxchng06	Microsoft Exchange Server 2010

Tabelle 5.5 Übersicht über Drittanbieterprodukte der Spielzeug AG

In einer zweiten Übersicht stellen wir die Hardwareinformationen der SAP-Komponenten zusammen. In Tabelle 5.6 sehen Sie die Hardwareinformationen der Spielzeug AG.

SID	Instanz	Servername	RAM in GB	CPU-Frequenz in MHz	Betriebssystem/ Version
OTO	bsl1041_OTO_02	bsl1041	10	2.300	Linux/SLES11
FIX	imlv2134_FIX_01	imlv2134	10	2.000	Linux/SLES1
TAK	imlv2134_TAK_10	imlv2134	10	2.000	Linux/SLES11
PEP	abcpep01_PEP_10	abcpep01	8	1.600	Linux/SLES11
FIO	imlv2150_FIO_10	Imlv2150	10	2.000	Linux/SLES11

Tabelle 5.6 Hardwareübersicht der Spielzeug AG

Als Nächstes werden die eingesetzten Datenbanken aufgelistet. Hierbei sind folgende Informationen erwähnenswert: Name und Release der Datenbanken sowie die Namen der Server, auf denen die verwendeten Datenbanken installiert sind. In Tabelle 5.7 sehen Sie die Datenbankübersicht der Spielzeug AG.

SID	Datenbankserver	DB-System und Release
OTO	bsl1041	SAP MaxDB 7.8
FIX	imlv2134	SAP MaxDB 7.8
TAK	imlv2134	SAP MaxDB 7.8
PEP	abcpep01	SAP MaxDB 7.8
FIO	imlv2150	SAP MaxDB 7.8

Tabelle 5.7 Datenbankenübersicht der Spielzeug AG

5.6.3 Rollen und Verantwortlichkeiten

Wie für alle anderen Bereiche sollte es auch für das zentrale Monitoring einen Ansprechpartner geben. Im Idealfall ist diese Person auch für die Pflege des Monitoring-Konzepts zuständig. Dieser Ansprechpartner steht bei Fragen, Vorschlägen etc. im Umfeld des System-Monitorings zur Verfügung.

Des Weiteren werden die Verantwortlichkeiten nach bestimmten Gruppen bzw. Teams zugeteilt. Für jeden Monitoring-Bereich muss ein Ansprechpartner in der Dokumentation festgelegt werden. Wie einzelne Teams in der Gliederung aussehen können, hängt natürlich wieder von der Struktur des Unternehmens und der Größe der Systemlandschaft ab. In Tabelle 5.8 sehen

Sie das Verzeichnis der Ansprechpartner und Verantwortlichen der Spielzeug AG.

Team	Ansprechpartner für	Name des AP	Telefon/Mail
Systemadministration	Hardware	...	...
	Schnittstellen	...	...
	Netzwerk	...	...
	Security	...	...
	Datenbank	...	...
	Betriebssystem	...	...

Tabelle 5.8 Beispiel – Verzeichnis der Ansprechpartner/Verantwortlichen

5.6.4 Metriken

Die Metriken wurden bereits im Rahmen der Vorlagenerstellung in Abschnitt 5.4.4, »Vorlagenverwaltung«, vorgestellt und als Element beschrieben. Das technische Monitoring im SAP Solution Manager 7.1 bietet Ihnen eine Reihe von bereits verfügbaren Metriken, die beispielsweise in den SAP-Standardvorlagen enthalten sind. Generell spricht nichts gegen eine Verwendung der SAP-Standardvorlagen. Unsere Erfahrung zeigt jedoch, dass diese nur in den seltensten Fällen zu einem effizienten und gewünschten Monitoring führen.

Um ein Monitoring zu ermöglichen, das den Betrieb unterstützt, ist es essenziell, Metriken gezielt und anforderungsspezifisch auszuwählen. Welche Metriken für das Monitoring eine Rolle spielen können, kann unter anderem mithilfe von Punkten aus dem Anforderungskatalog bestimmt werden. Ein weiterer möglicher Indikator kann zum Beispiel die Definition von Service Level Agreements (SLA) hinsichtlich der Systemverfügbarkeit und Systemperformance sein.

Eine der möglichen Vorgehensweisen wäre hier, die Metriken ähnlich wie bei den Vorlagen in Kategorien und Bereiche einzuteilen. Zugleich kann die Übersicht dazu verwendet werden, um die Metriken zu priorisieren und Alerting-Methoden festzulegen.

In Tabelle 5.9 sehen Sie einen Ausschnitt aus der Übersicht der Spielzeug AG.

Kategorie	Bereich	Priorität
Betriebssystem	CPU	hoch
	Dateisysteme	hoch
	Speicher	hoch
	Verfügbarkeit	hoch
Datenbanken	Datenspeicherplatz	hoch
	Sicherungsstatus	hoch
	Verfügbarkeit	sehr hoch
ABAP	Instanzenverfügbarkeit	sehr hoch
	ABAP-Kurzdumps	mittel
	Dialogressourcen	mittel
	Updates	mittel
	Dialogantwortzeiten	mittel

Tabelle 5.9 Kategorisierung und Priorisierung der Metriken

5.6.5 Definition der Schwellenwerte

Bei einem automatisierten System-Monitoring bestimmen die Schwellenwerte, wann ein Alert ausgelöst wird. Aus diesem Grund muss jede Metrik eine passende Schwellenwertdefinition enthalten. Dazu gehören unter anderem die Auswahl des Schwellenwerttyps und die Angabe, welche Werte berücksichtigt werden (zum Beispiel Glättungswerte der letzten 15 Minuten). In Tabelle 5.10 sehen Sie am Beispiel der Spielzeug AG, wie eine Schwellenwertdefinition aussehen kann.

	Schwellenwerte			
Monitorattribut	Grün nach Gelb	Gelb nach Rot	Rot nach Gelb	Gelb nach Grün
CPU-Auslastung	90 %	95 %	92 %	87 %
Anzahl der Kurzdumps	5	10	7	3
Freier Speicherplatz im Dateisystem	7 %	5 %	8 %	10 %

Tabelle 5.10 Beispiel einer Schwellenwertdefinition

5.6.6 Auto-Reaktionsmechanismen

In diesem Schritt werden die Auto-Reaktionsmethoden genannt, die im Fall einer Alert-Erzeugung anzuwenden sind. Die Spielzeug AG entscheidet sich für zwei Auto-Reaktionen, die standardmäßig im SAP Solution Manager 7.1 zur Verfügung stehen – Auto-Benachrichtigung per E-Mail und automatische Erstellung der Incident-Meldungen.

Die Spielzeug AG entscheidet sich dafür, dass für Alerts mit sehr hoher Priorität, wie INSTANZ NICHT VERFÜGBAR, automatische Meldungen angelegt werden. Sehr kritische Alerts erfordern eine sehr schnelle Reaktion. Mithilfe des ITSM-Szenarios können die Reaktionszeiten verkürzt werden, indem die Meldung der entsprechenden Komponente zugeordnet wird. Gleichzeitig wird dadurch dem Problem mehr Aufmerksamkeit geschenkt.

Für Alerts mit Priorität »Hoch« und »Mittel« werden automatische Benachrichtigungen erzeugt und in Form einer E-Mail an die vorher definierten Empfänger gesendet. Für Alerts, die geringer als »Niedrig« priorisiert sind, sollen keine Auto-Reaktionen ausgelöst werden. Solche Alerts werden aber im Alert-Eingang zu sehen sein.

5.6.7 Handlungsanweisungen und Eskalationspfade

Ein wichtiger Aspekt des Monitoring-Konzepts sind die Handlungsanweisungen. Klare und verständliche Handlungsanweisungen sorgen dafür, dass die Ursache für bekannte Probleme und Störungen schnell bestimmt werden kann, sodass das Problem schnell behoben werden kann.

Diese Anweisungen sollen bei bereits bekannten Problemen den Lösungsweg bzw. die Abfolge von Schritten beschreiben, die abgearbeitet werden müssen. Wenn die Lösung eines Problems zu lange dauert, soll nach Möglichkeit die nächste Support-Ebene eingreifen. Kümmert sich keiner nach einer vorgegebenen Zeit um die Meldung bzw. das Problem, muss eine Eskalation eingeleitet werden, das heißt, das Problem muss an die nächsthöhere Ebene im Support weitergeleitet werden.

5.7 Kundenbeispiel – Technisches Monitoring der SAP-Landschaft eines Education Service Providers mit dem SAP Solution Manager 7.1

Das SAP University Competence Center (UCC) ist Teil des SAP University Alliances Programms, in dem die SAP AG Lehrenden und Studierenden weltweit Zugang zu SAP-Technologien ermöglicht. Das Programm richtet sich an Universitäten, Hochschulen und berufliche Schulen, die SAP-Anwendungen aktiv in die Lehre integrieren möchten. Das SAP UCC stellt zurzeit für mehr als 400 deutsche und internationale Institutionen und Bildungseinrichtungen und damit ca. 80.000 Studenten SAP-Anwendungen bereit und ist damit weltweit das größte Zentrum seiner Art.

Um diese Anzahl von Einrichtungen mit unterschiedlichen Anforderungen beliefern zu können, betreibt das SAP UCC mehr als 150 SAP-Systeme, die einen großen Teil des Softwareportfolios von SAP abdecken. Im SAP UCC arbeiten derzeit 15 festangestellte Mitarbeiter sowie weitere wissenschaftliche und studentische Hilfskräfte. Um den Systembetrieb performant und effizient zu gestalten, forscht das SAP UCC gemeinsam mit der SAP AG und der Hewlett-Packard GmbH in den Bereichen Adaptive Computing sowie Virtualisierung und Application Service Providing.

Um einen unterbrechungsfreien Betrieb rund um die Uhr zu gewährleisten, muss eine Monitoring-Infrastruktur vorhanden sein, die ein effizientes und effektives Monitoring der unterschiedlichen Systeme gewährleistet. Da die Altapplikation für das Monitoring der Systeme neuen Herausforderungen nicht mehr gewachsen ist, wurde beschlossen, eine neue Monitoring-Lösung zu implementieren. Die bereits bestehende, heterogene Systemlandschaft, das stetige Wachstum des SAP UCC und eine bessere Integration in die bestehenden Serviceprozesse stellten hohe Anforderungen an die zukünftige Monitoring-Lösung. In Tabelle 5.11 sehen Sie die Produkte der Systemlandschaft, die im produktiven Betrieb von Kunden eingesetzt werden und deswegen umfassend überwacht werden müssen.

System	Produkte		
1	SAP ERP 5.0	SAP BusinessObjects XI 3.1	SAP NetWeaver AS Java 7.01
2	SAP ERP 6.0	SAP BusinessObjects Enterprise 4	SAP NetWeaver AS Java 7.3
3	SAP ERP 6.04	SAP CRM 5.2	SAP NetWeaver CE 7.11
4	SAP ERP 6.05	SAP CRM 7.0	SAP NetWeaver PI 7.11
5	SAP NetWeaver BW 7.30	SAP CRM 7.02	SAP for Retail 6.0

Tabelle 5.11 Produkte der Systemlandschaft

System	Produkte		
6	SAP NetWeaver BW 7.31	SAP Solution Manager 7.1	SAP for Healthcare 6.0
7	SAP NetWeaver BW 7.0	SAP NetWeaver AS Java 7.0	
8	SAP SCM 7.0	SAP SRM 7.0	

Tabelle 5.11 Produkte der Systemlandschaft (Forts.)

Abgesehen von den bestehenden SAP-Systemen, werden in naher Zukunft weitere neue Technologien in das Portfolio des SAP UCC aufgenommen werden, wie zum Beispiel SAP HANA, Sybase Unwired Platform und IBM DB2 10.1. Die zukünftige Monitoring-Lösung muss daher flexibel erweiterbar sein und neue Technologien zeitnah abdecken können, um einen kontinuierlichen, unterbrechungs- und risikofreien Betrieb gewährleisten zu können.

Neben den Systemen selbst muss die Monitoring-Lösung auch die unter den SAP-Systemen liegenden Ressourcen überwachen können. Dies beinhaltet auf Betriebssystemebene sowohl HP-UX auf den Datenbankservern als auch Suse Linux Enterprise Server 10 und 11 sowie Windows Server 2008 bei SAP-Systemen. Auf Datenbankebene müssen diese drei unterschiedlichen Lösungen überwacht werden: Oracle 10.2g, IBM DB2 9.7 und Microsoft SQL Server 2008.

Neben der regulären SAP-Landschaft, die durch einen SAP Adaptive Computing Controller verwaltet wird, muss auch eine optionale Abdeckung der Testsysteme möglich sein, die in einer VMware-Umgebung laufen, um Leistungsparameter und Fehlerverhalten für produktive Systeme einschätzen zu können.

Auf allen Ebenen müssen Metriken aus den Bereichen Verfügbarkeit, Konfiguration, Fehler und Leistung überwacht werden. Die gesammelten Daten sollen in Zukunft genutzt werden, um zu evaluieren, wie der Betrieb hinsichtlich Leistung und Konfiguration optimiert und Wartungsfenster verkürzt werden können.

Die zuvor für das Monitoring der Systemlandschaft eingesetzte Anwendung wurde als eigenständige Applikation ohne Integration in bestehende Serviceprozesse und -strukturen betrieben. Mit dem Wechsel der Monitoring-Lösung wird auch eine Vertiefung der Integration der Serviceprozesse einhergehen und das System-Monitoring in das bestehende ITSM des SAP Solution Managers eingebunden werden, über das bereits Kundenanfragen bearbeitet wurden.

Durch die Art und Menge der Anforderungen und Herausforderungen wurde das System-Monitoring des SAP Solution Managers 7.1 als Monitoring-Lösung der Systemlandschaft ausgewählt. Dies ermöglicht nicht nur die nahtlose Integration aller zu überwachenden Systeme in das Monitoring, sondern erlaubt auch, neue SAP-Technologien durch regelmäßige Updates der Content-Basis einzubinden und Alerts an das im Solution Manager implementierte ITSM weiterzuleiten. In Abbildung 5.77 sehen Sie als Beispiel die geplante Monitoring-Landschaft am UCC Magdeburg.

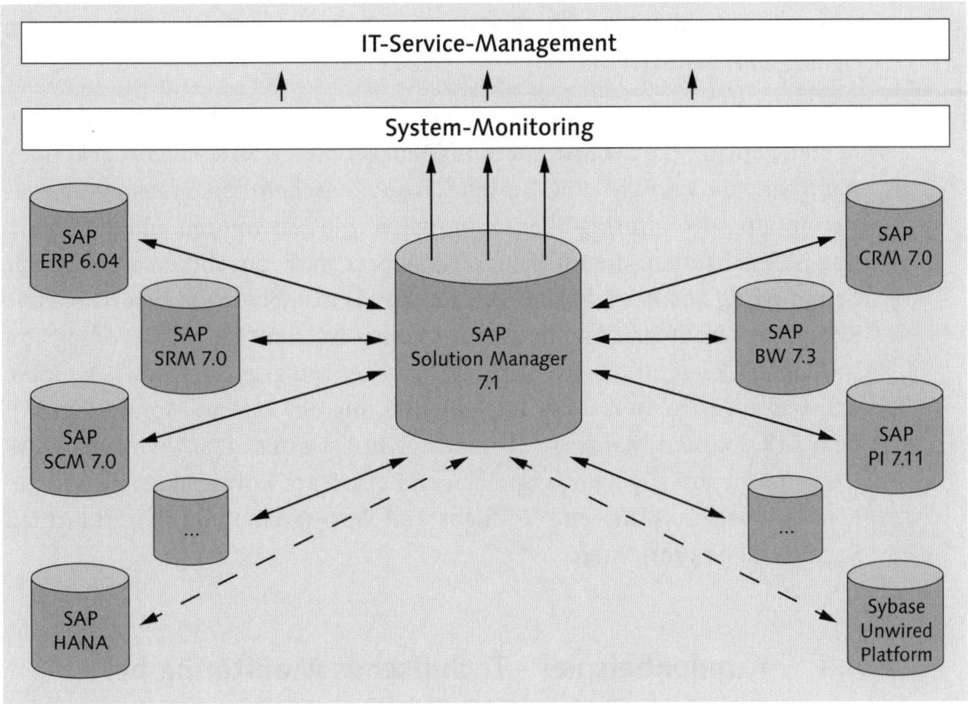

Abbildung 5.77 Geplante Monitoring-Landschaft am UCC Magdeburg

Wenn Parameter, die durch vorgegebene und neu erstellte Metriken gemessen werden, einen definierten Warnungsschwellenwert überschreiten, wird ein Incident-Ticket mit niedriger Priorität angelegt. Da das ITSM ein fester Bestandteil des Arbeitsumfeldes der Mitarbeiter des SAP UCC ist, erfolgt eine unverzügliche Bearbeitung. Neben der automatischen Erstellung von Incident-Tickets werden auch automatische Benachrichtigungen via E-Mail implementiert, die bei kritischen Problemen an den zu diesem Zeitpunkt zuständigen und verfügbaren Mitarbeiter verschickt werden. Die genaue Konfiguration hängt dabei von der Kritikalität sowie der Art und Anzahl der betroffenen Systeme ab. So werden Incidents, die die Verfügbarkeit eines Datenbankservers für 30 SAP-Systeme betreffen, höher eingestuft als Leistungsprobleme auf Testservern.

Zurzeit werden die unterschiedlichen Systeme, die sich in der Landschaft befinden, in das Monitoring-System des SAP Solution Managers integriert, wobei die Integration der Betriebssysteme, der Datenbanken und von SAP ERP bereits abgeschlossen ist und mit der Integration des SAP NetWeaver AS Java 7.3 begonnen wurde. Nach der vollständigen Integration und Schulung der Mitarbeiter wird es einen kurzen Parallelbetrieb geben, nachdem die Altanwendung vollständig durch das System-Monitoring des SAP Solution Managers abgelöst wird.

Für die Zukunft ist eine weitere Integration der unterschiedlichen Komponenten geplant, die der SAP Solution Manager bietet. So sollen bei gekoppelten Systemen kritische RFC-Verbindungen zwischen den Systemen mittels Verbindungs-Monitoring überwacht und vermessen werden und die Reporting-Möglichkeiten, die im Solution Manager nativ angeboten werden, zur Optimierung des Betriebs und der Support-Leistungen beitragen. Die letzte Komponentenintegration, die zurzeit geplant ist, stellt die Verknüpfung von Incident-Tickets mit der im Solution Manager integrierten Knowledge Base dar. Das angestrebte Ziel der Implementierung des System-Monitorings mit dem SAP Solution Manager 7.1 inklusive integriertem ITSM wird dem SAP UCC eine zuverlässige, umfangreiche und effiziente Infrastruktur bieten, um eine optimale Leistung und Verfügbarkeit der Systeme und der erbrachten Services zu gewährleisten.

5.8 Kundenbeispiel – Technisches Monitoring bei Geberit mit dem SAP Solution Manager 7.1

Ein weiteres Kundenbeispiel zum technischen Monitoring wurde uns dankenswerterweise durch Herrn Daniel Rothmund, Senior IT Application Analyst SAP der Geberit Verwaltungs GmbH, zur Verfügung gestellt.

Über Geberit

Die Geberit Gruppe ist der europäische Marktführer in der Sanitärtechnik mit globaler Ausrichtung. Seit der Gründung 1874 zählt das Unternehmen zu den Pionieren der Branche und setzt mit umfassenden Systemlösungen immer wieder neue Trends. Das Produktspektrum ist sowohl für Neubauten als auch für Renovierungen und Modernisierungen konzipiert. Es umfasst die Produktbereiche Sanitärsysteme mit Installationssystemen, Spülkästen und Innengarnituren, Armaturen und Spülsysteme, Apparateanschlüsse und Dusch-WCs sowie Rohrleitungssysteme mit Hausentwässerungs- und Versorgungssystemen. Das an der Schweizer Börse notierte Unternehmen Geberit ist in 41 Ländern mit Vertretungen aktiv und unterhält 16 Produktionsstandorte in sieben Ländern. 2011 erwirtschaftete die Geberit Gruppe (weltweit über 6.000 Beschäftigte) 2,1 Milliarden Schweizer Franken Umsatz.

Ausgangssituation

Seit 2002 haben wir als zentrales SAP-System-Monitoring-Werkzeug den SAP Solution Manager im Einsatz. Wir starteten bereits mit der Release 2.1/2.2. Zunächst wurden alle AS ABAP-Systeme damit überwacht. Im Jahr 2008 kamen dann als neue Bereiche die Ursachenanalyse und das Monitoring des AS Java mit SP15 hinzu. Der SAP Solution Manger wird bei uns als zentrales Werkzeug für das Management der Applikationen eingesetzt, angefangen vom ITSM für SAP über das Change Request Management bis hin zum technischen Monitoring.

Projektbeschreibung

Durch den Einsatz neuer SAP-Technologien, wie zum Beispiel SAP BusinessObjects oder den SAP Business Warehouse Accelerator (BWA), entstanden neue Herausforderungen im Bereich des Monitorings. Zudem konnte das bestehende Monitoring unsere internen Abläufe und Anforderungen nicht mehr zu 100% abdecken. Mit dem Ramp-Up des Release 7.1 konnten wir schon erste Tests mit dem neuen technischen Monitoring durchführen. Das neue technische Monitoring hat sich bei diesen Tests als eine solide Basis für unser SAP-Monitoring herausgestellt.

So wurde Anfang 2012 ein neues Projekt für den Neustart des technischen Monitorings auf Basis des SAP Solution Managers 7.1 begonnen. Das Ziel dieses Projekts war es, alle SAP-Systeme und Nicht-SAP-Systeme möglichst in das neue technische Monitoring zu überführen. Zusammengefasst handelt es sich dabei um 23 AS ABAP-Instanzen, acht AS Java-Instanzen und fünf Instanzen von Drittherstellern.

Gleich zu Beginn des Projekts hat sich herausgestellt, dass einer der wichtigsten Punkte die Systemlandschaftspflege ist. Im Folgenden haben wir grob zusammengestellt, welche Hauptaufgaben während des Projektes angefallen sind:

- technische Anforderungen an die angebundenen Systeme definieren
- Agenten installieren und zuweisen
- Benutzer erstellen und entsprechende Rollen (Berechtigungen) vergeben
- exakte Pflege der Systemlandschaftsdaten in der LMDB
- Sicherstellung der Anbindung und der Verfügbarkeit der Systeminformationen im SLD
- Definition der benötigten Metriken und deren Schwellenwerte für die Alert-Auslösung
- Definition einer Checkliste für das Anbinden der Systeme

Vom Aufwand her betrachtet, war die exakte Pflege der Systemlandschaftsdaten in der LMDB einer der umfangreichsten und wichtigsten Punkte in unserem Projekt. Ohne diese Grundlage im Solution Manager ist es nicht empfehlenswert, mit dem technischen Monitoring zu beginnen. Ein anderer wichtiger Punkt war die Definition der Vorlagen für das Monitoring. Wir haben als Diskussionsgrundlage dafür die SAP-Standardvorlagen verwendet. Um ein durchschaubares Monitoring zu gewährleisten, folgten wir bei der Definition der Vorlagen dem Ansatz »Keep it simple«. Wir verwenden jetzt drei Vorlagen je Systemtyp:

- Productive Systems
- Test and Quality Systems
- Altsysteme

Durch die Nutzung eines BAdIs (`BADI_ALERT_REACTION`) konnten wir unseren internen Telefonserver an das Monitoring und somit an die Alerting-Techniken anbinden. Zusätzlich nutzen wir das BAdI für die Versendung von Apple-Push-Nachrichten an Smartphones und Tablets.

Der zuständige Mitarbeiter in Bereitschaft arbeitet die offenen Alerts entweder mittels des Alert-Eingangs ab, oder er nutzt die Möglichkeit der Monitoring-Apps für Smartphones oder Tablets. Diese Apps erhält er im jeweiligen App-Store und damit auch die Möglichkeit, Alerts schnell zu bearbeiten und sich ein erstes Bild von dem Problem zu machen.

Besonders hervorheben möchte ich eine Funktion, die wir zusammen mit SAP entwickelt haben. Diese Funktion bietet uns die Möglichkeit, externe Shell-Skripte oder auch eigene Programme auf Betriebssystemebene an das Monitoring anzubinden. Dadurch können wir das technische Monitoring jetzt flexibel durch eigene OS-Skripte erweitern. Auf diese Weise können wir zum Beispiel Metriken überwachen, die dem Betriebssystem nahe sind (Software Raid, Systemzeit, Network Bounding etc.), aber auch datenbankspezifische Metriken wie Oracle Dataguard oder Oracle Flashback. Es könnte sein, dass diese neue Funktion in einem der nächsten Support Packages des Solution Managers für alle Kunden zur Verfügung gestellt wird.

Herausforderungen

Die größten Herausforderungen waren die zentrale Systemlandschaftspflege und die Definition der Vorlagen, Metriken und Schwellenwerte. Die erforderlichen Support-Prozesse waren bereits für das zuvor im Einsatz befindliche Monitoring aufgebaut worden. Dadurch brauchten wir nur für die Integration und die erforderlichen Wissenstransfers zu sorgen. Die grundsätzlichen Herangehensweisen und Handlungsabläufen waren weitestgehend etabliert.

Fazit

Zusammengefasst muss man sagen, dass es ohne Probleme möglich war, mit dem neuen technischen Monitoring unser komplettes bestehendes SAP-Monitoring abzulösen. Zusätzlich haben wir jetzt unsere SAP-nahen Drittsysteme in das Monitoring integriert und damit die Lücke geschlossen, die wir durch die teilweise fehlenden Funktionen im Monitoring mit dem SAP Solution Manager 7.0 hatten.

Je nachdem, welche Aufgaben ein System oder eine Lösung hat, variieren die Anforderungen. In diesem Kapitel zeigen wir Ihnen, wie Sie den SAP Solution Manager für das Monitoring spezieller Lösungen einsetzen.

6 Monitoring spezieller Lösungen

Für das Monitoring einer heterogenen Systemlandschaft, wie sie heute überwiegend in Unternehmen vorzufinden ist, reicht das Monitoring der technischen Komponenten, das wir in Kapitel 5 beschrieben haben, nicht aus. Am Beispiel der Spielzeug AG haben wir bereits verdeutlicht, wie viele verschiedene Lösungen in einer Systemlandschaft implementiert sein können.

Häufig finden sich in einer Systemlandschaft spezielle Komponenten und Systeme, die auch ein spezielles Monitoring erfordern. In einer solchen Systemlandschaft bestehen Herausforderungen, die mehr verlangen als nur die Beobachtung des Status einer technischen Komponente, um allen Ansprüchen in einer Systemlandschaft gerecht zu werden. Die bis zu diesem Punkt vorgestellten Themen behandeln die grundlegenden Konzepte und Implementierungen in Ihrer Landschaft und bilden die Grundlage sowie gleichzeitig die Mindestvoraussetzung für ein allgemeines technisches Monitoring. In diesem Kapitel werden wir Ihnen nun weitere Monitoring-Lösungen vorstellen, die das allgemeine technische Monitoring um spezielle system- und komponentenspezifische Monitoring-Techniken ergänzen.

Im Folgenden werden wir Ihnen die Einrichtung und Verwendung der Lösungen für BI-Monitoring, SAP NetWeaver PI-Monitoring, End-User-Experience-Monitoring, Verbindungs-Monitoring und Selbst-Monitoring vorstellen. Sie erfahren, wie Sie das technische Monitoring der genannten Lösungen gemäß Ihren Anforderungen implementieren und nutzen.

6.1 BI-Monitoring mit dem SAP Solution Manager

Typische Business-Intelligence-Szenarien umfassen heute neben SAP NetWeaver BW-Systemen (Business Warehouse) immer häufiger auch SAP BusinessObjects-Systeme. Die BW-Systeme werden in einem solchen Szenario vorrangig für die Extraktion und Aggregation von Unternehmensdaten aus operativen Systemen eingesetzt, während die SAP BusinessObjects-Systeme im Wesentlichen die Aufbereitung und Präsentation der in den BW-Systemen gewonnenen Daten übernehmen. Abbildung 6.1 zeigt, wie das Monitoring von BI-Szenarien inklusive aller darin enthaltenen technischen Komponenten und beteiligten Lösungen aussehen könnte.

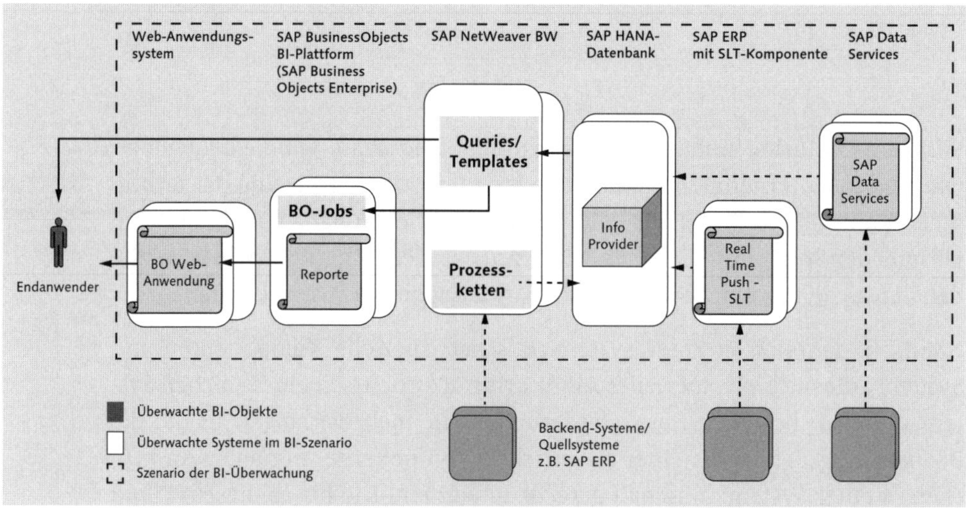

Abbildung 6.1 Übersicht BI-Systemlandschaft

Eine derartige Architektur stellt an das System-Monitoring neue Anforderungen: Es reicht nicht mehr aus, einzelne Systeme zu überwachen. Vielmehr muss der Administrator, ähnlich wie bei der Geschäftsprozessüberwachung, neben dem Monitoring einzelner Komponenten eines Systems nun auch noch den Informationsfluss durch eine solche Landschaft im Blick haben. Für BI-Szenarien heißt dies zum Beispiel, dass BI-spezifische Objekte wie Prozessketten, Hintergrundjobs, Abfragen oder Vorlagen überwacht werden müssen. Im SAP Solution Manager 7.1 steht zu diesem Zweck das BI-Monitoring zur Verfügung.

Das BI-Monitoring hilft der Administration bei der Beantwortung der Frage: Laufen die BI-Anwendungen fehlerfrei und innerhalb der definierten Zeitfenster? Zumindest aus technischer Sicht kann somit auch die Frage beantwortet werden, ob den Entscheidungsträgern eines Unternehmens rechtzeitig korrekte Daten zur Verfügung gestellt werden.

SAP stellt mit dem BI-Monitoring eine zentrale Plattform zur Verfügung, die Ihnen Auskunft und Kontrolle über BW-Prozessketten, Querys (Auswertungen), Templates (Vorlagen) und SAP BusinessObjects-Jobs gibt.

Derzeit können die folgenden Systemtypen in das BI-Monitoring aufgenommen werden:

- SAP BusinessObjects-Systeme (SAP BusinessObjects Enterprise XI 3.1 und SAP BusinessObjects BI-Plattform 4.0 oder höher) mit dem dazugehörigen Web Application Server
- SAP NetWeaver BW-Systeme ab Release 7.0
- SAP Data Services (ab SAP Solution Manager 7.1 SP7)
- SAP System Landscape Transformation-Systeme (SLT)
- SAP HANA-Systeme
- ABAP-Quellsysteme

Für das Monitoring von BI-Szenarien ist BW-Wissen notwendig. Insbesondere die Einstellung der Schwellenwerte verlangt einige Erfahrung im Umgang mit den BI-Objekten. Im Vorfeld sollten Sie sich Gedanken machen, welche Kennzahlen für ein aussagekräftiges Monitoring charakteristisch sind. Diese Erfahrungswerte können als für die Festlegung der ersten Schwellenwerte genutzt werden. Eine pauschale Empfehlung kann nicht gegeben werden.

6.1.1 Eigenschaften des BI-Monitorings

Das BI-Monitoring ist eine Erweiterung des technischen Monitorings und stellt zusätzliche Funktionalitäten bereit, die für das Monitoring von BW- und SAP BusinessObjects-Systemen wesentlich sind. Im Folgenden stellen wir Ihnen die Monitoring-Funktionalitäten des BI-Monitoring im Detail vor.

Statusübersicht über BI-Systemlandschaft

Die Statusübersicht (BI Overview Monitor) ermöglicht mithilfe von Statussymbolen, den Gesamtstatus der BI-Systemlandschaft mit einem Blick zu erfassen.

Wie in Abbildung 6.2 dargestellt, wird jeder Systemtyp der Landschaft separat angezeigt, hier BO-WEB-ANWENDUNGSSYSTEME, BO-SERVERSYSTEME und BW-SYSTEME. Schon beim Einstieg in die Statusübersicht gewinnt man so einen groben Überblick über den Zustand der gesamten Landschaft. Je nachdem, welche Systemtypen im BI-Monitoring konfiguriert wurden, kommen zu den gezeigten Elementen in Abbildung 6.2 noch weitere hinzu. Von dieser groben Übersicht kann man in die Systemmonitore aller Systeme eines Typs abspringen. Für die angesprochenen Systemtypen gibt es spezifische Systemmonitore.

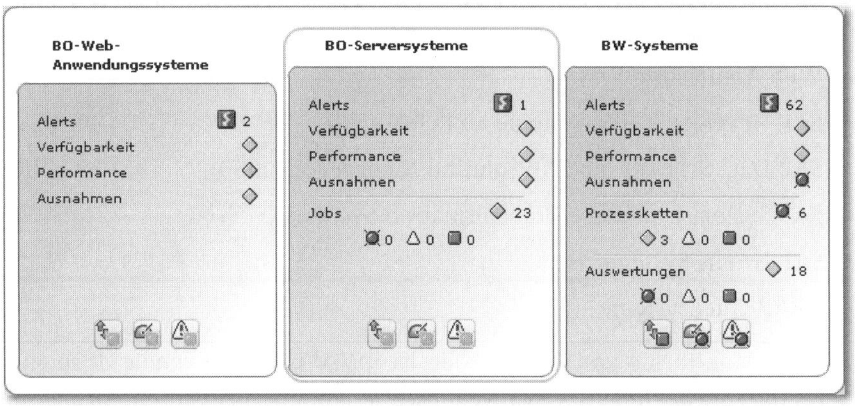

Abbildung 6.2 Statusübersicht für eine Landschaft mit einem SAP BusinessObjects-System und einem BW-System

Monitoring von BW-Prozessketten

Das Monitoring von BW-Prozessketten kann sowohl in einzelnen Systemen als auch systemübergreifend eingesetzt werden. Es können ganze Prozessketten, aber auch einzelne Schritte einer Prozesskette überwacht werden.

Prozesskettendetails

System	Prozesskette	Status	Dauer (min)	Nicht pünktlich gestartet	Außerhalb des Zeitfensters	Verarbeitete Datensätze	Datenpakete verarbeitet	Alerts
CIA~ABAP								14
	Z00CHAIN01		3			152520.000	3.000	4
	Z00CHAIN011		2	244		152520.000	3.000	5
	Z00CHAIN012		5		235	305040.000	4.000	5
RWS~ABAP								2
	0SM_BPM_DELTA_P02							1
	0SM_BPM_INIT_P01							1

Abbildung 6.3 Prozessketten-Monitoring

Auf einen Blick kann die Administration erkennen, welche Prozessketten fehlerhaft bzw. nicht im definierten Zeitfenster gelaufen sind. Abbildung 6.3

zeigt mehrere Prozessketten und Prozessschritte, von denen einige mit Fehlerstatus beendet sind. Mit einem Klick auf ein Statussymbol können Sie wie in der Statusübersicht in die Details der Prozesskette abspringen.

Monitoring von SAP BusinessObjects-Jobs

Wie die Prozessketten sind die Jobs in den SAP BusinessObjects-Systemen ein wesentliches Element in der Aufbereitung und Bereitstellung von Daten, die aus unterschiedlichsten Datenquellen stammen können. Abbildung 6.4 zeigt SAP BusinessObjects-Jobs, von denen einige fehlerhaft verarbeitet wurden. Auch hier kann man die Statussymbole auswählen, um weitere Details zu den Fehlern zu erhalten.

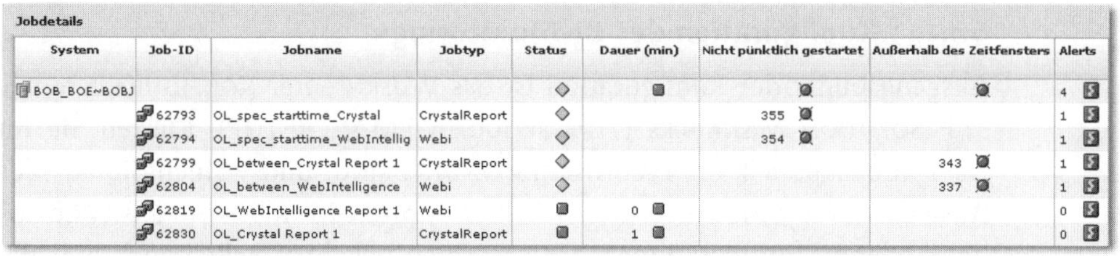

Jobdetails

System	Job-ID	Jobname	Jobtyp	Status	Dauer (min)	Nicht pünktlich gestartet	Außerhalb des Zeitfensters	Alerts
BOB_BOE~BOBJ								4
	62793	OL_spec_starttime_Crystal	CrystalReport			355		1
	62794	OL_spec_starttime_WebIntellig	Webi			354		1
	62799	OL_between_Crystal Report 1	CrystalReport				343	1
	62804	OL_between_WebIntelligence	Webi				337	1
	62819	OL_WebIntelligence Report 1	Webi		0			0
	62830	OL_Crystal Report 1	CrystalReport		1			0

Abbildung 6.4 BO-Job-Monitor

BW-Report-Monitor

Querys und Templates zählen zu den am meisten genutzten Auswertungsfunktionen eines BW-Systems. Mit ihnen können die Daten, die in einem BW-System gesammelt werden, für unterschiedliche Benutzeranforderungen maßgeschneidert in einem Unternehmen bereitgestellt werden. In einer Query selbst ist nicht mehr erkennbar, ob die dahinterliegenden Daten, zum Beispiel aus Prozessketten, korrekt sind. Im BW-Report-Monitor geht es vorrangig um die Frage, ob die Reports selbst fehlerfrei gelaufen sind oder ob die Laufzeit zu hoch war, wie Abbildung 6.5 zeigt.

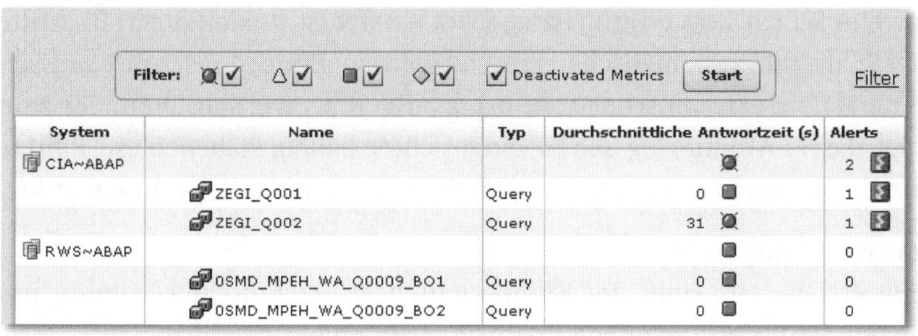

Filter: Deactivated Metrics Start Filter

System	Name	Typ	Durchschnittliche Antwortzeit (s)	Alerts
CIA~ABAP				2
	ZEGI_Q001	Query	0	1
	ZEGI_Q002	Query	31	1
RWS~ABAP				0
	0SMD_MPEH_WA_Q0009_BO1	Query	0	0
	0SMD_MPEH_WA_Q0009_BO2	Query	0	0

Abbildung 6.5 BW-Report-Monitor

Integration mit dem zentralen Alert-Eingang und den ITSM-Funktionen

Wie in Abschnitt 5.3, »Monitoring- und Alerting-Infrastruktur«, dargestellt, war ein Ziel bei der Entwicklung des SAP Solution Managers 7.1 die Bereitstellung einer zentralen Monitoring- und Alerting-Infrastruktur (MAI). Die Alerts, die in den einzelnen Ansichten des BI-Monitorings angezeigt werden, stammen aus dem zentralen Alert-Eingang. Durch Auswahl eines Alert-Icons in einem der Monitore gelangen Sie direkt in den Alert-Eingang und können dort die Alerts im Detail sehen und bearbeiten. Des Weiteren können Sie in den Abbildungen erkennen, dass sowohl in den einzelnen Monitoren als auch im Alert-Eingang die Integration mit der ITSM-Funktionalität des SAP Solution Managers vorgesehen ist.

6.1.2 Konfiguration des BI-Monitorings

Ausgangspunkt der Konfiguration ist das Work Center KONFIGURATION DES SAP SOLUTION MANAGERS (Transaktion SOLMAN_SETUP). Klicken Sie im Navigationsbereich auf TECHNISCHES MONITORING, und wählen Sie aus der Auswahl auf der linken Seite den Radiobutton BI-MONITORING aus. Wie aus den anderen Konfigurationen der Szenarien bekannt, stellen auch hier die farbigen Statussymbole den jeweiligen Status der Konfiguration dar.

Mithilfe des Buttons BEARBEITEN wechseln Sie in den Änderungsmodus der Konfiguration. Sie werden durch die einzelnen Schritte geleitet.

Schritt 1: Übersicht

Die Konfiguration läuft auf Basis der im SAP Solution Manager bewährten Technik der Guided Procedures ab. Im ersten Schritt sehen Sie eine Übersicht über die Konfigurationsschritte.

Schritt 2: Infrastruktur konfigurieren

Der zweite Schritt INFRASTRUKTUR KONFIGURIEREN ist in kleinere Teilschritte unterteilt, die nun systematisch bearbeitet werden. Einige Teilschritte müssen nur einmal für das technische Monitoring ausgeführt werden. Wenn Sie zum Beispiel das PI-Monitoring schon eingerichtet haben, haben diese Punkte bereits einen grünen Status und müssen daher nicht mehr betrachtet werden.

- **Voraussetzungen prüfen**
  Beim ersten Start einer der Komponenten des technischen Monitorings müssen die Voraussetzungen überprüft werden.

- **Manuelle Konfiguration**
  Nach dem positiven Prüfen der Softwarevoraussetzungen ist der nächste Teilschritt die MANUELLE KONFIGURATION. Es empfiehlt sich, zuerst die als optional gekennzeichneten Schritte zu prüfen. Hier können Sie zum Beispiel gut erkennen, ob die Extraktoren für die entsprechenden Systeme aktiv sind, fehlerfrei laufen und auch Daten sammeln.
- **Standardeinstellungen**
  Im Teilschritt STANDARDEINSTELLUNGEN bestimmen Sie, welche Inhalte Analyseberichte, E-Mails, SMS oder Ereignisse enthalten sollen. Sie legen damit eine Vorlage fest, die in allen nachfolgenden Konfigurationsschritten als Standard verwendet wird.
- **Arbeitsmoduseinstellungen**
  Im Teilschritt ARBEITSMODUSEINSTELLUNGEN können verschiedene Modi aktiviert werden. Das sind zum Beispiel Spitzenlastzeiten oder geplante Ausfallzeiten. Mehr Informationen dazu finden Sie in Abschnitt 7.6, »Arbeitsmodusverwaltung«.
- **Content aktualisieren**
  Der Teilschritt CONTENT AKTUALISIEREN sollte bereits beim Einrichten des System-Monitorings erfolgreich bearbeitet worden sein (siehe Abschnitt 5.4.2, »Infrastruktur konfigurieren«). Es wird empfohlen, den Content nur im Zusammenhang mit dem System-Monitoring zu aktualisieren.

Schritt 3: Standardbenutzer

In diesem optionalen Schritt legen Sie Benutzer für das BI-Reporting an. Die Benutzer sind Vorlagenbenutzer, denen Rollen zugeordnet werden, die sie für das BI-Reporting benötigen. Gleichzeitig wird für die Benutzer auch ein Geschäftspartner angelegt, der dann zum Beispiel in Support-Desk-Meldungen verwendet werden kann.

Schritt 4: Umfang definieren

Das BI-Szenario ist eine logische Sicht auf Ihre BI-Systemlandschaft, in der Sie logisch zusammengehörige Systeme für ein gemeinsames Monitorng auswählen. Welche Systeme Sie dabei als zusammengehörig betrachten, hängt im Wesentlichen von den Datenflüssen in Ihrer BI-Landschaft ab. Es sollten all die technischen Komponenten und Systeme in einem logischen Szenario zusammengefasst werden, die Daten an das BI-System liefern.

Um ein solches Szenario anzulegen, gehen Sie wie folgt vor:

1. Überprüfen Sie zunächst, ob der Änderungsmodus eingeschaltet ist. Klicken Sie auf den Button ANLEGEN, um ein neues Szenario zu erstellen. Bestehende Szenarien können nach einem Klick auf den Button BEARBEITEN geändert werden.
2. Geben Sie diesem Szenario zunächst einen Namen, und erfassen Sie eine technische Beschreibung. Klicken Sie auf den Button WEITER, um im nächsten Teilschritt die technischen Systeme auszuwählen.
3. Sie haben nun die Möglichkeit, die einzelnen technischen Systeme in das BI-Szenario aufzunehmen. Achten Sie darauf, nur Systeme auszuwählen, die Sie bereits verwaltet und konfiguriert haben (siehe Abschnitt 2.5.4, »Konfiguration der verwalteten Systeme«). In Abbildung 6.6 sehen Sie zwei Tabellen mit verschiedenen Systemschichten.

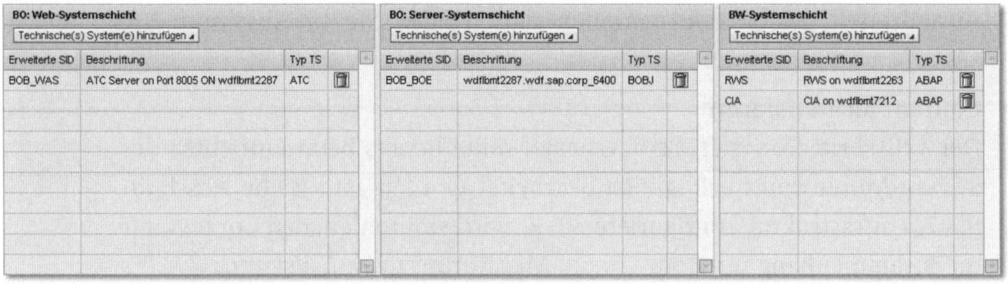

Abbildung 6.6 Auswahl der BI-Systemschichten

- **BO: Web-Systemschicht**
  Im Bereich BO: WEB-SYSTEMSCHICHT selektieren Sie die Webapplikationsserver. Klicken Sie dazu auf den Button TECHNISCHE(S) SYSTEM(E) HINZUFÜGEN. SAP BusinessObjects-Systeme können mit dem SAP NetWeaver AS Java oder Apache Tomcat bzw. IBM Websphere zusammenarbeiten. Weitere Webapplikationsserver können mit der Auswahl SONSTIGE HINZUFÜGEN in das Monitoring aufgenommen werden, allerdings gibt es für diese Systeme keine speziellen Monitoring-Elemente.
- **BO: Server-Systemschicht**
  Hier selektieren Sie das Produktsystem, das Sie in der LMDB für den SAP BusinessObjects-Cluster angelegt haben. Als Cluster wird das komplette SAP BusinessObjects-System mit allen Servern und Instanzen bezeichnet.
- **BW: Systemschicht**
  Wählen Sie hier die relevanten BW-Systeme mit einem Klick auf ABAP HINZUFÜGEN bzw. JAVA HINZUFÜGEN aus.

Im nächsten Teilschritt wählen Sie weitere Systemschichten aus. Zur Auswahl stehen hier:

- Data-Services-Systemschicht
- SLT-Systemschicht
- SAP HANA-Systemschicht
- ABAP-Quellsystemschicht

4. Zum Abschluss der Szenariodefinition sehen Sie eine Übersicht Ihrer Auswahl. Überprüfen Sie noch einmal, ob auch alle für Ihr Szenario relevanten Systeme aufgeführt werden. Sichern Sie anschließend das Szenario.

Damit ist der Inhalt des technischen Szenarios bestimmt, und Sie können mit dem nächsten Schritt fortfahren.

Schritt 5: Vorschlagswerte für Szenario

Die Konfiguration wird mit dem fünften Schritt VORSCHLAGSWERTE FÜR SZENARIO fortgesetzt. In diesem Schritt integrieren Sie das Meldungs- und Benachrichtigungssystem für die zu überwachenden Systeme und deren Funktion (SAP BusinessObjects-Jobs, BW-Prozessketten, BW-Querys und BW-Vorlagen). Sie bestimmen, wie das Monitoring im Fall einer Störung reagieren soll. Es können zum Beispiel (E-Mail-)Benachrichtigungen sowie Support-Meldungen direkt an Ihre beteiligten Mitarbeiter versandt werden, wobei die bekannten Arbeitsmodi berücksichtigt werden. Alerts bzw. Benachrichtigungen können unterdrückt werden, wenn zum Beispiel ein Systemstopp vorgesehen ist.

Schritt 6: Monitoring und Alerting

Der Schritt MONITORING UND ALERTING behandelt jeweils in Teilschritten die Konfiguration der Bausteine:

- BO-Job-Monitor
- BW-Prozessketten-Monitor
- BW-Report-Monitor
- BO-Data-Services-Monitor (Neu mit SP07)

Hinweis [«]

Vor SP07 des SAP Solution Managers waren Konfigurationen für BW-Querys und -Vorlagen separiert. Ab SP07 werden diese beiden Schritte in der Konfiguration des Bausteins BW-Report-Monitor zusammengefasst.

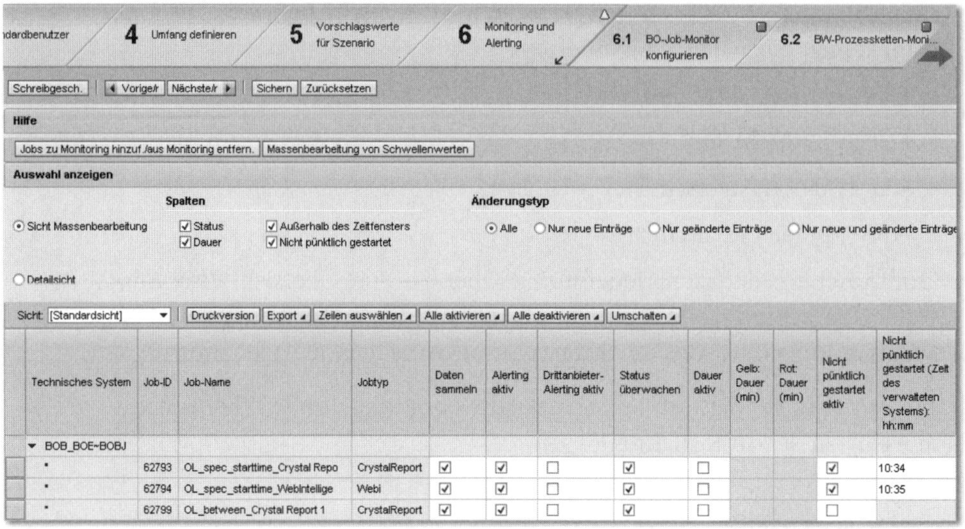

Abbildung 6.7 Überblick über Konfiguration

Wir beschreiben nun, wie Sie diese Bausteine schrittweise konfigurieren.

BO-Job-Monitor konfigurieren

Mit folgenden Schritten können Sie wichtige, zu überwachende SAP BusinessObjects-Jobs aus dem entsprechenden technischen System in das Monitoring mit aufnehmen. Abbildung 6.8 zeigt die Jobauswahl für den BO-Job-Monitor.

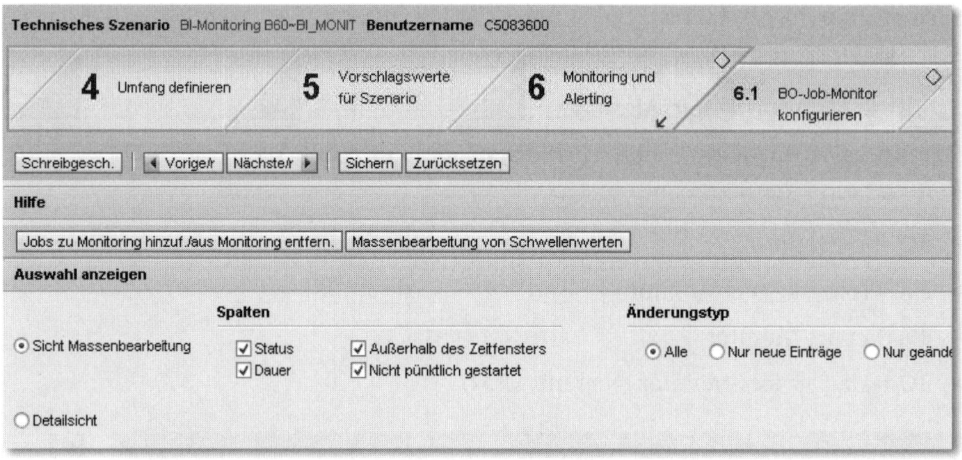

Abbildung 6.8 Konfiguration des BO-Job-Monitors

1. Klicken Sie auf den Button Jobs zu Monitoring hinzuf./aus Monitoring entfern.
2. Suchen Sie im daraufhin angezeigten Fenster nach dem Job, den Sie überwachen möchten (siehe Abbildung 6.9).

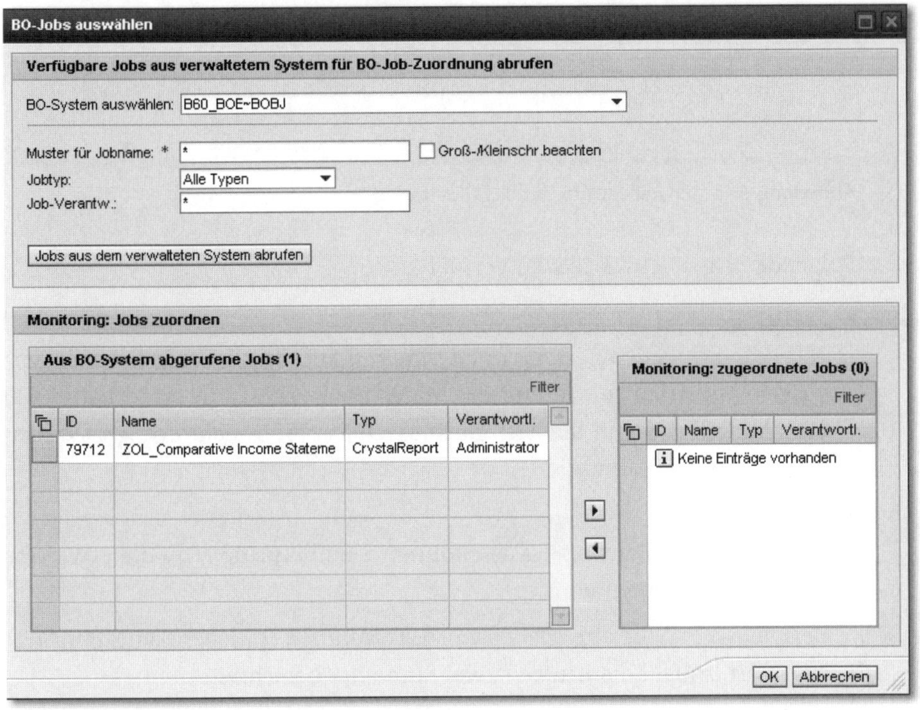

Abbildung 6.9 Auswahl der SAP BusinessObjects-Jobs

Dabei können Sie zunächst das technische SAP BusinessObjects-System im Feld BO-System auswählen selektieren. Eine Einschränkung der auszuwählenden Jobs kann über die Filter Muster für Jobname, Jobtyp und Job-Verantw. realisiert werden.

3. Mit dem Button Jobs aus dem verwalteten System abrufen integrieren Sie nun die SAP BusinessObjects-Jobs in das Monitoring (siehe Abbildung 6.9).
4. Markieren Sie die Jobs in der Ergebnistabelle Aus BO-System abgerufene Jobs, und klicken Sie auf das Icon ▶, um diese Jobs der Spalte Monitoring: zugeordnete Jobs hinzuzufügen.
5. Schließen Sie das Fenster, indem Sie auf den Button OK klicken.

Die hinzugefügten Jobs werden nun in der Jobtabelle angezeigt (siehe Abbildung 6.10). Definieren Sie nun die Schwellenwerte für das Monitoring der hinzugefügten Jobs entweder einzeln oder, falls Sie mehrere Jobs bearbeiten möchten, mithilfe der Funktion MASSENBEARBEITUNG VON SCHWELLENWERTEN.

Status überwachen	Dauer aktiv	Gelb: Dauer (min)	Rot: Dauer (min)	Nicht pünktlich gestartet aktiv	Nicht pünktlich gestartet (Zeit des verwalteten Systems): hh:mm	Gelb: Nicht pünktlich gestartet (min)	Rot: Nicht pünktlich gestartet (min)	Außerhalb des Zeitfensters aktiv	Zeitfenster (Zeit des verwalteten Systems) hh:mm - hh:mm	Gelb: Fenster Zeitüberschreitung (min)	Rot: Fenster Zeitüberschreitung (min)
☑	☑	90	120	☐				☐			
☑	☑	2	4	☑	14:00	4	5	☐			
☑	☑	2	4	☐				☑	04:00-06:00	8	10

Abbildung 6.10 Schwellenwerte für das Monitoring

Folgende Schwellenwerte sind verfügbar:

- **Status**
  Mit dem Schwellenwert STATUS definieren Sie, ob im Fehlerfall ein Alert ausgelöst werden soll. Wenn das Statusmonitoring aktiv ist, erhalten Sie eine Meldung, wenn der SAP BusinessObjects-Job nicht erfolgreich prozessiert werden konnte.
- **Dauer**
  Mit dem Schwellenwert DAUER können Sie überprüfen, ob die erwartete Laufzeit eingehalten wird.

  Beispiel: Wenn Sie eine Dauer von 120 Minuten festlegen, wird ein Alert ausgelöst, sobald die Laufzeit zwei Stunden überschreitet.
- **Nicht pünktlich gestartet**
  Mit dem Schwellenwert NICHT PÜNKTLICH GESTARTET können Sie überprüfen, ob ein Job zum geplanten Startzeitpunkt aktiv wird. Sollte der Job verspätet starten, wird ein Alert ausgelöst. Diese Einstellung ist nicht für Jobs geeignet, die mehrfach an einem Tag laufen oder deren Startzeitpunkt nicht immer identisch ist.

  Beispiel: Hier können Sie beispielsweise 14:00 Uhr als Startzeit mit maximaler Verspätung von fünf Minuten angeben. Wird diese Zeit überschritten, wird ein Alert ausgelöst.
- **Außerhalb des Zeitfensters**
  Mit dem Schwellenwert AUSSERHALB DES ZEITFENSTERS können Sie einen Alert auslösen lassen, wenn der SAP BusinessObjects-Job nicht innerhalb des angegebenen Zeitfensters prozessiert wird. Diese Variante ist für Jobs geeignet, die keinen fixen Startzeitpunkt haben, sondern zum Beispiel aufgrund eines Ereignisses aktiviert werden. Sie ist nicht geeignet für Jobs,

die mehrmals am Tag oder an mehreren Tagen zu unterschiedlichen Zeitpunkten laufen.

Beispiel: Das geplante Zeitfenster reicht von von 04:00 bis 06:00 Uhr, mit einem Schwellenwert von zehn Minuten. Dann wird ein Alert ausgelöst, wenn der SAP BusinessObjects-Job vor 03:50 startet oder erst nach 06:10 beendet wird.

Natürlich können die Schwellenwerte jederzeit angepasst werden, um sich so den Idealwerten zu nähern. Es wäre jedoch sinnvoll, wenn Sie sich zu den Schwellenwerten bereits vor der Konfiguration geeignete Werte überlegen. Völlig ungeeignete Schwellenwerte könnten leicht zu einer regelrechten Alert-Flut führen.

Monitoring für BW-Prozessketten einrichten

Analog zur Konfiguration des BO-Job-Monitors wird das Monitoring für BW-Prozessketten konfiguriert. Das heißt, auch in diesem Einrichtungsschritt können Sie aus dem technischen System die entsprechenden BW-Prozessketten integrieren. Für das Monitoring der Prozessketten oder einzelner Schritte einer Prozesskette stehen Ihnen jedoch zwei zusätzliche Monitoring-Methoden zur Verfügung. Sie können wählen zwischen der Methode auf der Basis von Datensätzen oder auf Basis von Datenpaketen (siehe Abbildung 6.11).

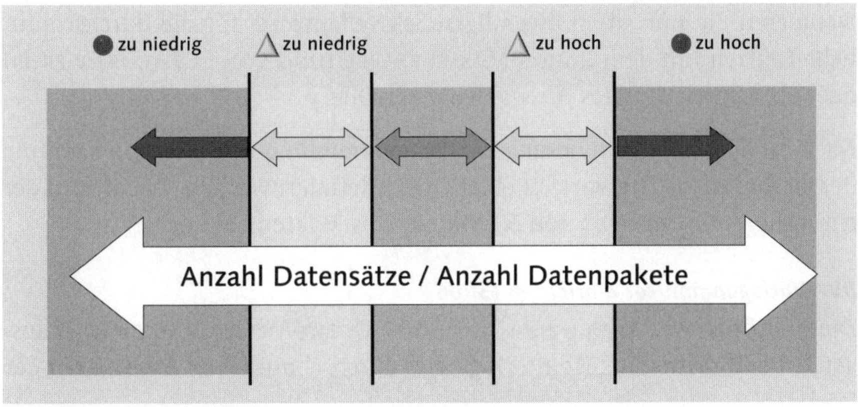

Abbildung 6.11 Schwellenwerte für verarbeitete Datensätze und Datenpakete

- **Verarbeitete Datensätze**
  Wenn Sie die Option VERARBEITETE DATENSÄTZE auswählen, wird ein Alert ausgehend von der Anzahl der verarbeiteten Datensätze ausgelöst. Hierzu müssen Sie Ihren Anforderungen entsprechend einen Schwellenwert für die Unter- und/oder Obergrenzen setzen. Verwenden Sie Untergrenzen,

wenn Sie Alerts (gelbe oder rote, abhängig vom definierten Schwellenwert) erhalten möchten. Beachten Sie dabei, dass die Untergrenze für rote Alerts niedriger gewählt werden muss als die Untergrenze für gelbe Alerts. Typischerweise wird überprüft, ob überhaupt Daten selektiert worden sind.

Beispiel: Setzen Sie den Schwellenwert auf 1, damit ein Alert ausgelöst wird, wenn die Prozesskette 0 Datensätze prozessiert.

- **Verarbeitete Datenpakete**
  Wenn Sie die Option VERARBEITETE DATENPAKETE auswählen, können Sie überprüfen, ob in einer Prozesskette nicht mehr als eine bestimmte Anzahl von Datenpaketen verarbeitet wird. Damit können Sie herausfinden, ob die Paketgröße angepasst werden muss (es werden zu viele Pakete parallel verarbeitet) oder der Parallelisierungsgrad verändert werden kann.

BW-Query-Monitor einrichten (SP06)

Wählen Sie über den Button ABFRAGE ZU MONITORING HINZUFÜGEN die zu überwachenden Querys aus. Dabei selektieren Sie das technische System und spezifizieren ein Muster im Feld MUSTER FÜR QUERY-NAME. Haben Sie die gewünschten BW-Querys ausgewählt und zum Monitoring hinzugefügt, aktivieren Sie nun die Checkboxen DATEN SAMMELN bzw. ALERTING AKTIV.

Definieren Sie nun die notwendigen Schwellenwerte für die durchschnittliche Laufzeit mit dem Button MASSENBEARBEITUNG VON SCHWELLENWERTEN oder aber durch direktes Auswählen einer Query.

Nach erfolgreicher Aktivierung der Datensammlung und Alerting kann die durchschnittliche Antwortzeit einer Query definiert werden. Dabei wird der zurückliegende Zeitraum von 60 Minuten als Referenz betrachtet.

BW-Vorlagenmonitor einrichten (SP06)

Dieser Schritt wird analog zum Schritt BW-QUERY-MONITOR EINRICHTEN ausgeführt und dient dem Monitoring einer durchschnittlichen Antwortzeit der Vorlagen.

BW-Report-Monitor (SP08)

Da sich die Konfiguration des BW-Query-Monitors und des BW-Vorlagenmonitors stark ähneln, sind diese ab SP08 zu einem gemeinsamen Teilschritt BW-Report-Monitor zusammengefasst worden.

BO-Data-Services-Monitor (ab SP07)

In diesem Schritt können Sie ab SP07 SAP BusinessObjects-Data-Services-Jobs analysieren. Klicken Sie zu diesem Zweck auf den Button BO-SYSTEM: DATA-SERVICES-JOBS HINZUFÜGEN/ENTFERNEN (siehe Abbildung 6.12).

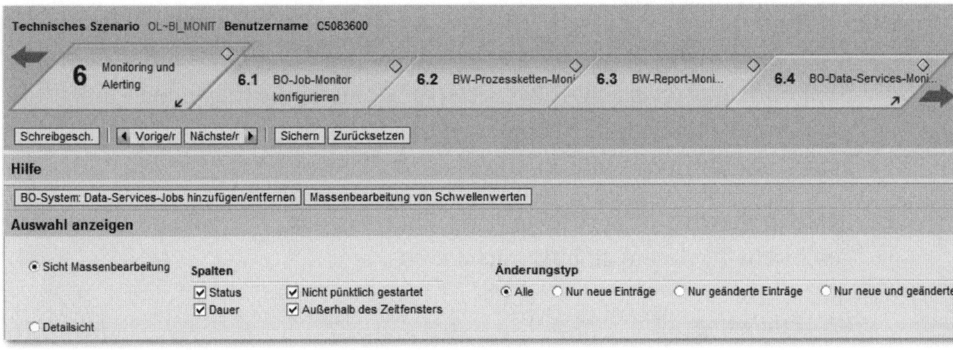

Abbildung 6.12 Data-Services-Jobs hinzufügen

Im nachfolgenden Fenster (siehe Abbildung 6.13) stehen folgende Auswahlmöglichkeiten zur Verfügung:

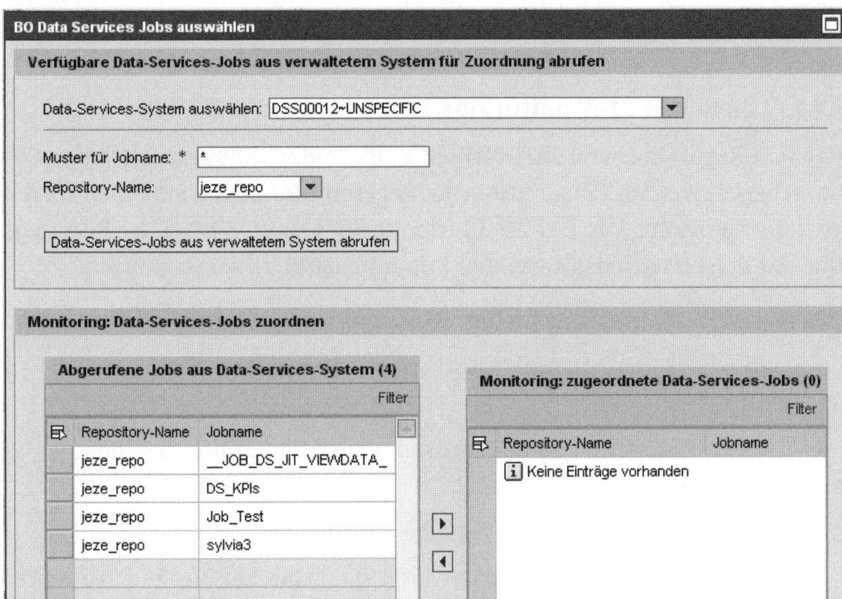

Abbildung 6.13 Data-Services-Jobs auswählen

- **Data-Services-System auswählen**: Selektieren Sie das entsprechende technische System.
- **Muster für Jobname**: Geben Sie hier ein entsprechendes Suchmuster ein.
- **Repository-Name**: Wählen Sie das angelegte Repository bzw. den Arbeitsbereich aus.

Analog zur Auswahl bei der Konfiguration des BO-Job-Monitors stehen bei der Konfiguration des BO-Data-Services-Monitors die folgenden Konfigurations- und Monitoring-Möglichkeiten zur Verfügung: STATUS, DAUER, NICHT PÜNKTLICH GESTARTET und AUSSERHALB DES ZEITFENSTERS.

In Zukunft wird es auch eine Möglichkeit geben, Datenflüsse (Datensätze geschrieben/gelesen) zu überwachen.

BI-Aktivierung

In diesem Schritt sehen Sie eine Übersicht aller Komponenten, die Sie in das BI-Monitoring integriert haben. Prüfen Sie noch einmal, ob alle erwarteten technischen Systeme, Jobs/Prozessketten und Reports selektiert worden sind. Ist dies der Fall, können Sie auf den Button BI-MONITORING AKTIVIEREN klicken, um das Monitoring zu aktivieren. Achten Sie dabei darauf, dass die Checkbox IM HINTERGRUNDMODUS AKTIVIEREN markiert ist.

6.1.3 Ziele des BI-Monitorings

Bis ein BI-Report in einem SAP NetWeaver BW- oder SAP BusinessObjects-System generiert werden kann, muss in der Regel eine Reihe von Systemen korrekt zusammenarbeiten. Das Ziel des BI-Monitorings ist es, Sie bei der Beantwortung der Fragen nach der korrekten Zusammenarbeit zu unterstützen:

1. Wie ist der Gesamtstatus meiner BI-Systemlandschaft?
   - Sind alle BI-Systeme funktionstüchtig, und arbeiten sie technisch korrekt?
   - Gibt es Verzögerungen oder Störungen im Datenfluss zwischen den Systemen?
   - Haben alle Systeme eine akzeptable Performance?
   - Kam es in der Systemlandschaft aufgrund kritischer Zustände zu Alerts?
   - Wer ist bei Alerts zu benachrichtigen?
2. Werden die SAP BusinessObjects-Jobs erfolgreich ausgeführt?
   - Wurden die SAP BusinessObjects-Jobs fehlerfrei ausgeführt?

- Wurden die SAP BusinessObjects-Jobs innerhalb des geplanten Zeitintervalls gestartet?
- Haben die SAP BusinessObjects-Jobs die Daten korrekt bearbeitet?
- Erfolgt die Ausführung der SAP BusinessObjects-Jobs mit einer akzeptablen Performance?

3. Wie werden die Prozessketten in den BW-Systemen verarbeitet?
   - Gibt es Verzögerungen in der BW-Prozesskettenverarbeitung und warum?
   - Haben die Prozessketten Daten im geplanten Umfang gesammelt?
   - Waren alle Schritte der Prozessketten erfolgreich?
4. Arbeiten zusätzliche Systeme wie SAP HANA, SLT und die Quellsysteme korrekt? Sind die Quellsysteme erreichbar, und liefern sie auch Daten?

Bei der Beantwortung all dieser Fragen kann Ihnen das BI-Monitoring im SAP Solution Manager helfen. Wie Sie bei der Beantwortung dieser Fragen vorgehen, zeigen wir Ihnen in den folgenden Abschnitten.

6.1.4 Verwendung des BI-Monitorings

Das BI-Monitoring ist in das Work Center Technisches Monitoring des SAP Solution Managers integriert. Zum Starten der Anwendung öffnen Sie daher das Work Center und klicken dann auf den Link BI-Monitoring. Wie in Abbildung 6.14 dargestellt, gelangen Sie dann zu der Liste der zuvor definierten Szenarien. Dort selektieren Sie zuerst eines der Szenarien und starten die gewünschte Monitoring-Funktion mittels des zugehörigen Buttons. Beim Starten können Sie wählen, ob die Anwendung in einem neuen Fenster (Neues Fenster öffnen) oder im selben Fenster (Eingebett. Starten) gestartet werden soll.

In allen Anwendungen des BI-Monitorings können Sie mit Buttons zwischen den folgenden Bewertungsmethoden umschalten:

- BI-Objektbewertungen basierend auf: Letzter Lauf
  Hier wird nur der letzte Lauf des jeweiligen Objekts zur Gesamtbewertung herangezogen.
- BI-Objektbewertungen basierend auf: Ungünstigster Fall
  Hatte ein früherer Lauf des Objekts eine schlechtere Bewertung als der letzte Lauf, wird der Status auf den schlechteren Wert gesetzt.

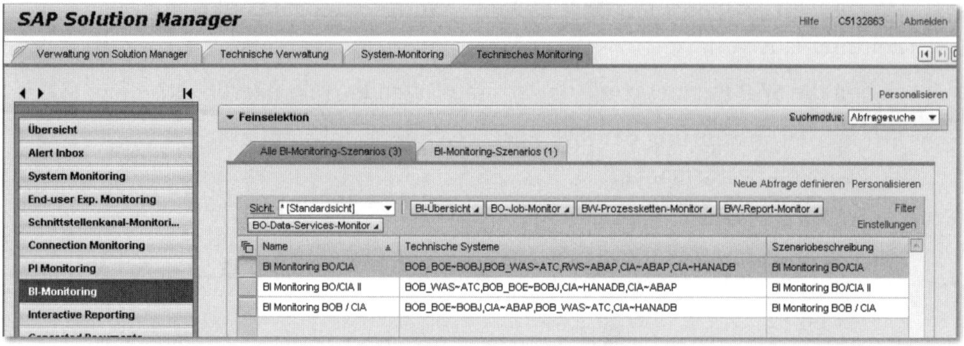

Abbildung 6.14 Einstieg in die BI-Monitoring-Anwendung

Einstieg über den Monitor »BI-Übersicht«

Der Monitor BI-ÜBERSICHT ist in der Regel der Einstiegspunkt für die Beantwortung der gestellten Fragen. Klicken Sie auf den Button BI ÜBERSICHT, um die Übersichtsansicht zu öffnen, die sich in die in Abbildung 6.15 dargestellten Bereiche gliedert.

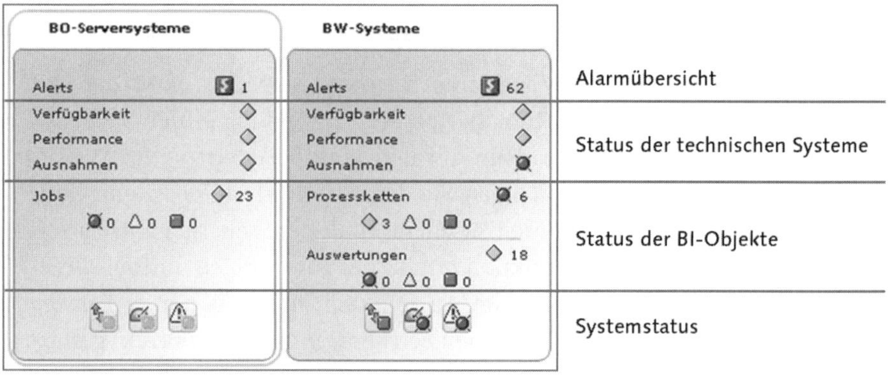

Abbildung 6.15 Bereiche des Monitors »BI-Übersicht«

- **Alert-Übersicht**
  Die Alert-Übersicht stellt die Anzahl der Alerts in allen BW-Systemen des Szenarios dar. Bedeutung und Relevanz der Aerts lassen sich daraus nicht direkt ermitteln. Dazu müssen Sie in den Alert-Eingang wechseln. Im Beispiel in Abbildung 6.15 sind insgesamt 62 Alerts für das BW-System aufgetreten, was analysiert werden müsste.

- **Status der technischen Systeme**
  Als Status wird der schlechteste Zustand eines technischen Systems im Szenario vererbt. Selbst wenn zum Beispiel nur ein System einen kriti-

schen Status hatte, führt dieser zu einer roten Anzeige in der Übersicht, unabhängig vom Status der anderen Systeme.

- **Status der BI-Objekte**
  Auch hier wird der aggregierte Zustand angezeigt. Wenn nur ein einzelner SAP BusinessObjects-Job oder eine BW-Prozesskette im Szenario mit einem Fehler endete, wird der Status in der Übersicht rot dargestellt
- **Status der Systeme**
  Hier wird der Gesamtstatus der Produktivsysteme im Szenario dargestellt. Die drei Icons im Systemstatus stehen für Systemverfügbarkeit, Performance und Ausnahmen. Diese drei Elemente werden separat überwacht. Die Anzeige signalisiert den jeweils schlechtesten Fall. Im Beispiel waren also die BW-Systeme des BI-Szenarios immer verfügbar, es gab aber kritische Performancewerte und kritische Ausnahmen.

  In dieser groben Übersicht finden Sie auf einen Blick die Fehlerzustände, aggregiert nach Systemtypen. Um zu den Details zu gelangen, können Sie entweder eines der Statussymbole auswählen oder einfach auf den Systemtyp klicken. In beiden Fällen gelangen Sie in die Übersicht der einzelnen Systeme, aufgegliedert nach den technischen Instanzen eines Systems. Da für SAP BusinessObjects-Serversysteme jeder Serverprozess im SAP Solution Manager als technische Instanz realisiert ist, erhalten Sie für diesen Systemtyp eine Vielzahl von angezeigten Elementen, während bei den anderen Systemtypen nur die technischen Systeme angezeigt werden, wie in Abbildung 6.16 und Abbildung 6.17 zu sehen ist.

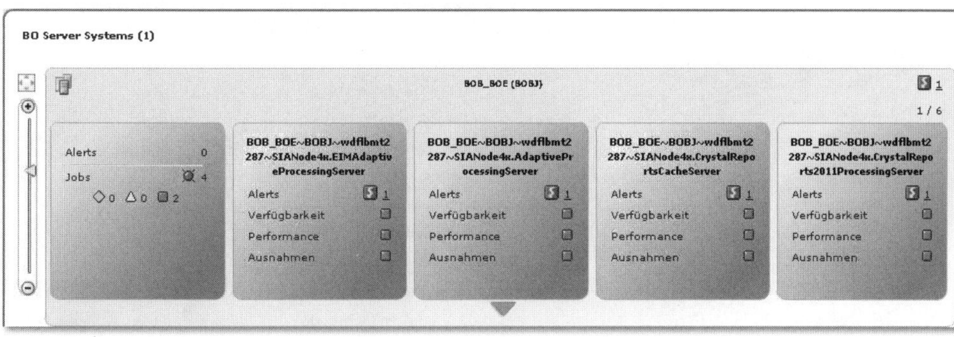

Abbildung 6.16 Systemübersicht für SAP BusinessObjects-Serversysteme

Von dieser Ansicht aus können Sie dann in den Alert-Eingang, den Monitor für Prozessketten und die SAP BusinessObjects-Jobs oder den Systemmonitor abspringen, indem Sie entweder auf den Systemtyp oder auf eines der Statussymbole klicken.

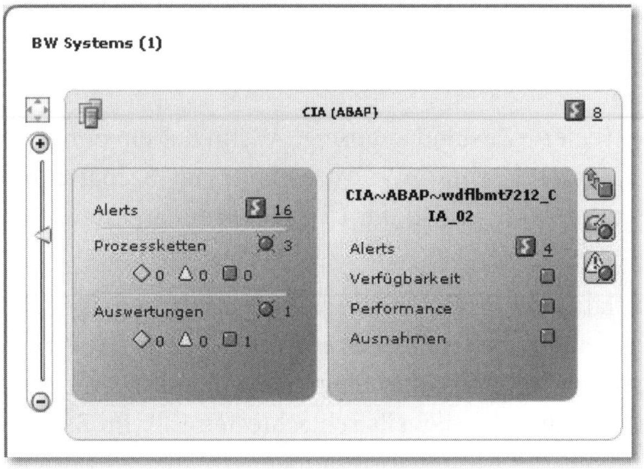

Abbildung 6.17 Systemübersicht für BW-Systeme

Mit dem Systemmonitor können Sie die einzelnen technischen Instanzen und Systeme überwachen. Abbildung 6.18 zeigt den Systemmonitor für einen Serverprozess in einem SAP BusinessObjects-System. Mit wenigen Klicks gelangen Sie so aus der Gesamtübersicht Ihres BI-Szenarios in die technischen Details eines Systems. Der Systemmonitor gliedert sich in eine Übersichtsansicht im linken Bereich, in dem Sie den technischen Gesamtstatus und die einzelnen Rechner des Systems überwachen können. Der rechte Bereich zeigt Ihnen die Details, die zu dem Gesamtstatus geführt haben.

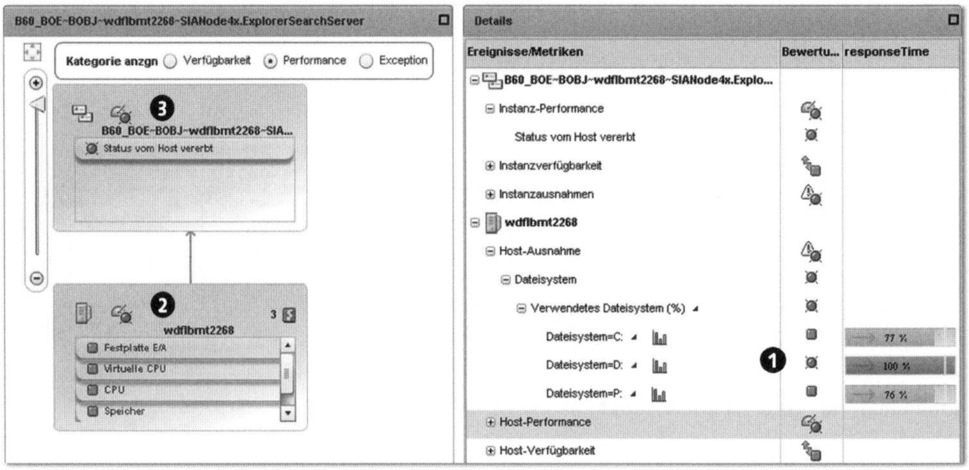

Abbildung 6.18 Systemmonitor

Das Beispiel in Abbildung 6.18 stellt eine Situation dar, in der ein Dateisystem (DATEISYSTEM=D:) eines Rechners zu 100 % gefüllt ist ❶. Daher wird der Rechner `wdflbmt2268` mit einem roten Status bewertet ❷. Dieser rote Status des Rechners `wdflbmt2268` wird an die technische Instanz weitergeleitet, hier ein SAP BusinessObjects-Serverprozess. Damit ergibt sich auch für die technische Instanz ein roter, also kritischer Status ❸. Die technische Instanz wiederum leitet diesen Status auf die nächsthöhere Ebene – das technische System `B60_BOE~BOBJ` – weiter. Von dort wird der kritische Status an die Systemschicht im Monitor BI-ÜBERSICHT weitergereicht, die damit ebenfalls einen roten Status annimmt. An diesem Beispiel können Sie erkennen, wie das BI-Monitoring und das System-Monitoring miteinander verbunden sind.

Monitoring von BW-Prozessketten

Analog können Sie aus dem Monitor BI-ÜBERSICHT in das Monitoring von BW-Prozessketten oder SAP BusinessObjects-Jobs abspringen, indem Sie auf das Statussymbol im Bereich PROZESSKETTEN klicken. Sie können aber auch direkt aus der Einstiegsansicht im Work Center das Monitoring der BW-Prozessketten starten (siehe Abbildung 6.14). Wählen Sie dazu ein Szenario aus, und klicken Sie dann auf den Button BW PROZESSKETTENMONITOR.

In beiden Fällen gelangen Sie in die Übersicht der BW-Prozessketten (siehe Abbildung 6.19). Die Abbildung zeigt auch die wichtigsten Bedienelemente des Monitors für die BW-Prozessketten:

- Mit dem Button NAVIGIEREN ZU können Sie in die Detailanalyse einer Prozesskette springen. Die Detailanalyse führt Sie direkt in die Analysetransaktion (zum Beispiel Transaktion RSPC1) im SAP NetWeaver BW-System.
- Mit den Buttons BENACHRICHTIGUNG ANLEGEN und MELDUNG ANLEGEN können Sie jemanden per E-Mail benachrichtigen bzw. eine Meldung im Service Desk anlegen.
- Im Bereich FILTER können Sie nach den farblich dargestellten Alerts filtern. Um nach Systemen und Prozessketten zu filtern, können Sie in die erste Zeile der jeweiligen Spalte einen Begriff eingeben. Im Beispiel wurde das System ST7~ABAP herausgefiltert.

Diese Bedienelemente finden Sie auch im BO-Job-Monitor, BW-Report-Monitor und BO-Data-Services-Monitor.

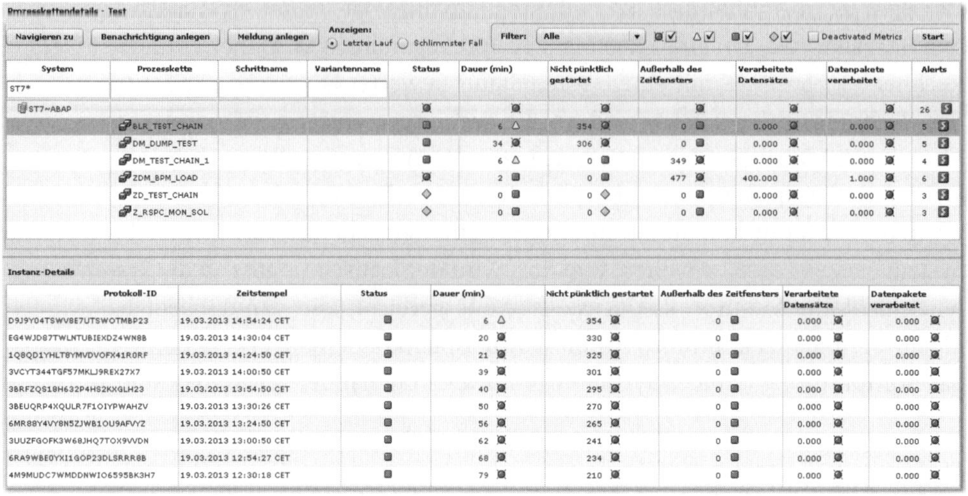

Abbildung 6.19 BW-Prozessketten-Monitor

In der Einstiegsansicht des Monitors BW-Prozessketten sehen Sie zunächst eine Übersicht, aufgeschlüsselt nach den einzelnen Systemen des Szenarios, und die ausgewählten Prozessketten jedes Systems mit Statussymbolen für die folgenden Monitorelemente:

- **»Status«**
  Hier wird der Status einer Prozesskette und nicht der Status eines einzelnen Schrittes innerhalb der Kette dargestellt.
- **»Dauer«, »Nicht pünktlich gestartet« und »Außerhalb des Zeitfensters«**
  Für eine Prozesskette sind diese drei Zeitmerkmale wichtige Monitoring-Elemente. Anhand der Statussymbole sehen Sie auf einen Blick, ob Startzeitpunkt, Endzeitpunkt und Verarbeitungsdauer den erwarteten Werten entsprechen. Das ermöglicht es der Administration, rechtzeitig Veränderungen in der Verarbeitung einer Prozesskette zu erkennen und bei Bedarf darauf zu reagieren.
- **»Verarbeitete Datensätze« und »Datenpakete verarbeitet«**
  Die Statussymbole in diesen beiden Spalten zeigen Ihnen, ob die Prozesskette die erwartete Anzahl von Datensätzen bzw. Datenpaketen verarbeitet hat.
- **»Alerts«**
  Sind während der Verarbeitung einer Prozesskette Alerts aufgetreten, wird in der Spalte ALERTS das Alert-Icon rot dargestellt und die Anzahl der Alerts aufgeführt.

In Abbildung 6.19 lässt sich gut erkennen, dass Status, aufgetretene Alerts und die Laufzeit eines BW-Prozesses unabhängig voneinander bewertet werden. Dies führt dazu, dass eine Prozesskette einen grünen Status haben kann, auch wenn Fehler oder zeitliche Beschränkungen aufgetreten sind. Dies lässt sich in Abbildung 6.19 am Beispiel der BW-Prozessketten `DM_DUMP_TEST` und `DM_TEST_CHAIN_1` erkennen. Außerdem sehen Sie, dass der schlechteste Status einer einzelnen BW-Prozesskette den Status des Gesamtsystems `ST7~ABAP` bestimmt.

Mit dem Button NAVIGIEREN ZU können Sie in die BW-Analysewerkzeuge (Transaktionen RSPC1, ST13) oder in das BW-Reporting abspringen. Abbildung 6.20 zeigt den Absprung in die Detailanalyse einer Prozesskette in RSPC1. Die weitere Analyse kann nun von einem BW-Experten vorgenommen werden.

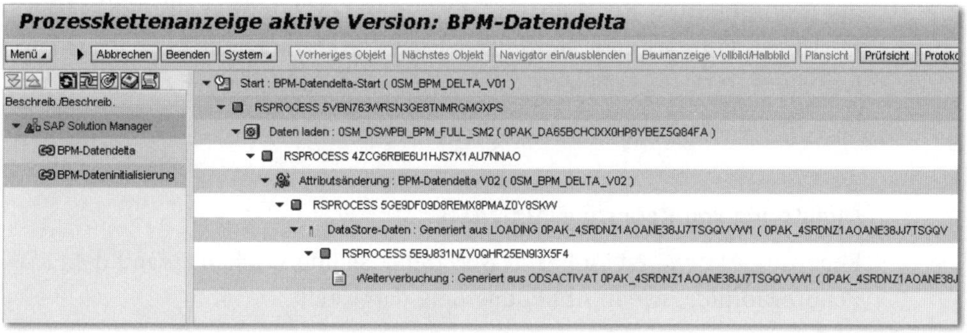

Abbildung 6.20 Detailansicht der Prozesskette

Aus der Einstiegsansicht des Prozessketten-Monitorings können Sie Benachrichtigungen oder Meldungen anlegen und in die Detailanalyse springen.

Monitoring von SAP BusinessObjects-Jobs

Das Monitoring von SAP BusinessObjects-Jobs erfolgt ähnlich wie bei den Prozessketten. Wählen Sie in der Einstiegsansicht des BI-Monitorings die Funktion BO-JOB-MONITOR aus. Sie erhalten eine Ansicht, wie in Abbildung 6.21 gezeigt.

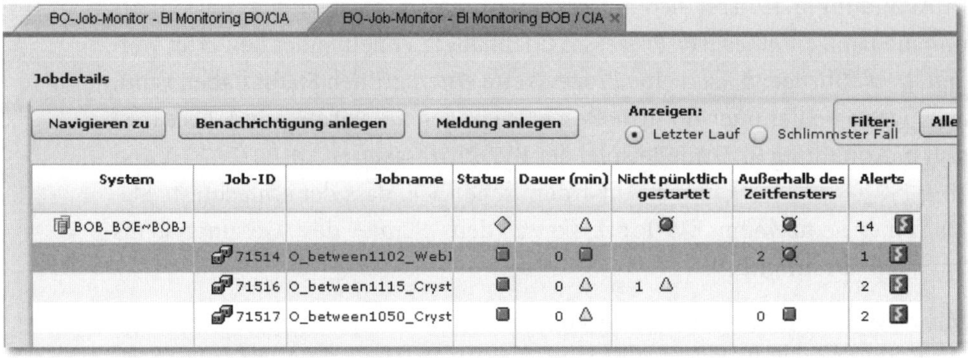

Abbildung 6.21 BO-Job-Monitor

Die angezeigten Statussymbole sind die gleichen wie im BW-Prozessketten-Monitor. Sie können daher neben der korrekten Bearbeitung eines Jobs auch die Laufzeiten und das Einhalten des geplanten Zeitintervalls überwachen. Mit einem Klick auf den Button Navigieren zu können Sie in die Detailanalyse der SAP BusinessObjects-Jobs zur Central Management Console (CMC) bzw. in das BW-Reporting springen.

Monitoring von Reporting-Aktivitäten

Reporting-Aktivitäten im Business Warehouse überwachen Sie mit dem BW-Report-Monitor, wie in Abbildung 6.22 dargestellt.

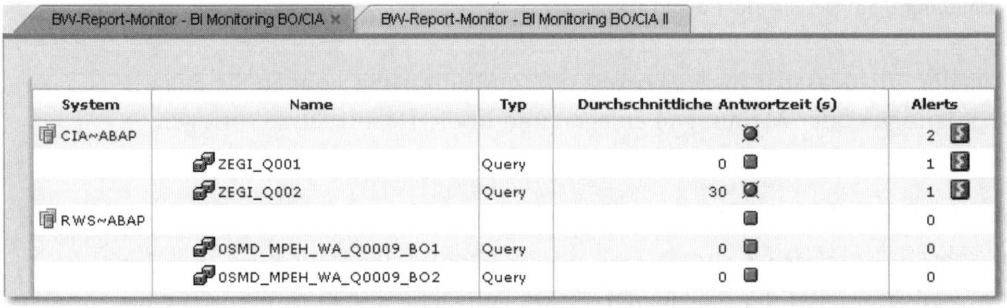

Abbildung 6.22 BW-Report-Monitor

Der BW-Report-Monitor zeigt eine Auflistung aller überwachten Reports, gruppiert nach dem BW-System. Sie können für jeden Report die beiden folgenden Parameter überwachen:

- **Mittlere Antwortzeit**
  Mit dem Parameter MITTLERE ANTWORTZEIT überwachen Sie die durchschnittliche Ausführungszeit des Reports in Sekunden.
- **Alerts**
  Mit dem Parameter ALERTS überwachen Sie die Anzahl der aufgetretenen Alerts während der Ausführung der Query oder der Vorlage.

Mit dem Button NAVIGIEREN ZU können Sie für die Detailanalyse in die BI-Performance-Werkzeugsammlung, die Lastanalyse in Transaktion ST03 oder in die BW-Reporting-Werkzeuge springen.

Monitoring von SAP-Data-Services-Jobs

Der BO-Data-Services-Monitor wird für die Analyse von SAP-Data-Services-Jobs verwendet. Neben der Statusübersicht werden die folgenden Messwerte mit Statussymbolen angezeigt:

- Dauer (min)
- Nicht pünktlich gestartet
- Außerhalb des Zeitfensters

Diese Statussymbole haben die gleiche Bedeutung, wie bei den BW-Prozessketten vorgestellt.

SAP HANA- und SLT-Systeme im BI-Monitoring

Für SAP HANA- und SLT-Systeme werden nur die folgenden technischen Parameter angezeigt (siehe Abbildung 6.23):

- Alerts
- Verfügbarkeit
- Performance
- Ausnahmen

Systeme ohne eigene BI-Objekte, zum Beispiel SAP HANA-Systeme, SLT-Systeme oder Quellsysteme, können nur im Monitor BI-ÜBERSICHT überwacht werden. Wie bereits dargestellt, gelangen Sie mit einem Klick auf die ausgewählte Komponente in der Ansicht der Systemtypen in die Übersicht der einzelnen Systeme. Von dort wiederum gelangen Sie in den Systemmonitor für das ausgewählte System.

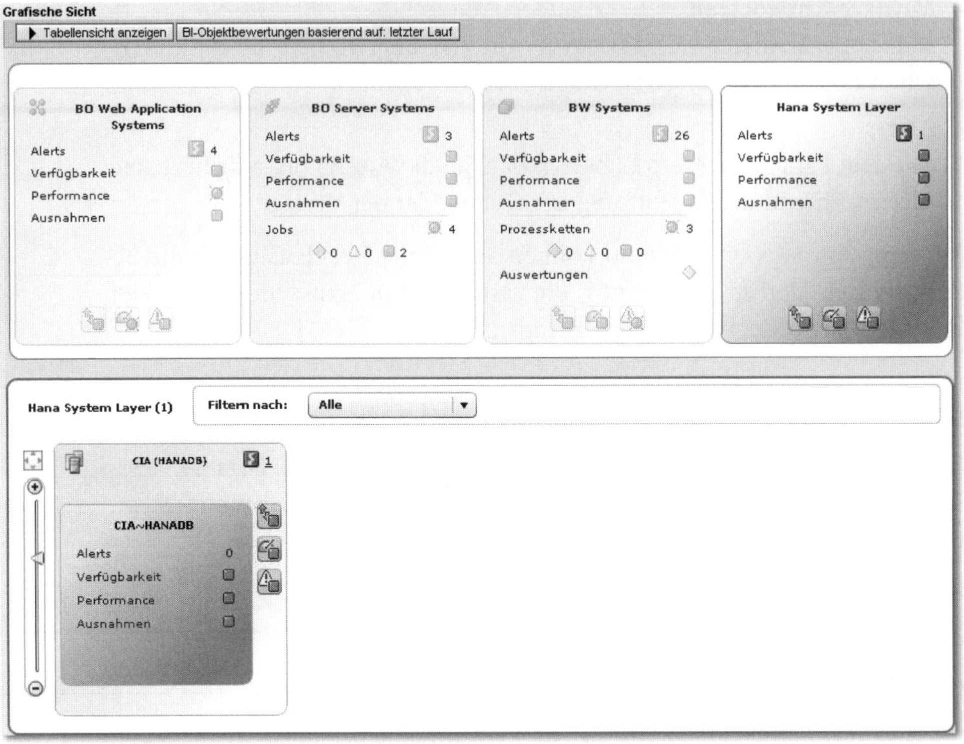

Abbildung 6.23 SAP HANA-System im Monitor »BI-Übersicht«

6.2 Zentrales Monitoring von SAP NetWeaver PI

IT-Abteilungen stehen immer stärker unter dem Druck, einen störungsfreien Betrieb realisieren zu müssen und gleichzeitig die Betriebskosten der IT-Infrastruktur gering zu halten. Um dies zu erreichen und gleichzeitig auf schnell wechselnde Anforderungen reagieren zu können, ist es sinnvoll, Anwendungen verschiedener Anbieter zu integrieren. SAP NetWeaver PI ermöglicht eine solche Integration.

Mithilfe von SAP NetWeaver PI können Geschäftsprozesse integriert werden, die sich über verschiedene Softwarekomponenten, Abteilungen und Organisationen eines Unternehmens erstrecken. Ein störungsfreier Betrieb von SAP NetWeaver PI ist essenziell, um die Funktion und Ausführung von systemübergreifenden Prozessen sicherzustellen. Dabei spielt sowohl die performante Bearbeitung der auszutauschenden Meldungen als auch die erfolgreiche Überstellung der Meldungen eine große Rolle.

Als zentrale Monitoring-Plattform bietet Ihnen der SAP Solution Manager entsprechende Monitore für das Monitoring aller an den SAP Solution Manager angeschlossenen PI-Domänen an. Unter einer PI-Domäne versteht man alle technischen SAP- und Nicht-SAP-Systeme, auch Geschäftssysteme genannt, sowie alle technischen Komponenten, die Daten über ein PI-System untereinander austauschen. In Abbildung 6.24 sehen Sie die schematische Darstellung einer PI-Domäne.

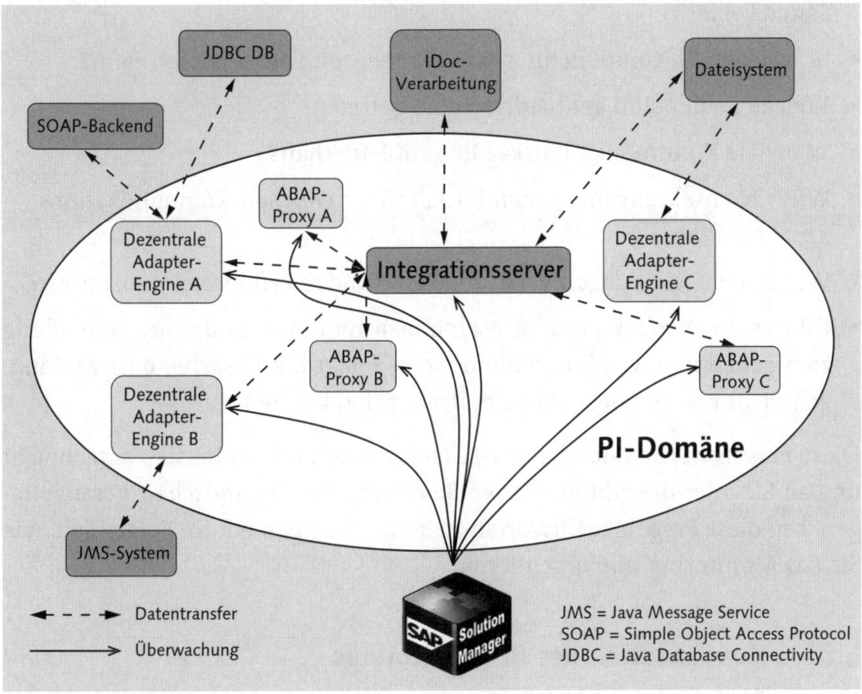

Abbildung 6.24 Schematische Darstellung einer PI-Domäne in einer Systemlandschaft

Im Folgenden zeigen wir Ihnen, wie Sie das technische Monitoring für PI-Domänen implementieren. Am Beispiel der Spielzeug AG werden wir demonstrieren, wie Sie die Funktionalitäten des PI-Monitorings sinnvoll einsetzen.

6.2.1 Vorteile des PI-Monitorings mit dem SAP Solution Manager

Das zentralisierte Monitoring der PI-Domänen hilft Ihnen, frühzeitig und gezielt Probleme zu erkennen und zu beheben. Dies führt wiederum zu einer hohen Verfügbarkeit des Integrationsservers, der für das Empfangen und Weiterleiten von Meldungen zwischen verschiedenen SAP- und Nicht-SAP-Systemen zuständig ist. Neben dieser allgemeinen Aufgabe soll das PI-Monitoring auch bei der Beantwortung der folgenden Fragen helfen:

- Wie ist der generelle Status aller PI-Komponenten der produktiven PI-Domäne?
- Welche geschäftskritischen Schnittstellen sind gestört, das heißt im Status Fehler?
- In welchen PI-Komponenten sind die meisten Fehler aufgetreten?
- Welche Fehler sind am häufigsten aufgetreten?
- Wie viele Kommunikationskanäle sind fehlerhaft?
- Wie viele Meldungen wurden im Jahr über welchen Kommunikationskanal erhalten?
- Wurden die Meldungen verschiedener Kunden erfolgreich prozessiert?
- Gibt es einen Rückstand an Meldungen und eventuell eine Verbindung zum generellen Meldungsvolumen? Wo liegt die Ursache, dass Meldungen nicht wie gewünscht bearbeitet werden können?

Diese Fragen werden durchaus bereits durch den reinen Betrieb aufgebracht und an Sie oder die administrative Betreuung der PI-Landschaft herangetragen. Um diese Fragen beantworten zu können, zeigen wir im Folgenden, wie Sie das Monitoring implementieren.

6.2.2 Konfiguration des PI-Monitorings

Bevor Sie mit der Einrichtung beginnen, überprüfen Sie zunächst die notwendigen Software-Releases des SAP Solution Managers sowie des PI-Systems. Generell kann das zentrale Monitoring ab dem SAP Solution Manager 7.1 SP05 und SAP NetWeaver PI-Release 7.11 SP06 in dem hier beschriebenen Umfang eingesetzt werden. Da das PI-Monitoring im Verhältnis zu anderen Monitoring-Möglichkeiten noch relativ neu ist, wurden die Funktionalitäten mit den folgenden Support Packages von SAP NetWeaver PI schrittweise erweitert. Mit dem Release SAP NetWeaver PI 7.30 wurden einige zusätzliche Funktionalitäten und Verbesserungen umgesetzt. Sie können:

- detailliertere Informationen zum Selbsttest der PI-Komponenten abrufen
- erweiterte Protokollinformationen der Kommunikationskanäle nutzen

- eine Ping-Funktionalität zur Verfügbarkeitsprüfung der PI-Kommunikationskanäle einsetzen
- zusätzliche Informationen zum Meldungsstatus nutzen, die eine Ursachenanalyse im Fall eines Problems unterstützen

Ab SAP NetWeaver PI-Release 7.31 und SAP Solution Manager 7.1 SP2 ist eine zentrale benutzerdefinierte Meldungssuchfunktion hinzugekommen. Mit dieser können Sie anhand von Geschäftsdatenattributen (Payload-Attributen) gezielt nach Meldungen aller oder einzelner Laufzeitkomponenten suchen. Somit wird eine manuelle Überprüfung der einzelnen Laufzeitkomponenten überflüssig und trägt zu einer beschleunigten Analyse bei.

Des Weiteren können Sie ab SAP NetWeaver PI-Release 7.31 und SAP Solution Manager 7.1 SP05 das PI-Meldungs-Alerting verwenden. Diese Erweiterung bietet Ihnen den Vorteil, dass Alerts aufgrund einer fehlgeschlagenen Meldung direkt aus dem Alert-Eingang abgerufen werden können.

Voraussetzung für die Einrichtung eines PI-Monitorings ist, dass die Solution-Manager-Basiskonfiguration und das technische Monitoring für alle Systeme einer PI-Domäne eingerichtet sind. Eine PI-Domäne stellt in diesem Kontext ein technisches Szenario dar. Dieses Szenario beinhaltet neben den Laufzeitkomponenten von SAP NetWeaver PI die SAP-Geschäftssysteme sowie mögliche Nicht-SAP-Systeme und wird über das System Landscape Directory (SLD) definiert.

Die Definition einer PI-Domäne erfolgt mittels so genannter Datenlieferanten (Data Suppliers). Für Systeme mit einem AS ABAP werden Datensammelprogramme periodisch ausgeführt und via RFC-Verbindung über ein Gateway und die SLD-Bridge an das SLD gesendet. Die Datenliefernaten von Systemen, die auf J2EE basieren, nutzen eine HTTP-Verbindung, um die Daten an das SLD zu senden. Diese Daten Supplier werden normalerweise bereits während der Installation des AS Java entsprechend eingerichtet.

Möchten Sie Systeme, die keine SAP NetWeaver-Komponenten beinhalten, am SLD registrieren, nutzen Sie auf dem jeweiligen Host `sldreg`. Dies setzt jedoch voraus, dass auf dem Host ein SAP-Host-Agent installiert ist. Wie Sie diesen SAP-Host-Agenten auf einem Server installieren, erfahren Sie in Abschnitt 2.2.1, »SAP-Host-Agent«. Wie Sie den Host mit `sldreg` am SLD registrieren, können Sie unter folgendem Link nachlesen: *http://help.sap.com/saphelp_nwpi71/helpdata/de/45/4a167edf6008d1e10000000a11466f/content.htm*

Sind die Systemdaten im entsprechenden PI-SLD vorhanden, müssen diese an die LMDB des SAP Solution Managers übertragen werden. Die Übertragung wird mithilfe der Anbindung des SLDs an die LMDB realisiert, wie im Abschnitt »Schritt 5: Landschaftsbeschreibung« in Abschnitt 2.5.2 beschrieben ist. Sobald das SLD an die LMDB angeschlossen ist, werden die Daten automatisch in einer regelmäßigen Hintergrundverarbeitung synchronisiert. Für die Synchronisation der Daten aus dem PI-SLD zur LMDB des SAP Solution Managers ergeben sich auch bedingt durch die Infrastruktur für Sie drei Möglichkeiten der Übertragung:

- Die erste Möglichkeit besteht im Einsatz eines zentralen SLDs. Dabei werden die PI-SLD-Daten über eine unidirektionale Synchronisation in das zentrale SLD übermittelt. Vom zentralen SLD werden dann die Daten an die LMDB des SAP Solution Managers übertragen. Über diese Möglichkeit läuft die Übertragung voll automatisiert ab, und Änderungen im PI-SLD werden direkt bis in die LMDB synchronisiert. Diese Möglichkeit setzt allerdings ein zentrales SLD mit einem Versionsstand voraus, der mindestens die Version 7.10 ist.
- manueller Datentransfer mithilfe eines Kopierprogramms
- direkte Synchronisation der Daten in die LMDB

Auf Unterschiede sowie Vor- und Nachteile der verschiedenen Synchronisationstechniken können wir in diesem Buch leider nicht näher eingehen. Prinzipiell wird jedoch jede dieser Techniken im Monitoring des SAP Solution Managers unterstützt.

In unserer Systemlandschaft der Spielzeug AG nutzen wir den SAP Solution Manager 7.1 mit dem Release SP6 und SAP NetWeaver PI 7.3.

Konfiguration des PI-Monitorings

Ausgangspunkt der Konfiguration ist das Work Center Konfiguration des SAP Solution Managers (Transaktion SOLMAN_SETUP). Klicken Sie im Navigationsbereich auf Technisches Monitoring, und wählen Sie aus der Auswahl auf der linken Seite den Radiobutton PI-Monitoring aus.

[»]

Hinweis

Beachten Sie, dass die Konfiguration der zu verwaltenden Systeme und des System-Monitorings der zu verwaltenden Systeme, die in einer PI-Domäne abgebildet sind, zuvor durchgeführt werden muss.

Übersicht

Damit befinden Sie sich im ersten Schritt, der Konfigurationsübersicht, die uns als Einstieg für die weiteren Konfigurationsschritte dient. Hier erhalten Sie eine Übersicht über die bisher aktiven Konfigurationen und deren Status, die durch ein farbiges Statussymbol verdeutlicht werden.

Infrastruktur konfigurieren

Im nächsten Schritt können Sie die Infrastrukturkonfiguration prüfen oder ändern. Da wir dies bereits ausführlich in Abschnitt 5.4.2, »Infrastruktur konfigurieren«, beschrieben haben, konzentrieren wir uns an dieser Stelle auf den Teilschritt STANDARDBENUTZER IM SAP SOLUTION MANAGER ANLEGEN. Hierzu wählen Sie den Button BEARBEITEN.

Es stehen Ihnen verschiedene Standardbenutzer zur Verfügung, die sich durch Ihre Berechtigungen voneinander abgrenzen. Im SAP-Standard unterscheiden wir zwischen zwei Benutzertypen, Level-1- und Level-2-Benutzer. Der Level-1-Benutzertyp arbeitet im Alert-Eingang des technischen Monitorings. Seine Aktivitäten sind aufgrund der Berechtigungen auf folgende Verantwortungen beschränkt:

- Bedienung des PI-Überblicksmonitors
- Bedienung des Komponentenmonitors
- Anlegen von Incidents und Benachrichtigungen in Form einer E-Mail oder SMS

Der Level-2-Benutzertyp hat zusätzliche Berechtigungen, die auf dem Level-1-Benutzertyp aufbauen. Die zusätzliche Verantwortung des Benutzers liegt in den Bereichen Ursachenanalyse und Bearbeitung relevanter Probleme. Ein Level-2-Benutzer kann folgende Aktivitäten durchführen:

- Work Center TECHNISCHES MONITORING und URSACHENANALYSE aufrufen
- Bedienung des PI-Überblicksmonitor
- Bedienung des Komponentenmonitors
- Bedienung des Kanalmonitors
- Bedienung des PI-Meldungsmonitors
- Nutzung der Ursachenanalyse
- Incidents und Benachrichtigungen anlegen

Diese Benutzer werden benötigt, um mögliche Alerts zu verteilen sowie die Fehleranalyse durchzuführen und zu bearbeiten. SAP bietet Ihnen ebenfalls die Möglichkeit, diese Benutzer mit eigenen Berechtigungen und Benutzernamen anzulegen. Des Weiteren haben Sie die Möglichkeit, Berechtigungen eines vorhandenen Benutzers anzupassen oder einen Ihrer eigenen, bereits vorhandenen Benutzer zu verwenden, wenn dies aufgrund betrieblicher Prozessgestaltung notwendig ist.

Nachdem Sie die Benutzer angelegt haben, können Sie mit dem nächsten Schritt der Einrichtung fortfahren.

Umfang definieren

Im Schritt UMFANG DEFINIEREN wählen Sie die zu überwachenden PI-Domänen aus. PI-Domänen umfassen die Laufzeitkomponenten, wie zum Beispiel die zentrale Integration-Engine, die Business Process Engine, zentrale bzw. dezentrale Adaptoren und Geschäftssysteme. Diese Komponenten laufen auf verschiedenen technischen Systemen in der Systemlandschaft und werden im PI-SLD mithilfe des Common Information Models (CIM) beschrieben. Das CIM ist ein Standard, basierend auf dem objektorientierten Modellierungsansatz für Hardware- und Softwareelemente.

Um eine PI-Domäne zu definieren, müssen Sie ein technisches Szenario anlegen. Das technische Szenario enthält die Daten der PI-Infrastruktur sowie die Daten der Geschäftssysteme. Wie bereits in Abschnitt 2.3, »Landschaftsverwaltung und Darstellung im SAP Solution Manager«, beschrieben, werden diese Daten über einen Hintergrundjob vom SLD in die LMDB übertragen. In der Tabelle SZENARIOAUSWAHL finden Sie nun die aus der LMDB bekannten PI-Domänen. Klicken Sie auf den Button ANLEGEN. Es öffnet sich ein Dialogfenster, in dem Sie die Eigenschaften des technischen Szenarios definieren können (siehe Abbildung 6.25).

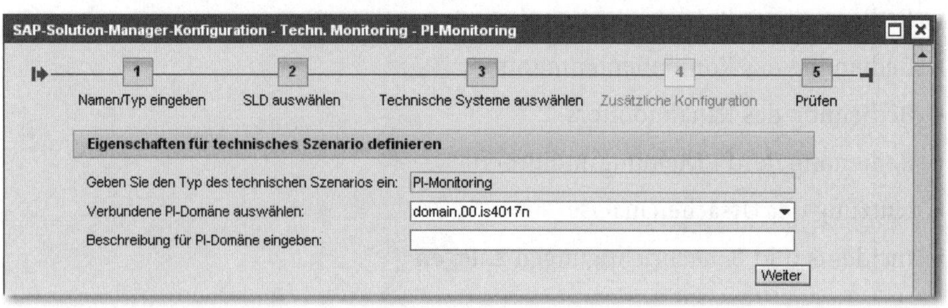

Abbildung 6.25 Anlegen einer PI-Domäne

Sie werden aufgefordert, Parameter in die Eingabefelder einzugeben. Die notwendigen Parameter umfassen die Beschreibung der PI-Domäne, das dazugehörige SLD und die zu überwachenden technischen Systeme. Gleichzeitig können Sie Geschäftssysteme ausblenden, die für das Monitoring nicht relevant sind. Sind diese Parameter definiert, wurde das technische Szenario erfolgreich angelegt. Sie verlassen den Teilschritt mit einem Klick auf den Button SETUP.

Analog zum Anlegen einer PI-Domäne können Sie ein bereits existierendes Szenario bearbeiten. Wählen Sie hierzu eine bestehende PI-Domäne aus, und klicken Sie den Button BEARBEITEN an. Es öffnet sich ein Dialogfenster, in dem Sie die gewünschten Änderungen vornehmen können.

Monitoring und Alerting

Im Schritt MONITORING UND ALERTING der Einrichtung des PI-Monitorings werden die Einrichtungsschritte für das eigentliche Monitoring bzw. das Alerting für das zuvor definierte technische Szenario umgesetzt. Dieser Schritt ist in mehrere Teilschritte gegliedert, die wir Ihnen im Folgenden vorstellen werden.

Übersicht PI-Domänen

Zunächst erhalten Sie im Teilschritt ÜBERSICHT PI-DOMÄNEN eine Übersicht der bereits bekannten PI-Domänen (siehe Abbildung 6.26).

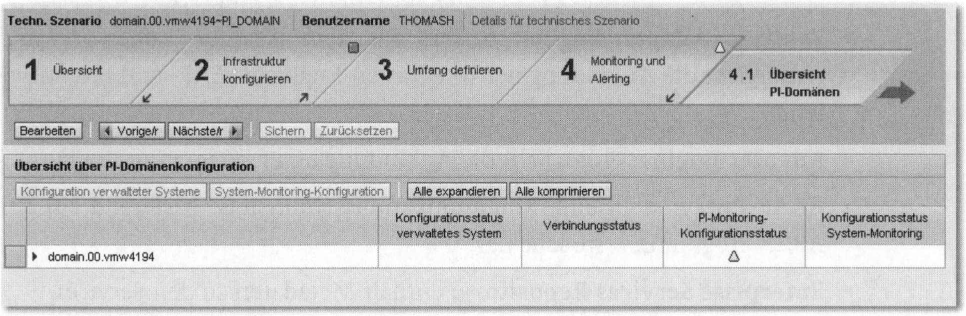

Abbildung 6.26 Übersicht über PI-Domänen

Wenn Sie nun die Knoten expandieren, sehen Sie die involvierten Business-Systeme sowie die Komponenten des PI-Integrationsservers, wie dies für `domain.00.vmw.4194` erfolgt ist.

Fehlerhafte Konfigurationen erkennen Sie an den Statussymbolen in der Spalte PI-MONITORING-KONFIGURATIONSSTATUS. In Abbildung 6.26 wurde die Domäne gelb markiert. Korrekturen an einer fehlerhaften Konfiguration können nun direkt über den Button KONFIGURATION VERWALTETER SYSTEME aufgerufen und bearbeitet werden.

Metdaten laden

Der Teilschritt METADATEN LADEN führt eine Reihe von automatischen Aktivitäten aus. So werden zum Beispiel die Daten der involvierten PI-Komponenten ermittelt. Dabei werden die Daten erneut aus der LMDB gelesen. Darüber hinaus werden Stammdatentexte aus SAP NetWeaver PI in das dem SAP Solution Manager zugeordneten BI-System geladen, da das PI-Message-Monitoring diese Stammdatentexte für den Meldungsmonitor benötigt.

Über die Einplanung eines periodisch ausgeführten Datenkollektors werden Kanalattribute, wie zum Beispiel Kanalname, Kanalstatus und Kurzprotokolltyp, in den SAP Solution Manager geladen. Dieser Vorgang wird ebenfalls automatisch ausgeführt. Nach Beendigung der Aktivitäten können Sie in den dritten Teilschritt abspringen.

Komponentenverfügbarkeits-Monitor

Im Teilschritt KOMPONENTENVERFÜGBARKEITS-MONITOR aktivieren Sie das Monitoring der folgenden Komponenten:

- **Zentrale Integration-Engine:** ist zuständig für zentrale Services des Integrationsservers, wie beispielsweise Routing und Mapping.
- **Zentrale Adapter-Engine:** basiert auf dem Adapter-Framework und ermöglicht die Anbindung der Integration-Engine an SAP- und Fremdsysteme.
- **Adapter-Engine:** ermöglicht die Anbindung einer Integration-Engine.
- **ABAP-Proxy:** stellt eine Kommunikationsschnittstelle basierend auf der ABAP-Programmiersprache dar.
- **Enterprise Services Repository:** enthält Metadaten zu den Services.
- **Integration Directory:** beinhaltet die Konfigurationsdaten der Geschäftsprozesse einer bestimmten Systemlandschaft.
- **Mapping-Laufzeit:** ist die Laufzeit, um Positionen aus einem Quellkatalog in einem Zielkatalog darzustellen.
- **Business Process Engine:** ist die Laufzeit-Engine für Integrationsprozesse.

Für jede Komponente können Sie kundeneigene Einstellungen zur Verfügbarkeitsprüfung vornehmen, wie die Berücksichtigung spezieller Wünsche hinsichtlich der Benachrichtigung und deren Inhalt. Dies gibt Ihnen die Möglichkeit, die Konfiguration entsprechend den Anforderungen der Fachabteilungen anzupassen.

Selektieren Sie zu diesem Zweck zunächst die relevante Komponente (siehe Abbildung 6.27). Über den Button SAP-Einstellungen ändern nehmen Sie die erforderlichen Anpassungen vor. Es besteht die Möglichkeit, die Datensammlungsperioden, den Schweregrad für das Alerting sowie die generelle Datensammlung anzupassen. Hierzu nutzen Sie den Button SAP-Einstellungen ändern. Über die Karteireiter, die Sie unten in Abbildung 6.27 sehen können, können Sie die Anpassungen in das Benachrichtigungs- bzw. ITSM integrieren. Wählen Sie die gewünschten Karteireiter Incident-Tickets sowie Benachrichtigungen aus, um kundeneigene Einstellungen vorzunehmen.

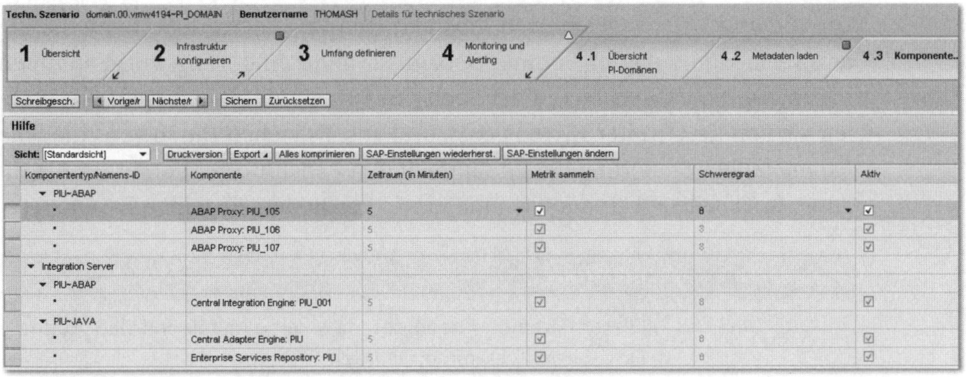

Abbildung 6.27 Anpassung der kundeneigenen Einstellungen der Komponentenverfügbarkeit

Komponentenselbsttest-Monitor

Sind die gewünschten Einstellungen aktiviert, fahren Sie mit dem Teilschritt und den Einstellungen für den Komponentenselbsttest-Monitor fort. Dieser Test überprüft die fehlerfreie Funktion der Komponenten anhand unterschiedlicher, komponentenabhängiger Prüfobjekte. Der Komponentenselbsttest ist für folgende Komponenten möglich:

- zentrale Integration-Engine
- zentrale Adapter-Engine
- Adapter-Engine
- ABAP-Proxy
- Business Process Engine

- Enterprise Services Repository
- Integration Directory
- Mapping-Laufzeit

Die Einstellungen für den Komponentenselbsttest werden analog zur Konfiguration des Komponentenverfügbarkeits-Monitors durchgeführt. Auch die Integration in das Benachrichtigungs- und ITSM wird genau wie im vorangegangenen Schritt über die erwähnten Karteireiter vorgenommen.

Kanalverfügbarkeits-Monitor

Der Teilschritt KANALVERFÜGBARKEITS-MONITOR gibt Ihnen die Möglichkeit, die Kanalstatusinformationen aller zentralen bzw. dezentralen Adapter-Engines der ausgewählten PI-Domänen zu aktivieren. Der Gesamtstatus der Kanalverfügbarkeit wird aus dem Kanal, der die Eingangs- und Ausgangsverarbeitung einer Meldung festlegt, und dem Aktivierungsstatus eines Kanals berechnet.

Um die von SAP ausgelieferten Einstellungen zu ändern, markieren Sie die entsprechende Adapter-Engine. Sobald Sie eine Änderung vorgenommen haben, wird die Checkbox in der Spalte GEÄNDERT als aktiv dargestellt. Wählen Sie den Karteireiter DATENSAMMLUNG aus. Es stehen Ihnen verschiedene Parameter zur Steuerung der zu sammelnden Kanalinformationen zur Verfügung. In Tabelle 6.1 finden Sie eine Erklärung zu den einzelnen Parametern.

Parameter	Erklärung
CHANNELONLYERR	Dieser Parameter bedeutet, dass keine Kanäle mit dem Status ERFOLGREICH gesammelt werden.
SHORTLOGCOLLECT	Kurzprotokolldaten werden gesammelt.
SHORTLOGONLYERR	Ist dieses Kennzeichen gesetzt, werden keine Kurzprotokolldaten für Kanäle mit dem Status ERFOLGREICH gesammelt. Diese Einstellung ist relevant, wenn CHANNELONLYERR nicht gesetzt ist.
SHORTLOGONLYERR	Die Anzahl der Zeichen, die für das Kurzprotokoll, pro Kanal und Serverknoten gesammelt werden sollen. Diese kann zwischen 300 und 1.500 Zeichen betragen.
SHORTLOGSIZE	Die Anzahl der Zeichen, die für das Kurzprotokoll, pro Kanal und Serverknoten gesammelt werden sollen. Diese kann zwischen 300 und 1.500 Zeichen betragen.
SHORTLOGTRIM	Es werden keine Stack-Traces in das Kurzprotokoll aufgenommen, damit es lesbar bleibt.

Tabelle 6.1 Verfügbare Parameter zur Steuerung des Kanal-Monitorings

Nachrichtenfluss-Monitor

Im Teilschritt NACHRICHTENFLUSSMONITOR werden Meldungsstatusinformationen für folgende PI-Komponenten definiert (siehe Abbildung 6.28):

- zentrale Integration-Engine
- zentrale Adapter-Engine
- Adapter-Engine
- ABAP-Proxy

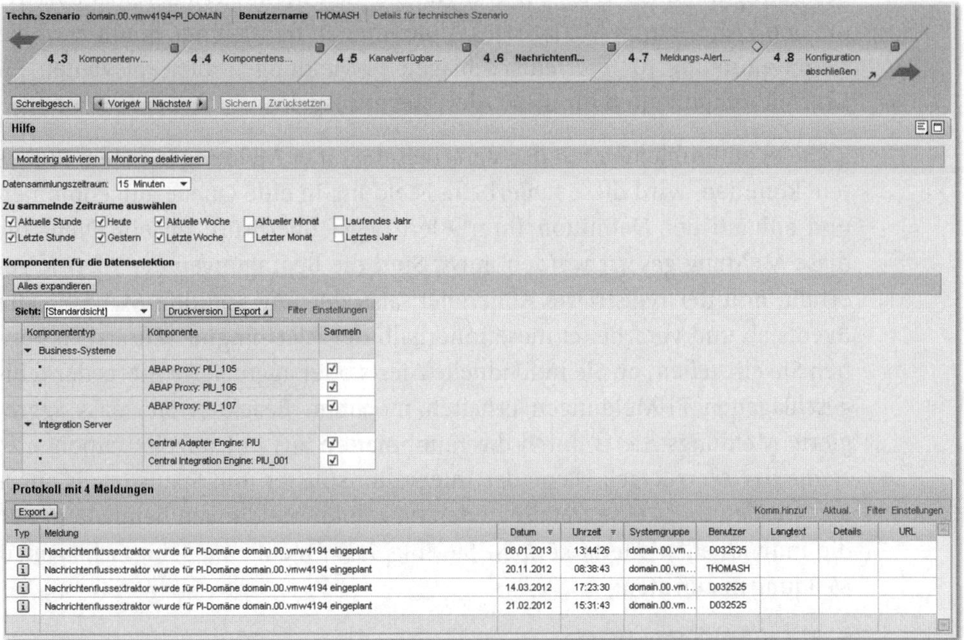

Abbildung 6.28 Konfiguration des Nachrichtenfluss-Monitors

Um Meldungsstatusinformationen zu einer Komponente zu erhalten, aktivieren Sie die jeweilige Checkbox in der Spalte SAMMELN. Außerdem können Sie über die Checkboxen im Bereich ZU SAMMELNDE ZEITRÄUME AUSWÄHLEN festlegen, in welchen Zeiträumen die Informationen gesammelt werden.

Meldungs-Alerting

Im nächsten Teilschritt MELDUNGS-ALERTING können Sie den SAP Solution Manager als Abnehmer (Consumer) für Meldungs-Alerts registrieren.

Dazu müssen Sie über Single Sign-on (SSO) am entsprechenden PI-System angemeldet sein. Der Konfigurationsbenutzer muss die SAP-Rolle `SAP_XI_ALERTCONFIGURATOR_J2EE` besitzen. Möchten Sie das auf Regeln basierende

Alerting nutzen, müssen Sie zunächst die zu sammelnden Alerts in der Infrastruktur der SAP NetWeaver PI mithilfe der Alert-Regel definieren. Eine ausführliche Beschreibung zur Konfiguration der Alert-Regeln finden Sie in der SAP-Hilfe. Rufen Sie *http://help.sap.com* auf, und wählen Sie dann SAP NETWEAVER PROZESS INTEGRATION BIBLIOTHEK • FUNKTIONSORIENTIERTE SICHT • PROZESS INTEGRATION • ADMINISTRATION VON PROZESS INTEGRATION • KOMPONENTENBASIERTES MESSAGE ALERTING.

Haben Sie bereits Alert-Regeln definiert, sehen Sie diese in der Haupttabelle des Konfigurationsbereichs. Markieren Sie die Checkbox in der Spalte AKTIV, um den SAP Solution Manager als Abnehmer zu registrieren. Somit wird die Datensammlung für die fehlgeschlagen PI-Meldungen aller relevanten PI-Laufzeitkomponenten für diese Alert-Regel ausgelöst.

Sollte es zu Problemen mit der Verarbeitung einer Meldung in einem PI-System kommen, wird diese fehlerhafte Meldung in eine Queue aufgenommen und anhand der Definition Ihrer Alert-Regel überprüft, ob ein Event für diese Meldung gesetzt werden muss. Sind die Bedingungen der Alert-Regel erfüllt, holt der registrierte Abnehmer, also der SAP Solution Manager, die Events ab und verarbeitet diese innerhalb der Alert-Engine. Zusätzlich können Sie einstellen, ob Sie individuelle Alerts oder aggregierte Alerts der fehlgeschlagenen PI-Meldungen erhalten möchten. Beachten Sie, dass aggregierte Meldungs-Alerts durch die Kombination aus PI-Laufzeitkomponente, Name der Alert-Regel, Name des Integrationsflusses und Statusdetails angelegt werden und keine Details zu den einzelnen Meldungen beinhalten. Für die individuellen Alerts können Sie folgende Details der fehlgeschlagenen Meldungen aufrufen:

- PI-Laufzeitkomponente
- Name der Alert-Regel
- Name des Integrationsflusses
- Statusdetails
- Sender-/Empfängerattribute
- Meldungs-ID
- UDS-Attribute (User-Defined Search) und entsprechende Werte

[!]

Achtung

Wenn Sie die Checkbox in der Spalte ALERTS PRO PI-MELDUNG in der Tabelle REGELLISTE aktivieren, erhalten Sie für jede fehlgeschlagene PI-Meldung einen individuellen Alert. Beachten Sie, dass das Anlegen von individuellen Alerts zusätzliche Systemlast erzeugt und das Datenvolumen erhöht. Dieser Weg ist deshalb nicht empfohlen und sollte nur in zwingend erforderlichen Situationen aktiviert werden.

Konfiguration abschließen

Mit dem Teilschritt KONFIGURATION ABSCHLIESSEN werden nun die Einstellungen der vorangegangenen Schritte aktiviert. Klicken Sie dazu auf den Button MONITORING UND ALERTING AKTIVIEREN.

Fertigstellen

Im abschließenden Schritt FERTIGSTELLEN erhalten Sie eine Übersicht über die ausgeführten Konfigurationsschritte (siehe Abbildung 6.29).

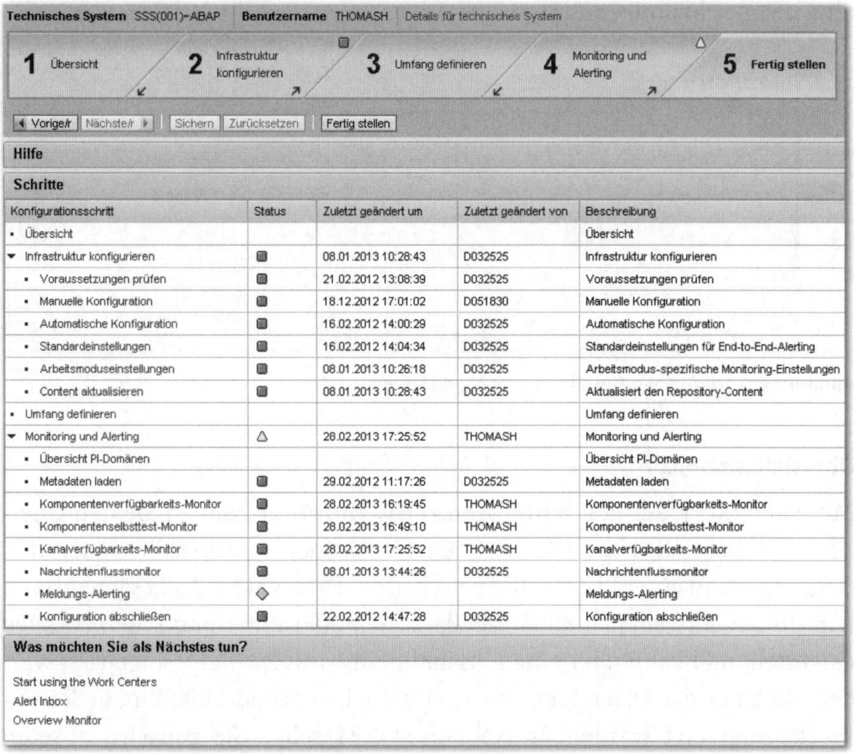

Konfigurationsschritt	Status	Zuletzt geändert um	Zuletzt geändert von	Beschreibung
• Übersicht				Übersicht
▾ Infrastruktur konfigurieren	■	08.01.2013 10:28:43	D032525	Infrastruktur konfigurieren
• Voraussetzungen prüfen	■	21.02.2012 13:08:39	D032525	Voraussetzungen prüfen
• Manuelle Konfiguration	■	18.12.2012 17:01:02	D051830	Manuelle Konfiguration
• Automatische Konfiguration	■	16.02.2012 14:00:29	D032525	Automatische Konfiguration
• Standardeinstellungen	■	16.02.2012 14:04:34	D032525	Standardeinstellungen für End-to-End-Alerting
• Arbeitsmoduseinstellungen	■	08.01.2013 10:26:18	D032525	Arbeitsmodus-spezifische Monitoring-Einstellungen
• Content aktualisieren	■	08.01.2013 10:28:43	D032525	Aktualisiert den Repository-Content
• Umfang definieren				Umfang definieren
▾ Monitoring und Alerting	△	28.02.2013 17:25:52	THOMASH	Monitoring und Alerting
• Übersicht PI-Domänen				Übersicht PI-Domänen
• Metadaten laden	■	29.02.2012 11:17:26	D032525	Metadaten laden
• Komponentenverfügbarkeits-Monitor	■	28.02.2013 16:19:45	THOMASH	Komponentenverfügbarkeits-Monitor
• Komponentenselbsttest-Monitor	■	28.02.2013 16:49:10	THOMASH	Komponentenselbsttest-Monitor
• Kanalverfügbarkeits-Monitor	■	28.02.2013 17:25:52	THOMASH	Kanalverfügbarkeits-Monitor
• Nachrichtenflussmonitor	■	08.01.2013 13:44:26	D032525	Nachrichtenflussmonitor
• Meldungs-Alerting	◇			Meldungs-Alerting
• Konfiguration abschließen	■	22.02.2012 14:47:28	D032525	Konfiguration abschließen

Abbildung 6.29 Übersicht über Konfigurationsschritte

Abbildung 6.29 zeigt die von uns vorgenommene Konfiguration. Der Status ist grün, das heißt, die Konfiguration wurde erfolgreich abgeschlossen. Lediglich der Eintrag MELDUNGS-ALERTING hat einen grauen Status. Das bedeutet, dass in diesem Schritt keine spezifischen Definitionen bzw. Konfigurationen durchgeführt wurden.

Sie können das PI-Monitoring nun einsetzen, was wir im nächsten Abschnitt zeigen.

6.2.3 Verwendung des PI-Monitorings

Das SAP NetWeaver PI-Monitoring kann über das Work Center Technisches Monitoring aufgerufen werden und beinhaltet alle angeschlossenen PI-Domänen. Die einzelnen zur Verfügung stehenden Monitore können nun über eine Selektion des entsprechenden Monitors entweder in einem neuen Fenster oder eingebettet gestartet werden, wie wir bereits in Abschnitt 6.1.4, »Verwendung des BI-Monitorings«, erläutert haben. Im Folgenden werden wir auf die einzelnen Monitore eingehen. Abbildung 6.30 zeigt den Ausgangspunkt für das PI-Monitoring. Die einzelnen Monitore werden nun über die gleichnamigen Buttons gestartet.

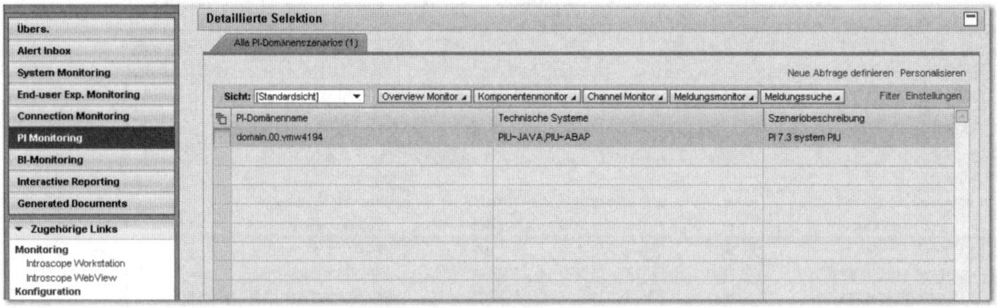

Abbildung 6.30 Ausgangspunkt des PI-Monitorings

Übersichtsmonitor

Mit einem Klick auf den Button Overview Monitor können Sie den Übersichtsmonitor aufrufen. Hier können Sie sich einen Überblick über den Gesamtzustand einer PI-Domäne verschaffen. Dieser aktuelle Gesamtzustand wird Ihnen entweder in einer tabellarischen oder einer grafischen Anzeige dargestellt und kann über eine Einschränkung des Zeitraums angepasst werden. So kann die Darstellung von der aktuellen Stunde bis hin zur letzten Woche angezeigt werden. In Abbildung 6.31 sehen Sie zunächst unseren Integrationsserver und die Geschäftssysteme.

Der rote Status hinter dem Feld Verfügbarkeit in Abbildung 6.31 zeigt an, dass der Integrationsserver nicht verfügbar ist. Der gelbe Status hinter dem Feld Selbsttest deutet darauf hin, dass auch der Selbsttest nicht vollständig positiv erfolgt ist. Ebenso gibt es bei den Kanälen ernsthafte Probleme. Der Selbsttest der Geschäftssysteme hat sogar einen roten Status, und es sind drei Alerts aufgetreten. Diese Situation sollte dringend von einem PI-Experten untersucht werden.

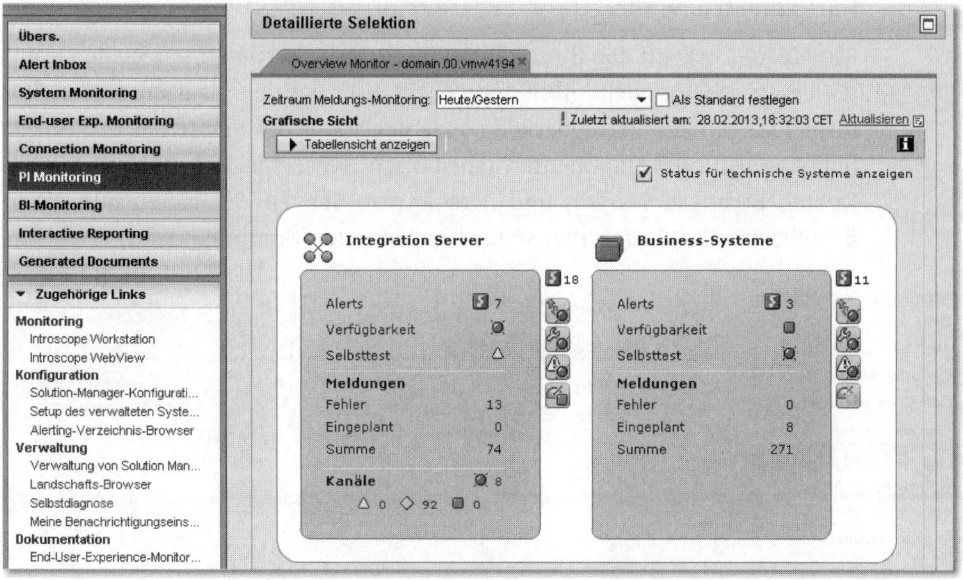

Abbildung 6.31 Übersichtsmonitor

Um detaillierte Informationen zu den einzelnen Komponenten (zum Beispiel Integrations-Engine, zentrale Adapter-Engine) aufzurufen, können Sie auf die einzelnen Alerts bzw. Statussymbole klicken. Dabei sind folgende Kategorien verfügbar.

- Anzahl existierender Alerts
- Verfügbarkeit der Komponenten
- Selbsttest der Anwendungen
- Anzahl der Nachrichten im Fehlerstatus, in Verarbeitung sowie das Gesamtvolumen im ausgewählten Zeitintervall

Für die technischen Systeme werden die bereits aus dem System-Monitoring bekannten Informationen zusätzlich dargestellt. Folgende Informationen werden direkt aus dem technischen Monitoring übernommen:

- Verfügbarkeitsinformationen
- Ausnahmestatus
- Konfigurationsstatus
- Systemleistungsstatus

Sie können mit einem Klick auf die Statussymbole direkt in das technische Monitoring abspringen und so einen detaillierten Überblick über die Ursache der Bewertung erhalten.

Komponentenmonitor

Mit einem Klick auf den Button Komponentenmonitor öffnen Sie den Komponentenmonitor (siehe Abbildung 6.32). Hier werden die aggregierten Statusmeldungen zur Verfügbarkeit sowie der Status des Selbsttests der einzelnen Applikationskomponenten tabellarisch angezeigt. Expandieren Sie die Knoten Business Systems und Integration Server. Sie haben nun einen detaillierten Einblick in den Status der genutzten Komponenten.

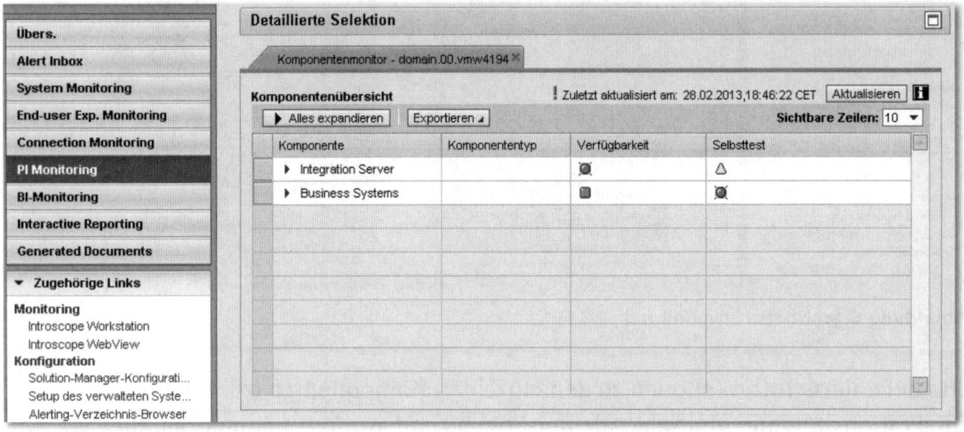

Abbildung 6.32 Komponentenmonitor

Selektieren Sie eine einzelne Komponente, und es werden Ihnen in der unteren Tabelle Informationen zu den ausgeführten Selbsttests dargestellt (siehe Abbildung 6.33).

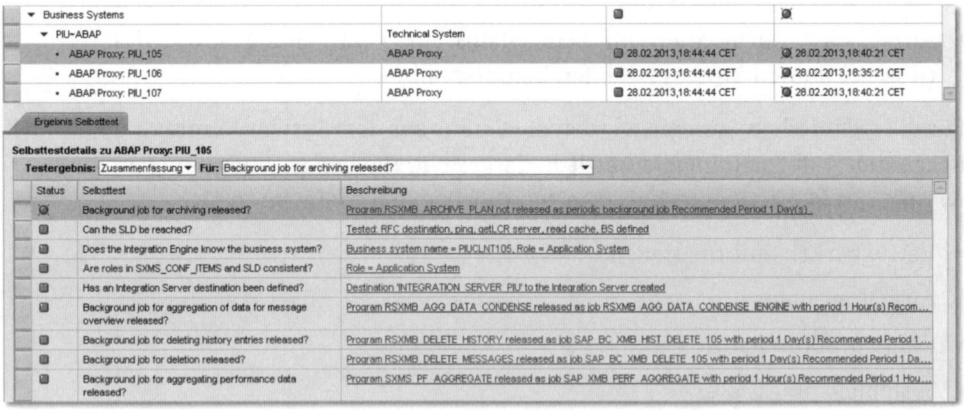

Abbildung 6.33 Detailinformationen zu den Geschäftssystemen

Der Komponentenmonitor bietet Ihnen eine Reihe von Analysewerkzeugen. Möchten Sie einen so genannten *Ping* auslösen und Selbsttests manuell ausführen, kann dies üben den Button Verwalten realisiert werden. Selektieren Sie Navigieren zu. Sie können nun per Single Sign-on die entsprechenden Analysewerkzeuge der zu verwaltenden Systeme aufgerufen. Des Weiteren können Sie Benachrichtigungen in Form von SMS, E-Mail oder über ein Support-Ticket anlegen und gezielt versenden. Diese Funktionalität können Sie über den Button Anlegen aufrufen.

Mit einem Klick auf Navigieren zu springen Sie direkt in die lokalen Expertenwerkzeuge für die jeweiligen Komponenten. Die Nutzung dieser zahlreichen Werkzeuge erfordert PI-spezifisches Wissen und Erfahrung und wird in diesem Buch daher nicht weiter erläutert. Für weitere Informationen empfehlen wir Ihnen das Buch *Praxisleitfaden SAP NetWeaver PI-Administration* von Marcus Banner, Heinzpeter Klein und Christian Riesener, das ebenfalls bei SAP PRESS (2009) erschienen ist.

Kanalmonitor

Klicken Sie auf den Button Channel Monitor, um den Kanalmonitor aufzurufen, in dem Sie Informationen zum Adapter für spezifische Verbindungen (Kommunikationskanäle) abrufen können. Mithilfe der Filtermöglichkeiten im Bereich Kanalfilter können Sie nach Adapter Engine, Adaptertyp, Name des Kanals und Kanalstatus filtern (siehe Abbildung 6.34).

Abbildung 6.34 Kanalfilter im Kanalmonitor

Wenn Sie hier keinen Filter setzen, werden im Standard alle Kommunikationskanäle von allen Adapter-Engines angezeigt und können auf einen Blick überwacht werden (siehe Abbildung 6.35). Neben dem Aktivierungs- und Prozessierungsstatus können auch Kurzprotokollinformationen im Fall eines Fehlers angezeigt werden. Zusätzlich können Kommunikationskanäle getestet, gestartet oder gestoppt werden. Klicken Sie dazu auf den Button Verwalten. Über den Button Anlegen können Sie – wie schon im Komponentenmonitor – eine Benachrichtigung oder ein Incident-Ticket anlegen.

In der Situation, die in Abbildung 6.35 dargestellt ist, liegt offenbar ein schwerwiegendes Problem vor, da für viele überwachte Kanäle ein roter Status angezeigt wird. Mit einem Klick auf den Button NAVIGIEREN ZU können Sie die entsprechenden Analysewerkzeuge aufrufen, um die Fehleranalyse zu starten.

Indem Sie eine Zeile markieren, können Sie auf dem Karteireiter KANALDETAILS Informationen zum ausgewählten Fehler erhalten. In Abbildung 6.35 sehen Sie die Detailinformationen zum Kanal CC_FILE_SENDERPROSCHE.

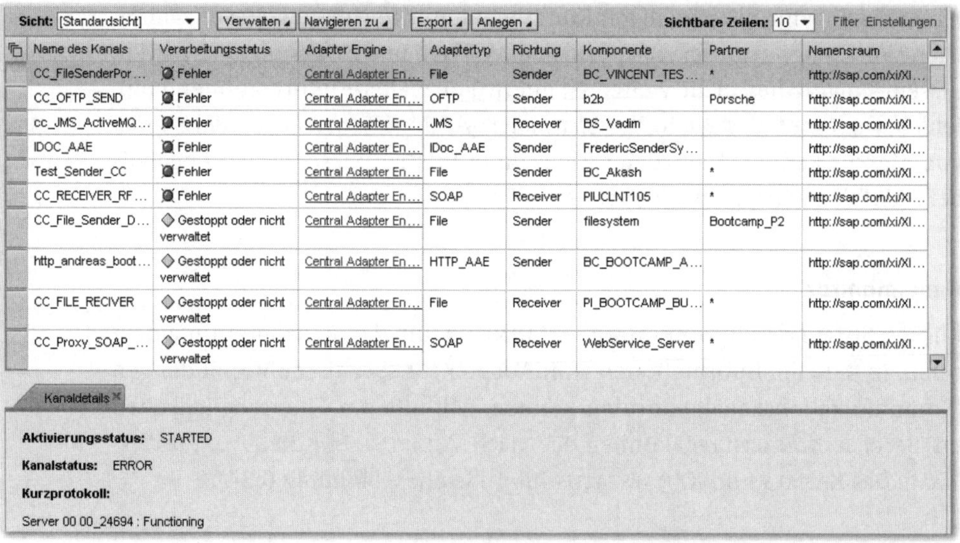

Abbildung 6.35 Kanalübersicht und Kanaldetails im Kanalmonitor

Meldungsmonitor

Der Meldungsmonitor bietet Ihnen eine zusammenfassende Darstellung von Informationen zur Nachrichtenverarbeitung. Sie können ihn über den gleichnamigen Button MELDUNGSMONITOR aufrufen. Die Informationen werden auf den drei Karteireitern FEHLERMONITOR, RÜCKSTANDS-MONITOR und NACHRICHTENFLUSSMONITOR grafisch aufbereitet dargestellt. Ab Support Package 08 wird der NACHRICHTENFLUSSMONITOR in MELDUNGSÜBERSICHTS-MONITOR umbenannt.

Für alle Monitore sind verschiedene Filter vorhanden. Diese können optional erweitert und abgespeichert werden und dienen Ihnen zu einer vereinfachten und beschleunigten Suche. Im Folgenden werden wir Ihnen die einzelnen Monitore kurz vorstellen.

Fehlermonitor

Betrachten wir zunächst den Fehlermonitor, wie er in Abbildung 6.36 dargestellt wird.

Im Fehlermonitor stehen zwei verschiedene Sichten zur Verfügung. Über das Feld ANZEIGEN NACH können Sie zwischen der KOMPONENTEN-Sicht und der STATUS-Sicht wählen. In Abbildung 6.36 ist die Sicht KOMPONENTEN ausgewählt.

Je Laufzeitkomponente werden hier die Nachrichten angezeigt, die einem Fehlerstatus zugeordnet sind. In Abbildung 6.36 sind dies 13 Meldungen in der Spalte MELDUNGSZÄHLUNG. Auf der rechten Seite des Fehlermonitors wird ein Trenddiagramm angezeigt. Mithilfe der Radiobuttons können Sie auswählen, ob die Werte der letzten sieben Tage oder die Werte der letzten 24 Stunden angezeigt werden sollen. In unserem Beispiel geht der Trend der Meldungsanzahl eindeutig in die Höhe.

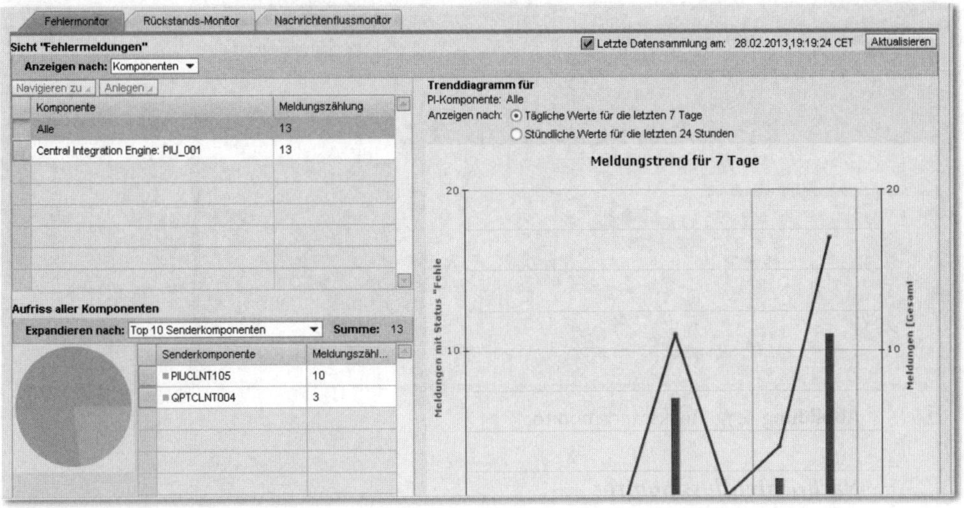

Abbildung 6.36 Fehlermonitor

Im Feld EXPANDIEREN NACH im unteren Bereich AUFRISS ALLER KOMPONENTEN können Sie verschiedene Top-10-Ansichten anzeigen lassen. In unserem Beispiel in Abbildung 6.36 haben wir die Option TOP 10 SENDERKOMPONENTEN ausgewählt. Wie Sie sehen, entfallen zehn Meldungen auf das System PIU im Mandanten 105 (`PIUCLNT105`) und drei Meldungen auf das System QPT im Mandanten 004 (`QPTCLNT004`).

In der Sicht STATUS werden die fehlgeschlagenen Nachrichten der unterschiedlichen Fehlerstatusmeldungen für ein bestimmtes Zeitfenster aufgeschlüsselt. Auch hier können Sie verschiedene Top-10-Ansichten aufrufen.

Rückstandsmonitor

In Abbildung 6.37 sehen Sie den Rückstandsmonitor. Dieser Monitor ist in der Informationsaufbereitung im Prinzip identisch mit dem Fehlermonitor. Es werden jedoch nur Nachrichten angezeigt, die noch keinen finalen Status besitzen und somit erst noch verarbeitet werden müssen. Ein finaler Status bedeutet entweder eine erfolgreiche bzw. eine abgebrochene Verarbeitung. Der Rückstandsmonitor zeigt Ihnen somit Meldungen an, die den Status GEPLANT haben.

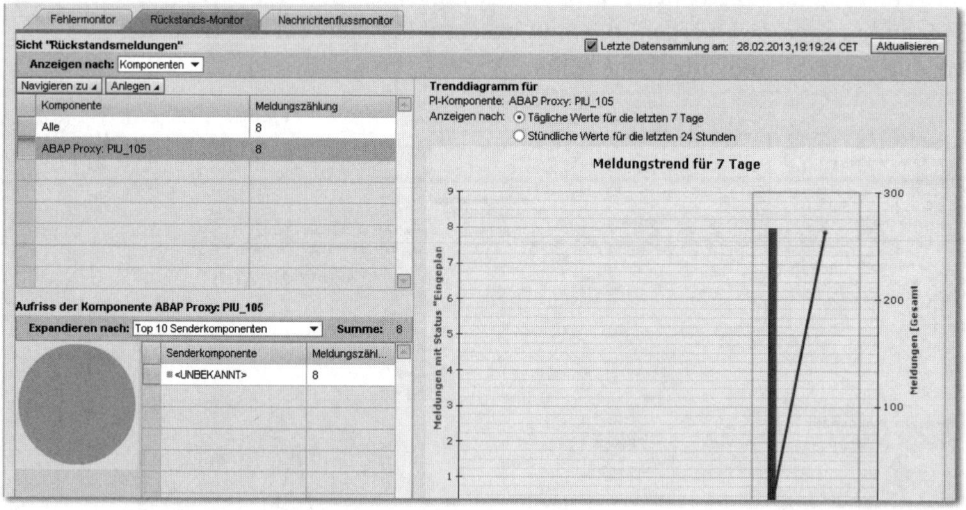

Abbildung 6.37 Rückstandsmonitor

Nachrichtenflussmonitor

Der Nachrichtenflussmonitor ist der dritte Monitor aus der Gruppe der Meldungsmonitore. Dieser Monitor erfasst alle Nachrichtenstatus und kann laufzeitkomponentenübergreifend genutzt werden. In Abbildung 6.38 sehen Sie die Spalte WEITERGELEITET. Das bedeutet, dass die Meldung noch keinen finalen Status hat, aber eine Verarbeitung auf einzelnen PI-Komponenten erfolgreich war. Mit dem Button VERWALTEN können Sie PI-Meldungen, die einen Fehlerstatus aufweisen, erneut starten.

Ebenfalls kann über den Button TREND ANZEIGEN eine grafische Darstellung der Nachrichtenprozessierung dargestellt werden.

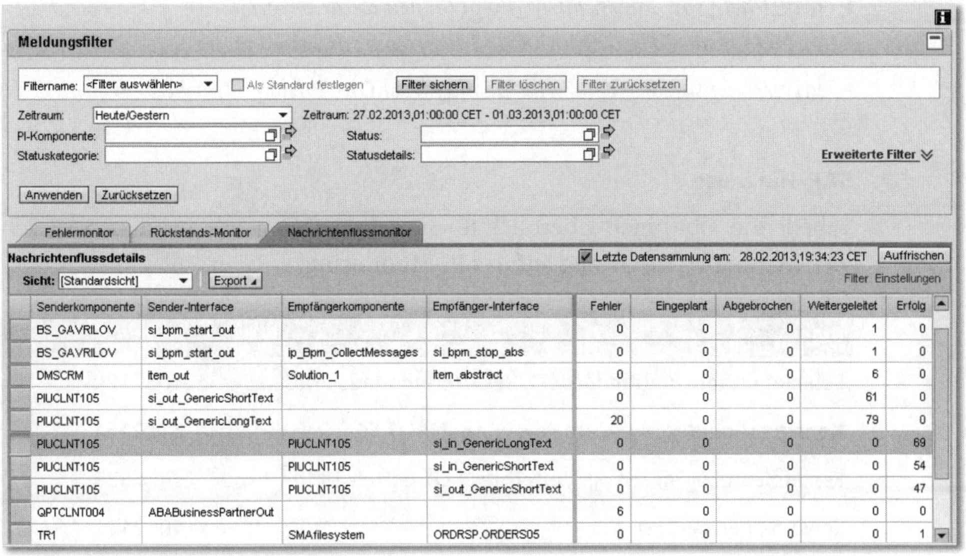

Abbildung 6.38 Nachrichtenflussmonitor

6.2.4 Nachrichtensuche

Bereits mit SAP Solution Manager 7.1 SP2 und SAP NetWeaver PI 7.3 EHP1 wurde die zentrale Nachrichtensuche zur Verfügung gestellt. Diese praktische Funktionalität bietet Ihnen Werkzeuge, um Nachrichten inhaltsbezogen, laufzeitkomponentenunabhängig und in Archiven zu suchen. Die Nachrichtensuche können Sie mit einem Klick auf den Button MELDUNGSSUCHE aufrufen. Sie können nun Selektionskriterien eingeben oder mithilfe von Platzhaltern die Meldungen der PI-Komponenten anzeigen lassen. Wie aus allen Monitoren können hierzu Folgeaktivitäten angelegt und die Resultate für ein Reporting nach Microsoft Excel exportiert werden.

Sie haben nun die Möglichkeiten des zentralen PI-Monitorings kennengelernt. Bevor wir Ihnen zeigen, wie Sie das End-User-Experience-Monitoring konfigurieren und verwenden, finden Sie im nächsten Abschnitt einige nützliche SAP-Hinweise und Links zu weiterführenden Informationen.

6.2.5 Weitere Dokumentationen

Links

- Wiki für technische Informationen:
  http//wiki.sdn.sap.com/wiki/display/TechOps/techAdm_Home
- *http://help.sap.com/saphelp_nwpi71/helpdata/de/45/4a167edf6008d1e10000000a11466f/content.htm*

- *http://help.sap.com/saphelp_nwpi71/helpdata/de/45/4a167edf6008d1e10000000a11466f/content.htm*
- *http://wiki.sdn.sap.com/wiki/display/TechOps/PiMon_Overview*

SAP-Hinweise

Tabelle 6.2 gibt einen Überblick über wichtige Hinweise aus dem SAP Service Marketplace in Bezug auf das PI-Monitoring.

Inhalt	Hinweis
Fehlende Konfiguration für JCO/RFC-Verbindungen des SLDs	1057720
Konfiguration des RFC-Gateways für den SLD Supplier	1172161
Fehler beim Zugriff auf ein entferntes SLD mittels RFC	1476839
Servernamen im SLD	1052122
SLD-Konfiguration von PI-SLD	1631346

Tabelle 6.2 Hinweise zur Konfiguration des PI-Monitorings

6.3 End-User-Experience-Monitoring

Im Allgemeinen beschreibt der Begriff *End-User-Experience-Monitoring* (EEMon) ein Verfahren, das Aufschluss über die durch den Endanwender wahrgenommene Verfügbarkeit und Leistungsfähigkeit (Performance) eines bestimmten IT-Systems gibt.

6.3.1 Konzept des End-User-Experience-Monitorings

Während die Daten beim System-Monitoring (siehe Abschnitt 5.5.1, »System-Monitoring – Monitoring UI«) nah an dem zu überwachenden IT-System gesammelt werden, um den tatsächlichen Zustand eines IT-Systems zu jedem Zeitpunkt exakt zu beschreiben, werden die Daten im EEMon hingegen möglichst in der Nähe der Endanwender eines IT-Systems gesammelt. Dieser Perspektivwechsel ermöglicht es, nicht nur das zu überwachende IT-System zu betrachten, sondern zusätzlich auch alle technischen Komponenten in das Monitoring einzubeziehen, die auf dem Weg vom Endanwender zu diesem IT-System genutzt werden.

Im Gegensatz zu diversen anderen EEMon-Lösungen, die direkt die Interaktion des Endanwenders mit einem IT-System überwachen, werden beim SAP

EEMon die Aktivitäten des Endanwenders auf dem IT-System simuliert, indem regelmäßig Skripte ausgeführt werden. Der Vorteil dieses Ansatzes ist, dass Ihre IT-Systeme selbst dann überwacht werden, wenn kein Endanwender arbeitet. Im Gegensatz zu Ihren Endanwendern schläft das EEMon nie und kann somit Störungen auch zu Zeiten identifizieren, zu denen Ihre Endanwender nicht auf dem IT-System arbeiten. Dies ermöglicht es Ihnen, frühzeitig zu reagieren und die Störung zu beseitigen, bevor Ihre Endanwender auf dem System arbeiten möchten. Ein weiterer Vorteil dieses Ansatzes ist der Schutz der Privatsphäre Ihrer Endanwender, da diese nicht befürchten müssen, dass Ihre Aktivitäten durch das EEMon »überwacht« werden.

Das EEMon soll Ihr bestehendes System-Monitoring nicht ersetzen, sondern sinnvoll ergänzen. Es soll Ihnen einen zusätzlichen Mehrwert bieten, indem es den Fokus Ihres System-Monitorings in Richtung Ihrer Endanwender erweitert, um auch solche Störungen zu identifizieren, die Ihre bestehende Monitoring-Infrastruktur nicht erkennen kann. Das EEMon versetzt Sie somit in die Lage, Verfügbarkeit und Performance Ihrer IT-Systeme automatisiert von beliebigen Unternehmensstandorten aus zu überwachen (siehe Abbildung 6.39).

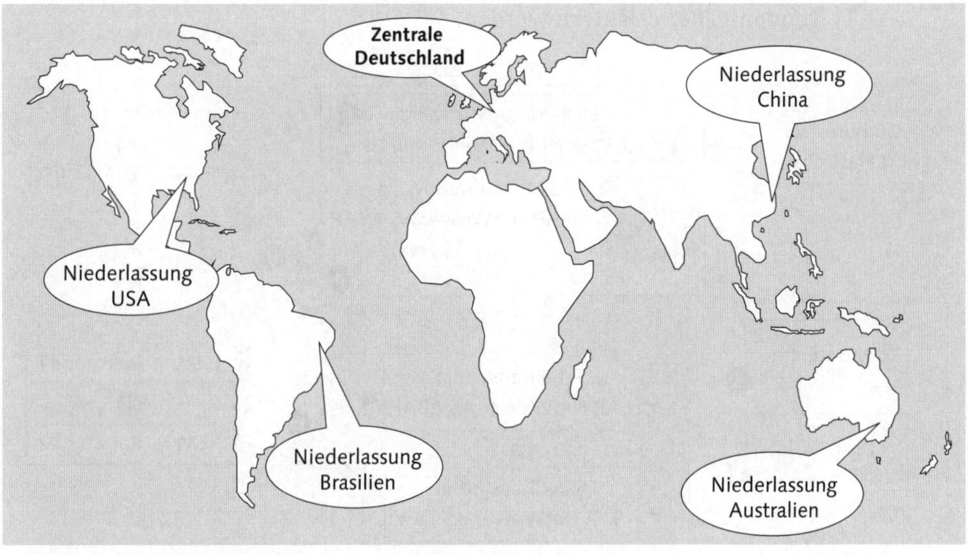

Abbildung 6.39 Globales Monitoring von IT-Systemen

Des Weiteren unterstützt Sie das EEMon dabei, die Ursache einer Störung zu identifizieren, indem es eine Integration in die End-to-End-Trace-Analyse (siehe Abschnitt 4.5, »End-to-End-Methodik: Trace-Analyse«) bereitstellt, mit der Sie bei Bedarf detaillierte Performanceauswertungen eines IT-Systems erstellen können. Dadurch kann die Ursache einer Störung und damit auch die für die Fehlerbehebung verantwortliche IT-Abteilung schnell identifiziert werden. Situationen, in denen sich niemand für eine bestimmte Störung verantwortlich fühlt, solange diese nicht genau klassifiziert ist, können dadurch vermieden werden.

Eine weitere Motivation, EEMon einzusetzen, ist die damit verbundene Möglichkeit, Service Level Agreements (SLA) aus Endanwenderperspektive zu definieren und deren Einhaltung zu überwachen und zu dokumentieren. Zu guter Letzt bietet EEMon natürlich auch die vom SAP Solution Manager gewohnten Auswertungsmöglichkeiten (z.B. Management Dashboards oder Interactive Reporting etc.), die Ihnen dabei helfen, Trends frühzeitig zu erkennen und entsprechend darauf zu reagieren.

6.3.2 Technische Infrastruktur

Um die Funktionsweise des EEMons zu verstehen, sollten Sie sich mit der technischen Infrastruktur des EEMons vertraut machen. Abbildung 6.40 stellt eine grobe Übersicht dieser technischen Infrastruktur dar, die wir im Folgenden näher erläutern werden.

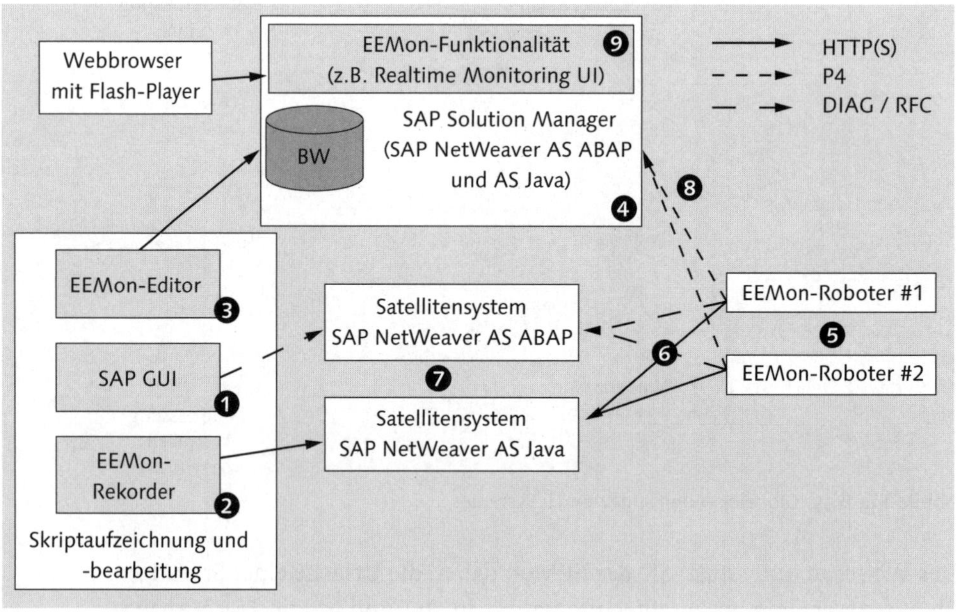

Abbildung 6.40 Technische Infrastruktur des EEMons

Das zentrale Element des EEMons sind die EEMon-Skripte. Sie enthalten alle notwendigen Informationen zur Simulation einer typischen Aktivität eines Endanwenders auf einem bestimmten IT-System. Neben SAP GUI-Skripten für ABAP-basierte Systeme, die vom SAP GUI (siehe ❶ in Abbildung 6.40) aufgezeichnet werden können, gibt es auch HTTP-Skripte, die mithilfe eines speziellen Programms erstellt werden, dem EEMon-Rekorder ❷. Nach der Aufzeichnung werden die Skripte mithilfe des EEMon-Editors ❸ bearbeitet und getestet. Diese drei Programme werden in Abschnitt 6.3.4, »Erstellung von EEMon-Skripten«, detaillierter beschrieben.

Kern der technischen Infrastruktur des EEMon-Szenarios ist der SAP Solution Manager ❹. Im SAP Solution Manager wird die EEMon-Funktionalität konfiguriert und administriert und EEMon-Skripte sowie Verfügbarkeits- und Performeancedaten gespeichert. Außerdem stellt der SAP Solution Manager die grafische Oberfläche zur Auswertung sowie diverse Funktionalitäten zur Weiterverarbeitung der gesammelten Daten bereit.

Die EEMon-Skripte werden auf den Solution Manager übertragen und von dort an die angebundenen EEMon-Roboter ❺ verteilt. Ein EEMon-Roboter ist aus technischer Sicht nichts anderes als der aus der Ursachenanalyse und dem technischen Monitoring bekannte Diagnostics Agent (siehe Abschnitt 2.2.2, »Diagnostics Agent«). Während der Diagnostics Agent jedoch auf dem Server des zu überwachenden IT-Systems läuft, installiert man EEMon-Roboter typischerweise auf Client-PCs im Büro der Endanwender an verschiedenen Orten (wie beispielsweise Niederlassungen). Jeder dieser EEMon-Roboter führt regelmäßig automatisiert eines oder mehrere EEMon-Skripte aus ❻ und sammelt, basierend auf den Skriptschritten, die gewünschten Daten bezüglich Verfügbarkeit und Leistungsfähigkeit der zu überwachenden IT-Systeme ❼.

Die während der Ausführung des Skripts gesammelten Daten werden anschließend vom EEMon-Roboter an den SAP Solution Manager gesendet ❽ und dort verarbeitet.

Je nach Konfiguration der EEMon-Funktionalität ist es nun beispielsweise möglich, bei einer auftretenden Störung automatisch Benachrichtigungen per E-Mail oder SMS zu versenden oder eine Störungsmeldung (Incident) zu erzeugen. Zudem können die Mitarbeiter der IT-Abteilung die grafische Oberfläche (Realtime Monitoring UI) nutzen, um jederzeit den Zustand aller überwachten IT-Systeme zu überprüfen ❾.

Die dauerhafte Speicherung der EEMon-Daten geschieht im Business Warehouse des SAP Solution Managers. Auf der Basis dieser Daten können bei Bedarf verschiedene Auswertungen generiert werden. Die unterschiedlichen Nutzungsmöglichkeiten des EEMon-Szenarios werden ausführlicher in Abschnitt 6.3.5, »Verwendung des End-User-Experience-Monitorings«, beschrieben.

6.3.3 Konfiguration des End-User-Experience-Monitorings

Bevor Sie mit der Einrichtung des SAP EEMon beginnen, sollten Sie ein Monitoring-Konzept erarbeiten. Darin definieren Sie, welche Endanwenderaktivitäten überwacht werden sollen, welche IT-Systeme involviert sind und wo sich die entsprechenden Endanwender geografisch befinden. Des Weiteren sollten Sie festlegen, welche Situationen als Störung behandelt werden und wie der SAP Solution Manager als überwachendes System auf Störungen reagieren soll (siehe dazu auch Abschnitt 5.5.2 »Alert-Eingang«).

Sie sollten außerdem sicherstellen, dass der zu konfigurierende SAP Solution Manager die folgenden Voraussetzungen erfüllt:

- Systemvorbereitung erfolgreich abgeschlossen
- Basiskonfiguration erfolgreich abgeschlossen
- Alle Satellitensysteme, die per EEMon überwacht werden sollen, sind vollständig an den SAP Solution Manager angeschlossen (siehe Abschnitt 2.5.4, »Konfiguration der verwalteten Systeme«).
- Sollten Sie die Service-Desk-Integration nutzen wollen, um bei auftretenden Problemen automatisch Störungsmeldungen zu erzeugen, muss auch das ITSM-Szenario eingerichtet sein. Eine umfangreiche und detaillierte Konfigurationsanleitung hierzu finden Sie in dem Buch *IT-Service-Management mit dem SAP Solution Manager* von Matthias Friedrich und Torsten Sternberg, das ebenfalls bei SAP PRESS (2013) erschienen ist.

Zusätzlich zu den eventuell bereits für die Ursachenanalyse und das technische Monitoring genutzten Diagnostics Agenten sollten Sie nun einen oder mehrere EEMon-Roboter auf Computern im Netzwerk der Endanwender installieren und mit dem SAP Solution Manager verbinden. Dabei sollten Sie die neueste Version des Diagnostics Agenten installieren (zur Zeit der Drucklegung dieses Buches 7.30 SP02). Um zu überprüfen, ob der EEMon-Roboter mit dem SAP Solution Manager verbunden ist, können Sie die Agentenadministration nutzen. Für die Ausführung von SAP GUI-Skripten nutzt der EEMon-Roboter das SAP GUI. Deshalb ist es zwingend notwendig, dass ein

SAP GUI lokal auf dem Host des EEMon-Roboters installiert ist. Dies wiederum impliziert, dass der EEMon-Roboter auf einem Microsoft Windows-Host installiert werden muss. Sie sollten außerdem darauf achten, neue SAP GUI-Versionen vor der Installation auf Kompatibilität bezüglich der Ausführung Ihrer EEMon-Skripte hin zu überprüfen.

Um sicherzustellen, dass Ihr EEMon fehlerfrei funktioniert, sollten Sie die neueste Version des EEMon-Korrekturhinweises einspielen. Die Hinweisnummer variiert je nach Releasestand Ihres SAP Solution Managers.

Haben Sie alle Voraussetzungen erfüllt, rufen Sie das Work Center Konfiguration des SAP Solution Managers auf (Transaktion SOLMAN_SETUP). Klicken Sie im Navigationsbereich auf Technisches Monitoring, und wählen Sie aus der Auswahl auf der linken Seite den Radiobutton End-User-Experience aus. Die einzelnen Schritte der EEMon-Konfiguration stellen wir Ihnen im Folgenden kurz vor:

1. **Übersicht**
   Dieser Schritt enthält selbst keine Konfigurationsoptionen, sondern gibt lediglich einen kurzen Überblick über den Status der EEMon-Infrastrukturkonfiguration.
2. **Infrastruktur konfigurieren**
   Dieser umfangreiche Schritt enthält die initiale Konfiguration des EEMon-Szenarios. Er umfasst wiederum mehrere Teilschritte, um die bereits beschriebene technische Infrastruktur einzurichten. Unter anderem sind dies die folgenden Teilschritte:
   - Überprüfung der technischen Voraussetzungen für die Einrichtung des EEMons
   - Definition globaler Einstellungen, zum Beispiel bezüglich der internen Kommunikation zwischen AS ABAP- und AS Java-Stack oder der Speicherung und Reorganisation der gesammelten EEMon-Daten im Business Warehouse des SAP Solution Managers
   - Konfiguration der EEMon-Roboter
   - Einrichtung verschiedener Arbeitsmodi für das EEMon-Szenario (siehe Abschnitt »Arbeitsmoduseinstellungen« in Abschnitt 5.4.2).
3. **Skriptverwaltung**
   In diesem Schritt aktivieren Sie das EEMon. Dazu erstellen Sie zuerst ein technisches Szenario, das heißt eine Menge von Systemen, die für die Ausführung der aufgezeichneten Endanwenderaktivität notwendig sind. Danach weisen Sie Ihrem EEMon-Skript das entsprechende technische Sze-

nario zu. Abschließend verteilen Sie die EEMon-Skripte auf Ihre EEMon-Roboter, die sofort mit der Ausführung der Skripte beginnen.

4. **Monitoring**
   Dieser Schritt bietet vielfältige Möglichkeiten, um die Konfiguration des EEMon-Szenarios sehr granular und auf verschiedenen Ebenen (zum Beispiel pro EEMon-Skript oder pro EEMon-Roboter) temporär oder dauerhaft zu verändern. Beispielsweise können Sie in diesem Schritt festlegen, in welchem Intervall ein EEMon-Skript ausgeführt werden soll.
5. **Alerting**
   Hier können Sie die Integration in den Alert-Eingang aktivieren und Schwellenwerte für die Erzeugung von Alerts definieren, auf deren Basis sich wiederum E-Mails oder SMS versenden oder aber auch Störungsmeldungen generieren lassen.
6. **Auswertungen**
   Dieser Schritt umfasst die Konfigurationsoptionen für die SLA-Auswertungen. Sie legen die Berechnungsmethode fest und verändern bei Bedarf die Schwellenwerte, die den SLA-Auswertungen zugrunde liegen.
7. **Standardbenutze**r
   In diesem optionalen Konfigurationsschritt können Sie Benutzer für die Administration und Nutzung des EEMon-Szenarios auf dem SAP Solution Manager anlegen. Dabei werden diesen Benutzern automatisch die notwendigen Berechtigungen zugewiesen.
8. **Fertigstellen**
   Der letzte Schritt enthält keine weiteren Konfigurationsoptionen, sondern lediglich einige Absprungpunkte, zum Beispiel zum Work Center TECHNISCHES MONITORING, von wo aus Sie wiederum zur grafischen Oberfläche des EEMons, dem Realtime Monitoring UI (siehe Abschnitt 6.3.5, »Verwendung des End-User-Experience-Monitorings«), navigieren können.

6.3.4 Erstellung von EEMon-Skripten

Neben der technischen Infrastruktur sind die EEMon-Skripte das wichtigste Element des EEMon-Szenarios. Nach der initialen Aufzeichnung mithilfe des SAP GUI bzw. des EEMon-Rekorders werden sie mit dem EEMon-Editor bearbeitet und anschließend auf den SAP Solution Manager übertragen. Während der Konfiguration des EEMon-Szenarios (siehe Abschnitt 6.3.3, »Konfiguration des End-User-Experience-Monitorings«) werden die Skripte auf die EEMon-Roboter verteilt, die sofort mit der regelmäßigen Ausführung der Skripte beginnen und Daten zu Verfügbarkeit und Performance der zu überwachenden Satellitensysteme sammeln.

Bevor Sie mit der Erstellung der EEMon-Skripte beginnen, sollten Sie sich überlegen, welche typische Aktivität Ihrer Endanwender Sie überwachen möchten. Folgende Fragen können Ihnen dabei helfen:

- Sind bestimmte Anwendungen für Endanwender zeitweise nicht verfügbar?
- Beklagen sich Ihre Endanwender über Performanceprobleme bei der Verwendung bestimmter Applikationen?
- Gibt es zeitweise Probleme bei der Anmeldung an einem IT-System oder bei der Ausführung einer bestimmten Transaktion/Funktion innerhalb eines IT-Systems?

Zumeist haben Unternehmen, die sich für die Einführung von EEMon entscheiden, bereits konkrete Anwendungsszenarien identifiziert, die sie mit den bereits existierenden Monitoring-Lösungen nicht abdecken können. Als weitere vorbereitende Maßnahme sollten Sie sicherstellen, dass Sie auf dem zu überwachenden IT-System über einen Benutzer mit den für die Ausführung des Szenarios benötigten Berechtigungen verfügen. Um eine stabiles Monitoring zu gewährleisten, empfehlen wir Ihnen, für die Aufzeichnung und Ausführung des Skripts einen dedizierten Benutzer auf dem IT-System anzulegen, anstatt den Benutzer einer Ihrer Endanwender zu »missbrauchen«.

Als Nächstes sollten Sie die für die Erstellung und Bearbeitung von EEMon-Skripten notwendigen Programme beschaffen und sich mit ihrer Bedienung vertraut machen. Allgemeine Informationen bezüglich etwaiger Einschränkungen, denen EEMon-Skripte unterliegen, finden Sie in SAP-Hinweis 1357045 sowie im EEMon-Wiki, einer von SAP bereitgestellten Wissensdatenbank rund um EEMon. Das EEMon-Wiki können Sie unter der Adresse *http://wiki.sdn.sap.com/wiki/display/EEM/Home* erreichen.

SAP GUI-Skript aufzeichnen

Um ein SAP GUI-Skript zu erstellen, benötigen Sie keinerlei zusätzliche Software. Die zum Aufzeichnen des Skripts benötigte Funktionalität ist bereits Teil des SAP GUI. Um diese Aufzeichnungsfunktionalität zu aktivieren, müssen Sie jedoch auf dem SAP-System, das Sie zum Erstellen des Skripts nutzen möchten, den Profilparameter `sapgui/user_scripting` aktivieren, indem Sie diesen auf `true` setzen. Weitere Informationen hierzu finden Sie in SAP-Hinweis 480149.

Sobald dieser Profilparameter aktiv ist, können Sie über das Menü LOKALES LAYOUT ANPASSEN • SKRIPT-AUFZEICHNUNG UND -PLAYBACK den SAP GUI-Scripting-Dialog aufrufen, den Sie in Abbildung 6.41 sehen.

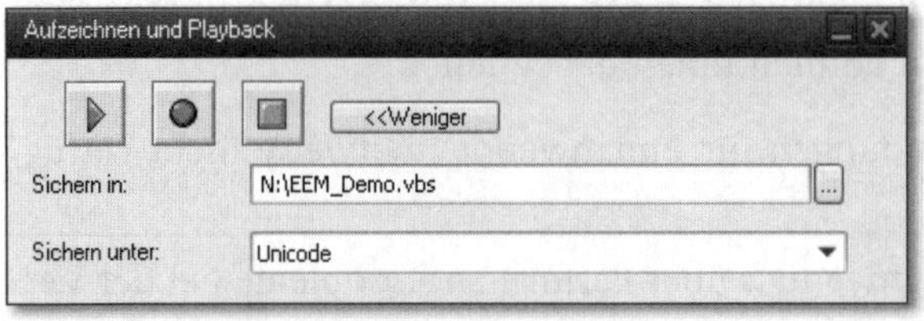

Abbildung 6.41 SAP GUI-Scripting-Dialog

Mit diesem Hilfsprogramm können Sie nun jede Interaktion des Benutzers mit dem SAP-System (zum Beispiel Aufruf von Transaktionen, Ausfüllen von Selektionsmasken, Klicks auf Buttons) aufzeichnen. Dabei wird jeweils beim Aufruf einer neuen Maske bzw. nach jedem Klick ein neuer Schritt im Skript angelegt. Zeichnen Sie nun die gewünschte Aktivität im SAP-System auf. Das Ergebnis dieser Aufzeichnung ist ein Visual-Basic-Skript, das lokal gespeichert wird und anschließend im EEMon-Editor weiterbearbeitet werden kann (siehe Abschnitt »Skriptbearbeitung mit dem EEMon-Editor« weiter unten). Spezifische Einschränkungen, die für die Erstellung von SAP GUI-Skripten gelten, können Sie in SAP-Hinweis 587202 nachlesen.

HTTP-Skript aufzeichnen

Für die Aufzeichnung von HTTP-Skripten benötigen Sie den EEMon-Rekorder. Dieses Programm zeichnet die Kommunikation zwischen dem Microsoft Internet Explorer und dem entfernten Webserver auf und generiert daraus eine XML-Datei. Der EEMon-Rekorder ist im Grunde das aus der Ursachenanalyse bekannte SAP Client Plug-In (siehe Abschnitt 4.5.2, »Verwendung der End-to-End-Trace-Analyse«), das für das EEMon-Szenario nur geringfügig modifiziert wurde. Allgemeine Informationen zu diesem Programm, unterstützte Browser- und Betriebssystemversionen sowie bekannte Probleme und deren Behebung finden Sie in SAP-Hinweis 1435190. Im Anhang des Hinweises finden Sie auch die neueste Version des EEMon-Rekorders.

Um den Datenverkehr mitzuschneiden, muss sich der EEMon-Rekorder zwischen Ihren Browser und den entfernten Webserver schalten. Schließen Sie deshalb alle offenen Browser-Fenster, und starten Sie den EEMon-Rekorder (siehe Abbildung 6.42). Aus diesem heraus können Sie nun eine neue Browser-Sitzung starten. In dem neu geöffneten Browser-Fenster führen Sie jetzt die aufzuzeichnende Aktivität aus.

Um Ihrem Skript eine gewisse Struktur zu geben, empfehlen wir Ihnen, nach jedem Schritt (zum Beispiel vor jedem Klick) im System einen neuen Skriptschritt zu definieren. Dies können Sie jederzeit per Klick auf den Button NEW STEP des EEMon-Rekorders erreichen. Sie können die Aufzeichnung des Skripts jederzeit mit einem Klick auf den Button STOP TRANSACTION beenden. Das Ergebnis dieser Aufzeichnung ist eine XML-Datei, die Sie im Anschluss mithilfe des EEMon-Editors weiterbearbeiten können (siehe Abschnitt »Skriptbearbeitung mit dem EEMon-Editor« weiter unten).

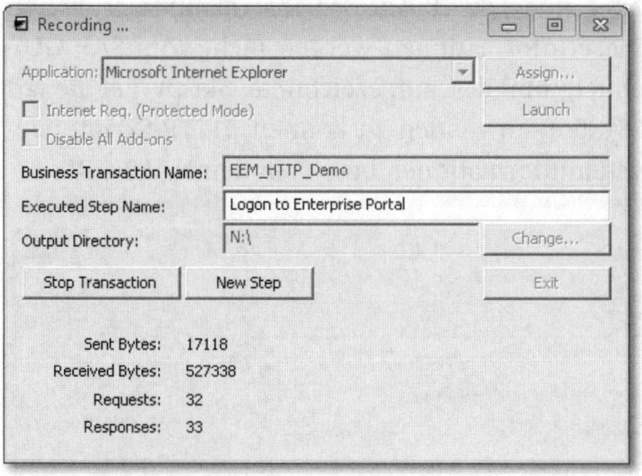

Abbildung 6.42 SAP EEMon-Rekorder

Prinzipiell ist der EEMon-Rekorder in der Lage, jegliche HTTP(S)-Kommunikation aufzuzeichnen. Somit können Sie nicht nur HTTP-Skripte für SAP-Systeme erstellen, sondern auch für alle anderen Webserver. Die dafür geltenden Restriktionen finden Sie in SAP-Hinweis 1357045.

Skriptbearbeitung mit dem EEMon-Editor

Der EEMon-Editor ist ein Werkzeug, das speziell für die Konfiguration und Bearbeitung von EEMon-Skripten von SAP bereitgestellt wird. Er basiert auf der weitverbreiteten Entwicklungsumgebung Eclipse und stellt diverse Funktionen zur Modifikation und Erweiterung von EEMon-Skripten bereit. Den EEMon-Editor können Sie im dritten Schritt der EEMon-Konfiguration direkt von Ihrem SAP Solution Manager herunterladen (siehe Abschnitt 6.3.3, »Konfiguration des End-User-Experience-Monitorings«). Um jedoch von aktuellen Funktionserweiterungen zu profitieren, empfehlen wir Ihnen, die neueste Version des EEMon-Editors aus dem EEMon-Wiki herunterladen.

Nach dem Start des EEMon-Editors müssen Sie zuerst ein Projekt anlegen. Danach können Sie die zuvor mithilfe des SAP GUI bzw. des EEMon-Rekorders erstellten Visual-Basic- bzw. XML-Dateien in den EEMon-Editor importieren. Abbildung 6.43 zeigt exemplarisch die Oberfläche des EEMon-Editors bei der Bearbeitung eines SAP GUI-Skripts.

Um ein funktionstüchtiges SAP GUI-Skript zu erstellen, müssen Sie in der Skriptkonfiguration des EEMon-Editors unter Script • Script Configuration • Variables noch die Daten des SAP-Systems hinterlegen, auf dem das Skript ausgeführt werden soll (DNS-Name bzw. IP-Adresse, Instanznummer, Benutzername und Passwort). Diese Informationen werden nicht vom SAP GUI-Scripting-Dialog aufgezeichnet, um das aufgezeichnete Skript bei Bedarf auch auf ein anderes SAP-System anwenden zu können. HTTP-Skripte enthalten die notwendigen Systeminformationen bereits in den HTTP-URLs.

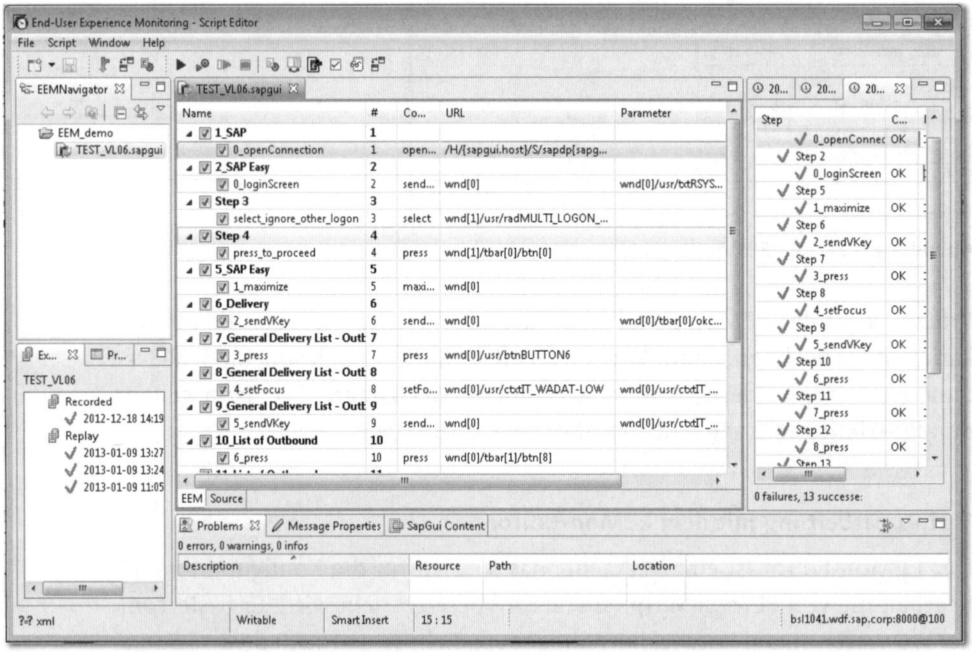

Abbildung 6.43 Oberfläche des EEMon-Editors

Sobald diese Informationen im Skript hinterlegt sind, sollten Sie das aufgezeichnete Skript einmal testweise ausführen. Bei der Ausführung von SAP GUI-Skripten im EEMon-Editor können Sie die Interaktion mit dem System live im SAP GUI verfolgen. Während der ersten Ausführung jedes Skripts werden aus den Antwortzeiten des Zielsystems die initialen Schwellenwerte für die Ausführung jedes Skriptschrittes kalkuliert. Diese Schwellenwerte werden verwendet, um während des Betriebs des EEMon-Szenarios die Performance des IT-Systems bzw. der aufgezeichneten Aktivität auf diesem IT-System zu kategorisieren. Natürlich können Sie diese intialen Schwellenwerte jederzeit über die EEMon-Konfigurationsprozedur anpassen.

Sie können Ihre Skripte mithilfe des EEMon-Editors aber durchaus noch weiter bearbeiten. Einige Modifikationen, die Sie mithilfe des EEMon-Editors vornehmen können, finden Sie in Tabelle 6.3.

Modifikation	Erläuterung
Umbenennung von Skriptschritten	Für die einfachere Identifikation einzelner Skriptschritte sollten diese aussagekräftige Namen tragen.
Parametrisierung (HTTP-Skripte)	Ersetzen dynamischer URL-Bestandeile (zum Beispiel Session-IDs) durch variable Platzhalter
Textchecks	Positiv-Negativ-Überprüfung auf das Vorhandensein bestimmter Textelemente hin
Statusbar-Check (SAP GUI-Skripte)	Überprüfung der Rückgabewerte in der Statusleiste

Tabelle 6.3 Einige Modifikationsoptionen des EEMon-Editors

Eine detaillierte Beschreibung aller Funktionen des EEMon-Editors finden Sie im Handbuch, das Teil des EEMon-Editor-Installationspakets ist und bei Problemen oder Fragen zum Editor zu Rate gezogen werden sollte.

Sobald das EEMon-Skript Ihren Vorstellungen entspricht, können Sie es in den Solution Manager übertragen. Dazu konfigurieren Sie im EEMon-Editor unter FILE • EDITOR CONFIGURATION • EDITOR • SOLUTION MANAGER CONNECTION die Verbindung zum SAP Solution Manager und übertragen das EEMon-Skript mit dem Kontextmenüeintrag EXPORT TO EEM ADMIN REPOSITORY. Alternativ können Sie Ihr EEMon-Skript auch aus dem EEMon-Editor exportieren und manuell über die Upload-Funktion im dritten Schritt der EEMon-Konfigurationsprozedur importieren (siehe Abschnitt 6.3.3, »Konfiguration des End-User-Experience-Monitorings«).

6.3.5 Verwendung des End-User-Experience-Monitorings

Sobald die initiale Einrichtung des SAP EEMons abgeschlossen ist und Sie im vierten Schritt der EEMon-Konfiguration mindestens ein Skript auf Ihre EEMon-Roboter verteilt haben (siehe Abschnitt 6.3.3, »Konfiguration des

End-User-Experience-Monitorings«), können die verschiedenen Funktionalitäten des EEMons genutzt werden. Um das EEMon-Szenario auch ohne selbst erstellte Skripte zu testen, können Sie das von SAP standardmäßig ausgelieferte EEMon-Selfcheck-Skript verwenden. Die einzelnen EEMon-Funktionalitäten stellen wir Ihnen im folgenden Abschnitt kurz vor.

EEMon Realtime Monitoring User Interface

Das EEMon Realtime Monitoring User Interface (UI) ist die primäre grafische Oberfläche für die Nutzung des EEMon-Szenarios. Da das EEMon Realtime Monitoring UI auf der Adobe-Flash-Plattform basiert, sollten Sie überprüfen, ob das Adobe-Flash-Plug-in in Ihrem Browser zur Verfügung steht.

Um die Applikation zu starten, klicken Sie im Work Center TECHNISCHES MONITORING auf END-USER-EXPERIENCE-MONITORING. Dort wählen Sie eines Ihrer technischen Szenarien aus und klicken auf den Button MONITORING, um das EEMon Realtime Monitoring UI aufzurufen. Sie werden schnell feststellen, dass das EEMon Realtime Monitoring UI leicht verständlich und intuitiv zu bedienen ist und umfangreiche Konfigurationsmöglichkeiten bietet. Die Ergebnisse der Ausführung eines jeden Skripts bzw. eines jeden Skriptschrittes werden auf dieser Oberfläche in verschiedenen Ansichten visualisiert. Dabei sind die einzelnen Ansichten nicht statisch, sondern haben einen interaktiven Charakter.

Die beiden folgenden Ansichten (Abbildung 6.44 und Abbildung 6.45) sollen an dieser Stelle nur exemplarisch die Visualisierungsmöglichkeiten das EEMon Realtime Monitoring UI aufzeigen.

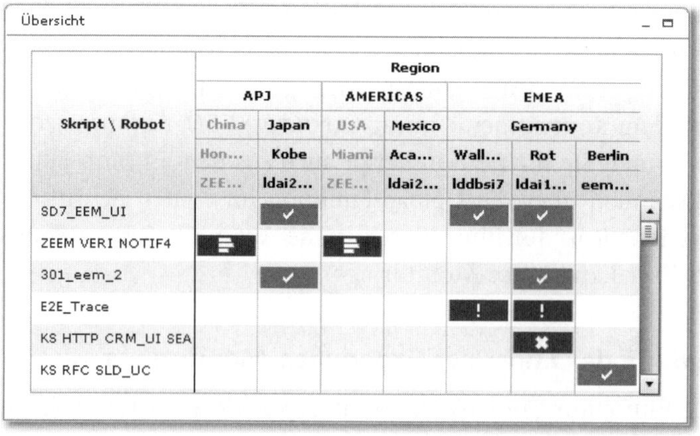

Abbildung 6.44 EEMon Realtime Monitoring UI – Ansicht »Übersicht«

In Abbildung 6.44 sehen Sie zum Beispiel die Ansicht ÜBERSICHT. Jedes der abgebildeten Skripte in Abbildung 6.44 führt eine konkrete Aktivität auf einem bestimmten IT-System aus. Drei der Skripte werden erfolgreich in der durch die Schwellenwerte vorgegebenen Zeit ausgeführt. Das bedeutet, dass in diesem Moment auch Ihre Endanwender in den verschiedenen Regionen diese Tätigkeiten auf dem entsprechenden IT-System erwartungsgemäß durchführen können. Drei Skripte können jedoch nicht im vorgegebenen Zeitrahmen bzw. gar nicht ausgeführt werden. Somit können auch Ihre Endanwender die entsprechenden Tätigkeiten derzeit nicht durchführen bzw. nehmen eine schlechte Systemperformance wahr. Mithilfe der in das EEMon integrierten End-to-End-Trace-Analyse könnten die Mitarbeiter der IT-Abteilung nun die Ursache des Problems ermitteln.

Mithilfe der Ansicht STATUS STATISTIK, die in Abbildung 6.45 gezeigt ist, können Sie sich schnell einen Überblick über Erreichbarkeit und Performance aller überwachten IT-Systeme und Prozessschritte einer bestimmten Region verschaffen, wohlgemerkt aus der Perspektive der Endanwender eben dieser IT-Systeme.

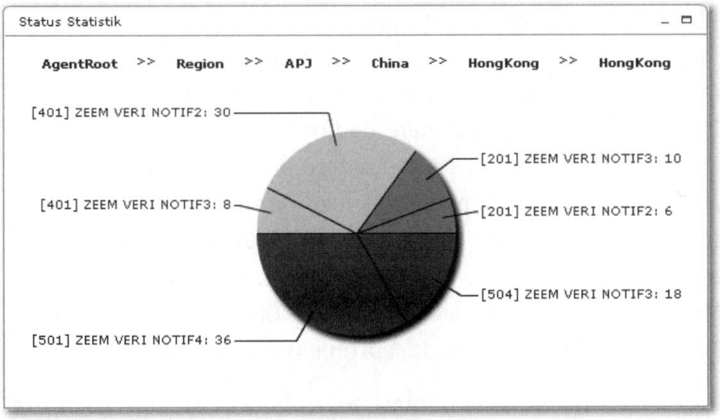

Abbildung 6.45 EEMon Realtime Monitoring UI – Ansicht »Status Statistik«

Integration in Alert-Eingang

Durch die Integration von EEMon in den Alert-Eingang der MAI können Sie sich über auftretende Probleme in den überwachten Systemen benachrichtigen lassen. Ist diese Alerting-Funktionalität eingerichtet, generiert das EEMon einen Alert im Alert-Eingang, sobald eine kritische Situation während der Ausführung eines Skripts auftritt.

Zum Beispiel könnten Sie sich alarmieren lassen, wenn die Ausführung eines Skriptschrittes, das heißt die Ausführung einer bestimmten Endanwendertätigkeit, ungewöhnlich lange dauert. Im Fall der Überschreitung des für diesen Skriptschritt hinterlegten Schwellenwerts generiert das SAP EEMon einen entsprechenden Alert im Alert-Eingang. Je nach Konfiguration kann dieser Alert nun – genau wie bei allen anderen Monitoring-Arten des SAP Solution Managers – als Benachrichtigung per E-Mail oder SMS an die zuständigen Systembetreuer versendet oder aber auch als Störungsmeldung an das ITSM weitergeleitet werden. In Abbildung 6.46 sehen Sie in der letzten Zeile einen EEMon-Alert im Alert-Eingang des SAP Solution Managers.

Alert-Name	Kategorie	Verwaltetes Objekt	Typ	Aktuell	Priorität	Schlechtester	Summe	Ändngen	Status
Propagierung von der Skriptausführung zum Skript		203_eem			Sehr hoch		1507	1	
Alert zu EEM-Skriptperformance in Crawler		301_eem_2~ldai1si7			Mittel		5	5	
Alert zu EEM-Skriptperformance in Crawler		301_eem_2~ldai2si7			Mittel		8	8	
Propagierung von der Skriptausführung zum Skript		CONFIG_SCOPE_HTTP_10			Sehr hoch		7096	1	
Propagierung von der Skriptausführung zum Skript		EEM Selfcheck Script			Hoch		2	1	

Abbildung 6.46 Alert-Eingang für EEMon-Alerts

Integration in End-to-End-Trace-Analyse

Um rasch die Ursache eines Performanceproblems identifizieren zu können, arbeitet das EEMon eng mit der End-to-End-Trace-Analyse zusammen, einem Werkzeug aus der Ursachenanalyse (siehe Abschnitt 4.5, »End-to-End-Methodik: Trace-Analyse«). Sie können dadurch vom EEMon Realtime Monitoring UI aus die End-to-End-Trace-Analyse für ein bestimmtes Skript aktivieren. Auf diese Weise werden zusätzlich zu den EEMon-Performancedaten der einzelnen Skriptschritte auch die Ausführungszeiten der Skriptschritte in den einzelnen Komponenten des IT-Systems (Applikationsserver, Datenbank, Netzwerk etc.) aufgezeichnet. Damit können Sie nun analysieren, welche Komponente das Performanceproblem verursacht.

Die End-to-End-Trace-Analyse funktioniert sogar über Systemgrenzen hinweg, was vor allem die Analyse von Performanceproblemen in komplexen Landschaften enorm vereinfacht. So können Sie beispielsweise ein Portalsystem überwachen, das zur Bearbeitung der Anfragen im Hintergrund wiederum auf ein HR-System zugreift.

EEMon-Auswertungen (Reporting)

Neben dem EEMon Realtime Monitoring UI existieren noch weitere Möglichkeiten, um die gesammelten EEMon-Daten darzustellen und auszuwerten. Während das EEMon Realtime Monitoring UI primär für die Auswertung von EEMon-Daten eines kurzen Zeitraums (Stunden bis wenige Tage) genutzt wird, werden SLA-Auswertungen und vor allem Szenarioberichte in der Regel genutzt, um die Daten eines längeren Zeitraumes (wenige Tage bis Jahre) auszuwerten. Diese beiden Auswertungsmöglichkeiten finden Sie im Work Center TECHNISCHES MONITORING im Bereich END-USER-EXPERIENCE-MONITORING. Wählen Sie ein Szenario und klicken Sie auf den entsprechenden Button, um sich entweder die SLA-Auswertung oder die Szenarioberichte anzeigen zu lassen.

In der SLA-Auswertung sehen Sie auf einen Blick die Verfügbarkeit und Performance eines bestimmten Szenarios im letzten Monat sowie den Trend gegenüber dem Vormonat. In Abbildung 6.47 sehen Sie beispielsweise, dass die Performance eines bestimmten Szenarios momentan noch im grünen Bereich des definierten Service Levels ist, tendenziell jedoch schlechter wird. Hier besteht also dringender Handlungsbedarf, um bestimmte SLAs nicht zu verletzen. Diese Auswertung soll der für ein bestimmtes System bzw. ein bestimmtes Szenario verantwortlichen Person einen schnellen Überblick über den Zustand der Systeme aus Anwenderperspektive geben. Außerdem kann anhand dieser Auswertung schnell überprüft werden, ob definierte Service Level Agreements eingehalten wurden und voraussichtlich auch in Zukunft eingehalten werden.

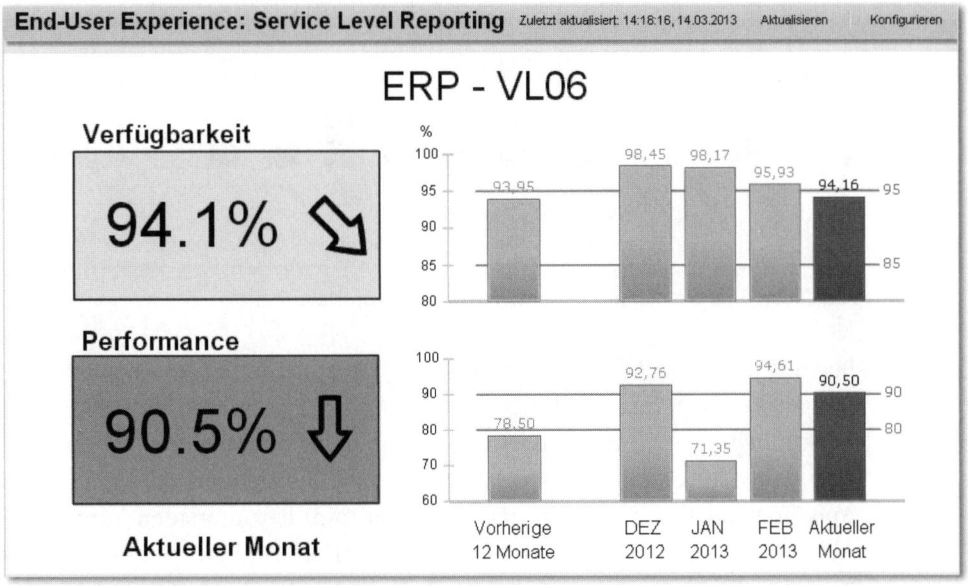

Abbildung 6.47 SLA-Auswertung basierend auf EEMon-Daten

Die SLA-Auswertung basiert auf den EEMon-Daten, die im Business Warehouse des SAP Solution Managers gespeichert werden, sowie auf Management Dashboards, die aus den anderen Bereichen bekannt sind. Die SLA-Auswertung können Sie einfach konfigurieren und bestimmte Szenarien ein- und ausblenden.

Szenarioberichte basieren ebenfalls auf den im Business Warehouse gespeicherten EEMon-Daten, bieten aber sehr viel detailliertere Auswertungsmöglichkeiten als die SLA-Auswertung. So können Sie sich detaillierte Performance- und Verfügbarkeitsdaten auf der Basis von Szenarien, Skripten, Robotern und sogar Skriptschritten anzeigen lassen. Dabei können Sie den auszuwertenden Zeitraum frei wählen. Zur Visualisierung der Daten wird die Interactive-Reporting-Technologie genutzt. Mithilfe der Szenarioberichte kann man sowohl langfristige Trends als auch regelmäßig wiederkehrende Phänomene identifizieren. Abbildung 6.48 zeigt exemplarisch die Ausführungszeiten des EEMon-Selfcheck-Skripts im Rahmen des Szenarioberichts.

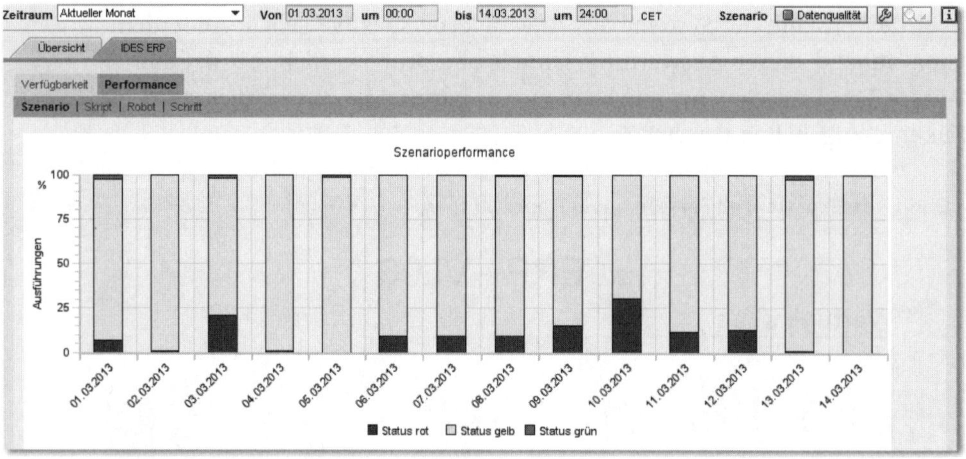

Abbildung 6.48 Szenariobericht basierend auf EEMon-Daten

Beginnend mit SAP Solution Manager 7.1 SP-Stack 6, haben Sie zudem die Möglichkeit, von Ihrem Smartphone oder Tablet-PC aus auf gewisse EEMon-Funktionalitäten zuzugreifen. Alles was Sie dafür benötigen, ist die kostenfreie App SAP User Experience Monitor, die Sie sich aus dem jeweiligen App-Store für Ihre Plattform (iOS bzw. Android) herunterladen können. In Abbildung 6.49 sehen Sie einen Screenshot dieser App auf einem Android-basierten Tablet-PC. Weiterführende Informationen finden Sie in SAP-Hinweis 1786546.

Abbildung 6.49 SAP User Experience Monitor

6.3.6 EEMon-Einführung bei der Spielzeug AG

Nachdem die EEMon-Funktionalität aus verschiedenen Perspektiven beleuchtet wurde, soll zum Abschluss noch der Ablauf eines EEMon-Einführungsprojekts am Beispiel der Spielzeug AG umrissen werden.

Auf das von der Spielzeug AG betriebene Portalsystem PEP greifen täglich Mitarbeiter aus verschiedenen Niederlassungen in ganz Deutschland zu, um unter anderem ihre Arbeitszeiten zu erfassen. Zum Leidwesen aller Mitarbeiter treten jedoch immer wieder Probleme beim Zugriff auf die Zeiterfassung auf. Von Zeit zu Zeit ist das System von verschiedenen Standorten aus nicht erreichbar. Doch selbst wenn das System erreichbar ist, kann es sein, dass die Performance der Zeiterfassungsanwendung so schlecht ist, dass man nach jedem Klick einige Sekunden auf eine neue Maske warten muss. Beide Probleme lassen sich mithilfe des System-Monitorings nicht erkennen, sodass immer wieder aufgebrachte Endanwender in der IT-Abteilung der Spielzeug AG anrufen und sich über die Verfügbarkeit bzw. die Performance der Anwendung beschweren.

Neben diesem konkreten Problem gibt es noch einige andere geschäftskritische Anwendungen, die mithilfe des bestehenden System-Monitorings nur unzureichend kontrolliert werden können. Die IT-Leitung der Spielzeug AG hat das Budget für ein Projekt genehmigt, bei dem das End-User-Experience-Monitoring auf dem SAP Solution Manager eingerichtet werden soll, um diese kritischen Anwendungen adäquat aus der Endanwenderperspektive zu überwachen und deren Funktionstüchtigkeit sicherzustellen.

Zu Beginn des Projektes wird ein Meeting anberaumt, um die Ziele des Projektes und die Erwartungen des Managements zu kommunizieren sowie die beteiligten Parteien (Projektleitung, IT-Administratoren, Key-User, Berater) vorzustellen. Im Anschluss wird die derzeitige Situation von allen Beteiligten diskutiert und die Funktionsweise des EEMons für alle Beteiligten erläutert. Gemeinsam wird nun beispielsweise anhand der folgenden Fragen ein EEMon-Monitoring-Konzept definiert:

- Welche Anwendungen sollen überwacht werden?
- Welche IT-Systeme sind involviert?
- Von welchen Standorten aus soll überwacht werden?
- Wie soll das Alerting im Fall einer Störung geschehen?

In der ersten Projektphase kümmert sich ein IT-Administrator um die Basiskonfiguration des SAP Solution Managers und um die Anbindung der Satellitensysteme an den SAP Solution Manager. Dabei wird er von einem erfahrenen Berater unterstützt. Außerdem werden in den Niederlassungen der Spielzeug AG die benötigten EEMon-Roboter installiert. Parallel dazu erstellt ein Berater zusammen mit einigen Key-Usern die benötigten EEMon-Skripte und bearbeitet diese mithilfe des EEMon-Editors, bis sie über den gewünschten Funktionsumfang verfügen.

Zu Beginn der zweiten Projektphase wird die technische Einrichtung des EEMon-Szenarios auf dem SAP Solution Manager vorgenommen. Die erstellten Skripte werden an das SAP Solution Manager-System übertragen und auf einige wenige Roboter verteilt. Nun schließt sich eine Testphase an, während der auftretende Probleme behoben werden und die erstellten Skripte weiter optimiert werden. Die vorbereiteten Testfälle umfassen unter anderem die folgenden Funktionalitäten:

- EEMon Realtime Monitoring UI: Provozieren von Fehlersituationen
- Alert-Eingang: Versand von Benachrichtigungen per E-Mail
- End-to-End-Trace-Analyse: Erstellung von End-to-End-Traces
- automatische Ticket-Generierung im ITSM des SAP Solution Managers

Neben dem Testen der einzelnen EEMon-Funktionalitäten werden in dieser Phase auch die Schwellenwerte, die für die Ausführung der einzelnen Skriptschritte gelten, so angepasst, dass einerseits nicht zu viele Alerts generiert werden, andererseits aber auch keine Fehlersituationen unerkannt bleiben. Dieser Prozess kann durchaus einige Zeit in Anspruch nehmen. Parallel zu dieser Phase werden die zukünftigen EEMon-Administratoren im Umgang mit den neuen Werkzeugen geschult. Sobald die Schwellenwerte ausreichend justiert und alle Tests erfolgreich abgeschlossen sind, erfolgt der Go-live, indem die EEMon-Skripte auf alle weiteren Roboter ausgerollt werden. Auch während der Go-live-Phase wird die Spielzeug AG von erfahrenen SAP-Beratern unterstützt.

Da prinzipiell die Möglichkeit besteht, dass bestimmte Skripte nach einem Releasewechsel des Satellitensystems nicht mehr funktionieren, zum Beispiel wenn sich die Namen bestimmter Bildschirmelemente ändern, werden im Rahmen der Upgrade-Nacharbeiten der Spielzeug AG die betroffenen Skripte nach jedem Releasewechsel getestet und gegebenenfalls an das neue Release angepasst.

6.3.7 Weitere Dokumentationen

Links

Viele weitere Informationen sowie bekannte Probleme und deren Behebung finden Sie im EEMon-Wiki unter *http://wiki.sdn.sap.com/wiki/display/EEM/Home*.

Bei Fragen rund um den EEMon-Editor hilft Ihnen das mit dem EEMon-Editor ausgelieferte Benutzerhandbuch weiter.

SAP-Hinweise

Tabelle 6.4 gibt einen Überblick über wichtige Hinweise aus dem SAP Service Marketplace in Bezug auf EEMon.

Inhalt	Hinweis
Zentraler Hinweis für End-User-Experience-Monitoring	1357045
Sammelhinweis zum Thema SAP GUI Scripting	527737
Einschränkungen bei Verwendung von SAP GUI Scripting	587202
SAP GUI Scripting: Status und Lebensdauer	612454
Neuer Profilparameter für User Scripting am Frontend	480149

Tabelle 6.4 Übersicht über SAP-Hinweise zu EEMon

Inhalt	Hinweis
SAP GUI Scripting-Unterstützung der SAP-Anwendungen	619459
Beispielanwendung SAP GUI Scripting: Visual Basic Recorder	592685
SAP Client Plug-In	1435190
Leitfaden für SAP User Experience Monitor für iPhone/iPad	1786546
Korrekturhinweis für SPS03	1621836
Korrekturhinweis für SPS04	1651279
Korrekturhinweis für SPS05	1703150
Korrekturhinweis für SPS06/SPS07	1768544

Tabelle 6.4 Übersicht über SAP-Hinweise zu EEMon (Forts.)

6.4 Monitoring technischer Verbindungen

Unter Verbindungen versteht man alle zwischen Systemen und technischen Komponenten bestehenden Verbindungen auf Basis von RFC und HTTP. Mit der Einführung des Verbindungs-Monitorings bietet Ihnen der SAP Solution Manager eine zentrale Monitoring-Plattform, die in Form von Szenarien zusammengefasste Verbindungen zwischen den technischen Systemen in einem Work Center abbildet. Die Verbindungen der Typen RFC und HTTP werden auf Verfügbarkeit und Verbindungslatenz hin überprüft. Dies erfolgt anhand von automatisch oder manuell ausgeführten Überprüfungen. Die automatisch ausgeführten Überprüfungen nutzen die Ping-Funktionalität und werden als Hintergrundjob stündlich oder täglich ausgeführt.

Das Monitoring von Kommunikation und Schnittstellen in der Systemlandschaft ist ein wesentlicher Bestandteil des Monitorings, da sie im Resultat sicherstellt, dass die Kommunikation zwischen den technischen Systemen reibungslos abläuft. Ein Teil des Monitorings von Schnittstellen und der Kommunikation ist das Verbindungs-Monitoring. Mit dem Verbindungs-Monitoring können Sie für die technischen Verbindungen vom Typ RFC und HTTP eine permanente Verfügbarkeitsüberprüfung aktivieren. Mit dieser Verfügbarkeitsüberprüfung können Sie feststellen, ob die Verbindung funktioniert und ob die Reaktionszeit akzeptabel ist.

Das Verbindungs-Monitoring ist, wie die bereits schon vorgestellten Szenarien auch, vollständig in die MAI des SAP Solution Managers eingebunden. So können Sie das Verbindungs-Monitoring komplett in Ihr Monitoring-

Konzept einbinden und bereits definierte Arbeitsmodi und Alerting-Methoden für das Verbindungs-Monitoring nutzen. Ein weiterer Bestandteil ist das Schnittstellenkanal-Monitoring, bei der die Erreichbarkeit einer Schnittstelle und deren Funktionstüchtigkeit überwacht werden. Nachfolgend zeigen wir Ihnen zunächst, wie Sie das Verbindungs-Monitoring einrichten und welche Möglichkeiten sich Ihnen bei den Anpassungen bieten.

6.4.1 Konfiguration des Verbindungs-Monitorings

Ausgangspunkt der Konfiguration ist das Work Center KONFIGURATION DES SAP SOLUTION MANAGERS (Transaktion SOLMAN_SETUP). Klicken Sie im Navigationsbereich auf TECHNISCHES MONITORING, und wählen Sie aus der Auswahl auf der linken Seite den Radiobutton VERBINDUNGS-MONITORING aus.

Abbildung 6.50 zeigt den Einstiegsbildschirm für die Konfiguration des Verbindungs-Monitorings.

Sie erkennen, dass der Aufbau der Konfigurationsprozedur wiederum auf Guided Procedures beruht und daher vergleichbar gehandhabt wird wie die Konfiguration anderer Szenarien.

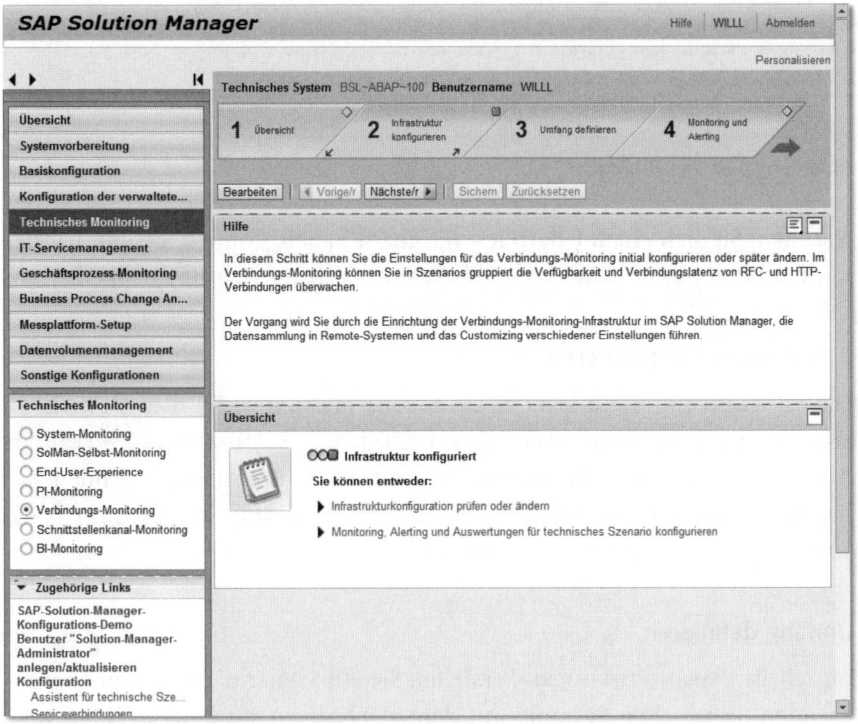

Abbildung 6.50 Einstieg in die Konfiguration für das Verbindungs-Monitoring

Bei jedem der auszuführenden Schritte werden Sie durch entsprechende Erläuterungen im Anzeigebereich unterstützt. Achten Sie darauf, dass Sie Änderungen nur vornehmen können, wenn der Bearbeitungsmodus aktiviert ist. Um den Bearbeitungsmodus zu aktivieren, klicken Sie auf den Button BEARBEITEN. Anderenfalls sind sämtliche Daten grau hinterlegt und schreibgeschützt. Um das Verbindungs-Monitoring zu konfigurieren, gehen Sie wie folgt vor.

Übersicht

Wie von der Konfiguration anderer Szenarien bereits bekannt, sehen Sie im ersten Schritt ÜBERSICHT eine Übersicht über Ihre Systemlandschaft. Sie können insbesondere die Infrastrukturkonfiguration noch einmal prüfen und gegebenenfalls anpassen. In Abbildung 6.51 sehen Sie, dass die Infrastruktur bereits erfolgreich konfiguriert wurde, was durch einen grünen Status signalisiert wird. Üblicherweise wird dies in einem nicht konfigurierten System natürlich nicht der Fall sein.

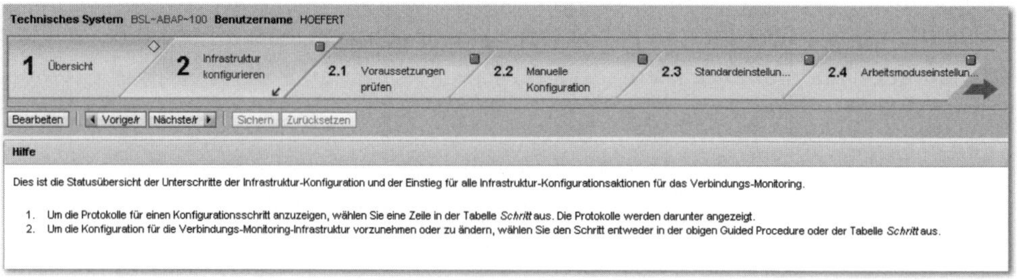

Abbildung 6.51 Infrastruktur

Nachdem Sie sich einen Überblick verschafft haben, können Sie durch einen Klick auf den Button NÄCHSTE/R direkt zum nächsten Schritt springen.

Infrastruktur konfigurieren

Dieser Schritt unterteilt sich in die bereits bekannten Schritte VORAUSSETZUNGEN PRÜFEN, MANUELLE KONFIGURATION, STANDARDEINSTELLUNGEN, ARBEITSMODUSEINSTELLUNGEN und CONTENT AKTUALISIEREN. Sie können sich bei der Bearbeitung dieser Schritte an der Erläuterung in Abschnitt 5.4.2, »Infrastruktur konfigurieren«, orientieren.

Umfang definieren

Im Schritt UMFANG DEFINIEREN erstellen Sie ein Szenario, das die zu überwachenden technischen Systeme mit den zugehörigen systemrelevanten RFC-

bzw. HTTP-Verbindungen enthält. In Abbildung 6.52 wurde für die Spielzeug AG ein Szenario angelegt.

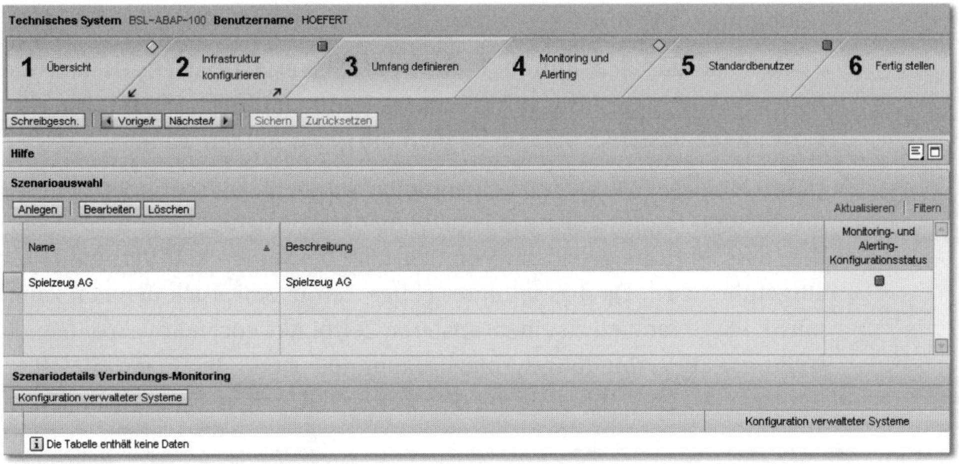

Abbildung 6.52 Umfang definieren

Im Folgenden zeigen wir Ihnen, wie Sie ein neues Verbindungsszenario definieren bzw. ein bestehendes Verbindungsszenario ändern:

1. Klicken Sie auf den Button ANLEGEN, um ein neues Verbindungsszenario anzulegen, bzw. auf den Button BEARBEITEN, um ein bestehendes Szenario zu bearbeiten.
2. Sie werden nun aufgefordert, Typen, Namen und eine Beschreibung des technischen Szenarios anzugeben (siehe Abbildung 6.53). Füllen Sie drei Felder aus, und klicken Sie auf WEITER.

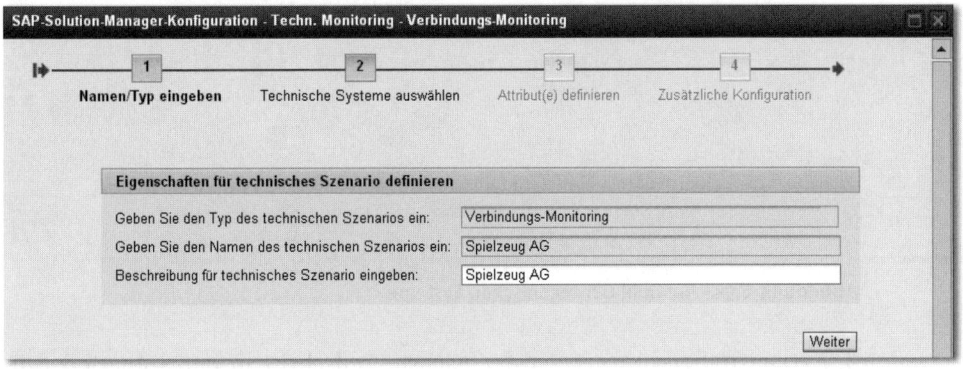

Abbildung 6.53 Pflege des gewünschten Szenarios

3. Im nächsten Schritt geben Sie die für das Monitoring relevanten technischen Systeme an. In der Spalte ANZAHL VERBINDUNGEN werden die bereits im SAP Solution Manager erfassten Verbindungen angezeigt (siehe Abbildung 6.54).

   Klicken Sie auf den Button TECHNISCHE SYSTEME HINZUFÜGEN, um ein neues System in die Liste aufzunehmen. Dadurch öffnet sich die Liste aller verwalteten Systeme, und Sie können die gewünschten wählen.

4. Haben Sie alle gewünschten Systeme aufgenommen, klicken Sie auf den Button WEITER. Es öffnet sich ein Fenster, in dem Sie darauf hingewiesen werden, dass im Hintergrund das Sammeln aller bekannten RFC-Verbindungen ausgeführt wird. Da dies mitunter einige Zeit in Anspruch nehmen kann, müssen Sie eventuell zu einem späteren Zeitpunkt noch einmal prüfen, ob weitere RFC-Verbindungen hinzugekommen sind. Bestätigen Sie diese Information, und fahren Sie mit den weiteren Konfigurationsschritten fort.

[!] **Achtung**

Falls Sie zu einem späteren Zeitpunkt weitere Verbindungen anlegen, muss dieser Schritt wiederholt werden, um die neuen Verbindungen zu erkennen.

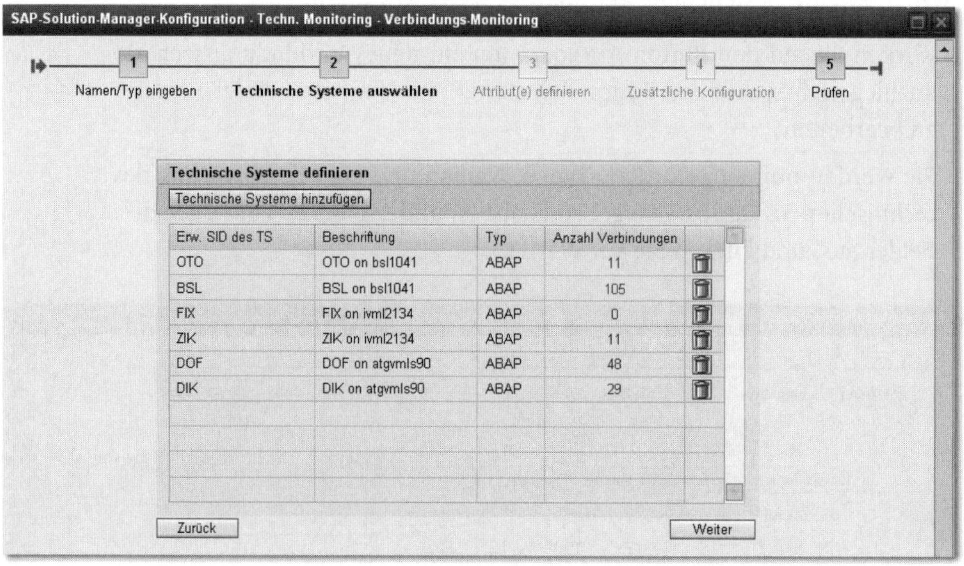

Abbildung 6.54 Auswahl der technischen Systeme

5. ATTRIBUT(E) DEFINIEREN ist der nächste Teilschritt in der Szenariodefinition. In der angezeigten Liste sehen Sie alle gefundenen Verbindungen, die überwacht werden können (siehe Abbildung 6.55).

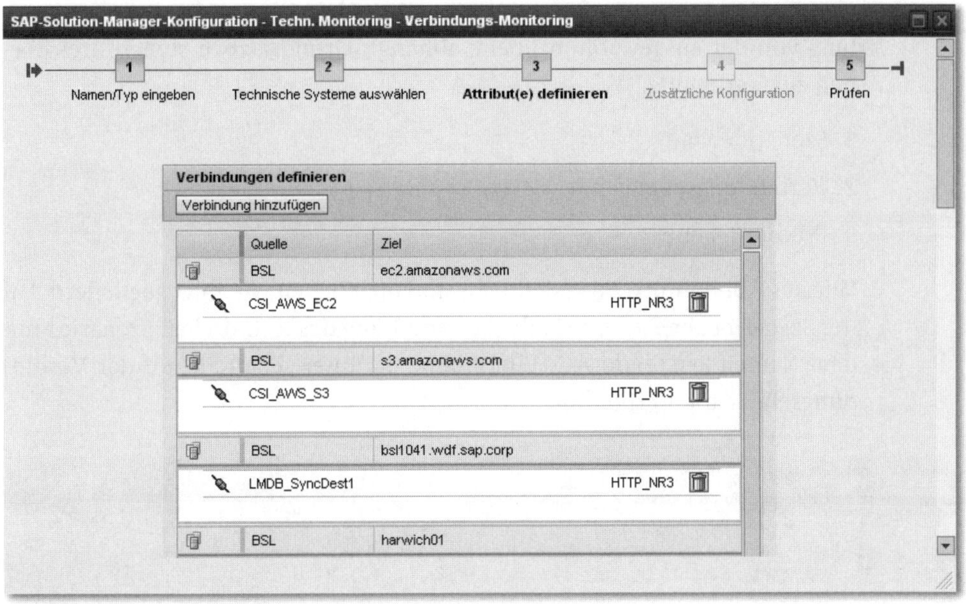

Abbildung 6.55 Auswahl der Systeme im Schritt »Attribut(e) definieren«

Hier können Sie einzelne Verbindungen löschen, die nicht überwacht werden müssen, und neue Verbindungen hinzufügen. Um Verbindungen zu löschen, klicken Sie auf das Icon . Klicken Sie stattdessen auf den Button VERBINDUNG HINZUFÜGEN, definieren Sie zunächst das Quellsystem, um eine neue Verbindung zu einem Zielsystem hinzuzufügen.

6. Bestätigen Sie die Liste der Verbindungen mit einem Klick auf WEITER. Damit springen Sie zu Schritt 5.
7. Die von Ihnen zusammengestellten Verbindungen können Sie nun nochmals überprüfen. Sollten Sie noch einmal Änderungen vornehmen wollen, klicken Sie auf den Button ZURÜCK, um einen der vorhergehenden Schritte zu wiederholen.
8. Beenden Sie die Konfiguration durch einen Klick auf den Button SICHERN.

Damit haben Sie die Konfiguration des Umfangs des Verbindungs-Monitorings abgeschlossen.

Monitoring und Alerting

Im Schritt MONITORING UND ALERTING wird das Monitoring des im dritten Teilschritt definierten Umfangs aktiviert, das heißt des zu überwachenden technischen Szenarios. Beachten Sie dabei, dass die Konfigurationseinstellung von der ausgewählten Ebene abhängt. Grundsätzlich stehen drei Ebenen zur Verfügung:

1. Szenarioebene
2. Verbindungsebene
3. Prüfungsebene

Wie aus Abbildung 6.56 ersichtlich, sind die Ebenen wie folgt gegliedert: Auf der Szenarioebene sehen Sie die Beschreibung des technischen Szenarios mit dem Namen SPIELZEUG AG. Eine Ebene darunter sehen Sie auf der Verbindungsebene die Verbindung CSI_AWS_EC2.

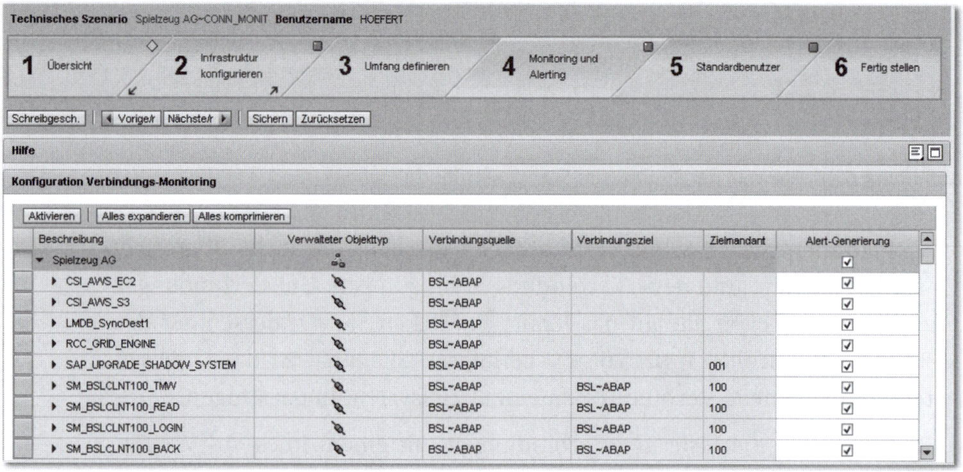

Abbildung 6.56 Szenarioebene

In Abbildung 6.57 können Sie nun auf der Prüfungsebene sehen, dass für die Verbindung CSI_AWS_EC2 die Prüfungen HTTP-PING und HTTP-LATENZZEIT zur Verfügung stehen.

Auf der Szenarioebene können Sie das Alerting für alle Verbindungen zwischen den Systemen aktivieren oder deaktivieren, die in einem technischen Szenario zusammengefasst sind. Aktivieren Sie dafür die Checkbox in der Tabellenspalte ALERT-GENERIERUNG. Individuelle Benachrichtigungen sowie arbeitsmodusspezifische Einstellungen können auf der Ebene der RFC-Verbindungen angepasst werden. Schwellenwerte, kundenspezifische Benachrichtigungstexte sowie die Autoreaktionsverwaltung werden auf der Prüfungsebene konfiguriert.

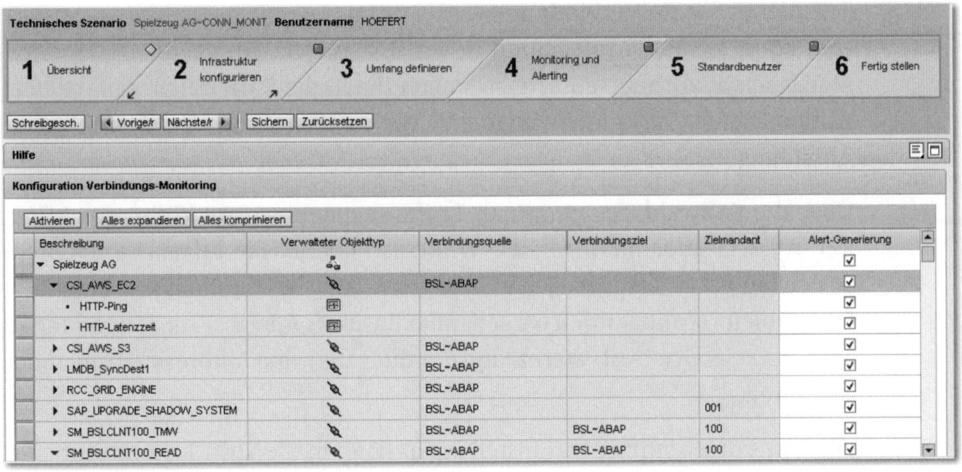

Abbildung 6.57 Prüfungsebene

Im Folgenden stellen wir Ihnen die einzelnen Konfigurationsmöglichkeiten am Beispiel der Verbindung `SM_DIKCLNT001_Read` näher vor, die Sie in Abbildung 6.58 sehen können.

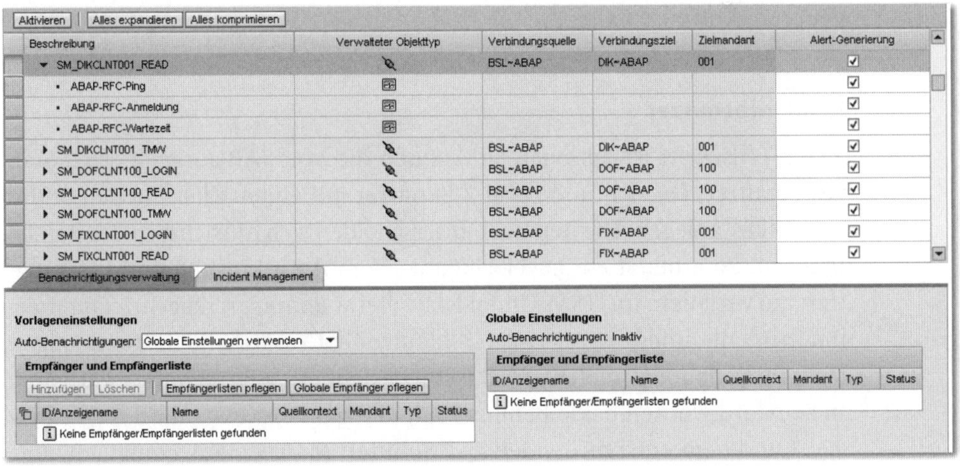

Abbildung 6.58 Konfiguration der ITSM-Integration

In der Spalte VERBINDUNGSQUELLE können Sie das QUELLSYSTEM der Verbindung erkennen. Das Zielsystem der Verbindung sehen Sie in der Spalte VERBINDUNGSZIEL. Die Tabellenspalte ZIELMANDANT zeigt den für die Verbindung genutzten Mandanten des Zielsystems.

Selektieren Sie die Verbindung SM_DIKCLNT001_Read (Spalte BESCHREIBUNG). Nun können Sie die Integration in das Benachrichtigungs- bzw. IT-Service-Management vornehmen. Hierzu stehen Ihnen die Karteireiter BENACHRICHTIGUNGSVERWALTUNG und INCIDENT MANAGEMENT zur Verfügung (siehe Abbildung 6.58).

Über die Auswahl der einzelnen Prüfungsebenen ABAP-RFC-PING, ABAP-RFC-ANMELDUNG und ABAP-RFC-WARTEZEIT können Sie auf den Karteireitern Schwellenwerte festlegen, kundeneigene Alertbeschreibungen anpassen, Drittanbieter-Konnektoren (so genannte Business Add-ins) zur Anbindung an Nicht-SAP-Service-Desk-Werkzeuge zuordnen und eine Autoreaktionsmethode aktivieren.

Die hier vorgenommenen Einstellungen können Sie auch im Arbeitsmodus übernehmen, falls Sie einen solchen konfiguriert haben. Beachten Sie, dass durch Modifizierungen auf der Prüfungsebene die Einstellungen der höheren Ebenen, Verbindungsebene und Szenarioebene, verworfen werden, um die kundeneigenen Einstellungen zu wahren. Das bedeutet, dass globale Einstellungen überschrieben werden. Klicken Sie schließlich auf den Button AKTIVIEREN, um das Monitoring für die von Ihnen ausgewählten Verbindungen produktiv zu schalten.

Standardbenutzer

Dieser Teilschritt ist optional. Sie können die von SAP ausgelieferten Standardbenutzer, Level-1- und Level-2-Benutzer mit einem Klick auf den Button AUSFÜHREN anlegen. Die Benutzer unterscheiden sich hinsichtlich der Berechtigungen. So arbeitet ein Level-1-Benutzer im Alert-Eingang und ist befugt, Alerts zu verteilen. Im ITSM-Umfeld darf dieser Benutzer Benachrichtigungen und Incidents anlegen. Der Level-2-Benutzer hat zusätzliche Berechtigungen, die es ihm erlauben, an der Ursache von bestehenden Problemen zu arbeiten. Im Standard werden beide Benutzer mit der Namenskonvention SM_L1 bzw. SM_L2 und dem entsprechenden SAP Solution Manager-Systemnamen angelegt. Außerdem können Sie Benutzer auch mit eigenen Benutzernamen und Berechtigungen erstellen.

Fertigstellen

Mit dem letzten Schritt FERTIGSTELLEN beenden Sie nun die Konfiguration. Im nächsten Abschnitt zeigen wir Ihnen, wie Sie das Verbindungs-Monitoring einsetzen.

6.4.2 Anwendung des Verbindungs-Monitorings

Klicken Sie auf den Link VERBINDUNGS-MONITORING im Work Center TECHNISCHES MONITORING, um die Ergebnisse der Verbindungstests anzeigen zu lassen (siehe Abbildung 6.59).

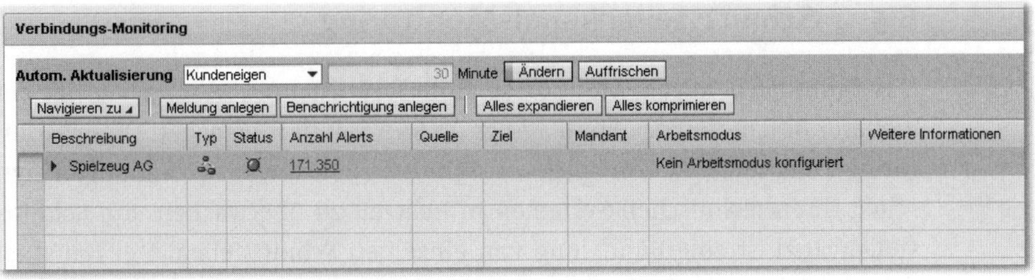

Abbildung 6.59 Verbindungs-Monitoring

In der Spalte BESCHREIBUNG wird nun das angelegte Szenario mit dem Szenarionamen SPIELZEUG AG angezeigt. Die Tabellenspalte STATUS gibt Ihnen einen aggregierten Überblick über die einzelnen Statusmeldungen aller Verbindungen des Szenarios. Sofern eine Verbindung des Szenarios einen fehlerhaften Status aufweist, wird der Gesamtstatus des Szenarios als fehlerhaft angezeigt.

In der Spalte ANZAHL ALERTS sehen Sie die Gesamtanzahl der Alerts. Expandieren Sie den Knoten des ausgewählten Szenarios, um auf die Verbindungsebene und die Prüfungsebene zu gelangen. Die Statusmeldung gibt Auskunft über den Zustand einer Verbindung. Verbindungen mit einem roten Status sind fehlerhaft; bei Verbindungen mit einem gelben Status sind keine Fehler aufgetreten.

Der zuständige Mitarbeiter der Spielzeug AG kann nun zur weiteren Bearbeitung Servicemeldungen oder Benachrichtigungen erstellen oder über den Button NAVIGIEREN ZU in den Alert-Eingang oder den Landschafts-Browser abspringen. Wertvolle Informationen über das zugrunde liegende Problem können über die Tabellenspalte WEITERE INFORMATIONEN gewonnen werden. Hier sehen Sie Fehlermeldungen und Beschreibungen. In Abbildung 6.60 sehen Sie detaillierte Informationen einer fehlerhaften Verbindung, die Fehlermeldung lautet `ICM_HTTP_CONNECTION` mit dem Fehlercode 400.

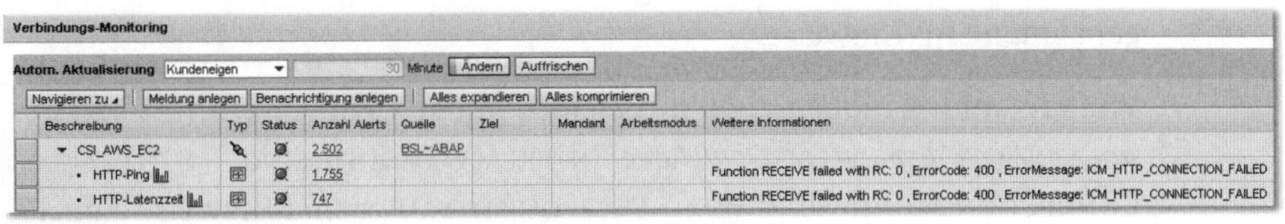

Abbildung 6.60 Weiterführende Informationen

Im Folgenden wenden wir uns dem Schnittstellenkanal-Monitoring zu. Wir werden Ihnen anhand eines Beispiels die Konfiguration des Schnittstellen-Monitorings verdeutlichen.

6.5 Schnittstellenkanal-Monitoring

Das Schnittstellenkanal-Monitoring (Interface Channel Monitoring) ist ein weiterer Bestandteil des Monitorings im SAP Solution Manager. Diese Monitoring-Funktionalität ermöglicht es, Schnittstellen sowie Verbindungen zwischen Ihren technischen Systemen in Echtzeit zu überwachen. Ein Schnittstellenkanal ist eine Bündelung von einzelnen Schnittstellen. Der Kanal ist dabei gerichtet, das heißt, System A sendet in Richtung System B und nutzt hierzu einen bestimmten Verbindungstyp. Außerdem können Kanäle mit bestimmten Attributen versehen werden. Diese Attribute werden als Filterkriterien in der Datenansicht eingesetzt.

Im Folgenden beschreiben wir zuerst, wie das Schnittstellenkanal-Monitoring im SAP Solution Manager eingerichtet wird. Danach zeigen wir Ihnen kurz, wie Sie diese Funktionalität nutzen.

6.5.1 Voraussetzungen für das Schnittstellenkanal-Monitoring

Das Monitoring der Schnittstellenkanäle ist im SAP Solution Manager seit SP05 möglich. Bevor Sie das Monitoring für die Schnittstellenkanäle einrichten können, müssen die entsprechenden SAP NetWeaver-Systeme an den SAP Solution Manager angeschlossen sein, wie es in Abschnitt 2.5.4, »Konfiguration der verwalteten Systeme«, beschrieben wurde.

Es ist wichtig, dass die neueste Version des Interface Channel Monitoring UI im SAP Solution Manager enthalten ist. Weitergehende Informationen zum Update finden Sie in den entsprechenden SAP-Hinweisen. Im verwalteten System sollte jeweils das zur SAP Solution Manager-Version korrespondierende Release des ST-PI vorhanden sein, um die korrekte Sammlung von performancerelevanten Daten zu gewährleisten. Vergleichen Sie dazu die genannten SAP-Hinweise.

Weitere Informationen finden Sie auch unter dem Link *http://wiki.sdn.sap.com/wiki/display/TechOps/Home* INTERFACE MONITORING • INTERFACE & CONNECTION MONITORING WIKI • PREREQUISITES. Hier sind Hinweise aufgelistet, die vor dem Konfigurationsstart im SAP Solution Manager eingespielt werden sollten.

6.5.2 Konfiguration des Schnittstellenkanal-Monitorings

Ausgangspunkt der Konfiguration ist das Work Center KONFIGURATION DES SAP SOLUTION MANAGERS (Transaktion SOLMAN_SETUP). Klicken Sie im Navigationsbereich auf TECHNISCHES MONITORING, und wählen Sie aus der Auswahl auf der linken Seite den Radiobutton SCHNITTSTELLENKANAL-MONITORING aus.

Übersicht

In Abbildung 6.61 sehen Sie den ersten Schritt ÜBERSICHT der Konfiguration. Um zum nächsten Schritt zu gelangen, klicken Sie auf den Button NÄCHSTE(R). Klicken Sie vorher auf den Button BEARBEITEN, um in den Änderungsmodus zu schalten.

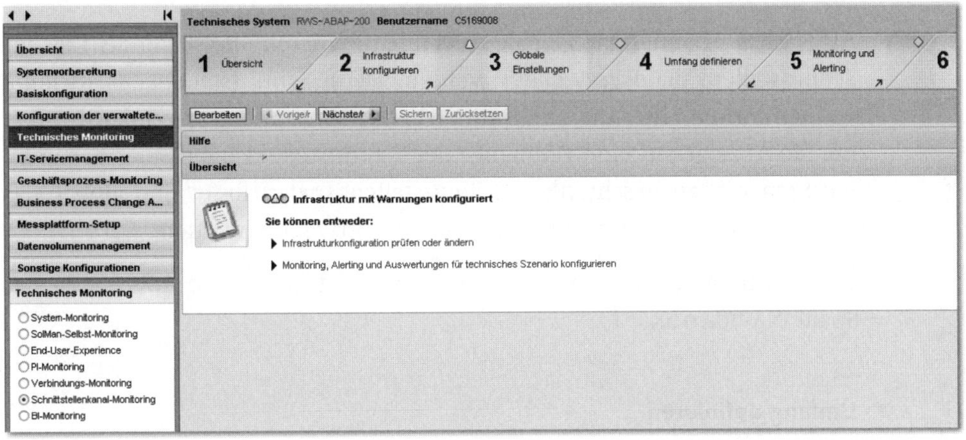

Abbildung 6.61 Einstieg in die Konfiguration des Schnittstellenkanal-Monitorings

Infrastruktur konfigurieren

Im nächsten Schritt INFRASTRUKTUR KONFIGURIEREN überprüfen Sie Voraussetzungen, die bereits in der Basiskonfiguration geschaffen wurden. Alle Aktionen sollten bereits erledigt sein. Bei einem fehlerhaften Status im Bereich SCHRITTE können Sie Korrekturen vornehmen. Grundsätzlich sollte der Gesamtstatus grün sein, um eine erfolgreiche Konfiguration zu gewährleisten.

Globale Einstellungen

Im dritten Schritt GLOBALE EINSTELLUNGEN werden die Voraussetzungen für das Verfügbarkeits-Monitoring der Schnittstellenkanäle realisiert (siehe Abbildung 6.62). Voraussetzung dafür ist die Verfügbarkeit des EEMon-Tools. Wählen Sie in der Spalte NAVIGATION den Link URL ÖFFNEN, um den EEMon-Editor herunterzuladen. Führen Sie die folgenden Schritte zur Installation des EEMon-Editors aus.

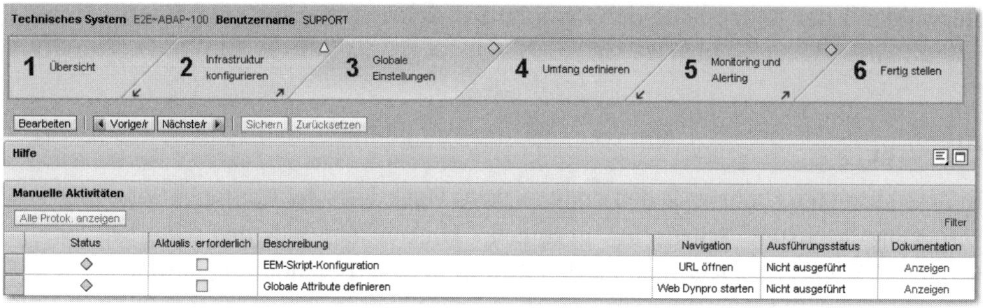

Abbildung 6.62 Globale Einstellungen

Als Nächstes können Sie globale Attribute definieren, die später als Tags für Schnittstellenkanäle verwendet werden. Diese Schnittstellenkanalattribute können für die Filterung im Schnittstellenkanalmonitor verwendet werden, um die Anzeige auf eine Teilmenge der Schnittstellenkanäle eines bestimmten Szenarios zu beschränken. Schnittstellenkanalattribute sind global, das heißt, sie können von mehreren Szenarien verwendet werden.

Um Attribute zu definieren, klicken Sie auf WEB DYNPRO STARTEN in der Spalte NAVIGATION.

Umfang definieren

Als Nächstes definieren Sie im Schritt UMFANG DEFINIEREN den Monitoring-Umfang durch die Auswahl eines technischen Szenarios vom Typ SCHNITTSTELLENKANALÜBERWACHUNG. Sie können entweder ein vorhandenes Szenario verwenden oder ein neues Szenario anlegen.

Zum Anlegen eines neuen Szenarios klicken Sie auf den Button ANLEGEN. Ein neues Fenster öffnet sich. Führen Sie die nachfolgenden Schritte aus. Nach Fertigstellung prüfen Sie im unteren Bereich DETAILS SCHNITTSTELLENKANAL-SZENARIO den Status der verwalteten Systeme. Sollte der Status nicht grün sein, können Sie direkt die Konfiguration der Systeme aufrufen, um die möglichen Fehler zu beseitigen. Abbildung 6.63 zeigt das neu angelegte Szenario THE WEB SHOP.

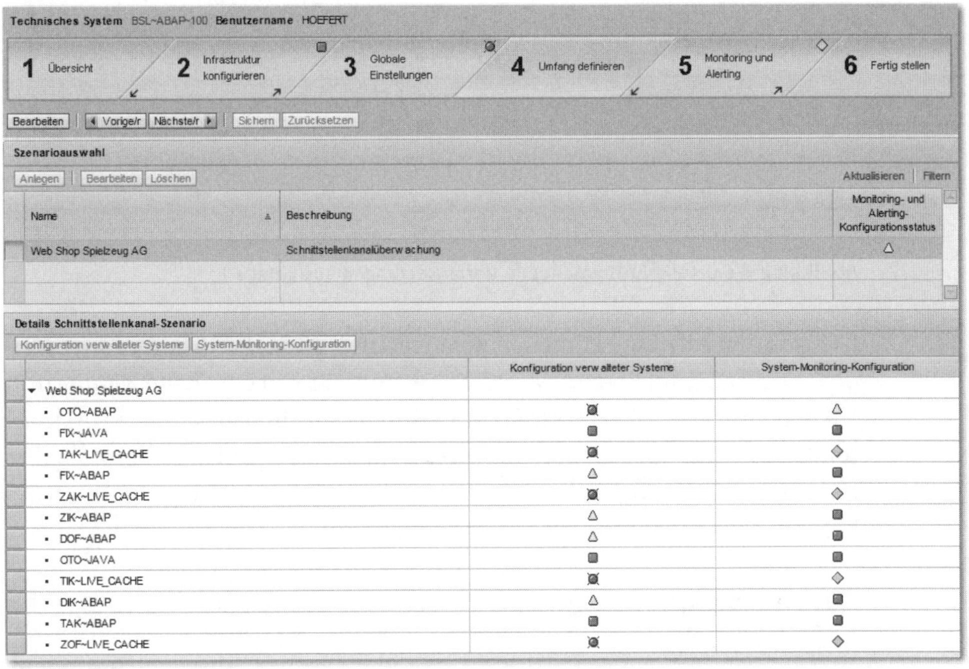

Abbildung 6.63 Status des Schnittstellenkanalszenarios

Monitoring und Alerting

Der Schritt MONITORING UND ALERTING beinhaltet mehrere Teilschritte, die wir Ihnen im Folgenden vorstellen.

Im ersten Teilschritt AUTOMATISCHE VORAUSSETZUNGEN AUSFÜHREN werden Extraktoren eingeplant, die alle verfügbaren RFC-Verbindungen der technischen Systeme eines Szenarios täglich abrufen. Der Hintergrundjob `SMSETUP:E2E_MAI_IF_SCOPE_EXT` ist für die Prüfung der RFC-Verbindungen verantwortlich. Damit wird sichergestellt, dass alle RFC-Verbindungen in der Wertehilfe für nachfolgende Konfigurationsaktivitäten zur Verfügung stehen.

Den zweiten Teilschritt MANUELLE VORAUSSETZUNGEN AUSFÜHREN führen Sie durch, wenn Sie im Schritt GLOBALE EINSTELLUNGEN globale Attribute definiert haben und das Performance-Monitoring für synchrone Webservice-Aufrufe einrichten möchten (siehe Abbildung 6.64).

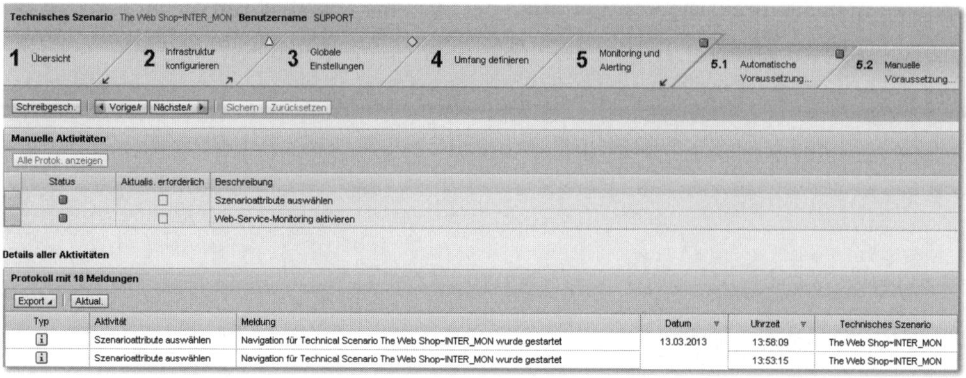

Abbildung 6.64 Teilschritt »Manuelle Vorrausetzungen ausführen«

Die globalen Attribute können einem technischen Szenario zugeordnet werden. Klicken Sie im Bereich MANUELLE AKTIVITÄTEN in der Spalte NAVIGATION auf den Link WEB DYNPRO STARTEN. Es öffnet sich ein neues Fenster. Aktivieren Sie die Checkbox in der Spalte IST ZUGEORDNET, und speichern Sie dies mit einem Klick auf den Button SICHERN (siehe Abbildung 6.65). Damit haben Sie die Attribute für das technische Szenario aktiviert.

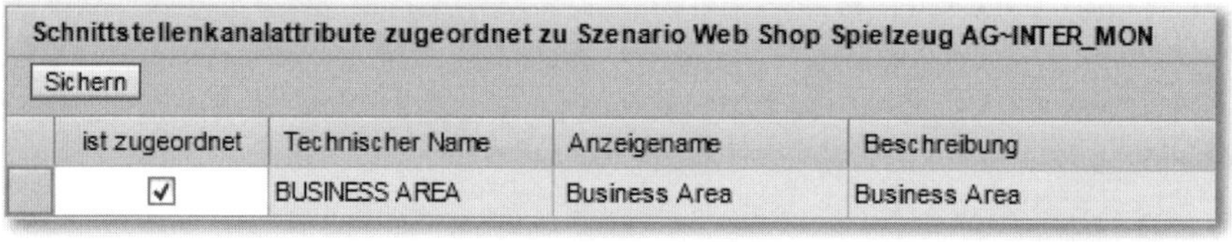

Abbildung 6.65 Zuordnung der globalen Attribute

Die Voraussetzung für die Aufrufe und das Performance-Monitoring von Webservices ist das Aktivieren des Monitorings auf den zu verwaltenden Systemen. Im Anhang des SAP-Hinweises 1639329 finden Sie dazu die Anleitung *Web Service Monitoring with ST_PI.pdf*. Sind die Voraussetzungen erfüllt, setzen Sie den AUSFÜHRUNGSSTATUS manuell auf AUSGEFÜHRT.

Im dritten Teilschritt KONFIG. F. SCHNITTSTELLENKANAL-MONITORING legen Sie verschiedene Schnittstellenkanäle für ein Szenario an (siehe Abbildung 6.66). Es gibt aktuell drei Arten von Schnittstellen, für die Sie Kanäle anlegen können: Remote Function Call (RFC), Webservice (WS) und SAP Process Integration (PI).

In Folgenden werden wir die weitergehende Konfiguration am Beispiel der RFC-Schnittstellenkanäle erklären. Klicken Sie auf dem Karteireiter RFC-SCHNITTSTELLENKANÄLE auf den Button ANLEGEN, und geben Sie im neuen

Fenster einen Namen für den Schnittstellenkanal an. Legen Sie außerdem ein Quell- und Zielsystem fest, und sichern Sie dies.

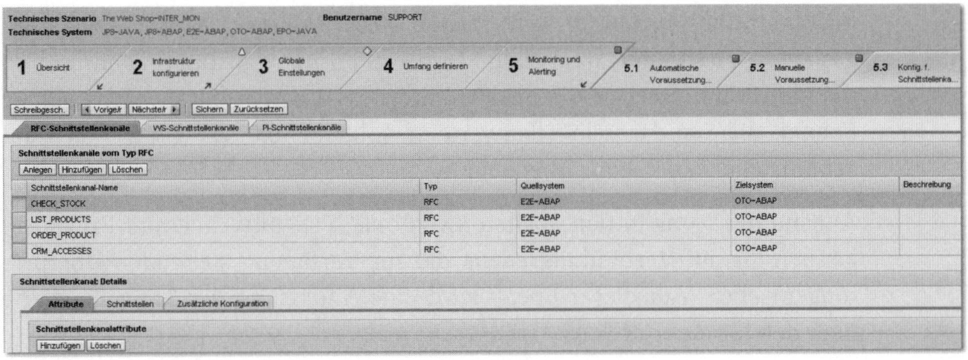

Abbildung 6.66 Konfiguration der Schnittstellenkanäle

Zur weiteren Anpassung stehen Ihnen im unteren Bereich SCHNITTSTELLENKANAL: DETAILS drei Karteireiter mit weiteren Pflegeoptionen zur Verfügung. Wir stellen Sie im Folgenden kurz vor:

- **Attribute**
  Auf diesem Karteireiter ordnen Sie die Attribute, die Sie im Schritt MANUELLE VORAUSSETZUNGEN AUSFÜHREN definiert haben, dem Schnittstellenkanal zu.
- **Schnittstellen**
  Über den Karteireiter SCHNITTSTELLEN definieren Sie die RFC-Verbindungen, die in Bezug auf die Schnittstellenkanalnamen verwendet werden. Sie können einem Schnittstellenkanal mehrere RFC-Verbindungen zuordnen. Bei der Definition der Schnittstellen kann mit Platzhaltern gearbeitet werden.
- **Zusätzliche Konfiguration**
  Für das Verfügbarkeits-Monitoring der Schnittstellenkanäle wählen Sie den Karteireiter ZUSÄTZLICHE KONFIGURATION. Wählen Sie ein verfügbares Skript aus. Voraussetzung für die Nutzung des Verfügbarkeits-Monitorings ist, dass Sie ein Skript für das Schnittstellenkanal-Monitoring bereitgestellt haben. Mehr Informationen über das Anlegen und Bearbeiten von Skripten finden Sie in Abschnitt 6.3, »End-User-Experience-Monitoring«. Detaillierte Informationen finden Sie auch auf der Wiki-Seite *http://wiki.sdn.sap.com/wiki/display/TechOps/Home* • INTERFACE & CONNECTION MONITORING WIKI. Dort wird unter anderem beschrieben, wie ICM-spezifische Skripte im EEMon angelegt werden können.

Der abschließende Teilschritt Aktivi. f. Schnittstellenkanal-Monitoring gibt einen Überblick über das konfigurierte Szenario und die entsprechenden Metriken, die für die einzelnen Kanäle gesammelt werden sollen. Mithilfe der Checkboxen in den Spalten Alerting bzw. Monitoring wird gesteuert, ob die entsprechende Metrik einen Alert auslösen kann und ob die Metrik im Interface Channel Monitoring UI dargestellt werden soll. Sie können die Standardschwellenwerte sowohl für jede Metrik als auch auf Schnittstellenkanalebene übersteuern.

Anhand der Icons in den Spalten Kategorie, Performance und Exception können Sie auf Verbindungsebene die zur Verfügung stehenden Überprüfungen sehen. Auf dieser Ebene wird eine Anpassung der Schwellenwerte über den Karteireiter Schwellenwerte realisiert.

Die Integration in die Benachrichtigungsverwaltung und das ITSM wird über die Selektion des Schnittstellenkanalnamens angepasst. Hierzu wählen Sie den jeweiligen Schnittstellenkanalnamen im oberen Bereich aus. Die Karteireiter Benachrichtigungsverwaltung sowie Incident Management stehen Ihnen nun zur Auswahl bereit, um individuelle Benachrichtigungen bzw. Incidents zu erstellen.

Nachdem Sie nun wissen, wie das Schnittstellenkanal-Monitoring im SAP Solution Manager konfiguriert wird, gehen wir im nächsten Abschnitt kurz auf die Anwendung ein.

6.5.3 Verwendung des Schnittstellenkanal-Monitorings

Das Schnittstellenkanal-Monitoring wird über das Work Center Technisches Monitoring aufgerufen. Klicken Sie dazu im Navigationsbereich auf den Link Schnittstellenkanal-Monitoring. Klicken Sie auf den nun angezeigten gleichnamigen Button Schnittstellenkanal-Monitoring, um die visuelle Darstellung der Schnittstellenkanaltopologie aufzurufen. In Abbildung 6.67 sehen Sie das Schnittstellenkanal-Monitorings des konfigurierten Szenarios The Web Shop.

Selektieren oder deselektieren Sie die Filterattribute im unteren Bereich des linken Kastens, um die Darstellung der RFC-Verbindungen, Webservices sowie die PI-Schnittstellenkanäle entsprechend zu verändern. Eine farblich eindeutige Markierung der Verbindungen erleichtert Ihnen die Übersicht.

Detailinformationen zu fehlerhaften Verbindungen können Sie mit einem Mausklick zum Beispiel auf das Icon für Ausnahmen aufrufen. Die Detailinformationen werden daraufhin im rechten Bereich angezeigt. Die Detailinformationen umfassen in unserem Beispiel nun die Senderkomponente, Empfängerkomponente, Empfängernamen, Sendernamen und das Sender- und Empfänger-Interface (siehe Abbildung 6.67).

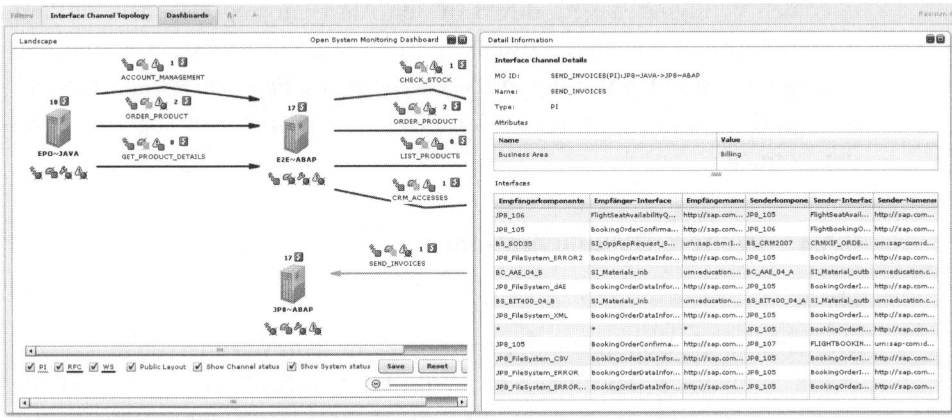

Abbildung 6.67 Schnittstellenkanaltopologie

Mit der Auswahl des Karteireiters DASHBOARDS werden Ihnen die aus dem System-Monitoring bekannten Informationen bezüglich der Verfügbarkeit, Ausnahmen, Antwortzeiten und der Nutzung der einzelnen Schnittstellenkanäle angezeigt (siehe Abbildung 6.68). Die Informationen werden in Zeitdiagrammen dargestellt. Sie können das Zeitintervall selbst festlegen.

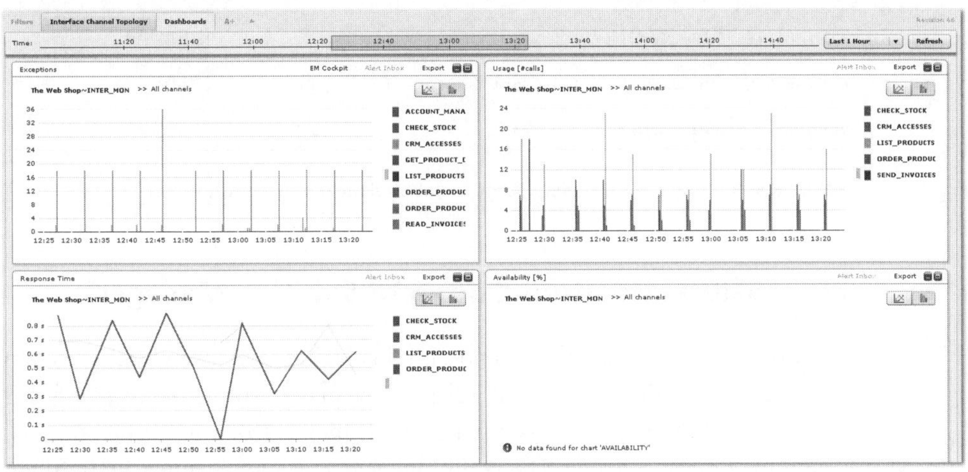

Abbildung 6.68 Dashboard-Schnittstellenkanal-Monitoring

Es ist möglich, eine Anzeige der Daten auf einzelne oder alle Schnittstellenkanäle des Szenarios mithilfe von Filtern zu beschränken. In späteren

Releases wird für RFC- und Webservice-Performancemetriken eine instanzspezifische Sicht ermöglicht.

Wenn Sie einen gewünschten Schnittstellenkanal auswählen, können Sie über den verfügbaren Link direkt in den Alert-Eingang gelangen, um eine weitere Bearbeitung eines Störfalls zu initiieren. Für Webservice- und RFC-Ausnahmen ist ein Absprung in das *Exception Management Cockpit* möglich, in dem Detailinformationen zu den einzelnen Ausnahmen abgerufen werden können.

6.5.4 Weitere Dokumentationen

Links

Weiterführende Dokumentationen können Sie dem Wiki der Technical Operation entnehmen. Sie finden das Wiki unter *http://wiki.sdn.sap.com/wiki/display/TechOps/Home* • INTERFACE & CONNECTION MONITORING WIKI

SAP-Hinweise

Tabelle 6.5 gibt einen Überblick über wichtige Hinweise aus dem SAP Service Marketplace in Bezug auf das Schnittstellenkanal-Monitoring.

Beschreibung	SAP-Hinweis
Korrekturen für ICMON 7.1 mit SP05	1713380
Korrekturen für ICMON 7.1 SP06	1754704
Korrekturen für ICMON 7.1 mit SP07	1769743
Webservice-Monitoring	1639329

Tabelle 6.5 Wichtige SAP-Hinweise zum Schnittstellenkanal-Monitoring

6.6 Selbst-Monitoring des SAP Solution Managers

Sie haben in den vorangegangenen Kapiteln erfahren, welche umfangreichen Funktionalitäten Ihnen der SAP Solution Manager zur Unterstützung des technischen Betriebs Ihrer Systemlandschaft bietet. Doch wie weiß ein Systemadministrator, ob der SAP Solution Manager samt seiner vielseitigen Funktionalitäten zuverlässig arbeitet? Kann zum Beispiel eine Aussage zur Verfügbarkeit aller Diagnostics Agenten getroffen werden, funktioniert die Datensammlung zuverlässig, und werden die Alerts gemäß den Erwartungen und der Einrichtung versandt? Wie kann sichergestellt werden, dass beispielsweise die zuständigen Mitarbeiter im Fall einer Störung der Support-Infrastruktur schnell und zielgerichtet informiert werden? Um diese Fragen zu beantworten, zeigen wir Ihnen am Beispiel der Spielzeug AG, wie Sie das Selbst-Monitoring des SAP Solution Managers einsetzen können.

Die Support-Infrastruktur der MAI sowie der weiteren zentralen SAP Solution Manager-Funktionalitäten werden über das Selbst-Monitoring und die Selbstdiagnose überwacht. Eine Integration in das Benachrichtigungs- und IT-Service-Management (ITSM) stellt sicher, dass Probleme an die entsprechenden Mitarbeiter weitergeleitet und bearbeitet werden können.

Im Folgenden zeigen wir Ihnen die notwendigen Konfigurationsschritte zum Aufsetzen des Selbst-Monitorings.

6.6.1 Einrichtung des Selbst-Monitorings

Ausgangspunkt der Konfiguration ist das Work Center Konfiguration des SAP Solution Managers (Transaktion SOLMAN_SETUP). Klicken Sie im Navigationsbereich auf Technisches Monitoring, und wählen Sie aus der Auswahl auf der linken Seite den Radiobutton SolMan-Selbst-Monitoring aus.

Die Konfiguration des Selbst-Monitorings folgt der bereits in den vorangegangenen Kapiteln vorgestellten prinzipiellen Herangehensweise. Auf die Schritte Übersicht und Infrastruktur konfigurieren werden wir daher hier nicht weiter eingehen, sondern uns im Folgenden auf die spezifischen Merkmale der Einrichtung des Selbst-Monitorings beschränken.

Diese beginnt mit dem dritten Schritt zur Einrichtung von Monitoring und Alerting. Der wesentliche Schritt ist Schritt 3.2, der die eigentliche Konfiguration für das Selbst-Monitoring beinhaltet. In diesem Schritt legen Sie fest, für welche Verwaltungsobjekte die Generierung von Alerts aktiviert werden soll. Dazu wird Ihnen in dem Schritt eine Tabelle aller möglichen Optionen angezeigt. Die erste Spalte enthält in einer baumartigen Struktur alle möglichen Optionen zum Selbst-Monitoring für den SAP Solution Manager. Die Hauptbestanteile der Support-Infrastruktur sind:

- Agenten-Framework
- Selbstdiagnose
- Introscope Enterprise Manager
- LMDB
- Monitoring- und Alerting-Infrastruktur

- Alert Consumer Connector

Jeder dieser Bestandteile wird auf die von Ihnen zugeordneten Kategorien hin überprüft. Hierzu selektieren Sie die gewünschten Monitoring-Kategorien in der Spalte ALERTE ERZEUGEN, um eine Alert-Generierung einzustellen. Sichern Sie die Einstellungen mit einem Klick auf den Button SICHERN, und beenden Sie die Grundkonfiguration.

Damit haben Sie bereits das Selbst-Monitoring für die von Ihnen gewählten Elemente aktiviert. Wie bereits von anderen Szenarien bekannt, können Sie nun noch Standardbenutzer generieren oder entsprechende Benachrichtigungsszenarien definieren.

6.6.2 Verwendung des Selbst-Monitorings

Der Ausgangspunkt der Nutzung des Selbst-Monitorings und des Monitorings der zentralen Funktionen des SAP Solution Managers ist das Work Center VERWALTUNG DES SAP SOLUTION MANAGERS (siehe Abbildung 6.69).

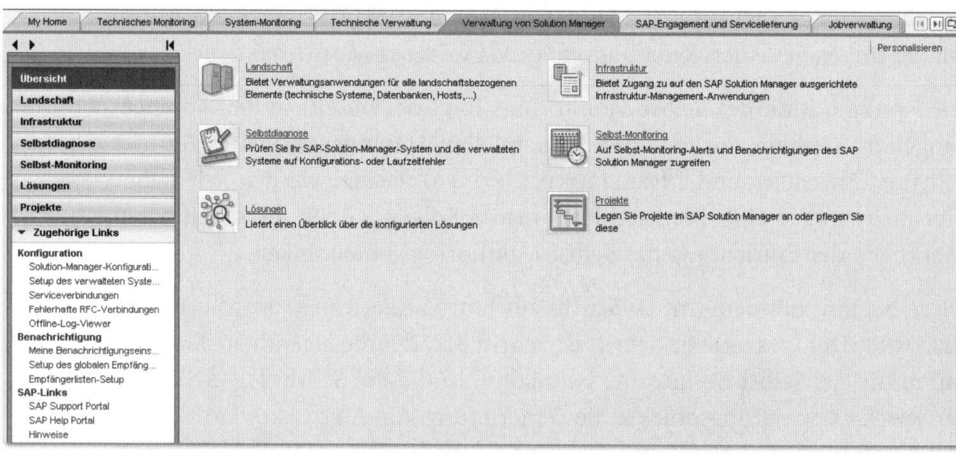

Abbildung 6.69 Work Center zur Verwaltung inklusive Selbstdiagnose

Im Folgenden stellen wir Ihnen näher vor, welche Funktionen sich hinter den beiden Menüpunkten SELBST-MONITORING und INFRASTRUKTUR verbergen.

Selbst-Monitoring

Klicken Sie zunächst auf den Menüpunkt SELBST-MONITORING, um einen Überblick über die Infrastrukturkomponenten und die eventuellen Fehler zu erhalten. Mit dem Button SELBST-MONITORING ÜBERSICHT können Sie die

Übersicht in einem neuen Fenster öffnen. Der Button SELBST-MONITORING ALERT-EINGANG erlaubt es Ihnen, direkt in den Alert-Eingang abzuspringen.

Abbildung 6.70 Übersicht Selbst-Monitoring

In der Spalte KOMPONENTE sehen Sie in der Übersicht die Bestandteile der Support-Infrastruktur (siehe Abbildung 6.70). Zu jeder Support-Infrastrukturkomponente wird die Anzahl der gesammelten Alerts in der Spalte WERT angezeigt. In Tabelle 6.6 sehen Sie, welche Kategorien für Werte aus dem System-Monitoring zur Verfügung stehen.

Kategorie	Erklärung
Verfügbarkeit	Informationen über die Verfügbarkeit des Systems und seiner Instanzen
Konfiguration	Informationen über den Konfigurationsstatus des Systems; hierzu gehören Prüfergebnisse von Konfigurationseinstellungen ebenso wie Änderungen der Konfigurationseinstellungen.
Exception	Informationen über die Fehlermeldungen des Systems
Performance	Informationen über den Status kritischer Performanceindikatoren; dabei können Sie neben dem aktuellen Wert auch eine Wertehistorie anzeigen lassen, um längerfristige Trends zu erkennen oder den aktuellen Wert in ein Verhältnis zur langfristigen Entwicklung setzen.

Tabelle 6.6 Kategorien von Werten

Expandieren Sie die einzelnen Knoten der Support-Infrastrukturkomponenten, um Detailinformationen zu erhalten. Die Detailinformationen sind mit entsprechenden Statusmeldungen versehen. Über die Spalte BESCHREIBUNG können Sie weitergehende Fakten zu den einzelnen überwachten Komponenten erhalten. Des Weiteren sind Erläuterungen und Anleitungen zur Fehleranalyse hinterlegt.

In Abbildung 6.71 sehen Sie zum Beispiel, dass im Bereich EREIGNIS-BERECHNUNGS-ENGINE zu einem bestimmten Zeitpunkt Performanceprobleme bestanden. Dies erkennen Sie an der gelb markierten Warnung in der Spalte STATUS für die Zeile BERECHNUNGSVORGÄNGE PRO SEKUNDE. Klicken Sie doppelt auf die Zeile BERECHNUNGSVORGÄNGE PRO SEKUNDE, um die Detailinformationen aufzurufen. Hier können Sie sehen, dass die Event Calculation Engine mit dem Job `SAP_ALERT_CALCULATION_ENGINE` und dem Report `ACE_CALCULATION_CONTROLLER` ausgeführt wird. Zur weiteren Analyse des Problems schlägt das System vor, die Transaktion SLG1 mit entsprechenden Parametern in den Feldern OBJEKT und UNTEROBJEKT auszuführen.

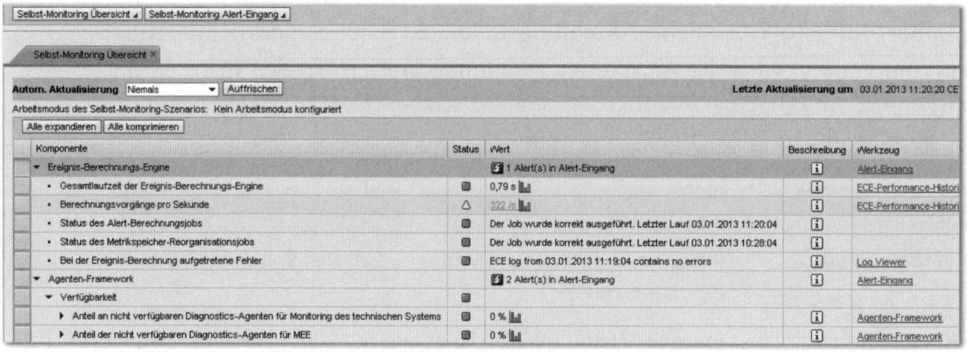

Abbildung 6.71 Beispiel Ereignis-Berechnungs-Engine

Klicken Sie nun auf den Link ECE-PERFORMANCE-HISTORY in der Spalte WERKZEUG, der für Event Calculation Engine steht. Damit springen Sie direkt in die grafische Darstellung des Performanceverlaufs zur Alerting-Berechnung, der involvierten Laufzeitkomponenten, der Metrikzähler sowie der ausgeführten Rechenoperationen pro Sekunde (siehe Abbildung 6.72). Auf diese Weise erhalten Sie weitere Hinweise für die Lösung des Problems.

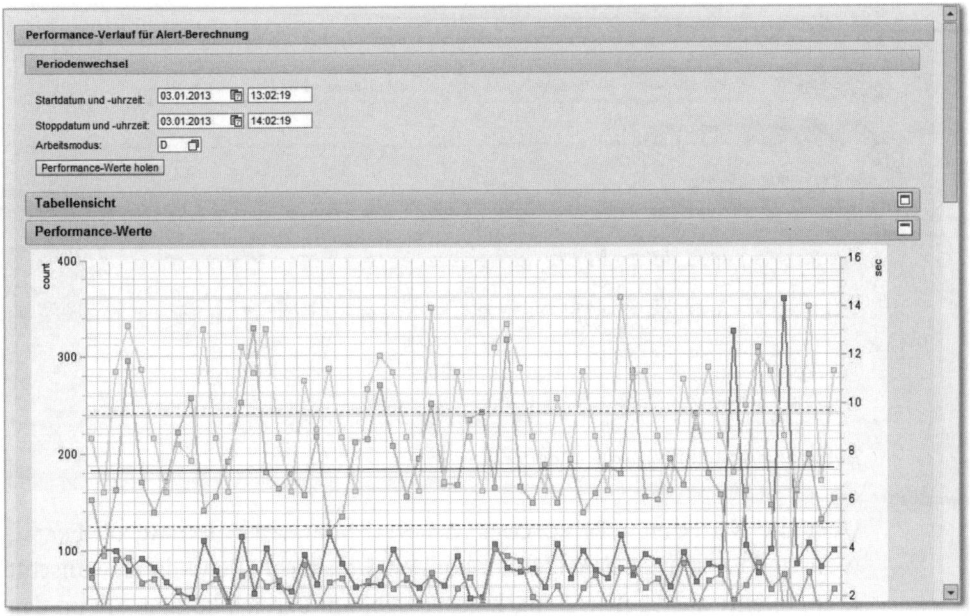

Abbildung 6.72 Performanceverlauf für Alertberechnung

Infrastruktur-Monitoring

Die notwendige Voraussetzung für ein funktionierendes und konsistentes Monitoring der Systemlandschaft ist eine vollständige und funktionierende Infrastruktur. Das heißt, es muss sichergestellt werden, dass die Komponenten, die die MAI des SAP Solution Managers mit Informationen versorgen, auch verfügbar und einsatzbereit sind. Das Monitoring der Infrastruktur kann über den Menüpunkt INFRASTRUKTUR im Navigationsbereich des Work Centers VERWALTUNG DES SAP SOLUTION MANAGERS aufgerufen werden. Sie soll hauptsächlich dem Monitoring, der Administration und der Problemanalyse der folgenden Komponenten dienen:

- Introscope Enterprise Manager
- Diagnostics-Agenten-Framework
- EFWK
- Alerting-Framework

Sie können den gewünschten Arbeitsbereich über die BUTTONS INTROSCOPE, OFFLINE-LOG-VIEWER, BW: AUSWERTUNGEN, FRAMEWORK und VERWALTUNG auswählen (siehe Abbildung 6.73).

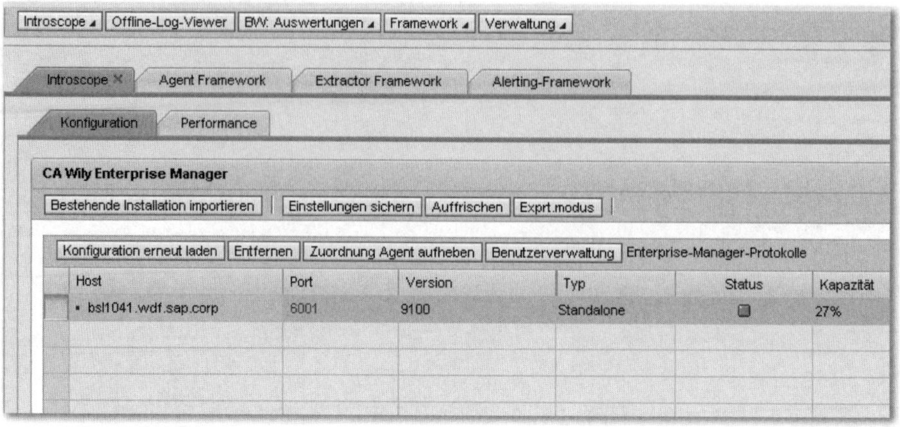

Abbildung 6.73 Infrastruktur-Monitoring

Über die Karteireiter INTROSCOPE, AGENT FRAMEWORK, EXTRACTOR FRAMEWORK UND ALERTING-FRAMEWORK können Sie anschließend die gewünschte Komponente auswählen. Je nach ausgewähltem Bereich können Sie im darunterliegenden Bereich weitere Optionen auswählen.

In den folgenden Abschnitten werden wir Ihnen die Einstellungsmöglichkeiten für die einzelnen Komponenten näher vorstellen.

Introscope Enterprise Manager

In Abbildung 6.73 sehen Sie eine detaillierte Übersicht der zum Introscope Enterprise Manager gehörenden Informationen und Einstellungsmöglichkeiten, wie zum Beispiel die eingesetzte Produktversion in der Spalte VERSION, die prozentuale Auslastung (Spalte KAPAZITÄT) und der genutzte Kommunikations-Port (Spalte PORT).

Auf dem Karteireiter KONFIGURATION innerhalb des jeweiligen Karteireiters der Komponente haben Sie die Möglichkeit, installierte Enterprise Manager-Installationen zu importieren, um auf eine zu hohe Auslastung zu reagieren oder bereits vorhandene Enterprise Manager-Installationen mit dem Solution Manager zu verbinden. Des Weiteren können Sie einen *Introscope Enterprise Manager Cluster* oder einen *Introscope Enterprise Manager of Managers* realisieren. Weiterführende Informationen finden Sie im SAP Service Marketplace unter *service.sap.com/diagnostics*.

Auf dem Karteireiter PERFORMANCE finden Sie für einen frei definierbaren Zeitraum performancerelevante Metrikinformationen. Die wichtigsten Metriken sind im Folgenden aufgelistet und können über die Auswahlliste, die sich nach einem Klick auf den Button ANZEIGEN öffnet, im Detail grafisch dargestellt werden:

- Anzahl der Agenten, die mit dem Enterprise Manager verbunden sind
- Anzahl der Metriken, die dem Enterprise Manager bekannt sind
- Gesamtkapazität, berechnet aus verschiedenen Metriken, um einen Gesamtwert über die Auslastung des Enterprise Managers zu erhalten
  Dieser Wert wird prozentual dargestellt. Die Grundlage der Berechnung bilden unter anderem die Auslastung der CPU, Garbage Collection und die Auslastung des dynamischen Speichers.
- Erforderliche Daten zur Systemlastanalyse aus dem so genannten Smart Store

  Der Smart Store ist eine Datenablage von Introscope, der alle Introscope-Metriken speichert. Die Systemlast wird über die Dauer der Smart-Store-Abfrage dargestellt.
- Die Heap-Kapazität zeigt die Auslastung des dynamischen Speichers an, auf dem der Introscope Enterprise Manager läuft. Die EM-CPU-Verwendung in Prozent gibt Auskunft über die CPU-Auslastung durch den Enterprise Manager an.
- GC-Dauer zur Auswertung der Dauer der Garbage Collection der Virtual Machine, auf der der Introscope Enterprise Manager prozessiert

Als Beispiel sehen Sie in Abbildung 6.74 die Auswahl der Anzahl der Metriken, die verarbeitet werden sollen. Hier sehen Sie, wie viele Metriken in einem Zeitinterwall von 15 Sekunden vom Enterprise Manager verarbeitet wurden.

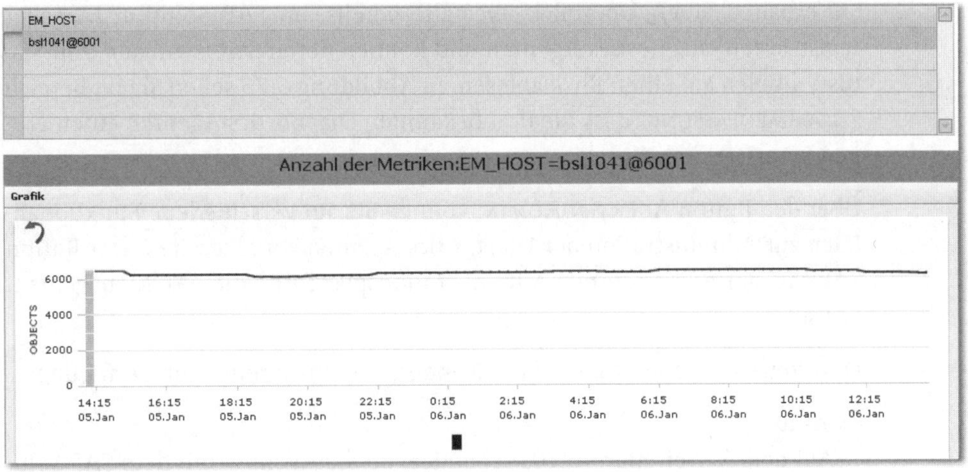

Abbildung 6.74 Anzahl der vorhandenen Metriken

Ist die Anzahl der verarbeiteten Metriken kleiner als die Anzahl der dem Enterprise Manager bekannten Metriken, deutet dies auf potenzielle Performanceprobleme des Enterprise Managers hin. In diesem Fall sollten Sie sich für den Lastausgleich mit der Einrichtung eines Introscope Enterprise Managers of Managers auseinandersetzen.

Diagnostics-Agenten-Framework

Im Agenten-Framework werden Ihnen verschiedene Werkzeuge und Funktionen zur zentralen Verwaltung der Diagnostics Agenten angeboten (siehe Abbildung 6.75).

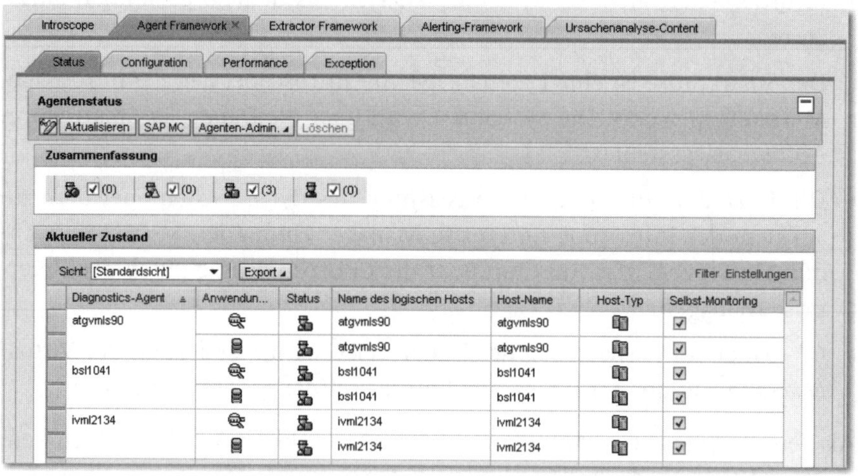

Abbildung 6.75 Agenten-Framework

Sie erhalten einen Überblick über alle bereits am SAP Solution Manager registrierten Diagnostics Agenten und können deren Status anhand von Statussymbolen auf einen Blick ablesen. In Abbildung 6.75 sehen Sie im Bereich ZUSAMMENFASSUNG, dass die drei bekannten Diagnostics Agenten einen grünen Status  haben.

Über den Button AGENTEN-ADMIN. können Sie auf verschiedene Funktionalitäten zur Administration der Diagnostics Agenten zurückgreifen. Der Button SAP MC startet die zentrale Administrationsplattform, die SAP Management Console.

Des Weiteren stehen Ihnen die folgenden vier Karteireiter zur Verfügung:

- **Status**
  Auf dem Karteireiter STATUS sehen Sie, ob die Agenten mit dem SAP Solution Manager verbunden sind.

- **Konfiguration**
  Über den Karteireiter CONFIGURATION können Sie einer technischen Komponente einen neuen Diagnostics Agenten zuordnen, falls der ursprünglich zugeordnete Diagnostics Agent nicht verfügbar ist.
- **Performance**
  Auf dem Karteireiter PERFORMANCE können Sie für einen bestimmten Zeitraum die Laufzeit einsehen, die ein Diagnostics-Datenkollektor benötigt, um Daten zu sammeln.
- **Ausnahmen**
  Auskunft über bestehende Probleme einzelner Diagnostics Agenten werden auf dem Karteireiter EXCEPTION angezeigt. Wählen Sie den fehlerhaften Diagnostics Agenten aus, um weiterführende Informationen zu erhalten.

Extraktor-Framework

Das Extraktor-Framework (EFWK) des SAP Solution Managers wird als zentrale Infrastruktur zur Datensammlung und Verteilung genutzt. Fehler in diesem Framework können dazu führen, dass keine oder nur bedingt aussagekräftige Alerts generiert werden. Das EFWK ist daher von essenzieller Bedeutung für das Monitoring der Systemlandschaft.

Um Statusinformationen über die Extraktoren zu gewinnen und eine Fehlerdiagnose durchzuführen, rufen Sie nacheinander die folgenden Karteireiter EXTRACTOR FRAMEWORK • STATUS • EXTRACTOR FRAMEWORK auf (siehe Abbildung 6.76). Alternativ klicken Sie den Button FRAMEWORK AN und wählen die Option EXTRACTOR FRAMEWORK.

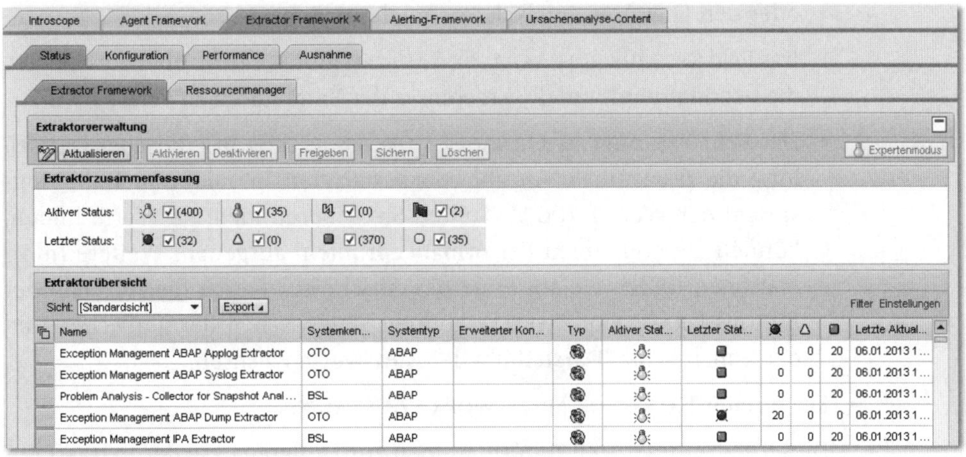

Abbildung 6.76 Statusübersicht über das Extraktor-Framework

Die bereits für die anderen Frameworks vorgestellten Karteireiter sind auch für das EFWK verfügbar. Zusätzlich bietet Ihnen das EFWK auf der dritten Ebene den Karteireiter RESSOURCENMANAGER.

Im Folgenden stellen wir Ihnen die wichtigsten Optionen vor und beschreiben, auf welchen Karteireitern Sie diese finden:

- Karteireiter EXTRACTOR FRAMEWORK • STATUS • EXTRACTOR FRAMEWORK

  Hier sehen Sie eine Übersicht über alle Extraktoren und deren Status. Sie können fehlerhafte Extraktoren über die entsprechenden Buttons AKTIVIEREN oder DEAKTIVIEREN.

- Karteireiter EXTRACTOR FRAMEWORK • STATUS • RESSOURCENMANAGER

  Auf diesem Karteireiter sehen Sie den nächsten geplanten Lauf des Ressourcenmanagers.

- Karteireiter EXTRACTOR FRAMEWORK • KONFIGURATION

  Auf diesem Karteireiter können Sie die erforderlichen Resources-Cap-Einstellungen der RFC-Verbindungen prüfen und administrieren.

- Karteireiter EXTRACTOR FRAMEWORK • PERFORMANCE • EXTRACTOR FRAMEWORK

  Auf diesem Karteireiter werden performancerelevante Informationen zum EFWK abgerufen.

- Karteireiter EXTRACTOR FRAMEWORK • PERFORMANCE • RESSOURCENMANAGER

  Auf diesem Karteireiter stehen Ihnen verschiedene Felder zur Verfügung:

  - Über das Feld METRIKNAME können Sie auswählen, ob Sie die Laufzeit oder den Durchsatz analysieren möchten.
  - Das Feld RESSOURCEN-MANAGER-LAUFZEIT gibt Auskunft über die Laufzeit, die benötigt wird, um die Ergebnisse der Extraktoren zu verarbeiten.
  - Das Feld RESSOURCEN-MANAGER-DURCHSATZ zeigt in grafischer Darstellung die prozentuale Anzahl von gestarteten Extraktoren. Dabei entspricht der Wert 1 100 %. Sollten Sie generell niedrige Werte finden, können Sie von einem Performanceproblem ausgehen. Weitere Informationen finden Sie am Ende des Abschnitts. Durch die Auswahl der Buttons GRAFIK und TABELLE können Sie zwischen der grafischen und der numerischen Darstellung der Messwerte wechseln.

- Karteireiter EXTRACTOR FRAMEWORK • AUSNAHME

  Dieser Karteireiter stellt Informationen zur Fehleranalyse der Extraktoren bereit, die Sie auch über Transaktion SLG1aufrufen können.

Alerting-Framework

Das Alerting-Framework rufen Sie entweder über den entsprechenden Karteireiter auf oder indem Sie auf den Button FRAMEWORK klicken und die Option ALERTING-FRAMEWORK wählen (siehe Abbildung 6.77). Mit den hier verfügbaren Funktionen prüfen Sie wiederum Status, Performance, Konfiguration und eventuelle Ausnahmesituationen in der Alert-Erzeugung des SAP Solution Managers.

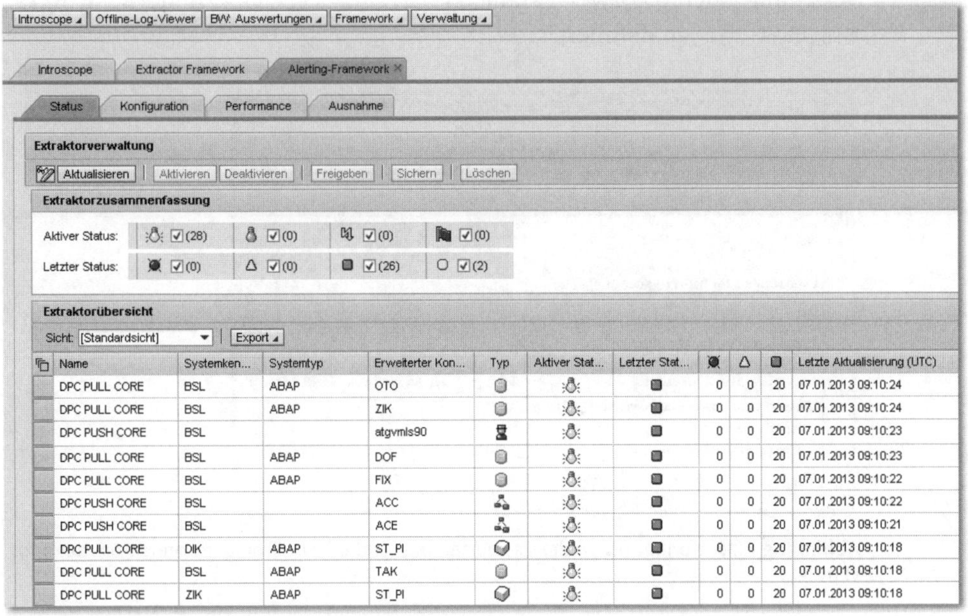

Abbildung 6.77 Statusübersicht des Alerting-Frameworks

Das Alerting-Framework setzt sich aus dem Alert Consumer Connector, DataProvidern und der Event Calculation Engine zusammen und stellt das Herzstück der Alertgenerierung dar. Die Funktionsweise der Alertgenerierung haben wir bereits in Abschnitt 5.3, »Monitoring- und Alerting-Infrastruktur«, detailliert beschrieben. An dieser Stelle sehen wir uns daher die einzelnen Monitoring-Möglichkeiten bzw. Konfigurationsmöglichkeiten der involvierten Komponenten an.

In Abbildung 6.77 sehen Sie den Karteireiter STATUS, der Statusinformationen zu den DataProvidern enthält. Mithilfe des Feldes SICHT können Sie die Ansicht auf AKTIVER STATUS oder LETZTER STATUS einschränken. In der Sicht AKTIVER STATUS sehen Sie, ob ein Extraktor läuft. In der Sicht LETZTER STATUS sehen Sie das Ergebnis.

Eine Abfrage von Fehlermeldungen sowie das Starten bzw. Ausschalten der DataProvider können über die entsprechenden Buttons (AKTIVIEREN und DEAKTIVIEREN) vorgenommen werden. Das Ausschalten eines DataProviders ist nicht empfohlen.

Über den Karteireiter KONFIGURATION können Sie die Konfiguration der DataProvider anpassen und zum Beispiel eine Lastverteilung der zu bearbeitenden Webservices einstellen (siehe Abbildung 6.78). Dabei wird die Lastverteilung über die zwei Parameter `rdisp/http_check` und `rdisp/http_min_wait_dia_wp` definiert.

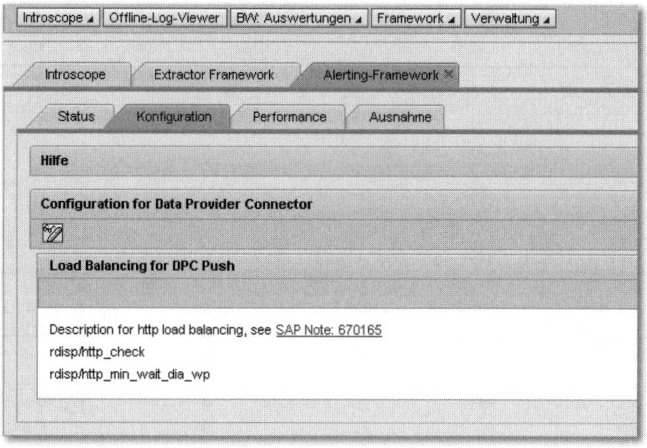

Abbildung 6.78 Konfiguration der Lastverteilung für die Data Provider Connectors des Typs »Push«

Der Parameter `rdisp/http_check` definiert die Ausführung eines Tests, der die Verfügbarkeit einer ausreichenden Anzahl von freien Dialog-Workprozesses prüft, die zur Verarbeitung der Webservices benötigt werden. Dieser Parameter kann mithilfe der Transaktion RZ11 auf den Wert 1 und damit aktiv gesetzt werden. Ein Systemneustart ist dabei nicht notwendig.

Der Parameter `rdisp/http_min_wait_dia_wp` definiert die Anzahl der für Endanwender zur Verfügung stehenden Dialogprozesse. Um Performanceengpässe zu vermeiden, sollten die Einstellungen dieser dynamischen Parameter berücksichtigt werden. Weiterführende Informationen zur Lastverteilung können Sie SAP-Hinweis 751873 entnehmen.

Über den Karteireiter PERFORMANCE können Sie die Laufzeit der verschiedenen Infrastrukturkomponenten auf vielseitige Weise betrachten.

Es gibt jeweils einen eigenen Karteireiter für den Data Provider Connector (DPC), die Event Calculation Engine und den Alert Consumer Connector mit einer Vielzahl von performancerelevanten Metriken. Die Werte der zur Verfügung stehenden Daten können zur weiteren Fehleranalyse verwendet werden. Eine detaillierte Beschreibung der Metriken finden Sie unter *http://help.sap.com/saphelp_sm71_sp01/helpdata/de/ba/533defc9724d47b636c5ddff28d456/content.htm.*

Konsistenzprüfung der Landschaftskomponenten mit der CCDB

Die Änderungs- und Konfigurationsdatenbank (CCDB) beinhaltet die Konfigurationsdaten der Systemlandschaft und erlaubt es Ihnen, Informationen unter anderem über vorgenommene Änderungen zu analysieren. Dies ist besonders sinnvoll in Bezug auf die Change-Diagnostics-Analyse und das Reporting sowie für die systemübergreifende Validierung der Konfigurationen. Die Konfigurationsdaten werden einmal täglich über das EFWK aus den entsprechenden verwalteten Systemen geladen. Konfigurationsdaten, wie zum Beispiel Parameter, Einstellungen, Datenbankkonfigurationen, Softwarekonfigurationen, Benutzerberechtigungen etc., werden dann in den Konfigurationsspeichern der CCDB gesichert. Anschließend stehen sie für Anwendungen zur Verfügung, wie zum Beispiel SAP-Service-Sitzungen, Änderungsanalyse und Konfigurationsvalidierung.

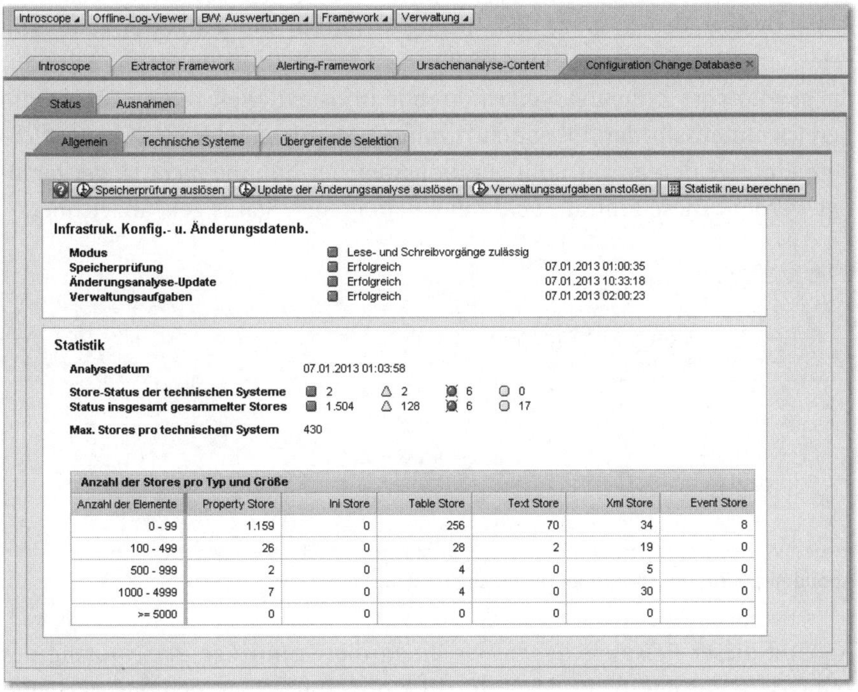

Anzahl der Elemente	Property Store	Ini Store	Table Store	Text Store	Xml Store	Event Store
0 - 99	1.159	0	256	70	34	8
100 - 499	26	0	28	2	19	0
500 - 999	2	0	4	0	5	0
1000 - 4999	7	0	4	0	30	0
>= 5000	0	0	0	0	0	0

Abbildung 6.79 Status der CCDB

Den Zustand der CCDB prüfen Sie mittels der Option CONFIGURATION CHANGE DATABASE über den Button VERWALTUNG.

Einen allgemeinen Zustand der CCDB-Infrastruktur können Sie über die Karteireiter CONFIGURATION CHANGE DATABASE • STATUS • ALLGEMEIN ermitteln. In Abbildung 6.79 sehen Sie, dass sechs kritische Probleme im Konfigurationsspeicher aufgetreten sind.

Sie haben nun die Möglichkeit, die CCDB-Infrastruktur und die Status der Konfigurationsspeicher zu analysieren und somit eine zielgerichtete, weiterführende Fehleranalyse durchzuführen.

Rufen Sie den untergeordneten Karteireiter TECHNISCHE SYSTEME auf, um die Statusmeldungen der technischen Systeme in der CCDB anzuzeigen (siehe Abbildung 6.80). Die Anzahl der fehlgeschlagenen Ladeversuche von Konfigurationsdaten in den Konfigurationsspeicher wird in der Spalte FEHLER angezeigt.

Wie Sie in Abbildung 6.80 sehen können, kam es beim Laden der Daten der ABAP-Instanz des Systems BSL zu drei Fehlern. Informationen zu fehlgeschlagenen Extraktoren können analog zu dem Konfigurationsspeicher in der Spalte FEHLGESCHLAGENE EXTRAKTOREN eingesehen werden. Für die ABAP-Instanz des Systems BSL schlug demnach ein Extraktor-Lauf fehl. Selektieren Sie die rot markierten Einträge durch einen einfachen Klick auf die gewünschte Zeile, um weiterführende Informationen zu den Fehlern im Bereich unterhalb der Tabelle aufzurufen. Als nicht relevant gekennzeichnete Einträge deuten auf Konfigurationsspeicher hin, die nicht länger benötigt werden. Diese Einträge sind mit einem grauen Status gekennzeichnet.

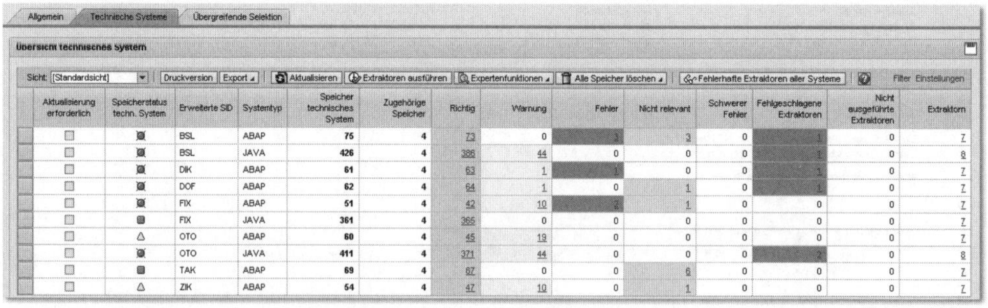

Aktualisierung erforderlich	Speicherstatus techn. System	Erweiterte SID	Systemtyp	Speicher technisches System	Zugehörige Speicher	Richtig	Warnung	Fehler	Nicht relevant	Schwerer Fehler	Fehlgeschlagene Extraktoren	Nicht ausgeführte Extraktoren	Extraktorn
		BSL	ABAP	75	4	73	0	3	3	0	1	0	7
		BSL	JAVA	426	4	386	44	0	0	0	1	0	8
		DIK	ABAP	61	4	63	1	1	0	0	1	0	7
		DOF	ABAP	62	4	64	1	0	1	0	1	0	7
		FIX	ABAP	51	4	42	10	2	1	0	0	0	7
		FIX	JAVA	361	4	365	0	0	0	0	0	0	7
		OTO	ABAP	60	4	45	19	0	0	0	0	0	7
		OTO	JAVA	411	4	371	44	0	0	0	2	0	8
		TAK	ABAP	69	4	67	0	0	6	0	0	0	7
		ZIK	ABAP	54	4	47	10	0	1	0	0	0	7

Abbildung 6.80 Übersicht über technische Systeme

Anhand dieser Beispiele haben wir Ihnen die Grundzüge der Nutzung des Selbst-Monitorings bzw. des Infrastruktur-Monitorings demonstriert und damit die Grundlage für die technische Analyse der Systemlandschaft gelegt.

Im folgenden Kapitel 7, »Technische Administration«, werden wir uns der technischen Analyse und deren Implementierung im SAP Solution Manager im Detail zuwenden und Ihnen am Beispiel der Spielzeug AG erläutern, wie Sie das technische Monitoring einrichten.

6.6.3 Weitere Dokumentationen

Links

Weiterführende Informationen zu Performancemetriken finden Sie unter:

- *http://help.sap.com/saphelp_sm71_sp01/helpdata/de/ba/533defc9724d47b636c5ddff28d456/content.htm*
- *http://help.sap.com/saphelp_sm71_sp05/helpdata/de/d0/e46b2f15dd40ae80bd0dae2981de83/content.htm*

SAP-Hinweise

Tabelle 6.7 gibt einen Überblick über wichtige SAP-Hinweise im Zusammenhang mit dem Selbst-Monitoring des SAP Solution Managers.

Inhalt	Hinweis
Problemanalyse bei der HTTP-Lastverteilung	751873
RFC- und HTTP-Check im Dispatcher	670165

Tabelle 6.7 SAP-Hinweise zum Selbst-Monitoring

Trotz aller Automatisierung sind bei der Überwachung der Systemlandschaft auch Werkzeuge zur Unterstützung manueller, mitunter wiederholbarer Aktionen notwendig. In diesem Kapitel werden diese Werkzeuge vorgestellt.

7 Technische Administration

Neben dem permanenten, möglichst automatisierten technischen Monitoring der Systemlandschaft sind, insbesondere in Ausnahmesituationen, manuelle Tätigkeiten im Systembetrieb zu erledigen, die teilweise auch regelmäßig anfallen. Als Ausnahmesituationen kann man beispielsweise die regelmäßige Wartung ansehen, die einen Systemstopp erfordern könnte. Die technische Administration umfasst auch Werkzeuge, die die manuelle Ausführung von Aufgaben ermöglichen. Es kann sich hierbei um Aufgaben handeln, die nicht automatisierbar sind, weil dies zu viel Aufwand erfordern würde oder weil es nicht mit SAP implementierbare Aufgaben sind. Es gibt jedoch auch Aufgaben, die schlicht noch nicht automatisiert wurden, sodass der Key Performance Indicator (KPI) manuell überwacht werden muss.

Sämtliche Werkzeuge zur technischen Administration werden im Work Center TECHNISCHE VERWALTUNG zusammengefasst und bereitgestellt.

Im Einzelnen handelt es sich um folgende Themengruppen, die wir Ihnen im Lauf des Kapitels näher vorstellen:

- Benachrichtigungsverwaltung
- Aufgaben-Eingang
- Arbeitsmodusverwaltung
- IT-Kalender
- Zentraler Werkzeugzugang

7.1 Benachrichtigungsverwaltung

Benachrichtigungen können vielfältig eingesetzt werden. Ihr Ziel ist es, alle von einer Aktion oder einem Ereignis betroffenen Benutzer einer Systemlandschaft zu informieren oder Aktionen zu initiieren. Dazu müssen die relevanten Benutzer der Benachrichtigungsverwaltung bekannt gemacht werden. Die erste wesentliche Voraussetzung hierfür ist, dass Sie in der Basiskonfiguration im Schritt LANDSCHAFTSDATEN EINGEBEN die entsprechenden Einstellungen gepflegt haben (siehe Abschnitt 2.5.3, »Basiskonfiguration«).

Die Grundlage für die externe Kommunikation eines SAP-Systems bildet die aus der Systemadministration bekannte Verwaltung der SAPconnect-Schnittstelle für die externe Kommunikation eines SAP-Systems. Details zur SAPconnect-Administration finden Sie im Buch *SAP NetWeaver AS ABAP – Systemadministration* von Frank Föse, Sigrid Hagemann und Liane Will, das ebenfalls bei SAP PRESS (2011) erschienen ist.

Wir setzen an dieser Stelle voraus, dass die jeweiligen Verbindungen hergestellt sind, das heißt E-Mails oder SMS aus dem SAP Solution Manager heraus gesendet und umgekehrt empfangen werden können.

Planen Sie, die Benachrichtigungsverwaltung einzusetzen, achten Sie des Weiteren darauf, dass die Benutzerdaten der Systeme vollständig gepflegt sind, zum Beispiel zugehörige E-Mail-Adressen hinterlegt sind.

Sodann können Sie in der Benachrichtigungsverwaltung den globalen Empfängerpool pflegen, und zwar sowohl für Benutzer als auch für so genannte Geschäftspartner innerhalb des SAP Solution Managers sowie in den verwalteten Systemen.

Im Gegensatz zu physischen Benutzern dienen *Geschäftspartner* dazu, Rollen von Benutzern in Prozessen abzubilden, wie im Incident und Problem Management oder im Change Management. Geschäftspartner können sowohl Personen als auch Organisationen repräsentieren. Zudem können Beziehungen zwischen Geschäftspartnern dargestellt werden, zum Beispiel zwischen Mitarbeitern einer Organisationseinheit. Durch die Verwendung von Geschäftspartnern können Benachrichtigungen rollenspezifisch zugestellt werden.

Die Anlage von Geschäftspartnern ist jedoch eine Aufgabe, die bei der Implementierung der jeweiligen Prozesse erfolgt. An dieser Stelle wird daher nicht konkreter darauf eingegangen. Informationen hierzu finden Sie mittels Transaktion SPRO über den Menüpfad SAP REFERENZ-IMG • SAP SOLUTION MANAGER: EINFÜHRUNGSLEITFADEN • SAP SOLUTION MANAGER • TECHNISCHE

EINSTELLUNGEN • GESCHÄFTSPARTNER. Geschäftspartner können automatisch mithilfe der Transaktionen BP_GEN oder BP_USER_GEN oder manuell mithilfe der Transaktionen BP oder SM_CRM angelegt werden. Sind Geschäftspartner gepflegt, können sie im Folgenden als Empfänger von Benachrichtigungen verwendet werden.

Abbildung 7.1 zeigt die Pflege von Empfängern in einem verwalteten System, wobei die Sicht mithilfe der Kriterienschnellpflege auf das System OTO und den Mandanten 500 eingeschränkt wurde.

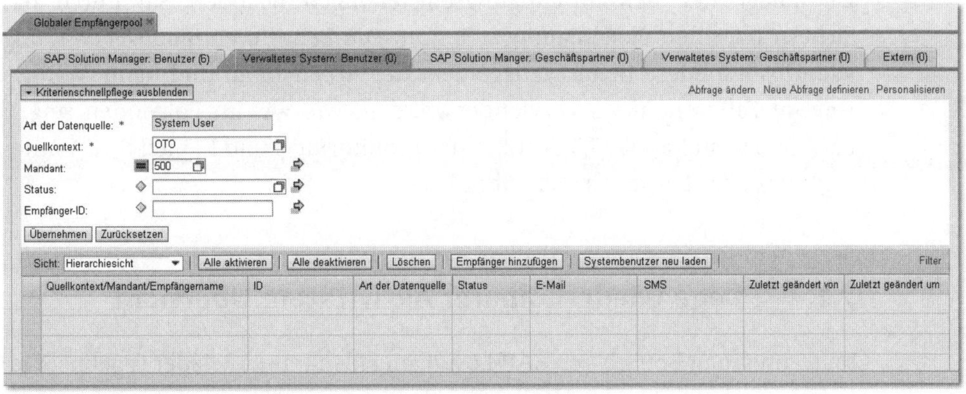

Abbildung 7.1 Pflege der Benachrichtigungsempfänger

Als Empfänger können Sie persönliche Anwesenheitszeiten pflegen, während derer Ihnen Benachrichtigungen zugestellt werden können. Um Ihre persönlichen Daten zu pflegen, wählen Sie innerhalb des Work Centers TECHNISCHE VERWALTUNG im Bereich ZUGEHÖRIGE LINKS die Option VERWALTUNG • MEINE BENACHRICHTIGUNGSEINSTELLUNGEN. Folgende Einstellungen sind zu pflegen:

- **Status**
  Hier ist die Auswahl der Status AKTIV, INAKTIV oder AN VERTRETER WEITERLEITEN erlaubt.
- **Zeitzone**
  Hier ist die Wahl der Zeitzone gemäß dem Arbeitsort erlaubt.

Anschließend klicken Sie auf den Button BEREITSCHAFTSZEITEN DEFINIEREN, um eine neue Zeile in die Detailtabelle einzufügen. In dieser Zeile erfassen Sie die generellen Anwesenheitszeiten durch Auswahl eines Fabrik- und Feiertagskalenders sowie den Zeitraum Ihrer Verfügbarkeit. Wählen Sie zudem die Benachrichtigungsmethode (E-Mail oder SMS) und die zugehörige Adresse/Telefonnummer.

Auf dem Karteireiter WÄHREND PERSÖNLICHER FEHLZEITEN (DIENSTFREI) pflegen Sie die Abwesenheitszeiten und mögliche Stellvertreter.

[!] **Achtung**

Stand heute müssen Sie selbst darauf achten, dass entsprechende Empfänger für den gesamten Zeitraum lückenlos gepflegt und verfügbar sind. Es erfolgt keine Warnung, wenn für einen bestimmten Zeitraum kein Empfänger für Benachrichtigungen definiert wurde.

Die Pflege der Benachrichtigungseinstellungen beenden Sie durch das Sichern über den gleichnamigen Button. Die Benachrichtigungsverwaltung kann insbesondere beim Management der Arbeitsmodi und beim Monitoring im Fall von Alerts verwendet werden, wie wir im Folgenden zeigen bzw. bereits in Kapitel 5, »Technisches Monitoring«, und Kapitel 6, »Monitoring spezieller Lösungen«, erwähnt haben.

7.2 Pflege wiederholbarer Aktivitäten: Übersicht

Im technischen Betrieb von SAP-Lösungen fallen immer wieder regelmäßige, sich wiederholende oder gleichartige Aufgaben an. Um seinem Anspruch als zentrales Betriebswerkzeug innerhalb der Lösungslandschaft gerecht zu werden, bietet der SAP Solution Manager für diese Zwecke verschiedene Methoden der Implementierung an: zum einen das Aufgaben-Management, zum anderen Guided Procedures. Eine dritte Möglichkeit bietet die Zentrale Systemadministration (CSA, Central System Administration).

Aufgaben oder Tasks werden als zeitlich planbare, häufig regelmäßige Aktivitäten angesehen und direkt mit dem verfügbaren Kalender verknüpft.

Geführte Aktivitäten oder Guided Procedures sind eher komplexerer Natur. Sie können aus verschiedenen Arbeitsschritten bestehen, deren Ausführung durch kundenspezifische Dokumentationen unterstützt wird. Guided Procedures werden wie die Aufgaben oder Tasks als wiederholbare Aktivitäten betrachtet, jedoch bis zum Support Package 8 noch nicht in direktem Zusammenhang zu einem Kalender eingeplant. Als Auslöser einer Guided Procedure sind eher Ausnahmesituationen und Ergebnisse von Ursachenanalysen oder Datenkonsistenzchecks anzusehen.

Eine Sonderrolle spielt die CSA. Die CSA beinhaltet eine Sammlung üblicher, regelmäßiger Aufgaben aus der Systemadministration: etwa die Prüfung des

System-Logs, des Security Audit Logs oder des Spool-Zustands, die Überprüfung der gesperrten Benutzer oder Abbrüche in der Hintergrundverarbeitung. Diese Aufgaben müssen von fast jedem Betreiber einer SAP-Lösung durchgeführt werden und wurden daher in der CSA bereits vorbereitet und dokumentiert. Sie können aus der CSA die benötigten Aufgaben auswählen und einplanen.

Tabelle 7.1 stellt die drei Technologien nebeneinander und zeigt die wesentlichen Unterschiede im aktuell verfügbaren SP6.

	Aufgabe	Guided Procedure in SP6	Zentrale Systemadministration (CSA)
Methode der Definition	frei definierbare, verbal beschriebene Aufgabe	geführte, textunterstützte Ausführung frei definierbarer Aktionen	SAP-Sammlung von Standardaufgaben beim Betrieb von verschiedenen SAP-Lösungen, die durch frei definierbare Aufgaben und Aktionen ergänzt werden kann
Nutzung	gestützte manuelle Ausführung	Aktivitäten können automatisch ausgeführt oder manuell initiiert werden.	Benutzer wählt die für ihn wichtigen Aufgaben aus der Kollektion aus. Alle Aufgaben können mit einer selbst definierten Wiederholperiode versehen werden.
Kalenderintegration	in Kalender integrierbar als einmalige Aufgabe	keine Integration in Kalender möglich	keine Integration in Kalender möglich
Anwender/Organisation	Benutzergruppen oder Benutzern zuordenbar	drei Kategorien von Guided Procedures für Ausnahmebehandlung, datenbankübergreifende Konsistenzprüfungen und technische Administrationsnutzungsberechtigung mittels Work-Center-Rollenkonzept steuerbar	über das Rollenkonzept und das integrierte Workflow Management Benutzern zuordenbar

Tabelle 7.1 Gegenüberstellung der Möglichkeiten für geplante, regelmäßige Aktivitäten im SAP Solution Manager 7.1 SP6

	Aufgabe	Guided Procedure in SP6	Zentrale Systemadministration (CSA)
Dokumentation	manuelle Dokumentation der Ausführung und der Ergebnisse möglich	Aufzeichnung der Ausführungszeitpunkte der Aktionen	manuelle Beschreibung der Ausführung im Kommentarbereich des Protokolls und der Aufgabe
Protokollierung	Protokollierung der Ausführung	Protokollierung der Ausführung	historische Reporting-Funktionalität über Ausführungs-Log und Kommentarbereich des Protokolls

Tabelle 7.1 Gegenüberstellung der Möglichkeiten für geplante, regelmäßige Aktivitäten im SAP Solution Manager 7.1 SP6 (Forts.)

Welche wiederkehrenden Aktivitäten Sie in welcher Form realisieren, bleibt Ihnen überlassen, die Klassifizierung und Zuordnung sind durchaus fließend. Die von SAP prädestinierte Technik ist seit SP5 jedoch die der Guided Procedures. Zwar wurde mit SP5 bisher nur die Entwicklungsumgebung zur kundeneigenen Erstellung von Guided Procedures ausgeliefert, doch ist in Zukunft mit analogen Aufgabensammlungen zu rechnen, wie dies bisher von der CSA geleistet wird. Die noch fehlenden Funktionalitäten, wie die Anbindung an den IT-Kalender, die wiederkehrende Einplanung oder Bearbeiterzuordnung und vollständiges Reporting, sind für folgende Feature Packs zu erwarten. Die Technik der Guided Procedures wird von SAP selbst bereits extensiv verwendet, zum Beispiel bei der initialen Konfiguration des SAP Solution Managers.

In den folgenden Abschnitten werden wir daher das Aufgaben-Management und die CSA lediglich umreißen und uns dann auf die Guided Procedures konzentrieren.

7.3 Aufgaben-Management

Regelmäßige Aufgaben sind eine typische Tätigkeit innerhalb der Systemadministration. Den Einstieg in die Verwaltung von Aufgaben finden Sie daher im Work Center Technische Administration im Menüpunkt Aufgaben-Eingang. Abbildung 7.2 zeigt den Einstiegsbildschirm für die Pflege, Ausführung und Auswertung von Aufgaben.

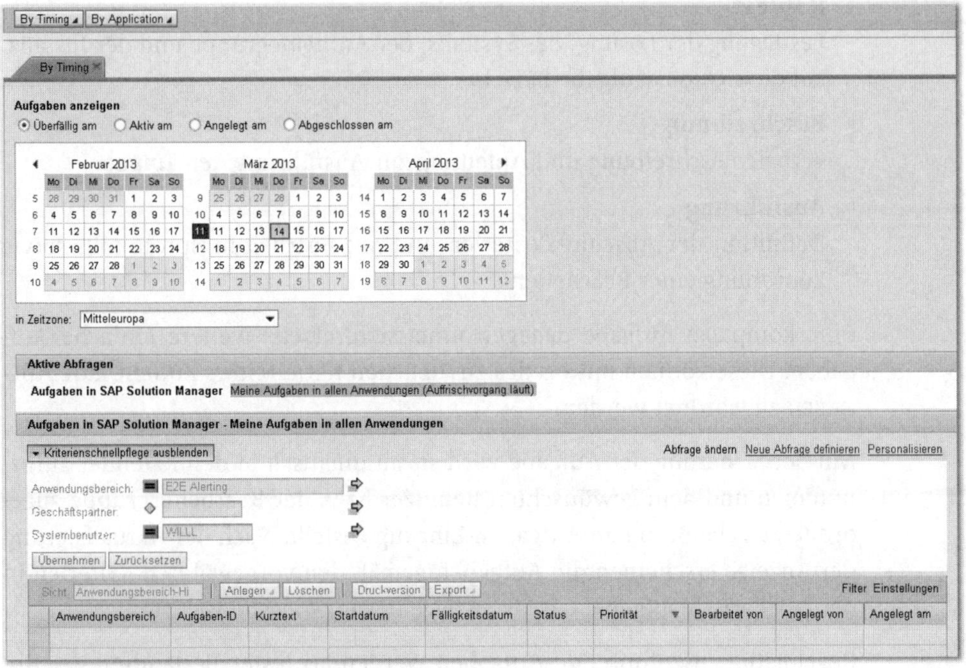

Abbildung 7.2 Einstieg in das Aufgaben-Management

Der Einstieg erfolgt üblicherweise in der zeitlichen Sortierung der anstehenden Aufgaben für den ausführenden Benutzer (Karteireiter BY TIMING). Über den Karteireiter BY APPLICATION kann aber auch zu einer applikationsorientierten Sortierung umgeschaltet werden.

Die Kriterienschnellpflege hilft bei der Übersicht und Auswahl der anstehenden Aufgaben.

Die gängigen Anwendungsbereiche sind bereits im Standard enthalten und können über den Button ANWENDUNGSBEREICH angezeigt und ausgewählt werden. Sie können jedoch auch weitere Anwendungsbereiche anlegen und Aufgaben zuordnen.

Möchten Sie eine neue Aufgabe anlegen, pflegen Sie zunächst die entsprechenden Selektionskriterien und bestätigen dies mit dem Button ÜBERNEHMEN. Klicken Sie dann auf den Button ANLEGEN, und entscheiden Sie, ob es sich um eine einfache oder komplexe Aufgabe handelt.

Eine einfache Aufgabe besteht aus folgenden Elementen

- **Aufgabenkopf**
  Zuordnung einer Priorität zwischen niedrig und sehr hoch und Festlegung von Start- und Fälligkeitszeitpunkt in der ausgewählten Zeitzone

- **Kontext**
  Festlegung der Lösung, des Systems, der Anmeldegruppe und der Instanz, auf die sich die Aufgabe bezieht
- **Beschreibung**
  verbale Beschreibung und Anleitung zur Ausführung der Aufgabe
- **Ausführung**
  Definition der Abschlusskriterien und des Bearbeitungsprotokolls sowie Zuordnung eines Bearbeiters

Eine komplexe Aufgabe dagegen umfasst ihrerseits weitere einfache Aufgaben. Diese können mittels des zusätzlichen Karteireiters ZUGEHÖRIGE AUFGABEN zugeordnet werden.

Mit der Sicherung der Aufgabe wird sie automatisch in den Kalender aufgenommen und dem gewünschten Benutzer bzw. der Bearbeitergruppe zugeordnet, das heißt in den Aufgaben-Eingang gestellt. Nach der Aktualisierung der Anzeige erscheinen die Aufgaben gemäß den vorgewählten Kriterien in der tabellarisch aufgebauten Listanzeige des Einstiegsbildschirms.

Regelmäßig auszuführende Aufgaben werden als fester Bestandteil der üblichen Administrationsaufgaben angesehen und müssen im Gegensatz dazu über die CSA angelegt werden, was im folgenden Abschnitt gezeigt wird.

7.4 Zentrale Systemadministration (CSA)

Die CSA basiert auf dem Aufgaben-Management, wie es in Abschnitt 7.3 beschrieben wurde. Die Handhabung der Aufgaben ist demnach analog.

Bevor Sie die CSA jedoch verwenden können, müssen Sie aus der von SAP ausgelieferten Sammlung von Aufgaben die für Ihre Systeme und Lösungen relevanten Aufgaben auswählen und zuordnen. Dazu öffnen Sie wiederum das Work Center TECHNISCHE VERWALTUNG und verzweigen in den AUFGABEN-EINGANG. Unter ZUGEHÖRIGE LINKS im Bereich KONFIGURATION finden Sie den Tabelleneintrag CSA KONFIGURIEREN. Im Tabelleneintrag SAP SOLUTION sind alle an den SAP Solution Manager angeschlossenen Systeme enthalten. Wählen Sie wiederum Tabelleneintrag CSA KONFIGURIEREN, um in die detaillierte Liste der angeschlossenen Systeme zu verzweigen. Dort wählen Sie die Systeme aus, für die Sie die CSA nutzen möchten. Je nachdem, um welche Lösung es sich bei dem System handelt, werden die systemspezifischen Aufgabensammlungen zur Auswahl angeboten.

Abbildung 7.3 zeigt den Einstieg in die Konfiguration der CSA für das System OTO. Im linken Bereich der Anzeige sind die Konfigurationsschritte der CSA inklusive der Aufgaben in einer Baumstruktur angeordnet. Wählen Sie einen dieser definierten Schritte aus, wird dieser Schritt im rechten oberen Bereich erläutert. Im rechten unteren Bereich, dem Ausführungsbereich, treffen Sie Ihre Auswahl oder geben die gewünschten Daten ein. Die CSA ist in englischer, chinesischer, japanischer und russischer Sprache verfügbar.

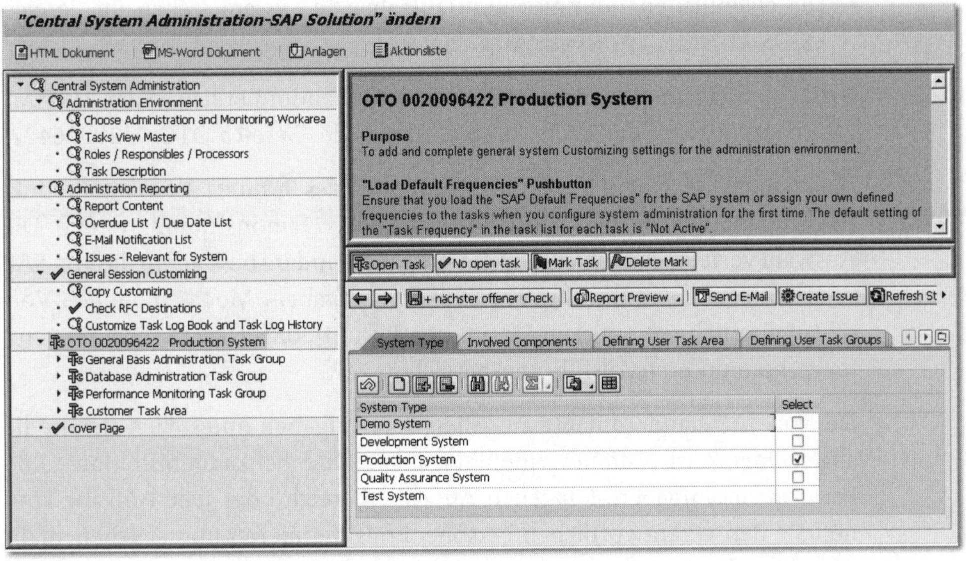

Abbildung 7.3 Konfiguration der CSA für ein System OTO

Neben der Auswahl der eigentlichen Aufgaben müssen Sie auch die organisatorischen und verwaltungstechnischen Daten zur Nutzung der CSA pflegen:

- Im Bereich Administration Environment (siehe Abbildung 7.3) definieren Sie zum Beispiel den Benutzerkreis der CSA, dem Sie im Folgenden Aufgaben zuordnen möchten. Die CSA führt bei der späteren Ausführung ein automatisches Logbuch, in dem protokolliert wird, wer welche Aufgabe wann ausgeführt hat.
- Im Bereich Administration Reporting definieren Sie die Rahmenparameter für dieses Reporting.
- Im Bereich General Session Customizing legen Sie die Anzahl von historischen Einträgen fest, die im Report über das Logbuch erscheinen sollen. Die CSA verfügt über eine Warn- und Alarmfunktion. Zum einen können Sie sich oder eine andere verantwortliche Person per E-Mail benachrichti-

gen lassen, wenn eine Aufgabe nicht im festgelegten Zeitrahmen ausgeführt wurde und somit überfällig ist. Außerdem können Sie festlegen, ob eine warnende E-Mail versendet werden soll, bevor eine Aufgabe in den Status Überfällig wechselt.

- Im Bereich COVER PAGE können Sie für das Deckblatt des Reports, den Sie nach Durchführung der Checks generieren können, zusätzliche Informationen zu Ort und Land des Systems erfassen.
- Die eigentlichen Administrationsaufgaben je System stehen im Bereich <SID> <INSTALLATIONSNUMMER> bereit.

Betrachten wir nun die Administrationsaufgaben im Bereich <SID> <INSTALLATIONSNUMMER>. In diesem Beispiel ist dies der Bereich OTO 0020096422.

In einem ersten Schritt bestimmen Sie die Art des Systems. Ist es ein Produktiv-, Qualitätssicherungs-, Entwicklungs- oder Demonstrationssystem? Die Auswahl verfeinert noch einmal die Aufgaben und insbesondere die von SAP vorgeschlagene Ausführungsfrequenz der Aufgaben. Möchten Sie den Vorschlag übernehmen, klicken Sie auf den Button LOAD DEFAULT FREQUENCIES im rechten unteren Ausführungsbereich.

Die von SAP standardmäßig ausgelieferten Aufgaben unterteilen sich in die allgemeinen Basis-Administrationsaufgaben, Datenbankadministrations- und Performanceaufgaben. Für jeden Aufgabenbereich oder jede Aufgabe können Sie den verantwortlichen Personenkreis definieren und gegebenenfalls auch hier die Ausführungsfrequenz anpassen. Dies erfolgt mittels der verschiedenen Karteireiter im Ausführungsbereich je Aufgabe.

Zu jeder Aufgabe steht Ihnen zudem ein so genanntes *Task Notepad* zur Verfügung, in dem Notizen erfasst werden können. Gibt es kundenspezifische Ausführungshinweise zu einer Aufgabe, pflegen Sie diese auf dem Karteireiter COMPANY SPECIFIC TASK DESCRIPTION der Aufgabe ein. Für die Versendung von Benachrichtigungen können Sie auf dem Karteireiter E-MAIL TEXT bereits Text vorformulieren.

Sie können die CSA um weitere, kundenspezifische und regelmäßig auszuführende Aufgaben erweitern. Dazu starten Sie wiederum die CSA für das ausgesuchte System in der gewünschten SAP-Lösung (wählen Sie im Work Center TECHNISCHE VERWALTUNG ZUGEHÖRIGE LINKS • KONFIGURATION • CSA KONFIGURIEREN • CSA KONFIGURIEREN und dann die SAP-Lösung UND das System aus). Damit öffnet sich der spezifische Baum der in der CSA für das gewählte System selektierten Aufgaben.

Um darin eigene Aufgaben zu integrieren, gehen Sie wie folgt vor:

1. Wählen Sie den Systemknoten des Systems aus, <SID> <INSTALLATIONS-NUMMER>. Im Ausführungsbereich des Knotens sind damit zu jeder Aufgabe verschiedene Karteireiter verfügbar.
2. Wählen Sie den Karteireiter DEFINING USER TASK AREA. Durch die Eingabe eines Namens für eine USER TASK AREA erzeugen Sie einen Unterknoten innerhalb der CSA im Knoten CUSTOMER TASK AREA (siehe linker Bildbereich in Abbildung 7.3). In Abbildung 7.4 wurden zwei User Task Areas AUFGABEN IM DEUTSCHSPRACHIGEN RAUM und TASK IN ENGLISH SPEAKING AREAS angelegt. Sichern Sie diese Eingaben.

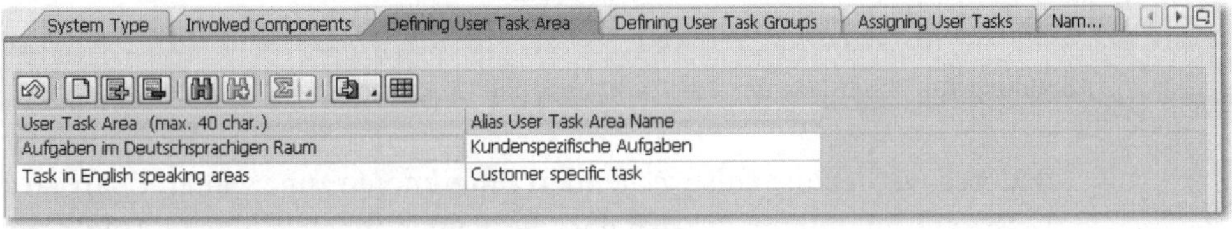

Abbildung 7.4 Anlegen von User Task Areas

3. Wechseln Sie auf den Karteireiter DEFINING USER TASK GROUPS, öffnet sich eine Tabelle für weitere Eingaben.
   - In der Spalte USER TASK AREA wählen Sie die gewünschte und von Ihnen zuvor angelegte USER TASK AREA aus. Abbildung 7.5 zeigt, dass für jede der zuvor angelegten USER TASK AREAS jeweils eine Aufgabe angelegt wurde. Dabei handelt es sich um den Aufruf der Transaktion SM21 (System-Log prüfen).

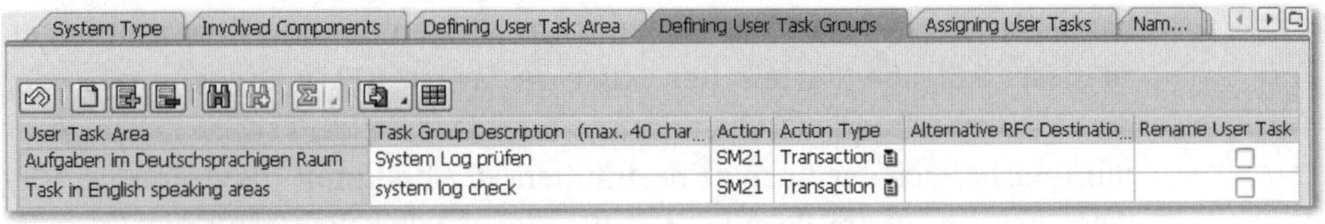

Abbildung 7.5 Pflege von Aufgaben

   - Definieren Sie nun eine Beschreibung in der Spalte TASK GROUP DESCRIPTION. Damit erzeugen Sie im Knoten CUSTOMER TASK AREA im Unterknoten USER TASK AREA eine Aufgabe mit dem hier in der Spalte TASK GROUP DESCRIPTION hinterlegten Namen.
   - Die zu der Aufgabe gehörende Aktion bestimmen Sie in den Spalten ACTION TYPE und ACTION. Wählen Sie den für Ihre Aktion passenden

Aktionstyp. Mögliche Aktionstypen sind Transaktionen, Programme, eine URL oder ein Betriebssystemkommando.

Die zugehörige, auszuführende Aktion, zum Beispiel Transaktion SM21, pflegen Sie in der Spalte ACTION. Sichern Sie wiederum Ihre Eingaben.

4. Im nächsten Schritt werden die angelegten Aufgaben zugeordnet. Wechseln Sie dazu auf den Karteireiter ASSIGNING USER TASKS UND SICHERN SIE DIE ZUORDNUNG (siehe Abbildung 7.6).

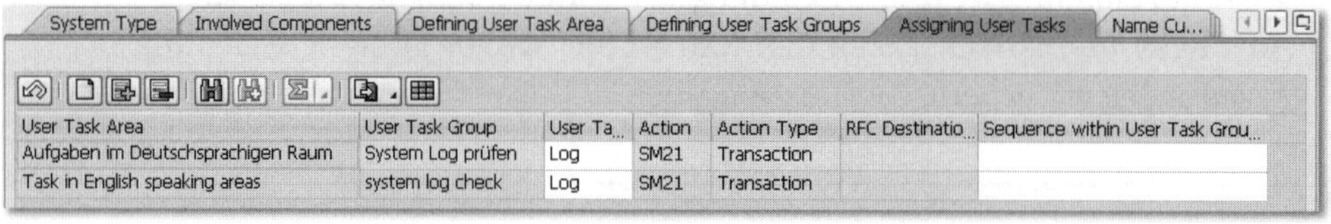

Abbildung 7.6 Zuordnung der User Task Areas und Groups zu einer User Task

Dadurch werden die entsprechenden Unterknoten zum Knoten CUSTOMER TASK AREA im unteren Bereich des CSA-Baums angelegt, wie in Abbildung 7.7 für die angelegten Aufgaben dargestellt ist.

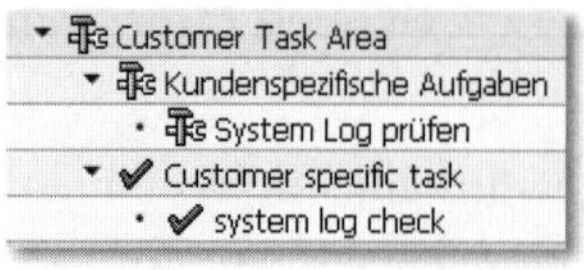

Abbildung 7.7 Eingefügte kundenspezifische Aufgaben im CSA-Baum

5. Verzweigen Sie auf den Knoten CUSTOMER TASK AREA im linken Bildbereich, und öffnen Sie die von Ihnen angelegte Aufgabe. Mittels der verfügbaren Karteireiter und Tabelleneinträge können Sie nun Beschreibungen zu dieser Aufgabe (Karteireiter COMPANY SPECIFIC TASK DESCRIPTION) oder die Wiederholfrequenz (Karteireiter TASK LIST, Feld FREQUENCY) im Ausführungsbereich der Anzeige bestimmen. In Abbildung 7.8 wurde als Wiederholfrequenz zum Beispiel WEEKLY, also wöchentlich gewählt.

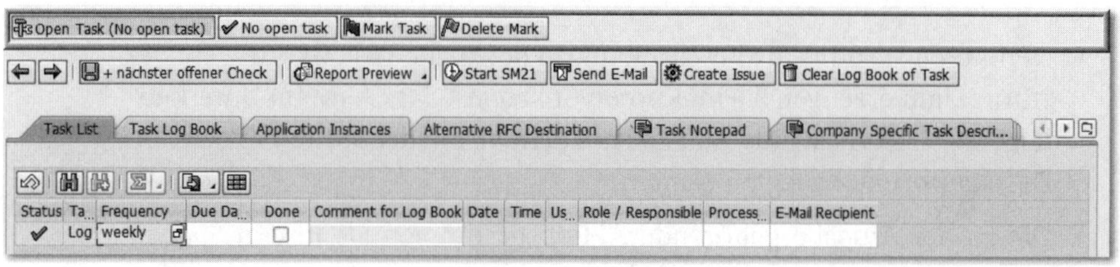

Abbildung 7.8 Pflege der kundeneigenen Aufgaben

6. Sichern Sie Ihre Eingaben wie gewohnt oder klicken Sie innerhalb des Aufgabenbereichs auf [+ nächster offener Check], um automatisch mit der Sicherung in den nächsten noch auszuführenden Check (Aufgabe) zu verzweigen.

Durch die Konfiguration der CSA werden die ausgewählten Aufgaben zum entsprechenden Zeitpunkt in den Aufgaben-Eingang der verantwortlichen Personen gestellt. Alternativ können Sie die CSA auch direkt starten und durch die einzelnen Aufgaben bzw. Checks entlang des Baums beliebig ausführen. Wie Abbildung 7.8 zeigt, wird beim Anlegen der Aufgabe automatisch ein Button angelegt, hier START SM21, um die definierte Aktion auszuführen.

Die Auswertung der Ausführungsdaten und -ergebnisse der Aufgaben können Sie jederzeit entweder direkt innerhalb der CSA-Sitzung oder ausgehend vom Work Center TECHNISCHE VERWALTUNG über ZUGEHÖRIGE LINKS • KONFIGURATION • CSA KONFIGURIEREN • CSA KONFIGURIEREN vornehmen. Unter AKTIVITÄTEN können Sie den Logbuch-Report generieren und erstellen.

7.5 Guided Procedures

Je nach Automatisierungsgrad des technischen Monitorings werden mehr oder weniger manuelle, teils auch regelmäßige Aktivitäten verbleiben, deren Ausführung Sie anleiten und womöglich protokollieren möchten. Oder es handelt sich um geführte Handlungsanweisungen für Ausnahmesituationen, deren Automatisierung im Verhältnis zur Häufigkeit des Auftretens unverhältnismäßigen Aufwand erfordern würde. Für derartige Fälle eignen sich geführte Prozeduren, auch als *Guided Procedures* bezeichnete, im SAP Solution Manager verwaltete Handlungsanweisungen.

Guided Procedures unterstützen die definierte Abfolge von Aktionen, bei denen jeder Schritt durch beschreibende Texte erläutert werden kann. Abbildung 7.9 zeigt den möglichen Aufbau von Guided Procedures. Diese setzen sich aus Schritten, möglicherweise Teilschritten, einem Beschreibungstext und den zugeordneten Aktivitäten mit zugehörigen Hilfetexten zusammen.

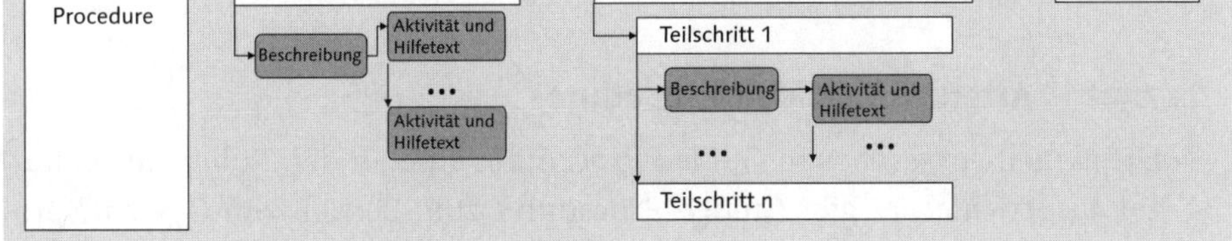

Abbildung 7.9 Architektur von Guided Procedures

Alle ausgeführten Aktionen können dokumentiert und die Ergebnisse protokolliert werden. Guided Procedures werden innerhalb von SAP auch bei der Basiskonfiguration des SAP Solution Managers eingesetzt. Mit dem nötigen Expertenwissen könnten Sie vergleichbare Prozeduren daher selbst erstellen. In diesem Abschnitt möchten wir Ihnen den Einstieg in die Entwicklungsumgebung der Guided Procedures vorstellen.

7.5.1 Vorbereitung

Bevor Sie beginnen, Guided Procedures anzulegen, sollten Sie sich im Team über gewisse Namenskonventionen einigen. Dies erleichtert später die Zuordnung, Ausführung und den Transport von Guided Procedures.

Um die Beschreibungstexte in einem Paket zu sammeln und später eventuell transportieren zu können, definieren Sie ein solches Paket vor dem Anlegen von Guided Procedures. Dies erfolgt am besten mit der ABAP Workbench (Transaktion SE80). Klicken Sie auf den Button Paket, und pflegen Sie einen möglichst sprechenden Objektnamen für das Paket im Kundennamensraum. Die zuzuordnende Anwendungskomponente ist BC-GP und für den Basisbereich und Guided Procedures bereits vorgesehen.

Die Verwaltung der Textbausteine erfolgt innerhalb der Dokumentenpflege (Transaktion SE61). Die Beschreibungen, die Sie im Rahmen von Guided Procedures erfassen, sind der Klasse TX (Allgemeiner Text) zugeordnet. Die Textelemente werden unabhängig von Zuordnungen zu Guided Procedures verwaltet. Daher vereinfacht sich die Pflege, wenn Sie bei der Namenskonvention auf sprechende Namensregeln geachtet haben.

Bei der Erzeugung eigener Beschreibungen tangieren Sie automatisch die Thematik der landesspezifischen Sprachen. Möchten Sie Guided Procedures in unterschiedlichen Sprachen nutzen, müssen Sie die Textbausteine im Standard-Übersetzungsumfeld (Transaktion SE63) und dort unter Übersetzung • ABAP-Objekte • Langtexte • L5 F1-Hilfe • TX Allgemeine Texte übersetzen. Die Dokumentenpflege unterstützt dies durch verschiedene Werkzeuge, auf deren Verwendung wir im Rahmen dieses Buches jedoch nicht weiter eingehen können.

7.5.2 Arten von Guided Procedures

Die aktuell vorgesehenen Guided Procedures sind an den Rollen der Benutzer ausgerichtet, es gibt Guided Procedures zum Betrieb von Geschäftsprozessen, für die Ausnahmebehandlung innerhalb der Ursachenanalyse und für die technische Administration. Gemäß dieser Unterscheidung sind die Pflege und die Nutzung der jeweiligen Guided Procedures den entsprechenden Work Centern zugeordnet.

Guided Procedures pflegen und nutzen Sie im Work Center im Rahmen folgender Aufgaben:

- **Betrieb von Geschäftsprozessen**
  (Work Center Betrieb von Geschäftsprozessen • Datenkonsistenzverwaltung • Datenbankübergreifender Vergleich • Letztes Ergebnis anzeigen • Guided Procedures)
  Diese Guided Procedures sind direkt mit den definierten Vergleichsläufen verknüpft. Daher können Guided Procedures erst definiert werden, wenn Sie zugehörige Konsistenzprüfungsläufe angelegt haben.
- **Ursachenanalyse**
  (Work Center Ursachenanalyse • Ausnahmebehandlung)
  Wählen Sie eine der Kategorien ABAP Aborted Jobs, ABAP Application Log, ABAP Runtime Error oder ABAP Syslog aus. Anschließend wird die Anzeige im unteren Bildbereich mit den in dieser Kategorie aufgetretenen Meldungen erweitert. Neben weiteren Funktionen wird auch ein Button zur Erzeugung oder Ausführung von Guided Procedures eingeblendet.
- **Technische Administration**
  (Work Center Technische Verwaltung • Guided Procedures)
  Für jede technische Komponente steht ein separater Karteireiter zur Verfügung. Insbesondere wenn die Anzahl der im SAP Solution Manager verwalteten Systeme groß ist, kann die Aufschlüsselung nach technischen Komponenten sehr hilfreich sein.

7.5.3 Pflege von Guided Procedures

Unabhängig von Kontext und Art der Guided Procedure, erfolgt die Pflege nach dem gleichen Muster. Wählen Sie den jeweiligen Bezug aus, entweder das technische System oder die Meldung zum aufgetretenen Fehler oder eben den Konsistenzchecklauf. Der jeweilige Button Guided Procedure erlaubt Ihnen, die Pflege entweder im aktuellen Fenster zu starten oder dafür ein neues Fenster zu öffnen. Es öffnet sich eine Anzeige, die neben der Auflistung aller für diese Komponente bzw. dieses System verfügbaren Guided Procedures auch das Anlegen, Ändern und die Ausführung von Guided Procedures erlaubt.

Da die Anzahl verfügbarer Guided Procedures selbst für ein System leicht wachsen kann, bietet die Kriterienschnellpflege eine weitere Möglichkeit, den Sichtbereich auf die gewünschten Guided Procedures zu reduzieren. Blenden Sie die Kriterienschnellpflege ein, öffnen sich drei Eingabefelder:

- **System Type**
  Im Feld SYSTEM TYPE können Sie auf den gewünschten technischen Typ einschränken, wie zum Beispiel auf ABAP oder Java.
- **Context Type**
  Im Feld CONTEXT TYPE wird die Umgebung beschrieben, in der die gesuchte Guided Procedure abläuft, zum Beispiel das technische System, die technische Instanz, der Host (Server) oder die Datenbank.
- **Produkt-ID**
  Die Angabe im Feld PRODUKT-ID bezeichnet die interne Verwaltungsnummer einer Guided Procedure. Verwendet man diese häufiger, werden sie schnell geläufig.

Damit die Kriterienschnellpflege gewinnbringend eingesetzt werden kann, ist es jedoch erforderlich, dass die entsprechenden Kriterien beim Anlegen einer Guided Procedure auch gepflegt wurden.

Über den Button EXPORT können einzelne Guided Procedures auch in einem Microsoft Excel-kompatiblen Format ausgegeben werden. Damit können insbesondere die im SAP Solution Manager hinterlegten Schritte und Erläuterungen zu einer Guided Procedure auch in andere Dokumente integriert werden.

[!] **Achtung**

Guided Procedures beziehen sich momentan immer auf eine technische Komponente eines Systems. Es ist nicht möglich, systemübergreifende Guided Procedures zu erzeugen, jedoch dürfte auch diese Funktionalität in späteren Feature Packages nachfolgen.

Erzeugen einer neuen Guided Procedure

Wie Sie neue Guided Procedures anlegen, wird im Folgenden am Beispiel einer Guided Procedure im Bereich der technischen Administration gezeigt. Vorzugsweise haben Sie die Pflege der Guided Procedures in einem neuen Fenster über den Button GUIDED PROCEDURES geöffnet. Gehen Sie nun folgendermaßen vor:

1. Klicken Sie auf den Button ANLEGEN, um eine neue Guided Procedure zu erzeugen. Sie haben in der folgenden Anzeige (siehe Abbildung 7.10) die Möglichkeit, eine bereits bestehende Guided Procedure als Kopiervorlage zu verwenden und dann beliebig anzupassen (Option KOPIEREN VON). Oder Sie erzeugen eine neue Guided Procedure über die Option VERWEIS VON. In diesem Fall übernehmen Sie die Schritte der bestehenden Guided Procedure in die neue. Sie können dann lediglich die Reihenfolge der darin enthaltenen Schritte ändern und neue Schritte ergänzen; es ist jedoch nicht möglich, die Inhalte der Schritte zu ändern, die aus der bestehenden Guided Procedure übernommen wurden.

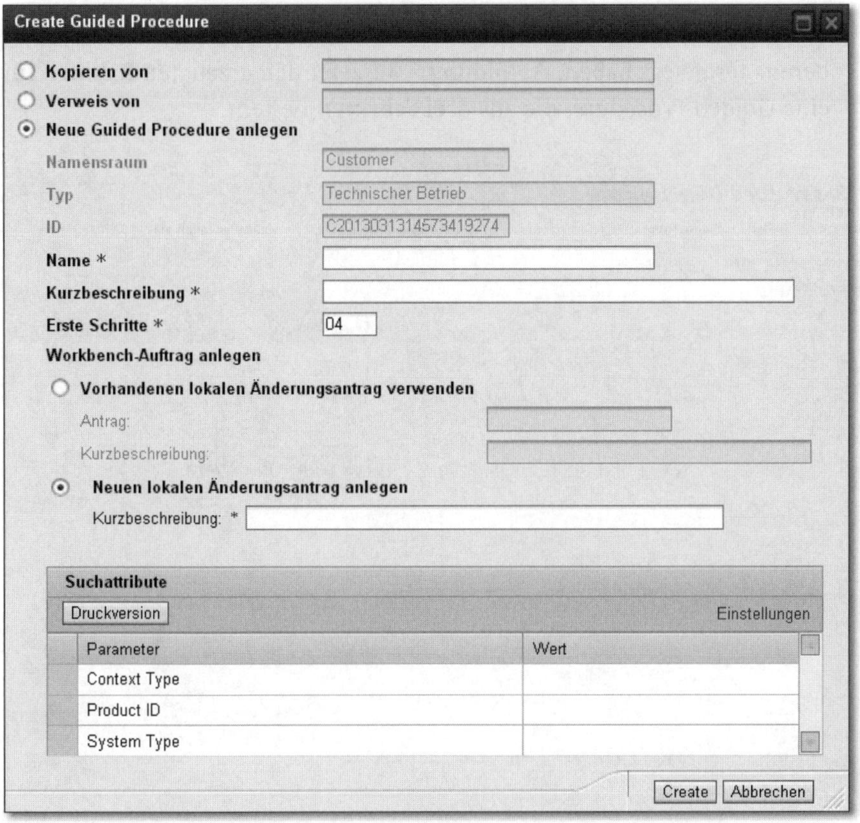

Abbildung 7.10 Erzeugen des Rahmens für eine neue Guided Procedure

2. Um die Option NEUE GUIDED PROCEDURE ANLEGEN zu nutzen, wählen Sie eine möglichst aussagekräftige Bezeichnung und eine kurze Erläuterung. Planen Sie weitere Guided Procedures, könnte es sinnvoll sein, ein Namenskonzept vorzugeben. Automatisch und nicht änderbar werden als

Namensraum CUSTOMER, als Typ TECHNISCHER BETRIEB und eine interne Identifikationsnummer (ID) vergeben.

3. Eine Guided Procedure kann aus mehreren Aufgaben bestehen. Standardmäßig wird die Schrittanzahl mit 4 vorbelegt (Feld ERSTE SCHRITTE), das kann aber von Ihnen geändert werden.
4. Da Guided Procedures transportierbar sind, werden Sie zur Eingabe eines zugehörigen Transportauftrags aufgefordert wird (Bereich WORKBENCH-AUFTRAG ANLEGEN in Abbildung 7.10).
5. Haben Sie die erforderlichen Angaben vervollständigt, klicken Sie auf den Button ANLEGEN (CREATE in Abbildung 7.10).
6. Damit gelangen Sie zur Definition der einzelnen Schritte, deren Anzahl Sie bereits festgelegt haben. Abbildung 7.11 zeigt den erzeugten Rahmen für eine Guided Procedure, die aus drei Schritten besteht.

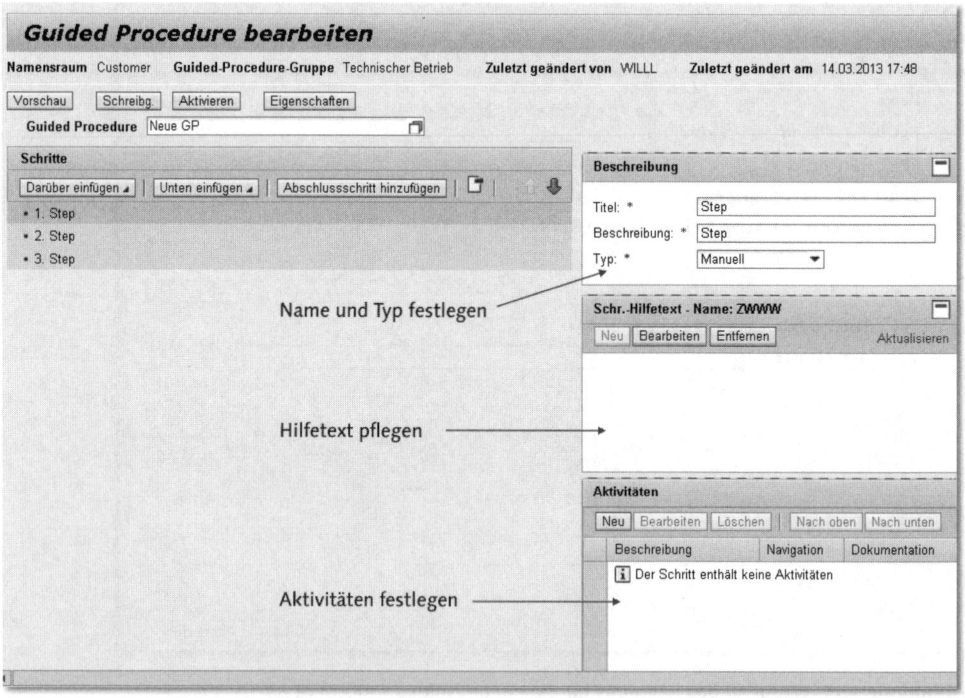

Abbildung 7.11 Erzeugter Rahmen für eine Guided Procedure mit drei Schritten

Bevor Sie beginnen, die einzelnen Schritte festzulegen, sollten Sie sich Gedanken zum Aufbau machen. Dazu ist es sinnvoll, einen konkreten Plan zu erstellen, wie die spätere Guided Procedure strukturiert werden soll. Ein

Schritt kann aus einer einzelnen Aktivität oder aus mehreren bestehen. Der Schritt selbst kann wiederum in Unterschritte unterteilt werden. In einer Guided Procedure können auch bereits bestehende Guided Procedures genutzt werden. SAP selbst nutzt die Technik der Guided Procedures für die Erstellung komplexer Services. Die Mitarbeiter führen einen solchen Service entlang der Schritte einer Guided Procedure aus. Dementsprechend umfassend können Guided Procedures entwickelt werden.

Definition der Schritte

Der initiale Rahmen für eine neue Guided Procedure wird stets auf Basis der vorgegebenen Anzahl einfacher Schritte erzeugt. Um dies anzupassen, klicken Sie die Buttons DARÜBER EINFÜGEN, UNTEN EINFÜGEN an und nutzen die jeweiligen Verschiebungen (⇧ ⇩). Die Buttons zum Einfügen bieten neben dem Einfügen eines einfachen Schrittes vor oder hinter einem markierten Schritt die Möglichkeit, auch einen Schritt mit einem Teilschritt einzufügen. Markieren Sie diesen Teilschritt, können Sie wiederum mithilfe der genannten Buttons weitere Teilschritte vor oder hinter diesem Teilschritt einfügen oder löschen. Zusätzlich ist die Nutzung eines so genannten Abschlussschrittes möglich (Button ABSCHLUSSSCHRITT HINZUFÜGEN), der lediglich noch einen abschließenden Text anzeigt.

Gehen Sie zur Definition der Schritte einer Guided Procedure wie folgt vor:

1. Klicken Sie in dem erzeugten initialen Rahmen Ihrer Guided Procedure auf den Schritt, vor oder nach dem Sie einen Schritt mit Teilschritten einfügen möchten. In Abbildung 7.12 wurde der erste Schritt markiert.

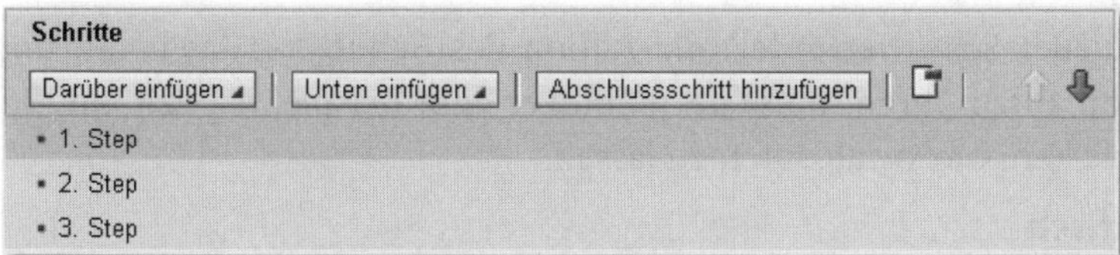

Abbildung 7.12 Markierung des ersten Schrittes

2. Klicken Sie nun entsprechend auf die Buttons DARÜBER EINFÜGEN oder UNTEN EINFÜGEN.
3. Wählen Sie aus der sich öffnenden Auswahlliste die Option TEILSCHRITT aus. Fügen Sie den Schritt mit einem Teilschritt dahinter ein, ergibt sich Abbildung 7.13.

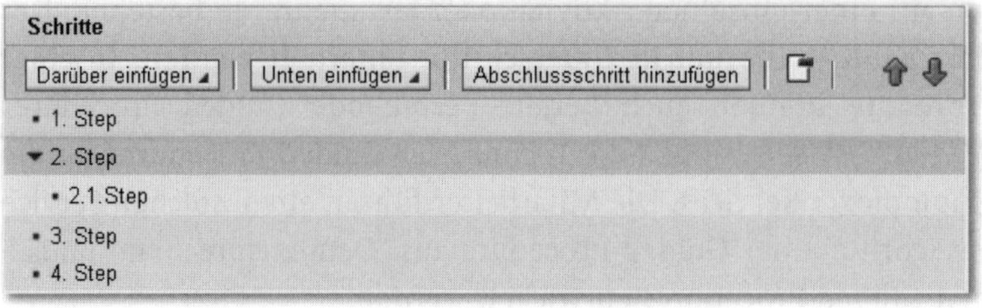

Abbildung 7.13 Eingefügter Schritt mit einem Teilschritt

4. Möchten Sie weitere Schritte oder Teilschritte einfügen, setzen Sie diese Technik fort: Markieren Sie den jeweiligen Schritt oder Teilschritt, und fügen Sie vor oder hinter einem Schritt auf derselben Ebene oder eines Teilschrittes darunter weitere Schritte ein.

Teilschritte werden ihrerseits wie normale Schritte behandelt. Sie können ebenfalls die Eigenschaften und Funktionen von Schritten haben.

Um innerhalb einer Guided Procedure eine andere Guided Procedure auszuführen, verwenden Sie die bei den Einfügefunktionen angebotene Option GESCHACHTELTE GUIDED PROCEDURE. Im rechten Bereich der Anzeige können Sie sodann die auszuführende Guided Procedure benennen.

Aktivitäten bestimmen

Schritten können verschiedene Aktivitäten zugeordnet werden. Der Typ eines Schrittes ist ausschlaggebend für die Art der Ausführung. Sie können zwischen folgenden Ausführungsarten wählen:

- **Manuell**
  Ein manueller Schritt erfordert die Aktion des Benutzers, das heißt, um die Aktion auszuführen, muss der Benutzer zum Beispiel explizit auf die Aktion klicken, um sie ablaufen zu lassen.
- **Automatisch**
  Im Gegensatz dazu wird ein automatischer Schritt ohne Zutun des Benutzers ausgeführt. Dies könnte zum Beispiel sinnvoll sein, wenn Sie regelmäßig Auswertungen ausführen und speichern möchten. Automatische Guided Procedures werden von SAP selbst zum Beispiel beim Setup des SAP Solution Managers verwendet. Die Erstellung derartiger Guided Procedures erfordert einige Programmierkenntnisse, sodass dies hier nur oberflächlich vorgestellt werden kann.

- **Custom&Auto und Custom&Manual**
  Diese beiden Arten unterstützen sowohl die manuelle als auch die automatische Ausführung unter Verwendung eines kundenspezifischen User Interface (UI). Um dies nutzen zu können, müssen Sie eigene Web-Dynpro-Komponenten anlegen und hier zuordnen. Aufgrund der Komplexität und des wahrscheinlich eher seltenen Einsatzes wird hier auf eine Beschreibung verzichtet.

Um den Benutzern die Arbeit zu erleichtern, kann die Ausführung des einzelnen Schrittes durch einen Hilfetext unterstützt werden.

Manueller Schritt

Für die normalen Tätigkeiten im Betrieb und aufgrund der Komplexität sind manuelle Aktivitäten die am häufigsten genutzte Schrittart innerhalb von Guided Procedures. Mithilfe der Guided Procedures ist es so auch möglich, die in der CSA enthaltenen Aufgaben abzubilden. Im Folgenden zeigen wir, wie Sie einen manuellen Schritt zur Ausführung einer Transaktion in einem verwalteten System definieren. Verfahren Sie nach dem Anlegen eines Schrittes wie folgt:

1. Geben Sie dem Schritt einen Titel, zum Beispiel »Prüfung der Workprozesse«, und pflegen Sie eine kurze Beschreibung dieses Schrittes, zum Beispiel »Status Workprozesse checken«.
2. Legen Sie nun den Typ des Schrittes als manuell fest.
3. Schreiben Sie einen Hilfetext, der bei der späteren Ausführung des Schrittes zur Unterstützung und Erläuterung erscheint:
   - Klicken Sie dazu auf den Button Neu. Es öffnet sich ein Fenster zur Pflege des neuen Dokumentenbausteins (siehe Abbildung 7.14).
   - Erfassen Sie einen Namen für das Dokument. Achten Sie darauf, dass Sie einen Namen im Kundennamensraum wählen.
   - Bestätigen Sie Ihre Eingabe mit dem Button OK.

Abbildung 7.14 Neues Dokument zum Beispiel als Hilfetext für einen Schritt anlegen

- Erfassen Sie nun den gewünschten Text, und klicken Sie danach auf den Button SICHERN. Es öffnet sich ein Fenster, in dem Sie das Dokumentenpaket zuordnen, das Sie, wie in Abschnitt 7.5.1, »Vorbereitung«, beschrieben, bereits zu diesem Zweck angelegt haben (siehe Abbildung 7.15).
- Bestätigen Sie dies anschließend mit dem Button OK.

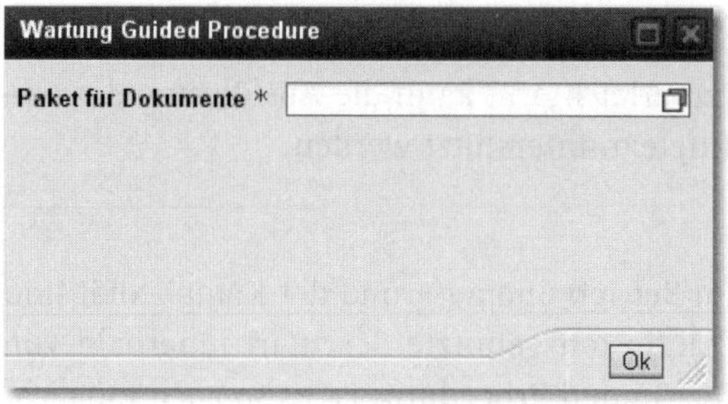

Abbildung 7.15 Zuordnung des Pakets für Dokumente

Damit ist die Erfassung des Hilfetextes abgeschlossen. Sie können nun die Definition der eigentlichen Aktivität durchführen.

4. Klicken Sie im Bereich der Aktivitätsdefinition auf den Button NEU. Es öffnet sich ein neues Fenster, in dem der Name der Aktivität erfasst werden muss (siehe Abbildung 7.16).

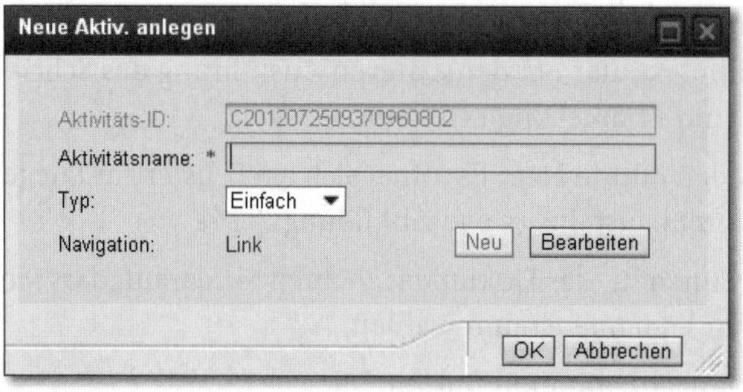

Abbildung 7.16 Neue Aktivität anlegen

- Vergeben Sie einen aussagekräftigen Namen, denn Aktivitäten sind unabhängig von einer Guided Procedure mehrfach einsetzbar.
- Systemintern wird automatisch eine vielstellige Identifikationsnummer vergeben.
- Der Typ wird als EINFACH vorbelegt. Alternativ gibt es den Typ EXPERTE, der weitaus komplexere Möglichkeiten eröffnet, aber auch erheblich

mehr Entwickler-Know-how erfordert. Für die normalen Alltagsaufgaben sollte der Typ EINFACH genügen.

- Bestätigen Sie dies anschließend mit dem Button OK.

5. Klicken Sie wieder auf den Button NEU, um der Aktivität nun eine Aktion zuzuordnen. Es öffnet sich das Fenster zur Pflege der verschiedenen Optionen für Aktivitäten (siehe Abbildung 7.17).

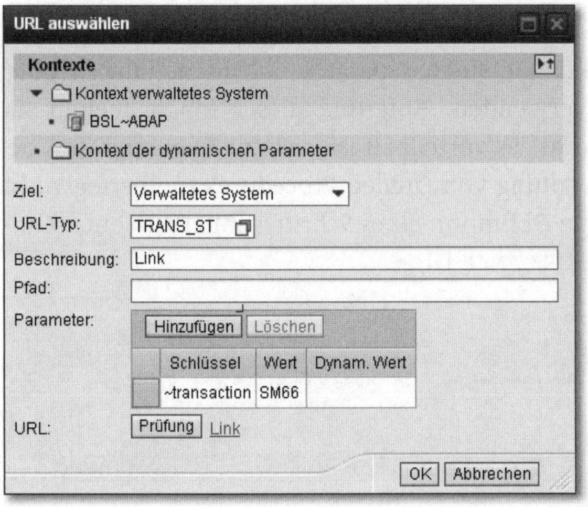

Abbildung 7.17 Anlegen einer Aktivität zur Ausführung einer Transaktion

- Im Bereich KONTEXTE wählen Sie das gewünschte System aus, falls die Transaktion auf einem verwalteten System ausgeführt werden soll. Hier ist es die Instanz BSL~ABAP.
- Im Feld ZIEL bestimmen Sie, wo die Aktion später ausgeführt werden soll. Zur Auswahl stehen die Optionen SOLUTION-MANAGER-SYSTEM, VERWALTETES SYSTEM und SONSTIGES.
- Im Feld URL-TYP legen Sie die Art der auszuführenden Aktivität fest, wie zum Beispiel ABAP-TRANSAKTION, JAVA-WEB-DYNPRO oder JAVA-SERVER. Um eine Transaktion in einem verwalteten System auszuführen, wählen Sie den URL-TYP TRANS_ST. Damit ist die Tabelle der Parameter (ebenfalls in Abbildung 7.17 zu sehen) bereits vorbelegt.
- Im Feld WERT müssen Sie lediglich noch den auszuführenden Transaktionsnamen hinterlegen.
- Die Ausführbarkeit Ihrer Eingaben können Sie über den Button PRÜFUNG testen.

- Bestätigen Sie Ihre Eingabe mit dem Button OK. Das Fenster schließt sich, und Sie können die Pflege der Aktivität fortsetzen.

6. Im letzten Schritt pflegen Sie den gewünschten Hilfetext zur Ausführung der Aktivität. Dies geschieht nach dem Muster der Dokumentationstexte für einen Schritt. Auch hier muss wieder die Zuordnung zu dem Paket der Dokumentation vorgenommen werden. Der Text kann wiederum mit Links etc. verknüpft werden. Sichern Sie auch den Aktivitäten-Hilfetext.

Sie könnten nun zu diesem Schritt weitere Aktivitäten definieren; Sie könnten aber auch für jede Aktivität einen separaten Schritt definieren oder Schritte mit Teilschritten verwenden. Aufgrund dieser Möglichkeiten sei noch einmal unterstrichen, dass es vorteilhaft ist, sich im Team und im Vorfeld eine Strategie der Verwaltung von Guided Procedures zu überlegen. In Abbildung 7.18 sehen Sie die Definition eines Schrittes innerhalb einer Guided Procedure namens PERFORMANCE-DE.

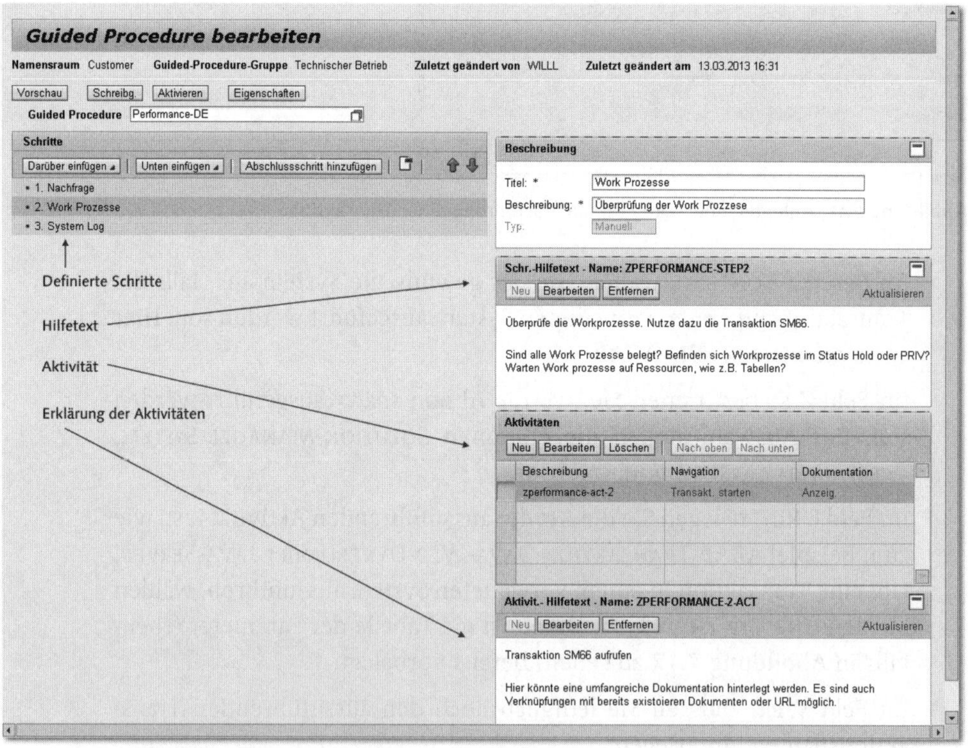

Abbildung 7.18 Zweiter Schritt der Guided Procedure »Performance-DE«

Eine weitere interessante Möglichkeit zur Nutzung von Guided Procedures ist die Unterstützung bei der Implementierung zentraler Korrekturhinweise.

Dazu wählen Sie in Schritt 5 (Erläuterung zu den Feldern ZIEL und URL-TYP) des soeben beschriebenen Vorgehens als Ziel SONSTIGE und als URL-Typ SAP_NOTE AUS, wie in Abbildung 7.19 für den Hinweis 1652693 gezeigt wird. Durch Anklicken des Buttons PRÜFUNG wird automatisch ein Link erzeugt, der neben dem Button PRÜFUNG abgelegt wird. Klicken Sie darauf, wird der Link als solcher in das Feld BESCHREIBUNG übernommen. Im Feld PFAD benennen Sie den gewünschten Hinweis.

Abbildung 7.19 Unterstützung der Hinweisimplementierung mit Guided Procedures

Nach der Sicherung dieser Aktivität wird bei ihrer Ausführung automatisch zu dem benannten Hinweis verzweigt, und Sie können die enthaltenen Korrekturen laden.

Automatische Schritte

Wie erwähnt, bedeutet »automatisch«, dass das in dem Schritt enthaltene kundenspezifische Coding ohne weiteres Zutun des Benutzers im Verlauf der Guided Procedure ausgeführt wird. Somit ist als Erstes das entsprechende Coding zu implementieren. Nutzen Sie dazu die Entwicklungsumgebung (Transaktion SE80) innerhalb der SAP-Systeme, in diesem Fall des SAP Solution Managers.

SAP hat in der Klasse `CL_SISE_ACTIVITY_AUTO` die Methode `EXECUTE_CONFIGURATION` vorbereitet. Kopieren Sie diese Methode, und achten Sie dabei auf Kundennamensräume und eventuell in Ihrer Firma existierende Vereinbarungen zu Eigenentwicklungen. Implementieren Sie dann das von Ihnen gewünschte Coding zur automatischen Ausführung in dieser Methode, und vermeiden Sie dabei jegliche Änderungen an anderen Objekten.

Um einen automatischen Schritt anzulegen, wählen Sie als Eigenschaft des Schrittes die Option AUTOMATISCH. Legen Sie eine Aktivität an. Im Feld CLASS NAME benennen Sie die von Ihnen angelegte Methode.

Vorschau, Aktivierung und Ausführung

Alle vorgenommenen Eingaben und Aktivitäten werden sofort gesichert, ein explizites Sichern ist nicht erforderlich. Mithilfe des Buttons VORSCHAU (siehe etwa Abbildung 7.18) können Sie eine angelegte Guided Procedure in ihrer Gesamtheit testen.

Haben Sie die Pflege erfolgreich abgeschlossen, sperren Sie die Guided Procedure über den Button AKTIVIEREN (ebenfalls in Abbildung 7.18 zu sehen) für Veränderungen und übergeben sie damit gleichzeitig für den Transport in das nachgeordnete System.

[!]

Achtung

Nachdem Sie eine Guided Procedure aktiviert haben, ist sie im Release 7.1 Support Package 6 gegen jegliche Veränderungen gesperrt, bis der zugehörige Transport vorgenommen wird. Aktivieren Sie sie daher wirklich nur, wenn die Pflege der Guided Procedure abgeschlossen ist und ein Transport in das Qualitätssicherungssystem bzw. das Produktivsystem erfolgen soll!

Die Ausführung einer Guided Procedure ist aus der Liste der verfügbaren Guided Procedures heraus direkt im jeweiligen Work Center über den Button AUSFÜHREN möglich. Achten Sie darauf, dass in der Kriterienschnellpflege die richtigen Selektionskriterien eingegeben sind. Anderenfalls werden Sie Ihre angelegte Guided Procedure vergeblich suchen.

In der Ausführung würde Schritt 2 der vorgestellten Guided Procedure aussehen, wie in Abbildung 7.20 dargestellt. Diesen Schritt haben wir gerade erstellt.

Der Benutzer kann mithilfe der sich im oberen Bereich befindlichen Navigation von Schritt zu Schritt gehen und die hinterlegten Aktionen ausführen bzw. sie werden automatisch ausgeführt. Die Ausführung der Guided Procedure wird im unteren Bereich dokumentiert. Den Ausführungsmodus können Sie manuell anpassen. Änderungen werden ebenso aufgezeichnet. Der Status einer Aktivität zeigt an, ob die Aktion auch ausgeführt wurde. Dies hilft nachzuvollziehen, ob und wann gewisse Aktionen wie geplant durchgeführt wurden.

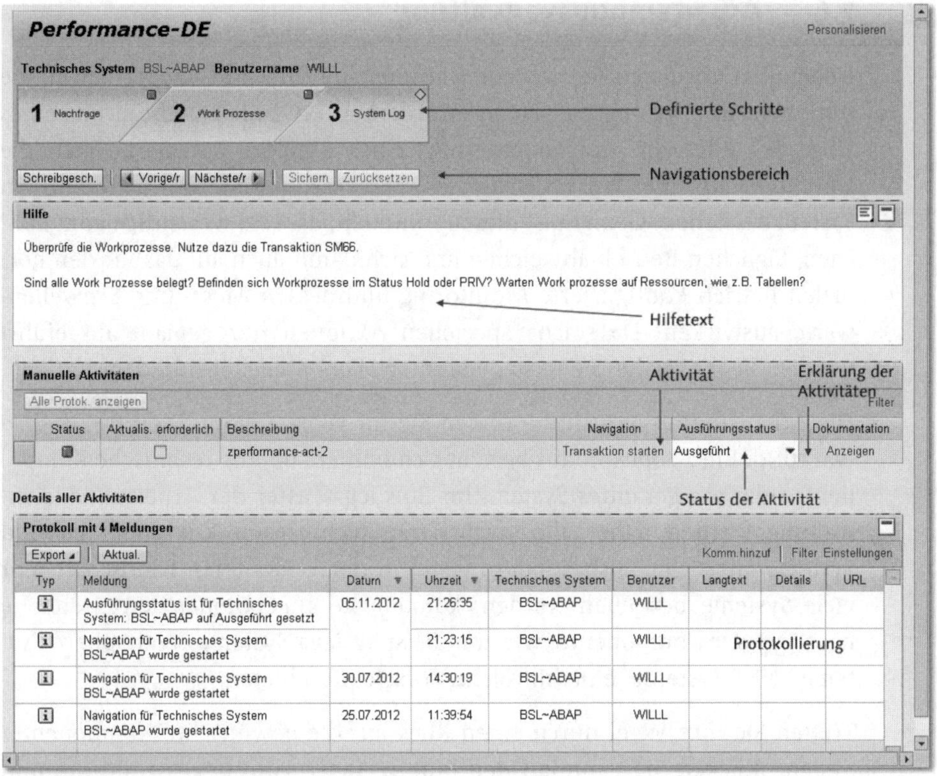

Abbildung 7.20 Ausführung von Schritt 2 der Guided Procedure »Performance-DE«

Expertenmodus

Neben der hier vorgestellten, an das Work Center gebundenen Pflege von Guided Procedures gibt es auch einen vom Work Center unabhängigen Editor unter dem Link:

http://<solution_manager_host>:<Port>/sap/bc/webdynpro/sap/ags_gpa_wda_gp_brwsr?APP_ID=AGS_GPA_BROWSER&CONSUMER=CL_GPA_BRWSR_CNSMR_TO

Wie der Name schon andeutet, ist dieser Editor für erfahrene Spezialisten vorgesehen, die eine größere Anzahl von Guided Procedures zu verschiedenen Rollen anlegen möchten. Die Art der Guided Procedure wird dann manuell festgelegt, indem Folgendes als so genannter Consumer eingegeben wird:

- `CL_GPA_BRWSR_CNSMT_TO` für die technische Administration
- `CL_E2EEM_GP_CNSMR` für die Ausnahmebehandlung
- `CL_DSWP_CDC_GP_CNSMR` für den Konsistenzvergleich

7.6 Arbeitsmodusverwaltung

Nebendem normalen Betrieb einer Lösung sind hin und wieder besondere Aktionen zur Pflege eines Systems erforderlich, etwa die Durchführung eines Upgrades oder die Implementierung eines Support Packages. Auch die Durchführung eines Jahresabschlusses kann eine besondere Situation für ein System darstellen. Gemein ist diesen Aktionen, dass sie wesentlich vom üblichen, täglichen Betrieb abweichen und sich damit auch auf das für den normalen Betrieb konfigurierte Monitoring und dessen Mess- und Schwellenwerte auswirken. Da solche speziellen Aktionen nur geplant ausgeführt werden, liegt es nahe, sie in so genannten *Work Modes* abzubilden.

Die Arbeitsmodusverwaltung finden Sie im Work Center TECHNISCHE VERWALTUNG. Ein Arbeitsmodus bezieht sich immer auf eine technische Komponente oder ein gesamtes System. Im Einstiegsfenster der Arbeitsmodusverwaltung werden daher alle verfügbaren technischen Komponenten und Systeme angezeigt. Insbesondere wenn in der verwalteten Landschaft sehr viele Systeme betrieben werden, können die angebotenen Karteireiter je nach Typ der Komponente, wie zum Beispiel Java-Systeme, WebSphere-Systeme, .NET-Systeme, eine hilfreiche Vorselektion bieten.

Treffen Sie Ihre Wahl durch einen Klick auf die gewünschte Komponente/System. Klicken Sie dann auf den Button ARBEITSMODUSVERWALTUNG, und öffnen Sie die Pflege entweder eingebettet im aktuellen Fenster oder in einem neu zu öffnenden Fenster (siehe Abbildung 7.21).

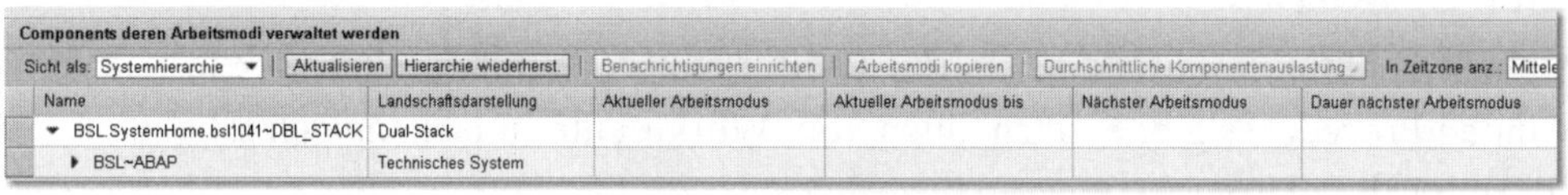

Abbildung 7.21 Einstieg in die Pflege eines Arbeitsmodus für einen Web AS ABAP namens BSL

Öffnen Sie die Pflegemaske das erste Mal für eine Komponente, wird die Übersicht noch leer sein. Wurden dagegen bereits Arbeitsmodi definiert und ausgeführt, erkennen Sie dies anhand der angezeigten Tabelle.

Um einen Arbeitsmodus anzulegen und zuzuordnen, klicken Sie auf den Link VORLAGENVERWALTUNG rechts oberhalb des Bereichs COMPONENTS DEREN ARBEITSMODI VERWALTET WERDEN. Eine tabellarische Übersicht über alle bisher definierten Arbeitsmodi wird nun geöffnet. Um einen neuen Arbeitsmodus anzulegen, entscheiden Sie, ob dies ein einmaliger oder wiederholbarer Arbeitsmodus werden soll, und klicken entsprechend auf den

Button EINZELNE VORLAGE ANLEGEN oder WIEDERHOLTE VORLAGE ANLEGEN. In dem sich öffnenden Fenster wählen Sie den gewünschten Arbeitsmodus aus.

Folgende Arbeitsmodi stehen zur Verfügung:

- Geplante Ausfallzeit
- Wartung
- Spitzengeschäftszeit
- Nicht-Spitzengeschäftszeit
- Nicht-Geschäftszeit

Diese Typisierung der Arbeitsmodi dient zum einen als Ordnungskriterium, zudem werden hierdurch aber auch Eigenschaften zugeordnet. Teilweise geschieht das automatisch bei Zuweisung des Typs, andere Eigenschaften können Sie im sich anschließend öffnenden Fenster zuordnen.

Für jeden Arbeitsmodus muss zusätzlich zum gewählten Typ ein frei wählbarer Titel erfasst werden. Im Bereich KATEGORIE können Sie bezogen auf den Typ des Arbeitsmodus zum Beispiel weiter einschränken, ob es sich um eine Hardware- oder Softwarewartung handelt. Im Bereich BESCHREIBUNG EINES ARBEITSMODUS kann der Arbeitsmodus dokumentiert werden, oder es können auch direkt Dokumente oder Hyperlinks auf beschreibende Dokumente hinzugefügt werden.

Handelt es sich um einen Arbeitsmodus, der die Verfügbarkeit des Systems einschränkt (Typen GEPLANTE AUSFALLZEIT oder WARTUNG), existiert der Button MELDUNGEN, über den E-Mail-Benachrichtigungen an Benutzer gepflegt und eingeplant werden können. Je nach Festlegung werden diese E-Mails zu der von Ihnen festgelegten Zeit vor Eintritt des Arbeitsmodus verschickt.

Achtung [!]

Es können nur Benachrichtigungen an Benutzer verschickt werden, die zuvor in der Benachrichtigungsverwaltung des SAP Solution Managers gepflegt wurden.

Falls Sie noch immer das CCMS-Monitoring (Computing Center Management System) verwenden, können Sie für die beiden Arbeitsmodi, die eine Einschränkung der Verfügbarkeit bedeuten – also die Typen GEPLANTE AUSFALLZEIT oder WARTUNG – im Bereich CCMS das Monitoring während dieser Zeit auch einschränken. Möglich ist hier die Deaktivierung der Alert-Benachrichtigungen (Alerts unterdrücken), die vollständige Aussetzung (Monitoring-Pause) oder das uneingeschränkte Weiterführen (volles Monitoring).

Diese Optionen helfen, eventuelle Verfälschungen, zum Beispiel hinsichtlich der Verfügbarkeit der Systeme, oder ungewollte Alerts zu vermeiden.

Wird eine wiederholbare Vorlage angelegt, gibt es zusätzlich den Karteireiter EINPLANUNG, auf dem Sie die Wiederholungsperiode festlegen können.

Zusätzlich können Sie Arbeitsmodi zu Monitoring-Vorlagen hinzufügen. Die Zuordnung von Arbeitsmodi zu einer Vorlage erfolgt im Work Center TECHNISCHES MONITORING. Klicken Sie auf den Bereich KONFIGURATION im linksseitigen Bereich ZUGEHÖRIGE LINKS. Selektieren Sie dann aus dem Navigationsbereich TECHNISCHES MONITORING. Damit verzweigen Sie in die menügestützte, schrittweise Konfiguration des technischen Monitorings, wie in Kapitel 5 oder für das Monitoring spezieller Lösungen in Kapitel 6 beschrieben wurde (siehe Abbildung 7.22).

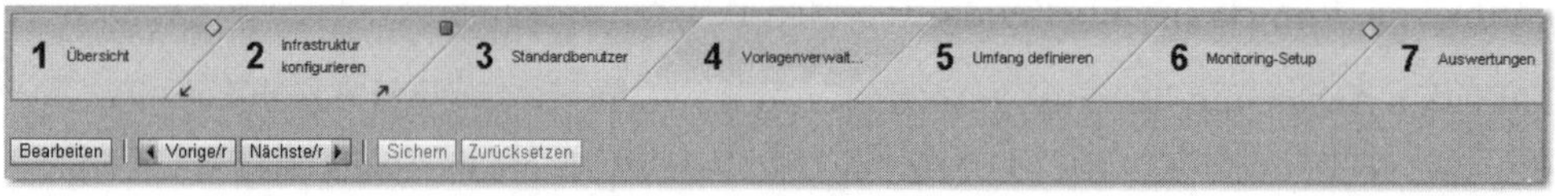

Abbildung 7.22 Menügestützte Konfiguration des Monitorings

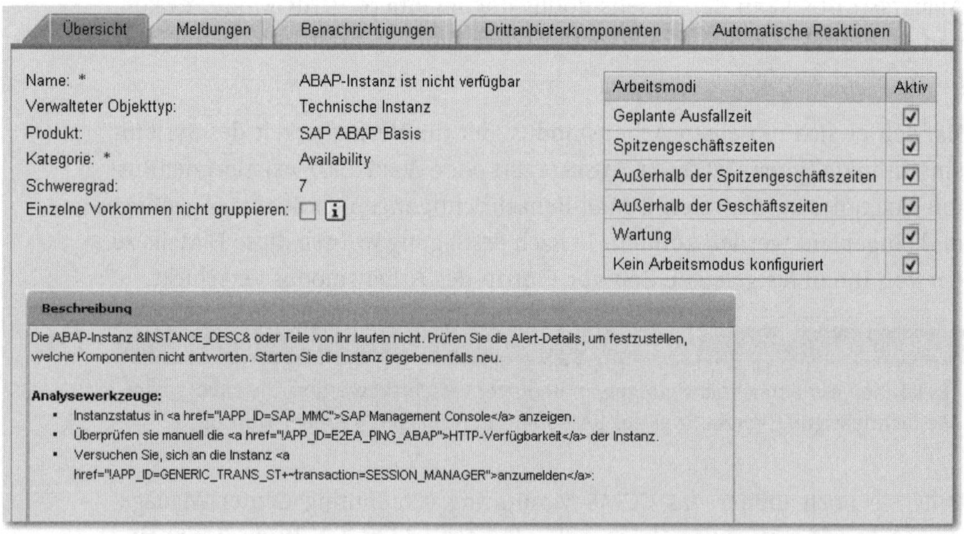

Abbildung 7.23 Aktivierung einer Vorlage für bestimmte Arbeitsmodi

Für jede Vorlage können Sie im vierten Schritt VORLAGENVERWALTUNG entscheiden, bei welcher Art von Betriebsmodus die Vorlage aktiv ist. Dazu wählen Sie die gewünschte Vorlage aus dem linksseitigen Baum aller Vorlagen aus, klicken auf den Button BEARBEITEN und verzweigen über den Button

EXPERTENMODUS in die weiterführende Konfiguration der Vorlagen. Wechseln Sie auf den Karteireiter METRIKEN, EREIGNISSE, ALERT-HIERARCHIE. In der Übersicht finden Sie die Auswahlmöglichkeiten hinsichtlich der Arbeitsmodi. Setzen Sie hier das entsprechende Häkchen für die Arbeitsmodi, in denen die Monitoring-Vorlage aktiv sein soll. Abbildung 7.23 zeigt eine Vorlage, die in jedem Arbeitsmodus aktiv ist.

7.7 IT-Kalender

Der IT-Kalender soll IT-relevante Tätigkeiten unterstützen und übersichtlicher machen. Sie können im Kalender alle wichtigen IT-Ereignisse in den Kategorien Entwicklung, Wartung, generischer oder geschäftlicher Natur sowie zugehörige Arbeitsmodi je Instanz oder System planen. Auf diese Weise gibt Ihnen der IT-Kalender eine landschaftsweite Übersicht über alle angeschlossenen Systeme und geplanten wichtigen Ereignisse.

Den IT-Kalender finden Sie im Work Center TECHNISCHE VERWALTUNG. Wählen Sie aus der Übersicht oder dem Menü den Eintrag IT-KALENDER aus. Im nächsten Schritt selektieren Sie aus der Liste der technischen Systeme das System, dessen IT-Kalender Sie über den Button KALENDER pflegen möchten. Abbildung 7.24 zeigt den für das System OTO und den SAP NetWeaver Application Server Java (AS Java) gepflegten IT-Kalender.

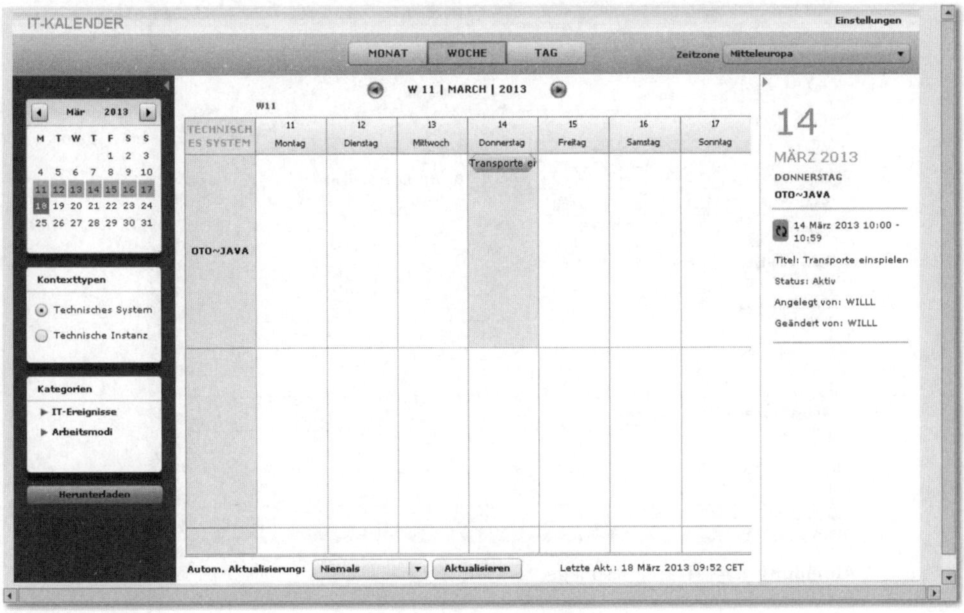

Abbildung 7.24 IT-Kalender für das System »OTO Web AS Java«

Hätte dieses System weitere Instanzen, würden diese als weitere Zeilen im Kalender erscheinen. Für Donnertag, 14. März, wurde das IT-Ereignis TRANSPORTE AUS ENTWICKLUNG angelegt. Details dazu finden Sie, indem Sie den gewünschten Tag markieren; die erfassten Daten des Ereignisses oder auch des Arbeitsmodus finden sich am rechten Bildschirmrand. Wurden sehr viele Ereignisse oder Arbeitsmodi für eine Instanz gepflegt, können Sie die Anzeige unter Verwendung der Auswahlkriterien im linken unteren Bereich des Bildschirms auf bestimmte Kategorien einschränken.

Um beispielsweise ein neues Ereignis zu erfassen, wählen Sie den gewünschten Tag durch einen Klick auf das jeweilige Feld im Kalender aus. Im oberen Bereich des Bildschirms können Sie die Einheiten der Kalenderanzeige wählen (Buttons TAG, WOCHE oder MONAT). Über die Pfeil-Buttons können Sie innerhalb des Kalenders vor- oder zurückblättern. Haben Sie das gewünschte Datum ausgewählt, klicken Sie auf die rechte Maustaste. Es erscheint ein Auswahlmenü zum Planen eines Arbeitsmodus oder eines IT-Ereignisses (siehe Abbildung 7.25). Zusätzlich können Sie die Einstellungen des Adobe Flash Players anpassen, die der Anzeige zugrunde liegen.

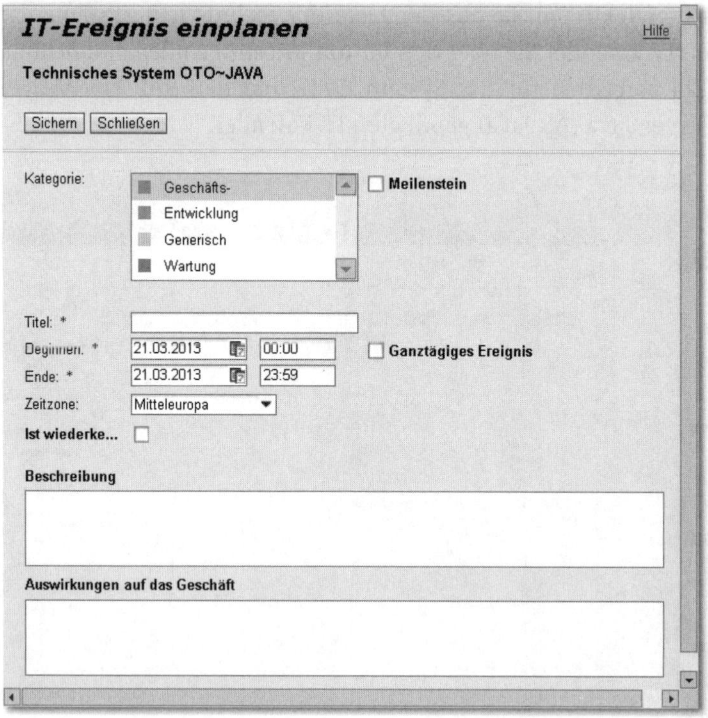

Abbildung 7.25 IT-Ereignispflege

Für jedes Ereignis vergeben Sie einen Titel und definieren die zeitliche Dauer. Zudem legen Sie über das Feld IST WIEDERKE... fest, ob es sich um ein regelmäßig wiederkehrendes Ereignis handelt. Indem Sie weitere Beschreibungen pflegen, helfen Sie anderen Kollegen, die Bedeutung und die Auswirkung des Ereignisses einzuschätzen und sich darauf einzustellen. Haben Sie alle erforderlichen Daten erfasst, klicken Sie auf den Button SICHERN und im Anschluss auf den Button SCHLIESSEN, um zum IT-Kalender zurückzukehren.

Achtung [!]

Der IT-Kalender wird nicht automatisch aktualisiert. Dazu müssen Sie explizit den Button AKTUALISIEREN in Abbildung 7.24 anklicken. Falls Sie einen regelmäßigen Aktualisierungsrhythmus wählen möchten, können Sie die gewünschte Periode im Feld AUTOM. AKTIVIERUNG auswählen.

Möchten Sie einen bestimmten Arbeitsmodus zuordnen, wählen Sie diesen über einen rechten Mausklick auf das gewünschte Datum im Kalenderfeld ARBEITSMODUS EINPLANEN AUS. Damit verzweigen Sie in die Arbeitsmodusverwaltung, wie sie in Abschnitt 7.6 beschrieben wurde.

7.8 Zentraler Werkzeugzugang

Da der SAP Solution Manager den zentralen Betrieb der SAP-Systemlandschaft unterstützt, wird folgerichtig auch die Ausführung administrativer Aktionen in den angebundenen Systemen unterstützt. Dazu nutzen Sie im Work Center TECHNISCHE VERWALTUNG den Menüpunkt ZENTRALER WERKZEUGZUGANG. Aus der Liste der verwalteten Systeme und Instanzen können Sie nun das gewünschte auswählen. Durch einen Klick auf den Button ZENTRALER WERKZEUGZUGANG verzweigen Sie in eine Liste der verfügbaren Transaktionen, die remote ausgeführt werden können. Über die Kriterienschnellpflege und mittels der angebotenen Karteireiter können Sie die Liste der möglichen Aktionen auf den von Ihnen gewünschten Bereich einschränken.

Um eine unberechtigte Nutzung zu vermeiden, ist beim Aufruf einer Transaktion ein Logon an dem ausgewählten System erforderlich. Weitere Transaktionen können Sie hinzufügen, indem Sie den Button WZ HINZ. anklicken. Werkzeuge können auch entfernt (Button WRKZ. ENTF.) oder die Eigenschaften angepasst (Button BEARBWRKZ.) werden. Abbildung 7.26 zeigt, welche Eigenschaften bei Werkzeugen für den zentralen Zugang zu pflegen sind. Achten Sie insbesondere beim Erfassen neuer Aktionen darauf, geeignete Selektionskriterien zu wählen.

Auf die Nutzung der im zentralen Werkzeugzugang verfügbaren Aktionen soll in diesem Buch nicht weiter eingegangen werden. Sie entspricht der bekannten Bedienung und Nutzung, wie sie in den Grundlagen der SAP NetWeaver-Administration in den Büchern *SAP NetWeaver AS ABAP – Systemadministration* von Frank Föse, Sigrid Hagemann und Liane Will (SAP PRESS 2011) sowie *SAP NetWeaver AS Java – Systemadministration* von André Faustmann, Gunnar Klein, André Siegling und Ronny Zimmermann (SAP PRESS 2009) vorgestellt wird.

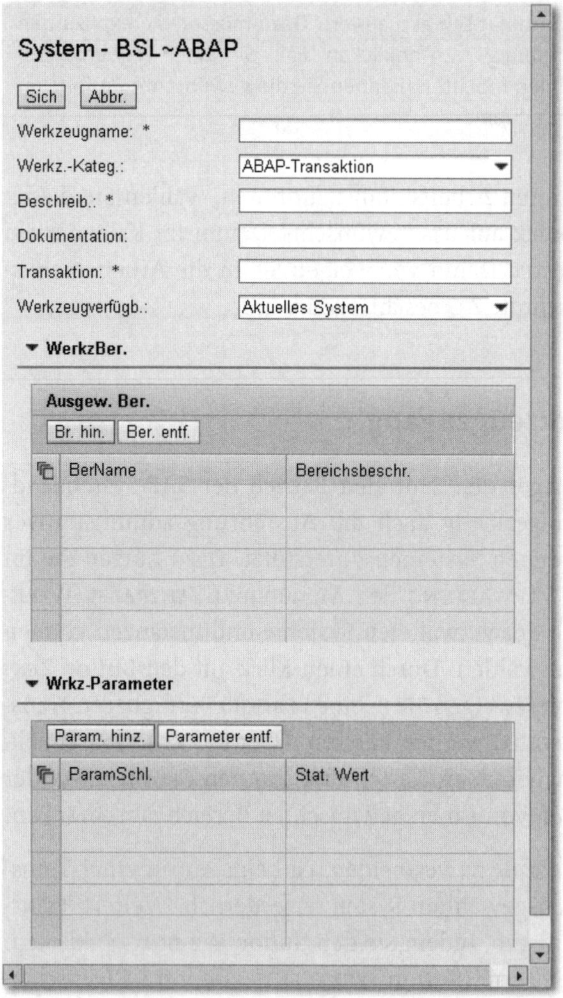

Abbildung 7.26 Pflege von Werkzeugen für den zentralen Zugang aus dem SAP Solution Manager heraus

Eine besondere Rolle unter den zentral ausführbaren Aktionen spielt das so genannte DBA Cockpit. Dieses umfasst alle für das Datenbankmanagement erforderlichen administrativen Aktionen sowie die statistische Auswertung der Datenbankaktionen. Das DBA Cockpit kann im SAP Solution Manager durch die Ausführung der gleichnamigen Transaktion DBACOCKPIT direkt aufgerufen werden. Es unterstützt bereits die Remote-Verwaltung aller Datenbanksysteme der angeschlossenen SAP-Lösungen. Zusätzlich kann das DBA Cockpit aber auch lokal im angeschlossenen System durch den Absprung aus dem zentralen Werkzeugzugang aufgerufen werden.

Diese beiden Ausführungsmöglichkeiten sind insbesondere bei der Berechtigungsvergabe für SAP Solution Manager-Benutzer zu bedenken und gegebenenfalls einzuschränken.

7.9 Einsatz der Funktionalitäten bei der Spielzeug AG

Trotz der Implementierung des technischen Monitorings und des Bestrebens, einen möglichst hohen Automatisierungsgrad beim Monitoring und den automatischen Alert-Benachrichtigungen zu erreichen, hat die Spielzeug AG einige Aktivitäten entdeckt, die sich nur schwer automatisieren lassen. Bisher hat sie für typische sowie hin und wieder auftretende Aktionen Handlungsanweisungen in tabellarischer Form gepflegt und im Dokumentationsbereich hinterlegt. Die Spielzeug AG wird nun die zukunftsträchtigen Guided Procedures einsetzen, um diese Dokumente durch die interaktive Benutzerführung der Guided Procedures zu ersetzen.

Die Vorteile der Guided Procedures sieht die Spielzeug AG in der zentralen Ablage und Verfügbarkeit der Guided Procedures und in der Protokollierung der Ausführung. Es sind insbesondere drei Themengruppen, für die sich die Guided Procedures anbieten:

- **Konfigurationsaufgaben**
  Zu den Konfigurationsaufgaben zählt die Spielzeug AG Handlungsanweisungen zur Prüfung oder Implementierung von Konfigurationen auch in Nicht-SAP-Systemen, die bisher noch nicht an den SAP Solution Manager angebunden wurden.
- **Hinweisimplementierung**
  Auch sollen Guided Procedures bei der Implementierung von Hinweisen eingesetzt werden, die als so genannte zentrale Hinweise öfter Änderun-

gen unterworfen sind und daher regelmäßig geprüft und implementiert werden müssen.

- **Problem Management**
  Für typische Benutzeranfragen oder Problemmeldungen wurden bisher Aktionspläne gepflegt, wie Tabelle 7.2 für die Behandlung unscharfer Problemmeldungen zu Performancethemen zeigt.

Schritt	Beschreibung der Aktivitäten	Werkzeug
1	Mit dem Benutzer klären, bei welcher Aktion es Performanceprobleme gibt. System? Server? Laufzeitfehler? Wer ist davon betroffen?	Telefon
2	Prüfen der eingegangenen E-Mails	Outlook
3	Anmeldung am betreffenden System	SAP GUI
4	Überprüfung der Prozesse. Befinden sich Workprozesse im Status PRIV oder HOLD? Beachte, wenn viele Workprozesse in diesem Modus sind und vielleicht auch noch alle in derselben Tabelle arbeiten, führt dies zu Performanceproblemen. Sind noch Workprozesse aller Klassen verfügbar (Verbuchung, Background, Dialog)? Ist nur ein Server oder sind alle betroffen?	Transaktion SM66
5	Überprüfung des System-Logs	Transaktion SM21
6	Überprüfung der Art, Zeit und Menge	Transaktion ST22
7	Überprüfung der genutzten Hardwareressourcen	Transaktion ST02
8	Überprüfung des Füllgrads der Datenbank- und Archivdateien	Transaktion ST06 und DB02
9	Netzwerk prüfen mithilfe LAN Check Ping	Transaktion OS01
10	weitere Informationen in der Dokumentation typischer Problembehandlungen	Dokumentenserver

Tabelle 7.2 Beispiel für eine Handlungsanweisung

Für derartige Handlungsanweisungen sind Guided Procedures ideal; sie können direkt auf entsprechenden Guided Procedures abgebildet werden. Jeder Schritt der Tabelle wird als Schritt einer Guided Procedure dargestellt. Die Beschreibung der Aktivitäten fließt als Erklärung der Aktivität in den zugehörigen Schritt der Guided Procedure ein. Der zugehörige Werkzeugaufruf kann direkt als Aktivität implementiert werden. Das reduziert den manuellen Aufwand.

Die Spielzeug AG geht davon aus, dass der SAP Solution Manager sich damit als zentraler Baustein im Betrieb etabliert und auch die bisher übliche manuelle Pflege und Abarbeitung derartig dokumentierter Aktionslisten ablöst. Im Gegensatz zu der bisher gängigen Dokumentation können die Aktivitätenlisten in Guided Procedures umgewandelt werden, sodass sie direkt verwendet werden können und stets aktuell bleiben.

7.10 Weitere Dokumentationen

Links

- Wiki für technische Informationen: *http//wiki.sdn.sap.com/wiki/display/TechOps/techAdm_Home*
- SAP Service Marketplace, Alias *performance*

SAP-Hinweise

Tabelle 7.3 gibt einen Überblick über wichtige SAP-Hinweise im Zusammenhang mit der technischen Administration.

Inhalt	Hinweis
Pflege von Guided Procedures	1697805
zentraler Hinweis zur CSA	1686849

Tabelle 7.3 SAP-Hinweise zur technischen Administration

Mithilfe der technischen Analyse werden mittel- bis langfristige technische Entwicklungen in der Systemlandschaft erkannt. So können Sie bei Fehlentwicklungen rechtzeitig gegensteuern.

8 Technische Analyse und Auswertung

Unter einer technischen Analyse versteht man die Sammlung systemspezifischer, technischer Daten einer Systemlandschaft mit dem Zweck der mittel- bis langfristigen Auswertung. Die Daten sollten regelmäßig und automatisiert erhoben und schließlich durch die beteiligten Personen ausgewertet werden. Mit dieser strukturierten Vorgehensweise können technische Fehlentwicklungen frühzeitig erkannt und geeignete Gegenmaßnahmen getroffen werden. Sie sollten zum Beispiel das mittel- bis langfristige Datenbankwachstum im Blick halten, um jederzeit genug Speicherplatz auf der Festplatte vorhalten zu können.

Ein weiterer wichtiger Aspekt, der einer mittel- bis langfristigen Analyse bedarf, ist die durchschnittliche Antwortzeit eines Systems bzw. die Performance wichtiger betriebswirtschaftlicher Transaktionen. Entsprechend sind die technische Analyse bzw. die damit verbundenen Funktionen im SAP Solution Manager ein wichtiger Baustein, um den störungsfreien technischen Betrieb der gesamten Systemlandschaft zu gewährleisten.

In diesem Kapitel wird zunächst der organisatorische Hintergrund für die technische Analyse und die Auswertung in Form des Service Level Mangements vorgestellt. Daraufhin werden die Möglichkeiten zur Umsetzung verschiedener Auswertungsmöglichkeiten über technische Details der Systemlandschaft im SAP Solution Manager dargestellt. Dazu gehören einerseits die generierten Dokumente wie EarlyWatch Alert, EarlyWatch Alert for Solutions und das SLR sowie andererseits die interaktiven Auswertungen. Schließlich werden weitere Auswertungsmöglichkeiten mithilfe des SAP NetWeaver Business Warehouses diskutiert sowie die Management-Dashboards vorgestellt.

8.1 Voraussetzungen und Motivation

Um die verschiedenen Funktionen der technischen Analyse zu nutzen, muss der SAP Solution Manager grundsätzlich eingerichtet und die Systeme ordnungsgemäß angeschlossen sein. Nützlich ist es außerdem, wenn der SAP Solution Manager bereits für das technische Monitoring der Systemlandschaft genutzt wird, da die hierbei gesammelten Daten ebenfalls in die Analyse einfließen können.

Neben diesen rein technischen Voraussetzungen müssen Sie jedoch auch organisatorische und prozessspezifische Voraussetzungen erfüllen. Im Lauf der Nutzung sollten Sie bereits kritische Key Performance Indicators (KPI) für das System identifiziert haben. Darüber hinaus sollte sichergestellt sein, dass die technischen Analysen auch regelmäßig ausgewertet werden, das heißt, dass ein entsprechender Prozess zur Überwachung bzw. Verbesserung der Kennzahlen etabliert wurde oder wird.

Eine Kennzahl oder ein KPI ist dann für die Analyse geeignet, wenn sie direkt messbar ist. Weiche Kriterien, die in der Praxis nicht messbar sind, sind dagegen kaum hilfreich. Bei der Definition der KPIs sollten Sie sich demnach zunächst fragen, welche messbaren Kriterien zur Verfügung stehen. Aus diesem Grund kommt den bereitstehenden Messmethoden, den Datensammeltechniken und den Analysewerkzeugen eine wesentliche Bedeutung zu.

Bei der Definition der Kennzahlen besteht zudem die grundsätzliche Schwierigkeit, die Anforderungen an den betriebswirtschaftlichen Prozess mithilfe technischer Kennzahlen auszudrücken bzw. in technische Kennzahlen zu übersetzen. So könnte man beispielsweise abhängig von den geforderten betriebswirtschaftlichen Notwendigkeiten minimale Anforderungen an die technischen Antwortzeiten von bestimmten Transaktionen oder Hintergrundverarbeitungen definieren. Für die tatsächlichen Kennzahlen des betriebswirtschaftlichen Prozesses, die dann beispielsweise die Anzahl bestimmter verarbeiteter Belege analysieren, können Sie zusätzlich auf die Geschäftsprozessüberwachung bzw. die damit verbundenen Analysemöglichkeiten zurückgreifen.

Zudem sollten Sie die jeweiligen Zielgruppen einer Auswertung berücksichtigen. Während sich detaillierte Berichte über systemspezifische Messungen eher an das technische Personal richten, sind für das Management eher aggregierte Auswertungen inklusive Prognosen hinsichtlich der Entwicklung der Kennzahlen interessant.

Bei der Berichterstellung müssen Sie zwischen den aktuellen Messwerten des Monitorings und den aggregierten Werten des mittel- bis langfristigen Reportings unterscheiden. Daher sollten Sie differenzieren, welche KPIs eher für das Alert-Monitoring und welche gegebenenfalls für die mittel- bis langfristige Analyse genutzt werden sollen. Die regelmäßige Auswertung der gesammelten Daten kann dann im Rahmen eines Service-Level-Management-Prozesses erfolgen.

8.2 Service Level Management

Unter *Service Level Management* (SLM) versteht man den betriebswirtschaftlichen Prozess, mit dessen Hilfe die Qualität und Kostentransparenz von Services aller Art erfolgreich gesteuert werden kann. Die Services in der IT umfassen die Dienstleistungen des Betreibers während des gesamten Lebenszyklus der technischen Lösungen. Sie reichen von der Erfüllung einzelner, spezieller Anforderungen bis hin zu einem End-to-End-Management der Gesamtlösung.

Unternehmen, die betriebswirtschaftliche Software zur Unterstützung und Durchführung ihrer wichtigsten Geschäftsprozesse einsetzen, sind auf einen reibungslosen Systembetrieb angewiesen. Um diesen reibungslosen Betrieb sicherzustellen, empfiehlt es sich, die zu leistenden Services mit der jeweiligen Betreiberorganisation – sei dies die eigene IT-Abteilung oder ein weiteres Dienstleistungsunternehmen – in schriftlicher Form niederzulegen. Dieses Schriftstück und die damit verbundenen Vereinbarungen werden in der Regel als *Service Level Agreement* (SLA) bezeichnet. Mithilfe solcher SLAs wird nicht nur der Umfang der zu leistenden Services festgelegt, sondern es soll auch deren langfristige Qualität sichergestellt werden. Zu diesem Zweck umfasst das SLA sowohl Vereinbarungen über technische Kennzahlen des Systems als auch über Kennzahlen der organisatorischen Abläufe, die zur Unterstützung des Systembetriebs notwendig sind. Ziel ist es, die Verfügbarkeit, Performance und Sicherheit des Systems zu gewährleisten und damit einen störungsfreien Ablauf der Geschäftsprozesse sicherzustellen.

Zur regelmäßigen Überprüfung des SLAs hat es sich als sinnvoll erwiesen, ein *Service Level Reporting* (SLR) einzurichten. Mit dessen Hilfe kann über die wesentlichen technischen Kennzahlen bzw. organisatorischen KPIs für den Systembetrieb sowie deren mittel- bis langfristige Entwicklung an die beteiligten Parteien berichtet werden. SLA und SLR sind also die wichtigsten Instrumente des SLMs. Im Folgenden werden wir die Bedeutung sowie die

Vor- und Nachteile des SLMs diskutieren. Außerdem wird aufgezeigt, wie der Prozess des SLMs mithilfe des SAP Solution Managers unterstützt werden kann.

8.2.1 Zunehmende Bedeutung des Service Level Managements

Zunehmende Bedeutung erlangt das SLM in der IT durch die fortschreitende Internationalisierung der Unternehmen, Organisationen und Serviceanbieter. Um eine geordnete Zusammenarbeit dieser verstärkt global agierenden Organisationen zu gewährleisten, ist die genaue Definition der damit verbundenen Abläufe und Prozesse überaus wichtig. Diese Notwendigkeit führt zu einer größeren Standardisierung der Prozesse, was sich in der zunehmenden Verbreitung von Best Practices wie der IT Infrastructure Library (ITIL) ausdrückt (siehe beispielsweise das Buch *IT-Service Management in der Praxis mit ITIL 3* von Martin Beims, das im Carl Hanser Verlag erschienen ist). Diese Best Practices sind in Version 3 auf die fortlaufende Unterstützung während des gesamten Lebenszyklus der IT-Lösung ausgerichtet. Das SLM wird dabei als Prozess innerhalb der IT-Prozesse aufgefasst, der die Effektivität und Ergebnisorientierung der IT-Prozesse anhand von geeigneten, messbaren Kennzahlen ermittelt. Es stellt damit die Basis des Optimierungsprozesses dar, der in der ITIL als Continual Service Improvement bezeichnet wird.

Darüber hinaus wird die Bedeutung des SLMs durch Dezentralisierung der IT-Infrastruktur weiter verstärkt. Für die Sicherstellung eines Geschäftsprozesses werden immer mehr technische Komponenten benötigt, die jede für sich lediglich einen Teilaspekt des gesamten betriebswirtschaftlichen Prozesses abdeckt. Aktuelle und zukünftige Entwicklungen wie die serviceorientierte Architektur, in der kleine technische und organisatorische Einheiten jeweils Services zur Verfügung stellen, verstärken diesen Trend noch weiter. Der Endbenutzer mit seinen zunehmend auch mobilen Endgeräten ist somit oft vom Zusammenspiel einer Vielzahl von IT-Services abhängig, um seine tägliche Arbeit zu erledigen.

Mit solchen serviceorientierten Architekturen werden verstärkt Szenarien abgebildet, bei denen die Geschäftsprozesse von Services verschiedener Provider, Lieferanten oder Dienstleister abhängig sind. Somit wachsen verschiedene Unternehmen auch informationstechnisch mehr und mehr zusammen. Daraus ergeben sich zunehmende Vernetzungen und gegenseitige Abhängigkeiten, die aus Sicht des einzelnen Unternehmens durch SLAs abgesichert werden sollten.

Schließlich halten in den Unternehmen heutzutage vermehrt qualitätsorientierte Ansätze Einzug, die alle mehr oder weniger ähnliche Ziele verfolgen. Standards oder gesetzliche Vorgaben, wie ISO 9000 oder der Sarbanes-Oxley Act, tragen wesentlich zu einem umfassenden Qualitätsbewusstsein bei, das auch vor dem IT-Management nicht Halt macht. Insofern kommt eine qualitätsbewusste IT-Abteilung heutzutage nicht um die Einrichtung eines qualifizierten SLMs herum.

8.2.2 Umfang des Service Level Managements

Natürlich ist der Aufwand, den Sie in das SLM investieren sollten, von mehreren Faktoren abhängig. Ein aufwendiges SLM lohnt sich erst dann, wenn im Unternehmen eine große Anzahl an Systemen, Systeme mit hoher Komplexität und/oder für das Unternehmen zu keiner Zeit verzichtbare Geschäftsprozesse unterstützt werden müssen. Das SLM folgt daher einer klaren Abwägung zwischen einem möglichen Ausfallrisiko der IT-Services bzw. den damit verbundenen Konsequenzen für das Unternehmen und den zweifellos vorhandenen Kosten für den SLM-Prozess selbst. Diese Kosten entstehen einerseits durch den Personalaufwand und andererseits durch die Einrichtung und Pflege der entsprechenden Werkzeuge.

In kleinen und mittleren Unternehmen kann der dargestellte SLM-Prozess daher in vielen Fällen auf einen geringen Aufwand begrenzt werden. In großen Unternehmen, die oft auch eine große Anzahl von Systemen im Einsatz haben, kann es dagegen auch sein, dass man mehrere SLAs benötigt, die jeweils auf die verschiedenen Anforderungen der unterschiedlichen Geschäftsbereiche Rücksicht nehmen. Bei zu allgemeinen Vereinbarungen besteht das Risiko, dass den unterschiedlichen Rollen und Ausprägungen der verschiedenen Systeme nicht Rechnung getragen wird. Daher lohnt es sich in solchen Umgebungen, auf die speziellen Anforderungen der jeweiligen Lösung detailliert einzugehen bzw. diese Anforderungen im Lauf des IT-Service-Lifecycles zu verfeinern. So können für verschiedene Systeme zum Beispiel auch verschiedene Anforderungen an die durchschnittliche Antwortzeit definiert werden.

Schließlich hängen der Inhalt und der Umfang des SLAs wesentlich vom Grad des Outsourcings ab, also davon, welche Aufgaben tatsächlich an externe Organisationen ausgelagert werden. Outsourcing-Modelle können vom so genannten *Outtasking* über das *Application Service Providing* bis hin zum *Business Process Outsourcing* reichen:

- Beim Outtasking werden lediglich einzelne Aufgaben oder der Betrieb einzelner Anwendungen an externe Dienstleister übergeben.
- Dagegen wird beim Application Service Providing das gesamte Rechenzentrum (engl. Data Center) ausgelagert.
- Schließlich können beim Business Process Outsourcing ganze Unternehmensprozesse an externe Dienstleister übergeben werden.

Welche Strategie die für Sie geeignete ist, hängt hauptsächlich von der Art und dem Umfang der zu unterstützenden Geschäftsprozesse und der technischen Implementierung ab und kann an dieser Stelle nicht ausführlicher diskutiert werden. Im weiteren Verlauf der Darstellung gehen wir davon aus, dass Ihre Strategie definiert ist, und konzentrieren uns auf die praktische Umsetzung des SLMs.

8.2.3 Vor- und Nachteile des Service Level Managements

Bevor Sie sich dafür entscheiden, ein SLM im Systembetrieb einzuführen bzw. welchen Aufwand Sie dafür in Kauf nehmen, sollten Sie sich die Vor- und Nachteile einer solchen Vorgehensweise noch einmal vor Augen führen.

Insgesamt wird durch die Standardisierung im SLM eine bessere Strukturierung der Aufgaben ermöglicht. Bezieht man den Kostenaspekt der Services mit ein, kann so auch eine bessere Kostenkontrolle erreicht werden. Beispielsweise könnte man die Kosten für eine bestimmte Performanceverbesserung in die Überlegungen mit einbeziehen. Die bessere Planung verringert zudem die Wahrscheinlichkeit unvorhergesehener Kosten. Durch die genaue Definition von Leistungen verbessert sich darüber hinaus in der Regel auch der tatsächlich erbrachte Leistungsumfang: Sowohl der Kunde als auch der Dienstleister werden durch die erhöhte Sichtbarkeit und Transparenz beim jeweils anderen Partner erkennbar diszipliniert. Zusätzlich wird der Grad der Zufriedenheit des Kunden mit den geleisteten Services messbar.

Die Implementierung des SLMs erfordert Zeit und Aufwand, beides kann letztlich nur durch die erhöhte Qualität im Systembetrieb gerechtfertigt werden. Dabei besteht immer die Gefahr, dass viel Aufwand für die Verhandlung unwichtiger Ziele betrieben wird. Um dies zu vermeiden und weil die SLAs sehr technisch sein können, muss auf beiden Seiten ein gewisses technisches Verständnis der konkreten Softwarelösung existieren. Aufseiten des Betreibers sollte ein Verständnis für die Bedeutung und Ausgestaltung der Geschäftsprozesse vorhanden sein. Zugleich sollte aufseiten des Unternehmens, das seine IT an einen externen Dienstleister vergibt, darauf geachtet werden, dass es nicht auf sein gesamtes technisches Know-how in dem betreffenden Bereich verzichtet.

Verhandeln die Partner auf einem sehr unterschiedlichen Know-how- und Erfahrungsniveau, besteht schließlich die Gefahr, dass das SLA durch eine der beiden Seiten ausgenutzt werden kann. Dies kann geschehen, indem sich einer der beiden Partner auf die schriftlich festgelegten Vereinbarungen zurückzieht, obwohl diese unter Umständen nicht die tatsächlichen Erfordernisse beschreiben. In jedem Fall ist eine vertrauensvolle und flexible Zusammenarbeit erforderlich, um Probleme, die bei der Definition des SLAs möglicherweise nicht vorhersehbar waren, trotzdem gemeinsam zu lösen. Um die Gefahr unterschiedlicher Sichtweisen zu reduzieren und auf unvorhergesehene Veränderungen reagieren zu können, kann im Rahmen des SLMs auch ein regelmäßiger Know-how-Transfer zwischen den beteiligten Organisationen eingerichtet werden.

Im Folgenden gehen wir davon aus, dass Sie die für Ihren Betrieb geeignete Strategie gefunden haben und die entsprechenden vertraglichen Regelungen getroffen wurden. Wir werden nun zeigen, wie Sie mithilfe des SAP Solution Managers die gewünschten technischen Analysen implementieren können.

8.3 Technische Analyse im SAP Solution Manager

Im SAP Solution Manager 7.1 stehen im Work Center Technisches Monitoring für die technische Analyse zwei Bereiche zur Verfügung, Generierte Dokumente und Interaktive Auswertungen.

Zu den generierten Dokumenten zählen dabei drei verschiedene Dokumententypen: der SAP EarlyWatch Alert, der EarlyWatch Alert für Lösungen (EarlyWatch Alert for Solutions) sowie das SLR. All diese verschiedenen Auswertungen verwenden den so genannten *Service Data Download* als primäre Datensammelmethode.

Achtung [!]

Zwischen den Methoden zur Sammlung von Daten der ABAP- und Java-Instanzen besteht ein wesentlicher Unterschied. Während die Sammlung der Daten für die statistischen Auswertungen zum AS ABAP mit dem erwähnten Service Data Download erfolgt, werden die vergleichbaren Daten zum AS Java direkt mit den Werkzeugen der Ursachenanalyse ermittelt.

Im SLR besteht zusätzlich die Möglichkeit, Daten aus der so genannten CCMS-Infrastruktur (Computer Center Management System) sowie aus dem Business Warehouse (BW) mit einzubeziehen. Beim Setup des SLRs werden die jeweiligen Konfigurationsschritte ausführlich beschrieben, um die für das Reporting passende Auswahl der Daten zu treffen.

Im Gegensatz dazu basieren die interaktiven Auswertungen auf Daten, die mithilfe der Monitoring- und Alerting-Infrastruktur (MAI) im Business Warehouse des SAP Solution Managers gesammelt werden. Die interaktiven Auswertungen werden im Work Center KONFIGURATION DES SAP SOLUTION MANAGERS mithilfe des Setups für das technische Monitoring in Schritt 7 (Auswertungen) konfiguriert, sodass die interaktiven Auswertungen mit den Standardeinstellungen bei der Aktivierung der Monitoring- und Alerting-Infrastruktur mit eingeschaltet werden. Hierbei ist darauf zu achten, dass je nach Anzahl der angeschlossenen Systeme eine große Datenmenge entstehen kann. Diese ist aber nach oben begrenzt, weil mit der Aktivierung auch gleichzeitig eine regelmäßige automatische Reorganisation der Daten eingeplant wird. Um die zu erwartende Datenmenge abschätzen zu können, sollte der SAP Quick Sizer im Service Marketplace (*http://service.sap.com/quicksizer*) verwendet werden.

Auch unterscheiden sich die generierten Dokumente und die interaktiven Auswertungen in der Art ihrer Nutzung. Während sich die generierten Dokumente jeweils auf einen festen Zeitraum beziehen, etwa eine Woche bzw. einen Monat, und die Daten nach bestimmten Kriterien automatisch auswerten, sind die interaktiven Auswertungen eher als eine lose Sammlung von Daten zu verstehen, bei denen es in der Hand des Benutzers liegt, den gewünschten Analysezeitraum auszuwählen und die Daten nach geeigneten Kriterien zu filtern. Im IT-Management sind solche Aktivitäten zur Datenanalyse normalerweise in einen SLM-Prozess eingebunden, um die Daten systematisch auszuwerten.

Neben den genannten Konzepten der generierten Dokumente und interaktiven Auswertungen steht im SAP Solution Manager 7.1 für die Darstellung von aggregierten Daten ein so genanntes Dashboard-Framework zur Verfügung. In dieses Dashboard-Framework können so genannte Management Dashboards eingebunden werden (siehe Abschnitt 8.8, »Management Dashboards«). Diese können neben dem SLM auch für die geeignete Kommunikation mit dem Management oder weiteren Steakholdern genutzt werden.

Zunächst geht es aber im folgenden Abschnitt darum, welche Datensammelmethoden bei den generierten Dokumenten zum Einsatz kommen.

8.3.1 Generierte Dokumente und Service Data Download

Die SAP-Support-Services (zum Beispiel EarlyWatch, GoingLive etc.) werden im SAP Solution Manager in der Regel auf Basis des Service Data Downloads mit Daten aus den verwalteten Systemen versorgt. Diese Downloads werden in der Transaktion SDCCN im verwalteten System gesteuert. Diese Datensammeltechnik wird auch für die generierten Dokumente im Work Center Technisches Monitoring verwendet. Grundlage für viele Analysen ist dabei der SAP EarlyWatch Alert, der für jedes SAP-System aufgesetzt werden kann. Dabei wurde ursprünglich nur der ABAP-Teil des SAP-Systems betrachtet. Mithilfe der Solution Manager Diagnostics-Infrastruktur ist es nun auch möglich, Java-basierte Performancedaten mit in den Bericht zu übernehmen.

Der SAP EarlyWatch Alert lässt sich relativ einfach erzeugen und ermöglicht ein erstes Reporting, unabhängig von den im SLM festgelegten KPIs. Die globale Standardisierung des Reports erlaubt nicht nur dem SAP-Support, sondern auch allen weiteren beteiligten Parteien, eine schnelle Einschätzung des technischen Zustands und der Nutzung eines speziellen SAP-Systems vorzunehmen. Darauf aufbauend, können dann der SAP EarlyWatch Alert for Solutions und das SLR eingerichtet werden, wobei hier die Daten mehrerer Systeme in einem Bericht zusammengefasst werden.

8.3.2 SAP EarlyWatch Alert

Der SAP EarlyWatch Alert (EWA) (siehe auch *http://service.sap.com/ewa*) ist ein automatischer Service, der den Zustand eines Systems wöchentlich wiedergibt und so als erster Schritt zu einem standardisierten SLR angesehen werden kann. Der SAP EarlyWatch Alert sollte nicht mit dem *EarlyWatch Check* verwechselt werden. Der EarlyWatch Check wird in der Regel von einem Servicemitarbeiter des SAP-Supports auf Basis manueller, aber standardisierter Prüfungen und Auswertungen der Messwerte erstellt.

Der SAP EarlyWatch Alert beleuchtet abhängig von der Art des Systems verschiedene Bereiche technischer KPIs. Dazu gehören die im Folgenden aufgezählten Bereiche des SAP EarlyWatch Alerts. Da die entsprechende Servicesitzung nur in englischer Sprache verfügbar ist, werden hier zumeist die englischen Originalbegriffe verwendet:

- **Landscape Overview**
  Dieser Bereich enthält die wichtigsten Kennungen des Systems, wie Name, Art und Version, Kundennummer und -name oder Installationsnummer.

- **System Configuration**
  An dieser Stelle werden die SAP-spezifischen Parameter der Software im Vergleich zur Nutzung des Systems und hinsichtlich des Optimierungspotenzials untersucht.
- **Hardware Configuration**
  In diesem Bereich wird ein Überblick über die eingesetzte Hardware und deren Nutzung gegeben.
- **Software Configuration**
  Hier findet die Analyse der verwendeten Support Packages, SAP-Kernel-Versionen, Datenbanksoftware etc. statt. Insbesondere auf veraltete Softwarestände wird hingewiesen.
- **SAP Solution Manager Service Readiness**
  Hier wird überprüft, ob das System an den SAP Solution Manager angebunden ist und so Services innerhalb des SAP Solution Managers für dieses System ausgeführt werden können.
- **System Performance**
  Von besonderem Interesse sind die in der zurückliegenden Woche gemessene durchschnittliche Antwortzeit des Systems sowie seiner Applikationsserver und die historische Entwicklung.
- **Workload Distribution and Workload by Application Module**
  Workload-Statistiken helfen dabei, die Lastverteilung auf Systemen, Applikationsservern und Komponenten zu erkennen und gegebenenfalls eine Gleichverteilung anzustreben. Hilfreich ist auch die Darstellung der Lastverteilung im Lauf eines Tages.
- **DB Load Profile**
  Analog zur Last auf dem System wird die Datenbanklast aufbereitet und bewertet.
- **SAP System Operating**
  In diesem Bereich werden insbesondere die Einstellungen betriebssystemspezifischer Parameter im Vergleich zur Nutzung des Systems analysiert und gegebenenfalls Vorschläge zur Optimierung unterbreitet.
- **Availability based on Collector Protocols**
  Auf Basis der Information, die vom Betriebssystemkollektor SAPOSCOL geliefert wird, wird die Verfügbarkeit der Systeme ermittelt.
- **Program Errors (ABAP Dumps) and Update Errors**
  Hier wird eine Statistik über aufgetretene Fehler in Programmen allgemein und im Verbuchungsbereich im Besonderen geliefert.

- **Table Reorganization**
  Insbesondere auf Datenbanken, die der Reorganisation bedürfen, werden die betroffenen Tabellen analysiert und bewertet.
- **Hardware Capacity**
  Um die Nutzung der vorhandenen Hardwareressourcen einzuschätzen, ist dieser Bereich von Interesse. Er erlaubt insbesondere einen Rückschluss auf die Auslastung von CPU und Hauptspeicher.
- **Database**
  Die Datenbank und die eingesetzte Datenbankadministrationssoftware sind von zentraler Bedeutung für ein SAP-System. Daher sind den verschiedenen Gesichtspunkten der Datenbank jeweils eigene Bereiche im SAP EarlyWatch Alert gewidmet (wie zum Beispiel Datenmengenwachstum, größte Tabellen, Performance, Administration und fehlende Indizes). Weitere Bereiche beziehen sich auf Tabellen mit gesonderten Lock-Einstellungen oder auf verwendete Datenbank-Interface-Librarys.
- **Wait Statistics und IO Performance**
  Die Performancebetrachtungen werden durch die Analyse der aufgetretenen Wartesituationen auf den Instanzen und die Analyse der I/O-Aktivitäten komplettiert.
- **Security and Security-related SAP Notes**
  Das Thema Sicherheit spielt auch für den SAP EarlyWatch Alert eine Rolle. Rudimentäre Sicherheitseinstellungen werden hier überprüft und gegebenenfalls mit einem Alert bedacht.
- **Users with Critical Authorizations**
  An dieser Stelle wird für das System geprüft, ob besonders kritische Berechtigungen wie `SAP_ALL` oder Debugging-Berechtigungen in produktiven Systemen Benutzern zugeordnet sind.
- **Software Change Management**
  Der Bereich des Änderungswesens gibt darüber Auskunft, wie viele Objekte im betrachteten Zeitraum transportiert, das heißt verändert wurden. Häufig sind derartige Änderungen auch die Ursache für Veränderungen im Systemzustand, zum Beispiel können sie die Performance oder die Anzahl von Programmabbrüchen beeinflussen. Kann man hier einen Zusammenhang herstellen, gestattet dies Rückschlüsse auf die Qualität des Änderungsprozesses.
- **Java Performance Data and Availability of Java Performance Data**
  Den Java-Instanzen sowie ihrer Performance und Verfügbarkeit sind eigene Bereiche gewidmet. Voraussetzung für die Verfügbarkeit der dafür

erforderlichen Daten ist die vollständige Konfiguration der Ursachenanalyse-Werkzeuge für diese Instanzen.

In der aktuellen Version des SAP EarlyWatch Alerts ist der Inhalt fest vorgegeben, ebenso wie die Schwellenwerte, die über die Kritikalität einer Messung entscheiden. Es ist zu erwarten, dass zukünftig sowohl der Inhalt als auch die Schwellenwerte kundenspezifisch in einem gewissen vorgegebenen Rahmen angepasst werden können.

Mithilfe des SAP Solution Managers sowie des Service Data Downloads aus dem verwalteten System wird der EarlyWatch-Alert-Bericht innerhalb einer Systemlandschaft des SAP Solution Managers erzeugt und dort aufbewahrt. Vorher wurden die Berichte lediglich im SAP Service Marketplace bzw. über den dort befindlichen Service Channel bereitgestellt. Durch die neue Strategie der Aufbewahrung aller Service-Reports in Ihrem SAP Solution Manager haben Sie auf einfache Art und Weise Zugriff auf die gesamte Servicehistorie Ihrer Systeme. Mitarbeiter oder externe Partner können vor Ort darauf zugreifen und wichtige Informationen über die Systeme erhalten. Abbildung 8.1 stellt die Abläufe mit und ohne SAP Solution Manager gegenüber.

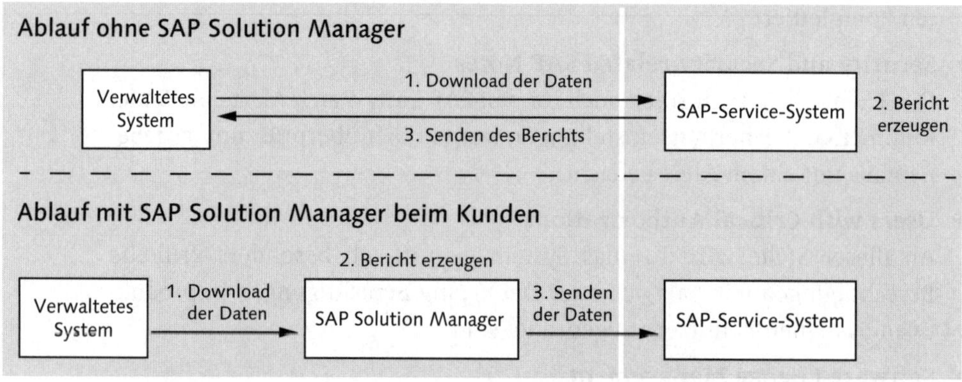

Abbildung 8.1 Serviceprozedur mit und ohne SAP Solution Manager

Darüber hinaus werden die Servicedaten vom SAP Solution Manager auch regelmäßig an das SAP-Service-System gesendet, sodass der SAP-Support ständig einen Überblick über den Zustand der Kundensysteme hat und mit diesen Informationen den Support-Prozess unterstützen kann. In Zusammenhang mit den Werkzeugen SAP Solution Manager Diagnostics und insbesondere der Ursachenanalyse ist eine Erweiterung des SAP EarlyWatch Alerts auf die Java-Komponenten von SAP möglich.

Für jedes System einer Systemlandschaft wird der Service EarlyWatch Alert automatisch eingeplant. Im Work Center SYSTEM-MONITORING finden Sie weitere Einstellungen für den SAP EarlyWatch Alert unter SETUP • EARLY-WATCH-ALERT-KONFIGURATION. Hier können Sie auswählen, ob Sie die Einstellungen für eine einzelne Lösung oder für alle Lösungen sehen möchten (siehe Abbildung 8.2).

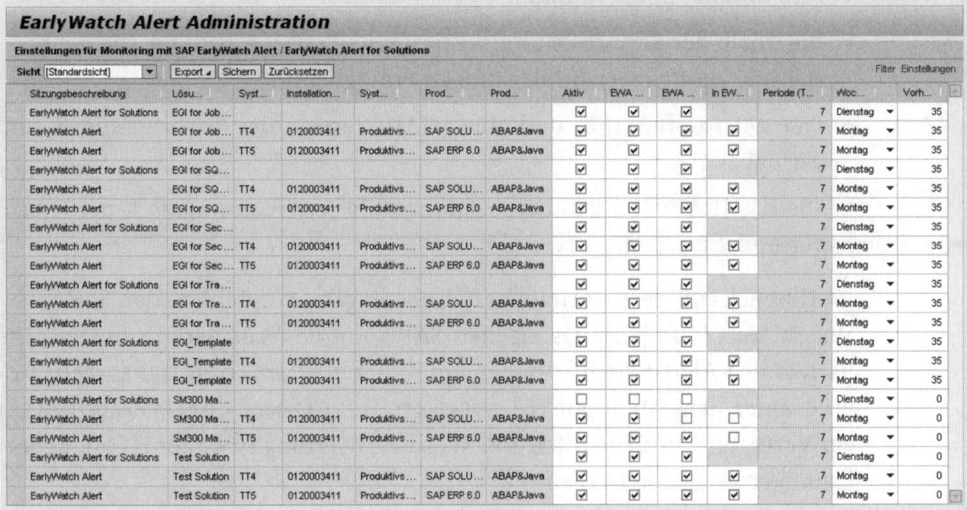

Sitzungsbeschreibung	Lösu...	Syst...	Installation...	Syst...	Prod...	Prod...	Aktiv	EWA ...	EWA ...	In EW...	Periode (T...	Woc...	Vorh...
EarlyWatch Alert for Solutions	EGI for Job...						☑	☑	☑		7	Dienstag	35
EarlyWatch Alert	EGI for Job...	TT4	0120003411	Produktivs...	SAP SOLU...	ABAP&Java	☑	☑	☑	☑	7	Montag	35
EarlyWatch Alert	EGI for Job...	TT5	0120003411	Produktivs...	SAP ERP 6.0	ABAP&Java	☑	☑	☑	☑	7	Montag	35
EarlyWatch Alert for Solutions	EGI for SQ...						☑	☑	☑		7	Dienstag	35
EarlyWatch Alert	EGI for SQ...	TT4	0120003411	Produktivs...	SAP SOLU...	ABAP&Java	☑	☑	☑	☑	7	Montag	35
EarlyWatch Alert	EGI for SQ...	TT5	0120003411	Produktivs...	SAP ERP 6.0	ABAP&Java	☑	☑	☑	☑	7	Montag	35
EarlyWatch Alert for Solutions	EGI for Sec...						☑	☑	☑		7	Dienstag	35
EarlyWatch Alert	EGI for Sec...	TT4	0120003411	Produktivs...	SAP SOLU...	ABAP&Java	☑	☑	☑	☑	7	Montag	35
EarlyWatch Alert	EGI for Sec...	TT5	0120003411	Produktivs...	SAP ERP 6.0	ABAP&Java	☑	☑	☑	☑	7	Montag	35
EarlyWatch Alert for Solutions	EGI for Tra...						☑	☑	☑		7	Dienstag	35
EarlyWatch Alert	EGI for Tra...	TT4	0120003411	Produktivs...	SAP SOLU...	ABAP&Java	☑	☑	☑	☑	7	Montag	35
EarlyWatch Alert	EGI for Tra...	TT5	0120003411	Produktivs...	SAP ERP 6.0	ABAP&Java	☑	☑	☑	☑	7	Montag	35
EarlyWatch Alert for Solutions	EGI_Template						☑	☑	☑		7	Dienstag	35
EarlyWatch Alert	EGI_Template	TT4	0120003411	Produktivs...	SAP SOLU...	ABAP&Java	☑	☑	☑	☑	7	Montag	35
EarlyWatch Alert	EGI_Template	TT5	0120003411	Produktivs...	SAP ERP 6.0	ABAP&Java	☑	☑	☑	☑	7	Montag	35
EarlyWatch Alert for Solutions	SM300 Ma...						☐	☐	☐		7	Dienstag	0
EarlyWatch Alert	SM300 Ma...	TT4	0120003411	Produktivs...	SAP SOLU...	ABAP&Java	☑	☑	☐	☐	7	Montag	0
EarlyWatch Alert	SM300 Ma...	TT5	0120003411	Produktivs...	SAP ERP 6.0	ABAP&Java	☑	☑	☑	☐	7	Montag	0
EarlyWatch Alert for Solutions	Test Solution						☑	☑	☑		7	Dienstag	0
EarlyWatch Alert	Test Solution	TT4	0120003411	Produktivs...	SAP SOLU...	ABAP&Java	☑	☑	☑	☑	7	Montag	0
EarlyWatch Alert	Test Solution	TT5	0120003411	Produktivs...	SAP ERP 6.0	ABAP&Java	☑	☑	☑	☑	7	Montag	0

Abbildung 8.2 Einstellungen für den SAP EarlyWatch Alert

Für jede Systemlandschaft kann eingestellt werden:

- ob der SAP EarlyWatch Alert aktiv sein soll oder nicht
- ob die Daten an SAP gesendet werden sollen oder nicht
- ob Benachrichtigungen über die Ergebnisse des SAP EarlyWatch Alerts an SAP gesendet werden sollen
- ob der SAP EarlyWatch Alert for Solutions (siehe Abschnitt 8.3.3) erzeugt werden soll
- an welchem Wochentag der Report ausgeführt werden soll
- wie lange die Berichte in der Solution vorgehalten werden, bis diese dem Archiv übergeben werden sollen

Der SAP EarlyWatch Alert innerhalb des SAP Solution Managers hat einige Vorteile gegenüber dem SAP Early Watch Alert, der über das SAP-Service-System erzeugt wird. Zu diesen Vorteilen gehören folgende:

- Alle SAP EarlyWatch Alerts innerhalb des SAP Solution Managers werden zentral administriert.
- Die Daten können direkt in der Servicesitzung überprüft werden, es besteht daher ein direkter Zugriff auf die Download-Daten.
- Das Werkzeug Solution Manager Diagnostics kann ebenfalls als Datenquelle genutzt werden und ermöglicht so die Erweiterung des Reports, zum Beispiel um Java-Daten.
- Innerhalb der Servicesitzung existiert eine Task-Verwaltung, die die Speicherung zusätzlicher Informationen ermöglicht.
- Eine Microsoft Word- und eine HTML-Version des Service-Reports sind verfügbar.
- Die HTML-Version kann an bestimmte Personen automatisch per E-Mail versendet werden.

Im Hinblick auf diese Vorteile ist es unbedingt zu empfehlen, den SAP Early-Watch Alert innerhalb des eigenen SAP Solution Managers zu nutzen. Die EarlyWatch-Alert-Berichte stehen im Work Center TECHNISCHES MONITORING unter dem Menüpunkt GENERIERTE DOKUMENTE • EARLYWATCH-ALERT zur Verfügung, und die Microsoft Word-Auswertung bzw. der HTML-Report kann hier generiert werden.

8.3.3 SAP EarlyWatch Alert for Solutions

Der SAP EarlyWatch Alert for Solutions ist ein automatischer Service, der auf dem SAP EarlyWatch Alert basiert und die Daten von mehreren Systemen einer Lösung in einem Report zusammenfasst. Um möglichst aktuelle Daten zu verwenden, wird der SAP EarlyWatch Alert for Solutions im Standard am Dienstag eingeplant – einen Tag nach dem SAP EarlyWatch Alert (im Standard am Montag). Zur Erstellung des Reports ist keine weitere Konfiguration notwendig.

Besonders geeignet ist der Einsatz des SAP EarlyWatch Alerts for Solutions, wenn Solution Manager Diagnostics für die Systeme in der Lösung aufgesetzt worden ist, da verschiedene Auswertungen auf diesen Diagnostics-Daten basieren. So können beispielsweise Daten aus der End-to-End-Change-Analyse übernommen werden, in der die Anzahl der Änderungen für die verschiedenen Produktinstanzen dargestellt wird (siehe Abbildung 8.3).

Darüber hinaus enthält der SAP EarlyWatch Alert for Solutions Statistiken über die Antwortzeiten von wichtigen Geschäftsprozessen, wenn diese innerhalb der Lösung gepflegt worden sind. Über den SAP EarlyWatch Alert for Solutions erhalten Sie so einen kompakten Überblick über den Zustand aller Systeme in einer Lösung.

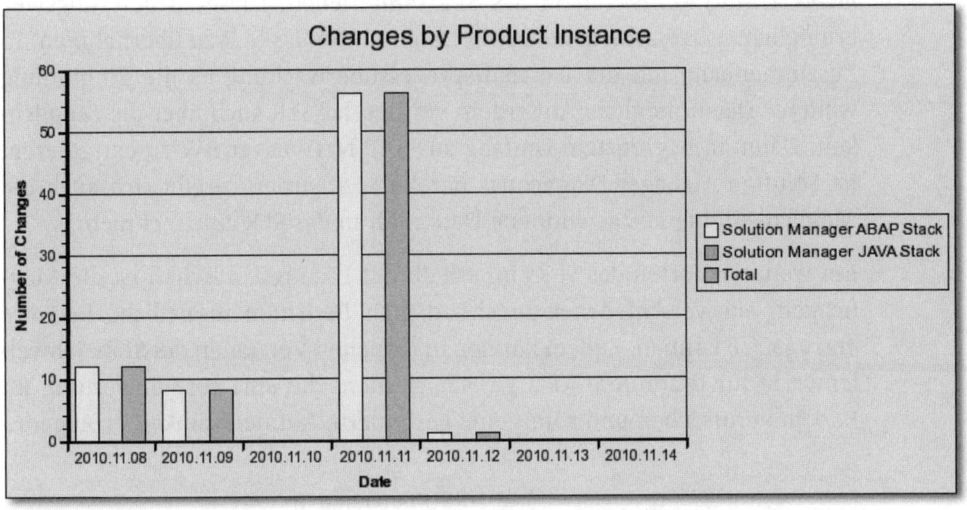

Abbildung 8.3 Änderungsstatistik aus dem SAP EarlyWatch Alert for Solutions

Auch diese Dokumente stehen im Work Center TECHNISCHES MONITORING unter dem Menüpunkt GENERIERTE DOKUMENTE • EARLYWATCH-FOR SOLUTIONS zur Verfügung. Zudem kann die Microsoft Word-Auswertung bzw. der HTML-Report hier generiert werden.

8.4 Service Level Reporting

Mithilfe des SAP Solution Managers können Sie ein standardisiertes SLR aufsetzen, das sowohl auf Daten aus dem Service Data Download als auch auf Daten aus dem Computer Center Management System (CCMS) basiert. Das SLR wird mithilfe einer Servicesitzung in einer speziellen Systemlandschaft aufgesetzt. Dies geschieht, indem Sie die Systeme und Daten auswählen, die Sie in den Report aufnehmen möchten.

Das SLR vereint auch Informationen mehrerer SAP EarlyWatch Alerts innerhalb einer Lösungslandschaft. In der so genannten *Trendanalyse* werden bestimmte Daten über den Zeitraum von drei Monaten dargestellt. Zusätzlich ist es innerhalb des Standard-Service-Level-Reportings möglich, die durchschnittliche Antwortzeit bestimmter CCMS-Transaktionen mit in den

Report einzubeziehen. Zu diesem Zweck wird auf die Definition der Geschäftsprozesse im Solution Directory Bezug genommen.

Schließlich können Sie Daten in begrenztem Umfang aus der *Central Performance History* (CPH) mit in das SLR einbeziehen. Dieser Belieferungsweg ermöglicht es, verschiedene CCMS-Daten mit in das SLR zu übernehmen. In Zusammenhang mit der Geschäftsprozessüberwachung ist die Einbindung weiterer Daten möglich. Außerdem verfügt das SLR auch über die Möglichkeit, Daten in begrenztem Umfang aus SAP NetWeaver BW zu extrahieren. Ist Solution Manager Diagnostics bereits konfiguriert, ergibt sich auch die Möglichkeit, hieraus gewonnene Daten mit in das SLR aufzunehmen.

Ein weiterer Vorteil des SLRs innerhalb der Lösungslandschaft ist die Möglichkeit, aus verschiedenen wöchentlichen Berichten monatliche Berichte erzeugen zu können. Zudem können in aktuellen Versionen des SLRs Schwellenwerte für bestimmte KPIs gesetzt werden, die eine rote Bewertung im Bericht verursachen und somit eine gesonderte Aufmerksamkeit erzeugen.

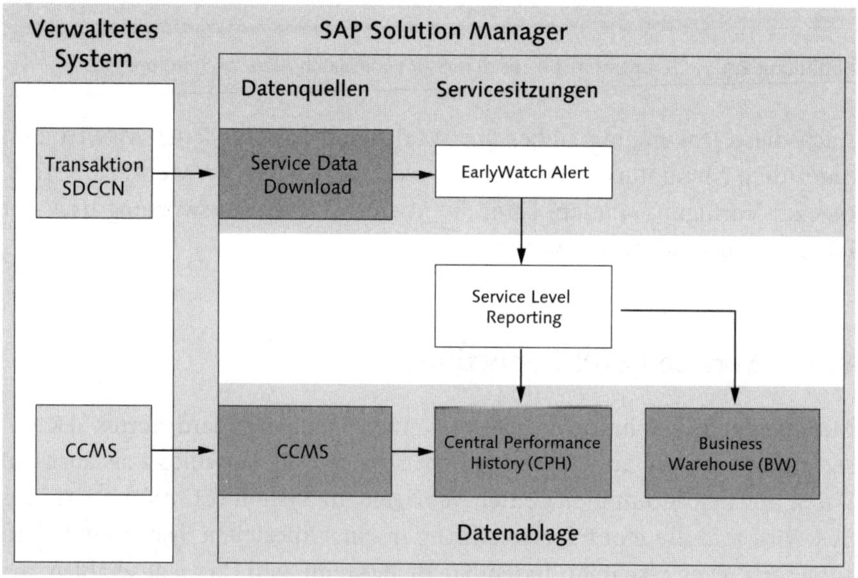

Abbildung 8.4 Datenquellen für das Service Level Reporting

In Abbildung 8.4 sind noch einmal die grundsätzlichen Datenflüsse innerhalb des SAP Solution Managers dargestellt Als Datenquellen im verwalteten System sind der Service Data Download aus der Transaktion SDCCN sowie das CCMS zu nennen. Die Daten des Service Data Downloads gelangen über den SAP EarlyWatch Alert in das SLR, während die Daten des CCMS über die

CPH in den Report gelangen. Schließlich können Daten aus dem Business Warehouse mit in das SLR eingebunden werden. Im Folgenden werden diese Möglichkeiten noch einmal genauer erläutert.

8.4.1 Monitoring-Infrastruktur des CCMS

Neben dem Service Data Download, der auf Daten zurückgreift, die innerhalb der Services vordefiniert wurden, steht die CCMS-Monitoring-Infrastruktur als Methode für die Datensammlung innerhalb des SLRs zur Verfügung. Mithilfe der CPH können Werte für bestimmte Kennzahlen gesammelt und nach frei definierbaren Zeitschemata aggregiert werden. Auf diese Weise können Sie eine persistente Sammlung von Echtzeit-Monitoring-Daten aufbauen, die dann später im SLR verwendet werden können. Dabei ist zu beachten, dass für das SLR nur bestimmte Zeitschemata verwendet werden können.

8.4.2 Erweiterungsmöglichkeiten des CCMS

Für jedes SAP-System steht standardmäßig eine Fülle von vorkonfigurierten Monitoring-Objekten im CCMS zur Verfügung. In der Regel werden Sie aus diesen Monitoring-Objekten eine sinnvolle Auswahl treffen. Abhängig vom Geschäftsprozess und den verwendeten Schnittstellen bzw. den verwendeten externen Soft- oder Hardwarekomponenten, ist es in der Regel erforderlich, weitere Monitoring-Objekte zu aktivieren. Dazu steht eine Vielzahl von CCMS-Erweiterungsmöglichkeiten zur Verfügung.

Im Hinblick auf das SLR sind die wichtigsten Erweiterungsmöglichkeiten der `CCMSPING`-Agent sowie die GRMG-Infrastruktur (Generic Request and Message Generator) zur ständigen Überwachung der Verfügbarkeit von SAP-Anwendungsservern oder Webanwendungen im Internet.

8.5 Setup des Service Level Reportings

Nach den allgemeinen Erläuterungen über die Datensammlung im SLR zeigen wir Ihnen in diesem Abschnitt, wie man diese Funktionalität im SAP Solution Manager aktiviert. Das Setup für das SLR befindet sich im Work Center System-Monitoring. Gehen Sie hier wie folgt vor:

1. Wählen Sie den Pfad Setup • Service Level Reporting • Service Level Reporting einrichten.

2. Nach der Auswahl des Menüpunktes müssen Sie die Systemlandschaft auswählen, für die Sie das SLR einrichten möchten.
3. Sie gelangen in die Sitzung für die Einrichtung des SLRs. Zunächst kann in dem Konfigurationschritt VARIANTS ADMINISTRATION der Name des Reports festgelegt werden bzw. können verschiedene Varianten des Service Level Reports angelegt werden.
4. Für die Varianten kann jeweils festgelegt werden, ob der Report wöchentlich oder monatlich ausgeführt werden soll. Darüber hinaus können der Wochentag der Ausführung festgelegt und die Variante aktiviert werden (siehe auch Abbildung 8.5).

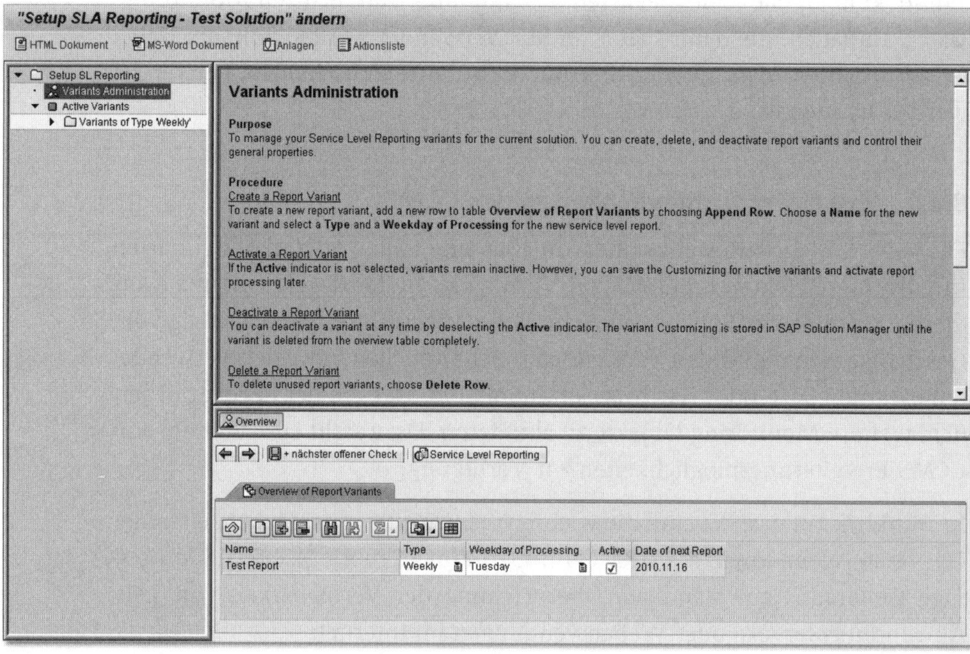

Abbildung 8.5 Anlegen des Service Level Reports

Bei der Festlegung des Wochentages sollten Sie berücksichtigen, dass das SLR den SAP EarlyWatch Alert als Grundlage für seine Datenaufbereitung verwendet. Das SLR sollte daher nicht in dichteren Abständen erfolgen als der SAP EarlyWatch Alert erstellt wird. In der Standardeinstellung läuft der SAP EarlyWatch Alert am Montag, daher wäre die empfohlene Standardeinstellung für das SLR (ebenso wie beim SAP EarlyWatch Alert for Solutions) der Dienstag. So können jeweils aktuelle Daten herangezogen werden.

Zu jeder Variante erscheint außerdem ein neuer Konfigurationsschritt VARIANT, in dem einige grundlegende Einstellungen über das Aussehen des späteren Berichts vorgenommen werden können. So kann beispielsweise die Titelseite gestaltet werden bzw. Sie können entscheiden, welchen Inhalt die Kopf- und Fußzeile des späteren Berichts haben sollen.

Zunächst sollten Sie nun in dem Konfigurationsschritt, der den Namen des Reports trägt, die Systeme aus der Systemlandschaft auswählen, die mit in das Reporting einbezogen werden sollen (siehe Abbildung 8.6). Dies geschieht durch die Markierung in der Spalte Select for Reporting? Falls in der Lösung bereits Geschäftsprozesse gepflegt sind, können diese auf dem Karteireiter Business Processes ausgewählt werden. Je nach Auswahl in diesem Konfigurationsschritt erscheinen jeweils weitere Schritte in der Übersicht auf der linken Seite in Abbildung 8.5.

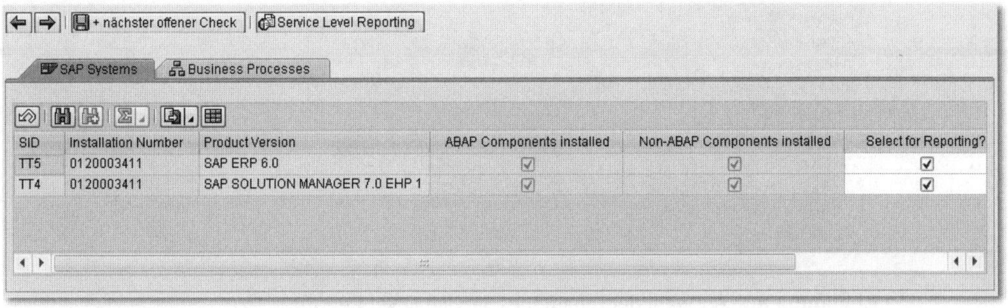

Abbildung 8.6 Auswahl der Systeme für das Service Level Reporting

8.5.1 Auswahlmöglichkeiten im Service Level Report

Für jedes ausgewählte System erscheint nun ein Konfigurationsschritt, in dem Sie wiederum auswählen können, aus welchen Datenquellen Sie den Service Level Report versorgen möchten. Die Systeme TT4 und TT5 wurden in Abbildung 8.6 selektiert, wodurch für diese Systeme automatisch die entsprechenden Konfigurationsschritte generiert werden. Für den späteren Service Level Report stehen für jedes System folgende Datenquellen zur Auswahl:

- Content from Solution Manager
- Content from EWA
- Content from CCMS
- Content from BI

Bei der Datenquelle Content from Solution Manager können Sie entscheiden, ob Sie Konfigurationsinformationen für das jeweilige System mit in den Service Level Report aufnehmen möchten.

Daten aus dem SAP EarlyWatch Alert

Auf dem Karteireiter Content from EWA können Sie entscheiden, welche Abschnitte aus dem SAP EarlyWatch Alert-Bericht mit in das SLR einbezogen werden sollen (siehe Abbildung 8.7).

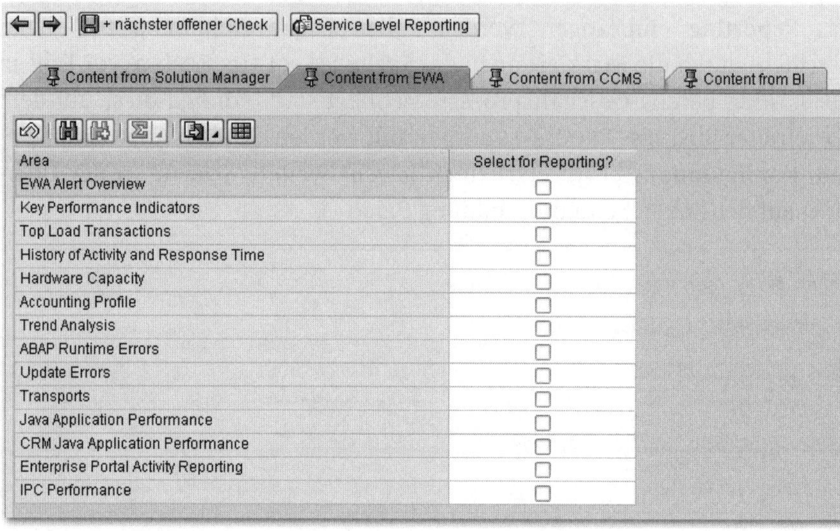

Abbildung 8.7 Auswahl der Inhalte des Service Level Reports

Es erscheint eine Liste sämtlicher verfügbarer Bereiche. Durch Markierung der Spalte Select for Reporting? können Inhalte aus folgenden Bereichen ausgewählt werden (da die entsprechende Servicesitzung nur in englischer Sprache verfügbar ist, sind die Originalbegriffe in Klammern aufgeführt):

- EarlyWatch Alert-Überblick (EarlyWatch Alert Overview)
- Key-Performance-Indikatoren (Key Performance Indicators)
- Transaktionen, die die höchste Systemlast erzeugen (Top Load Transactions)
- historische Entwicklung der Systemnutzung und der Antwortzeiten (History of Activity and Response Time)
- Kapazität der Hardware (Hardware Capacity)
- Abrechnungsstatistik* (Accounting Profile*)
- Trendanalyse (Trend Analysis)
- Statistik der ABAP-Dumps (ABAP Runtime Errors)
- Statistik der Verbuchungsabbrüche (Update Errors)
- transportierte Programme, Tabellen und Objekte* (Transports*)

- Java-Anwendungsperformance (Java Application Performance**)
- CRM-Java-Anwendungsperformance (CRM Java Application Performance**)
- Systemnutzung des SAP NetWeaver Portals (Enterprise Portal Activity Reporting**)

Die mit (*) gekennzeichneten Bereiche sind nur im SLR möglich und nicht Bestandteil des Standard-SAP EarlyWatch Alerts. Die mit (**) gekennzeichneten Bereiche sind produktspezifisch und sollten nur ausgewählt werden, wenn das selektierte System auch ein entsprechendes Produkt beinhaltet.

Für alle Bereiche erscheint ein weiterer Konfigurationsschritt, in dem Sie festlegen können, ob Sie die Statistik in einer Tabelle, einer Grafik oder in beiden Varianten anzeigen möchten. Für die KPIs können zusätzlich Schwellenwerte angegeben werden, deren Überschreitung in der Tabelle gesondert gekennzeichnet wird. In der monatlichen Version des SLRs wird für alle KPIs eine langfristige Historie ausgegeben. Folgende KPIs stehen zur Verfügung:

- Systemperformance (System Performance)
- maximale Anzahl aktiver Benutzer (Max. Active Users)
- durchschnittliche Verfügbarkeit (Avg. Availability)
- durchschnittliche Antwortzeit im Dialog (Avg. Response Time in Dialog Task)
- durchschnittliche Antwortzeit in Stunde der Spitzenlast (Avg. Response Time at Peak Dialog Hour)
- maximale Anzahl von Dialogschritten pro Stunde (Max. Dialog Steps per Hour)
- Festplattenplatz der Datenbank (Database Space Management)
- Datenbankgröße (DB Size)
- Datenbankwachstum (DB Growth)
- Kapazität der Hardware (Hardware Capacity)
- maximale Auslastung der CPU auf dem Datenbankserver (Max. CPU Utilization on DB Server)
- maximale Auslastung der CPU auf dem Applikationsserver (Max. CPU Utilization on Appl. Server)

Für die meisten KPIs müssen keine weiteren Voraussetzungen auf der technischen Seite erfüllt sein, dies gilt allerdings nicht für die Abrechnungsstatistik. Die Abrechnungsstatistik ermöglicht den Aufbau von Statistiken für bestimmte Benutzergruppen. Zu diesem Zweck müssen die Benutzer jeweils einer Abrechnungsnummer zugeordnet sein. Hierzu gehen Sie folgendermaßen vor:

1. Rufen Sie die Transaktion SU01 auf. Auf dem Karteireiter LOGONDATEN im Bereich WEITERE DATEN können Sie dem Benutzer nun eine beliebige Abrechungsnummer zuordnen. Benutzer mit gleicher ABRECHNUNGSNUMMER werden dabei zu einer Gruppe zusammengefasst.
2. Sind die Zuordnungen vorgenommen, erscheinen die entsprechenden Abrechnungsstatistiken in der Transaktion ST03N (Systemlastmonitor). Um die Abrechnungsstatistik sehen zu können, wählen Sie den Expertenmodus und den jeweiligen Analysezeitraum.
3. Navigieren Sie im linken Bereich zu ANALYSESICHTEN • ANWENDER- U. ABRECHNUNGSSTATISTIK • ABRECHNUNGSSTATISTIK. Auf dem Karteireiter ABRECHNUNGSNUMMERN erscheint eine detaillierte Zuordnung der unter der jeweiligen Abrechnungsnummer durchgeführten Dialogschritte und anderer Kennzahlen (siehe Abbildung 8.8).

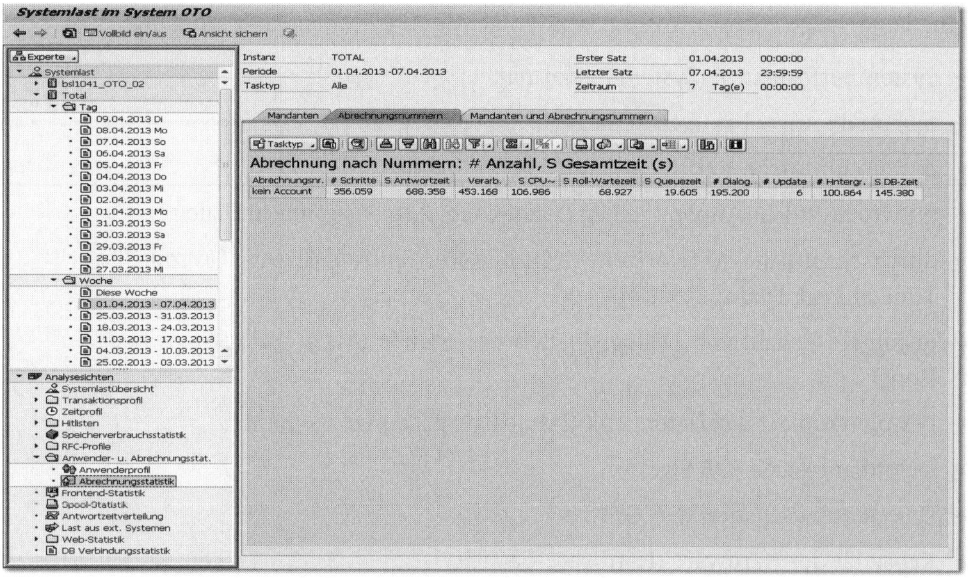

Abbildung 8.8 Abrechnungsstatistik

Daten aus dem CCMS

Auf dem Karteireiter CONTENT FROM CCMS können Sie zunächst auswählen, ob Sie Daten der Systemverfügbarkeit (System Availability), das heißt Daten des CCMSPING-Agenten, mit in das Reporting übernehmen und weitere Monitoring-Objekte aus dem CCMS einfügen möchten. Voraussetzung dafür ist, dass die Daten der Systemverfügbarkeit bzw. die anderen CCMS-Daten in der CPH abgelegt sind.

Daten aus Business Intelligence

Schließlich können Sie auf dem Karteireiter CONTENT FROM BI auswählen, ob Sie Werte aus SAP NetWeaver BW grundsätzlich in das SLR mit aufnehmen möchten. Das setzt voraus, dass die Daten dort bereits vorhanden sind.

8.5.2 Central Performance History

Normalerweise werden die einzelnen Werte aus der CCMS-Monitoring-Infrastruktur nur eine begrenzte Zeit vorgehalten. Mithilfe der CPH können Sie die Werte der einzelnen Monitoring-Objekte dauerhaft (gemäß einem zu definierenden Zeitraster bzw. einem Aggregations-Level) speichern und damit für ein mittel- bis langfristiges SLR verfügbar halten.

Dabei können Sie die Zeit bzw. Zeitabstände der Messungen sowie die Speicherdauer der Werte frei definieren. Für das SLR sind die zu verwendenden Zeitabstände allerdings vorgegeben. Die Einstellungen der CPH können mithilfe der Transaktion RZ23N (Central Performance History) vorgenommen werden (siehe Abbildung 8.9).

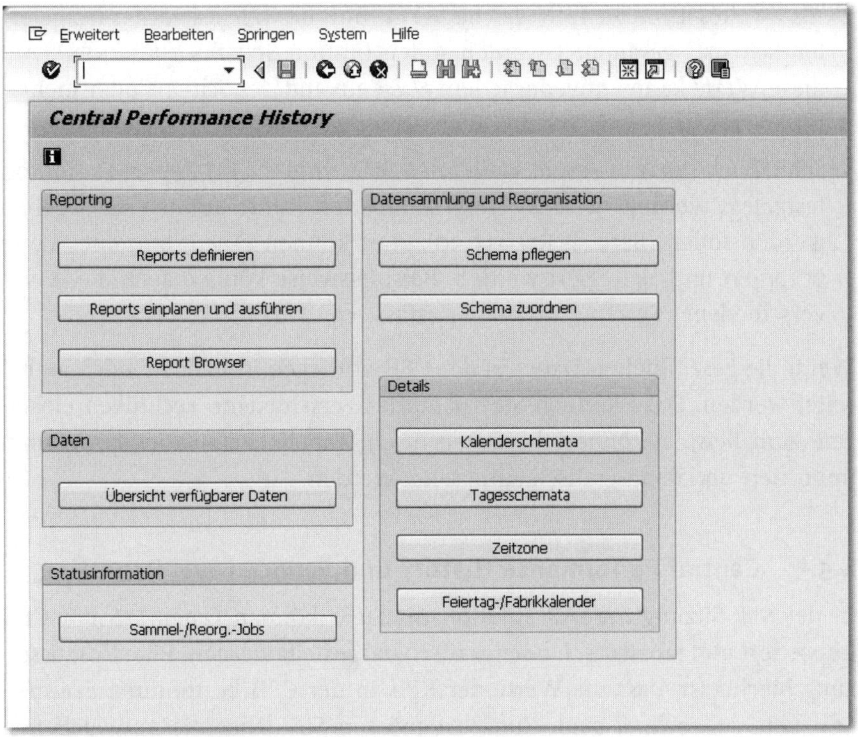

Abbildung 8.9 Pflege der CPH mittels Transaktion RZ23N

Hierbei gehen Sie folgendermaßen vor:

1. Prinzipiell legen Sie als Erstes fest, wie lange und in welchem Zeitabstand die Daten in der CPH gespeichert werden sollen. Des Weiteren wird festgelegt, wie die gesammelten Daten aggregiert bzw. wann sie wieder gelöscht werden sollen. Einige dieser Schemata werden bereits zusammen mit dem System ausgeliefert (Button SCHEMA PFLEGEN). Dazu verwenden Sie die so genannten Tages- bzw. Kalenderschemata bzw. Sammel- und Reorganisationsschemata. Mithilfe dieser Einstellungsmöglichkeiten lassen sich spezifische Schemata realisieren, die zum Beispiel Fabrikkalender und Feiertage oder bestimmte Wartungsfenster berücksichtigen (Bereich DETAILS).

[zB]

Beispiel: Aggregationsmöglichkeiten

Die Aggregationsmöglichkeiten lassen es zum Beispiel zu, von einem bestimmten Monitoring-Objekt (Monitoring Tree Element, MTE) stündlich Werte zu speichern und diese auf täglicher Basis zusammenzufassen, bevor sie schließlich ausgewertet werden können.

2. Als Zweites legen Sie fest, welche MTEs mithilfe welches vorher festgelegten Schemas gesammelt werden sollen (Button SCHEMA ZUORDNEN). Auf diese Weise kann entweder jedem MTE ein anderes Schema oder mehreren MTEs das gleiche Schema zugeordnet werden.
3. Schließlich muss in einem weiteren Schritt in der CPH-Report-Definition festgelegt werden, welche der gesammelten Informationen ausgegeben werden sollen (Bereich REPORTING). Hier können erneut einzelne Werte gruppiert und aggregiert werden. Beispielsweise können auch die Werte verschiedener Systeme zusammengefasst werden.

Wenn die gesammelten Daten in der CPH vorliegen, sollten sie noch aufbereitet werden. Dazu können Sie wiederum verschiedene Techniken einsetzen, zum Beispiel können die Daten in ein Tabellenkalkulationsprogramm importiert und dann grafisch aufbereitet werden.

8.5.3 Central Performance History und Service Level Reporting

In der SLR-Sitzung im SAP Solution Manager können Daten aus der CPH importiert und tabellarisch oder grafisch dargestellt werden. Eine Voraussetzung hierfür ist, dass die Werte der KPIs in der CPH bestimmten Sammelschemata zugeordnet sind. Zunächst müssen Sie daher die vorgegebenen

Sammelschemata für die Systemverfügbarkeit und die weiteren Monitoring-Objekte anlegen. Dazu gehen Sie wie folgt vor:

1. Rufen Sie Transaktion RZ23N auf, und klicken Sie auf den Button SCHEMA PFLEGEN.
2. Geben Sie im Bereich MARKIERT • SCHEMA einen Namen für das Schema ein, zum Beispiel Z_SLR_Availability (für die Verfügbarkeitswerte) bzw. Z_SLR_CCMS (für alle anderen Werte aus dem CCMS), und klicken Sie auf SICHERN.
3. Wählen Sie dann das gerade angelegte Sammelschema auf der linken Seite aus.
4. Selektieren Sie aus dem Menü BEARBEITEN • BILD FÜR ERWEITERTE KONFIGURATION.
5. Für das Sammelschema Z_SLR_Availability wählen Sie die Einstellungen entsprechend Abbildung 8.10, und für das Sammelschema Z_SLR_CCMS wählen Sie die Einstellungen entsprechend Abbildung 8.11. Wie Sie sehen, gleicht sich die Art, wie die Einstellungen vorzunehmen sind, für die beiden Schemata.

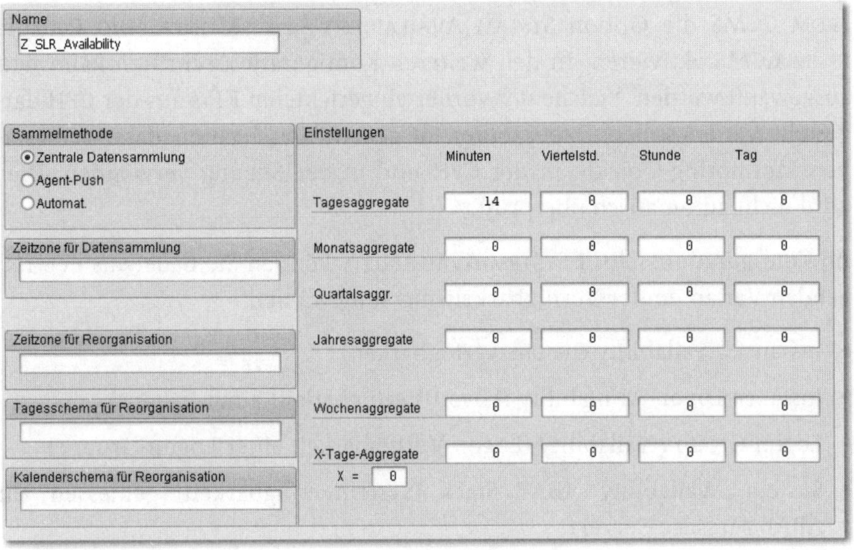

Abbildung 8.10 Sammelschema für die Verfügbarkeitsdaten

Damit sind die Voraussetzungen geschaffen, um die jeweiligen KPIs aus dem CCMS mit in das SLR einzubinden.

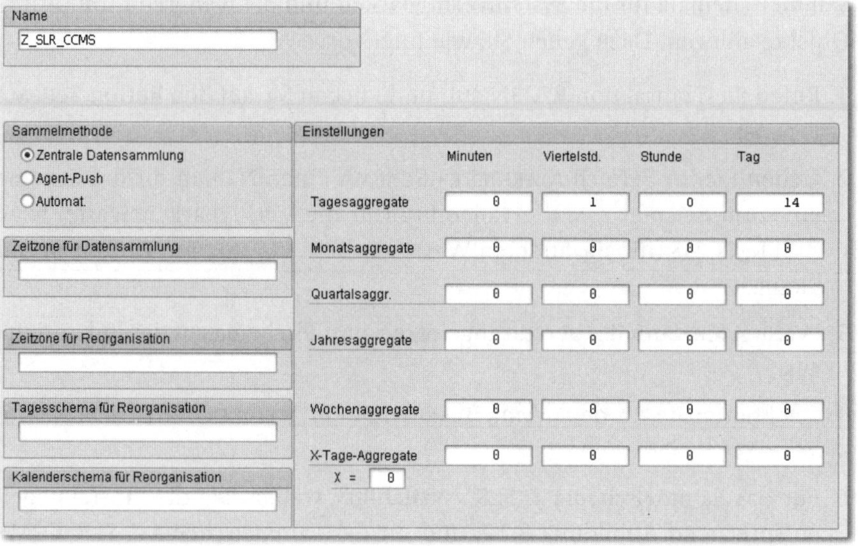

Abbildung 8.11 Sammelschema für weitere CCMS-Daten

In der Sitzung Service Level Reporting einrichten müssen Sie schließlich im systembezogenen Konfigurationsschritt auf dem Karteireiter Content from CCMS die Option System Availability bzw. Monitoring Objects from CCMS aktivieren. In den weiteren Konfigurationsschritten kann nun ausgewählt werden, welche der vorher eingerichteten KPIs aus der CPH dargestellt werden sollen. Dabei sollten Sie genau darauf achten, dass Sie dieselben Monitoring-Objekte in der CPH und in der Sitzung verwenden. Dies wird nicht automatisch überprüft.

Im Konfigurationsschritt System Availability können Sie dabei aus den folgenden Varianten der Verfügbarkeitsmessung wählen:

- Instance Availability (Instanzverfügbarkeit)
- Instance Logon Availability (Logon-Verfügbarkeit einer Instanz)
- Logon-Group Availability (Logon-Verfügbarkeit einer Logon-Gruppe)
- System Availability ABAP Stack (Systemverfügbarkeit, gemessen am ABAP-Message-Server)
- System Availability Java Stack (Systemverfügbarkeit, gemessen am Java-Message-Server)

Im Konfigurationsschritt Monitoring Objects from CCMS können Sie unter Angabe des Monitoring-Segments, des Monitoring-Kontextes und schließlich des Monitoring-Objekts auswählen, welche MTEs Sie mit in das

Reporting einfügen möchten. Für jedes Monitoring-Objekt erscheint nun ein neuer Konfigurationsschritt, in dem Sie eine Beschreibung eingeben und Schwellenwerte definieren können. Außerdem können Sie für alle Werte wieder festlegen, ob diese in einer Grafik, einer Tabelle oder in beiden Varianten dargestellt werden sollen. Mit der Option 3-Monats-Historie kann der Darstellungszeitraum im SLR auf drei Monate ausgedehnt werden.

8.5.4 Planned Downtimes und Critical Uptimes

Bei den Verfügbarkeitswerten ist es möglich, die Statistik durch die Planung von Ausfallzeiten (Planned Downtime) und kritischen Zeiten der Verfügbarkeit (Critical Uptime) zu beeinflussen. Zu diesem Zweck kann im Konfigurationsschritt Timetable Templates ein detaillierter Zeitplan hinterlegt werden. Wählen Sie diesen Konfigurationsschritt, erscheint auf dem Karteireiter Time Window Overview eine Tabelle mit Kalenderwochen (siehe Abbildung 8.12).

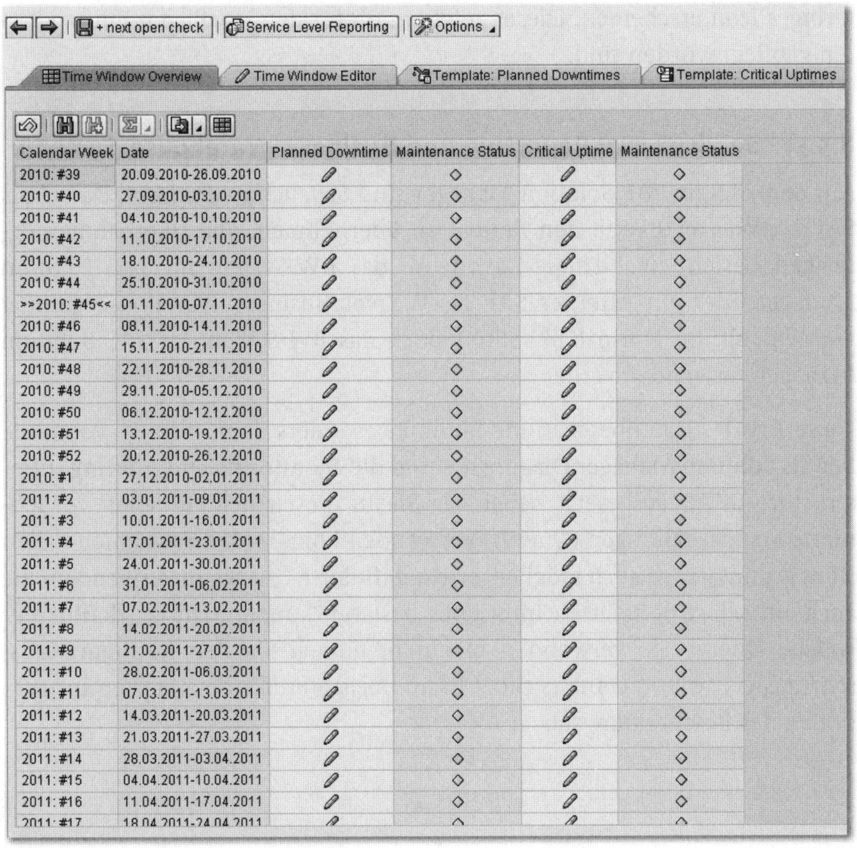

Calendar Week	Date	Planned Downtime	Maintenance Status	Critical Uptime	Maintenance Status
2010: #39	20.09.2010-26.09.2010				
2010: #40	27.09.2010-03.10.2010				
2010: #41	04.10.2010-10.10.2010				
2010: #42	11.10.2010-17.10.2010				
2010: #43	18.10.2010-24.10.2010				
2010: #44	25.10.2010-31.10.2010				
>>2010: #45<<	01.11.2010-07.11.2010				
2010: #46	08.11.2010-14.11.2010				
2010: #47	15.11.2010-21.11.2010				
2010: #48	22.11.2010-28.11.2010				
2010: #49	29.11.2010-05.12.2010				
2010: #50	06.12.2010-12.12.2010				
2010: #51	13.12.2010-19.12.2010				
2010: #52	20.12.2010-26.12.2010				
2010: #1	27.12.2010-02.01.2011				
2011: #2	03.01.2011-09.01.2011				
2011: #3	10.01.2011-16.01.2011				
2011: #4	17.01.2011-23.01.2011				
2011: #5	24.01.2011-30.01.2011				
2011: #6	31.01.2011-06.02.2011				
2011: #7	07.02.2011-13.02.2011				
2011: #8	14.02.2011-20.02.2011				
2011: #9	21.02.2011-27.02.2011				
2011: #10	28.02.2011-06.03.2011				
2011: #11	07.03.2011-13.03.2011				
2011: #12	14.03.2011-20.03.2011				
2011: #13	21.03.2011-27.03.2011				
2011: #14	28.03.2011-03.04.2011				
2011: #15	04.04.2011-10.04.2011				
2011: #16	11.04.2011-17.04.2011				
2011: #17	18.04.2011-24.04.2011				

Abbildung 8.12 Timetable Templates

Die Planned Downtimes und Critical Uptimes können auf dem Karteireiter Time Window Overview wie folgt eingeplant werden:

1. Im ersten Schritt können Sie auf dem Karteireiter Template: Planned Downtimes bzw. Template: Critical Uptimes die Zeitintervalle für die entsprechenden Wochentage angeben.
2. Wählen Sie dann den Karteireiter Time Window Overview und hier eine Kalenderwoche, für die Sie solche Zeiten pflegen möchten. Klicken Sie in der Zeile der gewählten Kalenderwoche doppelt auf das zugehörige Bleistift-Icon in der Spalte Planned Downtime bzw. Critical Uptime.
3. Wechseln Sie auf den Karteireiter Time Window Editor, und klicken Sie auf den Button Copy Template to Editor, oder geben Sie die gewünschten Zeiten manuell ein.
4. Speichern Sie die Einstellungen über den Button Save Editor.

Nun sollte in der ausgewählten Zeile in der Spalte Maintenance Status ein farbiges Icon erscheinen. Dieses zeigt an, ob für den jeweiligen Eintrag Zeiten gepflegt worden sind.

8.5.5 Service Level Reporting und Business-Warehouse-Systeme

Mit dem SLR im SAP Solution Manager sind Sie auch in der Lage, Daten aus SAP NetWeaver BW in den Bericht zu übernehmen. Die Übernahmemöglichkeit besteht unabhängig davon, ob das BW-System im SAP Solution Manager oder ein externes SAP NetWeaver Business Warehouse genutzt werden soll. Im Normalfall sollte jedoch das BW-System im SAP Solution Manager verwendet werden.

Diese Art der Datenbeschaffung kommt besonders dann infrage, wenn Sie bereits Solution Manager Diagnostics und die Monitoring and Alerting Infrastructure (MAI) aufgesetzt haben, da Sie in diesen beiden Fällen vordefinierte Standardabfragen (Querys) verwenden können. In bestimmten Fällen ist es grundsätzlich auch möglich, selbst definierte Querys zu verwenden, die auch auf selbst definierten InfoCubes basieren können. Um zu definieren, welche Querys Sie verwenden möchten, nutzen Sie den Konfigurationsschritt Monitoring Objects from BI und beachten die detaillierten Instruktionen des Beschreibungstexts.

8.5.6 Interpretation der Ergebnisse aus dem SAP EarlyWatch Alert und dem Service Level Reporting

Oft enthalten die SAP EarlyWatch Alert-Berichte bzw. die darauf aufbauenden Service Level Reports relativ technische Angaben. Mit etwas Übung lassen sich aus den Daten aber wertvolle Informationen gewinnen, die nicht nur für Techniker von Relevanz sind, sondern auch für die Fachabteilungen nützlich sein können. Daher ist es dringend zu empfehlen, die Daten gemeinsam zu analysieren und gegebenenfalls für andere Zielgruppen aufzubereiten.

Beispielhaft haben wir im folgenden Abschnitt einige Statistiken bzw. Grafiken herausgegriffen, anhand derer die Interpretation verdeutlicht werden soll.

Systemkonfiguration und Hardwarenutzung

Zunächst enthält jeder Service Level Report eine Übersicht über die Systemkonfiguration (siehe Abbildung 8.13). Die Systemkonfiguration ist in drei Bestandteile aufgeteilt:

1.1.2 System Configuration

Hardware Configuration

Hardware Configuration

Server Type	Server	OS	OS Version	Number of CPUs	Memory [MB]
Database Server	bsl1041		SuSE Linux Enterprise Server 11 (x86_64)	4	32244

Database System

Database Server	Database System	Current Version
bsl1041	MaxDB	7.8.0

Software Configuration

Component Patch Levels

SAP Component	SAP Component Version	Patch Level
BBPCRM	701	8
BI_CONT	706	4
CPRXRPM	500_702	8
CTS_PLUG	200	2
GW_CORE	200	4
IW_BEP	200	4
IW_FND	250	4
IW_GIL	100	0
PI_BASIS	702	11
RTCISM	100	0
SAP_ABA	702	11
SAP_AP	700	27
SAP_BASIS	702	11
SAP_BS_FND	702	9
SAP_BW	702	11
SOCO	101	2
ST	710	6
ST-A/PI	01P_700	0
ST-BCO	710	4
ST-ICO	150_700	34
ST-PI	2008_1_700	6
ST-SER	701_2010_1	14
WEBCUIF	701	8

SAP Kernel Release

Kernel Patch Level

Instance	SAP Kernel Release	Patch Level
bsl1041 00	720_EXT_REL	300

Abbildung 8.13 Systemkonfiguration in Service Level Report

- Hardwarekonfiguration (Server und Datenbank)
- Softwarekonfiguration (Version einzelner installierter Softwarekomponenten)
- SAP-Kernel-Release

Die Informationen hinsichtlich der verwendeten Versionen, Support Packages und der eingesetzten Hardware werden bis auf wenige Ausnahmen nicht bewertet, sie liefern jedoch wichtige Hinweise auf die vorhandene Systemkonfiguration. Diese Informationen ermöglichen beispielsweise Auswertungen darüber, wie sich Änderungen an der Systemkonfiguration auf andere KPIs auswirken. Auch für Support-Mitarbeiter, die das System nicht kennen, kann dies eine erste wichtige Informationsquelle sein.

Hardwarekapazität

Die Auswertung der Hardwarekapazität enthält die wichtigsten Indikatoren, um die zur Verfügung stehenden Ressourcen auf den Servern einzuschätzen, nämlich die maximale Auslastung der CPU und die maximale Speichernutzung. Die Bewertung ergibt sich aufgrund von Schwellenwerten, die auf den Erfahrungen des SAP Active Global Supports basieren (siehe Abbildung 8.14). So erhält die maximale CPU-Auslastung eine gelbe Bewertung, wenn der Wert über 70 % steigt, und eine rote Bewertung, wenn er über 90 % steigt. Der genutzte Speicher wird gelb bewertet, wenn der Wert über 125 % steigt, bzw. rot, wenn der Wert die 150-%-Marke überschreitet. Die Prozentzahl bezieht sich auf die Nutzung des gesamten Speichers, inklusive des Auslagerungsspeichers des Betriebssysstems, in Bezug auf den physikalischen Speicher kann diese daher auch einen Wert über 100 % annehmen.

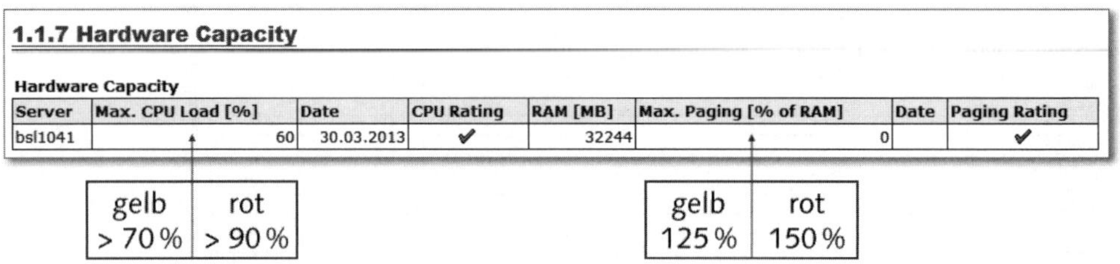

Abbildung 8.14 Hardwarekapazität

Top Load Transactions

In Abbildung 8.15 sind die Transaktionen aufgelistet, die den prozentual höchsten Anteil an der Systemlast verursacht haben. Im Beispiel handelt es sich offensichtlich um einen SAP Solution Manager, in dem die Transaktion RM_IMPORT_RC (Migration von Daten aus dem Roadmap Composer in den SAP Solution Manager) den meisten Workload verursacht. Um diese Statistik bewerten zu können, benötigen Sie daher einen groben Überblick über die in dem System laufenden Geschäftsprozesse und ein gewisses technisches Verständnis. Spätestens hier zeigt sich, dass technische Messwerte allein mit technischem Verständnis nicht interpretierbar sind, sondern dass es erforderlich ist, die technischen Transaktionsnamen einzelnen Geschäftsprozessschritten zuzuordnen.

Stellen Sie sich folgende Fragen:

- Welches sind die wichtigsten Transaktionen aus Geschäftsprozesssicht?
- Welche werden am häufigsten genutzt?
- Sind das auch die Transaktionen, die die größte Systemlast erzeugen?

1.1.5 Top Load Transactions

Top Load Transactions

Transaction	System Load [%]	Avg. Response Time [ms]
RM_IMPORT_RC	33,2	116147
<NUMBER	26,4	555
SOLAR02	10,4	20963
/SDF/CD_CCA	4,4	1357
AGS_WORK_LAUNCHER	4,1	2539
SOLAR01	4,0	1592
SAPMSEU0	2,9	449
SESSION_MANAGER	1,9	717
RMMAIN	1,8	1154
BP	1,5	1547
SOLAR_PROJECT_ADMIN	1,3	1145
CNV_CDMC	1,3	723
SM30	0,4	195
SE55	0,3	1652
SE13	0,3	17627

Abbildung 8.15 Top Load Transactions

Change Management

Mithilfe des SAP EarlyWatch Alerts im SAP Solution Manager erhalten Sie relativ einfach einen Überblick über die Anzahl der Änderungen, denen das SAP-System im betrachteten Zeitraum ausgesetzt war (siehe Abbildung 8.16).

Die Anzahl der Änderungen gliedert sich in *Software Maintenance* (wie zum Beispiel Support oder Enhancement Packages), *Parameter* (bezogen auf die Instanz, die Datenbank oder das Betriebssystem), *Transport Requests*, *SAP Notes* und *Miscellaneous* (wie zum Beispiel Sicherheitseinstellungen). In unserem Beispiel wurde am 25.03. und 26.03. jeweils ein Transportauftrag in das System eingespielt. So erhalten Sie einen Überblick darüber, ob das System vielen Änderungen unterworfen ist oder nicht. Beispielsweise ist es durchaus üblich, eine gewisse Regelmäßigkeit bei der Durchführung von Transporten einzuhalten, anstatt Transporte täglich und womöglich unkontrolliert in ein System zu implementieren. Diese Statistik würde Ihnen auch dabei helfen zu prüfen, ob solche definierten Regeln eingehalten werden oder nicht.

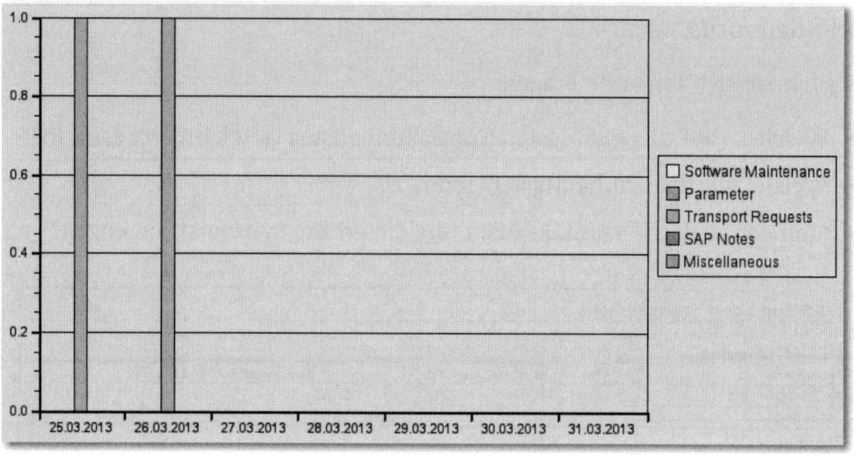

Abbildung 8.16 Number of Changes in EWA

Verfügbarkeit

Die Verfügbarkeit in der SLR-Sitzung wird auf der Grundlage der CCMS-Ping-Daten und der Timetable Templates berechnet. Im Beispiel in Abbildung 8.17 sehen Sie die Darstellung der Daten sowohl in einer Tabelle als auch in einer Grafik. In diesem Beispiel sehen wir die *Critical Uptime Availability (planned downtimes-adjusted)*. Das bedeutet, es werden sowohl die Planned Downtimes als auch die Critical Uptimes aus den Timetable Templates in dieser Statistik berücksichtigt.

Grundsätzlich wäre es hier auch möglich, eine weitere Grafik mit der realen Verfügbarkeit einzublenden. Aus Gründen der Übersichtlichkeit sollten Sie sich bei der Verfügbarkeit allerdings auf die Nutzung der tatsächlich notwendigen Grafiken beschränken.

Die Verfügbarkeitsmessung auf Basis des CCMS-Pings ist natürlich nur beschränkt aussagefähig. Die technische Erreichbarkeit einer Instanz – wie sie mit CCMS-Ping überprüft wird – gibt nur einen Hinweis auf die Erreichbarkeit von außen. Die tatsächliche Funktionstüchtigkeit einer Instanz kann mit dieser Methode jedoch nicht ermittelt werden.

System Availability

Instance Availability

All Instances Combined

CRITICAL UPTIME AVAILABILITY (PDT-ADJ.)*

Date	us7400_HUY_01 [%]	us7400_HUY_64 [%]
03.07.2006	100.00	100.00
04.07.2006	100.00	100.00
05.07.2006	100.00	100.00
06.07.2006	96.80	96.80
07.07.2006	49.30	49.30
08.07.2006	100.00	100.00
09.07.2006	100.00	100.00

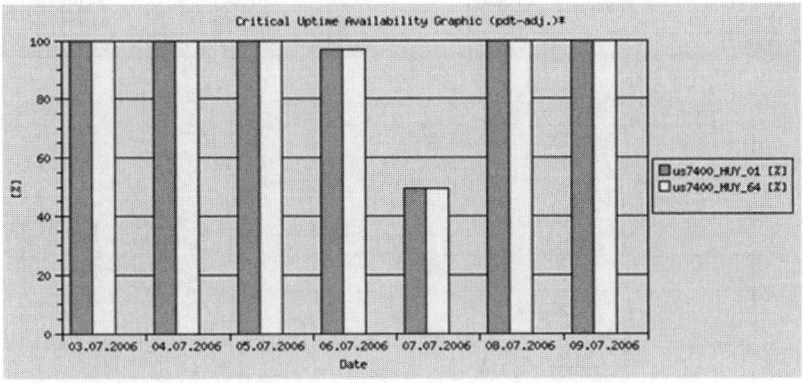

(pdt-adj.)* = planned downtimes-adjusted. Planned downtimes are not considered for availability calculations in this statistic.

Abbildung 8.17 Instanzverfügbarkeit im Service Level Reporting

Einbindung individueller Monitoring-Objekte

In Abbildung 8.18 sehen Sie ein Beispiel für ein beliebiges weiteres Monitoring-Objekt, das aus dem CCMS über die CPH in das SLR eingefügt wurde. In diesem Fall handelt es sich um den ALLOCATED BUFFER SPACE im *Single Record Buffer*, was Sie anhand der CCMS-Objektinformation (Eintrag FULL CCMS PATH NAME in der Spalte INFORMATION) erkennen können.

Man hat sich hier ebenfalls dafür entschieden, eine Tabelle und eine Grafik anzuzeigen. Außerdem wurden für den Wert Schwellenwerte definiert (Spaltennamen LOWER LIMIT und UPPER LIMIT) definiert, die ebenfalls in beiden Darstellungsarten angezeigt werden. Es ist zu erkennen, dass die Werte jeweils innerhalb der oberen und unteren Schwellenwerte liegen: In der Tabelle wurde jeweils ein grüner Status gegeben, und der Wert in der Grafik liegt innerhalb der Schwellenwerte für einen roten und gelben Status.

Monitoring Objects from CPH

Individual Monitoring Objects

Allocated Buffer Space

OBJECT INFORMATION

Information	Object Data
Monitoring System	CTD
Full CCMS path name	D6Y\SAP_CCMS_p114116_DY6_00\p114116_DY6_00\SingleRecord\SpaceUsed
Measurement unit	%
Measurement type	Average
CPH collection scheme	Z_SLR_schema

CPH STATISTICS TABLE

Date	Lower limit RED [%]	Lower limit YELLOW [%]	Upper limit YELLOW [%]	Upper limit RED [%]	Allocated Buffer Space [%]	Rating
03.12.2007	0,00	20,00	80,00	100,00	52,10	✓
04.12.2007	0,00	20,00	80,00	100,00	52,00	✓
05.12.2007	0,00	20,00	80,00	100,00	54,40	✓
06.12.2007	0,00	20,00	80,00	100,00	51,95	✓
07.12.2007	0,00	20,00	80,00	100,00	54,10	✓
08.12.2007	0,00	20,00	80,00	100,00	54,12	✓
09.12.2007	0,00	20,00	80,00	100,00	51,00	✓

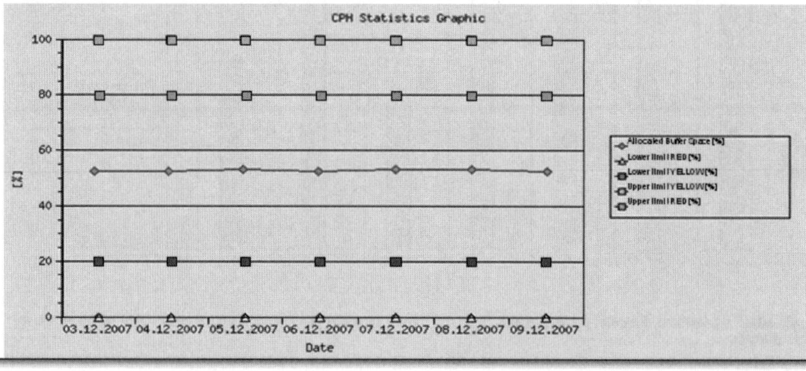

Abbildung 8.18 CCMS-Objekte im Service Level Report

8.5.7 Nachbearbeitung der Service Level Reports

Nachdem der Service Level Report gemäß Ihren Vorgaben automatisch ausgeführt wurde, finden Sie die Berichte im Work Center SYSTEM-MONITORING unter dem Menüpunkt AUSWERTUNGEN • SERVICE LEVEL REPORTING. Wählen Sie die betreffende Lösung aus, öffnet sich in einem separaten Fenster eine Übersicht über die Reports für alle Systeme, für die das SLR definiert wurde. Mit den in der Spalte AKTIVITÄTEN verfügbaren Icons können Sie einige nützliche Nacharbeiten für den Service Level Report vornehmen.

Über das Bleistift-Icon gelangen Sie in die so genannte *Post-Processing Session* (siehe Abbildung 8.19). Die Anzeige unterteilt sich in drei Bereiche: Im linken Bereich sind die möglichen Aktionen in einer Baumstruktur angeordnet. Zu jeder Aktion können Sie im rechten unteren Bereich Ihre Eingaben vornehmen. Im rechten oberen Bereich finden Sie die Erläuterungen zu den möglichen Eingaben, Aktionen etc.

In der Post-Processing-Session sind die Ergebnisse des Berichts im Einzelnen zu sehen. In der Aktion Status and Alert Overview auf dem Karteireiter SLR Alert Overview werden alle gelben und roten Alerts des Service Level Reports zusammengefasst (siehe Abbildung 8.19). Im Beispiel der Spielzeug AG ist die Bewertung im ERP-System OTO hinsichtlich der EWA Alert Overview und des Key Performance Indicators rot ausgefallen. Weitere Details zu diesen Bewertungen finden Sie in den jeweiligen Aktionen im systemspezifischen Teilbaum (siehe linke Bildschirmseite).

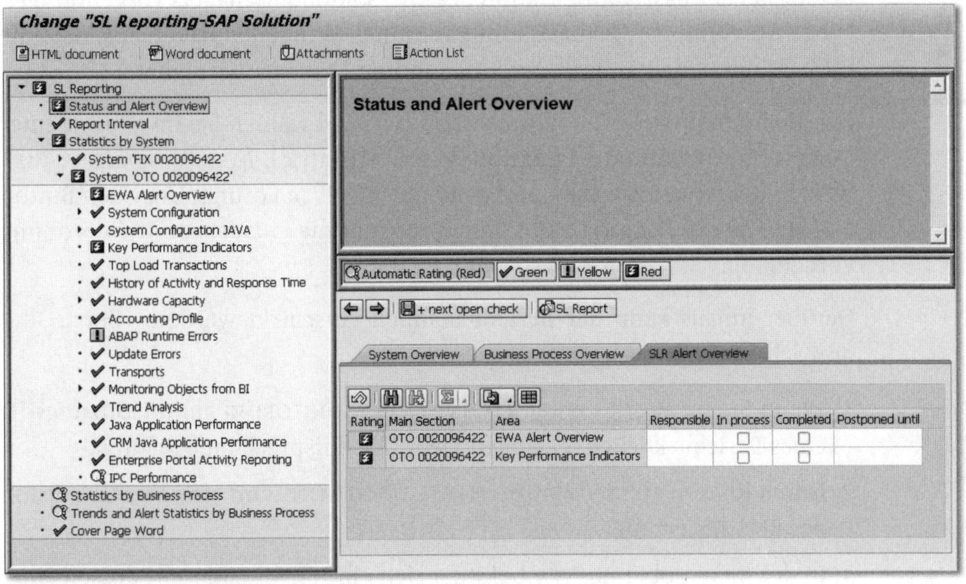

Abbildung 8.19 Servicesitzung für das Service Level Reporting

Für die Alerts können Sie in der Spalte Responsible jeweils eine verantwortliche Person definieren. Diese Funktion kann insbesondere verwendet werden, um aufgrund bestimmter Alerts notwendige Folgeaktivitäten zu veranlassen und Verantwortliche dafür zuzuordnen. Darüber hinaus kann mithilfe der Spalten In process bzw. Postponed until der Status der jeweiligen Bearbeitung dokumentiert werden. Wurden zu jeder gelben oder roten Bewertung Verantwortliche sowie Bearbeitungsstatus definiert, springt die Bewertung des Gesamtberichts auf Grün um. Auf diese Weise kann sichergestellt werden, dass es stets einen Verantwortlichen für die jeweilige Problemkategorie gibt. Die Details zu den einzelnen Systemen finden Sie im linksseitigen Baum von Konfigurationsschritten in der Gruppe Statistics by System.

Mithilfe des Microsoft Word-Icons können Sie einen Microsoft Word-Bericht erzeugen, und mithilfe des Briefklammer-Icons können Sie den generierten Report aus der so genannten Anlageliste direkt einsehen.

8.5.8 Veröffentlichung der Service Level Reports

Sind die Berichtswege festgelegt, können die Service Level Reports auch aus dem SAP Solution Manager heraus automatisch per E-Mail verschickt werden. Das setzt voraus, dass das Senden von E-Mails allgemein für den SAP Solution Manager konfiguriert wurde. Dies geschieht mithilfe von SAPconnect in der Transaktion SCOT (SAPconnect: Administration) und wird üblicherweise bereits bei der Basiskonfiguration des SAP Solution Managers vorgenommen (siehe Abschnitt 2.5.3, »Basiskonfiguration«). Wir gehen davon aus, dass die E-Mail-Funktionalität in Ihrem SAP Solution Manager verfügbar ist.

Für die Konfiguration der automatischen E-Mail wählen Sie im Work Center System-Monitoring die Funktion Automatischer E-Mail-Versand v. Auswertungen konfigurieren und dann die jeweilige Lösung. Über den Button E-Mail Empfänger anlegen können Sie nun die entspechende Zuordnung vornehmen.

Darüber hinaus kann der Bericht manuell verschickt werden. Hierzu sind drei Schritte notwendig:

1. Wenn Sie im Work Center Technisches Monitoring auf die Sitzungs-ID eines Berichts klicken, gelangen Sie in die entsprechende Sitzung.
2. Durch Klicken auf den Button HTML document wird eine HTML-Version des Berichts erzeugt.
3. In der linken oberen Ecke befindet sich ein HTML-Link, mit dessen Hilfe die Berichte an eine manuell eingegebene E-Mail-Adresse verschickt werden können.

Darüber hinaus stehen die Dokumente im Work Center Technisches Monitoring unter dem Menüpunkt Generierte dokumente • Service Level Reporting zur Verfügung, und die Microsoft Word-Auswertung bzw. der HTML-Report kann hier generiert werden.

8.6 Interaktive Auswertungen

Die interaktiven Auswertungen im Work Center Technisches Monitoring bestehen aus zwei Teilen: den Systemberichten und dem Metrik-Monitor. Die Daten für die interaktiven Auswertungen werden mithilfe der Monitoring- und Alerting-Infrastruktur in SAP NetWeaver BW übermittelt und stehen dort für alle Systeme der Systemlandschaft zentral zur Auswertung bereit. Üblicherweise wird dazu das Business Warehouse innerhalb des SAP Solution Managers verwendet, für spezielle Fälle ist es aber auch möglich, ein externes SAP NetWeaver BW zu verwenden.

Insbesondere diese zentrale Datenhaltung in einem Business Warehouse ist einer der großen Vorteile des SAP Solution Managers. Denn Sie können nun mithilfe der üblichen BW-Methoden die technischen Daten verschiedener Systeme auswerten und miteinander vergleichen. Daher ist davon auszugehen, dass die Auswertung der interaktiven Daten, die mittels der Monitoring- und Alerting-Infrastruktur gesammelt werden, an Bedeutung zunehmen wird.

Insgesamt können die interaktiven Auswertungen auch verwendet werden, um aufgrund der historischen Entwicklung der Wertebereiche sinnvolle Schwellenwerte der jeweiligen Metriken zu ermitteln bzw. die Einhaltung von festgelegten SLAs zu überwachen.

In diesem Abschnitt werden zunächst die beiden Ausprägungen der interaktiven Auswertungen, nämlich die Systemberichte und der Metrik-Monitor, im Detail vorgestellt. Als technischer Hintergrund des Datensammelns für die interaktiven Auswertungen wird das Extraktor-Framework (EFWK) vorgestellt. Schließlich wird gezeigt, wie man den Prozess des Datensammelns mithilfe der Selbstüberwachung der BW-basierten Auswertungen überwachen kann.

8.6.1 Systemberichte

In den Systemberichten erhalten Sie einen Überblick über die wichtigsten Metriken in Bezug auf Auslastung, Verfügbarkeit sowie Performance. Die Systemberichte können für folgende Objekte ausgegeben werden:

- Systeme
- Szenarien
- Hosts
- Datenbanken

Um zum Beispiel eine grafische Darstellung der Systemverfügbarkeit für ein System auszuwerten (siehe Abbildung 8.20), öffnen Sie zunächst das Work Center Technisches Monitoring • Interaktive Auswertungen. Anschließend wählen Sie das gewünschte System aus der sich öffnenden Systemliste aus und starten die Systemberichte über den gleichnamigen Button Systemberichte. Unter der grafischen Darstellung der Verfügbarkeit finden Sie jeweils auch die Tabellenansicht zu den exakten Messwerten.

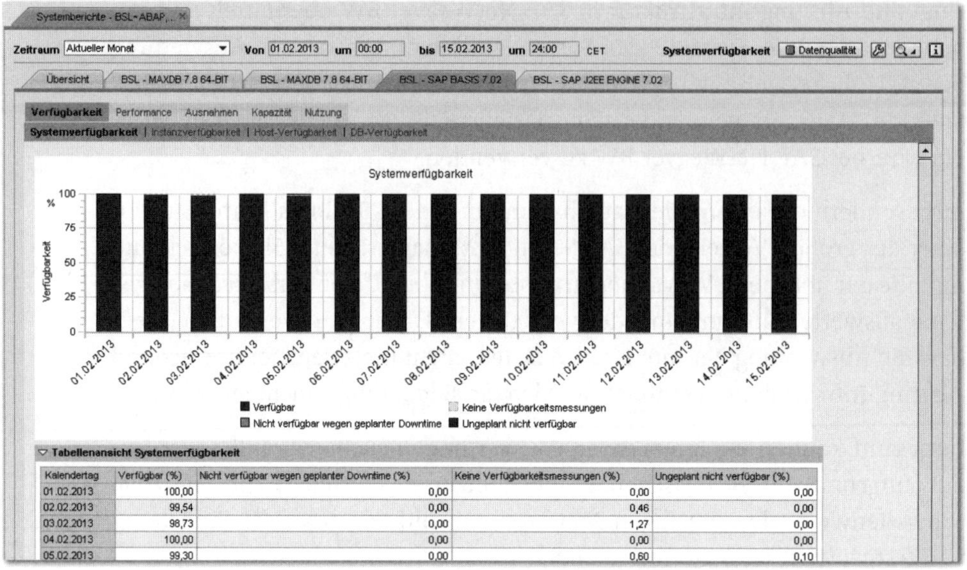

Abbildung 8.20 Monatliche Darstellung der Systemverfügbarkeit

Abbildung 8.21 zeigt die Systemberichte exemplarisch für die Systemverfügbarkeit anhand einer monatlichen bzw. einer zusammenfassenden Darstellung getrennt nach ABAP und Java.

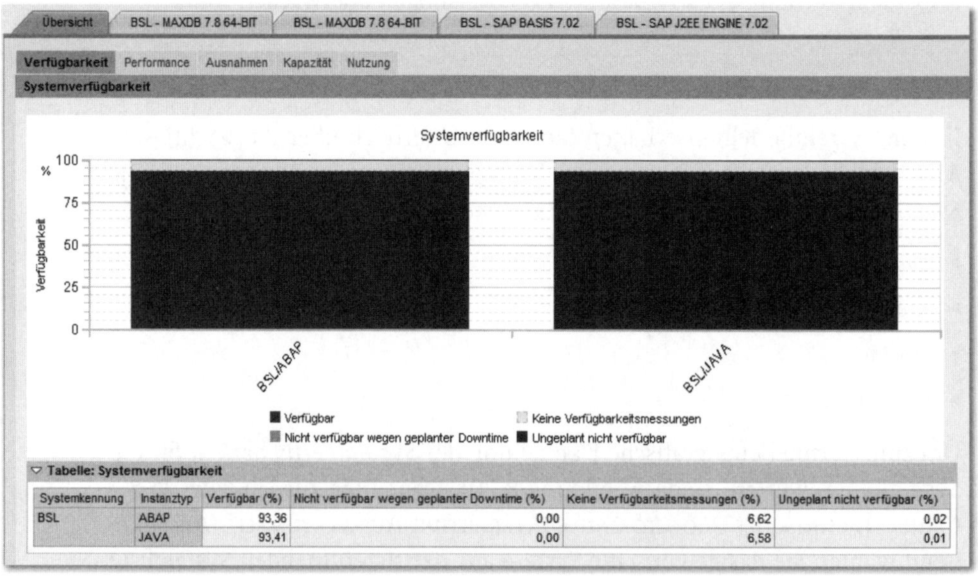

Abbildung 8.21 Zusammenfassung der Systemverfügbarkeit

In der rechten oberen Ecke der Auswertung befinden sich weitere Möglichkeiten, um die Datenqualität zu beurteilen, die Ansicht der Auswertungen anzupassen sowie auf die vorhandene Dokumentation zu den KPIs zuzugreifen. In Abbildung 8.21 wurde die Datenqualität rot, das heißt als kritisch ausgewiesen. Klicken Sie auf den Button DATENQUALITÄT, um in die BI-Statusauswertung zu springen. Dort finden Sie Details zu der vorliegenden Datenmenge, Aktualität etc. Dies hilft Ihnen, die Verlässlichkeit der Statistiken zu bewerten.

In allen Systemberichten können Sie jederzeit zwischen verschiedenen Zeitintervallen wählen. Dazu finden Sie das Feld ZEITRAUM über der Grafik, mit dessen Hilfe Sie die Auswertung für diesen Zeitraum anzeigen können. Es stehen verschiedene bereits vordefinierte Intervalle zur Verfügung, gegebenenfalls können Sie den Zeitraum auch frei wählen. Aktuell sind die folgenden KPIs in den Standardsystemberichten zu finden.

Für den AS ABAP stehen folgende Systemberichte zur Verfügung:

- Verfügbarkeit (Systemverfügbarkeit, Instanzverfügbarkeit, Host-Verfügbarkeit, DB-Verfügbarkeit)
- Ausnahmen (ABAP-Ausnahmen: Laufzeitfehler, Verbuchungsfehler, abgebrochene Jobs)
- Kapazität (CPU, Datenbank, Hauptspeicher, Dateisystem, Paging-Rate)
- Nutzung (Anwendungen, Transaktionen und Auswertungen, RFC-Verbindungen, Webservice-Consumer, RFC- und Webservice-Provider, Datenbank, Benutzeraktivität)
- Performance (Systemdurchsatz, Antwortzeitenverteilung, Antwortzeiten-Zusammensetzung, DB-Performance)

Für den AS Java stehen folgende Systemberichte zur Verfügung:

- Verfügbarkeit (Systemverfügbarkeit, Instanzverfügbarkeit, Host-Verfügbarkeit, DB-Verfügbarkeit)
- Kapazität (CPU, Hauptspeicher, Dateisystem, Paging-Rate)
- Nutzung (Anzahl HTTP-Sitzungen)
- Performance (Antwortzeiten, Antwortzeitenverteilung, Java Garbage Collection)
- Datenbank
- Verfügbarkeit (DB-Verfügbarkeit)
- Ausnahmen (Deadlocks)
- Kapazität (DB-Nutzung, Protokollnutzung)

Für weitergehende Informationen zur Bedeutung der einzelnen KPIs verweisen wir auf die Bücher *SAP NetWeaver AS ABAP – Systemadministration* von Frank Föse, Sigrid Hagemann und Liane Will (SAP PRESS 2011) sowie *SAP NetWeaver AS Java – Systemadministration* von André Faustmann, Gunnar Klein, André Siegling und Ronny Zimmermann (SAP PRESS 2009).

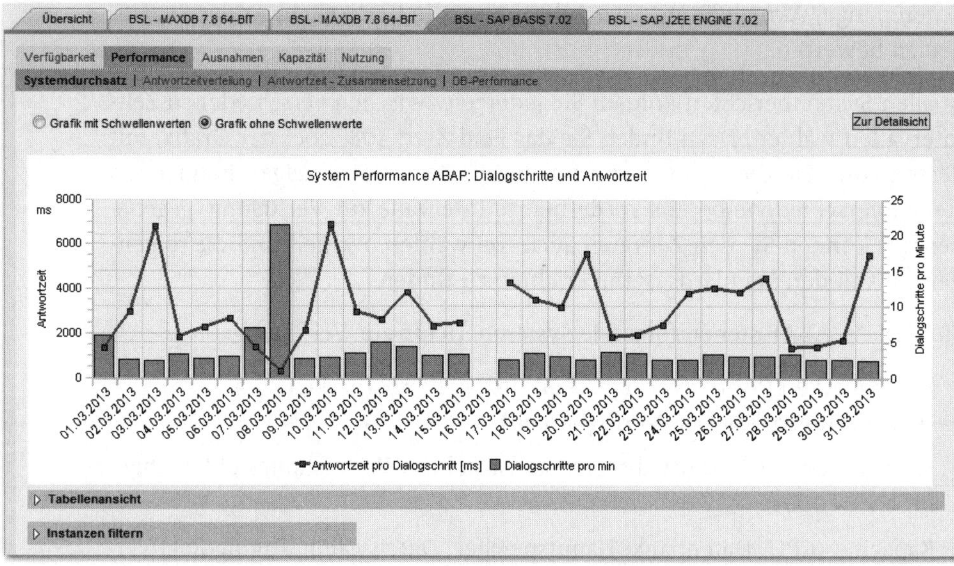

Abbildung 8.22 Darstellung der Systemperformance, Dialogschritte und Antwortzeiten

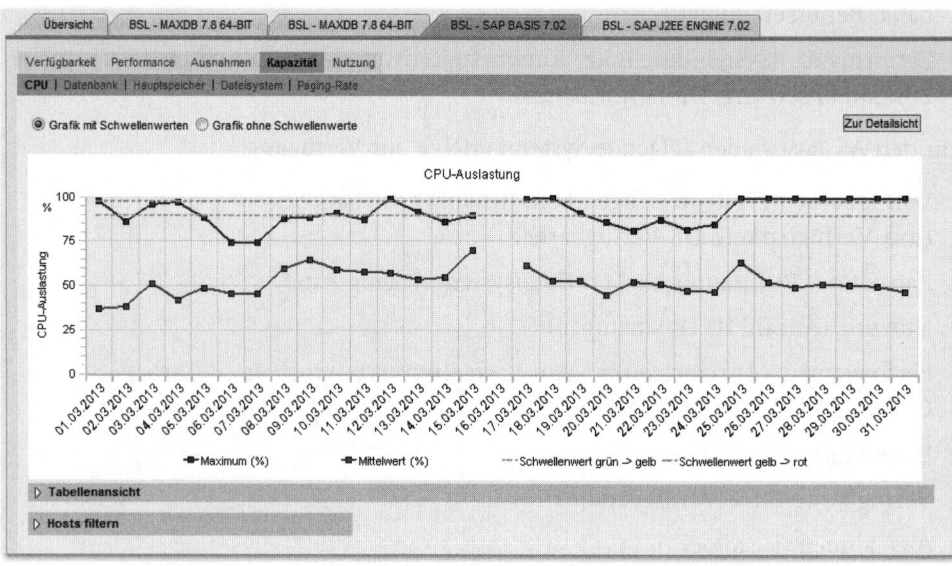

Abbildung 8.23 CPU-Auslastung in den interaktiven Auswertungen

Als Beispiel für eine Host-Auswertung sehen Sie in Abbildung 8.23 die Darstellung der CPU-Auslastung mit dem jeweiligen Maximum bzw. dem Mittelwert des jeweils betrachteten Zeitraums. Es ist hier möglich, die Schwellenwerte mit einzublenden, die in der Vorlage definiert worden sind (siehe Abschnitt 5.4.4, »Vorlagenverwaltung«).

8.6.2 Metrik-Monitor

Mithilfe des Metrik-Monitors stehen alle während der Monitoring-Konfiguration ausgewählten Metriken der verwalteten Systeme zentral zur Verfügung (siehe Abbildung 8.24). Sie können also alle ausgewählten Metriken in ihrer zeitlichen Entwicklung einzeln anzeigen lassen, das heißt auch die, die nicht in einer der interaktiven Auswertungen dargestellt werden. Der Metrik-Monitor ergänzt damit das interaktive Reporting. Im Metrik-Monitor besteht über den Button Trend einblenden außerdem die Möglichkeit, lineare Trendlinien einzublenden, die die jeweilige Metrik auch in die Zukunft fortschreiben.

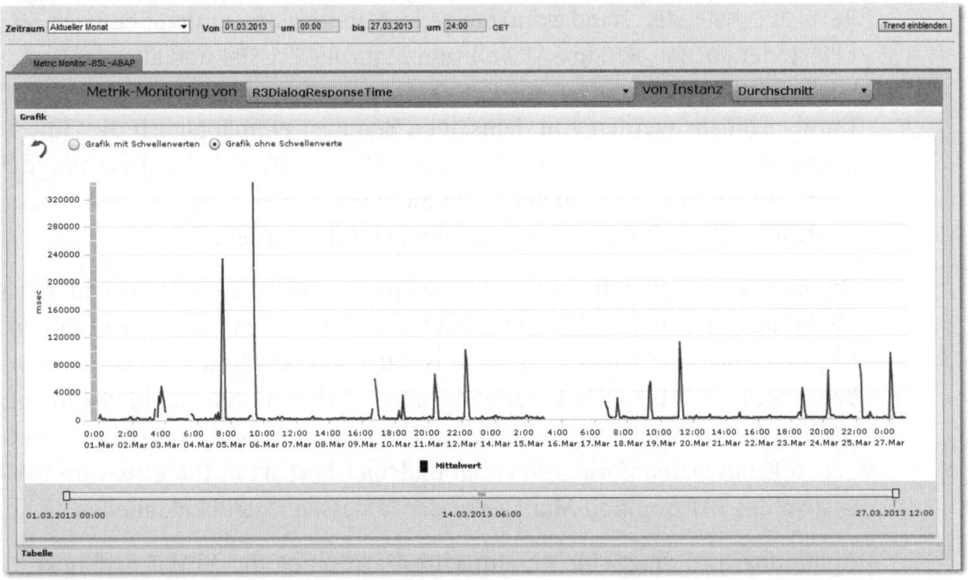

Abbildung 8.24 Darstellung der R3DialogResponseTime im Metrik-Monitor

In Abbildung 8.24 sehen Sie exemplarisch die Darstellung der R3DialogResponseTime im Metrik-Monitor. Die Grafik zeigt regelmäßig auftretende Spitzen bei den Antwortzeiten der Dialogprozesse von 20 Sekunden und mehr, die entweder auf Konfigurations- oder aber auf Lastprobleme hinweisen und deren Ursache unbedingt analysiert werden sollte. Der Metrik-Monitor hilft dabei, diese Probleme zu identifizieren. Durch entsprechend gesetzte Schwellenwerte kann beim künftigen Auftreten solcher Spitzen eine automatische Benachrichtigung an die zuständigen Systemadministratoren ausgelöst werden.

8.6.3 Extraktor-Framework

Das Ziel des EFWK ist es, die Daten in den verwalteten Systemen einzusammeln, aufzubereiten und im SAP Solution Manager zentral für Auswertungen bereitzustellen.

Die Hauptaufgabe ist dabei die Verwaltung der zur Verfügung stehenden Systemressourcen und die Einplanung der Extraktoren. Diese Steuerung stellt unter anderem sicher, dass nicht zu viele Extraktoren zur gleichen Zeit laufen und dadurch auf einem verwalteten System eine zu hohe Last durch paralleles Sammeln von Daten erzeugt wird. Performanceprobleme können so vermieden werden.

Um all diese Aufgaben kümmert sich der Hintergrundjob `E2E_EFWK_RESOURCE_MGR`, der standardmäßig jede Minute vom Systembenutzer `SM_EFWK` (oder `SOLMAN_BTC` in SAP Solution Manager 7.1 SP4 und älter) gestartet wird. Dieser Job aktiviert die Extraktoren asynchron in Dialogprozessen. Darüber hinaus werden von demselben Benutzer einmal täglich die Hintergrundjobs `E2E_EFWK_HOUSEKEEPER` und `E2E_HK_CONTROLLER` gestartet, die dafür sorgen, dass die alten und nicht mehr benötigten Daten im EFWK bzw. im Business Warehouse aggregiert oder gelöscht werden.

Die Extraktoren greifen dabei auf verschiedene Datenquellentypen zu, etwa Funktionsbausteine, Webservices oder Tabellen, um nur einige zu nennen. Ebenso erfolgt die Datenextraktion aus Introscope sowie aus direkten Datenbankzugriffen. Das EFWK bereitet die gesammelten Daten anschließend auf, reichert sie mit den in der Landscape Management Database (LMDB) vorhandenen Landschaftsinformationen an und speichert sie in InfoCubes im BW-System des SAP Solution Managers oder in dessen Datenbanktabellen ab.

Abbildung 8.25 zeigt eine vereinfachte Darstellung der EFWK-Architektur. Die Datenquellen liegen in den verwalteten Systemen, und die Daten werden von dort an den SAP Solution Manager übertragen und hier aufbereitet. Die Datenspeicherung erfolgt in Tabellen und im BW-System des SAP Solution Managers. Anschließend können die Daten in den verschiedenen Analysebereichen ausgewertet werden. Die Einrichtung des EFWKs einschließlich der Einplanung der Hintergrunddienste erfolgt während der Basiskonfiguration.

Bei den Extraktoren wird zwischen mehreren Setup-Typen unterschieden. Für das Sammeln der Solution-Manager-eigenen Daten sind Extraktoren vom Setup-Typ SOLMAN zuständig. Deren Einplanung erfolgt ebenfalls während der Basiskonfiguration. Die Einplanung der Extraktoren vom Setup-Typ RCA für die Datensammlung in den verwalteten Systemen findet während der Konfiguration der verwalteten Systeme statt. Die Extraktoren anderer Typen werden durch entsprechende Applikationen unter Verwendung des EFWKs dezentral eingeplant.

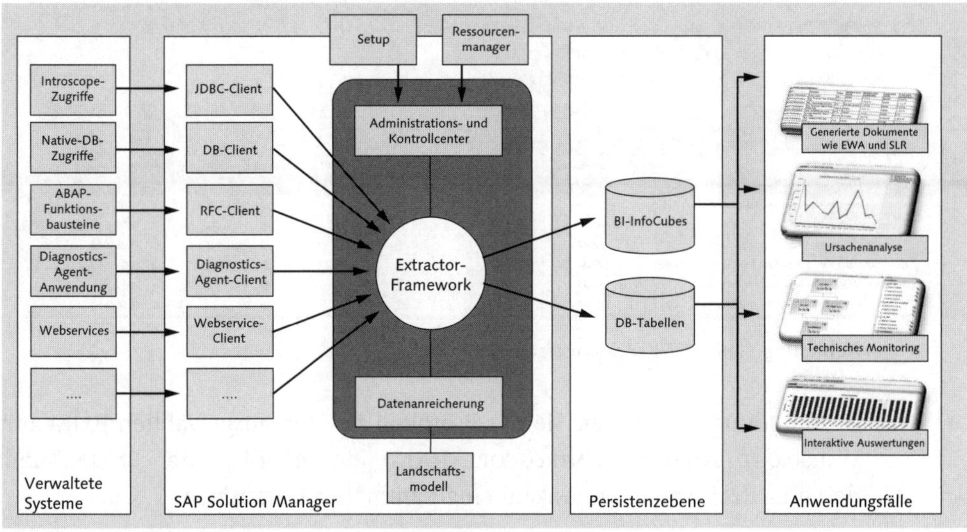

Abbildung 8.25 Vereinfachte Darstellung der EFWK-Architektur

Sie können das EFWK mithilfe einer neuen, im Work Center VERWALTUNG DES SAP SOLUTION MANAGERS integrierten Benutzeroberfläche administrieren. Die Administrationsoberfläche erlaubt die Nachverfolgung dieser Aktivitäten inklusive deren Status, Startzeit und Dauer und bietet zudem Zugriff auf die Log-Informationen. Sie können in der Administrationsoberfläche außerdem die Extraktoren aktivieren, deaktivieren und deren Ausführung freigeben. Außerdem können Sie in Ausnahmefällen Extraktoren löschen, wenn aufgrund von Fehlern ein Extraktor neu eingeplant werden muss.

Die Administrationsoberfläche rufen Sie am einfachsten aus dem Work Center VERWALTUNG DES SAP SOLUTION MANAGERS über INFRASTRUKTUR • FRAMEWORK • EXTRACTOR FRAMEWORK auf. Sollten Sie den Verdacht haben, dass nicht alle Daten von verwalteten Systemen gesammelt werden, sollten Sie die Fehleranalyse starten, indem Sie den Status der entsprechenden Extraktoren überprüfen. Sie sehen anschließend eine Übersicht über alle Extraktoren und deren Zustand, unter anderem die aktiven Status EIN, AUS, INKONSISTENT oder GESPERRT und die letzten Status FEHLER, WARNUNG, ERFOLGREICH oder UNBEKANNT (siehe Abbildung 8.26).

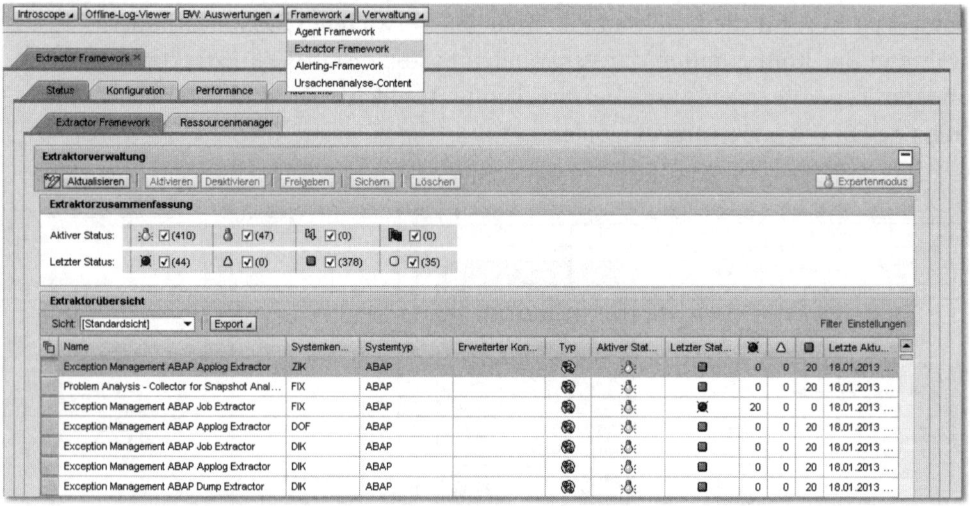

Abbildung 8.26 EFWK-Administrationsoberfläche

In Abbildung 8.27 sehen Sie das Protokoll für den ausgewählten Extraktor WORKLOAD ANALYSIS (INTROSCOPE DATA) einschließlich der Phasen und deren Laufzeit sowie die Anzahl eingesammelter Datensätze.

Diese Daten sind standardmäßig für die letzten 20 Extraktor-Läufe verfügbar. Wenn Sie einen davon auswählen, sehen Sie die Laufzeit des Extraktors und die Anzahl der von ihm während dieser Zeit gesammelten Datensätze. Darüber hinaus können Sie über den Karteireiter EXTRAKTORDETAIL weiterführende Informationen zum verwalteten System, zum Extraktor, zu der RFC-Zieldestination und zu dem Namen des BW-Cubes abrufen. Diese Informationen helfen Ihnen bei der Analyse eventueller Probleme mit einem Extraktor, denn Sie können nachvollziehen, ob von einem verwalteten System Daten gesammelt wurden und werden.

In Abbildung 8.28 sehen Sie erweiterte Informationen zum bereits bekannten Extraktor WORKLOAD ANALYSIS (INTROSCOPE DATA). Interessant sind hier insbesondere die Parameter ZEITRAUM (Zeit in Minuten zwischen Extraktor-Läufen) und SAMMELINTERVALL (wird nicht von allen Extraktoren unterstützt und zeigt an, dass der Extraktor für maximal 168 zurückliegende Stunden Daten sammeln soll).

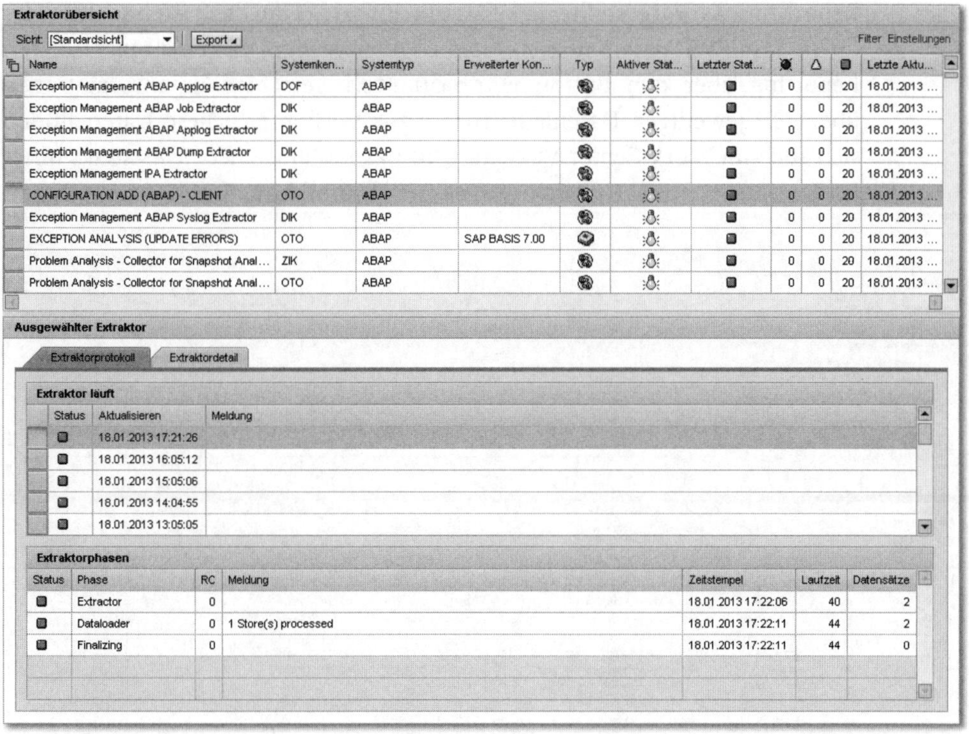

Abbildung 8.27 Extraktor-Status

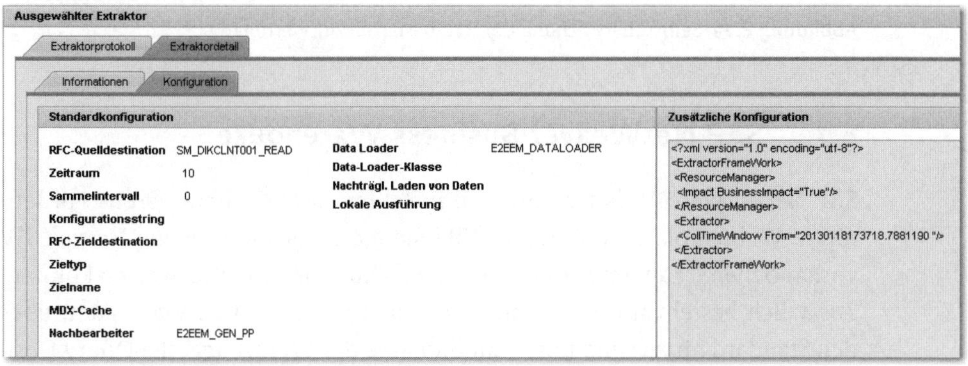

Abbildung 8.28 Extraktor-Konfiguration

8.6.4 Selbstüberwachung der BW-basierten Auswertungen

Die BW-basierten Auswertungen im SAP Solution Manager sammeln regelmäßig eine große Anzahl von Daten aus den angeschlossenen Systemen. Als Datensammeltechnik kommt hier im Gegensatz zum normalen BW-basierten

Reporting das vorgestellte EFWK zum Einsatz. Um die Datenqualität der durch das EFWK gesammelten Daten zu überwachen, stehen im interaktiven Reporting über den Button DATENQUALITÄT verschiedene Informationen über den jeweiligen Datenladeprozess zur Verfügung. Diese Daten finden sich auch im Work Center VERWALTUNG DES SAP SOLUTION MANAGERS unter INFRASTRUKTUR • BW AUSWERTUNGEN (siehe Abbildung 8.29).

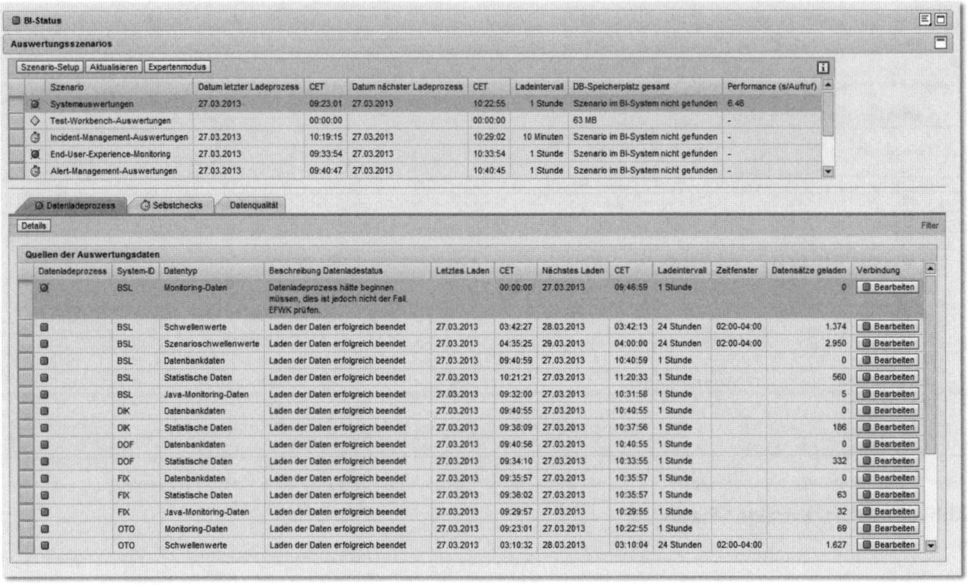

Abbildung 8.29 Selbstüberwachung der BW-basierten Auswertungen

8.7 SAP NetWeaver Business Warehouse

SAP NetWeaver BW liefert mit dem installierten BI-Content bereits vordefinierte Webtemplates, mit deren Hilfe Sie die bereits in SAP NetWeaver BW vorhandenen Daten im Hinblick auf die technischen KPIs auswerten können. Zusätzlich besteht für weiterführende Auswertungen die Möglichkeit, über den Standard hinaus und unter Zuhilfename der Werkzeuge BEx Query Designer und BEx Web Application Designer eigene Querys und Webtemplates für das interaktive Reporting zu erstellen.

Der SAP Solution Manager ermöglicht es mehr und mehr, auch Daten aus weiteren IT-Managementbereichen in SAP NetWeaver BW zu schreiben. Die im SAP Solution Manager gesammelten Daten bieten somit ein ausgezeichnetes Reservoir, um mithilfe von BW-Werkzeugen ein eigenes Reporting aufzubauen. Über den Anschluss weiterer Datenquellen ist es möglich, beliebig viele weitere Daten in das Reporting aufzunehmen und das SAP NetWeaver BW so zu einer zentralen Reporting-Plattform für das IT-Management auszubauen.

Mit SAP NetWeaver BW bietet SAP ein mächtiges Werkzeug für die Analyse von Geschäftsdaten an. Zusammen mit den in SAP NetWeaver BW vorhandenen Daten zum IT-Service-Management (ITSM) sind Sie nun in der Lage, ein SLR aufzubauen, das Ihnen volle Flexibilität bezüglich der Inhalte und der Darstellung bietet. Die Daten innerhalb von SAP NetWeaver BW werden in so genannten *InfoCubes* gehalten, die einen schnellen Zugriff auf die dort gespeicherten Daten für Auswertungen aller Art erlauben. Die Daten können den Endanwendern auf verschiedene Art und Weise dargestellt werden. So ist es zum Beispiel möglich, eigene Webreports zu erstellen oder diese über eine separate Frontend-Komponente anzuzeigen, den Business Explorer Analyzer (BEx Analyzer). Hierbei ist aber zu berücksichtigen, dass sich die Implementierung eines BW Reportings nach eigenen Vorgaben in der Praxis schnell zu einem eigenen Projekt entwickeln kann.

Genauere Beschreibungen, wie SAP NetWeaver BW zu verwenden ist, würden den Rahmen dieses Buches überschreiten. Daher sei an dieser Stelle auf weiterführende Dokumentationen und Literatur verwiesen, wie zum Beispiel auf das Buch *Reporting mit SAP NetWeaver BW und SAP BusinessObjects* von Torsten Kessler, Torben Hügens, Frank Delgehausen und Mohamed Abdel Hadi (SAP PRESS 2011).

8.8 Management Dashboards

Der SAP Solution Manager 7.1 bietet neben den genannten Standard-Reporting-Möglichkeiten auch das Management-Dashboard-Framework. Mit den Management Dashboards wird das Ziel verfolgt, vorhandene Informationen möglichst kompakt aufzubereiten, sodass diese auch für Anwender aus dem Management geeignet sind. Management Dashboards bestehen aus so genannten Dashboard Apps, die auf Adobe-Flash-Anwendungen basieren und in denen Informationen aus verschiedenen Anwendungen zusammengefasst bzw. hoch verdichtet dargestellt werden können. Management Dashboards können mit entsprechenden Dashboard Apps vorkonfiguriert werden, um unterschiedlichen Benutzergruppen Rechnung zu tragen. Darüber hinaus können sich die Benutzer eigene Management Dashboards zusammenstellen.

SAP liefert im Standard verschiedene Dashboard Apps für gewisse Anwendungen im SAP Solution Manager aus. Voraussetzung für den Einsatz dieser Standard-Dashboard-Apps ist es, dass die Grundkonfiguration des SAP Solution Managers erfolgreich durchgeführt wurde und die zugrunde liegende Anwendung im SAP Solution Manager vollständig konfiguriert ist.

[zB]

Beispiel

So muss beispielsweise für die Darstellung der Systemperformance das technische Monitoring in der Monitoring- und Alerting-Infrastruktur konfiguriert sein. Das bedeutet, dass die Management Dashboards sehr schnell und mit sehr wenig Aufwand einsetzbar sind, sobald das Monitoring im Einsatz ist. Die eigentliche Datenbeschaffung ist durch das aktive Monitoring automatisch garantiert.

In Abbildung 8.30 sehen Sie eine schematische Darstellung der Management-Dashboard-Architektur. Die aktiven Anwendungen im SAP Solution Manager schicken ihre Daten an das BW-System im SAP Solution Manager, woher die Dashboard Apps wiederum ihre Daten beziehen.

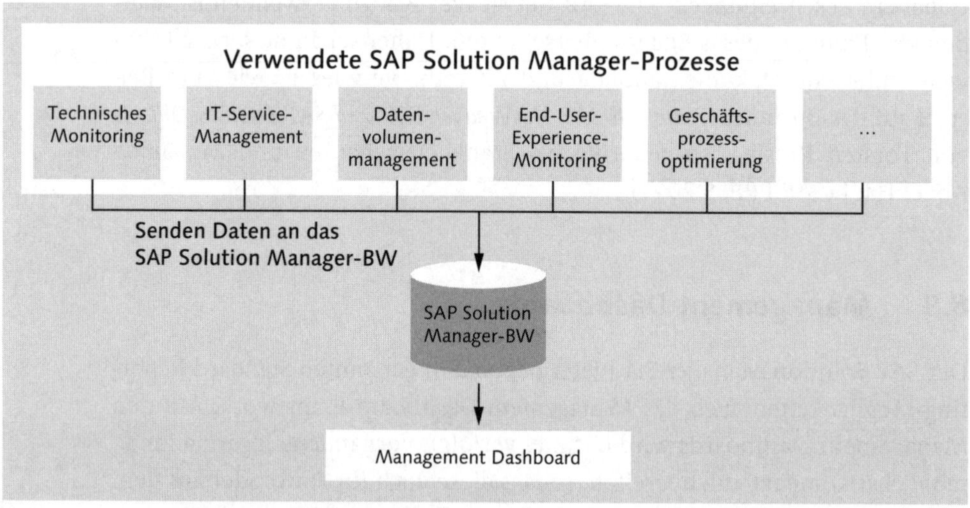

Abbildung 8.30 Management-Dashboard-Architektur

Mit Support Package 5 sind die folgenden Standard-Dashboard-Apps verfügbar:

- Enduser Experience Monitoring
- System Availability
- System Perfomance
- ABAP Security

- Data Volume Management
- Custom Code Management
- Severity
- Quantity
- Quality
- Criticality
- IT Service Management
- Test Management
- Alert Reporting
- SAP Solution Manager Usage

Informationen rund um die Management Dashboards finden Sie im SAP Service Marketplace (Quicklink DASHBOARDS).

8.8.1 Berechtigungskonzept

Management Dashboards sind mit einem detaillierten Berechtigungskonzept ausgestattet. Dadurch ist es möglich, die Zugriffe auf Daten durch Endanwender sehr flexibel zu steuern. Standardmäßig werden drei Berechtigungsrollen für Management Dashboards ausgeliefert:

- **SAP_SM_DASHBOARD_DISP**
  Mit dieser Rolle hat der Anwender nur die Berechtigung, vorhandene Management Dashboards zu sehen, ohne sie zu ändern.
- **SAP_SM_DASHBOARD_PROCESS**
  Mit dieser Rolle hat der Anwender die Berechtigung, existierende Management Dashboards zu ändern.
- **SAP_SM_DASHBOARD_ADMIN**
  Mit dieser Rolle hat der Anwender volle Administrationsrechte und kann zum Beispiel Management Dashboards anlegen oder ändern, neue Dashboard Apps im SAP Solution Manager registrieren etc.

Das komplette Berechtigungskonzept ist im Security Guide für den SAP Solution Manager beschrieben.

8.8.2 Aufruf und Management-Dashboard-Verwaltung

Der Aufruf der Management Dashboards kann über das SAP GUI oder direkt über eine URL erfolgen. Die URL finden Sie im Dashboard Management Tool.

Zum Aufruf benötigen Sie Administrationsberechtigungen aus der Rolle SAP_SM_DASHBOARD_ADMIN. Fügen Sie das Dashboard Management Tool folgendermaßen zu Ihren Favoriten im SAP GUI hinzu:

1. Rufen Sie im SAP Easy Access-Menü den Eintrag FAVORITEN auf, und klicken Sie mit der rechten Maustaste darauf.
2. Wählen Sie aus den sich öffnenden Optionen den Eintrag SONSTIGE OBJEKTE EINFÜGEN aus. Es öffnet sich ein Fenster mit möglichen Einschränkungen.
3. Wählen Sie aus der Liste den Eintrag WEB-DYNPRO-ANWENDUNG AUS. Es öffnet sich ein weiteres Fenster, in dem Sie verschiedene Parameter eingeben können.
4. Geben Sie im Feld WEB-DYNPRO-ANWENDUNG den Namen »dashboard_management« ein.
5. Wählen Sie eine geeignete Beschreibung, zum Beispiel »Dashboard Management Tool« (siehe Abbildung 8.31).
6. Schließen Sie die Erstellung des neuen Eintrags ab. Unter den Favoriten erscheint nun der von Ihnen gepflegte Eintrag.
7. Starten Sie das Dashboard-Management-Werkzeug durch die Auswahl des jeweiligen Eintrags in den Favoriten. Damit erfolgt automatisch der Absprung zur hinterlegten HTTP-Adresse.

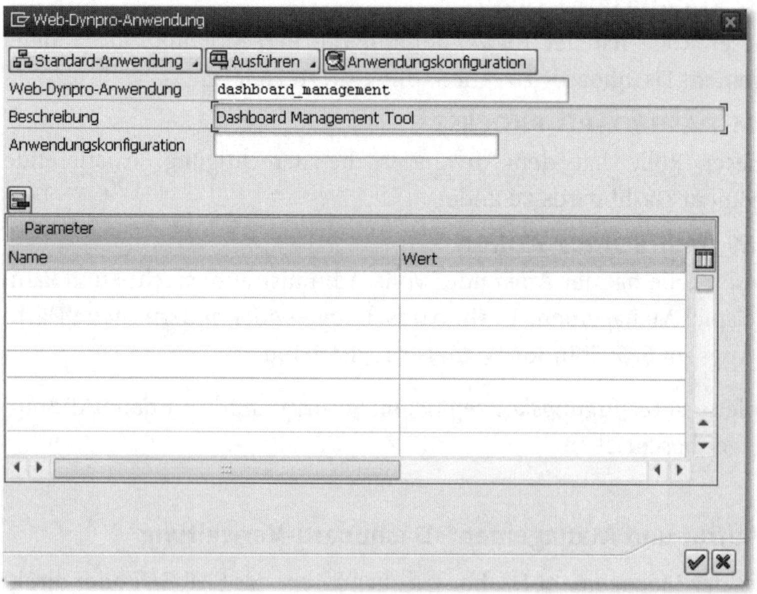

Abbildung 8.31 Zuordnung des Dashboard-Management-Werkzeugs zu den Favoriten

Im Einstiegsbild des Dashboard-Management-Werkzeugs können Sie neue Management Dashboards anlegen oder bestehende bearbeiten bzw. löschen. In Ihrem Browser sehen Sie nun auch die vom System generierte Internetadresse. Bei Bedarf können Sie ausgewählte Dashboards (bzw. die entsprechenden URLs) anderen berechtigten Benutzern zusenden. Dazu wählen Sie aus der Liste der Dashboards das gewünschte aus (in Abbildung 8.32 das Dashboard ALM_REPORTING). Im rechten Bereich DASHBOARD-DETAILS der Anzeige finden Sie die entsprechende URL unter VERKNÜPFUNG MIT DASHBOARD. Die dort angezeigte URL können Sie nun zum Beispiel per E-Mail an die vorgesehenen Anwender schicken.

Eine Dashboard App ist eine Adobe-Flash-Anwendung, die den Status eines individuellen KPIs wiedergibt, zum Beispiel den Status der Systemperformance. Dashboard Apps können so entwickelt werden, dass sie benutzerseitig konfigurierbar sind, zum Beispiel dahin gehend, welche Systeme oder welcher Zeitraum angezeigt werden soll. Die Datenquelle bei Standard-Dashboard-Apps ist das BW-System des SAP Solution Managers, generell können aber beliebige Datenquellen genutzt werden, zum Beispiel auch ein externes SAP NetWeaver BW oder eine beliebige Datenbank. Sie können die relevanten Dashboard Apps aus dem Management Dashboard Repository auswählen und in ein Management Dashboard übernehmen.

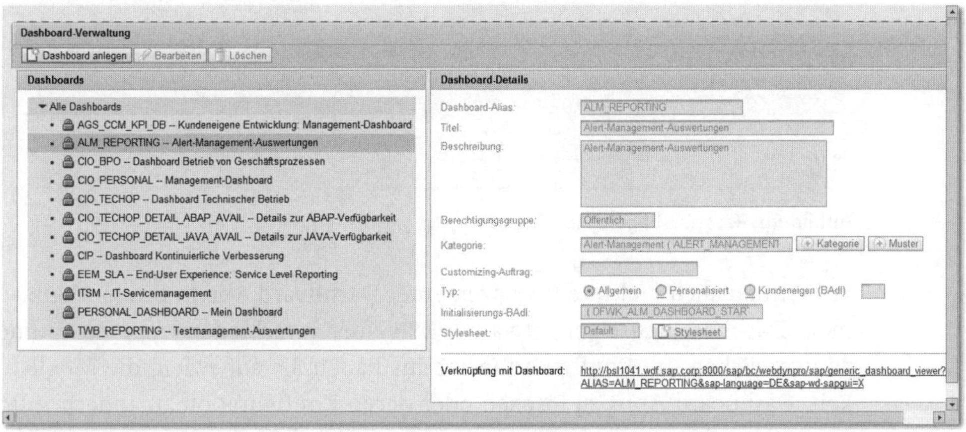

Abbildung 8.32 Technische Details des Dashboards »ALM_Reporting«

Um in das Management Dashboard Repository zu gelangen, gehen Sie wie folgt vor:

1. Öffnen Sie das Management Dashboard, dem Sie eine Dashboard App hinzufügen möchten.

2. Klicken Sie auf den Button KONFIGURIEREN in der rechten oberen Ecke des Management Dashboards, um in den Konfigurationsmodus zu wechseln.
3. Klicken Sie auf den Button APP HINZUFÜGEN, und das Management Dashboard Repository wird geöffnet.

In Abbildung 8.33 sehen Sie das Design des Dashboard App Repositorys und die dort verfügbaren Dashboard Apps, sortiert nach Kategorien.

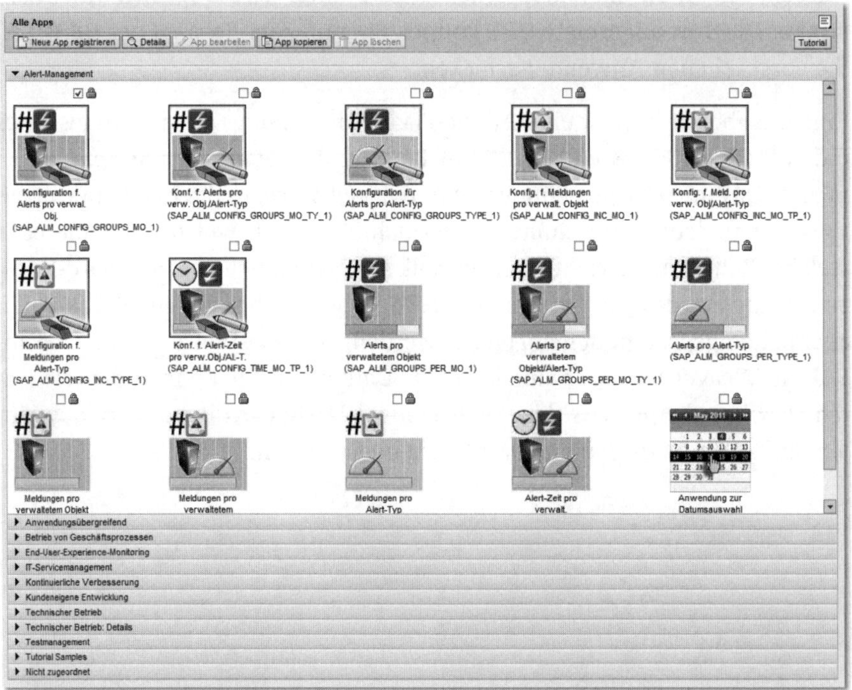

Abbildung 8.33 Dashboard App Repository

Sie können auch mehrere Instanzen einer Dashboard App in Ihrem Management Dashboard anzeigen, etwa um KPIs über verschieden lange Zeiträume zu vergleichen. Im Konfigurationsmodus haben Sie außerdem die Möglichkeit, Dashboard Apps zu löschen oder deren Konfiguration zu ändern, zum Beispiel den betrachteten Zeitraum. Zusätzlich können Sie das Aussehen Ihres Management Dashboards ändern, indem Sie die Dashboard Apps per Drag & Drop neu anordnen.

Dashboard Apps werden entwickelt mit SAP BusinessObjects Dashboards. Da SAP den Quellcode der Standard-Dashboard-Apps mit ausliefert, ist es auf diese Weise möglich, die im Standard ausgelieferten Dashboard Apps nach eigenen Wünschen weiterzuentwickeln. Zusätzlich können Sie SAP Business-

Objects Dashboards und das Framework auch nutzen, um kundeneigene Dashboard Apps von Grund auf neu zu entwickeln. Die dazu notwendigen Aktivitäten sind ausführlich im SAP Help Portal beschrieben. Dort gibt es mehrere Übungen, die in unterschiedlichen Schwierigkeitsgraden zeigen, wie Dashboard Apps entwickelt werden können. Für die Nutzung von SAP BusinessObjects Dashboards ist eine Lizenz erforderlich.

8.8.3 Typische Sichten eines Management Dashboards

In Abbildung 8.34 sind die typischen Sichten eines Management Dashboards am Beispiel der Dashboard App für das Enduser Experience Monitoring dargestellt.

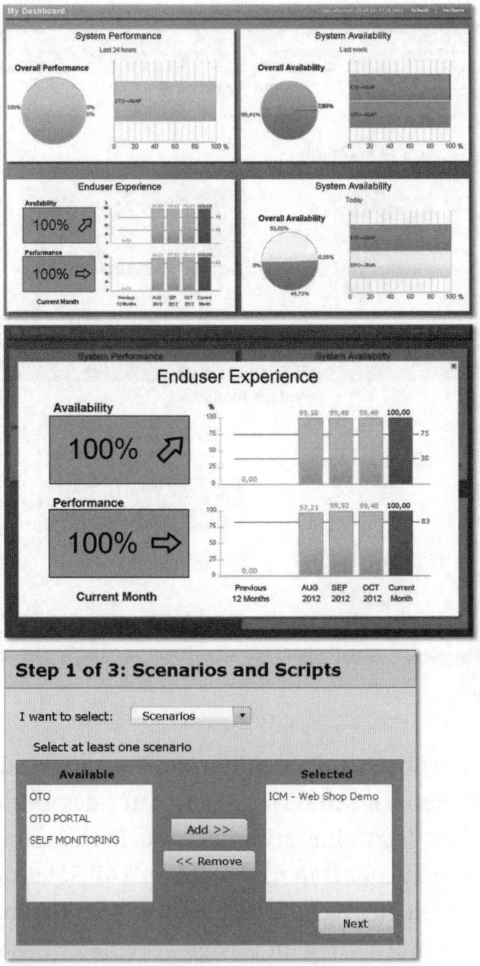

Überblicks-Dashboard

Detailansicht

Konfigurationsansicht

Abbildung 8.34 Typische Sichten eines Dashboards

Zunächst gibt es das Management Dashboard, in dem mehrere Dashboard Apps gezeigt werden können (Überblicks-Dashboard). Mit einem Doppelklick auf eine dieser Dashboard Apps wird diese App in einer vergrößerten Detailansicht im Vordergrund angezeigt, sodass Sie diese nun näher betrachten können. Zusätzlich kann eine solche Dashboard App auch über eine Konfigurationsansicht verfügen, in der die Dashboard App benutzerseitig angepasst werden kann. Zum Beispiel kann hier bestimmt werden, welche Systeme oder welcher Zeitraum angezeigt werden sollen.

In Abbildung 8.35 sehen Sie ein typisches Management Dashboard, in dem mehrere Dashboard Apps dargestellt sind. In unserem Beispiel stammen sie aus den Bereichen System Performance, System Availability und Enduser Experience.

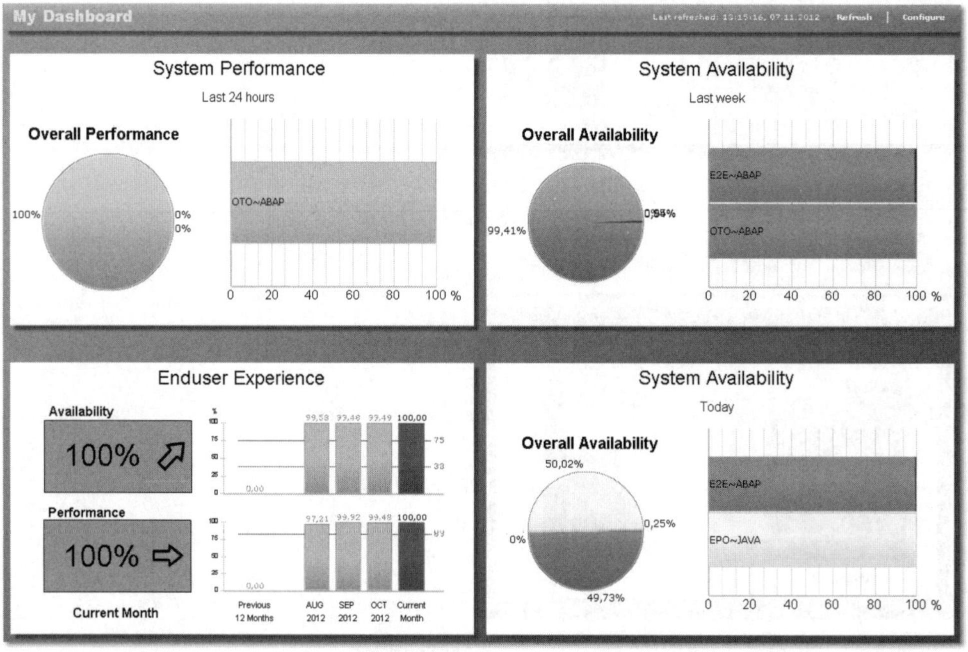

Abbildung 8.35 Management Dashboards

Die bisher verfügbaren Standard-Dashboards dürften nur der Startpunkt für weitere Entwicklungen in diesem Bereich sein. Trotzdem bietet das Dashboard-Management-Werkzeug schon jetzt eine grundlegende Erweiterung der Auswertungsmöglichkeiten gesammelter Daten, sowohl im SAP Solution Manager als auch in anderen Systemen. Neben der reinen technischen Bedienung liegt die eigentliche Herausforderung im Design geeigneter Dashboards sowie in der Einbindung bestehender Support- und Auswertungsprozesse und Optimierungsprozesse.

Zusammenfassung

Sowohl mit dem SLR als auch mit dem interaktiven Reporting stehen leistungsfähige Standardwerkzeuge für die technische Analyse zur Verfügung. Diese Werkzeuge können als Ausgangspunkt für die Etablierung eines SLM-Prozesses dienen. Sind bereits bestimmte Service Level vereinbart, besteht die Möglichkeit, dass diese entweder bereits durch die vorhandenen KPIs abgedeckt werden oder die Reports gegebenenfalls entsprechend den Anforderungen erweitert werden können.

Vorteile des standardisierten SLRs sind in erster Linie die einfache Einrichtung und Erweiterbarkeit mithilfe von Werten aus der CCMS-Infrastruktur. Je nach angestrebter Nutzung kann sich ein großer Vorteil dadurch ergeben, dass die Berichte automatisch erzeugt und verschickt werden können.

Bei den interaktiven Auswertungen besteht hingegen der Vorteil, dass man die Daten jederzeit nach verschiedenen Zeiträumen selektieren kann und somit einen kontinuierlichen Einblick in die Entwicklung der Systemlandschaft hat. Mithilfe verschiedener BW-spezifischer Werkzeuge ist es auch möglich, kundenspezifische Reports zu erstellen (weitere Informationen dazu finden Sie im SAP Help Portal).

Schließlich stehen mit den Management Dashboards Anwendungen zur Verfügung, die eine hohe Transparenz verschiedener Informationen und KPIs aus dem SAP Solution Manager erlauben und so zur Verbesserung der Kommunikation mit allen beteiligten Parteien beitragen. Dies betrifft insbesonders Managementinstanzen, wie zum Beispiel Stakeholder und Sponsoren.

8.9 Weitere Dokumentationen

Links

- SAP Service Marketplace, Alias *quicksizer*
- SAP Service Marketplace, Alias *ewa*
- SAP Service Marketplace, Alias *slr*
- SAP Service Marketplace, Alias *dashboards*

SAP-Hinweise

Tabelle 8.1 gibt einen Überblick über wichtige SAP-Hinweise im Zusammenhang mit der technischen Analyse und Auswertung.

Inhalt	Hinweis
Central Performance History und SL-Reporting	872569
CCMS-Ping und SL-Reporting	944496
ABAP statistic records extraction parameters	1457010
How to display dashboards from Solman 7.1	1831983

Tabelle 8.1 Nützliche Hinweise zur technischen Analyse und Auswertung

Obwohl die Preise für permanenten Speicherplatz stetig sinken, gilt es, das Datenvolumen zu kontrollieren und möglichst gering zu halten. In diesem Kapitel zeigen wir Ihnen, mit welchen Mitteln Sie eine vorhandene DVM-Strategie unterstützen können. Im Mittelpunkt steht dabei die Erhöhung der unternehmensweiten Transparenz.

9 Datenvolumenmanagement

Die Menge der Informationen, die in einem elektronischen System abgelegt wird, nimmt kontinuierlich zu. Daneben gibt es Herausforderungen bezüglich der Datenverfügbarkeit, die durch Gesetze (Steuer, Audits) vorgeschrieben werden. Je mehr Daten im System hinterlegt werden, desto wichtiger ist es, eine Lösung für die Verwaltung bzw. das Management der wachsenden Datenmenge zu finden, um die daraus resultierenden Auswirkungen auf das System zu beherrschen und beispielsweise Performanceprobleme zu verhindern. Es ist wesentlich, die Datenmengen sowie deren Wachstum mithilfe geeigneter Werkzeuge zu überwachen und gegebenenfalls steuernd einzugreifen.

Das *Data Volume Management* (DVM) stellt ein Rahmenwerk bereit, mit dem Sie ein akzeptables Verhältnis zwischen dem Bedarf an Verfügbarkeit von Geschäftsdaten auf der einen Seite und dem Aufwand für die Wartung der Datenbanken und Anwendungen auf der anderen Seite herstellen. Dieses Rahmenwerk besteht aus Best-Practice-Dokumenten, Werkzeugen, SAP-Services und Self-Services, die im gesamten DVM-Lebenszyklus genutzt werden können. Außerdem unterstützt es Sie bei der Entwicklung und dem Betrieb einer DVM-Strategie.

Im Folgenden zeigen wir, wie Sie die im SAP Solution Manager verfügbaren Werkzeuge für Ihre Zwecke bestmöglich konfigurieren, um dann bei der späteren Nutzung der Werkzeuge auch die gewünschten Analysen vornehmen und die Ergebnisse auswerten zu können. Dabei ist es das Ziel, die vorhandene Palette an Werkzeugen möglichst optimal an Ihre spezifischen Bedürfnisse anzupassen. Aufgrund der zahlreichen Optionen nimmt die Konfiguration der Werkzeuge in diesem Kapitel den größten Teil ein. Sind die Werkzeuge erst konfiguriert, ist die Nutzung fast selbsterklärend. Daher kommt der adäquaten Konfiguration der Werkzeuge eine strategische Bedeutung zu.

Zunächst gehen wir jedoch näher auf die Motivation eines DVM-Projektes ein und zeigen Ihnen die Fragen auf, die Sie sich im Vorfeld stellen sollten.

9.1 Motivation und Leitfragen

Ein ungebremstes Wachstum der Datenmenge hat viele Folgen: Es führt zu Folgekosten bei der Datensicherung oder im Ernstfall bei der Wiederherstellung (Recovery) der Datenbank und schlägt sich auch in den Antwortzeiten nieder. Je größer das Datenvolumen in einer Datenbank ist, desto größer sind auch der Aufwand und das Risiko in der Administration.

Um dies zu vermeiden, ist es wichtig, rechtzeitig eine Strategie für das Management des Datenvolumens auf Basis historischer Daten und Prognosen zu entwickeln. Nur so lassen sich Entscheidungen bezüglich der Durchführung von DVM-Projekten treffen. Und dabei geht es nicht nur um Datenarchivierung bzw. -löschung, sondern auch um das Vermeiden der Erzeugung unnötiger Daten bzw. um das Zusammenfassen einmal erzeugter Daten. Daneben werden regelmäßig Reports erstellt, die den Erfolg durchgeführter Maßnahmen und Tendenzen darstellen.

Um eine geeignete Strategie zu entwickeln, müssen Sie sich folgende generelle Fragen stellen:

- Wo sollen die Untersuchungen starten?
- Welche Daten sind für mein tägliches Geschäft am wichtigsten?
- Welche Geschäftsobjekte (Business-Objekte), wie zum Beispiel Verkaufsaufträge oder Lieferaufträge, benötigen den meisten Speicherplatz?
- Welches Land oder welcher Geschäftsbereich ist noch nicht in eine allgemeine, unter Umständen global definierte DVM-Strategie eingebunden?
- Wie alt sind die Daten in der gesamten Systemlandschaft?
- Welche gesetzlichen Regelungen müssen hinsichtlich der Datenaufbewahrung eingehalten werden? Spielen landesspezifische Regelungen eine Rolle?

- Welche Anwendungen verzeichnen die größten Wachstumsraten? Entspricht dieses Wachstum der Zunahme des benötigten Speichers in der Datenbank?
- Gibt es Daten im System, die noch niemals verwendet wurden bzw. nicht mehr verwendet werden?
- Welche Datenreduktionsmöglichkeiten bestehen in der Systemlandschaft?
- Wo könnte ich mit möglichst wenig Aufwand möglichst schnell Verbesserungen erzielen, und gibt es mögliche Synergieeffekte?
- Welche Objekte aus welchen Bereichen sollten als erste analysiert und optimiert und vielleicht archiviert werden?
- Für den Fall, dass Sie bereits archivieren: Stehen Aufwand und Einsparung in der gewünschten Relation?

Zur Beantwortung dieser Fragen und zur Umsetzung einer darauf beruhenden Strategie wurde das Work Center DATENVOLUMENMANAGEMENT innerhalb des SAP Solution Managers eingeführt. Es ist die zentrale Informations- und Aktionsplattform für DVM-Themen in der SAP-Systemlandschaft (ABAP-Systeme). Das Work Center ist der zentrale Einstiegspunkt für die schnelle, landschaftsweite Informationsbeschaffung und bietet die Möglichkeit der Durchführung von DVM-Services, die sowohl SAP-Dienstleistungen als auch durch den Kunden ausgeführte Services sein können.

In diesem Kapitel sollen daher die zentralen Werkzeuge des Datenvolumenmanagements im gleichnamigen Work Center im Leistungsumfang des SAP Solution Managers 7.1 SP06 vorgestellt werden, dessen Startbildschirm Sie in der folgenden Abbildung 9.1 sehen.

Hier sind verschiedene Aktivitätsbereiche gebündelt. Sie unterscheiden sich in ihrer Funktionalität und dienen entweder der Informationsbeschaffung, der Konfiguration oder dem Datenvolumenmanagement selbst. Anders als bei anderen Work Centern ist die anforderungsgerechte Konfiguration insbesondere für die Datenbeschaffung von essenzieller Bedeutung für die Nutzung des Work Centers DATENVOLUMENMANAGEMENT. Wir stellen Ihnen daher zunächst die Aktivierung der DVM-Infrastruktur ausführlich vor.

Auch in diesem Kapitel zeigen wir Ihnen am Beispiel der Spielzeug AG, wie Sie dabei vorgehen. Zunächst stellen wir die Voraussetzungen und die Einrichtung des Datenvolumenmanagements genauer dar.

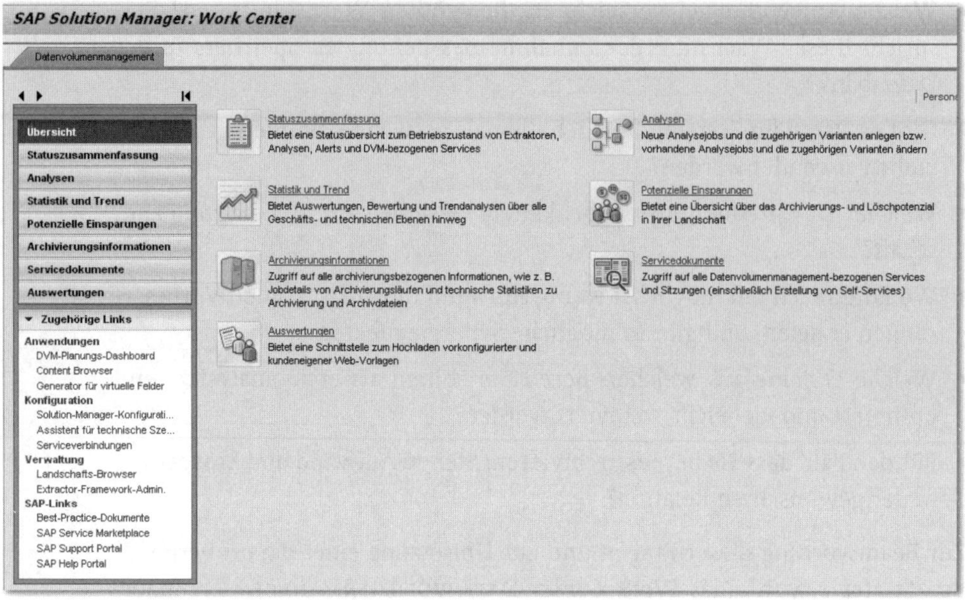

Abbildung 9.1 Work Center »Datenvolumenmanagement« – Übersicht

9.2 Voraussetzungen und Einrichtung

Die Spielzeug AG möchte ihr Datenvolumenmanagement optimieren. Um Optimierungspotenziale zu finden, soll mehr Transparenz in der SAP-Landschaft hinsichtlich der Datenallokation und des Datenwachstums erreicht werden. Das betrifft vor allem das ERP-System, in dem die wichtigen Geschäftsprozesse betrieben werden.

Der SAP Solution Manager ist bereits in die SAP-Systemlandschaft integriert, alle relevanten SAP-Systeme sind verbunden (Schritt KONFIGURATION DER VERWALTETEN SYSTEME). Aus diesem Grund liegt es nahe, das Work Center DATENVOLUMENMANAGEMENT für die Datenbeschaffung aus dem produktiven ERP-System zu aktivieren.

Das IT-Team erhält die Aufgabe, für die technische Initialisierung Sorge zu tragen. Mit einem entsprechenden Setup-Benutzer (`Solman_Setup`) werden die erforderlichen Schritte ausgeführt. Mehr dazu erfahren Sie in Kapitel 2, »Architektur und Konfiguration des SAP Solution Managers 7.1«. Außerdem wird ein Berechtigungskonzept entwickelt, in dem die zukünftigen Benutzer die Rollen für ihre Arbeit mit dem Work Center DATENVOLUMENMANAGEMENT erhalten.

9.2.1 Strategische Anwendung/Nutzen

Bevor Sie mit der Aktivierung der DVM-Infrastruktur und der Einführung des Work Centers DATENVOLUMENMANAGEMENT beginnen, sollten Sie sich verdeutlichen, wie Sie das Datenvolumenmanagement handhaben und welche Unterstützung Sie mit dem SAP Solution Manager erhalten können. Bedenken Sie dabei immer, dass der Einsatz des Work Centers DATENVOLUMENMANAGEMENT lediglich unterstützend wirkt, aber niemals automatisch das Vorhandensein einer DVM-Strategie bedeutet.

Nur mit klar definierten Zielen können Sie am Ende eines Projekts auch entscheiden, ob Aufwand und Nutzen in einer vernünftigen Relation zueinander stehen. Die Definition klarer Ziele ist daher eine wesentliche Voraussetzung für ein DVM-Projekt. Je mehr Systeme im Fokus stehen, desto besser lassen sich im Allgemeinen systemübergreifende und geschäftsprozessübergreifende Zusammenhänge erkennen und auswerten. Es sollte Ihr Ziel sein, einen Überblick über die unternehmensweite Landschaft und dabei insbesondere der SAP-Systeme zu erlangen. Je mehr Daten im eigenen Business Warehouse (BW) des SAP Solution Managers verfügbar sind, desto genauere Analysen von spezifischen Details können Sie durchführen. Dies verbessert wiederum die Möglichkeiten, systemübergreifende Zusammenhänge zu erkennen.

Eine wichtige Aufgabe der DVM-Infrastruktur ist der Transfer DVM-relevanter Informationen von den verwalteten Systemen in das Business Warehouse des SAP Solution Managers. Dazu gehören sowohl technische Daten als auch geschäftliche Informationen über die Objekte der produktiven Anwendungen. Bevor Sie mit der technischen Einrichtung beginnen, sollte geklärt sein, welche Systeme aus DVM-Sicht im Fokus stehen sollen. Dies ergibt sich aus Ihrer Zielsetzung, die Sie vor Beginn des Projektes definiert haben.

Hinweis [«]

Um Tendenzen bei Kennzahlen erkennen zu können, sollten die Informationen über einen Zeitraum von vier bis sechs Wochen verfügbar sein, das heißt von den jeweiligen angebundenen (verwalteten) Systemen gesammelt worden sein.

9.2.2 Benutzer und Berechtigungen

Benutzer erfüllen bestimmte Aufgaben in Unternehmen. Unter anderem aus Datenschutzgründen ist sicherzustellen, dass der einzelne Benutzer bzw. der dahinter stehende Anwender nur die ihm zugeordneten Aufgaben erledigen kann. Eine Analyse des Datenwachstums ermöglicht auch immer Rückschlüsse auf die Art und den Umfang der verwendeten Geschäftsprozesse und damit die Geschäftssituation des Unternehmens. Bei der Vorbereitung von DVM-Projekten sollten Sie darum auch das Thema Berechtigungen im Blick behalten:

- **Benutzer für technische Inbetriebnahme**

  Zunächst geht es um die technische Initialisierung der DVM-Infrastruktur. Dafür wurde in der Basiskonfiguration des SAP Solution Managers automatisch der Benutzer `SMC_DVM_<SID>` generiert. Mit diesem Benutzer können Sie die Initialisierungsprozedur, aber keine darüber hinausgehenden Aufgaben durchführen. Für Konfigurationsaufgaben, die nach der Initialisierung durchzuführen sind, wird im SAP Solution Manager der Benutzer `DVM_ADM_<SID>` generiert. Unter Umständen sind SAP Solution Manager-Anwendung und Business Warehouse in unterschiedlichen Mandanten installiert. Das heißt, Sie benötigen in jedem Mandanten einen Benutzer mit entsprechenden Berechtigungen.

  Kapitel 12, »Berechtigungen im SAP Solution Manager-System«, befasst sich im Detail mit dem zugrunde liegenden Konzept und den Details von Rollen und Profilen im Benutzermanagement des SAP Solution Managers.

- **DVM-Experten**

  Die Funktionalitäten des Work Centers Datenvolumenmanagement sind für die DVM-Experten entwickelt worden. Dieses Expertenteam ist generell für alle DVM-Aktivitäten verantwortlich. Es ist die Schnittstelle zu den Geschäftseinheiten für die Archivierung, Löschung, Vermeidung oder Komprimierung von Daten. Erforderliche Änderungen werden in Zusammenarbeit mit dem Change-Management-Team realisiert. DVM-Experten arbeiten im SAP Solution Manager und in den verwalteten Systemen. Sie nutzen alle oder ausgewählte Funktionalitäten des Work Centers Datenvolumenmanagement für die Datenanalyse, Servicedurchführung, Reporting etc. sowie sonstige Funktionalitäten, die für die Ausführung DVM-relevanter Aufgaben erforderlich sind (Transaktionen etc.).

  Dies kann im SAP Solution Manager mit dem Benutzer `DVM_ADM_<SID>` realisiert werden. In den verwalteten Systemen wird dafür ebenfalls der Benutzer `DVM_ADM_<SID>` generiert, dort aber mit anderen Berechtigungszuweisungen. Dieser Benutzer wird erst im Lauf der DVM-Infrastruktur-Aktivierung erzeugt.

- **Anwender**

  Schließlich gibt es Anwender, die Auswertungen bzw. Abfragen lediglich anzeigen können sollen. Für diese wird während der Initialisierung des Datenvolumenmanagements der Benutzer `DVM_DIS_<SID>` erzeugt.

[«]

Hinweis

Die angegebenen Vorlagenbenutzer sind Vorschläge. Sie können auch Ihre eigenen Benutzer verwenden und diese entsprechend erweitern.

9.2.3 Technische Vorbereitung

Die wesentliche Voraussetzung für die Aktivierung des Work Centers DATENVOLUMENMANAGEMENT ist die erfolgreich abgeschlossene Basiskonfiguration des SAP Solution Managers mit der Transaktion SOLMAN_SETUP (siehe Kapitel 3, »Implementierungsprojekte«). So ist sichergestellt, dass neben weiteren grundsätzlichen Aspekten zum Beispiel das BW-System sowie das Extraktor-Framework (EFWK) aktiviert sind.

Damit der SAP Solution Manager seiner Rolle als zentrale Managementplattform gerecht werden kann, müssen darüber hinaus alle zu verwaltenden Systeme (produktive Systeme der Landschaft) im Schritt KONFIGURATION DER VERWALTETEN SYSTEME der Basiskonfiguration angebunden sein.

Um den Status der Anbindungen zu überprüfen, verwenden Sie Transaktion SOLMAN_SETUP. Wenn Sie aus dem Menü KONFIGURATION DER VERWALTETEN SYSTEME auswählen, erhalten Sie eine Übersicht, wie in Abbildung 9.2 gezeigt. Hier sehen Sie in der Spalte ERWEITERTE SYSTEMKENNUNG, dass nach einem System namens OTO gefiltert wurde. Das System ist bereits angebunden. Für das Work Center DATENVOLUMENMANAGEMENT ist lediglich der Systemtyp APPLICATION SERVER ABAP (Spalte SYSTEMTYP) relevant, da alle DVM-relevanten Daten in Tabellen des ABAP-Datenbankschemas verwaltet werden.

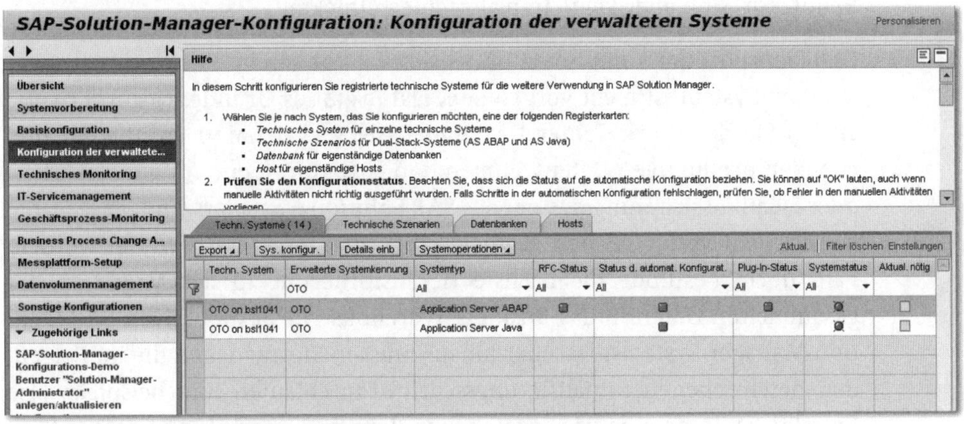

Abbildung 9.2 Überprüfung des Status angeschlossener Systeme

Die Spalten rechts von der Spalte SYSTEMTYP zeigen unterschiedliche Informationen bezüglich des Konfigurationsstatus der einzelnen Systeme. Status, die nicht grün gekennzeichnet sind, sollten überprüft werden. Folgen Sie hierzu den Hinweisen, die Ihnen der HILFE-Bereich oberhalb bietet bzw. kontaktieren Sie die für die Basiskonfiguration verantwortlichen Experten.

Für die Initialisierung des Work Centers DATENVOLUMENMANAGEMENT müssen RFC-STATUS, STATUS D. AUTOMAT. KONFIGURATION und PLUG-IN-STATUS grün gekennzeichnet sein (siehe Abschnitt »Schritt 4: Umfangsauswahl« im folgenden Abschnitt 9.2.4).

[»] **Hinweis**

Die erfolgreich durchgeführte Anbindung aller relevanten zu verwaltenden Systeme ist essenziell. Sollten an dieser Stelle Fehler auftreten, kann es später sein, dass Sie die DVM-Extraktor-Aktivierung nicht erfolgreich abschließen können.

9.2.4 Geführte Initialisierung

Die Initialisierung ist bei perfekter technischer Vorbereitung nicht besonders aufwendig.

Mit der Initialisierung prüfen Sie die Softwareversion beteiligter Komponenten des SAP Solution Managers sowie aller relevanten verwalteten Systeme. Sie legen die Zielsysteme für das Work Center DATENVOLUMENMANAGEMENT fest, definieren Vorlagenbenutzer und Vorlagenkonfigurationen und aktivieren die passenden Extraktoren. Die Ergebnisse vieler Aktionen, die Sie durchführen, werden protokolliert, wie zum Beispiel das Anlegen von Benutzern, sind aber keine transportablen Objekte.

Der Transport der kompletten Initialisierung von einem Entwicklungs- oder anderen System ist nicht vorgesehen. Dafür gibt es Gründe. Normalerweise stellen Sie das Work Center DATENVOLUMENMANAGEMENT auf die entsprechenden produktiven Datenvolumen und -strukturen ein. Im Entwicklungs- oder Qualitätssicherungssystem des SAP Solution Managers sind diese Daten häufig nicht verfügbar und können daher auch nicht ausgewertet werden. Falls doch, bestünde die nächste Herausforderung in der Migration der gesammelten Daten in das Business Warehouse des produktiven SAP Solution Manager-Systems. Darüber hinaus müssen Sie zwingend die im Folgenden beschriebenen Initialisierungsschritte durchlaufen und beispielsweise Extraktoren in dem dafür vorgesehenen Benutzer-Interface aktivieren.

Hinweis [«]

Die Initialisierung des Work Centers DATENVOLUMENMANAGEMENT muss direkt im produktiven SAP Solution Manager-System vorgenommen werden.

Um hingegen einen SAP-Hinweis zu implementieren, können Sie die normalen Test- und Transportprozeduren in das jeweilige Zielsystem verwenden.

Die geführte Initialisierungsprozedur für das Work Center DATENVOLUMENMANAGEMENT durchlaufen Sie mit dem Benutzer `SMC_DVM_<SID>`, den Sie im SAP Solution Manager bereits erzeugt haben.

Sie starten die Transaktion SOLMAN_SETUP und rufen im linken Bereich den Menüpunkt DATENVOLUMENMANAGEMENT auf. Damit erhalten Sie im rechten Arbeitsbereich eine Ansicht wie in Abbildung 9.3.

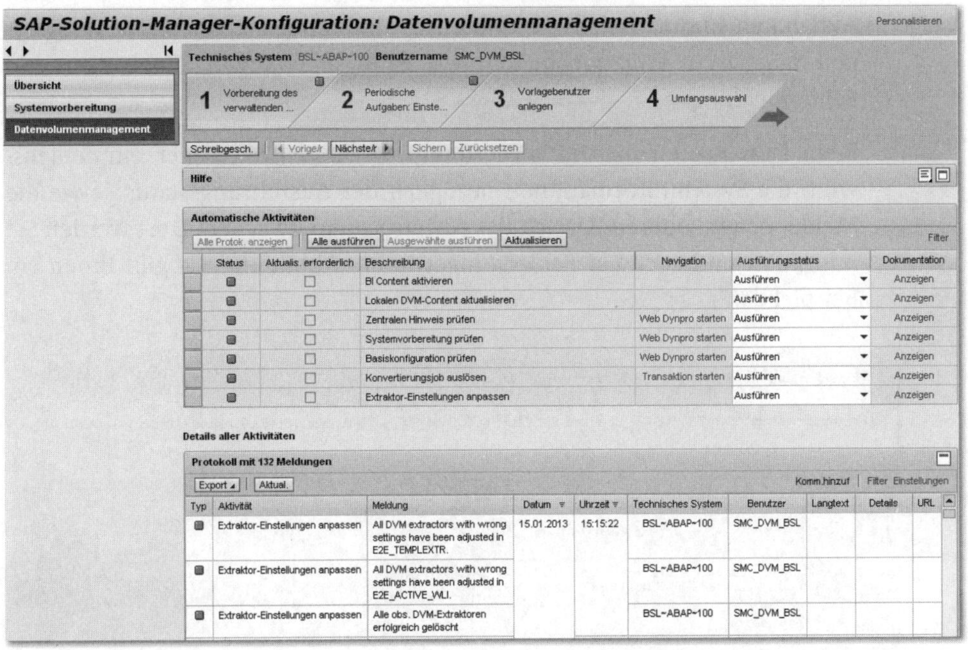

Abbildung 9.3 Geführte Prozedur für die Initialisierung des Work Centers »Datenvolumenmanagement«

Aktivitäten können nur im Änderungsmodus durchgeführt werden. Dazu klicken Sie im linken oberen Bereich auf den Button BEARBEITEN. Dadurch wechselt die Ansicht automatisch in den Änderungsmodus, und der Button wird gegen SCHREIBGESCH. ausgetauscht. Abbildung 9.3 zeigt den Initialisierungsbildschirm im Änderungsmodus, was Sie am Button Schreibgesch. erkennen.

Ab hier folgen Sie nun der geführten Prozedur. Sie besteht aus mehreren Schritten, die sequenziell abgearbeitet werden müssen. In jedem Schritt erhalten Sie im oberen Bereich Hilfe entsprechende Hintergrundinformationen. Beachten Sie, dass sich die meisten Bereiche auf der rechten Seite mit einem Klick auf den Button auf- und zuklappen lassen.

Wie bereits von der Basiskonfiguration bekannt, werden pro Schritt die jeweiligen Aktionen einzeln oder gruppiert durchgeführt, je nachdem, was markiert wurde. Mit dem Button Nächste/r gelangen Sie vorwärts, mit dem Button Vorige/r von Schritt zu Schritt rückwärts. Zuerst sollten Sie immer versuchen, alle Aktivitäten in einem Schritt vollständig auszuführen.

Im unteren Bereich Protokoll werden die Ergebnisse aller durchgeführten Aktivitäten automatisch protokolliert. Es sind unterschiedliche Meldungstypen möglich: Informationsmeldungen, Erfolgsmeldungen, Warnungen und Fehlermeldungen.

Beim Durchlaufen der Initialisierungsprozedur ist es immer empfehlenswert, die Systeminformationen bezüglich der Ausführungsstatus sowie die Meldungen im oberen Bereich der Anzeige zu überwachen. Dort werden Sie informiert und auch auf Fehler hingewiesen. Abbildung 9.4 gibt Ihnen ein Beispiel dafür.

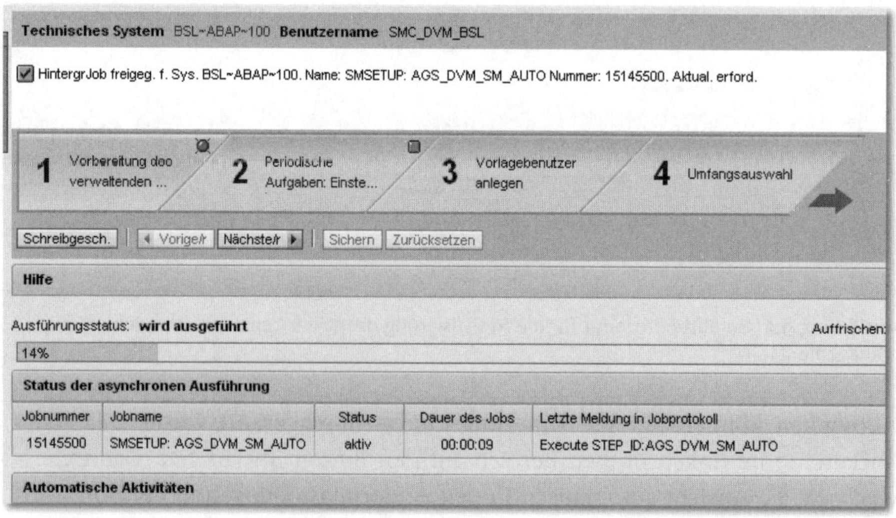

Abbildung 9.4 Systeminformationen

Abbildung 9.4 zeigt, dass der Job `SMSETUP: AGS_DVM_SM_AUTO` für das ABAP-System BSL, Mandant 100, gestartet wurde und sich gerade in der Ausführung befindet. BSL ist in diesem Fall der SAP Solution Manager, also das verwaltende System.

Nach dieser Einführung zeigen wir Ihnen nun, was Sie in jedem der Schritte beachten müssen. Beachten Sie dabei stets auch den Hilfetext im oberen Bereich.

Schritt 1: Vorbereitung des verwaltenden Systems

In diesem Schritt bereiten Sie den SAP Solution Manager als das verwaltende System vor. Abbildung 9.5 zeigt diesen Schritt und die einzelnen Aktivitäten für die Initialisierung des Work Centers DATENVOLUMENMANAGEMENT. Zu jeder Aktivität können Sie sich in der Spalte DOKUMENTATION weitere Hintergrundinformationen darstellen lassen, indem Sie auf ANZEIGEN klicken.

Sie starten die Ausführung, indem Sie den Button ALLE AUSFÜHREN anklicken. Damit werden die in der Tabelle aufgeführten Schritte (Spalte BESCHREIBUNG) automatisch ausgeführt und die Ergebnisse protokolliert.

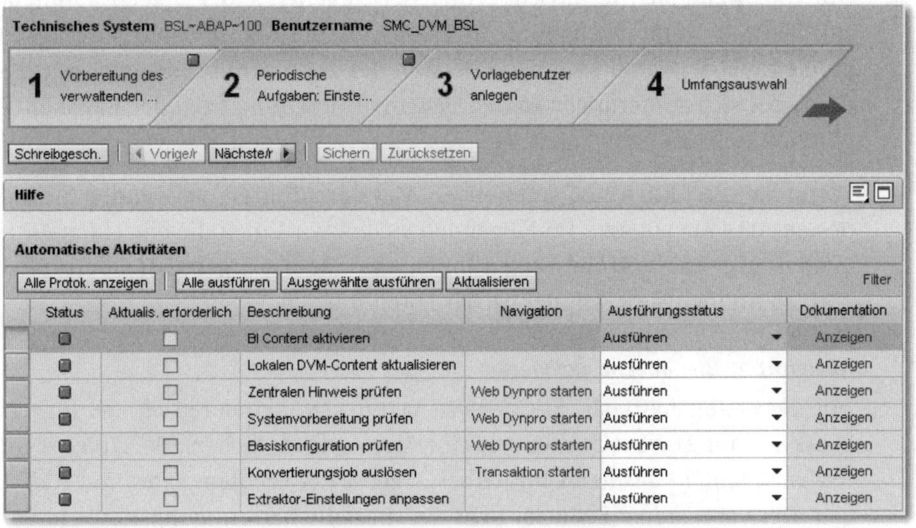

Abbildung 9.5 Schritt 1 – Vorbereitung des verwaltenden Systems

Der Status (erste Spalte STATUS) zeigt Ihnen, wie weit die Initialisierung fortgeschritten ist bzw. ob sie erfolgreich ausgeführt werden konnte. Sind Fehler aufgetreten, müssen Sie diese beheben und die jeweilige Aktivität noch einmal ausführen. Für diesen Fall können Sie erneut ALLE AUSFÜHREN anklicken.

In diesem Fall wird sich ein weiteres Fenster zur Bestätigung der Aktion öffnen (siehe Abbildung 9.6).

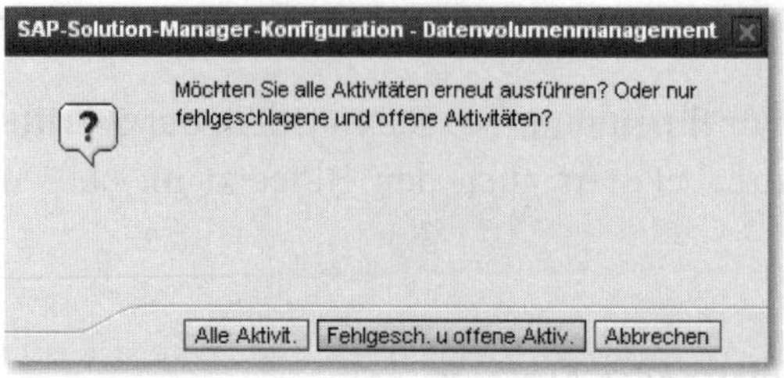

Abbildung 9.6 Mögliche Wiederholung des Initialisierungsschrittes

Erfolgreich abgeschlossene Aktivitäten (grün markiert) müssen Sie zum gleichen Zeitpunkt nicht noch einmal ausführen, sodass Sie die Aktivitäten auf FEHLGESCH. U OFFENE AKTIV. beschränken können. Alternativ hätten Sie auch vorher einzelne Aktionen auswählen und über den Button AUSGEWÄHLTE AUSFÜHREN separat starten können. Allerdings sind Sie dann für die richtige und vollständige Ausführung der gewählten Aktionen selbst verantwortlich.

Die wiederholte Ausführung aller Aktivitäten schadet nicht, ist jedoch erst sinnvoll, wenn sich technische Voraussetzungen geändert haben könnten, zum Beispiel wenn eine neue Softwareversion der Komponente `ST-BCO` eingespielt wurde, wenn eine neue Version des zentralen SAP-Hinweises existiert oder sich Änderungen in der Systemvorbereitung bzw. der Basiskonfiguration ergeben haben könnten.

Wenn Sie die Aktivierung zum ersten Mal durchführen, verwenden Sie am besten ALLE AUSFÜHREN. Im Folgenden stellen wir Ihnen die einzelnen Aktivitäten im Detail vor und zeigen Ihnen, wie Sie die Ergebnisse überprüfen können und wo Sie eventuell nacharbeiten müssen.

Aktivität 1: BI-Content aktivieren

Mit der ersten Aktivität, BI-CONTENT AKTIVIEREN, aktivieren Sie die für das Work Center DATENVOLUMENMANAGEMENT erforderlichen BW-Objekte im BW-Mandanten, das heißt InfoCubes, Aggregate, Webtemplates und Abfragen. Der verwendete Benutzer benötigt spezielle Berechtigungen, die in der Aktivitätsbeschreibung genannt sind (siehe Abbildung 9.5, Spalte DOKUMENTATION).

Die Aktivierung erfolgt durch den Hintergrundjob `SMSETUP: AGS_DVM_BI_CONTENT` und kann einige Minuten dauern. Den Status des Jobs und damit der Aktivierung können Sie mit dem Job-Monitor (Transaktion SM37) überprüfen. Beachten Sie, dass der Job im gewählten, möglicherweise separaten BW-Mandanten ausgeführt wird, der eventuell ein anderer als der von Ihnen aktuell genutzte ist.

In jedem Fall ist es ratsam, das Ergebnis der Aktivierung anschließend mit der Transaktion RSA1 zu überprüfen. Gehen Sie dazu wie folgt vor:

1. Wählen Sie im linken Menü BI CONTENT AUS.
2. Wählen Sie INFOPROVIDER NACH INFOAREAS.
3. Selektieren Sie SAP SOLUTION MANAGER (technischer Name: `0SM_DVM`) im mittleren Bereich, und öffnen Sie diesen. Der hierarchisch darunterliegende Bereich wird geöffnet.
4. Selektieren Sie SAP SOLUTION MANAGER – DATENVOLUMENMANAGEMENT (technischer Name: `0SM_DVM`).

Ziehen Sie den InfoProvider SAP SOLUTION MANAGER – DATENVOLUMENMANAGEMENT vom mittleren Bereich in den rechten Bereich. Im initialen Zustand werden Sie nach dem Quellsystem gefragt, in dem Sie das jeweilige System auswählen. Danach ergibt sich eine Darstellung wie in Abbildung 9.7.

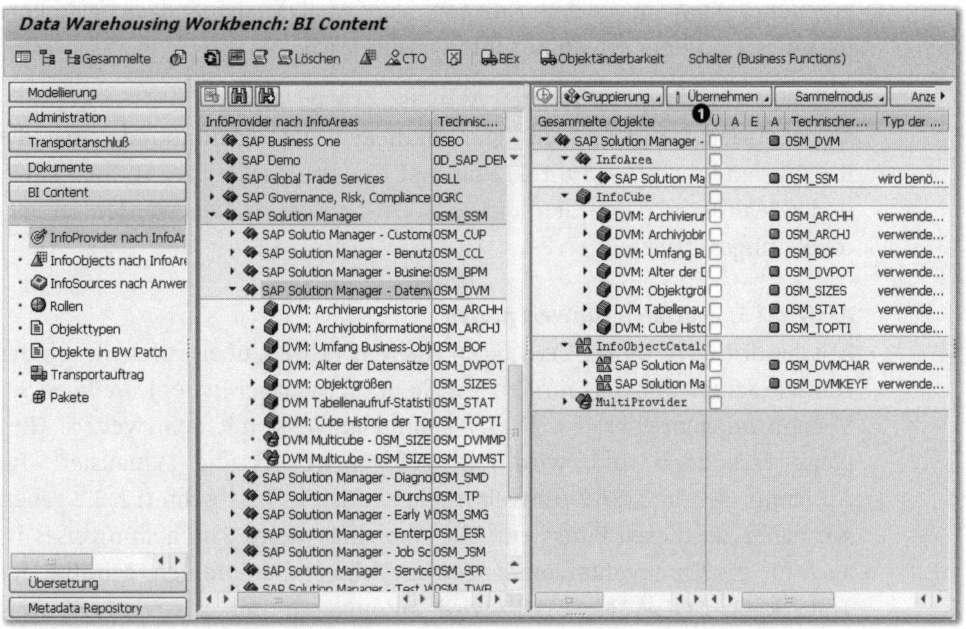

Abbildung 9.7 RSA1 – InfoProvider

Wenn in der Spalte ÜBERNEHMEN (siehe ❶ in Abbildung 9.7) nichts ausgewählt wurde, das heißt kein Haken zu finden ist, war die Aktivierung erfolgreich. Wenn nicht, führen Sie die Aktivierung hier durch: Ändern Sie über den Button GRUPPIERUNG die Gruppierung auf DATENFLUSS DAVOR UND DANACH, und starten Sie die Aktivierung mit dem Button ÜBERNEHMEN.

Der Aktivierung ist abgeschlossen, wenn kein Objekt in der genannten Spalte ÜBERNEHMEN ausgewählt ist. Weiteres BW-spezifisches Wissen ist normalerweise nicht erforderlich.

[»] **Hinweis**

Beachten Sie, dass die erfolgreiche Einrichtung des BW-Systems im SAP Solution Manager eine Bedingung für die Aktivierung der DVM-relevanten Objekte ist.

Aktivität 2: Lokalen DVM-Content aktualisieren

Für das Anlegen von DVM-Analysen werden Objektdefinitionen benötigt, wie zum Beispiel Standardvarianten, anwendungsspezifische Konfiguration, Definitionen für die Transaktion TAANA (Tabellenanalyse). Diese Informationsbasis wird auf SAP-Seite gepflegt. In sie fließen kontinuierlich Erfahrungen aus DVM-Services bzw. -Projekten ein, die wiederum allen Kunden als Best Practices zur Verfügung stehen. Um mit den aktuellen Informationen zu arbeiten, sollten Sie vor dem Anlegen neuer Analysen generell sicherstellen, dass dieser Content erneut heruntergeladen wird.

Mit dem Ausführen der zweiten Aktivität, LOKALEN DVM-CONTENT AKTUALISIEREN, laden Sie diese benötigten, aktuellen Objektdefinitionen über die RFC-Verbindung SAPOSS direkt vom SAP Service Marketplace in Ihr System und aktualisieren damit den lokalen DVM-Content. Details werden im Protokoll mitgeschrieben.

Aktivität 3: Zentralen Hinweis prüfen

Mit der dritten Aktivität, ZENTRALEN HINWEIS PRÜFEN, überprüfen Sie, ob der zentrale Sammelhinweis für den SAP Solution Manager in der jeweiligen SP-Version implementiert ist. Dieser Sammelhinweis, mit dem weitere Hinweise verbunden sind, wird regelmäßig erweitert und aktualisiert. Im Abschnitt »Schritt 3: SAP-Hinweis implementieren« in Abschnitt 2.5.2 gehen wir näher auf diesen Punkt ein. Die Aktualität dieses Sammelhinweises ist auch für das Datenvolumenmanagement dringend empfohlen. Mithilfe der Transaktion SOLMAN_SETUP wird automatisch der passende Hinweis ermittelt und die aktuelle Implementierung mit dem Inhalt abgeglichen.

Wurde als Ergebnis dieser Aktivität eine Fehlermeldung protokolliert, müssen Sie in der SYSTEMVORBEREITUNG, Schritt SAP-HINWEIS IMPLEMENTIEREN, nacharbeiten. Nutzen Sie für den Absprung den Link WEB DYNPRO STARTEN in der Spalte NAVIGATION der Tabelle AUTOMATISCHE AKTIVITÄTEN (siehe Abbildung 9.5).

Aktivität 4: Systemvorbereitung prüfen

Mit der vierten Aktivität, SYSTEMVORBEREITUNG PRÜFEN, überprüfen Sie die Vollständigkeit der Durchführung des Schritts Systemvorbereitung auf der Grundlage der in Transaktion SOLMAN_SETUP protokollierten Ergebnisse. Details zu den durchgeführten Tests finden Sie im Protokoll über den Link EINBLENDEN in der Spalte DETAILS.

Wiederum gilt, dass Sie in der Systemvorbereitung nacharbeiten müssen, wenn hier Meldungen erscheinen sollten. Verwenden Sie dafür wiederum den Link WEB DYNPRO STARTEN in der Spalte NAVIGATION.

Aktivität 5: Basiskonfiguration prüfen

Mit der fünften Aktivität, BASISKONFIGURATION PRÜFEN, überprüfen Sie die Vollständigkeit der Durchführung des Schritts *Basiskonfiguration* auf der Grundlage der in Transaktion SOLMAN_SETUP protokollierten Ergebnisse. Details zu den durchgeführten Tests finden Sie im Protokoll über den Link EINBLENDEN in der Spalte DETAILS.

Auch hier müssen Sie bei auftretenden Meldungen in der Basiskonfiguration nacharbeiten. Nutzen Sie auch hier für den Absprung wieder den Link WEB DYNPRO STARTEN in der Spalte NAVIGATION.

Aktivität 6: Konvertierungsjob auslösen

Mit der sechsten Aktivität, KONVERTIERUNGSJOB AUSLÖSEN, planen Sie einen Konvertierungsjob für das Migrieren von Daten in neue Infrastrukturen ein (Tabellen, InfoCubes, Attribute etc.), die in älteren Releases des SAP Solution Managers gesammelt wurden.

Die Jobausführung können Sie in einem parallelen Fenster mit Transaktion SM37 überprüfen. Es handelt sich um den Job `SMSETUP: AGS_DVM_BCK_JOB`.

Es ist möglich, den zugrunde liegenden Report `RAGS_SISE_ACTIVITY_JOB` manuell zu starten. Klicken Sie für den Absprung auf den Link TRANSAKTION STARTEN in der Spalte NAVIGATION, wodurch automatisch Transaktion SE38 gestartet wird.

Aktivität 7: Extraktor-Einstellungen anpassen

Mit der siebten Aktivität, EXTRAKTOR-EINSTELLUNGEN ANPASSEN, passen Sie Extraktoren an, die in früheren Releases oder Support Packages des SAP Solution Managers aktiviert wurden (Tabellen E2E_ACTIVE_WLI und E2E_TEMPL). Veraltete Extraktoren werden gelöscht.

Die Jobausführung können Sie mit Transaktion SM37 (SMSETUP: AGS_DVM_SM_AUTO) überprüfen.

Haben Sie alle Aktivitäten erfolgreich abgeschlossen, können Sie sich Schritt 2 zuwenden. Klicken Sie dafür auf den Button NÄCHSTE/R. Dies wird von Transaktion SOLMAN_SETUP auch zugelassen, wenn nicht alle Aktivitäten einen grünen STATUS haben. Stellen Sie trotzdem sicher, dass alle Aktivitäten erfolgreich durchgeführt wurden.

Schritt 2: Periodische Aufgaben – Einstellungen

In diesem Schritt können Sie für jeden InfoCube, der in Bezug zum Datenvolumenmanagement steht, so genannte *Residenzzeiten* definieren. Ein InfoCube ist ein BW-Objekt (Datencontainer) für einen in sich geschlossenen Datenbestand. Abbildung 9.8 zeigt, um welche InfoCubes es sich handelt.

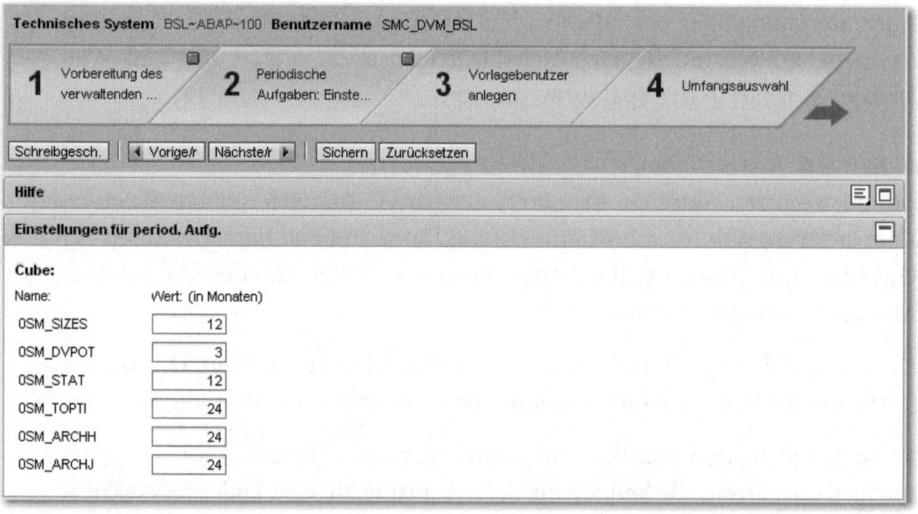

Abbildung 9.8 Schritt 2 – Residenzzeiten für DVM-InfoCubes festlegen

Mit der Residenzzeit legen Sie fest, wie lange Daten im jeweiligen Cube verfügbar bleiben, bevor sie gelöscht werden. Abbildung 9.8 zeigt die von SAP ausgelieferten Vorschlagswerte, die sich in der Praxis bewährt haben. Sie können die Werte übernehmen oder nach Bedarf auch zu einem späteren Zeitpunkt anpassen.

Durch Anklicken des Buttons NÄCHSTE/R werden die Standardwerte oder gegebenenfalls geänderte Werte übernommen, und Sie gelangen zum nächsten Schritt.

Schritt 3: Vorlagenbenutzer anlegen

Dieser Schritt ist optional. Sie können Vorlagenbenutzer im SAP Solution Manager anlegen und somit die spätere Work-Center-Nutzung vorbereiten. Im Standard sind bereits gewisse Benutzerrollen vorgesehen, wie Abbildung 9.9 zeigt.

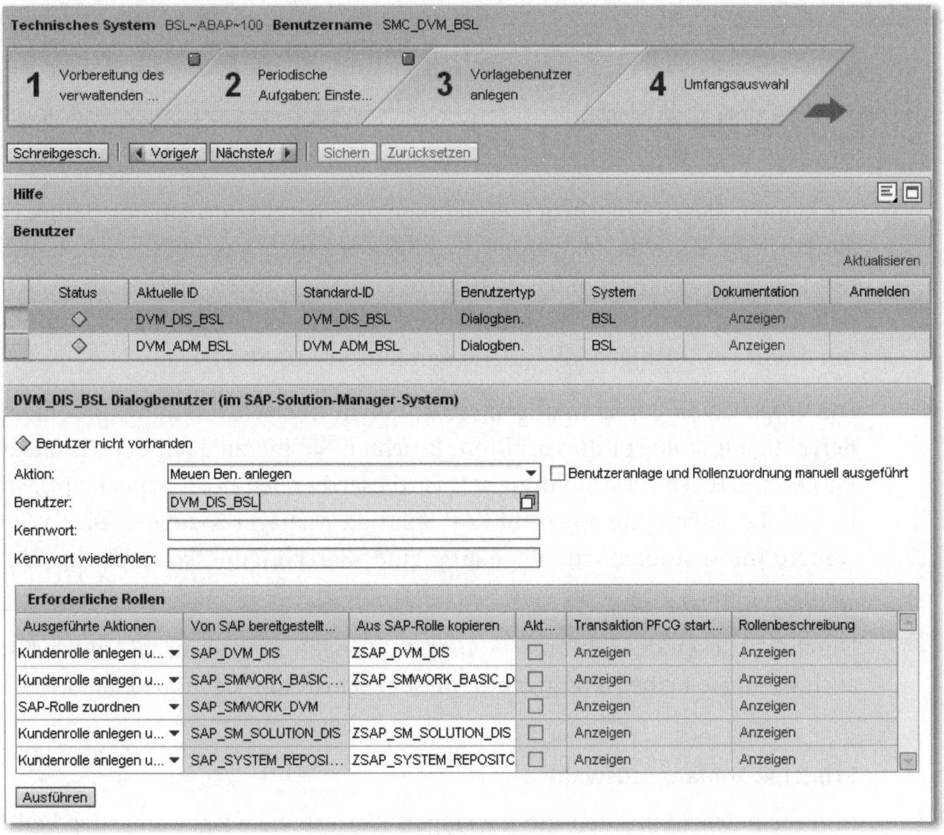

Abbildung 9.9 Optionaler Schritt 3 – Vorlagenbenutzer anlegen

Im oberen Bereich sehen Sie die bereits in Abschnitt 9.2.2, »Benutzer und Berechtigungen«, angesprochenen Standardbenutzer, die Ihnen für mögliche

Anpassungen vorgeschlagen werden. Im unteren Bereich sehen Sie, welche Rollen verfügbar sind. Tabelle 9.1 listet die Zuordnung von Rollen für die beiden Standardbenutzer auf.

Benutzer-ID	Rollenzuordnung
DVM_DIS_<SID>	▸ SAP_DVM_DIS ▸ SAP_SMWORK_BASIC_DVM ▸ SAP_SMWORK_DVM ▸ SAP_SM_SOLUTION_DIS ▸ SAP_SYSTEM_REPOSITORY_DIS
DVM_ADM_<SID>	▸ SAP_DVM_ALL ▸ SAP_SMWORK_BASIC_DVM ▸ SAP_SMWORK_DVM ▸ SAP_SM_SOLUTION_ALL ▸ SAP_SYSTEM_REPOSITORY_DIS

Tabelle 9.1 Standarddialogbenutzer für Nutzung des Work Centers »Datenvolumenmanagement«

Sie können diesen Vorschlag übernehmen oder bereits vorhandene Benutzer ändern. Alle Aktivitäten werden benutzerspezifisch ausgeführt, das heißt, der jeweilige Benutzer muss markiert sein. Sie müssen außerdem Rollen definieren, in die die SAP-Standardrollen kopiert werden. Für das Durchführen dieser Festlegungen klicken Sie den Button AUSFÜHREN an.

Die Vergabe von Berechtigungen sollten Sie in Übereinstimmung mit einem Berechtigungskonzept durchführen. Beachten Sie hierzu auch den Hilfetext im Bereich HILFE (in Abbildung 9.9 ist dieser Bereich noch zugeklappt). In Kapitel 12, »Berechtigungen im SAP Solution Manager-System«, finden Sie weitere Informationen zur Erstellung eines Berechtigungskonzepts im SAP Solution Manager-System.

Durch Anklicken des Buttons NÄCHSTE/R gelangen Sie zum nächsten Schritt, auch wenn Sie keine Aktivitäten in diesem Schritt durchgeführt haben.

Schritt 4: Umfangsauswahl

In diesem Schritt werden die jeweiligen Zielsysteme ausgewählt, das heißt die verwalteten Systeme. Diese sollten vorher an den SAP Solution Manager angebunden worden sein (siehe Abschnitt 2.5.4, »Konfiguration der verwalteten Systeme«).

Damit wird der eigentliche Fokus des Work Centers DATENVOLUMENMANAGEMENT definiert. Nur von diesen Systemen werden Ihnen nach der Initialisierung Daten im Work Center DATENVOLUMENMANAGEMENT angezeigt.

Abbildung 9.10 zeigt den Einstiegsbildschirm. Alle angebundenen Systeme werden automatisch nach Systemtyp ABAP und grünem RFC-Status (Erfolg) gefiltert. Sie können die Standardfilterung jederzeit ändern oder den Filter vollständig entfernen, indem Sie den Link FILTER LÖSCHEN anklicken.

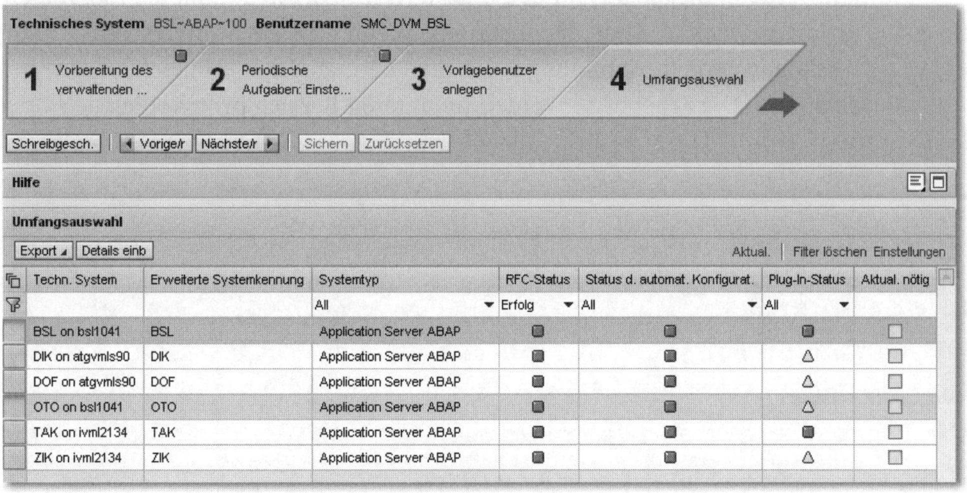

Abbildung 9.10 Schritt 4 – Systemübersicht in der Umfangsauswahl

Sie müssen mindestens ein System auswählen, um zum nächsten Schritt zu gelangen. Sie können auch weitere Systeme entsprechend Ihren Anforderungen markieren. Die jeweiligen Zeilen markieren Sie unter Zuhilfenahme der [Strg]- bzw. der [⇧]-Taste. Sie haben später jederzeit die Möglichkeit, neue Systeme hinzuzufügen (siehe Abschnitt 9.3.2, »Integration weiterer Systeme«).

Durch Anklicken des Buttons NÄCHSTE/R gelangen Sie zum nächsten Schritt.

Achtung [!]

Prozessieren Sie nicht für Systeme zum nächsten Schritt, bei denen in den Spalten RFC-STATUS und STATUS D. AUTOM. KONFIGURAT. Warnungen oder Fehler angezeigt werden. In diesem Fall müssen Sie zuerst die Fehler in der KONFIGURATION DER VERWALTETEN SYSTEME beseitigen.

Schritt 5: Technische Vorbereitung

Mit diesem Schritt bereiten Sie die vorher ausgewählten verwalteten Systeme für die Aktivierung der DVM-Infrastruktur vor. Dies umfasst die Überprüfung der Implementierung relevanter SAP-Hinweise sowie die Aktualisierung des DVM-Contents in jedem dieser Systeme. Ähnliche Aktivitäten haben Sie bereits im ersten Schritt für den SAP Solution Manager durchgeführt.

Abbildung 9.11 zeigt die beiden Aktivitäten, die in diesem Schritt durchlaufen werden. Klicken Sie auf den Button ALLE AUSFÜHREN, um die Aktivitäten für die gewählten Systeme zu starten. Wenn sich ein weiteres Fenster zur Bestätigung wie in Abbildung 9.6 öffnet, können Sie abermals ALLE AKTIVIT. anklicken. Die Ergebnisse werden im unteren Bereich protokolliert.

Abbildung 9.11 Schritt 5 – Vorbereitung der verwalteten Systeme

In der ersten Aktivität, HINWEIS PRÜFEN, wird geprüft, ob alle benötigten Hinweise vorhanden sind. Im Fall fehlender Hinweise können Sie Details zu den durchgeführten Tests im Protokoll über den Link EINBLENDEN in der Spalte DETAILS finden. Fehlende Hinweise müssen gemäß den Festlegungen des Änderungsmanagements zunächst im Entwicklungssystem implementiert, gegebenenfalls im Qualitätssicherungssystem getestet und schließlich in die Produktivsysteme transportiert werden. Idealerweise sollten sie implementiert sein, bevor Sie für dieses System die Initialisierung der DVM-Infrastruktur fortsetzen.

Den Status bezüglich der zu implementierenden DVM-relevanten Hinweise können Sie auch mit dem Programm `RTCCTOOL` überprüfen. Führen Sie es im verwalteten System aus. Verwenden Sie hier die Option PREPARE FOR DVM (DATA VOLUME MGMT) SERVICE?, die Sie hinter dem Button SETTINGS finden.

Die zweite Aktivität, LOKALEN DVM-CONTENT AKTUALISIEREN, überprüft und aktualisiert automatisch den DVM-Content in den Systemen. Im Fall einer fehlgeschlagenen Aktualisierung des DVM-Contents finden Sie im Protokoll den Hinweis zu dem betreffenden System und eine mögliche Fehlerursache.

Damit ist Schritt 5 abgeschlossen. In der geführten Prozedur gelangen Sie über den Button NÄCHSTE/R zum folgenden Schritt.

Schritt 6: Vorlagenkonfiguration

Dieser Schritt ist optional. Er dient der Erstkonfiguration eines Teils der DVM-Infrastruktur. Dabei handelt es sich um die Vorkonfiguration von Analysen für spezifische Tabellen. Wenn Ihnen nicht klar ist, wie Sie Analysen einsetzen, können Sie diesen Schritt auch überspringen und die Analysen später konfigurieren. Mehr Informationen zu den Einsatzzielen von Analysen finden Sie in Abschnitt 9.5, »Konfigurieren von Analysen«. Die folgende Abbildung 9.12 zeigt den Einstiegsbildschirm für diesen Schritt.

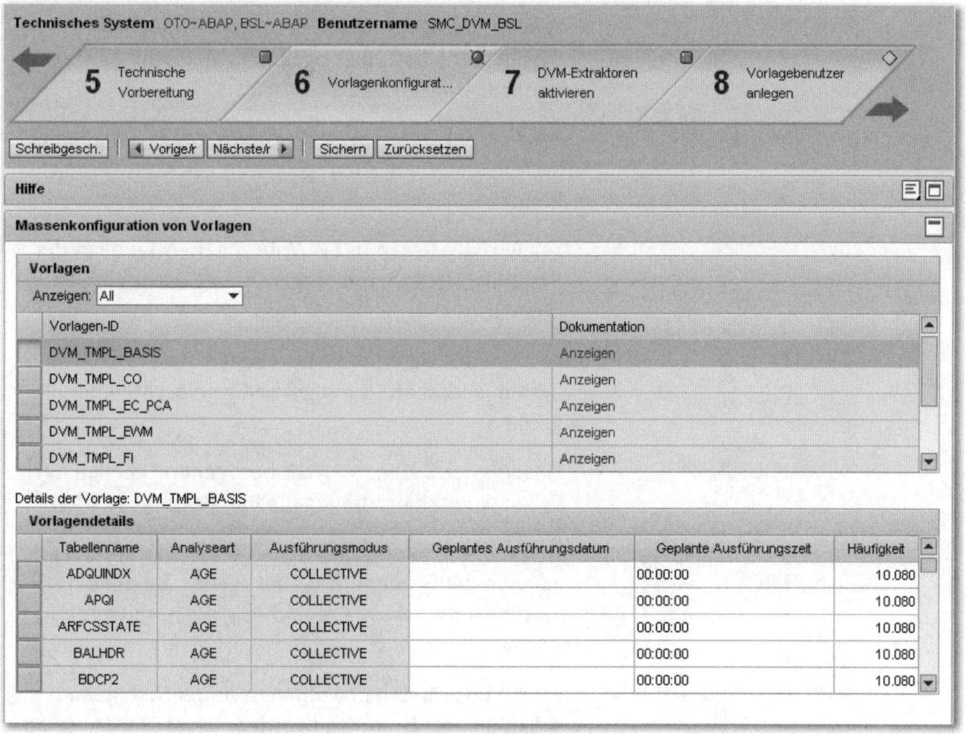

Abbildung 9.12 Optionaler Schritt 6 – Vorlagenkonfiguration

SAP stellt verschiedene Standardvorlagen für anwendungsspezifische Auswertungen bereit. Jede SAP-Standardvorlage enthält eine Kollektion von typischen Tabellen für diese Anwendung. Für jede Tabelle sind die Analyseart (Spalte: ANALYSEART, AGE steht für Analyse der zeitbasierten Datenverteilung), der Ausführungsmodus (Spalte: AUSFÜHRUNGSMODUS, COLLECTIVE bedeutet gemeinsame Ausführung im verwalteten System) sowie die Ausführungshäufigkeit (Spalte: HÄUFIGKEIT, in Minuten angegeben, der Eintrag 10.080 bedeutet eine wöchentliche Wiederholung) voreingestellt. In der Spalte DOKUMENTATION, die für jede Vorlage verfügbar ist, finden Sie wesentliche Informationen bezüglich des Verwendungszwecks und Hintergrunds der jeweiligen Vorlage. Tabelle 9.2 listet alle acht SAP-Standardvorlagen auf:

Vorlagenbezeichnung	Ausrichtung
DVM_TMPL_BASIS	Analyse der Daten in basisbezogenen Tabellen der Systemlandschaft, die regelmäßig gelöscht werden können
DVM_TMPL_CO	Analyse der Daten in CO-bezogenen Tabellen der Systemlandschaft, die regelmäßig gelöscht werden können
DVM_TMPL_EC_PCA	Analyse der Daten in EC-PCA-bezogenen Tabellen der Systemlandschaft, die regelmäßig gelöscht werden können
DVM_TMPL_EWM	Analyse der Daten in EWM-bezogenen Tabellen der Systemlandschaft, die regelmäßig gelöscht werden können
DVM_TMPL_FI	Analyse der Daten in FI-bezogenen Tabellen der Systemlandschaft, die regelmäßig gelöscht werden können
DVM_TMPL_FI_CA	Analyse der Daten in FI-CA-bezogenen Tabellen der Systemlandschaft, die regelmäßig gelöscht werden können
DVM_TMPL_IS_U	Analyse der Daten in IS-U-bezogenen Tabellen der Systemlandschaft, die regelmäßig gelöscht werden können
DVM_TMPL_SUGEN	Messen des Geschäftsvolumens in der Systemlandschaft auf der Grundlage vordefinierter SAP-Standardtabellen

Tabelle 9.2 SAP-Standardvorlagen

Im oberen Bereich der Abbildung 9.12 sehen Sie fünf der acht verfügbaren Vorlagen (siehe Spalte VORLAGEN-ID). Sie können mit ANZEIGEN zwischen SAP-Standardvorlage und, soweit vorhanden, Kundenvorlage wechseln. Wenn Sie später eigene Analysen definieren, können Sie diese in separaten Vorlagen sammeln. Im unteren Bereich der VORLAGENDETAILS wird Ihnen zu der ausgewählten Vorlage eine Übersicht über vorkonfigurierte Tabellen, Analyseart etc. angezeigt. Abbildung 9.12 zeigt das am Beispiel der Vorlage DVM_TMPL_BASIS. Wie Sie sehen, wurden für die Vorlage bisher keine Änderungen vorgenommen.

Wenn Sie Analysen konfigurieren möchten, müssen Sie noch Daten in den Spalten GEPLANTES AUSFÜHRUNGSDATUM hinterlegen bzw. in GEPLANTE AUSFÜHRUNGSZEIT und HÄUFIGKEIT ändern. Fragen Sie sich dabei immer, ob Sie die Analyseergebnisse wirklich häufiger benötigen als durch die Best-Practice-Werte vorgeschlagen wird. Die Häufigkeit wird in Minuten angegeben. Falls Sie Änderungen vornehmen, sollten Sie auf jeden Fall darauf achten, dass Sie den Zugriff auf produktive Tabellen nicht stören. Klicken Sie zum Speichern auf den Button SICHERN.

In diesem Schritt können Sie so die Ausführung und Ausführungshäufigkeit der vorbereiteten Analysen bestimmen. Möchten Sie dies erst später tun, können Sie zum nächsten Schritt übergehen. Sie können Schritt 6 jederzeit wiederholen.

Durch Anklicken des Buttons NÄCHSTE/R gelangen Sie zum nächsten Schritt, auch wenn Sie keine Aktivitäten in diesem Schritt durchgeführt haben.

Schritt 7: DVM-Extraktoren aktivieren

Hier werden die DVM-Extraktoren aktiviert. Extraktoren sind für den Datentransport von den verwalteten Systemen in das BW-System des SAP Solution Managers verantwortlich. Damit sind Extraktoren das essenzielle Element innerhalb der DVM-Infrastruktur, denn ohne Daten können keine Auswertungen durchgeführt werden.

Achtung [!]

Vermeiden Sie die Aktivierung von Extraktoren, wenn in Schritt 5 nicht alle SAP-Hinweise im verwalteten System implementiert wurden.

Die Extraktoren werden pro System und je Mandant aktiviert, wie in Abbildung 9.13 zu sehen ist. Für jedes System müssen Sie über die HILFE-Funktion den jeweiligen Zielmandanten auswählen. Klicken Sie dazu auf das kleine schwarze Dreieck am rechten Feldrand. Im konkreten Beispiel sehen Sie in der Spalte RFC-KONFIGURIERTE MANDANTEN, dass für das System OTO der Spielzeug AG der Mandant 800 und für ein weiteres System BSL der Mandant 100 relevant sind.

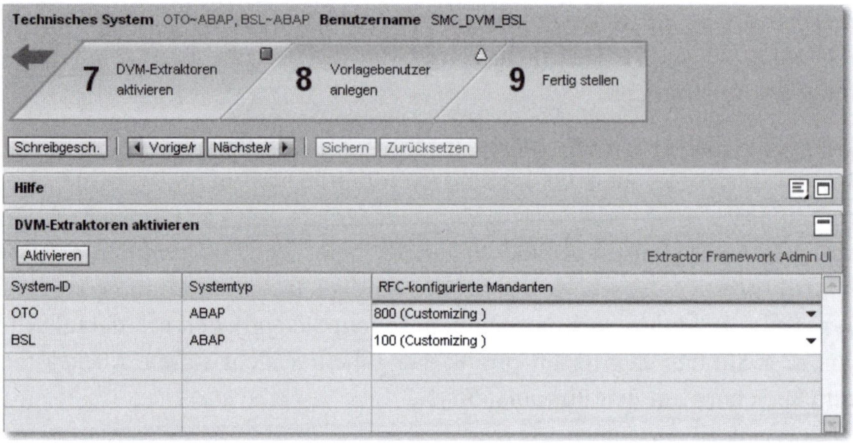

Abbildung 9.13 Schritt 7 – Aktivieren der DVM-Extraktoren

Klicken Sie auf den Button AKTIVIEREN oberhalb der Liste mit den Systemen. Falls Sie die Extraktoren für mehrere Mandanten in einem System aktivieren möchten, müssen Sie diesen Schritt für alle relevanten Mandanten wiederholen.

Die Extraktoren werden im verwalteten System aus Performancegründen sequenziell ausgeführt, sodass der komplette erstmalige Durchlauf einige Zeit dauern kann. Dies hängt natürlich von der Größe der Datenbank ab und kann durchaus 45 Minuten oder länger dauern. Die sequenzielle Ausführung der Extraktoren im verwalteten System hat außerdem zur Folge, dass es ebenso lange dauern kann, bis Daten im Work Center DATENVOLUMENMANAGEMENT in den einzelnen Rubriken sichtbar sind. Eine grüne Meldung im Protokoll dieses Schrittes (Transaktion SOLMAN_SETUP) bedeutet nicht, dass alle Extraktoren sofort angelaufen sind. Vielmehr bedeutet dies, dass noch keine Fehler vorliegen. Es muss daher immer parallel geprüft werden, ob die Extraktoren bereits vollständig ausgeführt wurden.

Es ist ratsam, die Aktivierung im EFWK über den Link EXTRACTOR FRAMEWORK ADMIN UI oberhalb der Systemübersicht in Abbildung 9.13 zu überprüfen. Abbildung 9.14 zeigt einen Ausschnitt des Startbildschirms der Benutzeroberfläche des EFWK.

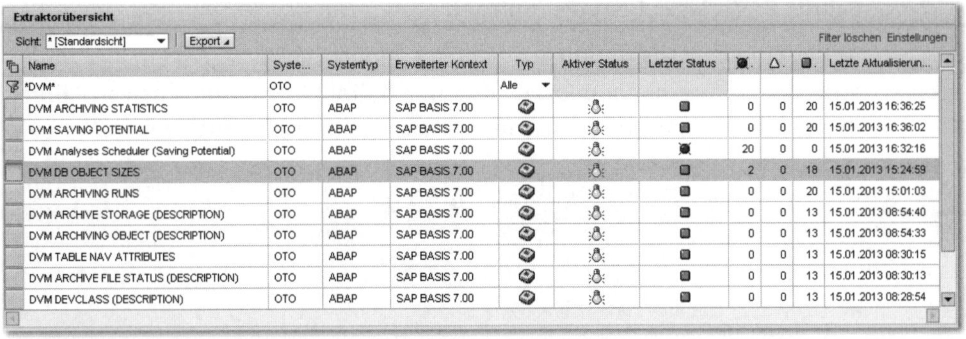

Abbildung 9.14 Benutzeroberfläche des Extraktor-Frameworks nach der Initialisierung

Nutzen Sie die Filterfunktion über den Link FILTER. Schränken Sie mittels der unter dem Tabellenkopf neu eingefügten Selektionszeile die Sicht auf die DVM-relevanten Extraktoren ein. Gegebenenfalls sollten Sie noch auf weitere Details filtern, zum Beispiel Systeme. In Abbildung 9.14 wurde auf *DVM* und das System OTO eingeschränkt. Überprüfen Sie die Zeitstempel in der Spalte LETZTE AKTUALISIERUNG. Wenn Sie die DVM-Extraktoren für ein System erstmalig aktivieren, kann es durchaus sein, dass einige Extraktoren noch nicht ausgeführt wurden und in der Spalte LETZTE AKTUALISIERUNG Null-Werte zu finden sind.

Rote Statusmeldungen im EXTRACTOR FRAMEWORK ADMIN UI (Spalte LETZTER STATUS) sind für Extraktoren, deren Bezeichnung `DVM SAVING POTENTIAL` enthält, normal. Diese Extraktoren erstellen erst einen grünen Status, wenn Analyseergebnisse vom jeweiligen System übertragen wurden. Das Thema Analysen wird in Abschnitt 9.5, »Konfigurieren von Analysen«, behandelt. Für alle anderen Extraktoren müssen rote Status untersucht werden, wenn Sie später vertrauenswürdige Auswertungen durchführen möchten.

Extraktoren mit einem roten Status sollten Sie immer nachgehen. Wenn Sie einen Extraktor markieren, wird die entsprechende Zeile orange hinterlegt. Unterhalb der EXTRAKTORÜBERSICHT erhalten Sie dann Ausführungsinformationen in Bezug auf Laufzeit und Ergebnis sowie Konfigurationsdetails. Mit diesen Informationen können Sie die Fehleranalyse beginnen.

Um Konfigurationsschritt 7 zu beenden, müssen Sie nicht warten, bis jeder Extraktor gelaufen ist. Über den Button NÄCHSTE/R gelangen Sie zum nächsten Schritt.

Allgemeine Hintergrundinformationen zum EFWK finden Sie in Kapitel 8, »Technische Analyse und Auswertung«.

Schritt 8: Vorlagenbenutzer anlegen

In diesem ebenfalls optionalen Schritt können Sie Vorlagenbenutzer in den verwalteten Systemen anlegen. Wie in Abbildung 9.15 zu sehen ist, ähnelt dieser Schritt dem dritten Schritt, VORLAGENBENUTZER ANLEGEN.

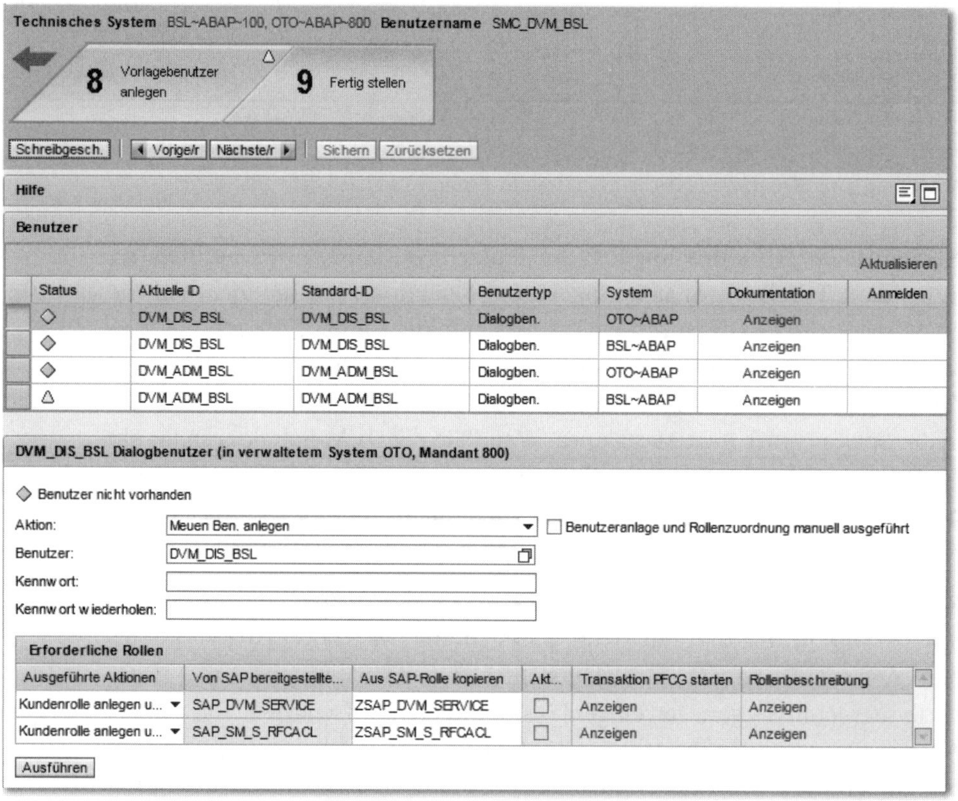

Abbildung 9.15 Optionaler Schritt 8 – Vorlagenbenutzer anlegen

Der wesentliche Unterschied besteht darin, dass die beiden bereits beschriebenen, standardisierten Benutzer für die Anzeige und die Administration nun für alle Systeme der DVM-Infrastruktur angelegt werden können. Möchten Sie im Weiteren DVM-spezifische Werkzeuge in den Systemen nutzen, sollten Sie die entsprechenden Benutzer in diesem Schritt anlegen, anderenfalls überspringen Sie die Konfiguration und gelangen über den Button NÄCHSTE/R zum nächsten Schritt.

Schritt 9: Fertigstellen

Dieser Schritt fasst die Ergebnisse aller Konfigurationsschritte sowie den Status der durchgeführten Aktionen zusammen. Abbildung 9.16 zeigt die Gesamtübersicht.

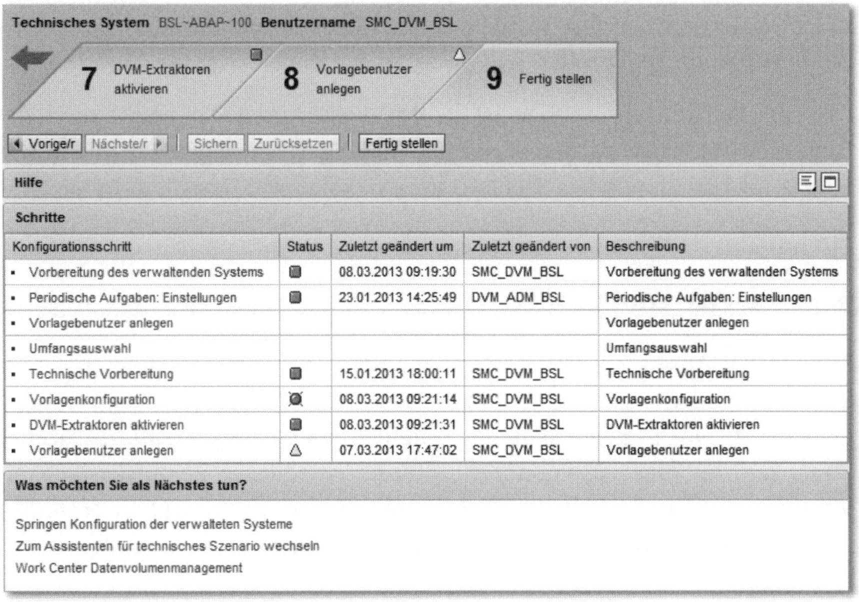

Abbildung 9.16 Schritt 9 – Gesamtübersicht

Im Beispiel von Abbildung 9.16 wurden alle Schritte bis auf die VORLAGENKONFIGURATION erfolgreich durchgeführt. In diesem Fall müssten Sie diesen Schritt noch einmal untersuchen, korrigieren und erneut ausführen. In der Spalte KONFIGURATIONSSCHRITT finden Sie die zugehörigen Links, um bei Bedarf in die entsprechenden Schritte zurückzuspringen.

Im unteren Bereich finden Sie Links zu Aufgaben, die mit dem Work Center DATENVOLUMENMANAGEMENT in unmittelbarem Zusammenhang stehen bzw. das Work Center DATENVOLUMENMANAGEMENT selbst aufrufen.

9.2.5 Initialisierung bei der Spielzeug AG

Das IT-Team der Spielzeug AG hat damit das Work Center DATENVOLUMENMANAGEMENT initialisiert und alle relevanten produktiven Systeme angebunden (das entspricht dem Schritt KONFIGURATION DER VERWALTETEN SYSTEME in der Transaktion SOLMAN_SETUP). Die Kontrolle in der Benutzeroberfläche des EFWKs hat ergeben, dass der Datentransfer funktioniert. Damit ist die initiale Aktivierung der DVM-Infrastruktur abgeschlossen.

Alle Beteiligten wissen, dass bestimmte Bereiche, in denen es um Wachstumstendenzen geht, vier bis sechs Wochen Datensammlung erfordern. Analysen bezüglich der größten und/oder am schnellsten wachsenden Objekte sollen später konfiguriert werden, wenn die Transparenz über die DVM-Gesamtsituation gegeben ist.

Der unmittelbar nächste Schritt ist die Vorbereitung der Datensicht durch die Definition eines technischen Szenarios. Im Folgenden zeigen wir Ihnen, wie Sie ein solches technisches Szenario im SAP Solution Manager definieren.

9.3 DVM-Landschaft

Prinzipieller Ansatz einer DVM-Strategie ist es, alle Systeme in der SAP-Systemlandschaft, die für die Erfüllung des Geschäftsbetriebs von zentraler Bedeutung sind, in den Fokus des Datenvolumenmanagements zu rücken. Dabei kann es zum Beispiel aufgrund unterschiedlicher Verantwortlichkeiten sinnvoll sein, die Sicht auf diese DVM-Landschaft zu strukturieren. Ein anderer Grund wäre, dass Geschäftsbereiche prinzipiell unabhängig voneinander operieren.

Der SAP Solution Manager stellt mit den so genannten *technischen Szenarien* eine Möglichkeit bereit, solche Strukturierungen vorzunehmen. Verwechseln Sie den Begriff aber nicht mit Anwendungsszenarien im SAP Solution Manager. Technische Szenarien sollten alle wesentlichen, an einem Kerngeschäftsprozess beteiligten Systeme enthalten. Dadurch bilden sie Geschäftsprozesse und die Zusammenhänge zwischen Geschäftsablauf und den beteiligten Geschäftsobjekten sowie den technischen Datenspeicherobjekten ab, wie Tabellen oder Indizes. Nur so können Sie sicher sein, dass durch DVM-Szenarien Zusammenhänge vollständig wiedergegeben werden.

9.3.1 Technische Szenarien für das Datenvolumenmanagement

Da Informationsabfragen im Work Center DATENVOLUMENMANAGEMENT immer über technische Szenarien erfolgen, müssen diese vorher generiert werden.

Die Pflege der technischen Szenarien erfolgt mit einem Assistenten, der über den Link ASSISTENT FÜR TECHNISCHE SZENARIEN im Menü des Work Centers DATENVOLUMENMANAGEMENT unter KONFIGURATION aufgerufen wird. Der

Startbildschirm listet alle konfigurierten Szenarien auf. Die Buttons oberhalb der Tabelle erlauben das ANLEGEN, BEARBEITEN bzw. LÖSCHEN von technischen Szenarien (siehe Abbildung 9.17).

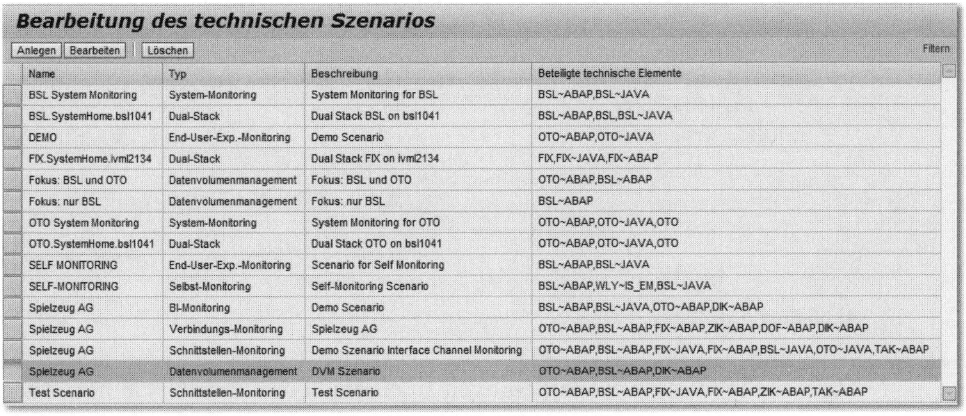

Bearbeitung des technischen Szenarios

Anlegen | Bearbeiten | Löschen | Filtern

Name	Typ	Beschreibung	Beteiligte technische Elemente
BSL System Monitoring	System-Monitoring	System Monitoring for BSL	BSL~ABAP,BSL~JAVA
BSL.SystemHome.bsl1041	Dual-Stack	Dual Stack BSL on bsl1041	BSL~ABAP,BSL,BSL~JAVA
DEMO	End-User-Exp.-Monitoring	Demo Scenario	OTO~ABAP,OTO~JAVA
FIX.SystemHome.ivml2134	Dual-Stack	Dual Stack FIX on ivml2134	FIX,FIX~JAVA,FIX~ABAP
Fokus: BSL und OTO	Datenvolumenmanagement	Fokus: BSL und OTO	OTO~ABAP,BSL~ABAP
Fokus: nur BSL	Datenvolumenmanagement	Fokus: nur BSL	BSL~ABAP
OTO System Monitoring	System-Monitoring	System Monitoring for OTO	OTO~ABAP,OTO~JAVA,OTO
OTO.SystemHome.bsl1041	Dual-Stack	Dual Stack OTO on bsl1041	OTO~ABAP,OTO~JAVA,OTO
SELF MONITORING	End-User-Exp.-Monitoring	Scenario for Self Monitoring	BSL~ABAP,BSL~JAVA
SELF-MONITORING	Selbst-Monitoring	Self-Monitoring Scenario	BSL~ABAP,WLY~IS_EM,BSL~JAVA
Spielzeug AG	BI-Monitoring	Demo Scenario	BSL~ABAP,BSL~JAVA,OTO~ABAP,DIK~ABAP
Spielzeug AG	Verbindungs-Monitoring	Spielzeug AG	OTO~ABAP,BSL~ABAP,FIX~ABAP,ZIK~ABAP,DOF~ABAP,DIK~ABAP
Spielzeug AG	Schnittstellen-Monitoring	Demo Szenario Interface Channel Monitoring	OTO~ABAP,BSL~ABAP,FIX~JAVA,FIX~ABAP,BSL~JAVA,OTO~JAVA,TAK~ABAP
Spielzeug AG	Datenvolumenmanagement	DVM Szenario	OTO~ABAP,BSL~ABAP,DIK~ABAP
Test Scenario	Schnittstellen-Monitoring	Test Scenario	OTO~ABAP,BSL~ABAP,FIX~JAVA,FIX~ABAP,ZIK~ABAP,TAK~ABAP

Abbildung 9.17 Assistent für technische Szenarien – Startbildschirm

Starten Sie das Anlegen neuer Szenarien über den Button ANLEGEN; wenn Sie ein Szenario bearbeiten möchten, klicken Sie auf den Button BEARBEITEN. Sie sehen eine geführte Prozedur, führen Sie dabei folgende Schritte aus:

1. Wählen Sie zuerst den Szenariotyp DATENVOLUMENMANAGEMENT aus, geben Sie einen Namen sowie eine kurze Beschreibung ein. Sie können natürlich auch ein vorhandenes Szenario ändern, wobei Sie in diesem Schritt nur die Beschreibung ändern können.
2. Im zweiten Schritt wählen Sie die relevanten, das heißt die vorher für das Datenvolumenmanagement initialisierten ABAP-Systeme aus. Klicken Sie dafür zuerst auf den Button TECHNISCHE(S) ABAP-SYSTEM(E) HINZUFÜGEN (siehe Abbildung 9.18). Eine Mehrfachauswahl ist möglich. Beachten Sie, dass Sie je System eine der drei Optionen PRODUCTION SYSTEM, QUALITY ASSURANCE SYSTEM oder DEVELOPMENT SYSTEM auswählen müssen. Sollten Sie keine der Optionen markieren, wird der Änderungsprozedur zum Schluss kein System zugeordnet sein, und Sie werden für die avisierten Systeme keine Daten im Work Center DATENVOLUMENMANAGEMENT sehen.
3. Sichern Sie abschließend Ihre Einstellungen, und überprüfen Sie das Ergebnis in der Übersicht (siehe Abbildung 9.17). Alle vorgesehenen ABAP-Systeme sollten in der Spalte BETEILIGTE TECHNISCHE ELEMENTE zu sehen sein.

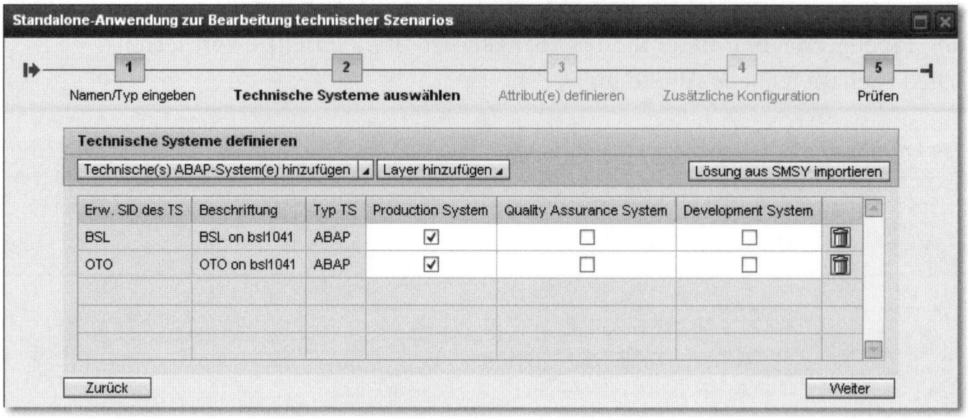

Abbildung 9.18 Setup technischer Szenarien

Das neue Szenario bzw. Änderungen an einem vorhandenen sind nun, nach einer Aktualisierung der Ansicht des Work Centers DATENVOLUMENMANAGEMENT, in den Aktivitätsbereichen STATISTIK UND TREND, POTENZIELLE EINSPARUNGEN oder ARCHIVIERUNGSINFORMATIONEN sichtbar. Damit können Sie nun die dortigen Abfragen gegen eine SAP-Systemlandschaft ausführen, die im Szenario definiert wurde.

Nachdem alle erforderlichen Systeme in ein technisches Szenario vom Typ Datenvolumenmanagement eingebunden wurden, können die zukünftigen DVM-Experten der Spielzeug AG mit den vorkonfigurierten Dashboards im Work Center DATENVOLUMENMANAGEMENT prinzipiell arbeiten.

Die Abfragen im Aktivitätsbereich STATISTIK UND TREND liefern bereits Daten. Damit ist es möglich, einen generellen Überblick über DVM-Objekte der fokussierten DVM-Landschaft zu erhalten.

Bevor wir jedoch näher darauf eingehen, wie man Abfragen verwendet, zeigen wir Ihnen in den nächsten Abschnitten, wie Sie weitere ABAP-Systeme in die DVM-Infrastruktur integrieren und welche typischen Pflegeaufgaben zu erledigen sind.

9.3.2 Integration weiterer Systeme

Stellen Sie bei der Entwicklung Ihrer DVM-Szenarien fest, dass doch noch weitere Systeme in die Analysen mit aufgenommen werden müssen, können Sie diese auch nach der initialen Konfiguration der DVM-Infrastruktur jederzeit ergänzen. Das Work Center DATENVOLUMENMANAGEMENT lässt sich zu jeder Zeit um neue Systeme erweitern. Generelle Voraussetzung ist deren erfolgreich abgeschlossene Anbindung an den SAP Solution Manager, das heißt, die Konfiguration der verwalteten Systeme muss erfolgreich abgeschlossen worden sein.

Im Prinzip folgen Sie den Schritten für die initiale Konfiguration (siehe Abschnitt 9.2.4, »Geführte Initialisierung«). Um die Übersicht zu wahren, fassen wir im Folgenden einige Fakten zusammen.

Welche Systeme aktuell integriert sind, können Sie an unterschiedlichen Stellen überprüfen. Sie können zum Beispiel in der STATUSZUSAMMENFASSUNG im Bereich EXTRACTORS das EFWK aufrufen und dort nachsehen, für welche Systeme DVM-relevante Extraktoren aktiviert sind (siehe Abschnitt 9.4.1, »Statuszusammenfassung für das Work Center Datenvolumenmanagement«). Oder Sie überlegen, welche Systeme bereits in welchen technischen Szenarien integriert sind (siehe Abschnitt 9.3.1, »Technische Szenarien für das Datenvolumenmanagement«).

Das Anbinden neuer Systeme erfolgt über die erneute Ausführung der geführten Prozedur DATENVOLUMENMANAGEMENT in der Transaktion SOLMAN_SETUP. Sie müssen nicht alle Schritte komplett ausführen. Nachfolgend sind lediglich die obligatorischen Aktivitäten beschrieben. Eine detaillierte Beschreibung der einzelnen Schritte finden Sie in Abschnitt 9.2.4, »Geführte Initialisierung«. Stellen Sie sicher, dass Sie im Änderungsmodus sind, bevor Sie mit der Initialisierung beginnen.

1. **Vorbereitung des verwaltenden Systems**
   Mit diesem Schritt überprüfen Sie die Voraussetzungen im SAP Solution Manager. Wenn die letzte Ausführung nicht zu lange her ist bzw. sich keine Änderungen am System ergeben haben, ist die Durchführung optional. Natürlich empfiehlt es sich immer, die Basiskonfiguration zu überprüfen bzw. den genannten zentralen Hinweis zu aktualisieren. Das Gleiche gilt auch für den BI-Content, der mit der Komponente `ST-BCO` ausgeliefert wird (siehe SAP-Hinweis 1233709).
2. **Periodische Aufgaben – Einstellungen**
   In diesem Schritt können Sie Einstellungen ändern, die die Residenzzeiten der Informationen in den DVM-relevanten InfoCubes festlegen. Möchten Sie die voreingestellten Werte nicht ändern, klicken Sie einfach auf den Button NÄCHSTE/R.

3. **Vorlagenbenutzer anlegen**
   In diesem Schritt können Sie überprüfen, welche der vorgeschlagenen Standardbenutzer bereits im SAP Solution Manager existieren und welche Rolle ihnen zugeordnet wurde. Wenn Sie keine neuen Benutzer anlegen oder keine vorhandenen ändern möchten, ist auch dieser Schritt optional. Klicken Sie auf den Button NÄCHSTE/R für den Sprung zum nächsten Schritt.

4. **Umfangsauswahl**
   Dieser Schritt ist der für eine Erweiterung der DVM-Infrastruktur entscheidende Schritt. Wählen Sie all die Systeme aus, die nun zusätzlich in den DVM-Fokus rücken. Das heißt, Sie müssen die bereits integrierten Systeme nicht noch einmal auswählen, es sei denn, Sie möchten in Schritt 6 für dieses System Analysen unter Zuhilfenahme von Vorlagen konfigurieren.

[»] **Hinweis**

Prozessieren Sie nicht zum nächsten Schritt für Systeme, bei denen RFC-STATUS oder STATUS D. AUTOM. KONFIGURAT. Warnungen oder Fehler anzeigen. In diesem Fall müssen Sie zuerst die Fehler in der KONFIGURATION DER VERWALTETEN SYSTEME beseitigen.

5. **Technische Vorbereitung**
   In diesem Schritt überprüfen Sie die Voraussetzungen im verwalteten System bzw. in den verwalteten Systemen bezüglich der DVM-relevanten SAP-Hinweise und der Aktualität des DVM-Contents.

6. **Vorlagenkonfiguration**
   In diesem Schritt können Sie relativ einfach für das neue System Analysen auf der Basis von vorkonfigurierten Vorlagen konfigurieren. Dieser Schritt ist optional. Wenn Sie sich noch nicht im Klaren darüber sind, ob Sie die vorgeschlagenen Analysen durchführen möchten, können Sie ihn durch Anklicken des Buttons NÄCHSTE/R überspringen und das Konfigurieren von Analysen später nachholen (siehe Abschnitt 9.5, »Konfigurieren von Analysen«).

7. **DVM-Extraktoren aktivieren**
   In diesem Schritt aktivieren Sie DVM-relevante Extraktoren für das neue System durch Anklicken des Buttons AKTIVIEREN. Die Extraktoren werden pro System-Mandant-Kombination aktiviert. Falls Sie die Extraktoren für mehrere Mandanten in einem System aktivieren möchten, müssen Sie diesen Schritt für alle relevanten Mandanten wiederholen.

8. **Vorlagenbenutzer anlegen**
   Dieser Schritt ist prinzipiell identisch mit dem dritten Schritt. Der Unterschied ist, dass Sie jetzt überprüfen, welche der vorgeschlagenen Standardbenutzer im verwalteten System existieren und welche Rollen ihnen gegebenenfalls zugeordnet wurden. Wenn Sie keine neuen Benutzer anlegen oder keine vorhandenen ändern möchten, ist dieser Schritt optional. Klicken Sie auf den Button NÄCHSTE/R für den Sprung zum letzten Schritt.
9. **Fertigstellen**
   Dieser Schritt zeigt den Status für die meisten Konfigurationsschritte an und gibt Auskunft darüber, wann welcher Benutzer den jeweiligen Schritt zuletzt ausgeführt hat.

Um die Integration des zusätzlichen Systems abzuschließen, können Sie auf den Link ASSISTENT FÜR TECHNISCHE SZENARIEN klicken, um anschließend das neue System bzw. die neuen Systeme in einem vorhandenen oder neuen technischen Szenario zu gruppieren. Wie Sie dabei vorgehen, lesen Sie in Abschnitt 9.3.1, »Technische Szenarien für das Datenvolumenmanagement«.

Nachdem wir beschrieben haben, wie man weitere Systeme in die DVM-Infrastruktur integriert, zeigen wir Ihnen in den nächsten beiden Abschnitten, welche typischen Pflegeaufgaben zu erledigen sind. Dabei gehen wir zunächst auf den technischen Betrieb ein und zeigen Ihnen anschließend, wie Sie Analysen konfigurieren.

9.4 Pflege der DVM-Infrastruktur

Zu den typischen Pflegemaßnahmen bezüglich der DVM-Infrastruktur gehört die Überprüfung der Funktionstüchtigkeit. Diese Überprüfung starten Sie im Work Center DATENVOLUMENMANAGEMENT. Wie bereits erwähnt, rufen Sie dieses über die Transaktion SOLMAN_WORKCENTER (oder SM_WORKCENTER) auf.

Die Datenbeschaffung von den angeschlossenen verwalteten Systemen wird automatisch über das EFWK durchgeführt. Der regelmäßigen und fehlerfreien Ausführung der Extraktoren und damit der Datenbeschaffung kommt eine besondere Bedeutung zu. Darüber hinaus müssen Sie überprüfen, ob die konfigurierten Analysen exakt laufen und Resultate wie erwartet liefern.

Sobald alle DVM-relevanten Extraktoren mindestens einmal erfolgreich ausgeführt wurden, stehen im Work Center DATENVOLUMENMANAGEMENT Daten zur Verfügung. Sie können das überprüfen, indem Sie zum Beispiel im Aktivitätsbereich STATISTIK UND TREND eine Abfrage ausführen und das angezeigte Ergebnis auf Plausibilität hin überprüfen. Dieser Test liefert aber nur einen ersten Eindruck.

[»]

Hinweis

Für die Überprüfung gehen Sie vor, wie in Abschnitt 9.6.5, »Ausführen von Abfragen bei der Spielzeug AG«, beschrieben. Verwenden Sie am besten eine Abfrage aus dem Bereich DATENZUORDNUNGSSTATISTIK, wählen Sie im Bereich SYSTEME die ZUSAMMENFASSUNG. Damit können Sie beispielsweise überprüfen, ob der wichtigste Extraktor, `DVM DB OBJECT SIZES`, Daten gesammelt hat. Er sollte für jedes System der DVM-Infrastruktur laufen.

Bevor Sie tiefergehende Analysen durchführen und Schlussfolgerungen aus den Ergebnissen ziehen, sollten Sie die DVM-Infrastruktur im Detail auf Fehlerfreiheit hin prüfen.

9.4.1 Statuszusammenfassung für das Work Center »Datenvolumenmanagement«

Die Überprüfung der DVM-Infrastruktur gehört zu den regelmäßigen Aufgaben des DVM-Administrators. Im Aktivitätsbereich STATUSZUSAMMENFASSUNG erhalten Sie einen generellen Überblick (siehe Abbildung 9.19). Hier sind die Benutzeroberfläche des EFWK im Bereich EXTRACTORS, die Ausführungsinformationen der Analysen im Bereich ANALYSIS, sowie Lösungen und Services im Bereich SOLUTIONS AND SERVICES verlinkt. Das Anklicken eines Links öffnet die nächste Ansicht stets in einer für das DATENVOLUMENMANAGEMENT vorgefilterten Ansicht.

Legen Sie Ihr Augenmerk auf die rot markierten Links. Die Fehler im Bereich EXTRACTORS (Linktext ERROR) müssen definitiv hinsichtlich ihrer Relevanz und Ursache untersucht werden. Ebenso bedenklich sind abgebrochene Jobs im Bereich ANALYSIS (Linktext CANCELLED).

Um die einzelnen Fehler näher zu analysieren, können Sie beispielsweise auf ERROR klicken. In einigen Fällen müssen Sie sich vorher lediglich für ein bestimmtes technisches Szenario entscheiden, bevor Sie das EXTRACTOR FRAMEWORK ADMIN UI in der entsprechenden Ansicht sehen.

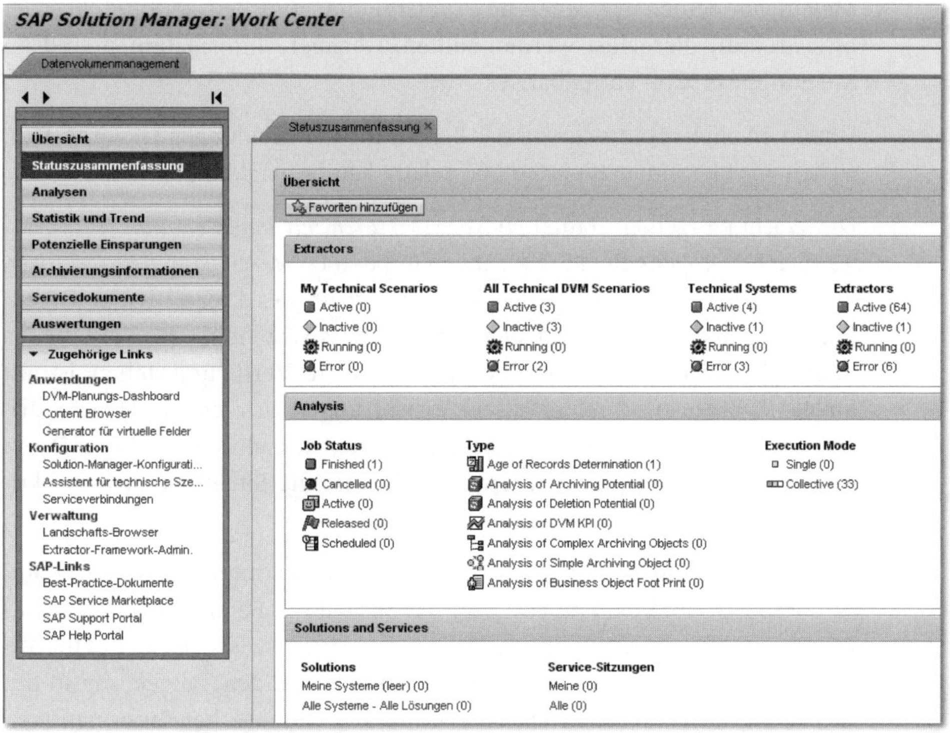

Abbildung 9.19 Statuszusammenfassung

9.4.2 Behandlung technischer Probleme

Es kann sein, dass beim Aufruf über dem eigentlichen Work Center Meldungen angezeigt werden. Abbildung 9.20 zeigt Ihnen dies am Beispiel einer grünen Information.

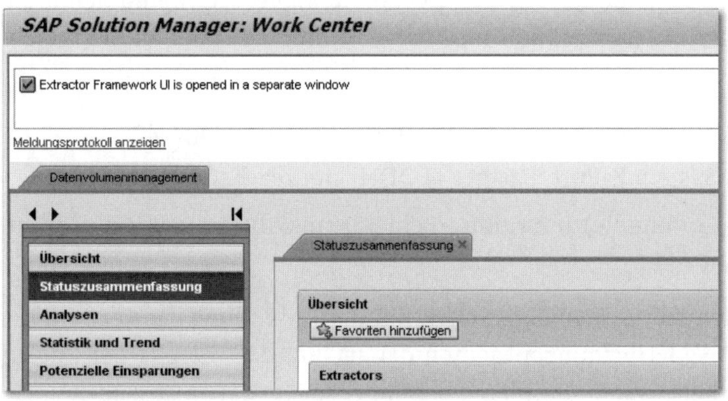

Abbildung 9.20 Meldungen im Work Center

Meldungen deuten auf generelle Probleme hin, zum Beispiel bezüglich der Infrastruktur, die gelöst werden sollten. Genauere Informationen sind im Meldungsprotokoll verfügbar.

Um Ihnen einen Eindruck von der Bedeutung der Meldungen zu vermitteln, stellen wir hier einige typische und relativ häufige Meldungen vor.

Die Warnung (gelber Status) *DVM-Extraktoren mit Issues erkannt, evtl. Auswertung betroffen* deutet auf Störungen mit den DVM-relevanten Extraktoren hin. Dies hat zwangsläufig Probleme innerhalb des Prozesses der Datensammlung und des Datentransfers zum Business Warehouse zur Folge. Da in diesem Fall nicht alle DVM-relevanten Daten zur Verfügung stehen, ist mit unvollständigen bzw. fehlerhaften Auswertungen zu rechnen. Diese Situation wird mit einem gelben Status bewertet, da zumindest einige Daten gesammelt werden konnten. Grundsätzlich ist die Situation trotzdem kritisch und sollte von Ihnen untersucht werden.

Die weitergehende Fehleranalyse führen Sie im konkreten Fall in der Benutzeroberfläche des EFWK durch. Eine Teilansicht der Benutzeroberfläche des EFWK sehen Sie in Abbildung 9.14. Dort ist beispielsweise der Extraktor `DVM DB OBJECT SIZES` markiert. In einer darunterliegenden Tabelle, die in der Abbildung nicht zu sehen ist, finden Sie alle wesentlichen Informationen bezüglich jeder einzelnen Extraktor-Ausführung.

Beachten Sie dabei, dass spezifische Extraktoren nach ihrer Initialisierung nicht sofort Daten liefern und deshalb einen roten Status signalisieren. Typisch ist das beispielsweise für Extraktoren, deren Bezeichnung `DVM SAVING POTENTIAL` enthält. Der einfache Grund ist in diesem Fall, dass noch keine Analysen konfiguriert wurden.

Weitere Fehler (roter Status), die bereits die Kommunikation und damit die Ausführung der Datenextraktion im Ansatz verhindern, können die folgenden sein:

- <SID> RFC System Failure/Select one of the installed languages
- <SID> RFC System Failure/partner »FQDN« not reached/Select
- <SID> RFC Communication Failure/Fehler beim Öffnen einer RFC-Verbindung (CPIC-CALL:

In diesen Fällen gibt es Schwierigkeiten mit der Anbindung des verwalteten Systems. Die Fehlermeldungen deuten darauf hin, dass bereits der Zugriff auf das verwaltete System Probleme bereitete, sodass davon auszugehen ist, dass überhaupt keine aktuellen Daten extrahiert werden konnten. Somit ist eine Analyse der Daten auch nicht möglich. Starten Sie in diesem Fall Ihre Fehleranalyse in der Transaktion SOLMAN_SETUP, im Aktivitätsbereich KONFIGURATION DER VERWALTETEN SYSTEME.

Eine letzte typische Warnung (gelber Status) ist *Query ‚xyz' ist bereits in anderem Modus geöffnet*. In diesem Fall wurde die Work-Center-Ansicht bereits in einem anderen Modus geöffnet. Dadurch kam es zu einem Sperrkonflikt. Überprüfen Sie die von Ihnen geöffneten Fenster. Sie können auch die Transaktion SM12 verwenden, um die vorhandenen Sperreinträge zu überprüfen und gegebenenfalls zu bereinigen.

9.4.3 Datenvolumenmanagement bei der Spielzeug AG

Mit der Aktivierung der DVM-Extraktoren werden DVM-relevante Daten periodisch in das Business Warehouse des SAP Solution Managers geladen. Dadurch stehen sie dort für die Nutzung bzw. Auswertung zur Verfügung.

Das IT-Team der Spielzeug AG betreibt nunmehr das Work Center DATENVOLUMENMANAGEMENT seit einigen Wochen. Damit ist es in der Lage, schnell DVM-relevante Informationen auf Anfrage aus unterschiedlichen Verantwortungsbereichen zu liefern. Neben den Größenstatistiken, die periodisch von den verwalteten Systemen eingesammelt werden, gibt es nun auch Trendaussagen. Ein wesentlicher Vorteil dabei ist, dass es sich nicht ausschließlich um technische Informationen handelt, sondern dass auch Aussagen bezüglich Geschäftsorganisationen, Produkten, Dokumentenarten etc. getroffen werden können. Das IT-Team verfügt nun über ein effektives Werkzeug, um eine DVM-Unternehmensstrategie zu unterstützen.

Offen an dieser Stelle ist die Frage, ob es eine Möglichkeit gibt, einzelne interessante Objekte detaillierter nach der Art der Daten und deren zeitlicher Verteilung zu untersuchen. Diese Möglichkeiten werden wir im folgenden Abschnitt beschreiben.

9.5 Konfigurieren von Analysen

Wenn Sie Informationen bezüglich des Alters der Daten und damit ihrer zeitlichen Verteilung benötigen, müssen Sie im SAP Solution Manager entsprechende Analysen mandantenspezifisch für das jeweilige verwaltete SAP-System konfigurieren. Dies kann hilfreich sein, um zum Beispiel Einsparpotenziale durch Archivierung oder Löschung von Daten zu finden, oder wenn

Sie die Transparenz hinsichtlich der Struktur Ihrer Daten in der SAP-Systemlandschaft herstellen oder erhöhen möchten.

Analysen vertiefen generelle Informationen aus der DVM-Landschaft, indem sie spezielle Objekte näher beleuchten. Deswegen werden Analysen im Verlauf des DVM-Prozesses je nach Erkenntnis objektspezifisch konfiguriert.

Analysen werden in den verwalteten Systemen auf Hintergrundjobs basierend durchgeführt. Mit dem SAP Solution Manager haben Sie die Möglichkeit, die Ausführung mehrerer Analysen in einem Hintergrundjob zusammenzufassen. Die Analyseergebnisse werden im BW-System des SAP Solution Managers gespeichert.

Analysen werden im Aktivitätsbereich ANALYSEN konfiguriert. Alle konfigurierten Analysen werden tabellenspezifisch und mit weiteren Ausführungsinformationen versehen in einer tabellarischen Übersicht angezeigt. Wenn Sie während der Initialisierung der Infrastruktur des Work Centers DATENVOLUMENMANAGEMENT mithilfe der Transaktion SOLMAN_SETUP bereits von der Möglichkeit der Massenkonfiguration (siehe Abschnitt »Schritt 6: Vorlagenkonfiguration« in Abschnitt 9.2.4) Gebrauch gemacht haben, sehen Sie diese Analysen hier ebenfalls. Diese Objektmenge können Sie mit weiteren Analysen ergänzen.

[»]

Hinweis

Im Aktivitätsbereich ANALYSEN erhalten Sie die Übersicht über konfigurierte Analysen sowie Informationen bezüglich ihrer Ausführung. Die Ergebnisse der Analysen finden Sie in den Aktivitätsbereichen STATISTIK UND TREND bzw. POTENZIELLE EINSPARUNGEN.

Analysen können auch wieder gelöscht werden, sofern der Änderungsmodus eingeschaltet ist. Die einmal im Business Warehouse gesammelten Daten bleiben erhalten.

9.5.1 Analyseumfang definieren

Das Konfigurieren neuer Analysen führen Sie mit einer Prozedur durch, die Sie im Aktivitätsbereich ANALYSEN über den Button ANLEGEN starten. Nach der Auswahl des betreffenden Zielsystems (bzw. des verwalteten Systems) definieren Sie im zweiten Schritt den Umfang der Analyse. Dieser Schritt ist in Abbildung 9.21 zu sehen.

Sie haben verschiedene Möglichkeiten, um den Umfang einer Analyse zu definieren. Diese erläutern wir Ihnen im Folgenden näher. Beachten Sie während der Konfiguration den Hilfetext, der Ihnen in den einzelnen Schritten angeboten wird. Im Anschluss an die Analysedefinition können Sie diese in die Vorlagenverwaltung aufnehmen.

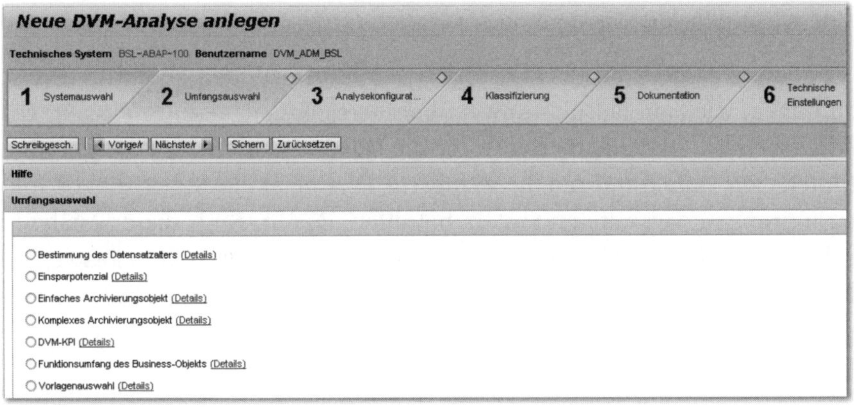

Abbildung 9.21 Prozedur für das Konfigurieren von Analysen

Umfangsauswahl: Bestimmung des Datensatzalters

Die Analyse Bestimmung des Datensatzalters basiert auf der Einplanung von Jobs im verwalteten System, die die Verteilung von Datensätzen aus zeitlicher Perspektive untersuchen. Basierend auf einem angegebenen Zeitkriterium, wie zum Beispiel dem Anlegedatum, dem Änderungsdatum oder dem Buchungsdatum, wird die Anzahl der Datensätze berechnet.

Diese Art der Analyse sorgt für Transparenz in der Altersstruktur von Objekten bzw. Dokumentenarten einer bestimmten Systemlandschaft. Sie liefert nützliche Informationen, zum Beispiel bezüglich der Ermittlung von Einsparpotenzial, und ist somit ein vorbereitender Schritt für die Entscheidungsfindung. Zudem können Sie Arbeitsprioritäten für alle Objekte verwalten, die in einem DVM-Projekt berücksichtigt werden müssen.

Für jede neue Analyse können Sie den Analyseumfang wie folgt festlegen:

- Analyse der Top 30: Objekte
- Analyse der Top 30: Dokumentenarten
- Analyse der Top 30: wachsende Objekte
- Analyse der Top 30: wachsende Dokumentenarten
- Analyse der Tabellen mit der größten Datenbankaktivität
- Analyse von manuell einzugebenden Objekten (Tabellen ohne oder mit spezifizierter Dokumentenart)

Die Konfiguration basiert auf der Verwendung virtueller Felder. Virtuelle Felder sind künstlich angelegte Felder und beinhalten ausschließlich Jahres- bzw. Monatsangaben, also keine zusammengesetzten Zeitinformationen. Sie sind wichtig für die Darstellung der Daten.

Sie können darüber hinaus klassifizierende Informationen überprüfen bzw. zuordnen, wie zum Beispiel Anwendungsbereich, Organisationseinheit, Geschäftsbereich, und einen Freitext für die Dokumentation der Konfiguration hinterlegen. Immer müssen Sie technische Parameter einstellen, die die Jobausführung im verwalteten System betreffen. Das Ergebnis dieser Analysen sehen Sie in den Dashboards im Aktivitätsbereich Statistik und Trend. Sie können mit einem Klick auf den Button Zeitbasierte Datenverteilung aufgerufen werden.

Umfangsauswahl: Einsparpotenzial

Die Analyse Einsparpotenzial findet Einsparpotenziale auf der Basis einer konfigurierten Residenzzeit. Die Residenzzeit gibt an, wie lange Daten aus verschiedenen Gründen in der Datenbank zu halten sind. Für ausgewählte Archivierungsobjekte sind SAP-Best-Practice-Werte hinterlegt.

Sie können parallel mit unterschiedlichen Residenzzeiten arbeiten, das heißt mehrere Analysen erstellen und damit unterschiedliche Einsparpotenziale simulieren. Letzten Endes sollten Sie sich aber mit den entsprechenden Interessengruppen aus dem Geschäftsbetrieb im Rahmen Ihrer DVM-Projektarbeit auf eine bestimmte Residenzzeit einigen.

Die Definition des Analyseumfangs und die Konfiguration an sich entsprechen den Erläuterungen zu der Analyseart Bestimmung des Datensatzalters.

Dicsc Analyse kann auch für eine automatisierte Qualitätsprüfung für die Objekte in Ihrer DVM-Landschaft verwendet werden, die bereits durch eine globale Datenvolumenstrategie abgedeckt sind. Datenqualitätsprobleme, die beispielsweise dazu führen können, dass Datensätze nicht archiviert werden, können leicht erkannt werden.

Die Ausgabe dieser Analyse ist in den Dashboards im Aktivitätsbereich Potenzielle Einsparungen zu sehen.

Umfangsauswahl: Einfaches Archivierungsobjekt

Die Analyse Einfaches Archivierungsobjekt kann für jedes Objckt unabhängig eingeplant werden und liefert Transparenz hinsichtlich der Größe des

Archivierungsobjektes in einem SAP-System. Das heißt, Sie erhalten eine Aussage darüber, wie viele Datensätze Sie unter Zugrundelegung vorher definierter Analysekriterien aus der Datenbank auslagern können und welchem Speicherplatzvolumen das entspricht. Sie erkennt Verbindungen zwischen Tabellen und Archivierungsobjekten, wenn es sich dabei um eine einfache 1:1-Beziehung handelt.

Für alle anderen Objekte, insbesondere die so genannten *übergreifenden Objekte*, die Referenzen auf mehrere Archivierungsobjekte enthalten, verwenden Sie die Analyse KOMPLEXES ARCHIVIERUNGSOBJEKT.

Die Dashboards dieser Analyse finden Sie im Aktivitätsbereich STATISTIK UND TREND. Klicken Sie auf den Button DATENZUORDNUNGSSTATISTIK, und wählen Sie anschließend den Karteireiter ARCHIVIERUNGSOBJEKT aus.

Umfangsauswahl: Komplexes Archivierungsobjekt

Die Analyse KOMPLEXES ARCHIVIERUNGSOBJEKT liefert Transparenz hinsichtlich der Größe von Archivierungsobjekten, die sich über mehrere Systeme in einer SAP-Systemlandschaft erstrecken. Dies ist besonders für Tabellen von Interesse, die mit mehreren Archivierungsobjekten archiviert werden können. Im Unterschied zur Analyse einfacher Archivierungsobjekte kann diese Analyse für jedes Objekt unabhängig eingeplant werden. Wenn diese Art ausgewählt wurde, erhalten Sie eine Liste der Objekte, die derzeit von dieser Analyseart unterstützt werden.

Die Anzahl der verfügbaren Tabellen oder Archivierungsobjekte, die von dieser Funktion unterstützt werden, variiert in Abhängigkeit davon, welches ST-A/PI-Plug-in im verwalteten System implementiert ist. Derzeit werden nicht alle komplexen Archivierungsobjekte unterstützt, der Content steigt jedoch mit jedem größeren ST-A/PI-Release.

Die Dashboards dieser Analyse finden Sie im Aktivitätsbereich STATISTIK UND TREND. Klicken Sie auf den Button DATENZUORDNUNGSSTATISTIK, und wählen Sie anschließend den Karteireiter ARCHIVIERUNGSOBJEKT aus.

Umfangsauswahl: DVM-KPI

Die Analyse DVM-KPI dient dazu, das geschäftliche Wachstum einer Systemlandschaft zu messen und mit dem technischen Wachstum dieser Systemlandschaft zu vergleichen. Dadurch sollen Disharmonien zwischen geschäftlichem und technischem Wachstum erkannt werden, sodass entsprechende

Maßnahmen ausgelöst werden können. Sie erhalten außerdem einen Überblick über den Nutzen bereits durchgeführter DVM-Maßnahmen.

Diese Analyse ist direkt mit der Gruppe von Dashboard-Anwendungen verknüpft, die für die Verwendung durch Mitglieder der Projektleitung oder DVM-Experten vorgesehen ist. Die Dashboards dieser Analyse finden Sie im Aktivitätsbereich STATISTIK UND TREND. Klicken Sie auf den Button DATENZUORDNUNGSSTATISTIK, und wählen Sie anschließend den Karteireiter VERWALTUNG aus.

Umfangsauswahl: Funktionsumfang des Business-Objekts

Die Analyse FUNKTIONSUMFANG DES BUSINESS-OBJEKTS ist eine sehr leistungsstarke Analyse des ausgewählten verwalteten Systems im Hinblick auf Business-Objekte wie Buchungskreis, Verkaufsorganisation, Werke etc. Während der Konfiguration wählen Sie ein Business-Objekt aus. Das System identifiziert dann alle Tabellen, die mit dem ausgewählten Objekt verknüpft sind. Der daraus resultierende Tabellensatz kann nach Abschluss des Identifikationsprozesses geändert werden, sodass Sie die Anzahl der zu analysierenden Tabellen reduzieren können. Sobald der Tabellensatz definiert wurde, wird im Backend-System eine andauernde Analyse ausgelöst, die für jeden Wert des ausgewählten Business-Objekts einen Aufriss der zugeordneten Tabellen durchführt. Diese Analyse kann unter Umständen einige Zeit in Anspruch nehmen. Am Ende haben Sie einen Überblick darüber, wie viele Datensätze oder welcher Prozentsatz der Daten von Buchungskreis 1, 2, 3 etc. zugeordnet wurde(n). Anhand dieser Ergebnisse können Sie leicht erkennen, wie viele Daten durch welchen Geschäftsbereich, welche Organisationseinheit oder welches Land erzeugt werden.

Die Dashboards dieser Analyse finden Sie im Aktivitätsbereich STATISTIK UND TREND, wenn Sie auf den Button UMFANG BUSINESS-OBJEKT klicken.

Umfangsauswahl: Vorlagenauswahl

Die Analyse VORLAGENAUSWAHL ist für die Verwendung von bereits ausgeführten und gespeicherten Analysen vorgesehen, die einer kundenspezifischen Vorlage zugeordnet werden können. Der wesentliche Vorteil besteht darin, dass Systeme, in denen ähnliche Objekte mit einer der Analyseoptionen bearbeitet werden müssen, anhand der kundeneigenen Vorlage leicht konfiguriert werden können.

Eine Vorlage enthält die vollständige Konfiguration von Objekten einschließlich aller zugehörigen technischen Parameter. Nur einige davon – wie zum Beispiel das nächste Startdatum, die Häufigkeit etc. – müssen bearbeitet werden, bevor sie aktiviert werden können.

Hinweis [«]

Generell gilt für bestimmte Dashboards in den Aktivitätsbereichen STATISTIK UND TREND und POTENZIELLE EINSPARUNGEN, dass sie nur dann Daten anzeigen, wenn entsprechende Analysen konfiguriert wurden. Welche Dashboards dies genau sind, haben wir in den vorangegangenen Erläuterungen der unterschiedlichen Analysen genannt.

9.5.2 Definition von Analysen bei der Spielzeug AG

Da die Spielzeug AG bisher noch keine größeren DVM-Projekte durchgeführt hat, vermutet man, dass man einen großen Anteil längst veralteter Daten in der Datenbank aufbewahrt. Man kennt jedoch bisher keine Details. Für den Einstieg in das Datenvolumenmanagement konzentriert man sich daher zuerst auf die Analyse des Datensatzalters. Bei einem von SAP in Anspruch genommenen Service zur Einführung des Datenvolumenmanagements wird der Spielzeug AG jedoch empfohlen, auch die weiteren Analysen mit zu nutzen, um den Datenbestand in den größten Objekten nicht nur aus einer Perspektive zu beleuchten.

Um die Aussagekraft der Informationen zu erhöhen, beschließt man, nach wenigen Wochen mit der Diskussion und dem Ableiten von Maßnahmen zu beginnen, also das Work Center DATENVOLUMENMANAGEMENT effektiv im Rahmen einer DVM-Strategie einzusetzen. Wie, das beschreiben wir im folgenden Abschnitt.

9.6 Auswertungen mit dem Work Center »Datenvolumenmanagement«

Nachdem Sie die DVM-Infrastruktur vollständig konfiguriert haben, zeigen wir Ihnen nun, wie Sie im Work Center DATENVOLUMENMANAGEMENT Analysen und Auswertungen vornehmen können.

Tabelle 9.3 zeigt noch einmal eine Übersicht, welche Aktivitätsbereiche Sie im Einzelnen im Einstiegsbildschirm des Work Centers DATENVOLUMENMANAGEMENT sehen.

Aktivitätsbereich	Funktion
Übersicht	Einstiegsbildschirm in die folgenden Aktivitätsbereiche
Statuszusammenfassung	Betriebszustandsinformationen bezüglich Extraktoren, Analysen, Lösungen und DVM-Services, die für die DVM-Infrastruktur relevant sind
Analysen	Konfigurationsübersicht und Analysemanagement
Statistik und Trend	Informationsbeschaffung, basierend auf Szenarien
Potenzielle Einsparungen	Informationsbeschaffung, basierend auf Szenarien
Archivierungsinformationen	Informationsbeschaffung, basierend auf Szenarien, verfügbar wenn mit SAP-Mitteln archiviert wird
Servicedokumente	DVM, Informationsbeschaffung
Auswertungen	DVM, Informationsbeschaffung

Tabelle 9.3 Aktivitätsbereiche und Funktionen des Work Centers »Datenvolumenmanagement«

Wenn Sie das Work Center aufrufen, werden Sie zuerst die ÜBERSICHT sehen. Von hier aus können Sie die einzelnen Aktivitätsbereiche über die Links im rechten Bereich starten. Generell besteht immer die Möglichkeit, einen der Menü-Buttons auf der linken Seite zu nutzen.

Die Aktivitätsbereiche STATISTIK UND TREND und POTENZIELLE EINSPARUNGEN sind für die Analyse und Auswertung von besonderer Bedeutung:

- Der Bereich STATISTIK UND TREND enthält statistische Informationen bezüglich Größe und Wachstum verschiedener Objekte. Beachten Sie, dass die gesammelten technischen Informationen immer mit zusätzlichen geschäftlichen Informationen wie Organisationseinheiten, Dokumentenarten etc. angereichert werden. In Abschnitt 9.6.1, »Statistik und Trend«, werden wir näher auf diesen Bereich eingehen.
- Der Bereich POTENZIELLE EINSPARUNGEN enthält Analysen, aus denen sich Einsparungspotenzial ableiten lässt. Diesen Analysen liegen bestimmte Parameter zugrunde. Hintergrundinformationen hierzu haben wir Ihnen in Abschnitt 9.5, »Konfigurieren von Analysen«, gegeben.

Hinweis [«]

Für die Verfügbarkeit von wöchentlichen oder monatlichen Trendinformationen müssen Sie sicherstellen, dass DVM-spezifische Daten über mindestens vier bis sechs Wochen gesammelt wurden. Bei kürzeren Analysezeiträumen ist die Zuverlässigkeit der Aussagen eingeschränkt, oder Aussagen sind schlicht nicht möglich.

Im Folgenden stellen wir Ihnen die wichtigsten Aktivitätsbereiche genauer vor und zeigen Ihnen anschließend am Beispiel der Spielzeug AG, wie Sie eine Abfrage im Work Center Datenvolumenmanagement erstellen.

9.6.1 Statistik und Trend

Ein wichtiger Aktivitätsbereich im Work Center Datenvolumenmanagement ist Statistik und Trend. Abbildung 9.22 zeigt den Aktivitätsbereich.

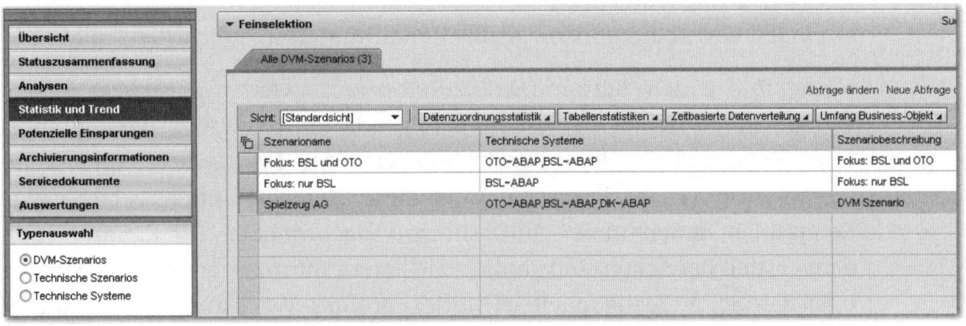

Abbildung 9.22 Work Center »Datenvolumenmanagement« – Aktivitätsbereich »Statistik und Trend«

Dieser Aktivitätsbereich enthält unterschiedliche Gruppen, die vorkonfigurierte Dashboards beinhalten. Sie liefern Informationen sowohl für geschäftsbezogenes als auch für technisches Reporting. Wie Sie in Abbildung 9.22 sehen können, stehen Ihnen vier Gruppen zur Auswahl, die Sie über die folgenden Buttons aufrufen können: Datenzuordnungsstatistik, Tabellenstatistiken, Zeitbasierte Datenverteilung und Umfang Business-Objekt. Wir werden Ihnen die einzelnen Gruppen im Folgenden näher vorstellen.

Datenzuordnungsstatistiken

Die Informationen, die Sie in der Gruppe Datenzuordnungsstatistik über die definierten BW-Abfragen erhalten, unterstützen Ihren Entscheidungsfindungsprozess. Die Dashboards liefern unterschiedliche Sichtweisen auf Ihre

Daten, vom produktorientierten Ansatz über einen anwendungsspezifischen Ansatz bis hin zur technischen Sicht auf Tabelleninformationen. Das heißt, sie geben aus verschiedenen Perspektiven Einblicke in den Speicherbedarf und die Wachstumsraten einzelner oder komplexer Objekte Ihrer SAP-Landschaft und ermöglichen:

- umfangreiche Analysen zur Feststellung komplexer DVM-Sachverhalte
- einfache Analysen zur Identifikation von Trends und außergewöhnlichen Wachstumsraten
- historische Analysen auf hoch verdichteten und sehr detaillierten Ebenen

Die Auswertung der Datenzuordnungsstatistiken unterstützt Sie damit beim:

- Festlegen von Prioritäten in geplanten DVM-Projekten
- Identifizieren der größten Speicherplatzbenutzer landschaftsweit und je Produkt
- Finden von Reduktionsmöglichkeiten für unterschiedliche Systeme

Nachdem Sie den Button DATENZUORDNUNGSSTATISTIK angeklickt haben, werden Ihnen neben VERWALTUNG folgende Einstiegsmöglichkeiten angezeigt: PRODUKTE, SYSTEME, ANWENDUNGSBEREICH, DOKUMENTENART, ARCHIVIERUNGSOBJEKT und TABELLEN. Jeder dieser Bereiche enthält verschiedene Kennzahlen, denen immer ein Dashboard zugeordnet ist. Die Kennzahlen in den meisten Bereichen sind ähnlich. Sie liefern Informationen zur gegenwärtigen Größe, Vergangenheit (Historie), größtes Wachstum bzw. Reduzierung, größte Abweichung etc.

[»]

Hinweis

Beachten Sie, dass die Dashboards im Bereich VERWALTUNG (DVM-KPI, Geschäftswachstum, DVM-Ergebnisse) etwas anders arbeiten. Diese Dashboards liefern eine allgemeine DVM-Statusinformation. Die DVM-Kennzahl vergleicht das Geschäftswachstum anhand der Anzahl von Geschäftsdokumenten mit dem Wachstum der technischen Landschaft. Sie erkennen Situationen, in denen beides nicht zusammenpasst.

Eine wertvolle Kennzahl verbirgt sich hinter dem Bereich ARCHIVIERUNGSOBJEKT. Hier finden Sie Informationen, wenn Sie Analysen mit dem Umfang KOMPLEXES ARCHIVIERUNGSOBJEKT konfiguriert haben (siehe Abschnitt »Umfangsauswahl: Komplexes Archivierungsobjekt« in Abschnitt 9.5.1). Das Dashboard zeigt dann die Speicherallokation eines Archivierungsobjektes in der gesamten SAP-Landschaft. Damit erhalten Sie Informationen, die Sie sonst mittels einzelner Analysen zusammensetzen müssten.

Tabellenstatistiken

Über die definierten BW-Abfragen der Gruppe TABELLENSTATISTIKEN erhalten Sie Aussagen bezüglich der Tabellenzugriffsstatistiken, das heißt, welche Tabellen am häufigsten genutzt werden oder welche gar nicht. Damit erhöhen Sie die Transparenz Ihrer Geschäftsprozesse im Einzelnen durch:

- die Extraktion aller datenbankrelevanten Aktivitäten (Reads, Inserts, Updates, Deletes)
- die Sichtbarmachung von Objekten mit der höchsten Ausführungsfrequenz
- die einfache Identifizierung von Objekten des für eine DVM-Strategie wichtigsten Geschäftsteils

Abfragen in diesem Bereich erhöhen aber auch die Transparenz über nicht mehr genutzte Daten durch:

- eine Langzeitauswertung von Objekten, die keine Anhaltspunkte für eine Nutzung aufweisen
- das Entdecken alter, nicht mehr erforderlicher Daten (als Ausdruck für migrierte Daten, obsolete Geschäftsfunktionen etc.)

Nachdem Sie den Button TABELLENSTATISTIKEN angeklickt haben, werden Ihnen folgende Bereiche angezeigt: PRODUKT, SYSTEM, ANWENDUNGSBEREICH, DOKUMENTENART und TABELLE. Die Dashboards dieser Bereiche liefern Informationen bezüglich folgender Kennzahlen: gegenwärtige Größe, Vergangenheit, meiste Zugriffe sowie keine Zugriffe.

Zeitbasierte Datenverteilung

Über die definierten BW-Abfragen in der Gruppe ZEITBASIERTE DATENVERTEILUNG erhalten Sie detaillierte Aussagen über die zeitliche Verteilung von Datensätzen in der DVM-Landschaft. Sie bewirken, dass Sie die »Altersstruktur« Ihrer Landschaft verstehen und Bereiche von »alten« Daten identifizieren können. Die gewonnenen Informationen können Ihnen Anhaltspunkte für Archivierungsmöglichkeiten oder Löschprojekte in Ihrer Systemlandschaft geben und unterstützen Sie in Ihrem Entscheidungsfindungsprozess. Darüber hinaus können Sie Mängel bezüglich der Datenqualität aufdecken, wie zum Beispiel Daten, die alt genug für die Archivierung sind, sich aber noch im System befinden.

Nachdem Sie den Button ZEITBASIERTE DATENVERTEILUNG angeklickt haben, werden Ihnen folgende Bereiche angezeigt: SYSTEM, ORGANISATIONSEINHEIT,

ANWENDUNGSBEREICH, DOKUMENTENART und TABELLE. Sie alle liefern jeweils zwei unterschiedliche Dashboards: entweder eine jährliche Übersicht oder eine Übersicht, die die zeitliche Verteilung der Daten von vornherein nach Monat und Jahr darstellt. Hier werden nur Daten für die Objekte angezeigt, für die Sie eine Analyse konfiguriert haben.

Umfang Business-Objekt

Über die definierten BW-Abfragen der Gruppe UMFANG BUSINESS-OBJEKT erhalten Sie Auswertungen der Daten, die von den einzelnen Business-Objekt-Instanzen genutzt werden, wie zum Beispiel Buchungskreis, Verkaufsorganisation, Ledger.

Nachdem Sie den Button UMFANG BUSINESS-OBJEKT angeklickt haben, sehen Sie zwei Dashboards für eine Objektanalyse. Beide unterscheiden sich in der Art der Informationsdarstellung, das heißt, ob die Objektanalyse nach ID oder nach Text sortiert wird.

9.6.2 Potenzielle Einsparungen

Ein weiterer Aktivitätsbereich im Work Center DATENVOLUMENMANAGEMENT ist POTENZIELLE EINSPARUNGEN (siehe Abbildung 9.23).

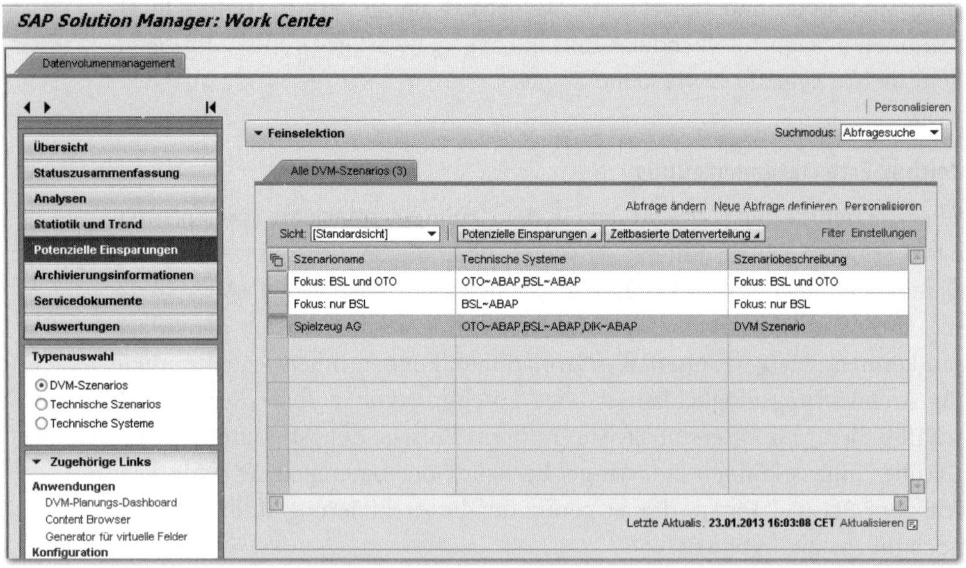

Abbildung 9.23 Work Center »Datenvolumenmanagement« – Aktivitätsbereich »Potenzielle Einsparungen«

Dieser Aktivitätsbereich enthält unterschiedliche Gruppen vorkonfigurierter Dashboards. Sie liefern Detailinformationen bezüglich des Optimierungspotenzials, das heißt, Sie erhalten Informationen, welche Daten in welchen Tabellen Sie gegebenenfalls archivieren bzw. löschen können. Wenn Sie für dieselben Objekte Analysen mit unterschiedlichen Parametern durchführen, können Sie unterschiedliche Optionen simulieren.

Wie Sie in Abbildung 9.23 sehen können, stehen Ihnen zwei Gruppen zur Auswahl, die Sie über einen Button aufrufen können: POTENZIELLE EINSPARUNGEN und ZEITBASIERTE DATENVERTEILUNG. Wir werden Ihnen die beiden Gruppen im Folgenden näher vorstellen. Hier werden nur Daten für die Objekte angezeigt, für die Sie eine Analyse konfiguriert haben.

Potenzielle Einsparungen

Abfragen im Aktivitätsbereich POTENZIELLE EINSPARUNGEN basieren grundsätzlich auf der automatischen Ausführung konfigurierter Tabellenanalysen in den verwalteten Systemen (Umfangauswahl: Einsparpotenzial, Einfaches Archivierungsobjekt, Komplexes Archivierungsobjekt). Mit den Ergebnissen beantworten Sie die Frage nach möglichen Einsparpotenzialen und unterstützen somit ebenfalls einen Entscheidungsfindungsprozess.

Die Analysen werden für die wichtigsten Archivierungsobjekte durchgeführt. Sie liefern immer Informationen hinsichtlich der zeitlichen Verteilung von Daten (angezeigt unter ZEITBASIERTE DATENVERTEILUNG). Darüber hinaus, je nach Ihrer Konfiguration der Kriterien wie Residenzzeit oder Dokumentenart, können Sie Einsparpotenziale aufzeigen. Mit den gleichen Analysen, aber unterschiedlichen Residenzzeiten können Sie verschiedene Reduktionsansätze simulieren (aggressiv, moderat etc.). Letztendlich haben Sie die Möglichkeit, den Effekt von Archivierungsaktivitäten zu visualisieren.

Nachdem Sie den Button POTENZIELLE EINSPARUNGEN angeklickt haben, können Sie aus den folgenden Dashboards auswählen: SZENARIOS, PRODUKT, SYSTEM, ORGANISATIONSEINHEIT, ANWENDUNGSBEREICH, DOKUMENTENART, ARCHIVIERUNGSOBJEKT SOWIE TABELLE.

Zeitbasierte Datenverteilung

Abfragen in diesem Bereich unterstützen ebenfalls den Entscheidungsfindungsprozess. Die definierten BW-Abfragen des Bereichs ZEITBASIERTE DATENVERTEILUNG ermöglichen detaillierte Aussagen über die zeitliche Verteilung von Datensätzen in der DVM-Landschaft. Daten werden Ihnen hier nur angezeigt, wenn Sie eine Analyse konfiguriert haben, und dann auch nur für die in der Analyse konfigurierten Objekte.

Das heißt, Sie sehen die Verteilung von Datensätzen unabhängig davon, ob Sie Analysen bezüglich weiterer Kriterien konfiguriert haben. Vergleichen Sie die Erläuterungen zur zeitbasierten Datenverteilung in Abschnitt 9.6.1, »Statistik und Trend«.

9.6.3 Archivierungsinformationen

Wenn es Archivierungsaktivitäten in der DVM-Landschaft gibt, werden Ihnen die entsprechenden Statistiken in den vorkonfigurierten Dashboards des Aktivitätsbereiches ARCHIVIERUNGSINFORMATIONEN ebenfalls angezeigt. Damit stehen Ihnen diese Informationen für landschaftsweites technisches Reporting zur Verfügung.

Folgende Bereiche sind im Aktivitätsbereich ARCHIVIERUNGSINFORMATIONEN verfügbar: ARCHIVIERUNGSJOBS, ARCHIVIERUNGSSTATISTIK sowie STATISTIK ZUR DATEIARCHIVIERUNG. Sie alle liefern Informationen zu den involvierten Systemen bzw. Archivierungsobjekten.

9.6.4 Servicedokumente

Die Analysemöglichkeiten, die Ihnen das Work Center DATENVOLUMENMANAGEMENT bietet, liefern Ihnen vielfältige Informationen über die DVM-Landschaft. Über diesen Ansatz haben Sie Transparenz über die Struktur Ihres Datenbestandes gewonnen bzw. vergrößert.

In logischer Konsequenz ist es nun interessant, Antworten bezüglich folgender Fragen zu finden:

- Wofür werden die Daten verwendet?
- Welche Optionen gibt es, um die Daten aufzuräumen?

Auch dieser Schritt im DVM-Prozess wird vom SAP Solution Manager unterstützt. Im Aktivitätsbereich SERVICEDOKUMENTE im Work Center DATENVOLUMENMANAGEMENT können Sie auf eine Funktionalität zurückgreifen, mit der Sie diese Fragen beantworten können. Hier können Sie ohne tieferes technisches Hintergrundwissen relativ schnell Informationen zu ausgewählten DVM-Objekten sammeln.

Diese Aufgabe wird mit einem so genannten Self-Service durchgeführt. Er umfasst die automatische Ermittlung der wichtigsten Archivierungs- bzw. Löschobjekte sowie, falls möglich, das Berechnen des Einsparpotenzials für ausgewählte Objekte, basierend auf verfügbaren SAP-Best-Practice-Verweilzeiten. Das Ergebnis ist ein Best-Practice-Dokument, das alle relevanten Hintergrundinformationen für die ausgewählten Objekte enthält, wie Anwendungs-/Prozesszuordnung, Geschäftshintergrund, involvierte Tabellen. Der Zusammenhang zwischen den ausgewählten Objekten und involvierten sowie abhängigen Tabellen ist identifiziert. Alle möglichen Datenreduktionsoptionen (bezüglich Vermeiden/Summieren/Archivieren/Löschen) sind aufgezeigt.

Die Ausführung eines Self-Service ist damit der logische Schritt nach einer Phase der Informationsgewinnung und -auswertung. Beide Phasen erfordern die enge Zusammenarbeit der Verantwortlichen aus Geschäftsbetrieb und technischem Betrieb.

Nachdem wir Ihnen die Möglichkeiten der einzelnen Aktivitätsbereiche näher vorgestellt haben, zeigen wir Ihnen im nächsten Abschnitt, wie die Spielzeug AG bei der Ausführung von Abfragen vorgeht.

9.6.5 Ausführen von Abfragen bei der Spielzeug AG

Alle Abfragen in den Aktivitätsbereichen Statistik und Trend, Potenzielle Einsparungen und Archivierungsinformationen (siehe auch Abbildung 9.1) fragen die im Business Warehouse gesammelten Daten ab.

Abfragen können nur basierend auf einem technischen Szenario ausgeführt werden. In einem technischen Szenario wurden ein oder mehrere Systeme für die Datenbeschaffung gruppiert. Damit lassen sich mehrere unterschiedliche Sichtweisen auf Daten herstellen. Diese Konfigurationsvoraussetzung hat das IT-Team der Spielzeug AG bereits umgesetzt.

Technisches Szenario auswählen

Der IT-Experte entscheidet vor jedem Abfragestart, aus welchem Blickwinkel er DVM-relevante Daten betrachten möchten. Er muss sich daher zunächst für ein Szenario entscheiden. Mit der Option Typenauswahl im linken Menü kann er eines der folgenden Szenarien selektieren.

Typenauswahl	Erläuterung
DVM-Szenarios	vordefinierte Sammlung von (ABAP-)Systemen
Technische Szenarios	Systeme frei wählbar
Technische Systeme	Systeme frei wählbar

Tabelle 9.4 Typenauswahl

Nachdem er ein Szenario ausgewählt hat, kann er die Abfrage unter Spezifikation von Abfragezeitraum und Granularität der Datenanzeige ausführen.

Ausführen einer Abfrage

Dies wird generell über den Bereich Feinselektion (siehe Abbildung 9.24) gestartet.

Alle Abfragen basieren auf BW-Tools und werden ähnlich gehandhabt. Das Handhabungsprinzip wird deshalb in diesem Buch stellvertretend an einem Beispiel erläutert. Um zum Beispiel eine Abfrage hinsichtlich des Datenvolumens zu starten, gehen Sie wie folgt vor.

1. Wählen Sie im Work Center Datenvolumenmanagement den Bereich Statistik und Trend aus.
2. Selektieren Sie im linken Menü unter Typenauswahl den passenden Szenariotyp. Wählen Sie DVM-Szenarios.

   Gemäß dieser Auswahl werden vorhandene Szenarien rechts im Bereich Feinselektion angezeigt (siehe Abbildung 9.24). Wählen Sie das passende Szenario aus. Überprüfen Sie, ob all Ihre Zielsysteme im ausgewählten Szenario erwähnt sind (siehe Abschnitt 9.3.1, »Technische Szenarien für das Datenvolumenmanagement«). Stellen Sie sicher, dass die entsprechende Zeile markiert ist, bevor Sie fortfahren.

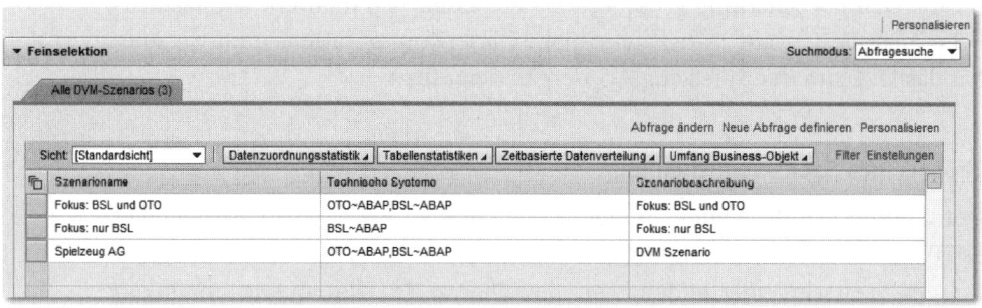

Abbildung 9.24 Szenarioauswahl im Bereich »Feinselektion«

3. Die eigentlichen Abfragen führen Sie über die Buttons oberhalb der Tabelle aus. Alle vier Optionen in Abbildung 9.24 wurden bereits in den vorangegangenen Abschnitten erläutert. Klicken Sie beispielsweise auf den Button Datenzuordnungsstatistik. Entscheiden Sie, wie das nächste Fenster geöffnet wird. Für jede Abfrage müssen Sie immer entscheiden, ob die Dashboards im aktuellen Fenster, das heißt im Work Center einge-

bettet, oder in einem neuen Webbrowser-Fenster angezeigt werden sollen. Diese Technik sollte Ihnen von den anderen Work Centern bereits bekannt sein.

4. Überprüfen oder ändern Sie nun den ZEITRAUM und die GRANULARITÄT der Auswertung. Mit der Wertehilfe können Sie für den Zeitraum auswählen, ob Sie jeweils die aktuelle oder die letzte Woche/Monat/Jahr betrachten möchten. Sie können aber auch eine eigene Selektion für völlig frei gewählte Zeiträume definieren.

   Die Anzeigegranularität können Sie mit den Optionen WOCHE, MONAT bzw. JAHR festlegen.

5. Unterhalb der Zeitraumdefinition sehen Sie zwei Auswahlebenen:

   - Ansichtsklassifikation
     Die Ansichtsklassifikation gibt Ihnen mehrere Möglichkeiten, aus einem bestimmten Blickwinkel bzw. einer Sichtweise heraus eine Abfrage zu starten.
   - Kennzahlen
     Hierhin sind die Dashboards verlinkt.

   Soweit Zeitraum und Granularität festgelegt sind und Ansichtsklassifikation sowie Kennzahl passen, klicken Sie auf den Link KLICKEN SIE HIER, UM DATEN AUS DEM BUSINESS WAREHOUSE ZU LADEN unterhalb der Kennzahlen im (noch) leeren Bereich.

   Meistens müssen Sie aber zuerst über die oberen Karteireiter den für Sie sinnvollen Einstieg auswählen. Entscheiden Sie, mit welcher Ansicht Ihnen Daten zuerst angezeigt werden sollen. Spezifizieren Sie danach in der darunterliegenden Karteireiter-Reihe die gewünschte Kennzahl, also das eigentliche Dashboard.

   In Abbildung 9.25 sehen Sie, dass der Einstieg in die BW-Datenabfrage mit dem Dashboard ZUSAMMENFASSUNG aus PRODUKTE begonnen wurde.

6. Für fast jede Kennzahl gibt es die Möglichkeit, über eine Variableneingabe-Maske das Resultat noch vor der eigentlichen BW-Datenabfrage einzuschränken. Abbildung 9.25 zeigt diese Maske. Hier können Sie beispielsweise Produktnamen als Abfragekriterien spezifizieren, die Menge der abgefragten Systeme ändern oder Objektgrößen festlegen. Wenn Sie die vorgegebenen Daten in den Variablenfeldern ändern, bedenken Sie dabei, dass der Auswahlbereich immer auf dem verwendeten Szenario basiert. Den Fokus können Sie an dieser Stelle nicht vergrößern.

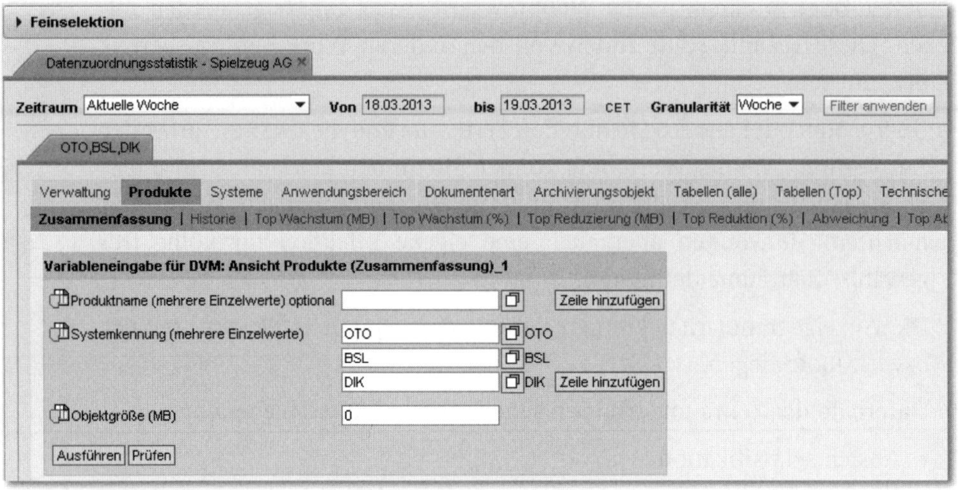

Abbildung 9.25 Variablendefinition für eine Abfrage

7. Klicken Sie auf den Button AUSFÜHREN, um die Abfrage bzw. die Datenbeschaffung aus dem Business Warehouse zu starten.

[»]

Hinweis

Das Laden von Daten aus dem Business Warehouse ist eine komplexe Operation. Unscharfe Spezifikationen können daher zu langwierigen und performancekritischen Selektionen führen. Achten Sie daher bei Ihren Abfragen auf eine geeignete Eingrenzung!

Alle Abfragen beziehen sich grundsätzlich auf das vorher ausgewählte Szenario, den ausgewählten Zeitraum sowie auf die in der Variableneingabe hinterlegten Kriterien. Wenn Sie den Betrachtungszeitraum bzw. die Anzeigegranularität innerhalb einer Abfrage ändern, müssen Sie diesen Filter erneut setzen, indem Sie rechts oben den Button FILTER ANWENDEN anklicken.

Sie können mehrere Abfragen parallel ausführen und in entsprechenden Fenstern anzeigen. Um neben einer bestehenden Abfrage eine neue zu öffnen, müssen Sie wiederum die FEINSELEKTION öffnen, die sich oberhalb der Abfragen befindet.

Ergebnis einer Abfrage aufrufen

Ist die Laufzeit der BW-Anfrage beendet, wird ein Dashboard angezeigt, das dem Dashboard in Abbildung 9.26 ähnelt. Welche Funktionsblöcke angezeigt werden und wie sie angeordnet sind, ist vordefiniert und variiert von

Kennzahl zu Kennzahl. Die einzelnen Funktionsblöcke lassen sich per Klick auf das Dreieck links neben den Funktionsblöcken aufklappen.

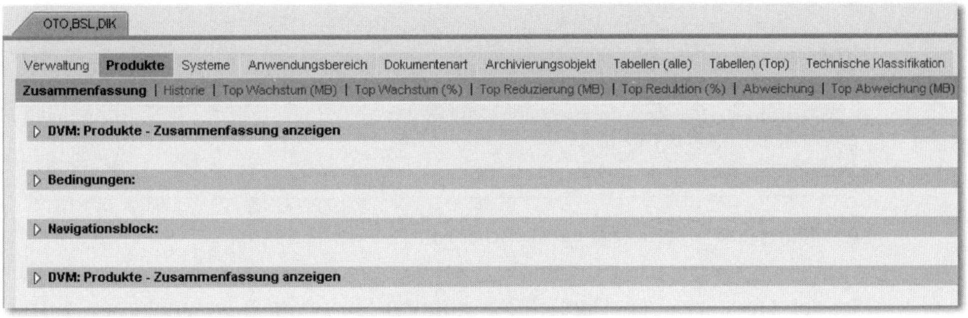

Abbildung 9.26 Handhabung eines Dashboards (Webtemplate)

In der Regel gibt es Übersichten, die die abgefragten Daten in grafischer und tabellarischer Form darstellen. In Abbildung 9.27 sehen Sie beispielsweise den ersten Block mit der Bezeichnung DVM: PRODUKTE – ZUSAMMENFASSUNG ANZEIGEN aufgeklappt. In diesem Block wird die Datenbankgröße zweier Systeme grafisch als Kreisdiagramm dargestellt.

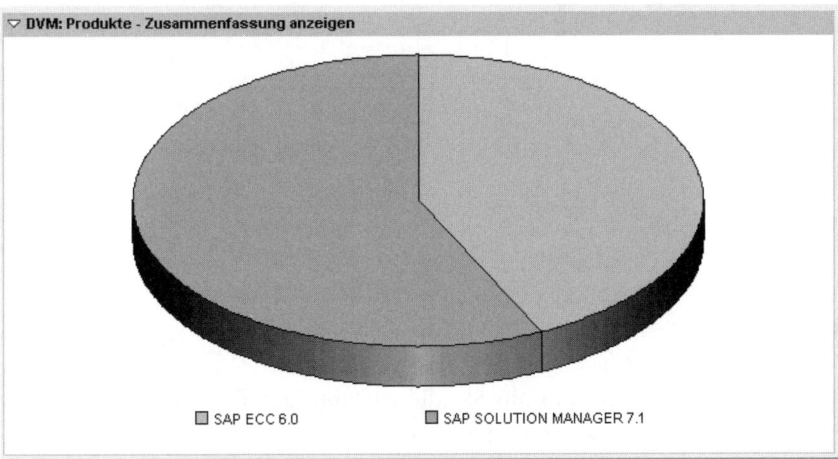

Abbildung 9.27 Ergebnisübersicht in grafischer Form

Diese Informationen hätten Sie auch mit dem Dashboard ZUSAMMENFASSUNG unter SYSTEME erlangen können. Da wir im vorliegenden Beispiel jedoch über PRODUKTE eingestiegen sind, sehen wir die entsprechenden Produktbezeichnungen.

In Abbildung 9.28 sehen Sie den untersten Block mit der Bezeichnung DVM: PRODUKTE – ZUSAMMENFASSUNG ANZEIGEN. In diesem Block werden die zugehörigen Werte tabellarisch angezeigt.

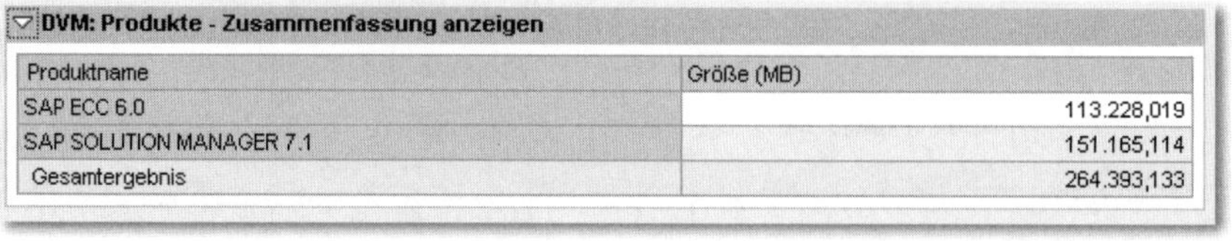

Abbildung 9.28 Übersicht in tabellarischer Form

In der tabellarischen Darstellung können Sie weitere Datenebenen aufreißen. Dies ist eine sehr wichtige BW-typische Grundfunktionalität. Klicken Sie mit der rechten Maustaste auf eine Spalte. Der Optionsumfang des Menüs, das Sie dann sehen, wird durch die vordefinierte BW-Abfrage bestimmt (siehe Abbildung 9.29).

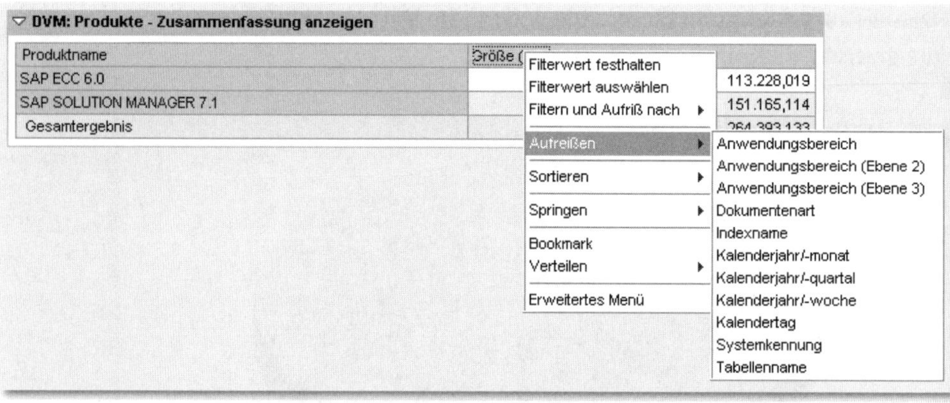

Abbildung 9.29 Aufreißen in der tabellarischen Datenansicht

Im konkreten Beispiel könnten Sie die Anzeige der Produktinformationen zum Beispiel um Dokumentenarten, Zeitenangaben, Tabellen- bzw. Indexnamen, Systemkennungen etc. erweitern.

Für die schnelle Änderung der Ansicht gibt es in jedem Dashboard weitere BW-typische Bereiche, wie zum Beispiel Bedingungen oder den Navigationsblock, auf die wir an dieser Stelle nicht weiter eingehen können.

Weitere Maßnahmen bei der Spielzeug AG

Bei der Datenanalyse wird festgestellt, dass die Tabelle BSEG im ERP-System stark angewachsen ist. Mit dem Work Center DATENVOLUMENMANAGEMENT werden Informationen gesammelt.

Die bisherige Datensammlung liefert keine Aussage bezüglich einer zeitlichen Verteilung der Daten in der Tabelle. Deshalb entschließt man sich, eine tabellenspezifische Analyse (TAANA) zu konfigurieren.

Das IT-Team erhält die Aufgabe, diese Analyse durchzuführen. Die Analyse soll einmal an einem beliebigen Wochentag in den Nachtstunden ausgeführt werden.

Nachdem die Tabellenanalyse einmal gelaufen ist, sind Daten im Work Center DATENVOLUMENMANAGEMENT verfügbar. Auf deren Grundlage lassen sich Schlussfolgerungen bezüglich des Reduktionspotenzials ableiten. Über weitere, leicht abgewandelte Tabellenanalysen (Verweilzeiten) hinsichtlich derselben Tabelle wird das Gesamtbild abgerundet.

Damit ist ein Einstieg in ein Archivierungsprojekt gefunden. Ein Self-Service kann durchgeführt werden.

9.7 Weitere Dokumentationen

Links

- Empfehlungen für die Benutzer des DATENVOLUMENMANAGEMENTS: *http://wiki.sdn.sap.com/wiki/display/TechOps/DVM+Champion*
- SAP Operation Support Standard SCN Wiki: *http://wiki.sdn.sap.com/wiki/display/TechOps/DVM_Home*

SAP-Hinweise

Im Zusammenhang mit dem Datenvolumenmanagement kann der SAP-Hinweis 1233709 (Data Volume Cockpit – Zentraler Vorbereitungshinweis) nützlich sein.

Der Begriff »Jobverwaltung« steht für vielfältige Anforderungen. In diesem Kapitel stellen wir Ihnen die wichtigsten Elemente des Job Scheduling Managements vor und zeigen Ihnen, wie Sie ein eigenes Konzept erstellen.

10 Job Scheduling Management

Ein effektives Job Scheduling Management (JSM) erfordert mehr, als Jobs auszuführen und auf deren Abbruch zu warten. JSM ist ein fester Bestandteil des technischen Betriebs und spielt im Konzept Run SAP like a Factory eine wichtige Rolle. Darüber hinaus ist es jedoch auch Teil der Einführung und Produktivsetzung von Geschäftsprozessen im Application Lifecycle Management (ALM). Dabei stehen die Einführung und die Produktivsetzung von Geschäftsprozessen im Fokus. So kann es bereits in der Blueprint- und Konfigurationsphase eines Projektes sinnvoll sein, geplante Jobs zu dokumentieren, das heißt relevante Informationen einzusammeln und wiederverwendbar abzulegen.

In diesem Kapitel beschränken wir uns jedoch auf die Betriebsthemen, die mit JSM verbunden sind. Wir geben Ihnen zunächst einen Überblick über die einzelnen Bausteine, die Sie mit dem SAP Solution Manager für JSM erhalten. Danach erläutern wir, wie Sie den Einstieg in das JSM-Szenario finden. Der umfangreichste Abschnitt befasst sich mit der technischen Einrichtung der einzelnen Funktionalitäten sowie deren Verwendung. Dabei gehen wir unter anderem auf das Work Center JOBVERWALTUNG und die Verwendung von Jobanträgen näher ein.

10.1 Überblick und Motivation

Die Erfahrung im technischen Betrieb zeigt, dass eine hohe Transparenz im Jobmanagement den Aufwand für das Jobmanagement selbst senkt. Jobmanagement beinhaltet unter anderem kontrolliertes Ein- und Ausplanen, automatische und landschaftsweite Steuerung sowie Überwachung und umfassende Dokumentation von Jobs. Es ist essenziell, dass diese Funktionalitäten für möglichst alle Systeme der Landschaft und möglichst zentral umgesetzt werden. Daraus ergibt sich der Bedarf für eine zentrale Informations- und Steuerungsplattform wie den SAP Solution Manager. Er ist die technische Plattform für das Management von IT-Prozessen, insbesondere auch für das Management von JSM-Prozessen. Relevante Einsatzgebiete sind das Ein- und Ausplanen, das Dokumentieren und das Überwachen. Ein wesentlicher Vorteil ist, dass Sie diese Funktionalitäten mit einem Berechtigungskonzept umsetzen können.

Die Wirksamkeit des SAP Solution Managers als zentrale Lösung kann durch die Kopplung des JSM-Szenarios mit einem externen Scheduler weiter erhöht werden. Sie haben die Möglichkeit, die in SAP NetWeaver integrierte Software *SAP Central Process Scheduling by Redwood* (SAP CPS by Redwood) zu aktivieren und mit dem SAP Solution Manager zu verbinden (siehe auch Abschnitt 10.3.7, »SAP CPS by Redwood«). Prinzipiell kann der SAP Solution Manager auch mit anderen Automatisierungsplattformen zusammenarbeiten; diese sollten allerdings für die *SAP Solution Manager-Scheduling-Enabler*-Schnittstelle (SMSE) zertifiziert sein.

Als Anwendungsumgebung für JSM im SAP Solution Manager hat sich die *JSM-Suite* etabliert. Sie unterstützt die in Tabelle 10.1 genannten Managementanforderungen mit Werkzeugen (Software) bzw. deren bereitgestellte Funktionalitäten.

Herausforderungen	Werkzeuge
Sichtbarkeit/Übersicht	Jobdokumentation
Effizienz	SAP CPS by Redwood
Wirksamkeit	Monitoring/Geschäftsprozessüberwachung
Kontrolle	Jobantrag, Jobantragsumleitung (üblicherweise Re-direct oder Job Control), Abfangen von Jobs (Job Interception)
Bereinigen	JSM-Situationsprüfung (üblicherweise JSM Health Check)

Tabelle 10.1 Ausgesuchte Elemente der JSM-Suite

Der SAP Solution Manager stellt die Integration des JSM-Szenarios mit anderen Szenarien sicher. Von besonderer Bedeutung ist die Möglichkeit der Integration in das IT-Service-Management (ITSM). Damit können Sie die Verbindung zu IT-Prozessen herstellen, die in Ihrem Unternehmen bereits etabliert sind, und beispielsweise einen Jobantragsprozess als standardisierten Prozess aufsetzen.

SAP hat die Anforderungen an das JSM in einem Dokument beschrieben. In diesem Dokument, das Sie im SAP Service Marketplace unter dem Alias *supportstandards* in der Medienbibliothek herunterladen können, finden Sie bewährte Prozeduren aus der Praxis, Werkzeug-Beschreibungen sowie Hinweise darauf, wie Sie die Standardauslieferung an Ihre Gegebenheiten anpassen.

Diese allgemeine Darstellung zeigt, dass das JSM nicht ohne Weiteres aktiviert werden sollte. Um entscheiden zu können, an welchen Stellen Sie Ihre Prozesse optimieren können, sollten Sie zuvor Ihre gegenwärtige Situation genau analysieren. Da an diesem Prozess mehrere Personen beteiligt sind, sollten Sie diese Analyse in einem Projekt durchführen. Im folgenden Abschnitt zeigen wir Ihnen, worauf Sie bei der Analyse achten sollten.

10.2 Voraussetzungen für das Job Scheduling Management

Bevor Sie mit der Implementierung des JSM-Szenarios beginnen, sollten Sie zunächst eine initiale Analyse durchführen, um Transparenz herzustellen. So erkennen Sie Performanceengpässe, Lastspitzen oder Ungleichverteilungen sowie andere kritische Ereignisse. Mit den gesammelten Informationen sind Sie in der Lage, die Wichtigkeit dieser Situationen einzuschätzen. Auf dieser Basis können Sie dann Entscheidungen treffen.

10.2.1 Initiale Analyse

Folgende Fragen sollten bei der initialen Analyse beantwortet werden:

- Durch wen bzw. durch welchen Benutzer werden auf welche Weise Jobs eingeplant? Ist das ein automatischer oder manueller Prozess?
- Wie viele neue Jobs bzw. Änderungen werden durch wen täglich bzw. wöchentlich veranlasst?
- Welche regelmäßigen oder unregelmäßig periodischen Jobs existieren?

- Gibt es Jobketten, das heißt voneinander abhängige, aufeinander aufbauende Jobs?
- Wo und wann gibt es parallele Verarbeitung?
- Welche Last wird durch Jobs erzeugt, die inzwischen überflüssig sind? Wie viele dieser Jobs existieren? Wie kann ich sie finden?
- Wie räume ich Jobs von Mitarbeitern auf, die die Firma verlassen haben?
- Welche Jobs erzeugen Fehler? Was sind Fehler? Wie und wie schnell werden Fehler erkannt?
- Wo sind welche Informationen bezüglich Jobs verfügbar?
- Gibt es Zeitfenster, wie zum Beispiel Periodenabschlüsse, geplante Wartungen etc., die gesondert zu behandeln sind?
- Wer ist für das JSM verantwortlich?

Diese Fragen müssen von den Verantwortlichen des operativen Betriebs beantwortet werden. Bei dieser Analyse ist der *JSM Health Check* eine sehr hilfreiche Unterstützung, diesen stellen wir Ihnen in Abschnitt 10.3.4 näher vor. Da aber der Zweck eines Jobs nicht immer auf operativer Ebene bestimmt werden kann, sollten auch die Verantwortlichen auf der Anwendungsebene, wie zum Beispiel die Verantwortlichen für Geschäftsprozesse, hinzugezogen werden. Dies ist vor allem notwendig, um die Wichtigkeit eines Jobs für den Geschäftsbetrieb festzustellen und anschließend festlegen zu können, wie viel Aufmerksamkeit dem jeweiligen Job zukommen muss bzw. ob der Bedarf besteht, Handlungsanweisungen für den Betrieb – etwa in einer Dokumentation – bereitzustellen oder weiterzuentwickeln.

10.2.2 Fehlerbearbeitung – Analyse aufgetretener Probleme

Die Analyse aufgetretener Probleme ist immer ein wichtiger Aspekt im JSM, um Verbesserungspotenzial finden zu können. Die Analyse muss sowohl aus technischer Sicht als auch aus Geschäftssicht, also aus Geschäftsprozesssicht, ausgeführt werden.

Beim Auftreten eines Fehlers ist es wichtig, die Relevanz des Geschäftsprozesses einschätzen zu können. Daher sollten alle Geschäftsprozess- und im IT-Betrieb Verantwortlichen die Abläufe kennen. Denn was nützt eine Überwachung, wenn im Fall eines Fehlers nicht zeitnah und optimal reagiert werden kann? Je besser der Ablauf organisiert ist, desto reibungsloser funktioniert die Fehleranalyse.

Folgende Fragen helfen Ihnen bei der Fehleranalyse:

- War das Überwachungskonzept vollständig, oder gab es potenzielle Lücken?
- Waren der Job sowie relevante Handlungsprozeduren hinreichend dokumentiert? Welchen Umfang und Inhalt sollte eine geeignete Jobdokumentation haben?
- Welche Kalender wurden verwendet? Waren alle synchronisiert?
- War das Fehler-Management ausreichend definiert?
- Hätten Namenskonventionen für Jobs das Problem verhindern können?

10.2.3 Benutzertypen anlegen und Rollen zuordnen

Im JSM muss immer berücksichtigt werden, dass Aufgaben von verschiedenen Personen und Teams durchgeführt werden, die unterschiedliche Verantwortlichkeiten haben. Entsprechend muss die Unterstützung durch Anwendungen ausfallen. Benutzer sollen demnach nur auf solche Werkzeuge zugreifen können, die sie für ihre Arbeit benötigen. Aus diesem Grund sollten Sie frühzeitig über ein Berechtigungskonzept nachdenken. Definieren Sie Vorlagenbenutzer für unterschiedliche Aufgaben bzw. Verantwortlichkeiten gemäß Ihren Anforderungen, wie beispielsweise Antragsteller, Überprüfer, technischer Administrator (verantwortlich für das Einplanen und die Überwachung) und Reporting-Mitarbeiter. Eine Hilfestellung zum Thema Benutzerverwaltung erhalten Sie in Kapitel 12, »Berechtigungen im SAP Solution Manager-System«.

Bei der Einführung bzw. Erweiterung eines Berechtigungskonzepts sollten Sie auf jeden Fall die Erläuterungen im *Security Guide for SAP Solution Manager 7.1* lesen. Dieses Dokument können Sie im SAP Service Marketplace unter dem Alias *instguides* herunterladen. Alle für das JSM-Szenario wesentlichen Informationen finden Sie in den Abschnitten JOB MANAGEMENT sowie EXTERNAL INTEGRATION.

Im JSM-Szenario sind grundsätzlich drei Typen von Benutzern zu unterscheiden, denen bestimmte Berechtigungen, das heißt Rollen, zugeordnet werden müssen:

- **Technische Benutzer**
  Technische Benutzer sind Benutzer, die in RFC-Verbindungen der SAP-Systeme oder in Objekten in SAP CPS by Redwood hinterlegt sind.
- **Konfigurationsbenutzer**
  Für eine vollständige Aktivierung aller Möglichkeiten benötigen Sie einen

Konfigurationsbenutzer in unterschiedlichen Systemen und Anwendungen bzw. Mandanten. Umfangreiche Berechtigungen wirken vereinfachend, sie ersparen häufig zeitaufwendige Berechtigungsanalysen während des Konfigurationsprozesses.
Beachten Sie auch, dass Sie je nach Projektsituation Aktivitäten in SAP CPS by Redwood vornehmen (siehe Abschnitt 10.3, »Einrichtung und Verwendung von Bausteinen der JSM-Suite«) müssen, also Berechtigungszuweisungen in der Benutzerverwaltung (SAP User Management Engine, UME) des SAP Solution Managers durchzuführen sind.

- **Szenarienbenutzer (Scheduling User)**
  Szenarienbenutzer sind die tatsächlichen Endanwender oder Mitglieder des zentralen JSM-Teams, die zum Beispiel vom SAP Solution Manager aus Jobs einplanen möchten.

Für Szenarienbenutzer werden im Security Guide for SAP Solution Manager 7.1 drei Vorlagenbenutzer definiert: der *Administrator*, der neben JSM-relevanten Aufgaben auch entsprechende Konfigurationsaufgaben durchführen darf, der *Betriebsbenutzer* für das Ausführen aller JSM-relevanten Aufgaben sowie der *Ansichtsbenutzer*, der lediglich eine Anzeigeberechtigung im JSM-Szenario besitzt. Für die Berechtigungszuordnung werden vorbereitete Sammelrollen verwendet (siehe Tabelle 10.2).

Szenarienbenutzer	Verwendete Sammelrolle
Administrator	SAP_JOBMAN_ALL_COMP (enthält SAP_SM_SCHEDULER_ADMIN)
Betriebsbenutzer	SAP_JOBMAN_EXE_COMP (enthält SAP_SM_SCHEDULER_EXE)
Ansichtsbenutzer	SAP_JOBMAN_DIS_COMP (enthält SAP_SM_SCHEDULER_DIS)

Tabelle 10.2 Standard-Szenarienbenutzer gemäß Security Guide

Beachten Sie auch die Erläuterungen zu den Work-Center-Rubriken TYPISCHE AUFGABEN sowie ZUGEHÖRIGE LINKS. Folgen Sie außerdem unseren Empfehlungen in Abschnitt 12.3.3, »Rollenkonzept in verwalteten Systemen«, und kopieren Sie Rollen zuerst in einen eigenen Namensraum, bevor Sie diese ändern.

Einzelne Funktionalitäten im JSM-Szenario, wie zum Beispiel das Anlegen eines Jobantrags, erfordern die Zuordnung eines *Geschäftspartners* zu den

Szenarienbenutzern. Das ist erforderlich, weil im SAP Solution Manager einige Funktionen implementiert sind, die auf SAP CRM-Objekten (Customer Relationship Management) basieren. Ein Beispiel hierfür ist das Jobantragsformular, das wir Ihnen in Abschnitt 10.3.8, »Jobantrag, Jobantragsumleitung und Abfangen von Jobs«, näher vorstellen.

Geschäftspartner werden im SAP Solution Manager mit der Transaktion BP gepflegt. Sie können Geschäftspartner mit unterschiedlichen Informationen suchen (zum Beispiel Adressen, Namen etc.). Den gesuchten Geschäftspartner wählen Sie aus einer Liste per Doppelklick aus. Für das JSM-Szenario ist es ausreichend, wenn für die Geschäftspartner in den zwei Rollen GPARTNER ALLGEMEIN und MITARBEITER jeweils der Karteireiter IDENTIFIKATION, wie in Abbildung 10.1 und Abbildung 10.2 dargestellt, konfiguriert wurde.

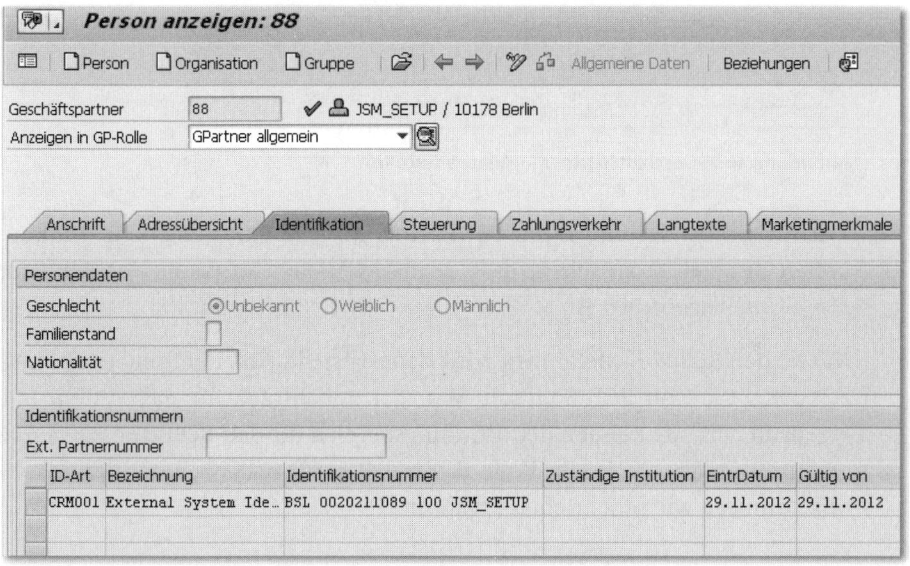

Abbildung 10.1 Geschäftspartner – allgemeine Rolle für Geschäftspartner

Jeder Eintrag in der Spalte IDENTIFIKATIONSNUMMER setzt sich aus einer System-ID (im Beispiel BSL), der zugehörigen Installationsnummer, einem Mandanteneintrag sowie einem in diesem Mandanten vorhandenen Benutzer zusammen. Weitere Einträge können Sie in dieser Ansicht manuell hinzufügen. Dazu müssen Sie sich im Änderungsmodus befinden. Wählen Sie über die Hilfefunktion in der Spalte ID-ART den Wert CRM001. Tragen Sie dann in der Spalte IDENTIFIKATIONSNUMMER eine Bezeichnung mit der gleichen Syntax ein wie beschrieben, und speichern Sie dies.

Abbildung 10.2 zeigt die Definition, die Sie für die Rolle MITARBEITER vornehmen müssen.

Abbildung 10.2 Geschäftspartner – Mitarbeiterrolle

Wichtig ist hier eigentlich nur der Eintrag im Feld BENUTZERNAME. Im konkreten Beispiel ist zu sehen, dass dem GESCHÄFTSPARTNER 88 der Benutzer JSM_SETUP zugeordnet ist.

Mit beiden Rolleneinstellungen wird sichergestellt, dass der Szenarienbenutzer JSM_SETUP im SAP Solution Manager Jobanträge für das System BSL erzeugen darf. Sie können den Wirkungsbereich für den Benutzer JSM_SETUP ergänzen, indem Sie in der Rolle GPARTNER ALLGEMEIN weitere Identifikationsnummern wie beschrieben ergänzen.

10.2.4 Technische Voraussetzungen

Die Aktivierung des JSM-Szenarios im SAP Solution Manager setzt den erfolgreichen Abschluss wichtiger Vorbereitungsschritte voraus.

Stellen Sie deshalb in Transaktion SOLMAN_SETUP unbedingt den erfolgreichen Abschluss der Schritte SYSTEMVORBEREITUNG und BASISKONFIGURATION sicher. Darüber hinaus sollten im Schritt KONFIGURATION DER VERWALTETEN SYSTEME alle SAP-Systeme erfolgreich angebunden worden sein, die aus JSM-Sicht eine Rolle spielen könnten, zum Beispiel wenn Jobs in diesen Systemen über eine zentrale Prozedur eingeplant werden sollen.

Für die Integration des JSM-Szenarios mit dem ITSM müssen Sie das ITSM in mindestens einer der beiden Versionen aktivieren:

- Incident, Problem und Request Management
- Verwaltung von Änderungsanträgen

Was Sie hier auswählen, hängt von Ihrem ITSM-Konzept ab. Aus JSM-Sicht ist es wichtig zu klären, ob Jobanträge im SAP Service Desk basierend auf der Vorgangsart SMIN (für Serviceanfragen) oder der Vorgangsart SMCR (für Änderungsanträge) behandelt werden sollen. Natürlich ist es auch möglich, beide Vorgangsarten zu kombinieren. Das bedeutet, dass Sie sich zunächst einmal eine Konzeption überlegen müssen, bevor Sie das technische Setup starten. Die Initialisierung und Konfiguration des ITSM wird im gleichnamigen Schritt von Transaktion SOLMAN_SETUP durchgeführt.

Für einige Funktionalitäten, zum Beispiel das Task Management oder das Vorlagen-Management, müssen Sie JSM-relevante Services im SAP Solution Manager aktivieren. Diese Aktivität führen Sie am besten mit der Transaktion SPRO aus. Folgen Sie dazu dem Pfad: SAP Solution Manager • Capabilities (Optional) • Job Scheduling Management • Standardkonfiguration • Solution Manager Services aktivieren.

10.2.5 Roadmap als Integrationsleitfaden

Ein Projekt zur Integration von JSM umfasst nicht nur die technische Umsetzung, sondern stellt auch Anforderungen an das Management. Denken Sie zum Beispiel an die Anpassung der Jobeinplanung vom einzelnen Benutzer hin zu einem zentralen JSM-Team. Für diese Änderung müssen Sie die betroffenen Benutzer auf geänderte Prozessabläufe einstellen und ihnen die erforderlichen technischen Hilfsmittel zur Verfügung stellen. Parallel dazu muss das JSM-Team in die Lage versetzt werden, mit Jobanträgen umzugehen, neue Werkzeuge einzusetzen und die Jobs im Rahmen eines Konzepts einzuplanen. Der SAP Solution Manager unterstützt Sie auf dem Weg von der Definition der Ziele über die Implementierung bis hin zur Produktivsetzung mit der Roadmap *ESRV RSLaF Business Proc. Oper. (V2.0)*.

Roadmaps können Sie in einem Projekt zuweisen und dort auch mit dem Inhalt arbeiten. Beachten Sie dazu die Ausführungen in Kapitel 3, »Implementierungsprojekte«. Mit Transaktion RMMAIN können Sie Roadmaps auch ohne Projektzuordnung ansehen. Einen Teil der in der Roadmap enthaltenen Dokumente können Sie auch im SAP Service Marketplace unter dem Alias *jsm* finden: Roadmap Documents • Realization/Implementation.

10.3 Einrichtung und Verwendung von Bausteinen der JSM-Suite

Die JSM-Suite umfasst unterschiedliche Anwendungen, um den vielfältigen Anforderungen an ein modernes JSM gerecht werden zu können. Einige dieser Anwendungen können eigenständig, manche nur in der Integration mit anderen Anwendungen genutzt werden.

Je nachdem, welche Anwendungen Sie benötigen, gibt es unterschiedliche Einstiegspunkte in die Implementierung. Im einfachen Fall reicht die Zuordnung von Rollen aus, um Funktionalitäten zu aktivieren. Andere Anwendungen erfordern mehr Implementierungsaufwand und müssen gegebenenfalls über ein eigenes Projekt implementiert werden. Um entscheiden zu können, welche Anwendungen Sie benötigen, müssen Sie zuerst herausfinden, wo der größte Handlungsbedarf besteht. Die Fragen in den Abschnitten 10.2.1, »Initiale Analyse«, und 10.2.2, »Fehlerbearbeitung – Analyse aufgetretener Probleme«, helfen Ihnen bei der Analyse.

Tabelle 10.3 gibt Ihnen einen Überblick über die Bausteine der JSM-Suite. Darüber hinaus gibt sie Auskunft darüber, welche Anwendungen einen Implementierungsaufwand erfordern und ob gegebenenfalls Voraussetzungen für die Implementierung erfüllt sein müssen. Die Angaben in der Spalte *Geschätzter Integrationsaufwand* basieren auf Erfahrungswerten. Sie sollen Ihnen eine Orientierung geben, wie viel Zeit Sie für die Implementierung der einzelnen Anwendungen einplanen sollten und wie hoch der typische Integrationsaufwand der jeweiligen Anwendung mit anderen Szenarien im SAP Solution Manager sein kann. In der Angabe ist auch der Aufwand für die rein technische Integration mit einbegriffen. Dabei wird jedoch vorausgesetzt, dass die notwendigen Vorbereitungen aus Prozesssicht getroffen wurden, also zum Beispiel das ITSM mit dem SAP Solution Manager bereits genutzt wird.

Wenn Sie generell in das Thema JSM einsteigen möchten, aber einzelne Integrationsschritte noch nicht definiert haben, empfehlen wir Ihnen, die dargestellte Reihenfolge bei der Implementierung des JSM-Szenarios einzuhalten (von oben nach unten in Tabelle 10.3). So können Sie relativ schnell Optimierungserfolge für Ihr JSM erzielen.

Da die einzelnen Anwendungen fast in beliebiger Reihenfolge implementierbar sind, können Sie auch anders vorgehen. Je nachdem, was Ihre initiale Analyse (siehe Abschnitt 10.2.1, »Initiale Analyse«) ergeben hat, können Sie beispielsweise zuerst den JSM Health Check einsetzen, um die Transparenz zu erhöhen, oder zuerst Ihren Jobantragsprozess optimieren.

Anwendung	Implementierung notwendig?/Voraussetzungen	Geschätzter Integrationsaufwand
Jobübersicht (Transaktion SM37)	Nein, ist standardmäßig im SAP-System vorhanden.	–
Report `BACKGROUND_JOB_ANALYSIS` in Transaktion ST13	Nein, ist standardmäßig im SAP-System vorhanden.	–
Work Center JOBVERWALTUNG inklusive der zentralen Jobübersicht	ja	< 1 Tag
JSM-Situationsprüfung (üblicherweise JSM Health Check)	Ja/Work Center JOBVERWALTUNG muss implementiert sein.	~ 1 Tag
Jobdokumentation, optional mit Jobvorlage	ja	< 1 Tag
Geschäftsprozessüberwachung	ja	~ 1 Woche
BPMon Alert Reporting Analysis	Ja/Geschäftsprozessüberwachung muss implementiert sein.	~ 1 Tag
SAP CPS by Redwood	ja	> 1 Monat
Jobantrag/Jobantragsumleitung (üblicherweise Re-direct oder Job Control)	ja	> 1 Monat
ITSM-Integration	ja	> 1 Monat
Abfangen von Jobs (Job Interception)	Ja/Externer Scheduler wird benötigt.	~ 1 Woche

Tabelle 10.3 Übersicht über die Bausteine der JSM-Suite

In der Folge stellen wir Ihnen die einzelnen Anwendungen im Detail vor und zeigen Ihnen, was Sie bei der Implementierung berücksichtigen müssen. Beachten Sie dabei, dass Sie für die Implementierung der einzelnen Anwendungen einen Konfigurationsbenutzer benötigen (siehe Abschnitt 10.2.3, »Benutzertypen anlegen und Rollen zuordnen«).

Die Integration des JSM-Szenarios sollten Sie in jedem Fall als Projekt betrachten. Sie können sich dabei an der genannten Roadmap *ESRV RSLaF Business Proc. Oper. (V2.0)* orientieren.

Bevor Sie mit den ersten Integrationsschritten beginnen, sollten Sie den funktionalen Umfang des geplanten JSM-Szenarios klar definieren. Aus diesem Grund ist es wichtig, die aktuelle Situation zu kennen und entsprechende Ziele festzulegen. Damit ergeben sich unter Umständen unterschiedliche Einstiegspunkte in die Integration. Neben den Fragen aus Abschnitt 10.2.1, »Initiale Analyse«, können Ihnen auch die folgenden Fragen bei der Planung helfen:

- Welche Prozesse sollen unterstützt werden (zum Beispiel Jobantragsprozess, ITSM, Jobüberwachung und Fehler-Management)?
- Welche sonstigen Herausforderungen bestehen? (Soll beispielsweise die Jobdokumentation ergänzt und zentralisiert werden?)
- Wie sollen die Verantwortlichkeiten aufgeteilt werden?
- Welches Team bzw. welche Benutzer sind beteiligt, und welche Erwartungshaltung haben sie?

Sie können mit der Integration des JSM-Szenarios auf unterschiedliche Weise beginnen. Je nach Projektsituation müssen Sie in folgenden Bereichen Konfigurationen vornehmen:

- SAP Solution Manager: ABAP-Mandant, BW-Mandant, UME, SAP CRM-Benutzeroberfläche
- SAP CPS by Redwood
- verwaltete(s) System(e)

Um die Aktivierungsschritte vornehmen zu können, benötigen Sie einen Konfigurationsbenutzer (siehe Abschnitt 10.2.3, »Benutzertypen anlegen und Rollen zuordnen«).

10.3.1 Jobübersicht

Über Transaktion SM37 können Sie in jedem SAP-System die Jobübersicht aufrufen. Die Jobübersicht liefert eine Übersicht über die Jobausführungen und über relevante Daten, wie zum Beispiel den Status, die Benutzer und das Jobprotokoll. Normalerweise sind diese Daten nur für einen bestimmten Zeitraum verfügbar, bevor sie durch einen Reorganisationsjob gelöscht werden.

Wenn Sie die Daten längerfristig für Auswertungen oder im Reporting benötigen, können Sie den JSM Health Check einsetzen. Die Initialisierung des JSM Health Checks wird in Abschnitt 10.3.4 erläutert.

10.3.2 Report BACKGROUND_JOB_ANALYSIS

Den Report BACKGROUND_JOB_ANALYSIS können Sie in jedem SAP-System über Transaktion ST13 aufrufen. Er verknüpft die Jobausführungsdaten (Transaktion SM37) mit Performancedaten aus dem SAP-System (Transaktion ST06). Das maximale Betrachtungszeitfenster umfasst 24 Stunden.

Diese Anwendung unterstützt Sie bei der Entscheidungsfindung. So kann der Report Ihnen beispielsweise helfen zu entscheiden, ob es aus Performancegründen sinnvoll ist, einen neuen Job in einem avisierten Zeitfenster einzuplanen oder ob die zu erwartende Last gerade in diesem Zeitfenster bereits die mögliche Lastgrenze erreicht hat.

10.3.3 Work Center »Jobverwaltung«

Das zentrale Element in der JSM-Suite ist das Work Center JOBVERWALTUNG. Es stellt im SAP Solution Manager alle Bausteine für die Jobverwaltung zentral zur Verfügung. Von hier aus können Sie in die verwalteten Systeme abspringen. Damit bildet es die ideale Arbeitsfläche für den technischen Administrator, der für die Einplanung und die Überwachung von Jobs verantwortlich ist.

Die Verfügbarkeit von jobrelevanten Informationen ist sowohl während einer Implementierungsphase als auch später im täglichen Betrieb ein wesentlicher Vorteil. Wir empfehlen Ihnen daher, zunächst das Work Center JOBVERWALTUNG zu aktivieren. Auf diese Weise stellen Sie gleichzeitig die Jobdokumentation bereit.

Aktivierung des Work Centers »Jobverwaltung«

Jedes Work Center wird über die Zuordnung von Rollen für die einzelnen Benutzer sichtbar gemacht. JSM-relevante Rollen können Sie mit Transaktion PFCG und den folgenden Suchbegriffen finden:

- *SAP_SMWORK_BASIC*
- *SAP_SMWORK_JOB*
- *JOBMAN*

Tabelle 10.4 zeigt, welche Rollen im SAP Solution Manager verfügbar und welche Berechtigungen mit ihnen verbunden sind.

Rolle	Berechtigungen
SAP_SMWORK_BASIC_JSCHED (Einzelrolle)	Der Benutzer kann das Menü des Work Centers anzeigen und auf TYPISCHE AUFGABEN sowie ZUGEHÖRIGE LINKS zugreifen. Dazu muss die Rolle gemeinsam mit der Rolle SAP_SMWORK_JOB_MAN vergeben werden.
SAP_SMWORK_JOB_MAN (Einzelrolle)	Der Benutzer kann das Menü des Work Centers anzeigen und auf TYPISCHE AUFGABEN sowie ZUGEHÖRIGE LINKS zugreifen. Dazu muss die Rolle gemeinsam mit der Rolle SAP_SMWORK_BASIC_JSCHED vergeben werden.
SAP_SMWORK_JOBMAN_COMP (Sammelrolle)	Beispielrolle für Jobmanager (volle Berechtigung)
SAP_JOBMAN_ALL_COMP (Sammelrolle)	▸ Zugang zum Work Center JOBVERWALTUNG ▸ Ausführen aller Funktionalitäten für das Jobmanagement ▸ Ausführen der BW-relevanten Anwendungen ▸ Arbeiten in der Verwaltungssicht
SAP_JOBMAN_EXE_COMP (Sammelrolle)	▸ Zugang zum Work Center JOBVERWALTUNG ▸ Ausführen aller Funktionalitäten für das Jobmanagement ▸ Ausführen der BW-relevanten Anwendungen
SAP_JOBMAN_DIS_COMP (Sammelrolle)	▸ Zugang zum Work Center JOBVERWALTUNG ▸ Ansicht aller Funktionalitäten für das Jobmanagement

Tabelle 10.4 Rollen für die Jobverwaltung

Für die Aktivierung des Work Centers JOBVERWALTUNG sind die beiden Einzelrollen SAP_SMWORK_BASIC_JSCHED und SAP_SMWORK_JOB_MAN entscheidend. Sie sind neben weiteren in den genannten Sammelrollen enthalten. Detaillierte Erläuterungen zu diesen Rollen finden Sie im Security Guide des SAP Solution Managers unter: SAP HELP PORTAL • APPLICATION LIFECYCLE MGMT • SAP SOLUTION MANAGER • SAP SOLUTION MANAGER 7.1 • SECURITY INFORMATION.

[»]

Hinweis

Durch die Zuordnung dieser Rollen werden automatisch weitere Anwendungen zugänglich, wie die Jobdokumentation mit der Möglichkeit der Vorlagennutzung sowie die zentrale Jobübersicht und der Jobantrag.

Für die Nutzung der zentralen Jobübersicht muss dem Benutzer zudem ein Geschäftspartner zugeordnet sein. Wie Sie dies vornehmen, lesen Sie in Abschnitt 10.2.3, »Benutzertypen anlegen und Rollen zuordnen«.

Aufbau und Verwendung des Work Centers »Jobverwaltung«

Das Work Center JOBVERWALTUNG folgt dem üblichen Aufbau eines Work Centers. Im linken Menü finden Sie mehrere Aktivitätsbereiche, unter anderem JOBANTRÄGE, JOBDOKUMENTATION sowie JOB-MONITORING (siehe Abbildung 10.3).

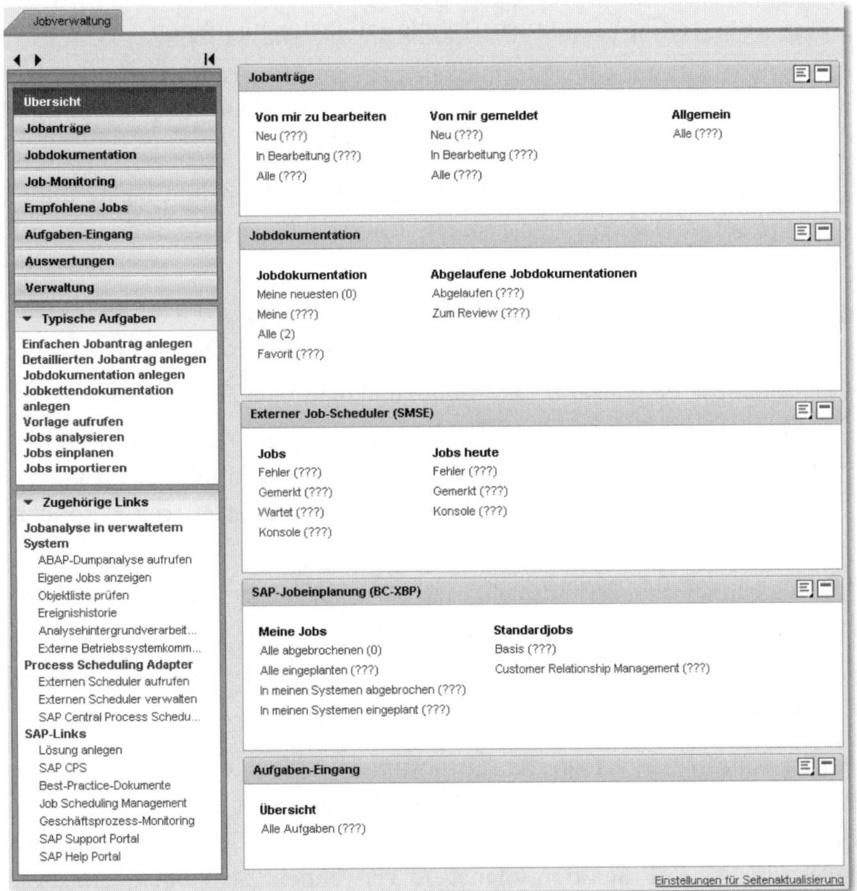

Abbildung 10.3 Übersicht über Work Center »Jobverwaltung«

Sehr wichtig ist der Bereich JOBDOKUMENTATION. Hier finden Sie alle Jobdokumentationen in einer tabellarischen Gesamtübersicht, von der aus Sie die einzelnen Dokumentationen aufrufen können. Damit bildet dieser Bereich die zentrale Informationsbasis. Mehr zum Thema Jobdokumentationen erfahren Sie in Abschnitt 10.3.5, »Jobdokumentation anlegen«.

Darüber hinaus sehen Sie im Menübereich unter TYPISCHE AUFGABEN und ZUGEHÖRIGE LINKS Sammlungen von Links. Mit ihnen können Sie JSM-relevante Aufgaben unterschiedlicher Art starten bzw. erledigen. Das betrifft zunächst das Erzeugen neuer Jobanträge bzw. Jobdokumentationen, was auch im weiteren Verlauf dieses Kapitels beschrieben ist. Zudem finden Sie hier Werkzeuge für:

- die Durchführung von Auswertungen hinsichtlich der Jobanträge und der zugeordneten CRM-Dokumente sowie Jobdokumentationen
  - Dabei verwenden Sie Filtermasken, in denen Sie beispielsweise Angaben zu Lösungen, Prozessdaten, logische Komponenten, Organisationsdaten, Zeiten etc. für die Suche verwenden können.
  - Mit diesen Mitteln können Sie beispielsweise doppelte Objekte finden und somit in Ihrem JSM-Prozess sicherstellen, dass es in der Zukunft nicht mehr zu diesen Situationen kommt.
- die technische Analyse (zum Beispiel den Report `BACKGROUND_JOB_ANALYSIS`, den ABAP-Laufzeitfehler-Monitor (Transaktion ST22) etc.)
- das Importieren von Jobs, um Jobdokumentationen zu erstellen
  - Dieses Werkzeug basiert auf der Technik der Guided Procedures. Dadurch ist es relativ einfach, die Informationen zu Jobs bzw. zu Gruppen von Jobs in den SAP Solution Manager zu transferieren, besonders die Jobdokumentationen.
  - Sie können dabei grundsätzlich auf zwei Quellen zurückgreifen: das verwaltete System und SAP CPS by Redwood.
- das Anlegen und Ändern von Lösungen, inklusive der Konfiguration und Inbetriebnahme der Geschäftsprozessüberwachung

Je nach Aufgabenart erfolgt die Ausführung im SAP Solution Manager oder im jeweiligen verwalteten System. Diese Komponenten sind Web-Dynpro-Objekte und werden über eine URL aufgerufen. Diese URL lässt sich auch außerhalb des SAP Solution Managers verwenden. So können Sie diese Anwendungen in Ihre eigenen Weboberflächen einbinden, wie zum Beispiel Intranet und Portal.

In jedem Work Center können Sie in den einzelnen Aktivitätsbereichen Abfragen und Kategorien individuell konfigurieren. Damit haben Sie eine äußerst flexible Möglichkeit, genau die Informationen anzuzeigen, die Sie wirklich benötigen.

Bevor wir auf die einzelnen Bausteine der JSM-Suite eingehen, möchten wir an dieser Stelle kurz auf eine wichtige Möglichkeit hinweisen, mit der Sie generell in jedem Work Center arbeiten können.

Neue Personal-Object-Worklist-Abfrage im Work Center anlegen

Mithilfe von Personal-Object-Worklist-Abfragen (POWL) kann an passender Stelle im Work Center eine abgegrenzte Menge an Informationen angezeigt werden.

Bei der Erstellung neuer Abfragen werden Sie vom Work Center mit Guided Procedures unterstützt. Sie starten über den Link NEUE ABFRAGE DEFINIEREN in der oberen rechten Ecke. Gehen Sie anschließend wie folgt vor:

1. Entscheiden Sie zuerst, ob Sie die Abfrage komplett neu oder basierend auf einer bereits bestehenden Abfrage definieren möchten.
2. Im nächsten Schritt müssen Sie die Abfragekriterien definieren (siehe Abbildung 10.4 als Beispiel für das Anlegen einer Abfrage im Aktivitätenbereich JOB-MONITORING). Hier handelt es sich beispielsweise um Selektionskriterien wie JOBNAME, PROJEKT oder Jobnummer (JOBCOUNT).

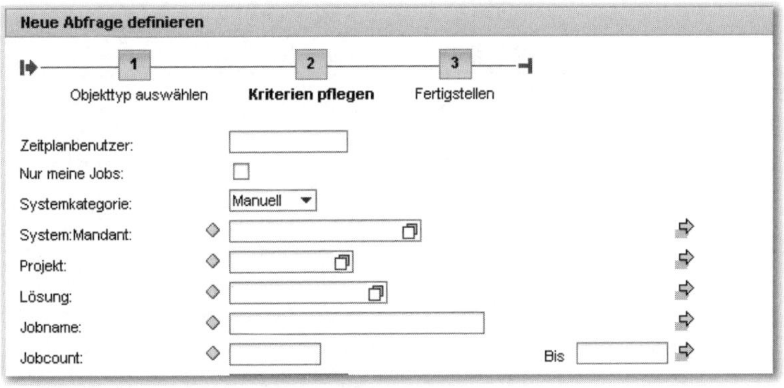

Abbildung 10.4 Definition von POWL-Abfragen

In diesem Beispiel ist die SYSTEMKATEGORIE ein wichtiges Kriterium. In diesem Feld legen Sie fest, von welcher Art von Systemen Ihnen Informationen angezeigt werden sollen. Sie können dabei aus den Optionen MANUELL, PROJEKT, LÖSUNG und IBASE auswählen.

3. Bevor Sie die Abfrage speichern, sollten Sie diese testen. Klicken Sie dazu auf den Button VORSCHAU unterhalb der Eingabefelder.
4. Wenn das erwartete Resultat sichtbar wird, vergeben Sie im dritten Schritt im Feld ABFRAGEBESCHREIBUNG EINGEBEN noch einen Namen für die Abfrage und ordnen die Abfrage einer vorhandenen bzw. neu zu definierenden Kategorie zu.

Bedenken Sie, dass das Laden der Daten durchaus einige Zeit in Anspruch nehmen kann. Je unspezifischer Sie die Abfrage gestalten, das heißt je mehr Daten gelesen werden müssen, desto länger dauert die Ergebnisfindung.

Zentrale Jobübersicht

Eine interessante Funktionalität ist die zentrale Jobübersicht. Wenn Sie im Aktivitätsbereich JOB-MONITORING unter JOB-MONITORING-SICHTEN die Option SAP-JOBEINPLANUNG (BC-XBP) auswählen, werden die Jobausführungsinformationen aus den verwalteten Systemen zentral im Work Center JOBVERWALTUNG bereitgestellt (siehe Abbildung 10.5). Sie sehen dieselben Daten, die Sie auch im jeweiligen verwalteten System mit der Jobübersicht (Transaktion SM37) sehen würden. Der Vorteil der zentralen Jobübersicht besteht darin, dass Sie sich eben nicht an jedem der einzelnen Systeme einzeln anmelden müssen, um die benötigten Informationen zu erhalten, sondern alles zentral vom Work Center aus überwachen können.

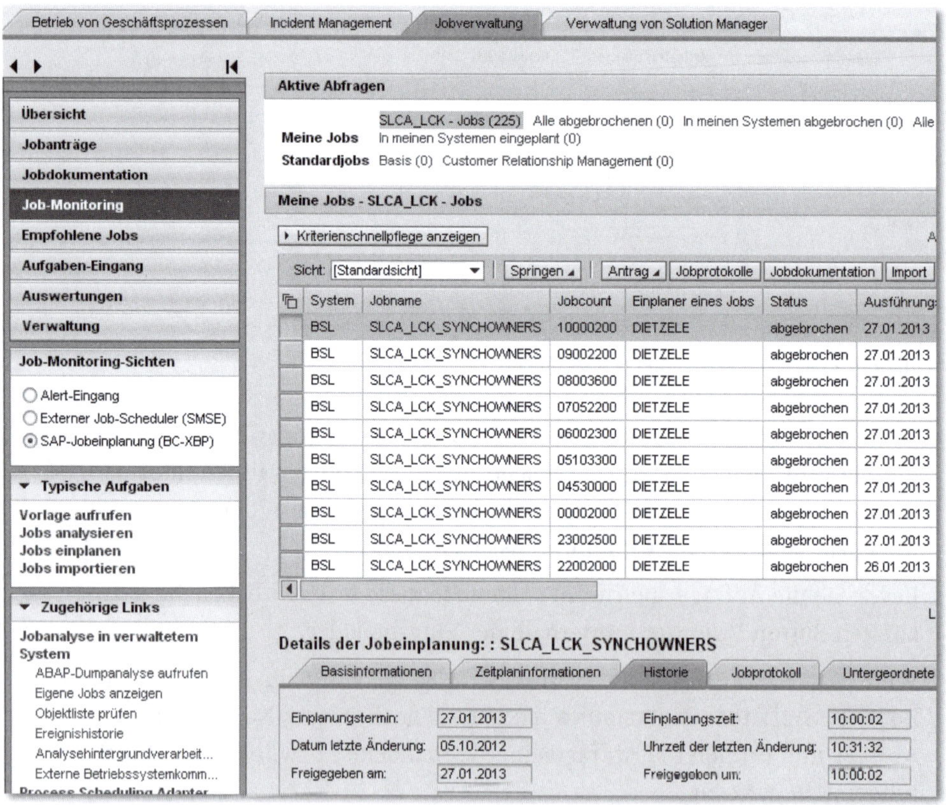

Abbildung 10.5 Zentrale Jobübersicht im Work Center »Jobverwaltung«

Je nach zugeordneten Berechtigungen stehen verschiedene vorkonfigurierte Abfragen in verschiedenen Kategorien zur Verfügung. In Abbildung 10.5 sehen Sie beispielsweise die zwei Kategorien MEINE JOBS und STANDARDJOBS im Bereich AKTIVE ABFRAGEN.

Wie Sie erkennen können, wird gerade das Ergebnis der speziell konfigurierten Abfrage `SLCA_LCK - Jobs` angezeigt. Sie sehen, dass der Job `SLCA_LCK_SYNCHOWNERS`, den der Benutzer `DIETZELE` im System `BSL` eingeplant hat, gerade kontinuierlich abbricht. Alle Informationen zur markierten Jobausführung finden Sie im unteren Bereich DETAILS DER JOBEINPLANUNG. Hier könnten Sie jetzt den Karteireiter JOBPROTOKOLL auswählen, um Angaben zur Fehlerursache zu erhalten.

Neben SAP-JOBEINPLANUNG (BC-XBP) stehen Ihnen zwei weitere JOB-MONITORING-SICHTEN zur Verfügung:

- **Alert-Eingang**
  In der Sicht ALERT-EINGANG erscheinen alle Alerts aus der konfigurierten Jobüberwachung. Näheres zu dieser Funktionalität erfahren Sie in Abschnitt 10.3.6, »Geschäftsprozessüberwachung und BPMon Alert Reporting Analysis«.
- **Externer Job-Scheduler (SMSE)**
  In der Sicht EXTERNER JOB-SCHEDULER (SMSE) werden Alerts angezeigt, die SAP CPS by Redwood an den SAP Solution Manager sendet, sofern dies konfiguriert ist.

10.3.4 JSM Health Check

Der JSM Health Check ist ein wichtiges Instrument, um Transparenz herzustellen. Mit dem JSM Health Check können Sie sowohl die gegenwärtige als auch die vergangene Jobausführungssituation beurteilen. Zunächst zeigen wir Ihnen, wie Sie den JSM Health Check initialisieren.

Initialisierung des JSM Health Checks

Für die Initialisierung der Funktionalität JSM Health Check müssen Sie im Allgemeinen folgende Aktivitäten durchführen:

- **Aktivierung der BI-Objekte**
  In diesem Schritt aktivieren Sie die notwendigen InfoCubes und Abfragen.

- **Aktivierung der Extraktoren**
  In diesem Schritt aktivieren Sie die Extraktoren im Extraktor-Framework (EFWK), die für den JSM Health Check benötigt werden.
- **Pflege der Einstellungen für die Datenverdichtung im BW-System**
  Die Datenverdichtung ist ein Mechanismus zur Kontrolle des Datenwachstums, der Detailinformationen bezüglich der täglichen Jobausführungen in der Wochen- bzw. Monatsansicht verdichtet. Die entsprechenden Zeiträume können Sie frei wählen.
- **Verwalten der Reports im Work Center »Jobverwaltung«**
  In dieser Aktivität legen Sie für jede der drei Report-Gruppen *Tägliche Jobs*, *Wöchentliche Jobs* und *Monatliche Jobs* fest, ob Informationen auf Jobschrittebene angezeigt werden sollen oder nicht.

  Beachten Sie, dass Sie nach der Initialisierung nur in der Tagesübersicht überprüfen können, ob Daten in den Reports angezeigt werden. In den beiden anderen Reports (Wochen- und Monatsübersicht) sind erst Daten sichtbar, nachdem die BW-interne Datenverdichtung stattgefunden hat.
- **Überprüfung von Einstellungen bezüglich Mandanten und Benutzerberechtigungen**
  Ohne diese Einstellungen können Sie die Aktivierung nicht durchführen.
- **Überprüfung der Aktivierung relevanter Services**
  In diesem Schritt überprüfen Sie, ob alle Services aktiviert sind, die für die Verwendung von Reports benötigt werden.

Die notwendigen Schritte können Sie relativ einfach unter Zuhilfenahme des Dokuments *Setup Guide – Job Scheduling Management Health Check* durchführen. Das Dokument ist im SAP Service Marketplace unter dem Alias *jsm* in der Medienbibliothek verfügbar.

Verwendung des JSM Health Checks

Der JSM Health Check ist eine eigenständige BW-basierte Anwendung, die – genau wie die zentrale Jobübersicht und die Transaktion SM37 – die Jobausführungsdaten anzeigt. Diese Daten wurden jedoch vorher in das BW-System übertragen und stehen damit für einen langen Zeitraum zur Verfügung. Sie haben dadurch die Möglichkeit, BW-typische Mittel für die Datenanalyse einzusetzen. Auf dieser Basis kann der JSM Health Check sehr gut für Adhoc-Trendanalysen verwendet werden. Mit vorkonfigurierten BW-Reports können Sie Jobs identifizieren:

- mit den längsten Laufzeiten
- die ausgeführt werden und/oder sehr oft abbrechen
- mit den längsten Startverzögerungen

Ergänzend erhalten Sie Informationen darüber, auf welchen Anwendungsservern die Jobs ausgeführt werden und welche Benutzer die Jobs einplanen und ausführen.

Auf Basis dieser Informationen können Sie leicht Probleme finden und Gegenmaßnahmen zur Optimierung einleiten. Der JSM Health Check ist demnach eine gute Möglichkeit, die Transparenz über die Jobausführungen in der betrachteten SAP-Systemlandschaft zu erhöhen.

Für die drei unterschiedlichen Anzeigevarianten der BW-Reports (tages-, wochen- und monatsbezogene Übersicht) können Sie festlegen, ob Sie lediglich jobrelevante Informationen oder zusätzlich die jeweiligen Informationen zu den Jobschritten sehen möchten. Diese Entscheidung sollten Sie im Zuge der Aktivierung des JSM-Health-Check-Bausteins treffen.

Die Reports finden Sie, wie in Abbildung 10.6 zu sehen ist, im Work Center JOBVERWALTUNG im Aktivitätsbereich AUSWERTUNGEN. Wenn Sie im Bereich AUSWERTUNGSSICHTEN die Option BI-REPORTS auswählen, sehen Sie im rechten Bereich alle verfügbaren Reports.

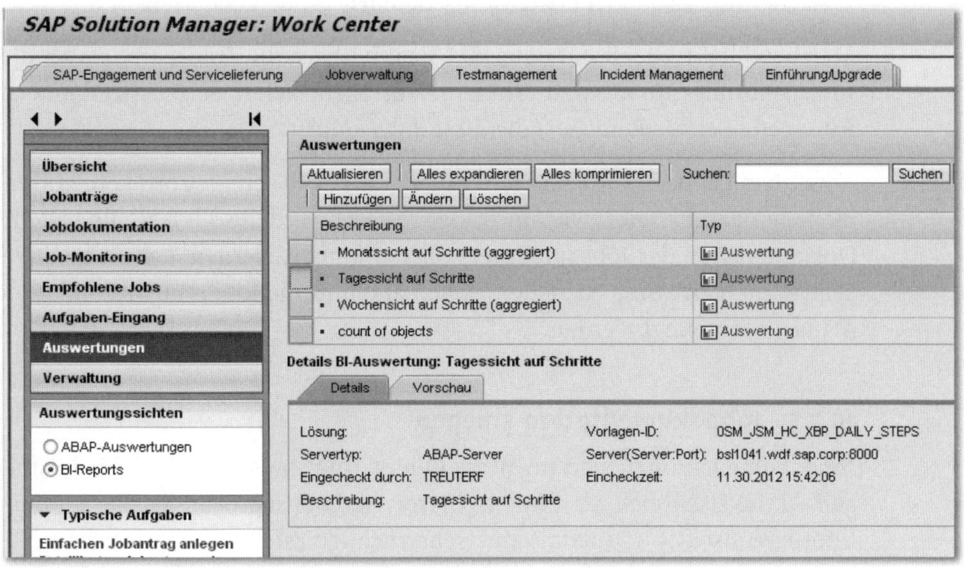

Abbildung 10.6 BI-Reports für den JSM Health Check

Für den Report-Aufruf klicken Sie auf einen der Links AUSWERTUNG rechts neben der Beschreibung. In der dann folgenden Eingabemaske müssen Sie ein System bestimmen und können ein Zeitfenster festlegen.

Spielzeug AG

Die Spielzeug AG betreibt ihr Geschäft weltweit, es existieren mehrere über die Welt verteilte Niederlassungen. Die Geschäftsprozesse werden auf mehreren SAP-Systemen ausgeführt.

Das über die unterschiedlichen Zeitzonen verteilte Job-Scheduling-Team hat festgestellt, dass es – nicht regelmäßig, aber dennoch häufig – zu Problemen bei der Jobausführung kommt, wodurch Geschäftsprozesse signifikant beeinflusst werden. Die Situationsprüfung hat ergeben, dass vor allem die in Asien zum Feierabend eingeplanten Jobs die Ressourcen in Deutschland stark beeinflussen.

Da das Thema JSM für die Geschäftsausführung immens wichtig ist, beschließt man im virtuellen JSM-Team, sich ein Bild von der Gesamtsituation zu machen und die Dokumentation der Jobs zu zentralisieren. So soll vor allem geprüft werden, welche Möglichkeiten es gibt, den Einplanungsprozess neuer Jobs zentral zu steuern, um dadurch das JSM effektiver zu gestalten. Das JSM-Team der Spielzeug AG misst einer zentralen Anwendung für die Jobsteuerung, also einem externen Scheduler, große Bedeutung bei.

Man beschließt, zuerst mit dem JSM Health Check die Transparenz über die Jobausführungssituation zu erhöhen. Vor allem liefert er gleichzeitig auch Aussagen über die Benutzer, die diese Jobs einplanen.

Außerdem hat das JSM-Team festgestellt, dass es für einige Jobs keine Informationen darüber gibt, wie auf Fehler reagiert werden soll. Deshalb soll die Dokumentation der Jobs im Allgemeinen optimiert werden. Um sie generell zentral zur Verfügung zu stellen, sollen alle Informationen im SAP Solution Manager hinterlegt werden.

10.3.5 Jobdokumentation anlegen

Jobdokumentationen sind im Work Center JOBVERWALTUNG im gleichnamigen Aktivitätsbereich zu finden. Dieser Aktivitätsbereich ist die zentrale Informationsbasis und damit eine sehr wichtige zentrale Funktionalität. Sie haben hier Zugriff auf alle Jobdokumentationen (siehe Abbildung 10.7).

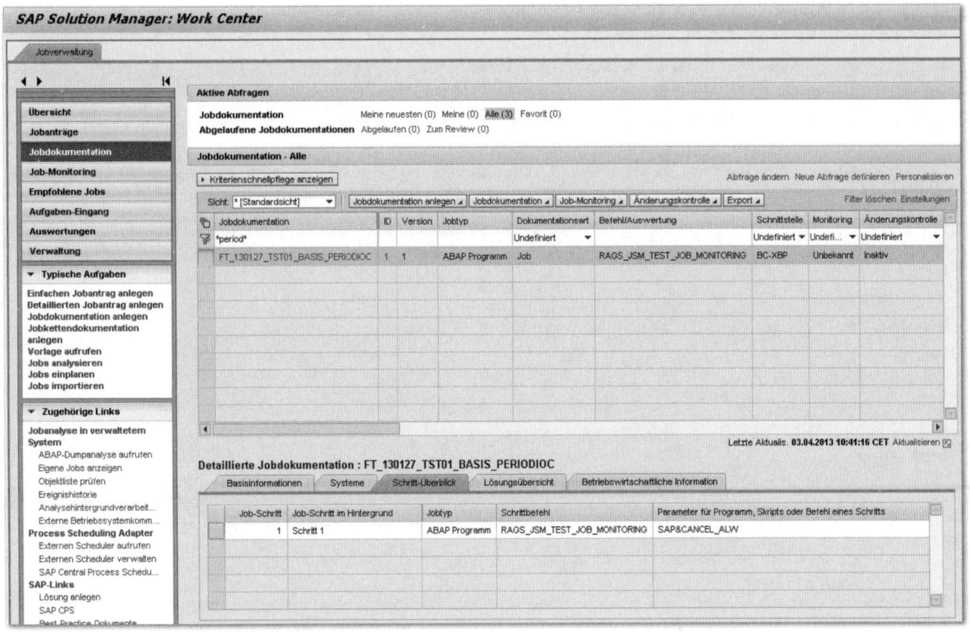

Abbildung 10.7 Aktivitätsbereich »Jobdokumentation«

Der Aktivitätsbereich JOBDOKUMENTATION ist tabellenartig aufgebaut. Für die Strukturierung der Datenansicht können Sie die vielfältigen Möglichkeiten des Work Centers nutzen, wie Abfragen, Sichten oder Filter.

Eine Jobdokumentation können Sie auf unterschiedliche Arten erstellen:

- manuell im Work Center JOBVERWALTUNG
- über die Benutzeroberfläche von SAP CRM
- durch Jobimport
- durch Zuordnung zu einem Geschäftsprozess als Objekt in der Blueprint-Projektphase
- durch Nutzung einer Vorlage (siehe Abschnitt »Jobdokumentationen vorlagenbasiert anlegen« weiter unten)
- durch Kopieren einer vorhandenen Jobdokumentation

Eine Jobdokumentation enthält mehrere Karteireiter, auf denen Sie die verfügbaren Informationen, die einen Job betreffen, geordnet hinterlegen können (siehe Abbildung 10.8).

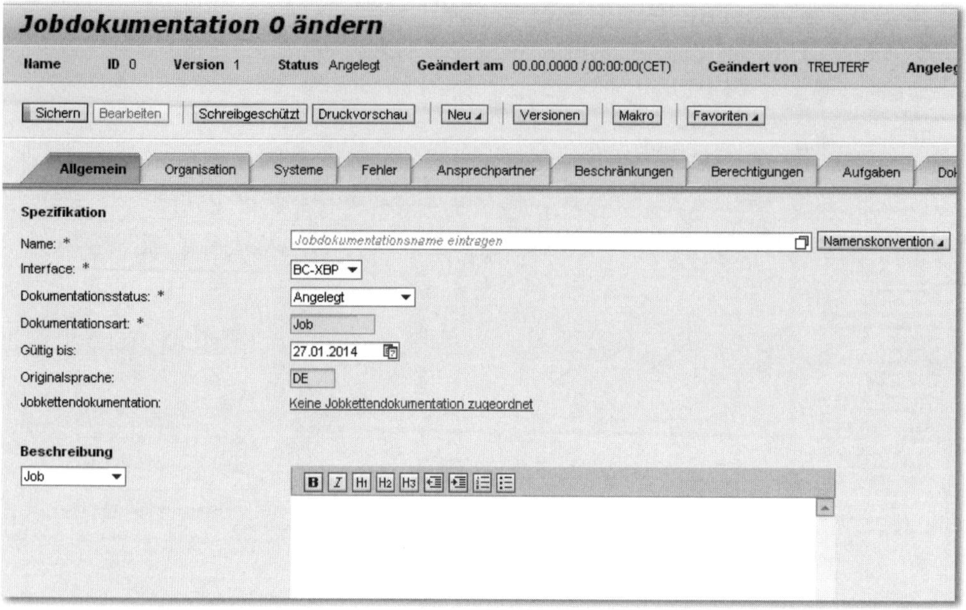

Abbildung 10.8 Jobdokumentation

Jobdokumentationen manuell anlegen

Wenn Sie eine Jobdokumentation manuell anlegen, wird im initialen Zustand zunächst Jobdokumentation 0 ändern angezeigt. Sobald Sie die Dokumentation mit einem Klick auf den Button Sichern zum ersten Mal speichern, wird die aktuell erste freie ID zugeordnet und angezeigt.

Neben der in Abbildung 10.8 dargestellten (einfachen) Jobdokumentation gibt es die Jobkettendokumentation. Sie unterscheidet sich durch den zusätzlichen Karteireiter Jobkettenstruktur, über den Sie eine Dokumentation für eine Jobkette anlegen können.

Im Folgenden geben wir Ihnen einen Überblick über die unterschiedlichen Karteireiter einer Jobdokumentation:

- **Allgemein**
  Definieren Sie hier den Namen, unter dem Sie die Jobdokumentation führen möchten, sowie weitere generelle Aspekte, wie beispielsweise das Interface, den Status sowie Jobschrittinformationen, die Ihnen im Work Center als Detailinformationen unterhalb der Übersicht angezeigt werden. Das Interface bestimmt, ob Jobs direkt im SAP-System oder über SAP CPS by Redwood eingeplant werden (siehe Abschnitt 10.3.7, »SAP CPS by Redwood«).

- **Jobkettenstruktur**
  Dieser Karteireiter ist nur verfügbar, wenn Sie eine Jobkettendokumentation angelegt haben. Hier können Sie die Abfolge sequenzieller und paralleler Schritte in einer Jobkette dokumentieren.
- **Organisation**
  Hinterlegen Sie hier Organisationszuordnungen und betriebswirtschaftliche Informationen.
- **Systeme**
  Definieren Sie hier die Zuordnung des Jobs zu Systemen sowie Lösungen und Prozesse. Auf diesem Karteireiter können Sie Jobs bzw. Jobketten einplanen, die dann, je nach ausgewähltem Interface, in SAP CPS by Redwood oder im SAP-System direkt via Transaktion SM36 ausgeführt werden. Hier befindet sich auch der Ausgangspunkt für das Aktivieren der Jobüberwachung. Darauf gehen wir in Abschnitt 10.3.6, »Geschäftsprozessüberwachung und BPMon Alert Reporting Analysis«, ein.
- **Fehler**
  Hinterlegen Sie hier Handlungsanweisungen für die Ausführungsaktivitäten: Neustart, Abbruch, Fortsetzungen und Wiederholung. Sie können auch Kontaktpersonen mit relevanten Kontaktinformationen dokumentieren.
- **Ansprechpartner**
  Definieren Sie hier Kontaktpersonen aus dem Geschäftsbereich.
- **Beschränkungen**
  Definieren Sie hier Einschränkungen.
- **Berechtigungen**
  Vermerken Sie hier alle Berechtigungsobjekte, die für das Ausführen des Jobs notwendig sind.
- **Aufgaben**
  Definieren Sie hier Aufgaben, die mit der Jobausführung in Verbindung stehen.
- **Dokumente**
  Hier können Sie externe Dokumente hochladen und Links definieren.
- **Änderungen**
  Dieser Karteireiter listet alle für die Jobdokumentation relevanten CRM-Dokumente auf und dokumentiert somit die Verbindung zum ITSM.

Wie Sie sehen, kann eine Jobdokumentation sowohl technische Informationen speichern als auch solche, die die Geschäftsausführung betreffen. Sie sollten die Jobdokumentation möglichst vollständig ausfüllen, damit im Fehlerfall alle benötigten Informationen an einer zentralen Stelle bereitstehen.

[»]

Hinweis

Wenn Sie Jobs aus der Jobdokumentation heraus einplanen, sind die jeweiligen Jobausführungen in Transaktion SM37 bzw. in SAP CPS by Redwood (Vollversion) automatisch auf die betreffende Jobdokumentation verlinkt, sodass alle Informationen unmittelbar in der aktuellen Version zur Verfügung stehen.

Jobdokumentationen vorlagenbasiert anlegen

Sie können eine Jobdokumentation auch basierend auf einer Vorlage generieren. Vorlagen verwenden Sie, wenn Sie Jobdokumentationen relativ schnell mit Informationen füllen möchten. Der SAP Solution Manager wird mit Vorlagen ausgeliefert. Sie beziehen sich auf SAP-Standardjobs, und in ihnen sind einige technische Informationen vordefiniert. Dazu zählen unter anderem der Report-Name, die empfohlene Ausführungsperiode und ein Kalenderbezug. Sie haben außerdem die Möglichkeit, eigene Vorlagen anzulegen, sodass Sie zukünftig Jobdokumentationen noch leichter anlegen können.

Möchten Sie eine Vorlage für das Anlegen einer Jobdokumentation verwenden, klicken Sie im Aktivitätsbereich JOBDOKUMENTATION auf den Button JOBDOKUMENTATION ANLEGEN und wählen die Option AUS VORLAGE aus (siehe Abbildung 10.7). Dadurch starten Sie eine Guided Procedure, in der Sie zuerst die Vorgehensweise für die weiteren Schritte festlegen und danach eine Vorlage auswählen. Abbildung 10.9 zeigt den Einstiegsbildschirm dieses Prozesses.

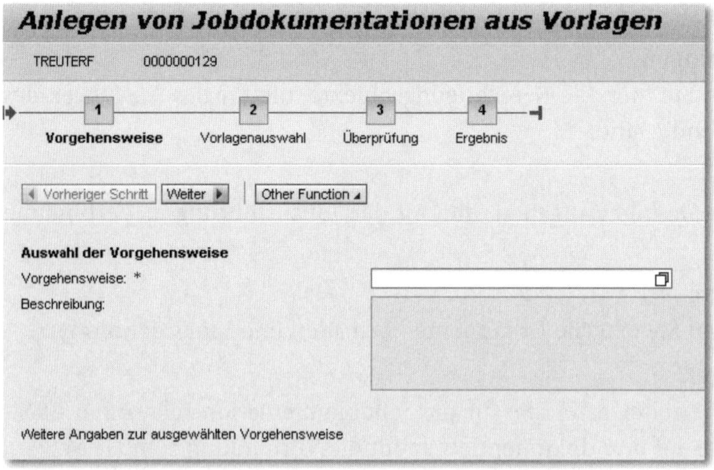

Abbildung 10.9 Jobdokumentationen vorlagenbasiert anlegen

Im Feld VORGEHENSWEISE legen Sie fest, welche Aktionen im Zusammenhang mit dem Erstellen der Jobdokumentation noch ausgeführt werden. Möglich wäre beispielsweise das Zuordnen von *logischen Komponenten* oder Geschäftsprozessschritten oder das unmittelbare Einplanen des betreffenden Jobs.

Wenn Sie eine Vorlage bearbeiten möchten, klicken Sie im Aktivitätsbereich JOBDOKUMENTATION auf den Link VORLAGE AUFRUFEN (links in Abbildung 10.7). Dadurch öffnen Sie das VORLAGENVERZEICHNIS, das Sie in Abbildung 10.10 sehen.

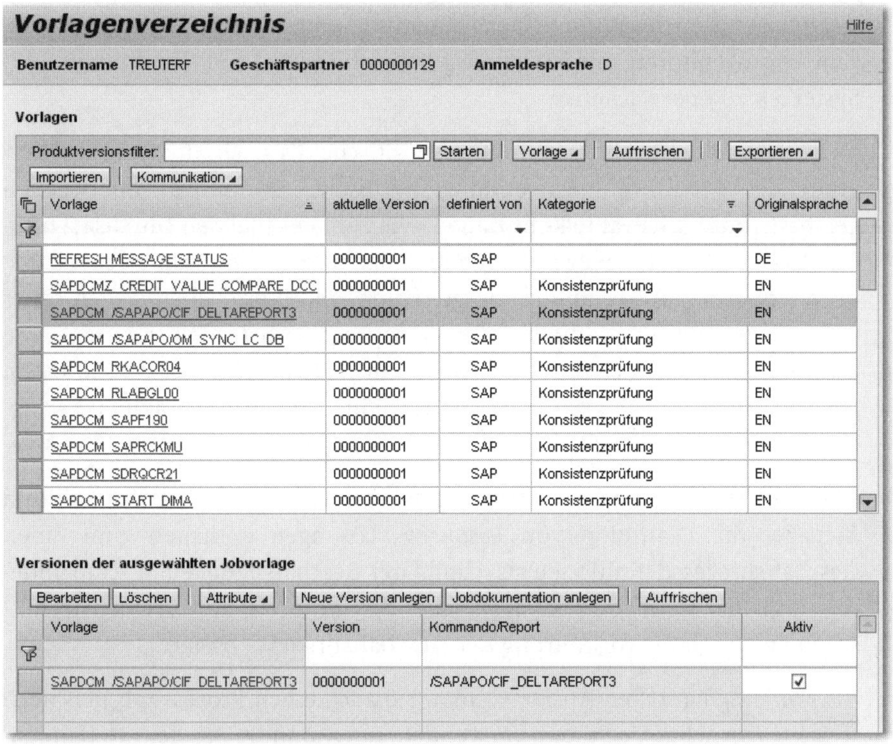

Abbildung 10.10 Vorlagenverzeichnis für die Vorlagenverwaltung

Um die Liste auf gewünschte Vorlagen einzuschränken, verwenden Sie den PRODUKTVERSIONSFILTER. Diese Möglichkeit ist besonders in großen produktiven Umgebungen hilfreich, weil Sie Vorlagen, die gar nicht Ihr Zielprodukt betreffen, in der Ansicht ausschließen können.

10.3.6 Geschäftsprozessüberwachung und BPMon Alert Reporting Analysis

Mit der Funktionalität Geschäftsprozessüberwachung können Sie ein unternehmensweites Konzept umsetzen, um frühzeitig Fehler und kritische Situationen in Geschäftsprozessen erkennen und beheben zu können. BPMon Alert Reporting Analysis ist das BW-basierte Werkzeug für eine Trendanalyse bezüglich der Geschäftsprozessüberwachung.

Die Geschäftsprozessüberwachung ist im SAP Solution Manager eine Funktionalität für die Überwachung sehr unterschiedlicher Kennzahlen, die in direktem Bezug zu Geschäftsprozessen stehen. Die Intention dieser Funktionalität ist es, neben der Überwachung ein Konzept sowohl für die Benachrichtigung als auch für die Fehlerbehandlung umzusetzen. Es gibt eine Vielzahl von Monitoren, um Geschäftsprozessabläufe in SAP- und Nicht-SAP-Systemen zu überwachen.

Verfügbar sind sowohl anwendungsspezifische als auch anwendungsübergreifende Monitore. Anwendungsspezifische Monitore überwachen geschäftsprozessrelevante Kennzahlen, wie zum Beispiel den Durchsatz bzw. ein *Backlog* (Rückstau wegen fehlender Abarbeitung) bestimmter Geschäftsprozessobjekte. Anwendungsübergreifende Monitore überwachen eher technische Kennzahlen, die alle Geschäftsprozesse betreffen (können), wie zum Beispiel ABAP-Fehler und Fehler in RFC-Verbindungen. Zu ihnen gehört auch der Hintergrundjob-Monitor. Eine Übersicht der aktuell verfügbaren Monitore finden Sie im SAP Service Marketplace unter dem Alias *bpm*.

Generell erfordert die Geschäftsprozessüberwachung mit dem SAP Solution Manager die Definition von *Lösungen*. Lösungen enthalten zum einen Geschäftsprozessdefinitionen als Abbild der Geschäftstätigkeiten. Zum anderen enthalten sie *logische Komponenten*, die festlegen, auf welchen technischen Systemen die Ausführung der Geschäftsprozesse basiert.

Als rein pragmatischen Ansatz können Sie auch einen Prozess mit beispielsweise einem Schritt je System verwenden, um Monitore aus dem vielfältigen Spektrum der Geschäftsprozessüberwachung in Betrieb zu nehmen. Damit geht jedoch die direkte Zuordnung von Kennzahlen zu Geschäftsprozessen verloren.

Das für die Geschäftsprozessüberwachung relevante Work Center ist prinzipiell das Work Center BETRIEB VON GESCHÄFTSPROZESSEN. Hier können Sie alle erforderlichen Konfigurationsarbeiten starten. Lediglich das Anlegen von Lösungen müssen Sie im Work Center VERWALTUNG DES SAP SOLUTION MANAGERS durchführen.

Auch die Alert-Informationen werden prinzipiell im Work Center BETRIEB VON GESCHÄFTSPROZESSEN angezeigt. Spezifische Alerts der Jobüberwachung sind darüber hinaus im Work Center JOBVERWALTUNG zu sehen. Wählen Sie dafür im Bereich JOB-MONITORING-SICHTEN die Option ALERT-EINGANG aus (siehe Abbildung 10.11).

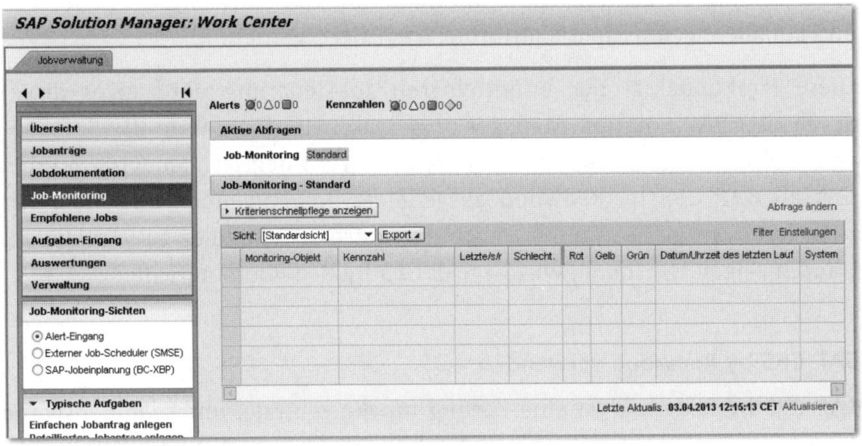

Abbildung 10.11 Job-Monitoring-Sicht »Alert-Eingang«

Diese Alerts können in das BW-System des SAP Solution Manager-Systems übertragen werden (Funktionalität BPMon Alert Reporting Analysis). Damit stehen sie für Ad-hoc-Trendanalysen und -Reporting, aber auch für das Service Level Reporting zur Verfügung.

[«]

Hinweis

Um die Überwachungsmöglichkeiten des SAP Solution Managers für einen Job komplett auszuschöpfen, benötigen Sie eine Jobdokumentation im SAP Solution Manager, von der aus Sie die Überwachung aktivieren. Wie Sie eine Jobdokumentation anlegen, erfahren Sie in Abschnitt 10.3.5, »Jobdokumentation anlegen«.

Die Implementierung der Geschäftsprozessüberwachung, und wenn Sie die Alert-Informationen längerfristig benötigen auch von BPMon Alert Reporting Analysis ist ein komplexes Thema, das eher indirekt mit dem technischen Betrieb in Verbindung steht. In diesem Buch können wir Ihnen daher in Abschnitt 11.1.4, »Geschäftsprozessüberwachung«, nur einen groben Überblick geben.

Mehr Informationen finden Sie im SAP Service Marketplace unter dem Alias *bpm*. Dort finden Sie Anleitungen für die Implementierung in der Medienbibliothek unter TECHNICAL INFORMATION. Beachten Sie zudem den SAP-Hinweis 521820 zu möglicherweise erforderlichen Softwarekorrekturen und den SAP-Hinweis 784752 in Bezug auf die erforderliche Infrastruktur.

10.3.7 SAP CPS by Redwood

Ein wichtiges Ziel von JSM ist es, Jobeinplanung, Jobausführung und Jobüberwachung zu zentralisieren. Dadurch soll das JSM unternehmensweit und auf allen technischen Plattformen realisiert werden.

Diese Funktionalität der unmittelbaren Jobsteuerung wird nicht direkt durch den SAP Solution Manager abgedeckt. Hierfür wurde die Software *Cronacle* der Firma Redwood in SAP NetWeaver integriert. Sie wird mit diesem als SAP CPS by Redwood ausgeliefert. Im Folgenden umreißen wir zunächst, warum es sinnvoll ist, einen externen Scheduler zu verwenden. Danach zeigen wir Ihnen, wie Sie SAP CPS by Redwood einrichten.

SAP CPS by Redwood verwenden

SAP CPS by Redwood ist eine Lösung für die zentrale, unternehmensweite Jobeinplanung, Jobausführung und Jobüberwachung. Der Begriff Job steht hierbei sowohl für einzelne Jobs als auch für beliebig komplexe Jobketten, sodass man insgesamt auch von Prozessautomation spricht. SAP CPS by Redwood ist als Software in SAP NetWeaver integriert und erfordert für die Inbetriebnahme eine Lizenz. Es gibt zwei Lizenzversionen, wobei Sie die komplette Funktionalität nur über die Vollversion erhalten.

Die Anbindung von SAP CPS by Redwood an den SAP Solution Manager ist eine wesentliche Erweiterung und bringt folgende Vorteile:

- Das Einplanen von Jobs ist für alle Systeme zentral vom SAP Solution Manager aus möglich. Die Steuerung und Kontrolle dieser Jobs übernimmt SAP CPS by Redwood.
- Überwachungsinformationen (Alerts) können von SAP CPS by Redwood an den SAP Solution Manager gesendet werden, sodass unterschiedliche Überwachungsinformationen (zentrale Jobübersicht und Jobüberwachung mit der Geschäftsprozessüberwachung) zentral an einer Stelle im Work Center JOBVERWALTUNG verfügbar sind.
- Anwendungsübergreifende Funktionalitäten und Anwendungen werden unterstützt, wie das Abfangen von Jobs (Job Interception) oder das *SAP Financial Closing Cockpit*, eine Anwendung, mit der Sie Periodenabschlüsse automatisieren können.
- Das Einplanen von Jobs in heterogenen (SAP- und Nicht-SAP-)Systemlandschaften ist möglich.

SAP CPS by Redwood einrichten

SAP CPS by Redwood ist eine Java-Software. Es empfiehlt sich, die aktuelle Version mit dem aktuellsten Patch-Level zu verwenden. Zum Zeitpunkt der Drucklegung dieses Buches ist dies Version 8.0 SP33. Die neueste Version finden Sie im SAP Service Marketplace unter dem Alias *swdc*. Folgen Sie dem Pfad SUPPORT PACKAGES AND PATCHES • BROWSE OUR DOWNLOAD CATALOG • SAP TECHNOLOGY COMPONENTS • SAP SOLUTION MANAGER • SAP SOLUTION MANAGER 7.1 • ENTRY BY COMPONENT • SOLUTION MANAGER JAVA STACK • SAP CPS BY REDWOOD 8.0.

Generell wird für den produktiven Betrieb empfohlen, SAP CPS by Redwood auf einem dedizierten Server zu betreiben. Im Rahmen des Aufbaus einer Testlandschaft können Sie es aber auch auf dem System betreiben, auf dem der SAP Solution Manager läuft.

Für die Initialisierung benötigen Sie eine Lizenz. Zwei Lizenzversionen sind verfügbar: Basis- oder Volllizenz. Sie bestimmen den nutzbaren Funktionsumfang, der bei der Basisversion eingeschränkt ist. Den notwendigen Lizenzschlüssel können Sie über den Lizenzmanager von SAP CPS by Redwood beantragen. Rufen Sie dazu die URL *http://<server>:<port>/scheduler/ui* auf, und versuchen Sie, sich anzumelden. Beim ersten Aufruf, das heißt, wenn noch keine Lizenz verfügbar ist, öffnet sich ein Fenster mit zwei Buttons, mit denen Sie entweder die Basislizenz aktivieren (Button ACTIVATE FREE OF CHARGE LICENSE) oder eine Volllizenz (Button REQUEST KEY FOR ENTERPRISE LICENSE) anfordern können.

Wenn Sie in Ihrem JSM-Projekt noch nicht entschieden haben, ob Sie SAP CPS by Redwood einsetzen, sondern es lediglich testen möchten, genügt zunächst einmal das Aktivieren der kostenfreien Basislizenz. Klicken Sie dazu auf den Button ACTIVATE FREE OF CHARGE LICENSE. Es erscheint eine Meldung, dass das System nun über eine gültige Lizenz verfügt, und Sie sind an SAP CPS by Redwood angemeldet.

Hinweis [«]

Für eine komplette Anbindung von SAP CPS by Redwood an den SAP Solution Manager ist ein zweiter Lizenzteil erforderlich. Dieser Lizenzteil wird auch als BAE-Lizenz bezeichnet. BAE bedeutet Business Automation Enabler und deutet auf eine Anwendungsschnittstelle im SAP Solution Manager hin, über die der Scheduler kommuniziert.

Für das Verbinden von SAP Solution Manager und SAP CPS by Redwood folgen Sie am besten den Anweisungen in SAP-Hinweis 1729766. In diesem Hinweis erfahren Sie auch, wie Sie eine BAE-Lizenz erhalten.

Nach der Aktivierung sowie dem Herstellen der Verbindung zwischen dem SAP Solution Manager und SAP CPS by Redwood müssen Sie weitere Maßnahmen ergreifen, bevor Sie den Scheduler einsetzen können. Folgende Schritte sind als Nächstes auf technischer Ebene notwendig:

- Binden Sie weitere Systeme aus der Systemlandschaft an. Es können sowohl SAP-, Nicht-SAP-, ABAP- und Java-Systeme angebunden werden. Beachten Sie dabei, dass es hier Lizenzabhängigkeiten gibt: Mit der Basislizenz können Sie Jobs bzw. Jobketten lediglich in *einem* SAP-System einplanen, also nicht über Systemgrenzen hinaus. Ebenso ist das Einplanen in Nicht-SAP-Systemen nicht möglich.
- Generieren Sie die erforderlichen SAP CPS-Objekte wie Partitionen (gleichbedeutend mit Isolationsgruppen), Jobdefinitionen, Wiederholungsmuster (Repetition-Pattern) etc. Auch dabei müssen Sie die angesprochenen Beschränkungen mit der Basislizenz beachten. Sie müssen z. B. jedes SAP-System in seiner eigenen Isolationsgruppe erstellen.
- Importieren Sie Jobs, damit SAP CPS by Redwood die Ausführungskontrolle übernehmen kann.
- Legen Sie weitere ABAP-, UME- und SAP CPS-Benutzer im Rahmen Ihres Nutzungs- und Berechtigungskonzepts an.

Beachten Sie, dass der Betrieb eines externen Schedulers den Betrieb einer separaten Softwarelösung neben dem SAP Solution Manager bedeutet. Die Integration eines externen Schedulers in die IT-Infrastruktur bedarf einer gewissen Vorbereitung: Objekte müssen angelegt, Jobinformationen übernommen werden und vieles mehr. All diese Maßnahmen können einen erheblichen Zeit- und Wissensaufwand erfordern. Neben der Initialisierung werden Sie auch bei Erweiterungen auf Herausforderungen stoßen, beispielsweise wenn es um das Realisieren komplexer Ausführungsstrukturen (Jobketten) geht.

Die Umsetzung einzelner Aufgaben kann sehr komplex werden, weshalb wir in diesem Buch nicht näher darauf eingehen können. Halten Sie sich immer vor Augen, dass Sie hier JSM-Prozesse beeinflussen. Demzufolge sollten Sie die Integration von SAP CPS by Redwood als Projekt durchführen und die Verantwortlichen bzw. Betroffenen rechtzeitig beteiligen und schulen.

10.3.8 Jobantrag, Jobantragsumleitung und Abfangen von Jobs

Mit zunehmender Komplexität der Geschäftsprozesse, die in einer Systemlandschaft abgewickelt werden, kommt auch der Optimierung des Jobantragsprozesses eine immer größere Bedeutung zu. Die Bausteine der JSM-Suite bieten dafür aufeinander abgestimmte Möglichkeiten.

Ziel einer solchen Optimierung ist es, die Kontrolle über die Benutzeraktivitäten in die Hände eines zentralen JSM-Teams zu legen. Die selbstständige und damit weitgehend unkontrollierte Einplanung von Jobs durch einzelne Benutzer soll unterbunden werden. Dabei sollen möglichst alle Informationen so schnell wie möglich zusammengetragen und zentral verfügbar abgelegt werden. Informationsverlust, zum Beispiel durch manuelles Kopieren von einer zur nächsten Anwendung, soll schon während des Antragsprozesses vermieden werden.

Genereller Ansatz im JSM ist es, das Beantragen eines neuen Jobs, Anpassungen an vorhandenen oder das Löschen von Jobs generell als Änderungsanträge zu betrachten. Das erfordert die Integration mit dem ITSM. Für die tatsächliche Einplanung, Ausführung und Überwachung von Jobs ist dann das zentrale JSM-Team verantwortlich, das die vollständige Transparenz über die Situation hat.

Folgende Bausteine bietet die JSM-Suite im SAP Solution Manager für die Unterstützung eines Standard-Jobantragsprozesses:

- **Jobantrag**
  Der Benutzer erzeugt einen Jobantrag generell über ein Formular, das im SAP Solution Manager gespeichert wird.
- **Jobantragsumleitung (üblicherweise Re-direct oder Job Control)**
  Der Benutzer, der im verwalteten System einen Job einplanen möchte, wird auf eine Guided Procedure umgeleitet und füllt hier einen Jobantrag aus, der im SAP Solution Manager gespeichert wird.
- **Abfangen von Jobs (Job Interception)**
  Für den Fall, dass Sie weder Jobantrag noch Jobantragsumleitung einsetzen können, bietet Ihnen die Job-Interception-Funktionalität die Möglichkeit, auf die tatsächliche Ausführung von Jobs Einfluss zu nehmen.

Im Folgenden werden wir Ihnen die drei Bausteine im Detail vorstellen.

Jobantrag

Der erste grundlegende Schritt auf dem Weg zur zentralen Jobverwaltung ist es, den Benutzern (wenn möglich) die Berechtigung zum Einplanen von Jobs zu entziehen. Anstatt die Jobs selbst einzuplanen und auszuführen, füllt der Benutzer zukünftig ein Jobantragsformular aus, das er anschließend an das JSM-Team sendet. Der SAP Solution Manager stellt zu diesem Zweck zwei standardisierte, unterschiedliche Formulare bereit:

- einfacher Jobantrag (siehe Abbildung 10.12)
- detaillierter Jobantrag

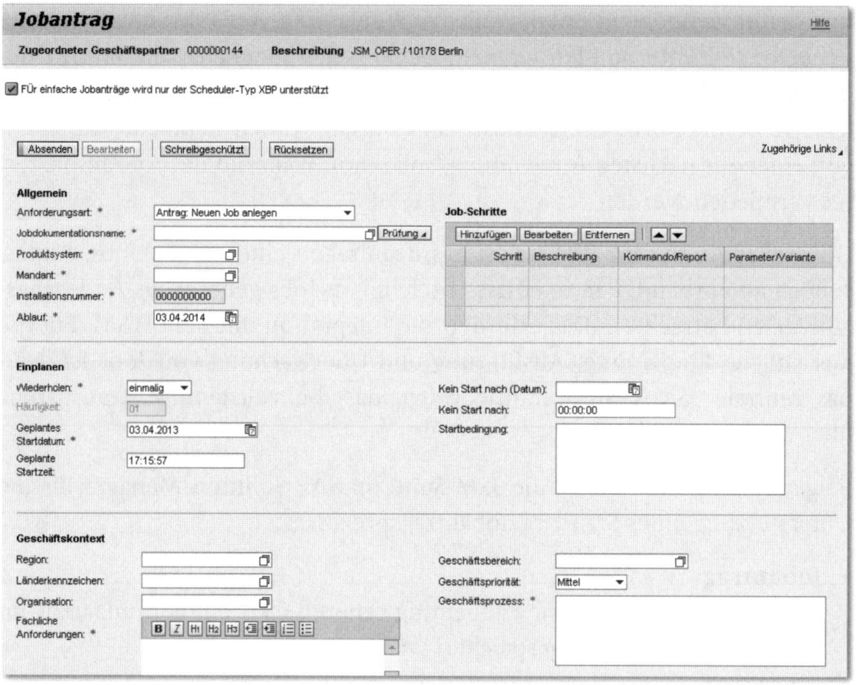

Abbildung 10.12 Formular für einen einfachen Jobantrag

Mit dem einfachen Jobantrag können Sie die wesentlichen Informationen abfragen, die für das Einplanen eines Jobs notwendig sind. Aufgrund seiner einfachen Struktur ist er für die Benutzung durch den Endanwender vorgesehen.

Der detaillierte Jobantrag erlaubt das Hinterlegen einer größeren Menge von Informationen. Strukturell kommt der detaillierte Jobantrag dem Inhalt einer Jobdokumentation sehr nahe und ist damit für die Benutzung durch Prozessverantwortliche, IT-Verantwortliche etc. geeignet. Der Weg über den Jobantrag wird auch für das Ändern oder das Beenden von Jobausführungen empfohlen. Er ist neben der Jobdokumentation die prädestinierte Möglichkeit, eine unternehmensweit einheitliche Namenskonvention umzusetzen.

[«]

Hinweis

Ist es Endbenutzern erlaubt, Jobs zu erzeugen, und Sie stellen keine Vorgaben für eine einheitliche Namensgebung auf, werden Jobnamen von unterschiedlichen Einplanern unterschiedlich generiert. Sie sind dann für andere Beteiligte, zum Beispiel ein zentrales Monitoring-Team, nur bedingt interpretierbar. Im Fall eines Fehlers ist es dann schwierig, schnell geeignete Korrekturmaßnahmen zu ergreifen.

Deshalb ist es sinnvoll, Regeln für die Verwendung von Jobnamen einzuführen, sodass bereits die Namen beispielsweise einen Hinweis auf den Zweck und/oder den Verursacher bzw. Verantwortlichen eines Jobs geben. Mit der Verwendung von Jobantragsformularen haben Sie die Möglichkeit, eine einheitliche Namenskonvention in Ihrem Unternehmen einzuführen, die für alle Beteiligten verständlich ist. Über die Gestaltung des Jobantragsformulars können Sie sicherstellen, dass die Antragsteller die Konventionen einhalten.

Namenskonventionen können Sie in der gleichen Art auch beim manuellen Erstellen einer Jobdokumentation verwenden.

Damit ein Benutzer auf die Jobantragsformulare zugreifen kann, müssen ihm das Work Center JOBVERWALTUNG und außerdem ein Geschäftspartner zugeordnet sein (siehe Abschnitt 10.2.3, »Benutzertypen anlegen und Rollen zuordnen«).

Sowohl den einfachen als auch den detaillierten Jobantrag können Sie konfigurieren und damit an Ihre Anforderungen anpassen. Wie Sie die Antragsformulare anpassen und den Formularaufruf gestalten, können Sie den Roadmap-Dokumenten entnehmen, die Sie im SAP Service Marketplace unter dem Alias *jsm* finden: ROADMAP DOCUMENTS • REALIZATION/IMPLEMENTATION.

Alle gespeicherten Jobanträge können vom JSM-Team im Aktivitätsbereich JOBANTRÄGE des Work Centers JOBVERWALTUNG eingesehen werden, inklusive der beim Speichern gleichzeitig erzeugten CRM-Dokumentennummer.

Im Jobantrag wird mit der *Vorgangsart* festgelegt, nach welchem Prozess im ITSM der Jobantrag bearbeitet wird. Standardmäßig sind folgende Vorgangsarten verfügbar:

- Störung (SMIN)
- Änderungsantrag (SMCR)

An dieser Stelle beginnt die Integration mit dem ITSM, auf die wir in Abschnitt 10.3.9, »ITSM-Integration«, näher eingehen.

Die Formulare können in Weboberflächen eingebunden werden, sodass sie über eine URL zum Beispiel im Intranet oder im Portal aufgerufen werden können. Wenn Sie sicherstellen möchten, dass sich Ihre Benutzer dabei nicht am SAP Solution Manager anmelden müssen, benötigen Sie einen Job-Request-Alias, der eine Kopie des Antragsformulars verwendet. Auch diesbezüglich finden Sie in den Roadmap-Dokumenten im SAP Service Marketplace weiterführende Informationen.

Jobantragsumleitung

Wenn Sie den Endanwendern in den jeweiligen verwalteten SAP-Systemen die Berechtigung für das Einplanen von Jobs nicht entziehen können, haben Sie in einigen Fällen die Möglichkeit, Einplanungsaktivitäten umzuleiten. In folgenden Fällen ist eine Umleitung des Jobantrags möglich:

- Ein Benutzer möchte einen Job mit der Transaktion SM36 anlegen.
- Ein Benutzer versucht, einen Job mit dem Status SCHEDULED in der Transaktion SM37 zu ändern.
- Ein Benutzer möchte die Ausführung eines Programms als Job in der Transaktion SA38 einplanen.

In diesen Situationen wird der Endanwender zu einer Standardprozedur umgeleitet, die auf einer Guided Procedure im SAP Solution Manager basiert. Der Endanwender kann dann ein Formular ausfüllen, das dem Jobantragsformular im Work Center ähnelt. Je nachdem, ob er die Jobausführung als periodisch oder einmalig festlegt, erzeugt er einen Jobantrag im SAP Solution Manager oder plant den einmaligen Job tatsächlich direkt im verwalteten System ein.

[»]

Hinweis

Diese Funktionalität wird benutzerspezifisch konfiguriert.

Die Konfigurationen einer solchen Umleitung starten Sie im Work Center JOBVERWALTUNG im Aktivitätsbereich VERWALTUNG. Abbildung 10.13 zeigt diesen Bereich.

Klicken Sie zunächst auf den Link BACK-DESTINATION ÜBERPRÜFEN im Bereich BACK-DESTINATION, um zu überprüfen, ob für jedes verwaltete System, das für das JSM relevant ist, eine so genannte *Back-Destination* existiert. Eine Back-Destination ist eine RFC-Verbindung, die in jedem verwalteten System während seiner Anbindung an den SAP Solution Manager generiert wird und auf den SAP Solution Manager zurückverweist. Sie wird für den Informationsaustausch für unterschiedliche technische Funktionalitäten benötigt und sollte bereits verfügbar sein.

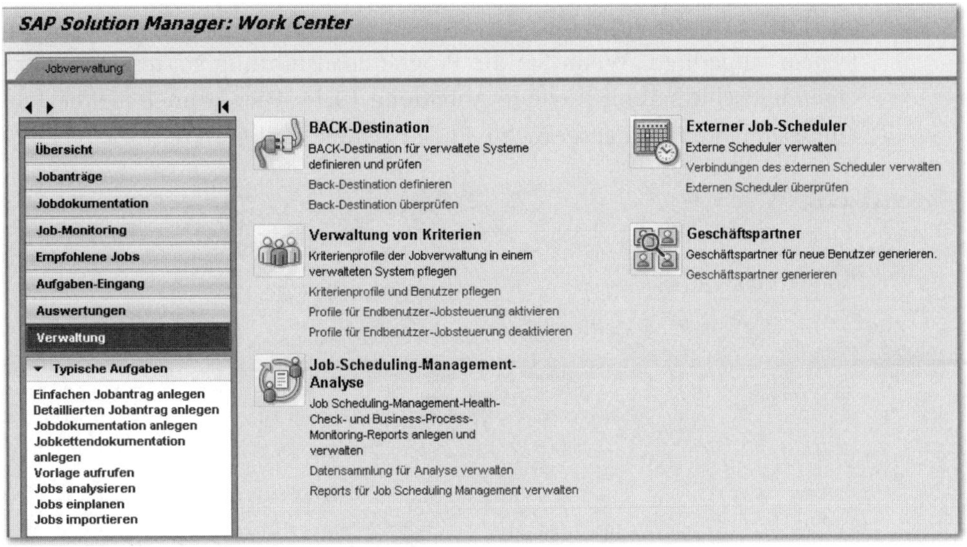

Abbildung 10.13 Work Center »Jobverwaltung« – Aktivitätsbereich »Verwaltung«

Suchen Sie nach einem Namen, der folgender Konvention entspricht: *SM_<SolmanID>CLNT<SolmanMandant>_BACK*. Prüfen Sie auch, ob ein technischer Benutzer mit folgendem Namen eingetragen ist: *SMB_<SolmanID>*.

Sofern eine solche Back-Destination bereits vorhanden ist, können Sie diese auch für die Jobantragsumleitung verwenden. Klicken Sie dazu auf den Link BACK-DESTINATION DEFINIEREN im Bereich BACK-DESTINATION. Sie müssen im Feld PRODUKTSYSTEM das verwaltete System sowie im Feld MANDANT den Mandanten auswählen, in dem die jeweilige Anwendung läuft. Im Feld DESTINATION tragen Sie dann den Namen der Back-Destination ein.

Hinweis [«]

Mit dieser Aktion definieren Sie keine neue RFC-Verbindung. Sie wählen lediglich eine passende aus.

Anschließend müssen Sie entsprechende Kriterien definieren. Das heißt, Sie müssen festlegen, für welche Benutzer in welchen Systemen diese Funktionalität gelten soll.

Starten Sie die Definition der Kriterienprofile mit dem Link KRITERIENPROFILE UND BENUTZER PFLEGEN im Bereich VERWALTUNG VON KRITERIEN. Wählen Sie das verwaltete System sowie den Mandanten aus, in dem der Benutzer arbeitet, für den Sie die Jobantragsumleitung einrichten möchten. Danach wird der Kriterienverwalter, das Programm CRITERIA_MANAGER, in diesem System aufgerufen. Wenn Sie die Programmausführung starten, sehen Sie einen Bildschirm ähnlich wie in Abbildung 10.14. Hier können Sie die Jobantragsumleitung für ausgesuchte Endanwender konfigurieren.

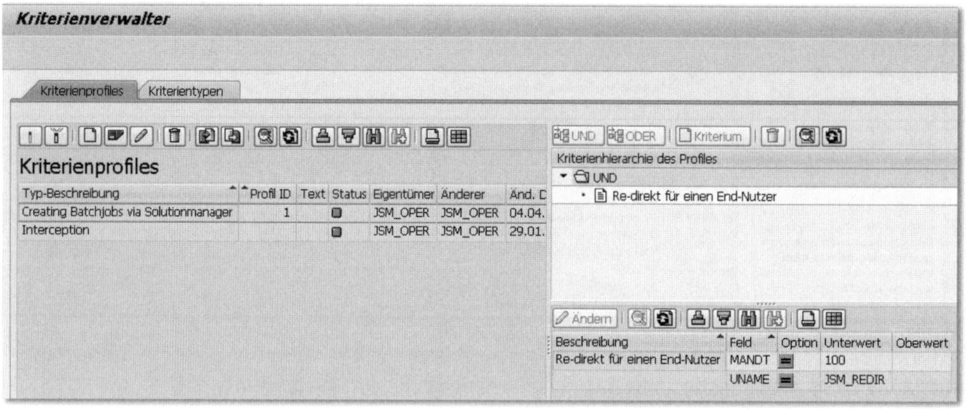

Abbildung 10.14 Verwaltung der Kriterien für die Jobantragsumleitung

Gehen Sie wie folgt vor:

1. Definieren Sie im linken Bereich mit dem Button ein Kriterienprofil unter Verwendung des Kriterientyps CREATING BATCHJOBS VIA SOLUTIONMANAGER. Optional können Sie dem Profil eine Bezeichnung geben, die nach dem Speichern in der Spalte TEXT angezeigt wird.
2. Im rechten Bereich erzeugen Sie für das Profil mit den Buttons UND bzw. ODER eine Struktur (die Kriterienhierarchie), der Sie dann einzelne Kriterien mit dem Button KRITERIUM zuordnen.
3. Für jedes einzelne Kriterium können Sie eine Wertekombination aus Mandant (Feld: MANDT) und Benutzer (Feld: UNAME) festlegen sowie einen beschreibenden Text hinterlegen.
4. Das Kriterienprofil funktioniert nur, wenn es aktiviert wurde. Vergessen Sie daher im linken Bereich die Aktivierung mit dem Button nicht. Als Ergebnis erscheint ein grüner Status in der Spalte STATUS.

Sie können Kriterienprofile im SAP Solution Manager ganz einfach aktivieren und deaktivieren, indem Sie im Bereich VERWALTUNG VON KRITERIEN auf den Link PROFILE FÜR ENDBENUTZER-JOBSTEUERUNG AKTIVIEREN bzw. PROFILE FÜR ENDBENUTZER-JOBSTEUERUNG DEAKTIVIEREN klicken (siehe Abbildung 10.13).

Hinweis [«]

Kriterienprofile können nur geändert werden, wenn sie deaktiviert sind. Achten Sie daher darauf, dass in der Spalte STATUS kein grüner Status zu sehen ist, bevor Sie ein Profil ändern (siehe Abbildung 10.14).

Abfangen von Jobs (Job Interception)

Ist es nicht möglich, Endbenutzern die Berechtigung zum Einplanen von Jobs zu entziehen, wird ein zentrales Jobmanagement unterlaufen. Das bedeutet:

- Die Ausführung dieser Jobs wird nicht in Abhängigkeit von der landschaftsweiten Situation gesteuert. Es können Überlastsituationen entstehen, die das Ausführen essenziell wichtiger Jobs verhindern. Das kann zum Beispiel sehr kritisch in Phasen des Periodenendabschlusses sein.
- Jobs dieser Benutzer sind nicht in die Überwachung im Rahmen eines SLA-Konzepts (Service Level Agreement) integriert, das heißt, diese Jobs unterliegen keiner zentralen Überwachung und demzufolge nicht den vereinbarten Prozessabläufen im Fehlerfall.

In diesem Fall, aber auch für alle Jobs, die auf anderen Wegen erzeugt werden, können Sie die Funktionalität *Job Interception* verwenden. Job Interception bedeutet das zielgerichtete Abfangen einer geplanten Jobausführung gemäß den vordefinierten Regeln, um diese zu einem späteren Zeitpunkt auf entsprechenden Ressourcen auszuführen. Die Funktionalität wird im SAP Solution Manager gemeinsam mit einem externen Scheduler realisiert.

Damit ermöglichen Sie, die Ausführung von Jobs in Ihrer Systemlandschaft von einer zentralen Instanz aus zu beeinflussen. Job Interception ist damit die logische Erweiterung des Ansatzes für Jobantrag, der schon in diesem Kapitel beschrieben wurde. Diese Funktionalität können Sie sowohl für Benutzer als auch für Jobgruppen konfigurieren.

Für die Aktivierung dieser Funktionalität müssen Sie zuerst Einstellungen im relevanten verwalteten System vornehmen. Im zweiten Schritt nehmen Sie die Änderungen im Scheduler vor. In diesem Buch sehen Sie diesen Vorgang am Beispiel von SAP CPS by Redwood.

Im SAP Solution Manager starten Sie die Konfiguration im Aktivitätsbereich VERWALTUNG des Work Centers JOBVERWALTUNG (siehe Abbildung 10.13).

Starten Sie die Definition der Kriterienprofile mit einem Klick auf den Link KRITERIENPROFILE UND BENUTZER PFLEGEN im Bereich VERWALTUNG VON KRITERIEN. Wählen Sie das verwaltete System sowie den Mandanten aus, für die Sie die Job Interception einrichten möchten. Danach wird der Kriterienverwalter, das Programm `CRITERIA_MANAGER`, in diesem System aufgerufen (siehe Abbildung 10.15). Hier konfigurieren Sie nun den ersten Teil der Funktionalität Job Interception, das heißt, Sie spezifizieren mit den im Folgenden beschriebenen Parametern, welche Jobs abgefangen werden sollen.

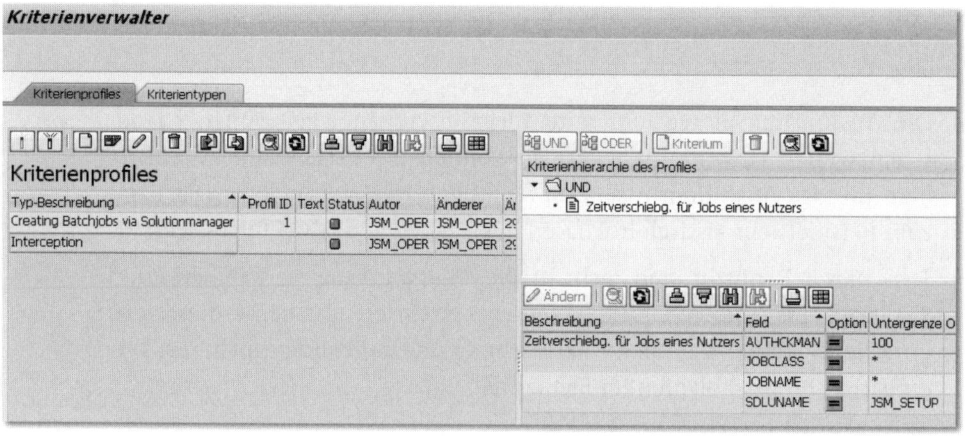

Abbildung 10.15 Verwaltung der Kriterien für die Job Interception

Die Vorgehensweise hier ähnelt der beschriebenen für die Jobantragsumleitung:

1. Definieren Sie im linken Bereich ein Kriterienprofil unter Verwendung des Kriterientyps INTERCEPTION.
2. Im rechten Bereich erzeugen Sie für das Profil mit den Buttons UND bzw. ODER eine Struktur und ordnen Kriterien mit dem Button KRITERIUM zu.
3. Für jedes einzelne Kriterium können Sie eine Wertekombination aus Mandant (Feld: AUTHCKMAN), Jobklasse (Feld: JOBCLASS), Jobname (Feld: JOBNAME) und Joberzeuger (Feld: SDLUNAME) festlegen. Ferner haben Sie die Möglichkeit, einen beschreibenden Text zu hinterlegen.
4. Wie bereits erwähnt, funktionieren Kriterienprofile nur, wenn sie in der Spalte STATUS als aktiv angezeigt werden.

Sie können Kriterienprofile im SAP Solution Manager ganz einfach aktivieren und deaktivieren, indem Sie im Bereich VERWALTUNG VON KRITERIEN auf den Link PROFILE FÜR ENDBENUTZER-JOBSTEUERUNG AKTIVIEREN bzw. PROFILE FÜR ENDBENUTZER-JOBSTEUERUNG DEAKTIVIEREN klicken.

Die Definitionen, die Sie im Kriterienverwalter festlegen, bewirken, dass die entsprechenden Jobs nicht ausgeführt werden und lediglich in den Status INTERCEPTED übergehen. Diesen Zustand können Sie mit Transaktion SM37 überprüfen.

Damit die Jobs nicht im Status INTERCEPTED verbleiben, müssen Sie sicherstellen, dass sie im externen Scheduler weiterverarbeitet werden. Daher müssen Sie als Nächstes den externen Scheduler konfigurieren. Im Folgenden zeigen wir Ihnen am Beispiel von SAP CPS by Redwood, wie diese Konfiguration aussieht.

Abbildung 10.16 zeigt den Karteireiter XBP JOB CONTROL RULES. All die angezeigten Karteireiter sind über das Menü zugänglich, das Sie sehen, wenn Sie in einem System auf die rechte Maustaste klicken. Wählen Sie die BEARBEITEN-Option aus.

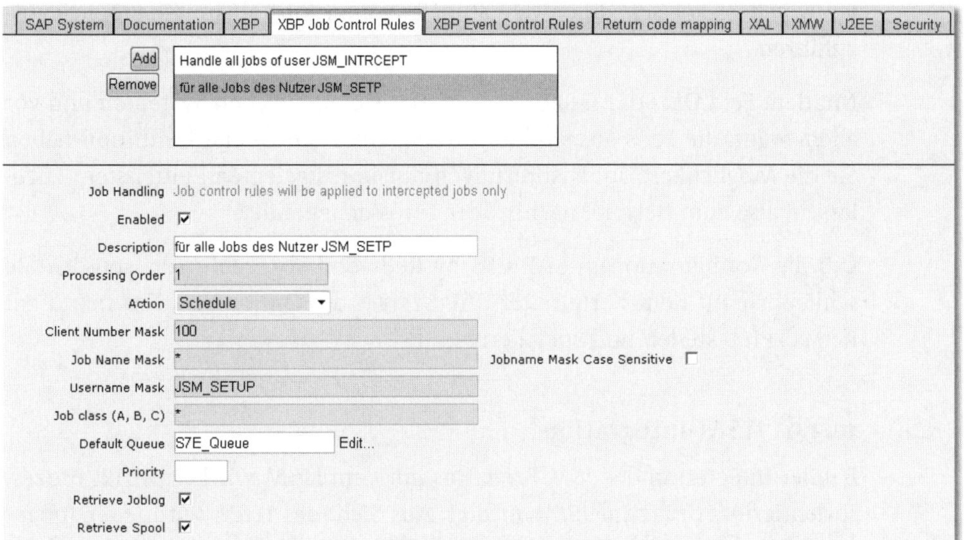

Abbildung 10.16 Job Interception in der SAP-Systemdefinition in SAP CPS by Redwood

Geben Sie hier die Werte der Kriterien ein, die Sie zuvor im Kriterienverwalter festgelegt haben. Tabelle 10.5 zeigt Ihnen, welche Werte des Kriterienverwalter Sie in welches Feld in SAP CPS by Redwood übernehmen müssen. Außerdem sehen Sie, welche Werte wir im Beispiel verwenden.

Kriterienfeld im Kriterienverwalter	Feldbezeichnung	Feld in SAP CPS by Redwood	Wert im Beispiel
Mandant	AUTHCKMAN	Client Number Mask	100
Jobklasse	JOBCLASS	Job class (A, B, C)	*
Jobname	JOBNAME	Job Name Mask	*
Joberzeuger	SDLUNAME	Username Mask	JSM_SETUP

Tabelle 10.5 Entsprechung der Kriterienwerte in SAP CPS by Redwood

Darüber hinaus legen Sie im Feld Action (mögliche Optionen: Hold, Ignore, Monitor, Schedule, Schedule intercepted, Start Immediately) fest, wie die abgefangenen Jobs in SAP CPS by Redwood behandelt werden sollen. Schedule bedeutet zum Beispiel, dass der im SAP-System aufgefangene Job vom Scheduler zu dem Zeitpunkt ausgeführt wird, zu dem er im SAP-System geplant war. Wenn Sie dagegen Schedule Intercepted auswählen, versucht der Scheduler, den aufgefangenen Job sobald wie möglich auszuführen.

Mit dem Feld Default Queue bestimmen Sie, in welchen Systemen und vor allem wann die Jobs ausgeführt werden. Über die Queue-Definition haben Sie die Möglichkeit, Jobausführungen nur in festgelegten Zeitfenstern zuzulassen, also zum Beispiel nachts oder am Wochenende.

Um die Konfiguration in SAP CPS by Redwood abzuschließen, müssen Sie schließlich auf dem Karteireiter SAP System die Option Job Handling auf Intercepted stellen und speichern.

10.3.9 ITSM-Integration

Bei der Integration des JSM-Szenarios mit dem ITSM wird ein strikt prozessorientierter Ansatz im JSM verfolgt. Aus Sicht des ITSM wird jeder Jobantrag, aber genauso jeder Antrag bezüglich einer Änderung oder des Beendens einer Jobausführung als Änderungsereignis im System betrachtet. Änderungen am System sollen über einen standardisierten Prozess abgewickelt werden. Deshalb wird neben dem Jobantragsdokument immer ein CRM-Dokument erstellt. Im Folgenden stellen wir Ihnen drei Möglichkeiten vor, mit denen Sie solche Ereignisse prinzipiell handhaben können.

Incident-Management-Integration

Im Fall der Incident-Management-Integration werden Änderungen bezüglich Jobs als Ereignis bzw. Vorfall (Incident) aufgefasst und sollen nach einem standardisierten Prozess behandelt werden. Wenn demnach Endanwender einen Jobantrag ausfüllen, entsteht gleichzeitig ein CRM-Dokument, dem eine definierte Behandlungsroutine (Vorgangsart) zugeordnet ist. In diesem Fall ist das die Vorgangsart SMIN für das Incident Management mit dem SAP Solution Manager. Das CRM-Dokument wird genutzt, um das Management des Ereignisses gemäß dem definierten Prozess abzuwickeln sowie die entsprechende Kommunikation zwischen den Beteiligten zu dokumentieren.

Über dieses CRM-Dokument ist die Integration mit dem Incident Management des SAP Solution Managers sichergestellt. Es wird auch vom verantwortlichen JSM-Team verwendet, um die Jobdokumentation als das zentrale Element für Dokumentation, Einplanen und Überwachen von Jobs zu erzeugen bzw. zu ändern.

Change-Request-Management-Integration

Im Fall der Change-Request-Management-Integration werden Änderungen bezüglich Jobs als technische Änderungen am System verstanden. Auch sie sollen nach einem standardisierten Prozess behandelt und letztendlich implementiert werden. Der Endbenutzer erzeugt mit dem Jobantrag gleichzeitig einen Änderungsantrag. Das in diesem Fall erzeugte CRM-Dokument basiert auf der Vorgangsart SMCR für das Change Request Management mit dem SAP Solution Manager.

Der Änderungsantrag wird entsprechend dem definierten Änderungsmanagementprozess abgearbeitet. Das bedeutet, es ist sichergestellt, dass zuerst ein Genehmigungsprozess durchlaufen wird.

Ist der Antrag genehmigt, wird aus dem SMCR-Dokument heraus ein SMAD-Dokument erzeugt, über das dann die gewünschte Änderung auf technischer Ebene implementiert wird. Eine Jobdokumentation wird aus diesem Dokument heraus erstellt bzw. geändert.

Kombinierte Integration

Kombinierte Integration bedeutet, dass Jobanträge zuerst gemäß dem Incident Management (Vorgangsart SMIN) und anschließend als Änderungsantrag gemäß dem Change Request Management (Vorgangsart SMCR) behandelt werden.

CRM-Dokumente dokumentieren die getätigten Aktionen sowie die Kommunikation der Verantwortlichen. Für ihre Bearbeitung wird die ITSM-Benutzeroberfläche verwendet (siehe Abbildung 10.17).

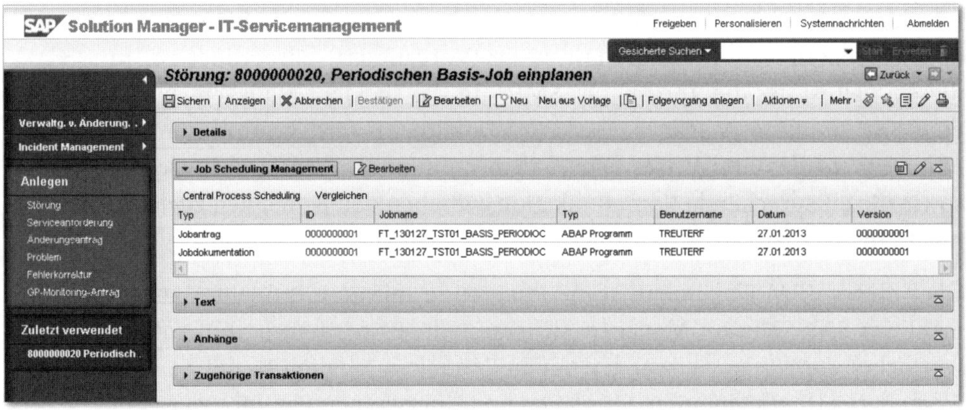

Abbildung 10.17 Benutzeroberfläche für das ITSM

Hier wird, nach erfolgter Prüfung durch die zugeordneten Verantwortlichen, aus dem Jobantrag eine Jobdokumentation erzeugt. In Abbildung 10.17 sehen Sie im Bereich JOB SCHEDULING MANAGEMENT, dass dieser Schritt für den Job `FT_130127_TST01_BASIS_PERODOC` bereits erfolgt ist.

Wenn Sie eine dieser Möglichkeiten bzw. die Kombination nutzen möchten, müssen Sie den SAP Solution Manager entsprechend vorbereiten. Führen Sie aus diesem Grund zunächst den Schritt IT-SERVICEMANAGEMENT in Transaktion SOLMAN_SETUP aus.

Sie können die genannten ITSM-Prozesse an Ihre Anforderungen anpassen. Die Integration in ITSM-Prozesse ist ein komplexes Thema, das wir in diesem Buch nicht umfassend erläutern können. Für mehr Informationen empfehlen wir Ihnen das Buch *IT-Service-Management mit dem SAP Solution Manager* von Friedrich und Sternberg (SAP PRESS 2013). Im folgenden Abschnitt wollen wir daher nur kurz auf eine weitere wichtige Funktionalität, nämlich das Thema Benachrichtigung, eingehen.

10.3.10 Benachrichtigung

Wie bereits erläutert, können Sie das JSM-Szenario in ITSM-Prozesse integrieren. Daneben können Sie die Geschäftsprozessüberwachung des SAP Solution Managers für die Jobüberwachung nutzen. Wenn Sie des Weiteren

SAP CPS by Redwood einsetzen, haben Sie die folgenden drei unterschiedlichen Möglichkeiten, um ein Benachrichtigungskonzept zu realisieren:

- E-Mail aus der ITSM-Integration, also aus den dortigen Prozessen heraus mit dem Post Processing Framework (PPF)
- E-Mail aus BPMon, da die in die Geschäftsprozessüberwachung integrierte Jobüberwachung genutzt wird
- Darüber hinaus können Sie auch die SAP CPS-eigenen Möglichkeiten zum Versenden von Benachrichtigungen nutzen.

10.4 Spielzeug AG

Das JSM-Team der Spielzeug AG hat festgestellt, dass ein relativ hoher Anteil periodischer Jobs manuell durch Endanwender eingeplant wird. Für diese Jobs wird kein einheitlicher Jobantragsprozess durchlaufen, also zum Beispiel nicht getestet, ob die erwarteten Ergebnisse schon durch andere Jobausführungen geliefert werden. Außerdem hat sich gezeigt, dass für die manuell eingeplanten Jobs keine Überwachung durchgeführt wird. Jobprobleme werden daher meist durch Endbenutzer bemerkt, sodass das JSM-Team erst mit einiger Verzögerung davon erfährt und daher auch erst spät reagieren kann.

Daher beschließt man, steuernd in den Jobantragsprozess einzugreifen. Endbenutzer erzeugen Jobanträge, deren Test und Einplanung gemäß den vereinbarten ITSM-Prozessen erfolgen.

Jobeinplanungen, die sich so nicht steuern lassen, sollen durch die Verwendung von SAP CPS by Redwood abgefangen und passend eingeplant werden. Deshalb setzt man SAP CPS by Redwood als zentralen Scheduler für die landschaftsweite Jobsteuerung ein. SAP CPS by Redwood wird mit dem SAP Solution Manager verbunden, und die wichtigsten Jobs werden aus der Jobdokumentation heraus eingeplant.

Die dargestellten Maßnahmen haben zwei Vorteile für die Spielzeug AG: Es existiert eine Jobdokumentation an einer zentralen Stelle für alle Jobs, und die landschaftsweite Jobüberwachung wird zentralisiert. Die Maßnahmen führen zu einer deutlichen Entspannung während der kritischen Periodenabschlusszeiträume. Schließlich kann durch die gewonnene Transparenz der Prozess der Störungsbeseitigung verbessert werden.

10.5 Weitere Dokumentationen

Links

- SAP Service Marketplace, Alias *jsm*
- SAP Service Marketplace, Alias *bpm*
- SAP Service Marketplace, Alias *supportstandards*
- SAP Service Marketplace, Alias *instguides*
- Den *Security Guide for SAP Solution Manager 7.1* finden Sie unter der URL *http://service.sap.com* und dem Pfad: SAP Help Portal • Application Lifecycle Mgmt • SAP Solution Manager • SAP Solution Manager 7.1 • Security Information.
- Information zu technischen Details in Bezug auf das JSM sowie generelle Übersichten finden Sie im SAP Community Network (SCN) unter *http://scn.sap.com*.

SAP-Hinweise

Tabelle 10.6 gibt einen Überblick über wichtige SAP-Hinweise im Zusammenhang mit dem JSM.

Inhalt	Hinweis
FAQ: Job Scheduling Management mit SAP Solution Manager	1054005
Job Scheduling Management: Work Center	1117355
CPS – Solution Manager integration setup	1729766
Verfügbarkeit des Geschäftsprozess-Monitorings	521820
BPMon im SAP Solution Manager – Voraussetzungen	784752

Tabelle 10.6 Hinweise zum Job Scheduling Management

Die Kontrolle und Steuerung von komplexen Systemlandschaften sowie der darauf laufenden Geschäftsprozesse ist eine wichtige Voraussetzung für den störungsfreien Geschäftsablauf in Ihrem Unternehmen. Dieses Kapitel befasst sich mit der Kontrolle der Geschäftsprozesse.

11 Betrieb von Geschäftsprozessen

In den vorangegangenen Kapiteln wurden Möglichkeiten des technischen Monitorings der SAP-Systemlandschaft genannt. Im vorliegenden Kapitel werden nun die zur Verfügung stehenden Werkzeuge und Funktionen zur Überwachung und Analyse Ihrer Geschäftsprozesse erläutert.

Sie werden sich vielleicht fragen, welche Relevanz dieses Kapitel für Ihren Arbeitsalltag hat. Die Herausforderungen bzw. die zu lösenden Probleme in der heutigen IT-Welt können nicht ausschließlich auf technischer Ebene oder auf der Ebene der Applikationen betrachtet werden. Stattdessen nehmen das Zusammenspiel und die enge Zusammenarbeit dieser beiden Bereiche einen immer wichtigeren Stellenwert im Unternehmen ein.

Der technische Betrieb und der Anwendungsbetrieb verfolgen grundsätzlich ein gemeinsames Ziel: den reibungslosen Ablauf IT-gestützter Geschäftsprozesse im Unternehmen. Im technischen Betrieb liegt das Hauptaugenmerk auf dem zugrunde liegenden System, im Anwendungsbetrieb wird die Applikationsschicht selbst betrachtet. Als technischer Experte sollten Sie auch einen Einblick in die Funktionen zum Geschäftsprozessbetrieb im SAP Solution Manager erhalten, um weitere applikationsnahe Überwachungsmöglichkeiten kennenzulernen.

Am Beispiel des Beschaffungsprozesses der Spielzeug AG erläutern wir Ihnen in diesem Kapitel die Möglichkeiten des Geschäftsprozessbetriebs und klären Sie über Unterschiede zum technischen Betrieb auf.

11.1 Werkzeuge zur Überwachung der Geschäftsprozesse

Der SAP Solution Manager bietet eine Vielzahl an Werkzeugen, um IT-gestützte Geschäftsprozesse während der Projektphase und nach Produktivsetzung im operativen Betrieb zu kontrollieren und zu steuern.

In Kapitel 3, »Implementierungsprojekte«, sind wir darauf eingegangen, dass Geschäftsprozesse selbst die Grundlage vieler im SAP Solution Manager verwendeter Szenarien sind. Das bedeutet konkret, dass nach dem Abschluss eines Projektes alle relevanten Geschäftsprozesse an die Lösung übergeben werden. Diese Lösung wurde im SAP Solution Manager abgebildet und stellt den operativen Betrieb dar. Sie enthält alle kritischen Kerngeschäftsprozesse, die überwacht und gesteuert werden müssen.

11.1.1 Methoden: Stabilisierung und Verbesserung

Beim operativen Betrieb von Geschäftsprozessen gibt es zwei Methoden: *Stabilisierung* und *Verbesserung*.

Betrachten wir zunächst den Aspekt der Verbesserung: Wie in Abbildung 11.1 dargestellt ist, können mithilfe von Analysewerkzeugen bestehende Prozesse qualitativ verbessert werden. Gesammelte Daten dienen hierbei als Basis zur Identifizierung von überfälligen oder offenen Belegen und Dokumenten, zum Beispiel offenen Bestellungen oder überfälligen Lieferungen. Dabei handelt es sich entweder um Belege, die aufgrund ihres Alters nicht mehr relevant und zu archivieren sind, oder um einen Arbeitsrückstand von aktuellen Belegen.

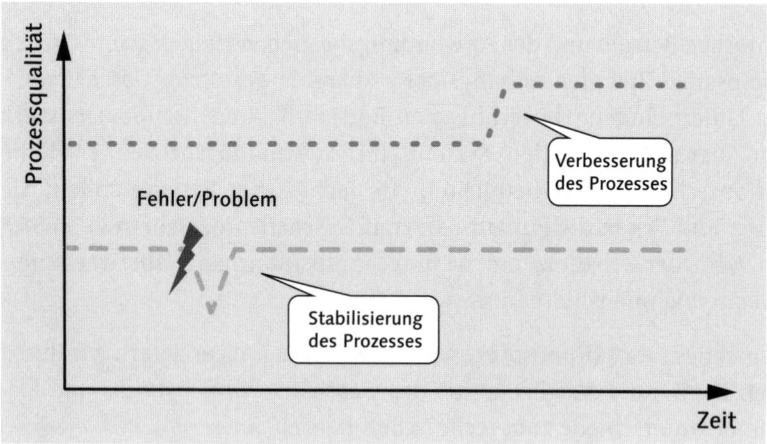

Abbildung 11.1 Verbesserung und Stabilisierung

Erst nach einer Aufarbeitung bzw. Archivierung dieser offenen Belege sollte eine Überwachung erfolgen, damit eine Verbesserung des Prozesses festgestellt werden kann.

Hieran schließt sich der Aspekt der Stabilisierung an: In der Geschäftsprozessüberwachung können diese geschäftsprozessrelevanten Belege sowie technische Kennzahlen kontrolliert werden. Technische Kennzahlen umfassen hierbei die Überwachung von Jobs, Schnittstellen oder Fehlern, um eine frühzeitige Fehlererkennung sicherzustellen und den Geschäftsprozess in seinem Ablauf stabil zu halten.

In den folgenden Abschnitten werden die Maßnahmen beschrieben, mit deren Hilfe man eine Verbesserung und Stabilisierung erreichen kann. Es handelt sich hierbei um folgende Schritte:

- Geschäftsprozessanalyse (siehe Abschnitt 11.1.2)
- Business Process Analytics (siehe Abschnitt 11.1.3)
- Geschäftsprozessüberwachung (siehe Abschnitt 11.1.4)
- Dashboards (siehe Abschnitt 11.1.5)

Abbildung 11.2 stellt die Beschaffung von neuem Material für die Produktion von Spielzeug dar.

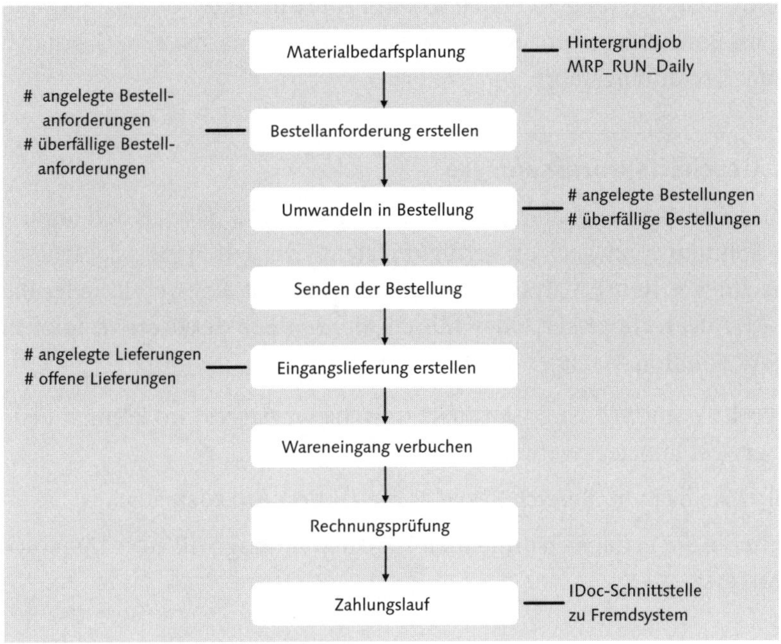

Abbildung 11.2 Beschaffungsprozess

Dabei wird ein möglicher Materialbedarf durch die Materialbedarfsplanung ermittelt und neues Material bestellt. Letzteres geschieht mithilfe der folgenden drei grundlegenden Belege:

- Bestellanforderung
- Bestellung
- Eingangslieferung

Um den Prozess abzusichern, werden die folgenden Geschäftskennzahlen überwacht.

- angelegte Bestellanforderungen/überfällige Bestellanforderungen
- angelegte Bestellungen/überfällige Bestellungen
- angelegte Lieferungen/offene Lieferungen

Zusätzlich zu den reinen Geschäftskennzahlen sollen auch die Durchführung des MRP-Laufs (Materials Requirement Planning, Materialbedarfsplanung) sowie die Übermittlung der Zahlungsinformationen an ein Fremdsystem per IDoc überwacht werden. Neben diesen Kennzahlen können auch weitere genutzt werden; eine Liste mit anderen möglichen Kennzahlen finden Sie in Abschnitt 11.1.4, »Geschäftsprozessüberwachung«.

Wir stellen nun die Maßnahmen anhand der Spielzeug AG dar, um Verbesserung und Stabilisierung zu erzielen. Um Probleme und Verbesserungspotenziale im Beschaffungsprozess aufzudecken, wird zunächst eine Geschäftsprozessanalyse durchgeführt.

11.1.2 Geschäftsprozessanalyse

In der Geschäftsprozessanalyse, die als Service von SAP oder als Self-Service im SAP Solution Manager zur Verfügung steht, werden Standardgeschäftsprozesse eines Systems analysiert. Kontaktieren Sie für eine Servicelieferung Ihren SAP-Ansprechpartner, oder führen Sie den Self-Service wie folgt in Ihrem SAP Solution Manager durch.

1. Im Work Center SAP Engangement und Servicelieferung können neue Self-Services angelegt werden.
2. Wählen Sie dazu im Bereich Services die Option Anlegen aus.
3. Selektieren Sie in der sich öffnenden Liste den Eintrag SAP-Geschäftsprozessanalyse.

4. Folgen Sie den weiteren Anweisungen des Assistenten.

Es stehen verschiedene Servicevarianten für SAP ERP-, SAP CRM- und SAP SRM-Systeme zur Verfügung. Bei Durchführung der Geschäftsprozessanalyse werden Daten direkt vom entsprechenden verwalteten System gesammelt. Wir betrachten nun das Beispiel der angelegten und offenen Lieferungen. Neben den angelegten Lieferungen pro Tag, die mit den offenen Lieferungen ins Verhältnis gesetzt werden, dienen Liefertypen und Versandstellen als erste Anhaltspunkte für die Optimierung des Beispielprozesses.

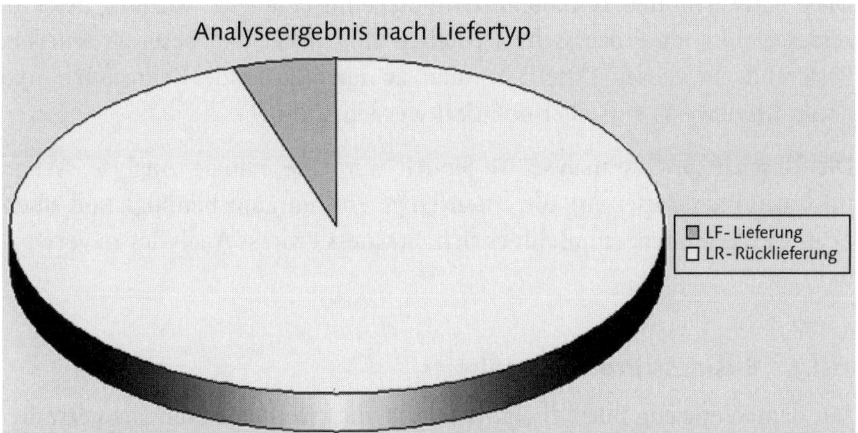

Liefertyp	Beschreibung	Lieferungen	Prozent
LF	Lieferung	1494	94,9
LR	Rücklieferung	81	5,1

Abbildung 11.3 Geschäftsprozessanalyse – Ergebnisse

Die Spielzeug AG legt pro Tag ungefähr 100 Lieferungen an, 70 davon sind reine Lieferungen und 30 Rücklieferungen. Die Zahl der angelegten Lieferungen ist eine *Durchsatzkennzahl*. Sie gibt Auskunft darüber, wie stark die Systeme und die einzelnen Organisationseinheiten, zum Beispiel Werke oder Dokumente, in diesen Prozess involviert sind. Durchsatzkennzahlen werden benötigt, um zuverlässige Aussagen über mögliches Verbesserungspotenzial zu treffen.

Daneben hat die Spielzeug AG 1.575 offene Lieferungen; die Anzahl der offenen Lieferungen ist eine *Rückstandskennzahl*. Wie in dem Geschäftsprozessanalyse-Report in Abbildung 11.3 auszugsweise dargestellt, haben fast 95 % der offenen Belege den Liefertyp Lieferung. Es sollte analysiert werden, was der Grund für das Offenbleiben dieser Lieferungen ist. Eine Prozesslücke oder Fehler in der Systembedienung könnten zum Beispiel die Ursache sein.

Um eine problematische Situation zu bewerten, sollten immer Durchsatz- und Rückstandskennzahlen (letztere sind offene oder überfällige Belege) für die jeweiligen Organisationseinheiten und Dokumententypen miteinander verglichen werden. Im Fall der Spielzeug AG ist der Rückstand zweimal höher als der wöchentliche Durchsatz. Das ist zwar durchaus als verbesserungswürdig, aber nicht als kritisch zu bezeichnen.

Diese Informationen können als Grundlage für eine Überwachung des Prozesses dienen, da Prozessschwachstellen aufgedeckt und beseitigt wurden. Basierend auf diesen Daten, können zu überwachende Kennzahlen und deren Grenzwerte einfacher definiert werden.

Die Geschäftsprozessanalyse ist jedoch nur eine initiale Analyse. Wenn Informationen dieser Art für einen längeren Zeitraum benötigt und überprüft werden sollen, empfiehlt es sich, Business Process Analytics zu verwenden.

11.1.3 Business Process Analytics

Mit dem Werkzeug Business Process Analytics werden Daten aus verwalteten Systemen täglich oder wöchentlich gesammelt, um sie im BW-Mandanten des SAP Solution Managers abzulegen. Diese Daten können langfristig zur weiteren Analyse genutzt werden. Im Unterschied zur Geschäftsprozessanalyse ist es hier möglich, Trends zu verfolgen und so die Entwicklung der offenen und überfälligen Dokumente über eine längere Zeit zu beurteilen. Neben dieser Trendanalyse können die Daten auch auf ihre Altersstruktur hin untersucht und vergleichend eingesetzt werden. Dabei kann die Selektion dynamisch angepasst werden und erfordert nicht jeweils eine neue Datensammlung. Den Achsen können bei der Selektion verschiedene Werte wie Dokumenttyp, Organisationseinheit oder Werk zugeordnet werden. Darüber hinaus ist eine Selektion einzelner Werte möglich. Falls Optimierungspotenzial aufgedeckt wurde, können Sie direkt in eine Detailliste im verwalteten System abspringen.

In Abbildung 11.4 ist ein Benchmark für offene Lieferungen dargestellt. Von hier aus können Sie alle anderen Funktionen wie Altersstruktur, Trends und die Detailliste über die entsprechenden Buttons aufrufen.

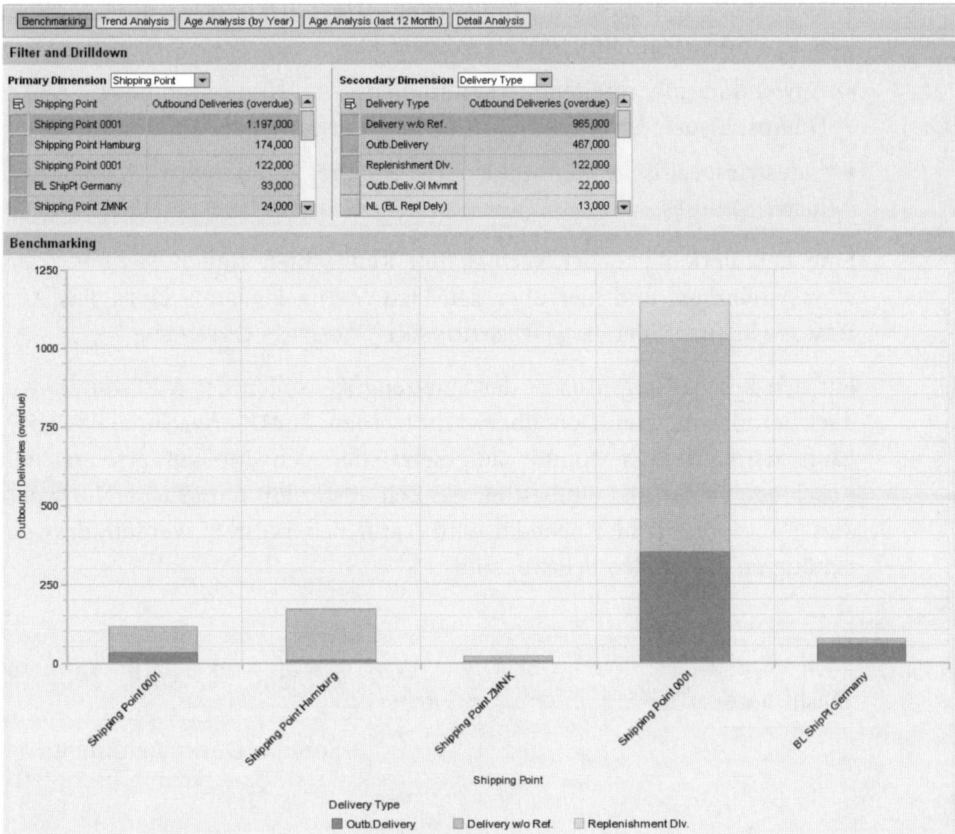

Abbildung 11.4 Beispiel – Business Process Analytics

11.1.4 Geschäftsprozessüberwachung

Nachdem die geschäftsprozessrelevanten Kennzahlen durch eine Geschäftsprozessanalyse und Business Process Analytics überprüft wurden und das System bereinigt ist, sollen diese Kennzahlen mithilfe der Geschäftsprozessüberwachung beobachtet werden. Zusätzlich können auch technische Kennzahlen genutzt werden, um den Prozessfluss sicherzustellen. Folgende Kennzahlen sind verfügbar:

- Applikationsspezifische Kennzahlen zu:
  - SAP ERP (SD, MM, PP, LE, WM, QM, FI)
  - SAP CRM (Sales, Services, Customer Interaction Center, Marketing)
  - SAP APO und SAP SRM

- Überwachung folgender Schnittstellen: IDoc, BDoc, tRFC, qRFC, bgRFC, Batch-Input, Flat Files, SAP NetWeaver PI
- Anwendungsübergreifende Kennzahlen zu: Hintergrundjobs, ABAP-Dumps, Update Errors, Application Log, Performance Monitoring
- Industriespezifische Kennzahlen zu: Apparel & Footwear, Automotive, Retail, Utilities

Eine detailierte Liste der verfügbaren Kennzahlen finden Sie unter *service.sap.com/bpm* und hier über den Pfad Media Library • Overview and Demos • Business Process Operations Key Figures • Overview.

Für den Beschaffungsprozess der Spielzeug AG sollen der MRP-Lauf sowie die Übermittlung von IDocs überwacht werden. Zur Überwachung des MRP-Laufs wird ein Job-Monitor aufgesetzt, der den Job auf erfolgreichen Abschluss, Fehler und ein bestimmtes Zeitfenster hin untersucht. Nur wenn dieser Job ohne Fehler beendet wird, kann sichergestellt werden, dass die benötigten Materialen bekannt sind.

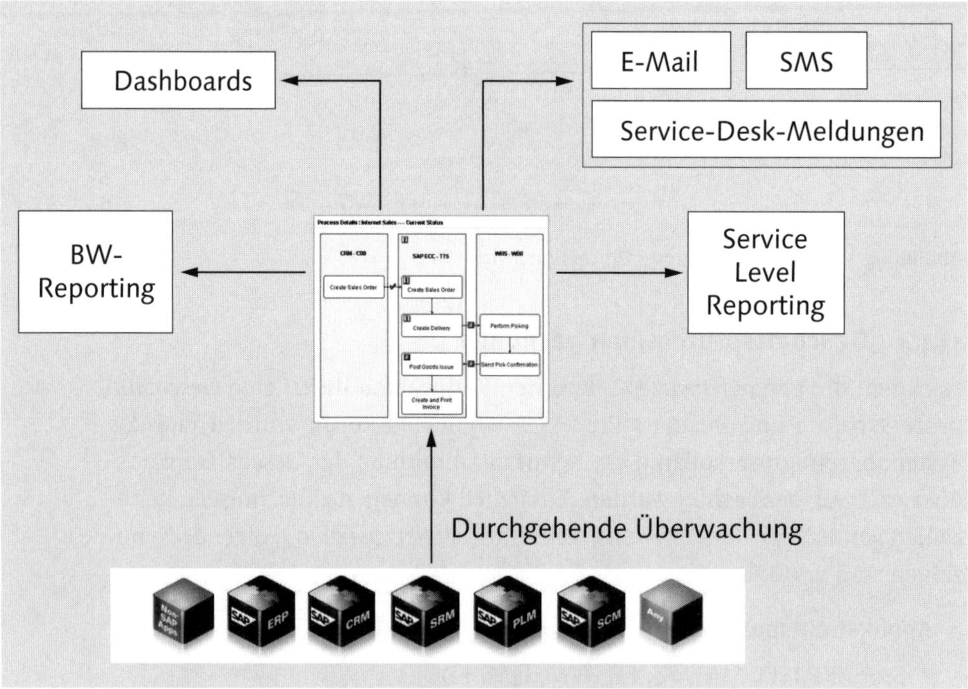

Abbildung 11.5 Geschäftsprozessüberwachung – Übersicht

Als weitere Kennzahl werden alle aus dem System ausgehenden IDocs überprüft. Dabei können sowohl der Durchsatz als auch die Fehler innerhalb des IDocs überprüft werden. Nur bei erfolgreicher Übermittlung der Daten zu einem Fremdsystem kann der Bezahlungsprozess erfolgeich abgeschlossen werden.

In Abbildung 11.5 sind alle relevanten Bestandteile der Geschäftsprozessüberwachung dargestellt.

Die Daten werden von allen verwalteten Systemen gesammelt und im SAP Solution Manager zentral bereitgehalten. Dabei handelt es sich sowohl um Alerts als auch um Geschäftsdaten, die im BW-System des SAP Solution Managers abgelegt werden. Basierend auf diesen Daten, ist es möglich, Alerts im Work Center zur Anzeige zu bringen und sie zu überprüfen; eine Weiterleitung der Information ist über E-Mail oder – falls vorhanden – über den Service Desk möglich. Somit können Tickets automatisch für den IT-Support erstellt werden, was einen schnellen Beginn der Störungsbearbeitung garantiert. Darüber hinaus können die Informationen auch aufbereitet in Dashboards dargestellt werden.

11.1.5 Dashboard

Mit einem zentralen Zugriff über das Work Center BETRIEB VON GESCHÄFTSPROZESSEN ist es möglich, individuelle Auswertungen über gesammelte Daten zu erstellen. Dazu können alle vorhandenen Quellen (Alert-Tabellen und BW-InfoCubes) genutzt werden. Zum einen können Übersichten über alle Alerts in Tabellen dargestellt werden; zum anderen können Belegdaten aus dem BW-System des SAP Solution Managers (zum Beispiel aus Business Process Analytics) genutzt und als Torten-, Balken- und Trenddiagramme dargestellt werden. Auch eine Kombination verschiedener Informationsquellen ist möglich, um Bereichs- und Teamleitern sowie dem Management einen Überblick über die aktuelle System- oder Prozesssituation zu erlauben.

In Abbildung 11.6 sind vier verschiedene Panels mit unterschiedlichen Informationen zu überfälligen Lieferungen dargestellt. Ein Panel beinhaltet jeweils Details aus einer zugehörigen Informationsquelle (Tabelle oder BW-InfoCube).

Nur die Kombination aus Durchsatzkennzahlen (siehe Panel 1, links oben in Abbildung 11.6) und den noch überfälligen Lieferungen (siehe Panel 2, links unten) ermöglicht eine genaue Aussage über die Prozesssituation.

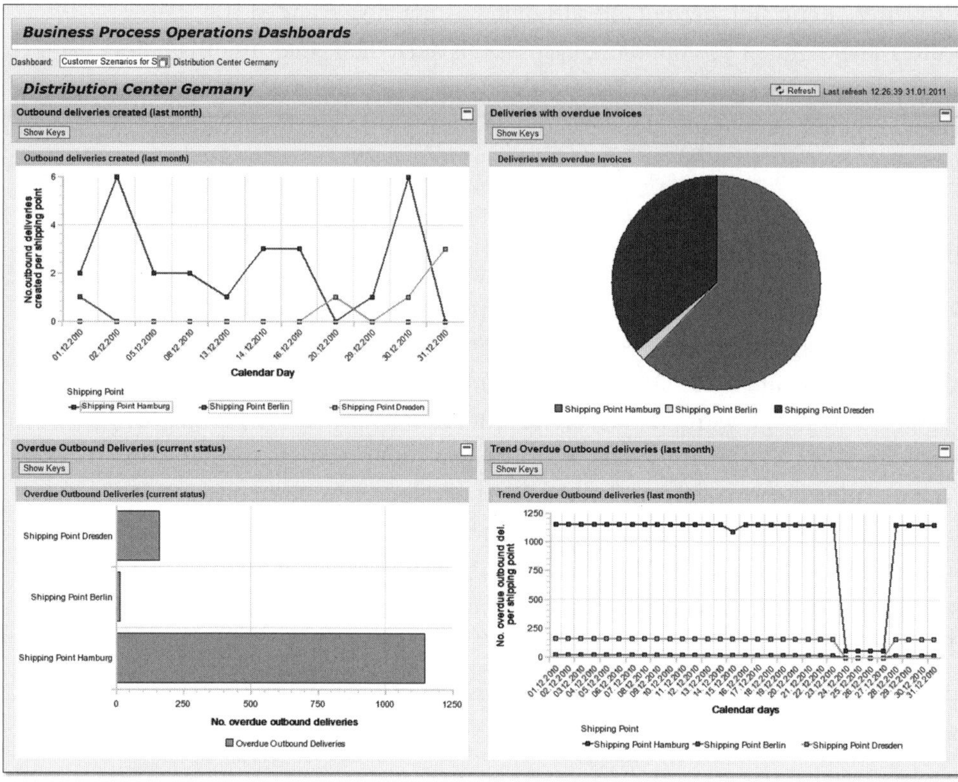

Abbildung 11.6 Beispiel – Dashboard

11.2 Überwachungskonzept und Standardprozesse

Um eine ausführliche Überwachung zu erreichen, sollten Sie nicht nur die Werkzeuge selbst beherrschen, sondern auch eigene Prozesse definieren, um die Überwachung zu unterstützen. In diesem Abschnitt gehen wir auf Konzepte und mögliche Standardprozesse ein.

11.2.1 Konzept und Rollen in der Geschäftsprozessüberwachung

Neben der technischen Bereitstellung des SAP Solution Managers für die Geschäftsprozessüberwachung sollte auch eine organisatorische Struktur rund um die Überwachung aufgebaut werden – ähnlich wie beim technischen Monitoring (siehe Kapitel 5, »Technisches Monitoring«).

Eine Möglichkeit, um diese organisatorische Struktur aufzubauen, ist, mit der Erstellung eines Überwachungskonzeptes während des Entwurfs der

Prozesse zu beginnen. Denn aus der technischen Integration und Implementierung können viele Informationen abgeleitet werden, die für die Überwachung notwendig sind. Neben der Definition der Überwachungsobjekte müssen im Rahmen des Konzepts unter anderem Schwellenwerte, Selektionskriterien, Kontaktpersonen, Eskalationspfade und auszuführende Aktivitäten festgelegt werden. Nach Fertigstellung des Konzeptes wird die Überwachung, wie in Abbildung 11.7 dargestellt, gemäß dem allgemeinen Projektplan implementiert. So kann mit der Produktivsetzung der Lösung auch die Überwachung aktiviert werden. Diese gleichzeitige Implementierung stellt den optimalen Fall dar. In den meisten Fällen wird eine Einführung der Überwachung bei einer bereits bestehenden Lösung erfolgen. Achten Sie dabei darauf, dass die Informationen für Schwellenwerte, Kennzahlen etc. vollständig erfasst werden.

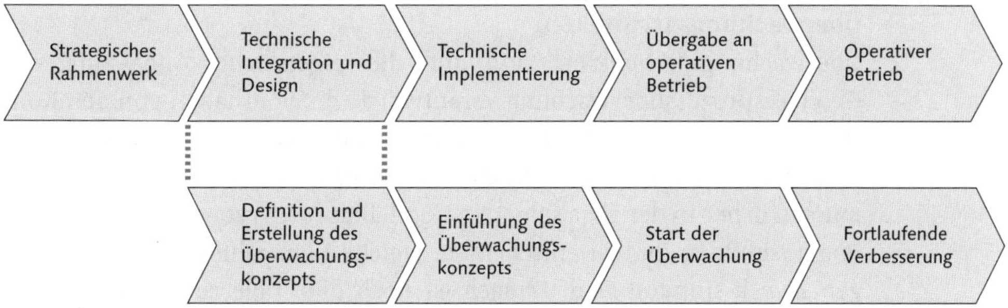

Abbildung 11.7 Überwachungskonzept – idealer Zeitpunkt

Nach der Übergabe an den produktiven Betrieb beginnt die Phase der fortlaufenden Verbesserung. Geschäftsprozesse befinden sich in einem ständigen Wandel, daher müssen die Kennzahlen in regelmäßigen Abständen geprüft und gegebenenfalls angepasst werden. Besonderes Augenmerk sollte auf den Schwellenwerten liegen, die den gelben bzw. roten Alert auslösen.

Beispiel [zB]

Bei zu niedrigen Schwellenwerten kann es zu einer »Alert-Flut« kommen. Die Folge hiervon könnte sein, dass Personen, die die Alerts erhalten, mit deren Bearbeitung nicht nachkommen und die Sinnhaftigkeit der Alerts generell infrage stellen. Durch zu hohe Schwellenwerte können mögliche Problemsituationen jedoch unerkannt bleiben.

Führen Sie regelmäßige Überprüfungen Ihrer Kennzahlen durch, um eine gleichbleibend hohe Akzeptanz und Effektivität Ihrer Überwachung zu erhalten.

Wie bereits angesprochen, ist die Auswahl der richtigen Ansprechpartner und Verantwortlichkeiten sowie Befürworter für die Überwachung ein wichtiger Aspekt (siehe Abbildung 11.8):

- **Befürworter/Sponsor**
  Um die Überwachung sicherzustellen, werden Befürworter benötigt, die das Projekt unterstützen. Sie sind unter anderem für die Bereitstellung von notwendigen Ressourcen zuständig. Idealerweise handelt es sich hierbei um Beteiligte aus dem technischen Betrieb und aus einem oder mehreren Fachbereichen.
- **Gesamtverantwortlicher**
  Darüber hinaus sollte ein Verantwortlicher für das Gesamtprojekt »Überwachung« definiert werden, der die vorhandenen Ressourcen verwaltet und die Koordination der Überwachungsarchitekten übernimmt.
- **Überwachungsarchitekten**
  Überwachungsarchitekten sind für die eigentliche Anpassung der Geschäftsprozessüberwachung verantwortlich. Sie erhalten von den Konsumenten/Endanwendern auf IT- und Fachabteilungsseite Informationen zu Schwellenwerten und Selektionskriterien. Überwachungsarchitekten müssen daher in der Lage sein, den Geschäftsprozess zu verstehen, im System abzubilden und zu entscheiden, welche Kennzahlen für den jeweiligen Zweck sinnvoll sind. Danach ist noch die Frage zu klären, wie auf einen Alert reagiert werden soll. Neben der einzusetzenden Methode (E-Mail, SMS oder Service-Desk-Meldung) muss entschieden werden, wer informiert wird. Ob Endanwender oder eine spezielle Support-Organisation informiert werden sollen, hängt von der Kennzahl sowie der Organisation Ihres Unternehmens ab. Eine Support-Organisation hilft zum Beispiel dabei, bereits bekannte Probleme schneller zu lösen und eine zentrale Lösungsdatenbank aufzubauen. Ein mögliches Beispiel einer Rollenverteilung finden Sie in Abbildung 11.8.

Ohne solche Organisationsstrukturen kann nicht gewährleistet werden, dass die aufgesetzte Überwachung effizient und korrekt arbeitet. Daher sollten vor Beginn der Überwachung alle relevanten Informationen und Verantwortlichkeiten dokumentiert werden.

Auch wenn die Überwachung nicht gleichzeitig mit der aufzubauenden Lösung entsteht, sondern nachträglich für eine bereits bestehende System- und Prozessumgebung erstellt wird, sollte nicht auf ein detailliertes Konzept verzichtet werden. Ein Aufbau der Überwachung zu einem späteren Zeitpunkt stellt kein Problem dar; achten Sie dabei nur darauf, dass die in Abbildung 11.7 gezeigten Phasen beachtet und durchlaufen werden. Teil des Konzeptes ist auch ein definierter Prozess zur Behandlung von Alerts. Ein möglicher Standardprozess hierzu wird im nächsten Abschnitt beschrieben.

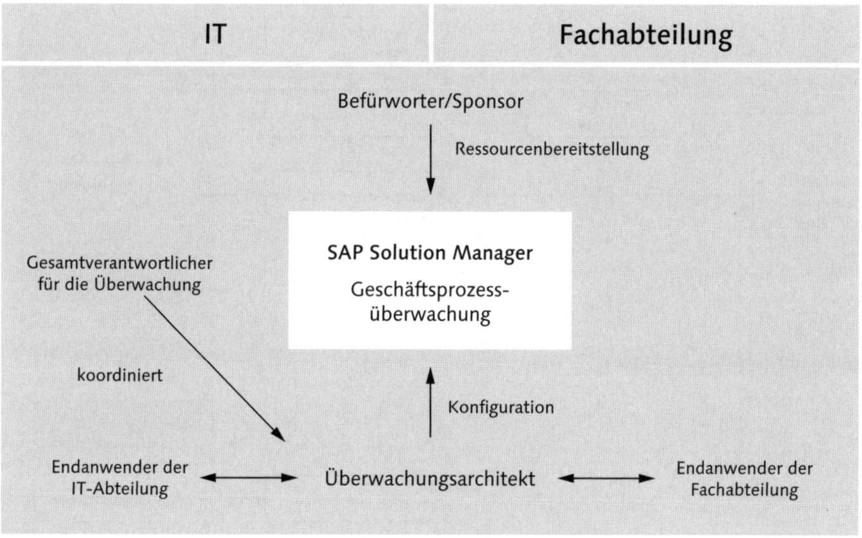

Abbildung 11.8 Rollenverteilung in der Geschäftsprozessüberwachung

11.2.2 Standardprozess zur Alert-Behandlung

Für jede Kennzahl muss klar definiert werden, wer, wann und wie reagiert. Dabei spielen die Auswirkung auf den Geschäftsprozess und die Dringlichkeit ein wichtige Rolle. Generell sollten aber alle Reaktionen einem standardisierten Vorgehen folgen. In Abbildung 11.9 ist ein Beispiel eines Überwachungsprozesses für Geschäftsprozesse und Schnittstellen dargestellt.

Betrachten wir die einzelnen Schritte im Prozess der Alert-Behandlung:

1. Der erste Schritt im Überwachungsprozess ist das Erkennen der kritischen Situation (Überschreitung des Schwellenwertes). Dies geschieht über E-Mail, SMS oder eine Service-Desk-Meldung oder durch eine Überprüfung des Alert-Eingangs im SAP Solution Manager (Work Center GESCHÄFTSPROZESSÜBERWACHUNG).

2. Nach dem Erkennen der Störung kann eine initale Analyse der Daten im angeschlossenen System erfolgen. Je nach Art der betroffenen Kennzahl (technische oder betriebswirtschaftliche Kennzahl aus einem Fachbereich) müssen für die Analyse Geschäftsprozessverantwortliche, Key-User oder Systemverantwortliche herangezogen werden.

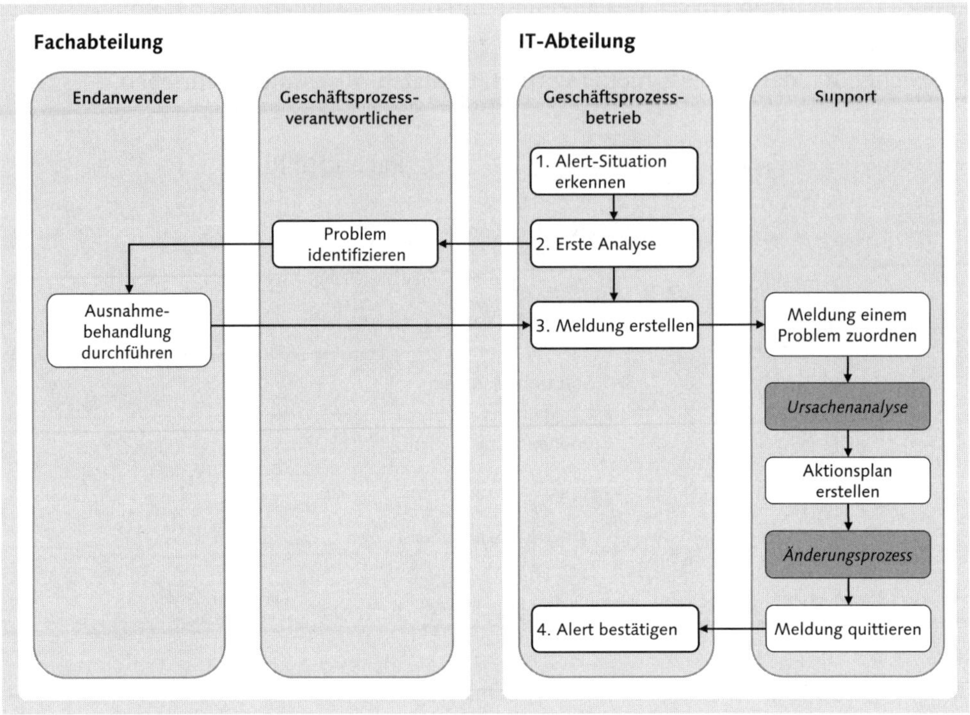

Abbildung 11.9 Standardprozess zur Alert-Behandlung

3. Falls die Störung nicht bekannt ist und daher keine Lösung gefunden werden kann, sollten eine Service-Desk-Meldung angelegt und alle relevanten Informationen an den IT-Support übergeben werden. Wenn Sie eine Service-Desk-Meldung angelegt haben, erfolgt im Support eine Ursachenanalyse. Anschließend wird ein Aktionsplan erstellt und ein Änderungsprozess durchlaufen, zum Beispiel Änderungen im Programmcode. Diesen Änderungsprozess können Sie direkt aus dem Ticket heraus anstoßen, das Sie vom Support zurückerhalten.

4. Nach erfolgreicher Beseitigung der Störung muss der Alert im SAP Solution Manager bestätigt werden, um zu kennzeichnen, dass der Prozess wieder stabilisiert wurde. Auch dies geschieht im Work Center GESCHÄFTSPROZESSÜBERWACHUNG. Sie finden hier in der linken Menüleiste unter dem Punkt TYPISCHE AUFGABEN auch alle Einstiegspunkte zum Aufsetzen der Überwachung, von Business Process Analytics und der Dashboards.

Dieser kleine Überblick zur Geschäftsprozessüberwachung soll bewusst machen, dass Sie neben dem technischen Monitoring auch eine Überwachung der Geschäftprozesse benötigen, um einen störungsfreien Ablauf in

Ihrem Unternehmen zu gewährleisten. Zusätzlich dazu stellen Ihnen die Werkzeuge Geschäftsprozessanalyse, Business Process Analytics und Dashboard viele Auswertungsmöglichkeiten für Ihre Geschäftsprozesse und die darin verwendeten Belege standardmäßig zur Verfügung.

11.2.3 Weitere Dokumentationen

Links

Weitere Informationen und Material finden Sie unter *service.sap.com/bpm*. Unter MEDIA LIBRARY stehen Ihnen folgende Dokumente zur Verfügung:

- Setup Guides/Roadmaps für alle Monitoring-Funktionalitäten
- Übersichten über verfügbare Kennzahlen
- Best Practices und Kundenbeispiele

SAP-Hinweise

Tabelle 11.1 gibt einen Überblick über wichtige SAP-Hinweise im Zusammenhang mit dem Betrieb von Geschäftsprozessen.

Inhalt	Hinweis
Verfügbarkeit des Geschäftsprozess-Monitorings	521820
BPMon im SAP Solution Manager – Voraussetzungen	784752

Tabelle 11.1 SAP-Hinweise zum Betrieb von Geschäftsprozessen

Ein funktionierendes Berechtigungskonzept ist eine wichtige Grundlage für die Arbeit mit dem SAP Solution Manager. In diesem Kapitel zeigen wir Ihnen, wie Sie ein Berechtigungskonzept entwickeln, das Ihren Bedürfnissen entspricht.

12 Berechtigungen im SAP Solution Manager-System

Nachdem das Thema Berechtigungen bisher in jedem Kapitel angesprochen wurde, stellen wir Ihnen in diesem Kapitel nun das grundlegende Berechtigungskonzept des SAP Solution Managers vor und helfen Ihnen, ein für Sie passendes Konzept zu entwickeln. Wir werden die Rollen des SAP Solution Managers und der verwalteten Systeme vorstellen und Ihnen zeigen, wie Sie ein umfassendes Berechtigungskonzept planen, umsetzen und dokumentieren.

Ein sorgfältig geplantes Berechtigungskonzept zahlt sich aus: Es hilft Ihnen nicht nur, die Informationssicherheit in Ihrem Unternehmen einzuhalten, sondern erleichtert auch die Organisation der Berechtigungsverteilung und erspart Ihnen wertvolle Zeit beim Ausrollen der Berechtigungen.

Im folgenden Abschnitt werden wir Ihnen daher zunächst zeigen, welche Möglichkeiten Ihnen der SAP Solution Manager bereitstellt, um die verschiedenen Benutzer in einem System zu warten.

12.1 Pflege des Benutzerstammsatzes

Wie in anderen SAP-Systemen auf Basis des SAP NetWeaver AS ABAP ist der Benutzerstammsatz die Grundlage für die Vergabe von Berechtigungen, die es Benutzern erlauben, Aktionen auszuführen. In diesem Abschnitt lernen Sie die typischen Werkzeuge für die Benutzerpflege und deren Einstellungsmöglichkeiten kennen.

Ein Benutzer kann in der Benutzerpflege (Transaktion SU01) erstellt und gewartet werden. In der Benutzerpflege stehen Ihnen die aus der AS ABAP-Systemadministration bekannten Karteireiter zur Verfügung (mehr Informationen finden Sie auch in *SAP NetWeaver AS ABAP – Systemadministration* von Föse, Hagemann und Will, das ebenfalls bei SAP PRESS (2011) erschienen ist):

- Adresse
- Logon-Daten
- SNC (Secure Network Communication)
- Festwerte
- Parameter
- Rollen
- Profile
- Gruppen
- Personalisierung
- Lizenzdaten

Die Karteireiter PROFILE und ROLLEN sind die für die Benutzerverwaltung entscheidenden Karteireiter. Hier können Sie einem Benutzer Berechtigungen für genau definierte Aktionen in Form von Rollen zuweisen. Eine *Rolle* soll möglichst genau den Aufgaben und Tätigkeiten eines Benutzers entsprechen. Eine Rolle wird durch die Zuordnung so genannter *Profile* gebildet. Rollen können wiederum in *Sammelrollen* zusammengefasst werden. Abbildung 12.1 zeigt den Aufbau eines Benutzerstammsatzes mit Sammelrollen, Rollen und Profilen.

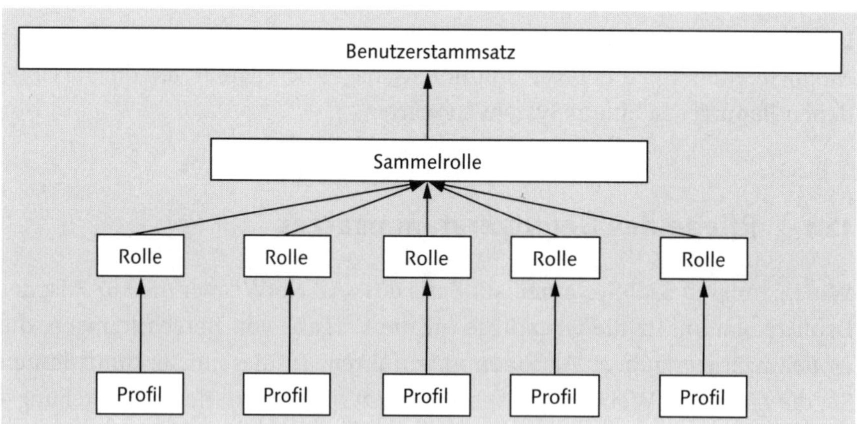

Abbildung 12.1 Aufbau eines Benutzerstammsatzes

Prinzipiell können Sie einem Benutzer auch direkt Profile zuordnen. Da Sie einem Benutzer jedoch meist mehrere Berechtigungen und Profile zuordnen müssen, besteht die Gefahr, schnell die Übersicht zu verlieren. Die Vergabe von Berechtigungen an einen Benutzer erfolgt mithilfe der genannten Karteireiter PROFILE und ROLLEN. *Gruppen* dienen der Zusammenfassung von Benutzern mit ähnlichen Arbeitsaufgaben. Dies vereinfacht die Identifizierung und Verwaltung der Benutzer und hat keine direkten Auswirkungen auf deren Berechtigungen.

Um allen Benutzern einer Benutzergruppe gleichzeitig Berechtigungen zuzuweisen, verwenden Sie die Massenbenutzerpflege (Transaktion SU10).

In der Massenbenutzerpflege haben Sie durch die Tabelle BENUTZER zum einen die Möglichkeit, manuell eine Liste von Benutzern zu erstellen oder zum anderen über die Einschränkung des Wertebereichs (Taste F4 in einer Zeile der Spalte BENUTZER) eine Benutzergruppe auszuwählen.

Im Umfeld des SAP Solution Managers unterscheidet man zwischen *Endbenutzer*, das heißt Benutzern, die im Dialog mit dem System arbeiten, und den so genannten *technischen Benutzern*. Ein technischer Benutzer ist für die Realisierung interner technischer Abläufe zuständig und kann nicht im Dialog mit dem System arbeiten.

Während der Konfiguration des SAP Solution Managers werden einige technische Benutzer automatisch erstellt. Diese Benutzer sollten Sie nach Möglichkeit nicht verändern und die von SAP ausgelieferten Standardrollen verwenden. Dies erleichtert den Support und eventuelle Analysen, die durch SAP durchgeführt werden müssen.

Neben den technischen Benutzern werden Endbenutzer benötigt, die Sie entsprechend der verwendeten Applikation manuell im System erstellen können. Um einen Benutzer zu erstellen, müssen Sie mindestens die Karteireiter ADRESSE, LOGON-DATEN und ROLLEN oder PROFILE mit Daten füllen. Der Benutzertyp, den Sie auf dem Karteireiter LOGON-DATEN definieren müssen, bestimmt das Sicherheitskonzept, das für diesen Benutzer zum Tragen kommt. Hier sind folgende Benutzertypen möglich:

- **Dialog**
  Jeder Benutzer, der sich am System anmeldet, benötigt einen Benutzer vom Typ *Dialog*. Bei der Dialoganmeldung prüft das System, ob das Kennwort abgelaufen oder initial ist. Der Benutzer kann sein Kennwort selbst ändern. Mehrfache Dialoganmeldungen werden überprüft und gegebenenfalls protokolliert.

- **System**
  Der Benutzertyp *System* wird für die Hintergrundverarbeitung und die Kommunikation innerhalb eines Systems verwendet. Eine Dialoganmeldung ist nicht möglich. Die Kennwörter unterliegen nicht der Kennwortänderungspflicht, sie können daher weder initial noch abgelaufen sein. Nur ein Benutzeradministrator kann das Kennwort ändern. Mehrfachanmeldungen sind zulässig.
- **Kommunikation**
  Der Benutzertyp *Kommunikation* wird für die dialogfreie Kommunikation zwischen Systemen verwendet. Dies ist zum Beispiel bei dem Benutzer `CUA_<SID>` der Fall, der für den Transport von Benutzerinformationen in einer zentralen Benutzerverwaltung eingesetzt wird. Eine Dialoganmeldung ist nicht möglich.
- **Service**
  Der Benutzertyp *Service* ist ein Dialogbenutzer, der einem anonymen, größeren Benutzerkreis zur Verfügung steht. Ein solcher Benutzer kommt zum Einsatz, wenn ein Service wie eine EarlyWatch-Alert-Auswertung durch mehrere Experten von SAP durchgeführt werden soll. Bei der Anmeldung prüft das System nicht, ob das Kennwort abgelaufen oder initial ist. Eine Mehrfachanmeldung ist zulässig.
- **Referenz**
  Der Benutzertyp *Referenz* stellt einen nicht personenbezogenen Benutzer dar, der der Vergabe zusätzlicher, identischer Berechtigungen dient. Das heißt, dass dieser Benutzer lediglich als Vorlage dient. Soll aus einem Referenzbenutzer beispielsweise ein Dialogbenutzer erstellt werden, muss dieser kopiert und der Benutzertyp auf Dialog geändert werden. Mit einem Referenzbenutzer können Sie sich nicht am System anmelden. Um einem Dialogbenutzer einen Referenzbenutzer zuzuweisen, geben Sie ihn bei der Pflege des Dialogbenutzers auf dem Karteireiter ROLLEN an.

Die Benutzertypen Dialog und System haben eine besonders wichtige Stellung im SAP Solution Manager, da sie für einen Großteil der zur Verfügung gestellten Funktionen verwendet werden. Beide Benutzertypen sind daher besonders häufig im System anzutreffen.

Sie haben nun einen Einblick in die Pflege des Benutzerstammsatzes erhalten und die verschiedenen Benutzertypen kennengelernt. Bevor wir Ihnen in Abschnitt 12.3, »Pflege von Rollen und Berechtigungen mit der Transaktion

PFCG«, zeigen, wie Sie Berechtigungen vergeben können, informieren wir Sie im folgenden Abschnitt über die Möglichkeiten des Passwortmanagements.

12.2 Passwortmanagement

Auf dem Karteireiter LOGON-DATEN legen Sie das Initialpasswort für den Benutzer fest. Je nach Benutzertyp muss dieses Passwort nach der ersten Anmeldung geändert werden (siehe Abschnitt 12.1, »Pflege des Benutzerstammsatzes«). In Tabelle 12.1 finden Sie die Profilparameter, mit denen Sie die Regeln für das Initialpasswort und das im Anschluss gewählte Kennwort festlegen können.

Parameter	Beschreibung
`login/min_password_lng`	Definition der Mindestlänge eines Kennworts in Anzahl von Zeichen
`login/password_history_size`	Festlegung der Anzahl von letzten Kennwörtern, denen das neue Kennwort nicht entsprechen darf
`login/password_change_waittime`	Festlegung der Zeit in Sekunden, nach denen ein Benutzer sein Kennwort erneut ändern kann Wenn der Benutzeradministrator das Benutzerkennwort ändert, muss der Benutzer dieses Initialkennwort bei der Neuanmeldung ändern, unabhängig davon, wann er zuletzt sein Kennwort geändert hatte.
`login/min_password_lowercase`	Anzahl der Kleinbuchstaben, die ein Kennwort mindestens enthalten muss
`login/min_password_uppercase`	Anzahl der Großbuchstaben, die ein Kennwort mindestens enthalten muss
`login/min_password_diff`	Das neue Kennwort muss sich in x Zeichen von dem alten Kennwort unterscheiden.

Tabelle 12.1 Profilparameter für Kennwort- und Anmelderegeln

Parameter	Beschreibung
login/password_max_idle_productive	Festlegung der Anzahl von Tagen, nach denen ein produktives (vom Benutzer gewähltes) Kennwort verfällt, wenn es nicht verwendet wird
login/password_max_idle_initial	Festlegung der Anzahl von Tage, nach denen ein Initialkennwort (vom Benutzeradministrator gewähltes Kennwort) verfällt, wenn es nicht verwendet wird Nachdem diese Frist abgelaufen ist, kann das Kennwort nicht mehr zur Authentifizierung verwendet werden. Die Kennwortanmeldung kann durch Zuweisung eines neuen Initialkennwortes durch den Benutzeradministrator reaktiviert werden.

Tabelle 12.1 Profilparameter für Kennwort- und Anmelderegeln (Forts.)

Die in der Tabelle dargestellten Parameter sind die aus der allgemeinen Systemadministration geläufigen Parameter zur Steuerung des Passwortmanagements, die Sie auch für den SAP Solution Manager verwenden können. Da der SAP Solution Manager eine zentrale Position in Ihrem System einnimmt und in ihm System- und Geschäftsprozessinformationen zentral zusammengeführt werden, empfehlen wir Ihnen, das allgemein gültige Passwortkonzept in Ihrer IT auch für den SAP Solution Manager einzusetzen.

12.3 Pflege von Rollen und Berechtigungen mit der Transaktion PFCG

Wie in anderen SAP-Systemen werden Berechtigungen auch im SAP Solution Manager mit der Rollenpflege (Transaktion PFCG) vergeben. Diese Berechtigungen und Rollen werden auch als PFCG-Berechtigungen oder PFCG-Rollen bezeichnet.

Dabei erfolgt in Rollen das Design der verschiedenen Berechtigungen basierend auf Berechtigungsobjekten sowie der Definition der darin enthaltenen Feldwerte. Aus diesen Rollen werden wiederum Profile generiert, durch die der Benutzer die eigentlichen Rechte erhält.

Neben den enthaltenen Berechtigungen können auch weitere Informationen mit der Rolle verbunden werden. So können Sie beispielsweise Einträge im Benutzermenü verändern, eine Beschreibung der Rolle hinzufügen oder eine Vererbung der Transaktionen von einer anderen Rolle einrichten.

Es gibt zwei verschiedene Typen von Rollen:

- Einzelrollen (Single Roles)
- Sammelrollen (Composite Roles)

Sammelrollen bestehen aus einer Sammlung von Einzelrollen, die für eine leichtere Administrierbarkeit zusammengefasst werden. Sammelrollen selbst enthalten keine Berechtigungen, sondern ermöglichen nur die Rechte, die in den enthaltenen Einzelrollen vorhanden sind.

Beide Rollentypen können Sie über die Rollenpflege (Transaktion PCFG) erstellen. Innerhalb der Rollenpflege stehen abhängig vom Rollentyp verschiedene Karteireiter zur Verfügung, über die Sie die Rollen individuell anpassen können. Eine Übersicht über die Benutzungsoberfläche der Transaktion PFCG sehen Sie in Abbildung 12.2.

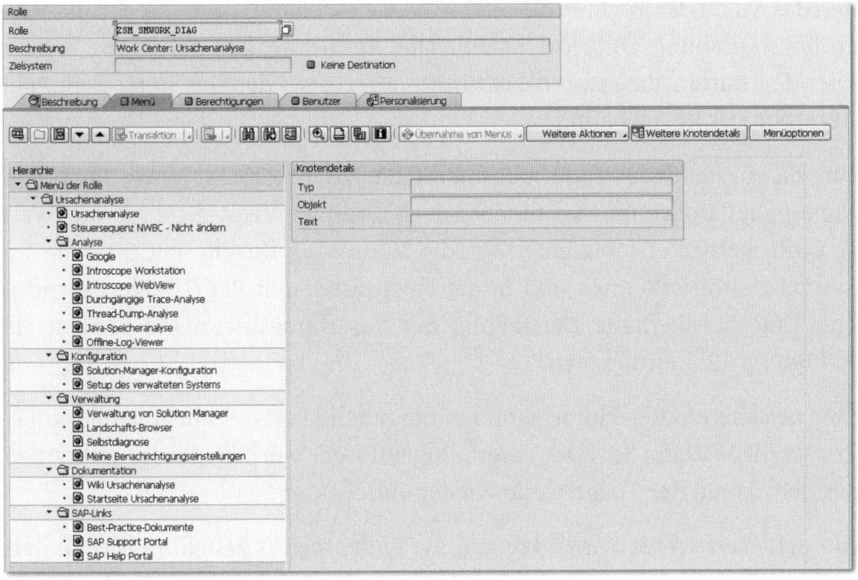

Abbildung 12.2 Transaktion PCFG – Benutzeroberfläche

Auf dem ersten Karteireiter Beschreibung können Sie der Rolle einen erläuternden Langtext hinzufügen. Im Langtext empfiehlt es sich, die kundenspezifischen Änderungen an Berechtigungen auf dem Karteireiter Menü oder in den Berechtigungen der Rolle aufzulisten. Dabei sollten Sie einen Zeitstempel, die genehmigende Person und den Grund der Änderung benennen. Des Weiteren ist es sinnvoll, die veränderten Berechtigungsfelder und Objekte anzugeben. Da eine solch detaillierte Darstellung die Lesbarkeit des Textes beeinträchtigen könnte, sollten Sie diese Angaben zusätzlich in einem eigenen Dokument für das Berechtigungskonzept festhalten.

Neben der Beschreibung haben Sie die Möglichkeit, eine Vererbung der Transaktionen zu erstellen. Dabei werden die auf dem Karteireiter MENÜ eingetragenen Transaktionen von der Mutterrolle an die Tochterrolle vererbt. Hierfür muss eine Rolle in dem Feld ABLEITEN AUS ROLLE bestimmt werden, von der die Vererbung ausgehen soll. Wenn Sie hier eine Rolle angeben, werden alle Menü- und Personalisierungseinträge aus der Mutterrolle übernommen und der Tochterrolle zugewiesen. Dieser automatisierte Abgleich ermöglicht die direkte und nahtlose Weitergabe von Änderungen an die Tochterrolle. Beachten Sie, dass eventuell vorher bestehende Menüeinträge durch die Einstellungen der Mutterrolle überschrieben werden und nicht wiederherstellbar sind. Veränderungen an den bereitgestellten Transaktionen müssen daher in der Mutterrolle vorgenommen werden. Sie können das Menü der Tochterrolle erst wieder bearbeiten, nachdem Sie die Vererbungsbeziehung aufgelöst haben. Die Auflösung der Beziehung erfolgt über den Button VERERBUNGSBEZIEHUNG AUFLÖSEN, der sich unter dem Feld ABLEITEN AUS ROLLE befindet.

Um die bestehende Vererbungshierarchie zu erkennen, muss über den Menüpunkt ROLLE im Kopfmenü der Unterpunkt VERWENDUNGSNACHWEIS gewählt werden. Dort können Sie die Vererbung für alle PFCG-Rollen im System zentral erkennen und in die entsprechenden PFCG-Rollen abspringen. Eine beispielhafte Darstellung der Vererbungshierarchie können Sie Abbildung 12.3 entnehmen.

Eine bestehende Vererbung kann nur ausgehend von der Tochterrolle aufgelöst werden. Wenn Sie eine Vererbung auflösen, werden alle Transaktionen aus dem Menü der Tochterrolle wieder entfernt.

Auf dem Karteireiter MENÜ können die Rollenmenüs erstellt und verändert werden. Diese können Sie verwenden, um die Inhalte des Benutzermenüs im Session Manager sowie in SAP Easy Access zu erstellen. Wird einem Benutzer eine Rolle mit vorhandenem Menü zugeordnet, kann er dieses im Benutzermenü sehen und nutzen. Übliche Inhalte für das Menü sind Transaktionscodes sowie Webadressen, die in einer Baumstruktur gepflegt werden können. Sollten Sie die Vererbung von Transaktionen aktiviert haben, können Sie keine Veränderungen an dem Rollenmenü durchführen. Eine weitere Besonderheit betrifft das Menü von Sammelrollen. Bei diesen können Sie nur die Struktur des Menübaums anpassen, das Hinzufügen oder Verändern von neuen Transaktionen müssen Sie hingegen in den Einzelrollen vornehmen.

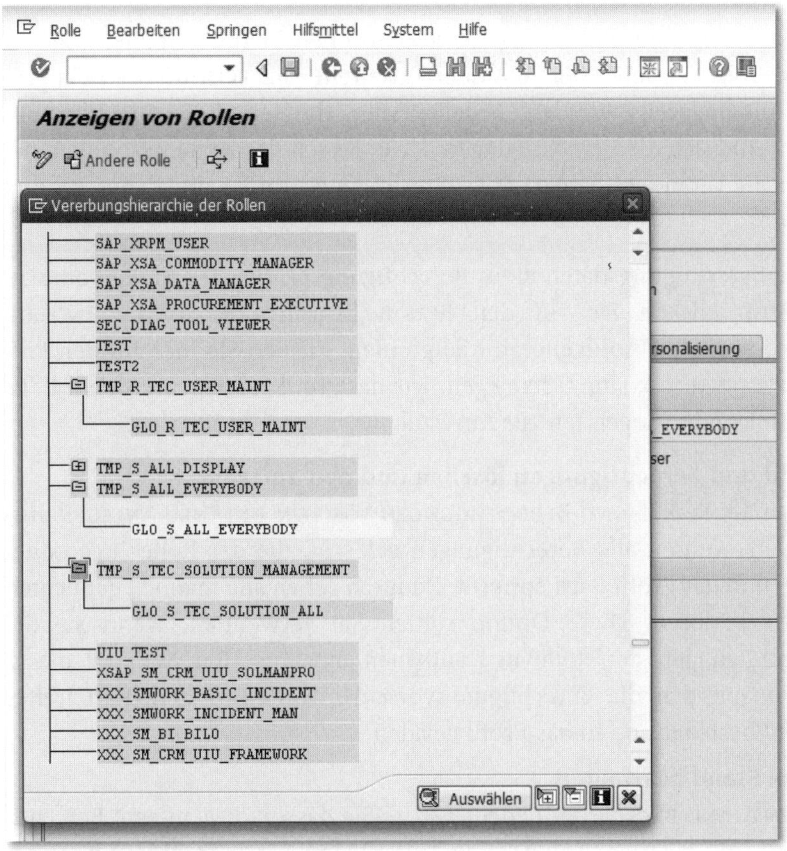

Abbildung 12.3 Anzeige der Vererbungshierarchie von PFCG-Rollen

Der Karteireiter BERECHTIGUNGEN ist einer der zentralen Punkte in der Rollenverwaltung. In ihm erfolgt unter anderem die Zuordnung der Rolle zu einem Berechtigungsprofil. Das heißt, die Konzeption der Berechtigungen erfolgt in der Rolle, aus der im Anschluss ein Berechtigungsprofil generiert wird. Dieses enthält die Berechtigungen bestehend aus Berechtigungsfeldern und Berechtigungswerten. Diese Zuordnung geschieht automatisch, wenn Sie das Profil auf diesem Karteireiter generieren.

Das Profil generieren Sie, indem Sie auf das Icon klicken. Klicken Sie nun auf das Icon . Sollte zu der Rolle noch kein Profil generiert worden sein, ist es im folgenden Fenster notwendig, einen Profilnamen zu vergeben. Hier wird bereits ein automatisch generierter Profilname vorgegeben, den Sie aber auch ändern können. Bestätigen Sie in diesem Fall den Profilnamen mit einem Klick auf das Icon , und klicken Sie auf das Icon , um die Transaktion zu verlassen.

Die Zuordnung eines Profils zu einer Rolle können Sie nur verändern, indem Sie das Profil löschen. Sollte auf dem Karteireiter BERECHTIGUNGEN ein grüner Status angezeigt werden, bedeutet dies, dass ein Berechtigungsprofil existiert und sich die Berechtigungen der Rolle seit der letzten Profilgenerierung nicht verändert haben. Das Berechtigungsprofil kann daher genutzt werden.

Um die Berechtigungsdaten eines Berechtigungsprofils zu erstellen oder zu verändern, klicken Sie auf den Button BERECHTIGUNGSDATEN ÄNDERN. Dadurch wird der Profilgenerator aufgerufen. Klicken Sie hier auf den Button EXPERTENMODUS, um festzulegen, wie das Profil gepflegt werden soll. Es stehen folgende Pflegearten zur Auswahl:

- **Profil und Berechtigungen löschen und neu anlegen**
  Wenn Sie PROFIL UND BERECHTIGUNGEN LÖSCHEN UND NEU ANLEGEN auswählen, werden alle Berechtigungen gelöscht, die der Rolle zugeordnet sind, und das Profil wird entfernt. Dadurch gehen alle manuell gepflegten Werte verloren. Diese Option sollten Sie verwenden, wenn Sie die Berechtigungen der Rolle neu aufbauen möchten. Bei Auswahl dieser Option werden die Berechtigungsvorschlagswerte auf dem Karteireiter MENÜ beachtet und in das Profil geladen.
- **Alten Stand bearbeiten**
  ALTEN STAND BEARBEITEN bedeutet, dass Sie das zuvor gepflegte Berechtigungsprofil bearbeiten und keine Änderungen durch Transaktionszuordnungen im Menü aktualisiert werden. Diese Auswahl sollten Sie verwenden, wenn Sie den Karteireiter MENÜ der Rolle nicht nutzen oder die Vorschlagswerte nicht nutzen möchten.
- **Alten Stand lesen und mit den neuen Daten abgleichen**
  Sollten Sie vorher Änderungen im Menü der Rolle vorgenommen haben, wird automatisch der Punkt ALTEN STAND LESEN UND MIT DEN NEUEN DATEN ABGLEICHEN ausgewählt. Diese Auswahl bewirkt, dass die Vorschlagswerte einer auf dem Karteireiter MENÜ hinzugefügten Transaktion in das Profil geladen werden, ohne dass dabei der alte Zustand überschrie-

ben wird. Diese Vorschlagswerte betreffen die Berechtigungsobjekte, die Berechtigungsfelder und die in den Feldern enthaltenen Werte.

Beachten Sie, dass die von SAP ausgelieferten Vorschlagswerte für die Funktionen im SAP Solution Manager nur unzureichend gepflegt sind und nicht alle erforderlichen Berechtigungen enthalten. Dies sollten Sie besonders beachten, wenn Sie die erste oder die dritte Option der Pflegeart wählen. Dadurch können Sie Berechtigungen, die in den Standardrollen von SAP enthalten sind, überschreiben oder löschen. Daher empfehlen wir Ihnen, für Änderungen an diesen Rollen die Option ALTEN STAND BEARBEITEN zu wählen, um die Berechtigungen der Rollen nicht durch mangelhaft gepflegte Vorschlagswerte zu verändern und die Funktion der Rolle damit zu unterbinden.

12.3.1 Vorschlagswerte der PFCG-Rollen bearbeiten

Die Vorschlagswerte für PFCG-Rollen sind die Grundlage für die im Profilgenerator bereitgestellten Feldwerte der Berechtigungsfelder.

Mit Transaktion SU24 (Pflege der Zuordnungen von Berechtigungsobjekten) können Sie die Vorschlagswerte für Transaktionen verändern, die Sie im Menü einer Rolle eingetragen haben. Dies sollten Sie immer dann nutzen, wenn die von SAP bereitgestellten Vorschlagswerte nicht Ihren Anforderungen entsprechen, Sie diese aber bei der Erstellung eines Profils nutzen möchten.

Gehen Sie wie folgt vor, um die Vorschlagswerte der Transaktion PFCG zu verändern:

1. Rufen Sie Transaktion SU24 auf.
2. Wählen Sie hierzu als TYPEN DER ANWENDUNG TRANSAKTION aus, und tragen Sie den TRANSAKTIONSCODE PFCG ein.
3. Bestätigen Sie Ihre Auswahl durch einen Klick auf das Icon .
4. Sie erhalten eine Übersicht über die bisher gepflegten Berechtigungen, die Sie auch in Abbildung 12.4 erkennen können.
5. Wechseln Sie nun durch einen Klick auf das Icon in den Änderungsmodus.
6. Wählen Sie in der Tabelle BERECHTIGUNGSOBJEKTE die Zeile aus, in der sich das Berechtigungsobjekt befindet, für das die Vorschlagswerte verändert werden sollen.
7. Klicken Sie nun auf den Button FELDWERTE.

8. Unter der Tabelle der Berechtigungsobjekte können Sie nun die für das ausgewählte Berechtigungsobjekt gepflegten Berechtigungsvorschlagswerte erkennen und mit einem Klick auf das Icon 🖉 verändern.

Speichern Sie die Änderungen durch einen Klick auf den Button 💾. Sollten Sie eigene Transaktionen erstellen, können Sie durch die Pflege der Zuordnungen von Berechtigungsobjekten selbst Vorschlagswerte definieren.

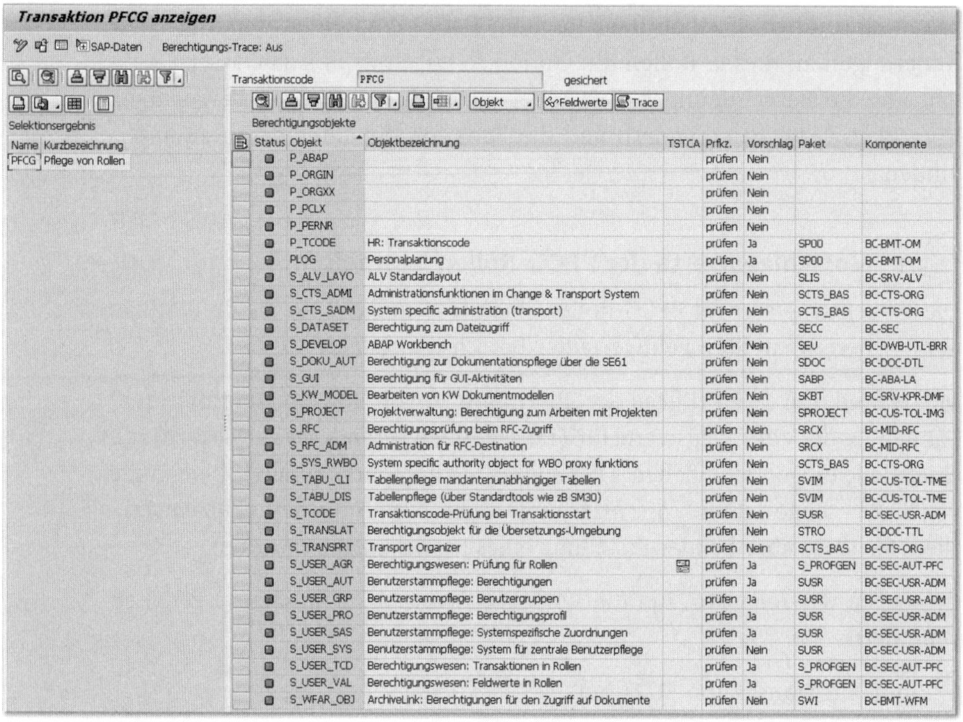

Abbildung 12.4 Berechtigungsvorschlagswerte der Transaktion PFCG

Als Nächstes müssen Sie die SAP-Vorschlagswerte, die Sie in Transaktion SU24 geändert haben, in die Kundentabellen des Profilgenerators übernehmen. Gehen Sie dazu wie folgt vor:

1. Rufen Sie Transaktion SU25 auf.
2. Sofern Sie den Profilgenerator des SAP Solution Manager-Systems noch nicht verwendet haben, müssen Sie im ersten Schritt die Kundentabellen initial befüllen. Dies ist bei einer Neuinstallation des SAP Solution Manager-Systems der Fall. Trifft dies für Ihr System zu, wählen Sie 1. INITIALES FÜLLEN DER KUNDENTABELLEN, und bestätigen Sie die folgende Information mit einem Klick auf das Icon ✔.

[!]

Achtung

Falls bereits Werte aus alten Releases in der Kundentabelle enthalten sind, entfällt das erneute Befüllen der Kundentabellen. Eine erneute initiale Füllung der Kundentabellen würde die bisher enthaltenen Feldwerte überschreiben.

3. Handelt es sich bei Ihrem SAP Solution Manager nicht um eine Neuinstallation, gehen Sie wie folgt vor:
   - Klicken Sie auf den Schritt 2a. Vorbereitung: Abgleich mit SAP-Werten, um die Delta-Veränderungen zwischen dem derzeitigen und dem vorangegangenen Release in die Kundentabellen einzufügen. Bestätigen Sie auch hier die Information mit einem Klick auf das Icon .
   - Klicken Sie nun auf den Schritt 2b. Abgleich betroffener Transaktionen, und bestätigen Sie die folgende Information mit einem Klick auf das Icon .
   - Klicken Sie anschließend auf den Punkt 2c. Zu überprüfende Rollen wählen. Sie erhalten nun eine Übersicht über alle Rollen, die von der Veränderung der Berechtigungsvorschlagswerte betroffen sind. Wenn Sie die bereits bestehenden Rollen mit den neuen Vorschlagswerten aktualisieren möchten, wählen Sie die Spalte aus, in der sich die Rolle befindet.
   - Klicken Sie anschließend auf den Punkt 2d. Veränderte Transaktionscodes anzeigen, um eine Übersicht der Transaktionscodes zu erhalten, die in einer bestehenden Rolle verändert wurden. Bei Bedarf können Sie in dieser Auswahl auch die Transaktionscodes austauschen.
   - Die folgenden Schritte sind optional und sollten nur in speziellen Fällen angewendet werden:
     - Im Schritt Transport der Kundentabellen können Sie die Kundentabellen in andere Systeme transportieren. Diese Aktion bietet sich in Mehr-System-Landschaften an, in denen eine Unterteilung in beispielsweise Entwicklungs-, Qualitätssicherungs- und Produktivsystem vorgenommen werden kann.
     - Im Schritt Prüfkennzeichen in Transaktionen (SU24) werden die Prüfkennzeichen abgeglichen, die in Transaktion SU24 gewartet werden. In Transaktion SU24 können die Berechtigungsprüfungen innerhalb einer Transaktion angepasst werden. Dabei ist es auch möglich, die Prüfkennzeichen festzulegen.

       Ist im Standard bei einem Berechtigungsvorschlag das Prüfkennzeichen auf Prüfen gesetzt, wird dieses beim Start oder während der

Ausführung der Transaktion überprüft. Eine Veränderung des Prüfkennzeichens auf Nicht prüfen bewirkt, dass dieses Berechtigungsobjekt nicht abgefragt wird. Sie können dadurch eine Berechtigungsüberprüfung deaktivieren. Es ist nicht möglich, einem manuell hinzugefügten Berechtigungsobjekt eine Berechtigungsüberprüfung hinzuzufügen, da die Überprüfung im Programmcode fest verankert werden muss. Ist der Wert in der Spalte Vorschlag auf Ja gesetzt, werden alle vorhandenen Vorschlagswerte automatisch beim Erstellen einer Rolle in der Transaktion PFCG aufgenommen.

- Im Schritt Berechtigungsobjekte global ausschalten haben Sie die Möglichkeit, die Berechtigungsprüfungen auf ein Berechtigungsobjekt systemweit auszuschalten.
- Schließlich können Sie im Schritt Übernahme von Daten aus Rollen Daten aus manuell erstellten Profilen für die PFCG-Rollenerstellung übernehmen.

Mit dem Abschluss dieser Schritte haben Sie die Vorschlagswerte für Ihre Rollen erfolgreich geändert.

Neben den PFCG-Berechtigungen müssen Sie in einem SAP Solution Manager-System auch mit Java-Berechtigungen umgehen. Diese Berechtigungen betreffen zum einen den SAP Solution Manager, da er neben einem AS ABAP auch einen AS Java umfassen kann, sowie zum anderen die verwalteten Systeme, die ebenfalls einen AS Java enthalten können.

Sie können Java-Berechtigungen auf zwei verschiedene Arten vergeben. Eine Möglichkeit ist die Vergabe von Berechtigungen durch PFCG-Rollen, die mit Java-Berechtigungen verknüpft sind. Diese enthalten auf ABAP-Seite keine Berechtigungen, sondern dienen nur der Berechtigungsvergabe für Java-Systeme. Ein Beispiel ist die Rolle `SAP_J2EE_ADMIN`: Wird sie einem Benutzer des SAP Solution Manager-Systems zugeordnet, kann er administrative Tätigkeiten auf dem AS Java durchführen. Außerdem können Sie die Berechtigungen direkt auf dem AS Java anpassen. Starten Sie dazu die SAP NetWeaver-Administration, indem Sie in einem Browser die folgende Adresse aufrufen *http://<hostname>:5<instanznummer>00*. Hier können Sie unter dem Link Identity Management neue Java-Benutzer, -Gruppen und -Rollen erstellen.

Da Java-Berechtigungen in der SAP Solution Manager-Landschaft zum großen Teil für technische Benutzer benötigt werden, sollten Sie Java-Berechtigungen nicht verändern und die mit dem Standard ausgelieferten Benutzer und Rollen verwenden.

Nachdem Sie nun die allgemeine Pflege von Berechtigungen und Rollen kennengelernt haben, werden wir im Folgenden auf die speziellen Rollenkonzepte im SAP Solution Manager näher eingehen.

12.3.2 Rollenkonzept im SAP Solution Manager

Wie bereits erwähnt, werden Berechtigungen im SAP Solution Manager durch die Vergabe von Rollen zugewiesen. Berechtigungen werden daher zunächst in Rollen angelegt. Anschließend wird aus der Rolle ein Berechtigungsprofil generiert, das die Berechtigungsobjekte und die darin enthaltenen Felder sowie Feldwerte beinhaltet. Im Rollenkonzept des SAP Solution Managers unterscheidet man zwischen drei Arten von Rollen:

- **Work-Center-Rollen**
  Mit diesen Rollen können Sie steuern, auf welche Work Center ein Benutzer zugreifen kann. Auch der Zugriff auf den Bereich ZUGEHÖRIGE LINKS in den Work Centern wird mit Work-Center-Rollen geregelt. Diese Rollen werden als *Work-Center-Navigationsrollen* bezeichnet. Außerdem können Sie durch *Work-Center-Basisrollen* das Erscheinungsbild des Work Centers benutzerspezifisch anpassen.
- **Funktionale Rollen**
  Mithilfe von funktionalen Rollen können Sie die Aktionsfreiheit eines Benutzers innerhalb eines Work Centers beschränken.
- **Infrastrukturrollen**
  Mit Infrastrukturrollen steuern Sie den Zugriff der Benutzer auf Systeme, Projekte und Lösungen, die sich im System befinden.

Um Benutzern die Möglichkeit zu geben, eine bestimmte Funktionalität in einem SAP Solution Manager-System zu nutzen, ist wie in Abbildung 12.5 eine Kombination aus allen drei Rollenarten notwendig. Fehlt eine der Rollenarten, kann der Benutzer beispielsweise das Work Center nicht aufrufen oder eine Funktion im Work Center nicht oder nur eingeschränkt nutzen. Ausnahmen betreffen Benutzer, die in keinem der Work Center arbeiten und daher keine Work-Center-Rollen benötigen. Ein Beispiel ist der Benutzeradministrator, der sich ausschließlich mit der Berechtigungs- und Benutzerverwaltung auseinandersetzt und daher nicht auf ein Work Center zugreifen muss.

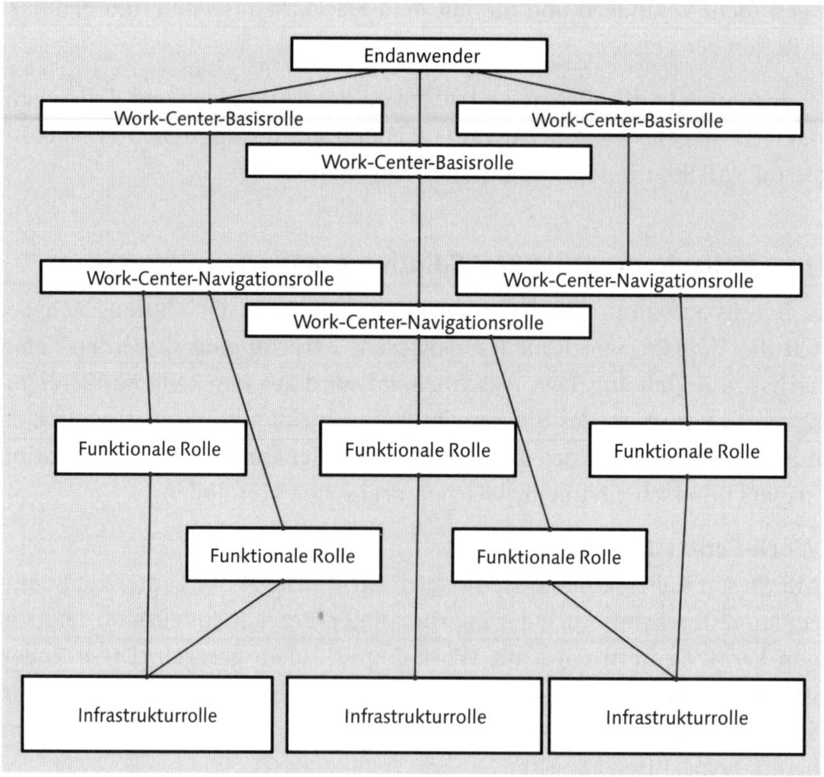

Abbildung 12.5 Zusammenspiel der verschiedenen Rollen im SAP Solution Manager

- Für alle Szenarien im SAP Solution Manager werden Standardrollen ausgeliefert. Diese sind an dem Vorzeichen SAP_* zu erkennen, dem so genannten *Namensraum*. Um Standardrollen sowie selbst erstellte Rollen in Ihrem System zweckmäßig einzusetzen, müssen Sie mehrere Voraussetzungen erfüllen.

So müssen Rollen vor ihrem Einsatz generiert und somit das dahinterliegende Berechtigungsprofil erstellt werden. Durch das Generieren des Berechtigungsprofils werden die in der Rolle vorhandenen Vorschlagswerte und die manuell veränderten Berechtigungen angenommen und können anschließend im System verwendet werden.

[+]

Tipp

Wir empfehlen Ihnen, die Standardrollen in einen eigenen Namensraum zu kopieren, bevor Sie sie generieren und verwenden. Dies hat mehrere Vorteile: Zum einen können Sie dadurch jederzeit auf den ausgelieferten Standard zurückgreifen, zum anderen werden Ihre individuellen Anpassungen an der Rolle auch im Fall eines Updates nicht überschrieben.

Nehmen wir an, Sie möchten einem Benutzer die Verwendung des Maintenance-Optimizer-Szenarios gestatten. Dazu gehen Sie wie folgt vor:

1. Analysieren Sie die im SAP-Standard ausgelieferten Rollen mithilfe des *Security Guide for SAP Solution Manager 7.1*. Für jedes Szenario gibt es verschiedene Rollensets, die von SAP ausgeliefert werden. Typischerweise wird in den Rollensets zwischen der Berechtigung zur Anzeige und administrativen Berechtigungen unterschieden. Im System werden die Rollensets meist durch mehrere Sammelrollen abgebildet, die die benötigten Einzelrollen enthalten.

   Für den Maintenance Optimizer finden Sie beispielsweise die Sammelrollen `SAP_MAINT_ADMIN_COMP` und `SAP_MAINT_DIS_COMP`. Am Bestandteil `DIS` können Sie erkennen, dass ein Benutzer mit der Rolle `SAP_MAINT_DIS_COMP` den Maintenance Optimizer im Anzeigemodus aufrufen kann. Dieser kann im Gegensatz zu einem Benutzer, dem die Rolle `SAP_MAINT_ADMIN_COMP` zugewiesen ist, keine Änderungen vornehmen. Im vorliegenden Beispiel möchten wir einen Benutzer mit administrativen Berechtigungen erstellen.

2. Kopieren Sie daher nun die entsprechende Sammelrolle und die enthaltenen Einzelrollen in den kundenspezifischen Namensraum. Dazu müssen Sie nur die Sammelrolle `SAP_MAINT_ADMIN_COMP` kopieren, die Einzelrollen werden dabei automatisch mit kopiert. Nun sollten sich die folgenden Rollen in dem ausgewählten Namensraum befinden:
   - SAP_MAINT_OPT_ADMIN
   - SAP_SM_SOLUTION_DIS
   - SAP_SYSTEM_REPOSITORY_ALL
   - SAP_SMWORK_BASIC_CHANGE_MAN
   - SAP_SMWORK_CHANGE_MAN

3. Im Folgenden müssen Sie nun die Berechtigungsprofile der Rollen generieren. Dies ist bei allen benötigten Einzelrollen notwendig, außer bei der Work-Center-Navigationsrolle `SAP_SMWORK_CHANGE_MAN`. Während dieses Schrittes können Sie nun die Vorschlagswerte der Berechtigungen in der Rolle erkennen. Bei Betrachten der Rolle `SAP_MAINT_OPT_ADMIN` fällt auf, dass nicht alle Berechtigungen Vorschlagswerte enthalten. Daher müssen Sie in diesem Fall die Berechtigungsobjekte manuell ausprägen. Bei allen anderen Rollen sind die Vorschlagswerte vollständig.

4. Nachdem Sie die Berechtigungsprofile der Rollen generiert haben, können Sie die Sammelrolle einem Benutzer zuordnen. Im Anschluss kann dieser alle administrativen Aufgaben des Szenarios durchführen.

Es gibt jedoch auch einige Standardrollen, für die Sie keine Kopie anlegen und auch kein Berechtigungsprofil generieren müssen. Dazu gehören die Work-Center-Navigationsrollen, CRM-Berechtigungsrollen sowie Rollen mit Java-Berechtigungen.

Diese Rollen haben Auswirkungen auf Befugnisse im AS Java und enthalten keinerlei Berechtigungen, die in der Rollenpflege angepasst werden können. Wenn Sie die Rolle kopieren und einem Benutzer zuweisen, hat dies daher keine Auswirkungen auf die Berechtigungen des Benutzers. Die folgenden Rollen müssen Sie daher nicht kopieren:

- SAP_J2EE_ADMIN
- SAP_J2EE_GUEST
- SAP_RCA_AGT_ADM
- SAP_RCA_AGT_ADM_VIA_SLD
- alle Work-Center-Navigationsrollen, die mit SAP_SMWORK_* beginnen, außer SAP_SMWORK_BASIC_*

12.3.3 Rollenkonzept in verwalteten Systemen

Der SAP Solution Manager nimmt eine zentrale Rolle in Ihrer Systemlandschaft ein. Daher müssen Sie nicht nur die Berechtigungen für den SAP Solution Manager selbst, sondern auch die Berechtigungen für die verwalteten Systeme in Ihre Überlegungen mit einbeziehen.

Produktivsysteme, die mit dem SAP Solution Manager verbunden sind, sollten Sie dabei besonders betrachten. Benutzer, die vom SAP Solution Manager-System auf die angebundenen Systeme zugreifen, sind größtenteils technische Benutzer. Diese Benutzer müssen zumeist bei der Konfiguration des jeweiligen Szenarios bzw. bei der Konfiguration des SAP Solution Managers erstellt werden. Die Erstellung der Benutzer geschieht automatisch, kann aber auch manuell durchgeführt werden. Wenn Sie die Benutzer manuell erstellen, sollten Sie beachten, dass technische Benutzer einen festgelegten Namen erhalten, den Sie bei Veränderungen in der Systemlandschaft auch in den jeweiligen Konfigurationsschritten angeben müssen. Werden die Benutzer durch die entsprechende Guided Procedure erstellt, werden ihnen automatisch auch die notwendigen Rollen und gleichzeitig die benötigten Berechtigungen zugewiesen. Die Rollen der Benutzer sind auf diese Weise schon vollständig ausgeprägt und müssen nicht mehr individuell angepasst werden. Die Aufgaben dieser Benutzer sind von Szenario zu Szenario unter-

zwischen den Work-Center-Basisrollen und den Work-Center-Navigationsrollen unterscheiden.

Anhand von Abbildung 12.6 können Sie das nachvollziehen. Während in den Work-Center-Navigationsrollen der Zugriff auf die einzelnen Karteireiter der Work Center und den Bereich ZUGEHÖRIGE LINKS geregelt wird, wird in den Work-Center-Basisrollen festgelegt, auf welche Funktionen die Benutzer der Rolle zugreifen können.

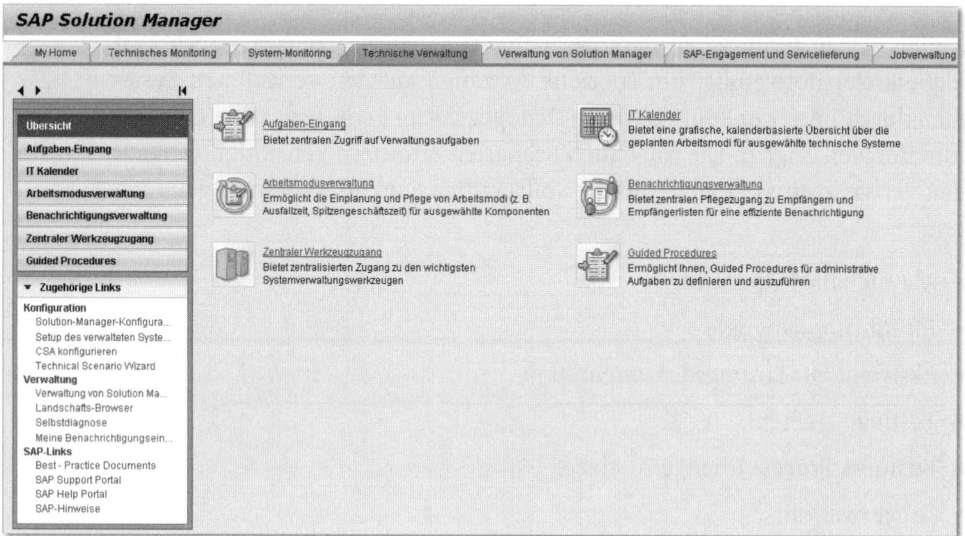

Abbildung 12.6 Zusammenspiel von Navigations- und Basisrollen

Im Folgenden stellen wir Ihnen die beiden Rollenarten im Detail vor und zeigen Ihnen, wie Sie die Rollen an Ihre Bedürfnisse anpassen können.

Work-Center-Navigationsrollen

Work-Center-Navigationsrollen ermöglichen in erster Linie den Zugriff auf einen Arbeitsbereich des Work Centers. Daher gibt es für alle Work Center des SAP Solution Managers eine eigene Work-Center-Navigationsrolle.

Wenn Sie einem Benutzer eine solche Rolle zuordnen, sieht der Benutzer in der Benutzeroberfläche den Arbeitsbereich, der der Rolle zugeordnet ist, wenn er die Transaktion SM_WORKCENTER oder SOLMAN_WORKCENTER aufruft.

Die Bezeichnungen der Work-Center-Navigationsrollen bestehen aus dem SAP-Namensraum, dem Präfix `SMWORK` und einer abgekürzten Form des

Work-Center-Namens. Die Namensbestandteile werden dabei durch einen Unterstrich voneinander getrennt. Beispiele für Work-Center-Navigationsrollen sind SAP_SMWORK_DVM für das Datenvolumenmanagement oder SAP_SMWORK_SYS_MON für das System-Monitoring.

Sieht man sich die Berechtigungsdaten der Navigationsrollen im Detail an, erkennt man, dass sie keine ABAP-Berechtigungen enthalten, die für eine Funktion wichtig sind. Sie beinhalten nur das Berechtigungsobjekt S_TCODE mit dem Wert SOLMAN_WORKCENTER, das es dem Benutzer ermöglicht, die Transaktion SOLMAN_WORKCENTER aufzurufen. Diese Berechtigung ist auch in den Work-Center-Basisrollen enthalten. Da die Rollen keine individuellen Daten enthalten, müssen Sie diese auch nicht in den Kundennamensraum kopieren.

Die Berechtigungen für den Aufruf eines Work Centers können Sie in der Rollenpflege (Transaktion PCFG) auf dem Karteireiter Menü festlegen. Dort finden Sie als ersten Punkt unter dem Hauptknoten Menü der Rolle eine Web-Dynpro-Anwendung vom Typ AGS_WORKCENTER, die mit dem Parameter WORKCENTER gestartet wird. Über den Wert dieses Parameters können Sie festlegen, welches Work Center vom Benutzer der Rolle angezeigt werden kann. Sie können den Parameter manuell verändern. Außerdem haben Sie dadurch die Möglichkeit, eine eigene Work-Center-Navigationsrolle anzulegen. Auf diese Weise können Sie Endanwendern mit einem Benutzer erlauben, Funktionen in mehreren Work Centern auszuführen. Dafür müssen Sie eine eigene Work-Center-Navigationsrolle erstellen, die mehrere Web-Dynpro-Anwendungen in ihrem Menü beinhaltet. Gehen Sie dazu wie folgt vor:

1. Rufen Sie die Rollenpflege (Transaktion PFCG) auf, und erstellen Sie eine neue Einzelrolle, indem Sie einen Rollennamen eintragen. Dieser Rollenname darf sich nicht im SAP-Namensraum befinden. Erstellen Sie die Rolle mit einem Klick auf den Button Einzelrolle.
2. Tragen Sie eine nähere Erläuterung zur Rolle in das Feld Beschreibung ein.
3. Wechseln Sie auf den Karteireiter Menü. Öffnen Sie die Auswahlliste des Buttons Transaktion mit einem Klick auf das kleine schwarze Dreieck. Wählen Sie anschließend den Eintrag Web Dynpro Anwendung aus.
4. Im folgenden Fenster tragen Sie im Feld Web-Dynpro-Anwendung AGS_WORKCENTER ein. In der Tabelle Parameter tragen Sie in die Spalte Name WORKCENTER und in die Spalte Wert den Wert des gewünschten Work Centers ein, wie zum Beispiel AGS_WORK_DVM_NAV für das Work Center Datenvolumenmanagement.

5. Anschließend müssen Sie die Rolle mit einem Klick auf das Diskettensymbol sichern und einem Benutzer zuweisen.

Damit haben Sie für das eingegebene Work Center eine eigene Navigationsrolle angelegt.

Die möglichen Werte für den Parameter `WORKCENTER` können Sie aus den Work-Center-Navigationsrollen des SAP-Standards übernehmen. Wechseln Sie dafür auf den Karteireiter MENÜ einer Standardrolle, und klicken Sie mit der rechten Maustaste auf den oberen Menüknoten, um die DETAILS des Knotens anzeigen zu lassen. Im folgenden Fenster können Sie den WERT für den Parameter `WORKCENTER` der Tabelle PARAMETER entnehmen. Diesen Vorgang können Sie so oft wiederholen, bis Sie alle für die Rolle relevanten Work Center durch eine Web-Dynpro-Anwendung im Menü abgebildet haben.

Auch der Bereich ZUGEHÖRIGE LINKS in den Work Centern kann durch Navigationsrollen beeinflusst werden. Genau wie die Berechtigungen für den Aufruf der Work Center werden auch die Berechtigungen für den Bereich ZUGEHÖRIGE LINKS mithilfe des Karteireiters MENÜ in der Rollenpflege festgelegt:

1. Starten Sie die Rollenpflege (Transaktion PFCG), und tragen Sie die Work-Center-Navigationsrolle, die Sie verändern möchten, in das Feld ROLLE ein. Wechseln Sie nun durch einen Klick auf das Bleistiftsymbol oder über die [F6]-Taste in den Änderungsmodus. Beachten Sie, dass Sie die dafür erforderlichen Berechtigungen im SAP Solution Manager benötigen, um in den Änderungsmodus zu wechseln.
2. Wählen Sie den Karteireiter MENÜ aus.
3. Öffnen Sie die Auswahlliste des Buttons [Transaktion] mit einem Klick auf das kleine schwarze Dreieck. Wählen Sie den Eintrag WEB ADRESSE ODER DATEI.
4. Es öffnet sich ein weiteres Fenster, in dem Sie bereits verfügbare Webadressen anpassen bzw. neue hinzufügen können (siehe Abbildung 12.7).
5. Bestätigen Sie Ihre Eingaben mit einem Klick auf das Icon ✔.
6. Sichern Sie die Rolle mit einem Klick auf das Icon 💾.

Diese Links werden später den Benutzern mit der jeweiligen Rolle im Bereich ZUGEHÖRIGE LINKS des Work Centers angezeigt.

Neben den Work-Center-Navigationsrollen werden im SAP Solution Manager auch Work-Center-Basisrollen bereitgestellt.

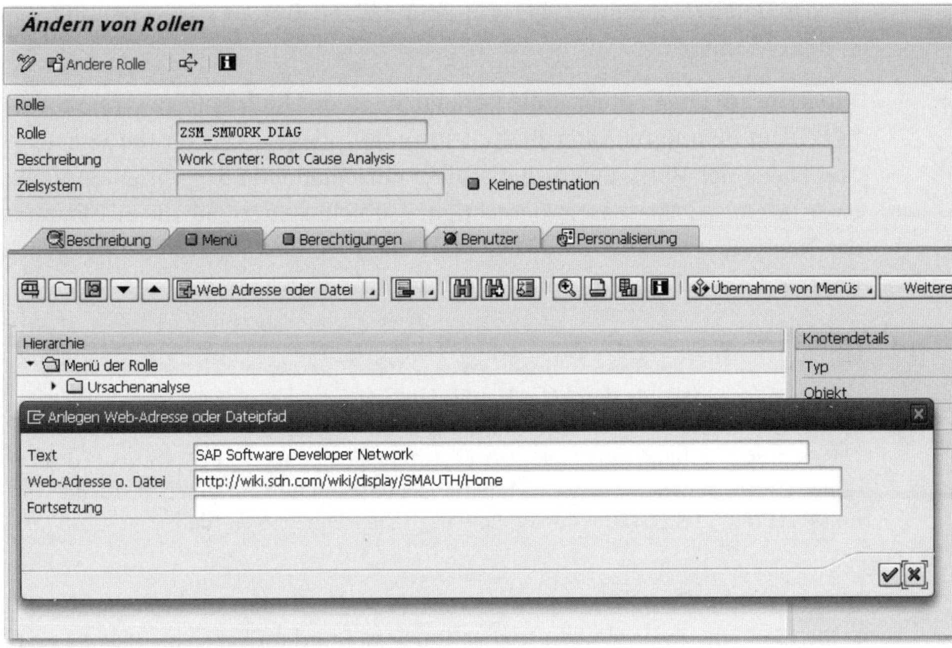

Abbildung 12.7 Rollenpflege mit der Transaktion PFCG

Work-Center-Basisrollen

Im Gegensatz zu den Navigationsrollen, die den prinzipiellen Zugriff auf die Karteireiter des Work Centers ermöglichen, steuern Work-Center-Basisrollen die Anzeige von Funktionen innerhalb des Work Centers und beeinflussen somit auch Inhalt und Aussehen. Genau wie die Navigationsrollen sind auch die Basisrollen im Standard an ein einzelnes Work Center gebunden. Eine Ausnahme ist die Rolle SAP_SM_BASIC, die eine Work-Center-Basisrolle für alle verfügbaren Work Center darstellt.

Die für die Funktion entscheidenden Berechtigungen werden nicht durch den Karteireiter MENÜ in der Rollenpflege, sondern durch Berechtigungen vergeben. Die Berechtigungen der Basisrollen legen dabei nicht direkt fest, welche Funktionen ein Benutzer ausführen kann, sondern nur auf welche Elemente der Benutzeroberfläche er zugreifen kann.

Die Bezeichnung der Basisrollen ist ähnlich aufgebaut wie die der Navigationsrollen. Sie beginnen mit der Zeichenfolge SAP für den SAP-Namensraum, gefolgt von dem Wortstamm SMWORK_BASIC. Die nachfolgende Zeichenfolge verweist wie bei den Navigationsrollen auf den Namen des jeweiligen Work Centers. Beispiele für Work-Center-Basisrollen sind SAP_SMWORK_BASIC_DVM für das Datenvolumenmanagement oder SAP_SMWORK_BASIC_SYSMON für das System-Monitoring.

Die Berechtigungen einer Rolle können Sie in der Rollenpflege (Transaktion PCFG) auf dem Karteireiter BERECHTIGUNGEN pflegen. Das für die Benutzeroberfläche der Work-Center-Basisrollen entscheidende Berechtigungsobjekt ist SM_WC_VIEW. Mit diesem Berechtigungsobjekt steuern Sie die Sichtbarkeit der Navigation und des Bereiches TYPISCHE AUFGABEN innerhalb eines Work Centers.

[»]

Hinweis

Beachten Sie, dass Sie durch das simple Ausblenden einer Navigationsschaltfläche nicht den direkten, manuellen Aufruf und die Ausführung der entsprechenden Webadresse verhindern können. Um auszuschließen, dass ein Benutzer auf Funktionen zugreifen kann, müssen Sie funktionale Berechtigungen vergeben, auf die wir in Abschnitt 12.3.5, »Funktionale Rollen«, näher eingehen werden.

Indem Sie das Berechtigungsobjekt SM_WC_VIEW anpassen, können Sie einzelne Elemente in der linken Navigationsleiste und im Bereich TYPISCHE AUFGABEN ein- und ausblenden. In Abbildung 12.8 sehen Sie auf der linken Seite, wie die Navigationsleiste des Work Centers CHANGE MANAGEMENT bei voller Ausprägung des Berechtigungsobjekts aussieht. In der Darstellung auf der rechten Seite wurde hingegen nur die Berechtigung für die Anzeige des Menüpunktes ÜBERSICHT vergeben. Daher sind alle anderen Menüpunkte ausgeblendet, und die ZUGEHÖRIGEN LINKS werden ganz oben angezeigt.

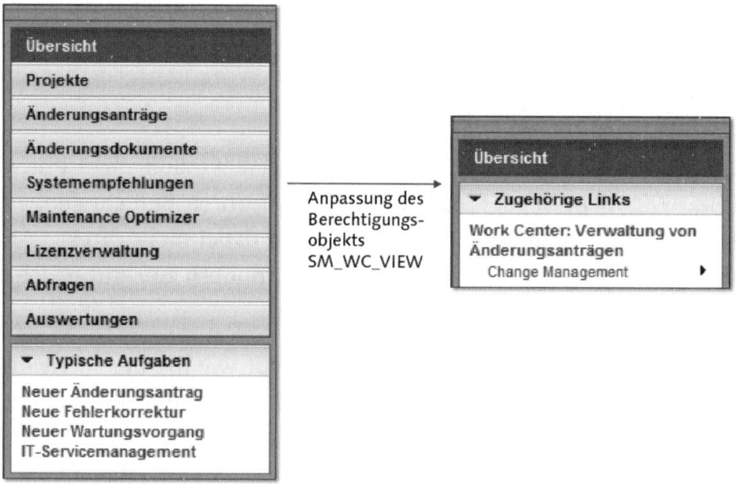

Abbildung 12.8 Pflege der Navigationsleiste mit dem Berechtigungsobjekt SM_WC_VIEW

In den von SAP standardmäßig ausgelieferten Work-Center-Basisrollen sind alle verfügbaren Funktionen in den Menüs und Work-Center-Arbeitsbereichen eingeblendet. Wenn Sie aber einzelne Funktionen des Work Centers nicht nutzen und daher ausblenden möchten, können Sie dies über das Berechtigungsobjekt SM_WC_VIEW nachträglich ändern.

Nehmen wir an, Sie möchten für einen oder eine Reihe von Benutzern nur die Auswahl des Maintenance Optimizers im Work Center Change Management zulassen. Gehen Sie dazu wie folgt vor:

1. Starten Sie die Rollenpflege (Transaktion PFCG), und tragen Sie in das Feld Rolle den Rollennamen der Kopie ein, die Sie von der Rolle SAP_SMWORK_BASIC_CHANGE_MAN erstellt haben.
2. Wechseln Sie mit einem Klick auf das Icon in den Änderungsmodus.
3. Wechseln Sie auf den Karteireiter Berechtigungen, und klicken Sie auf den Button Berechtigungsdaten ändern.
4. Um die technischen Namen anzeigen zu lassen, wählen Sie aus dem Kopfmenü Hilfsmittel • Technische Namen Ein aus.
5. Erweitern Sie den Knoten SM, um auf das Berechtigungsobjekt SM_WC_VIEW zugreifen zu können.
6. Klicken Sie doppelt auf ein beliebiges Berechtigungsfeld, um das Berechtigungsobjekt zu bearbeiten.
7. In der folgenden Tabelle suchen Sie in der Spalte WORKCENTER_ID nach dem Eintrag AGS_WORK_CHANGE_MAN und wählen alle Einträge dieses Wertes ab, in denen der Wert der Sicht nicht MOPZ ist.
8. Bestätigen Sie die Auswahl der Tabelle, und generieren Sie die Rolle.
9. Nun können Sie die Rolle einem oder mehreren Benutzern zuweisen. Diesen Benutzern wird daraufhin nur noch der Eintrag Maintenance Optimizer im Work Center Change Management angezeigt.

Sie haben gelernt, wie Sie mithilfe von Navigations- und Basisrollen die Benutzeroberfläche der Work Center für einzelne Benutzer und Benutzergruppen anpassen können. Da die Benutzer dennoch über direkte Links auf Funktionen zugreifen können, die nicht im Work Center angezeigt werden, sollten Sie zusätzlich festlegen, auf welche Funktionen einzelne Benutzer oder Benutzergruppen zugreifen dürfen, um die Datensicherheit in Ihrem System zu wahren. Dazu können Sie funktionale Rollen verwenden, die wir Ihnen im nächsten Abschnitt näher vorstellen werden.

12.3.5 Funktionale Rollen

Funktionale Rollen sind die wichtigsten und am häufigsten eingesetzten Rollen in SAP Solution Manager-Systemen. Mit ihrer Hilfe können Sie festlegen, welche Funktionen und Aktionen ein Benutzer auf technischem Ebene ausführen darf. Dies geschieht ausschließlich durch die Vergabe von Berechtigungen in der Rollenpflege. Dabei werden Berechtigungsfelder in die Rolle eingefügt, verändert oder gelöscht.

Falls Sie bereits mit der Berechtigungsprüfung eines AS ABAP-Systems vertraut sind, können Sie dieses Konzept selbstverständlich auch auf den SAP Solution Manager übertragen. Wird von einem Benutzer eine Aktion, also im weitesten Sinn ein Programm ausgeführt, kommt es in einzelnen Schritten der Programmausführung zu Berechtigungsüberprüfungen. Diese Überprüfungen sind statisch im Programmcode enthalten und werden bei jedem Aufruf in gleicher Weise abgefragt. Bei einem solchen Test wird durch das Programm überprüft, ob dem ausführenden Benutzer das nötige Berechtigungsobjekt in der geforderten Ausprägung zugewiesen wurde. Die Ausprägung erfolgt dabei mittels bestimmter Werte in den so genannten *Berechtigungsfeldern*.

Hat der ausführende Benutzer die Berechtigung in der vorgeschriebenen Ausprägung, kann er das Programm in vollem Umfang nutzen, das heißt jede enthaltene Funktion ausführen. Sollte eine Berechtigungsprüfung fehlschlagen, kann dies aufgrund eines fehlenden Berechtigungsobjekts oder aufgrund einer nicht ausreichenden Ausprägung des Berechtigungsobjekts geschehen.

Beispielsweise kann durch ein Programm abgefragt werden, ob dem Benutzer eine Rolle zugeteilt wurde, die das Berechtigungsobjekt `S_PROJECT` mit der Ausprägung für die Veränderung aller im System verfügbaren Projekte beinhaltet. Eine mögliche Rückmeldung auf diese Abfrage ist, dass der Benutzer dieses Berechtigungsobjekt nicht besitzt. Er kann daher in der Übersicht, die das Programm erzeugt, keines der Projekte sehen, anlegen oder verändern. Fällt die Berechtigungsprüfung hingegen positiv aus, das heißt, das Berechtigungsobjekt ist vorhanden, wird im Weiteren überprüft, ob die Ausprägung der Berechtigungsfelder den vorgegebenen Anforderungen entspricht. In unserem Beispiel müssen die Berechtigungsfelder zwei Angaben enthalten. Es muss sowohl der Projektname angegeben sein als auch die Aktionsart VERÄNDERN.

Die in diesem Fall abgefragten Berechtigungsfelder sind, wie in Abbildung 12.9 zu sehen ist, ACTVT mit der Ausprägung 02 für das Verändern des Projekts sowie PROJECT_ID mit dem Namen des Projekts für dessen Sichtbarkeit.

hh:mm:ss,ms	Typ	Dauer(us)	Objekt	Text
14:24:00,073	AUTH		S_PROJECT RC=0	PROJECT_ID=AH_MAINT2;APPL_COMP= ;ACTVT=02;PROJ_CONF= ;

Abbildung 12.9 Blick auf die Berechtigungsprüfung im Debugging-Modus eines Dialogschritts

Fällt die Überprüfung negativ aus, hat der Benutzer entweder nur nicht die Erlaubnis, Projekte zu verändern, oder er kann nicht das gewünschte Projekt bearbeiten.

Um einen Hinweis auf das fehlende Berechtigungsobjekt oder die unvollständige Berechtigungsausprägung zu erhalten, können Sie die Berechtigungsdaten analysieren. Zu diesem Zweck stehen Ihnen zwei Werkzeuge zur Verfügung: Zum einen können Sie mit dem System-Trace (Transaktion ST01) die Berechtigungsprüfung aufzeichnen. Bei der anschließenden Auswertung können Sie fehlende Berechtigungen oder Berechtigungsausprägungen identifizieren. Zum anderen können Sie sich mit der Berechtigungsfehleranalyse (Transaktion SU53) die letzte fehlerhafte Berechtigungsüberprüfung anzeigen lassen.

Die Ausprägung eines Objekts wird durch Berechtigungsfelder und deren Werte bestimmt. Jedes Berechtigungsobjekt beinhaltet mindestens ein Berechtigungsfeld sowie mögliche Werte für das Berechtigungsfeld. Meist enthalten Berechtigungsobjekte aber eine Ansammlung von Berechtigungsfeldern. Das Berechtigungsfeld, dessen Wert die ausführbare Aktion bestimmt, heißt üblicherweise ACTVT. Diverse mögliche Aktionen und ihre Werte sind: Anzeigen (03), Verändern (02). Löschen (06) oder Erstellen (01). Neben der Aktivität wird in einem anderen Berechtigungsfeld bestimmt, welchen Fokus die Aktion haben soll.

Beispielsweise kann im Berechtigungsobjekt D_SOL_VSBL die Sichtbarkeit von Lösungen bestimmt werden. Das Berechtigungsobjekt enthält die Berechtigungsfelder ACTVT und SOLUTION. Mit dem Berechtigungsfeld ACTVT bestimmen Sie die Aktivität, die von dem Benutzer der Rolle durchgeführt werden kann. Das Feld SOLUTION enthält in diesem Fall die Bezeichnung der Lösung, für die diese Aktion durchführbar sein soll. So kann der Benutzer der Rolle bei der in Abbildung 12.10 dargestellten Ausprägung des Berechtigungsobjekts D_SOL_VSBL die Lösung SAP_SOLUTION sehen und verändern.

Der Name der Lösung wird in dem Berechtigungsfeld SOLUTION durch die Objekt-ID dargestellt. Sie können den dazugehörigen Namen in der Wertehilfe F4 einsehen.

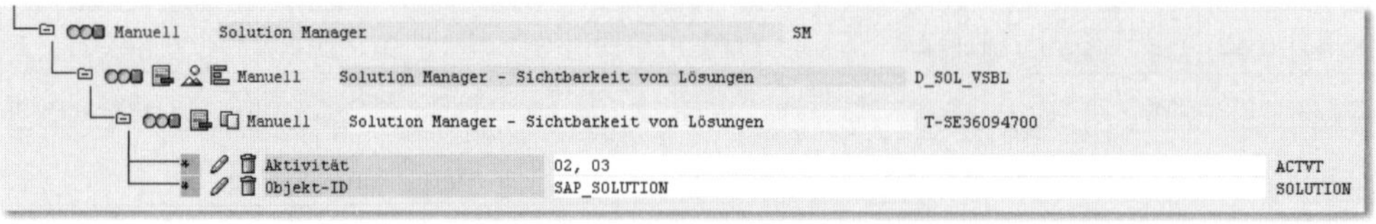

Abbildung 12.10 Ausprägung des Berechtigungsobjekts D_SOL_VSBL

In den von SAP ausgelieferten Rollen sind üblicherweise Vorschlagswerte für die Felder eingetragen, sodass Sie in vielen Fällen die Rolle nur generieren müssen, um dem Benutzer die gewünschte Funktion zur Verfügung zu stellen. Sollten für Felder keine Vorschlagswerte bereitgestellt werden, müssen Sie diese Werte manuell nachtragen. Dies ist bei Berechtigungsobjekten der Fall, die bei besonders sicherheitskritischen Funktionen überprüft werden. Dazu gehört zum Beispiel das Berechtigungsobjekt S_RFCACL. Dieses überprüft die Berechtigungen von RFC-Benutzern, insbesondere in Trusted Systems. Wird dieses Berechtigungsobjekt für eine Funktion benötigt, müssen Sie es entsprechend Ihrer Systemlandschaft ausprägen.

Nehmen wir an, Sie möchten von Ihrem SAP Solution Manager-System mit dem Namen SM1 und dem Mandanten 100 einen Funktionsbaustein auf Ihrem verwalteten System EP1 aufrufen. Dabei soll der Aufruf des Funktionsbausteins auf dem verwalteten System mit der Benutzerkennung RFCUSER1 erfolgen, die Sie auch in Ihrem SAP Solution Manager-System SM1 verwenden.

Ausgehend von diesen Vorgaben muss das Berechtigungsobjekt S_RFCACL, wie in Tabelle 12.2 dargestellt, auf dem verwalteten System ausgeprägt werden.

Diese Berechtigung müssen Sie anschließend dem Benutzer RFCUSER1 auf dem verwalteten System zuordnen. Wenn Sie auf beiden Systemen unterschiedliche Benutzerkennungen verwenden möchten, müssen Sie das Berechtigungsfeld RFC_USER mit der Benutzerkennung aus dem System SM1 füllen und den Wert für das Feld RFC_EQUSER auf No ändern.

Entsprechen die Vorschlagswerte in den Rollen nicht den Anforderungen Ihres Sicherheitskonzepts, können Sie diese manuell verändern. Bevor Sie funktionale Rollen verändern, sollten Sie diese in einen eigenen Namensraum kopieren. Auf diese Weise können Sie später ganz einfach auf den Originalzustand der Rolle zurückgreifen.

Name des Berechtigungsfeldes	Wert des Berechtigungsfeldes
RFC_SYSID	SM1
RFC_CLIENT	100
RFC_USER	(kein Wert)
RFC_EQUSER	Yes
RFC_TCODE	*
RFC_INFO	*
ACTVT	16

Tabelle 12.2 Ausprägung des Berechtigungsobjekts S_RFCACL

12.3.6 Infrastrukturrollen

Im SAP Solution Manager wird der Begriff *Infrastruktur* für alle Entitäten verwendet, die einen Bezug zu Systemen, Hosts, Datenbanken, Lösungen und Projekten haben. Diese Einheiten bilden die Basis für die Funktionalitäten in allen Szenarien. *Infrastrukturrollen* sind im Grunde funktionale Rollen, die aber aufgrund ihrer besonderen Funktion separat betrachtet werden sollten. Genau wie funktionale Rollen enthalten Infrastrukturrollen Berechtigungen, die Sie in der Rollenpflege (Transaktion PCFG) pflegen können.

Infrastrukturrollen legen für die Entitäten fest, ob und in welchem Umfang diese durch eine Funktionalität genutzt werden können.

Dabei werden Systeme, Datenbanken und Hosts unter der Entität *Systeme* zusammengefasst. Die Entität Systeme wird in allen Szenarien des SAP Solution Managers verwendet. Die Entitäten *Lösungen* und *Projekte* hingegen werden nur in bestimmten Szenarien genutzt. Welche der beiden Entitäten verwendet wird, hängt von der ALM-Phase (Application Lifecycle Management) ab, in der sich das Szenario befindet. Für Szenarien, die noch nicht im produktiven Betrieb verwendet werden, wird die Entität *Projekte* verwendet. Für Szenarien, die bereits in das Produktivsystem übernommen wurden, wird entweder die Enität *Lösungen* oder aber nur die Entität *Systeme* verwendet.

Als Beispiel sollen die Szenarien Betrieb von Geschäftsprozessen und Testmanagement dienen. Da sich beide Szenarien vor dem Produktivstart abspielen, finden sich hier in den bereitgestellten Rollen Berechtigungen für die Entität Projekte. In Szenarien wie der Ursachenanalyse hingegen, die erst nach dem Produktivstart einer Lösung eine Rolle spielen, wird diese Entität nicht mehr betrachtet und stattdessen die Entität *Systeme* genutzt. Diese Einteilung der Infrastruktur in eine Phase nach und eine Phase vor dem Produktivstart wird jedoch nicht immer eingehalten. So gibt es in einzelnen Szenarien auch Ausnahmen, abhängig von deren Funktionsweise.

Da die Entitäten den gesamten Lebenszyklus einer Software abdecken, werden diese auch in allen vom SAP Solution Manager bereitgestellten Szenarien verwendet. Benutzer des SAP Solution Managers können mehrere Szenarien in unterschiedlichen Phasen des Lebenszyklus nutzen. Daher muss gewährleistet werden, dass die Entitäten zentral steuerbar sind. So werden Berechtigungen, die einen Einfluss auf infrastrukturelle Entitäten haben, in zentralen Rollen verwaltet. Tabelle 12.3 zeigt die im SAP Solution Manager verwendeten Infrastrukturrollen.

Rollenname	Infrastrukturelle Entität
SAP_SYSTEM_REPOSITORY_DIS	Anzeigeberechtigung für Einträge in der Landscape Management Data Base (LMDB) und Zugriff auf die Transaktion SMSY
SAP_SYSTEM_REPOSITORY_ALL	volle Berechtigungen für Einträge in der LMDB und Zugriff auf die Transaktion SMSY
SAP_SMSY_DIS	Anzeigeberechtigung für den Zugriff auf die Transaktion SMSY
SAP_SMSY_ALL	volle Berechtigungen für den Zugriff auf die Transaktion SMSY
SAP_SM_SOLUTION_DIS	Anzeigeberechtigungen für Lösungen
SAP_SM_SOLUTION_ALL	volle Berechtigungen für Lösungen
SAP_SOL_PROJ_ADMIN_DIS	Anzeigeberechtigungen für Projekte
SAP_SOL_PROJ_ADMIN_ALL	volle Berechtigungen für Projekte

Tabelle 12.3 Verfügbare Infrastrukturrollen im SAP Solution Manager

12.3.7 CRM-Berechtigungsrollen

Eine weitere Rollenart, die Sie in Ihrem SAP Solution Manager-System nutzen können, sind die CRM-Berechtigungsrollen. Dies sind Rollen, die nur im ITSM-Szenario verwendet werden und daher nicht zwangsläufig in einem System zum Einsatz kommen müssen. CRM-Berechtigungsrollen werden ausschließlich in SAP Solution Manager-Systemen verwendet. Auf verwalteten Systemen sind diese Rollen nicht anzutreffen.

Details zur Definition einer CRM-Berechtigungsrolle finden Sie im Buch *IT-Service-Management mit dem SAP Solution Manager* von Matthias Friedrich und Torsten Sternberg, das ebenfalls bei SAP PRESS (2013) erschienen ist.

12.3.8 Berechtigungen im SAP Service Marketplace

Da der SAP Service Marketplace nicht öffentlich zugänglich ist, sondern nur für SAP-Kunden, werden auch hier Berechtigungen benötigt, um den Zugriff zu steuern.

Diese sind zum einen für den direkten Zugriff auf den SAP Service Marketplace durch einen Webbrowser erforderlich, zum anderen aber auch für Zugriffe, die durch Funktionen innerhalb der Szenarien des SAP Solution Managers bereitgestellt werden. Der Benutzer, der für den Zugriff auf den SAP Service Marketplace benötigt wird, wird als *S-Benutzer* (S-User) bezeichnet und besteht aus einer Folge von Zahlen, denen ein S vorangestellt ist. Im Folgenden sehen Sie einige typische Anwendungsfälle, für die ein S-Benutzer benötigt wird:

- Austauschen von Problemmeldungen mit SAP
- Synchronisieren von Systemdaten des SAP Solution Managers und der verwaltenden Systeme mit dem Support-Portal
- Serviceverbindungen herstellen
- Informationsaustausch über Nachrichten, die mit SAP ausgetauscht wurden

Folgende Szenarien benötigen eine Verbindung zum SAP Service Marketplace und einen S-Benutzer:

- Maintenance Optimizer
- Incident Management
- SAP-Engagement und Servicelieferung

Die Berechtigungen des S-Benutzers können Sie über die URL *http://service.sap.com/user-admin/* einsehen. Neben den Berechtigungen des Benutzers können Sie hier auch personenbezogene Informationen des S-Benutzers anpassen, das Passwort des Benutzers ändern und neue S-Benutzer anlegen oder löschen, wenn Sie das entsprechende Berechtigungsobjekt besitzen. Für den SAP Service Marketplace sind folgende Berechtigungsobjekte verfügbar:

- Administrationsberechtigung
- Alle Kundenmeldungen anzeigen
- Benutzerdaten pflegen
- Kundenmeldungen an SAP senden
- Kundenmeldungen anlegen
- Objekt- und Entwicklerschlüssel registrieren
- Security Contact
- Software herunterladen

Informationen zum Umfang der Berechtigungen, die Sie benötigen, um eine Funktionalität im Szenario zu nutzen, können im Security Guide for SAP Solution Manager nachgelesen werden. In Abschnitt 12.4.1, »Security Guide for SAP Solution Manager« gehen wir näher auf den Security Guide ein.

Da ein S-Benutzer immer an einen individuellen Benutzer gebunden ist, müssen Sie die S-Benutzer mit einem Endanwender verbinden. Dies geschieht in der Sicht SAP SUPPORT PORTAL ANSPRECHPARTNER ZUORDNUNG, die Sie mit Transaktion AISUSER aufrufen können. Hier können Sie in der Spalte BENUTZER einen Anwender angeben und ihm anschließend einen S-Benutzer in der Spalte ANSPRECHPARTNER zuordnen (siehe Abbildung 12.11). Beachten Sie, dass Sie dabei weder das führende »S« und auch keine führenden Nullen angeben.

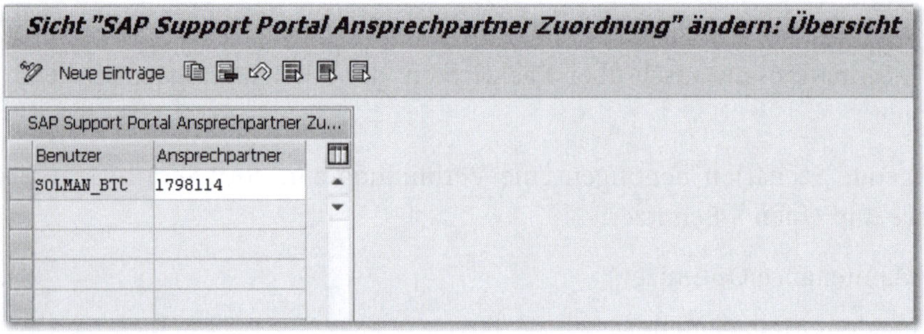

Abbildung 12.11 Zuordnung zwischen Benutzer und S-Benutzer

12.3.9 Zusammenfassung der Zugriffsverwaltung im SAP Solution Manager

Die Zugriffsverwaltung im SAP Solution Manager erfolgt auf verschiedenen Ebenen (siehe Abbildung 12.12). Mithilfe der Work-Center-Rollen steuern Sie die Inhalte und das Aussehen der Work Center. Die Ausführung von

Aktionen steuern Sie mithilfe der so genannten Berechtigungs- oder PFCG-Rollen. Dabei wird unterschieden zwischen funktionalen, Infrastruktur- und Java-Rollen.

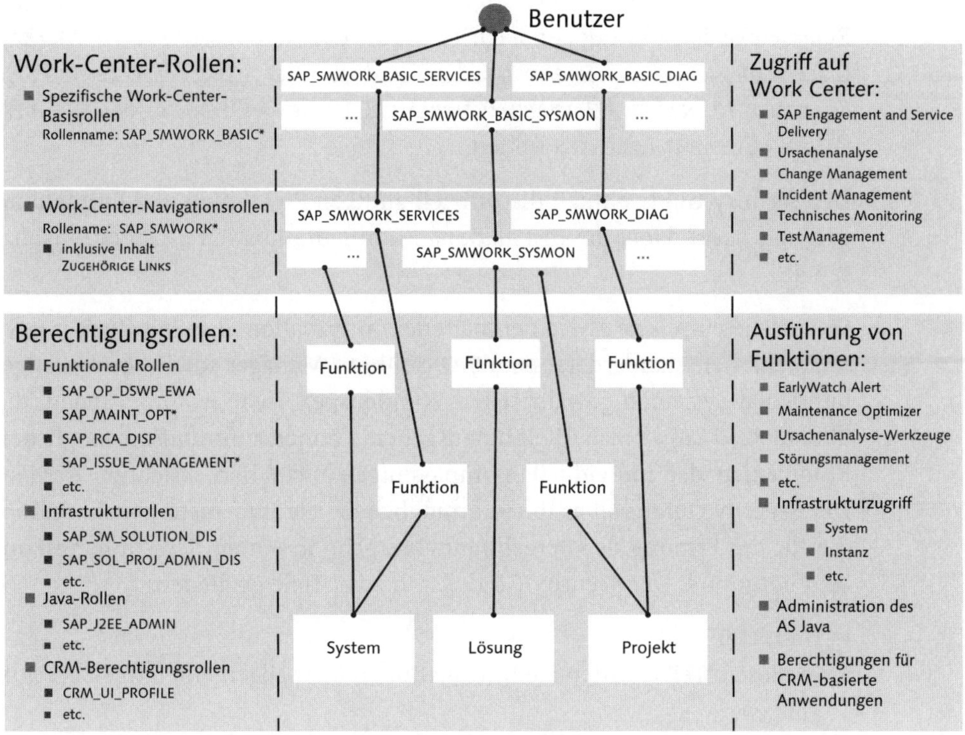

Abbildung 12.12 Aufbau des Berechtigungskonzepts im SAP Solution Manager

Es kann vorkommen, dass Sie in Ihrem System nur die PFCG-Rollen nutzen werden, da viele der Szenarien nur auf diesen aufbauen und die anderen Rollenarten nur auf technischer Seite genutzt werden.

12.4 Informationsquellen für Berechtigungsvergabe

Neben den Informationen zu Berechtigungen, die man in der Hilfe des SAP Solution Managers erhalten kann, gibt es auch externe Dokumentationen, die von SAP bereitgestellt werden und die Arbeit mit Berechtigungen erleichtern. Die beiden wichtigsten Informationsquellen sind:

- Security Guide for SAP Solution Manager 7.1
- SAP Solution Manager – Security and Authorizations Wiki

12.4.1 Security Guide for SAP Solution Manager 7.1

Der Security Guide ist die zentrale Informationsquelle für Berechtigungen im SAP Solution Manager sowie für Berechtigungen, die für Funktionalitäten auf verwalteten Systemen benötigt werden. Für jedes SAP Solution Manager-Release existiert ein eigener Security Guide, den Sie im SAP Service Marketplace *http://service.sap.com/instguides* und dort unter SAP COMPONENTS • SAP SOLUTION MANAGER • RELEASE <CURRENT RELEASE> • OPERATIONS • SECURITY GUIDE <CURRENT RELEASE> finden.

Der Security Guide enthält die offiziell gültigen Richtlinien und Empfehlungen und deckt dabei die Installations-, Konfigurations- und Operationsphasen ab.

Die für die einzelnen Phasen enthaltenen Informationen sollen einen mittleren Sicherheitsstandard auf dem SAP Solution Manager sowie auf den angebundenen Systemen gewährleisten. Kundenspezifische Anforderungen, die über dieses Maß an Sicherheit hinausgehen, können aufgrund der möglichen Komplexität der individuellen Anpassungen nicht berücksichtigt werden. Der Security Guide soll es Ihnen ermöglichen, alle Informationen zu finden, die für die Planung der Berechtigungsvergabe in einem Berechtigungskonzept nötig sind. Der Security Guide ist in zwei Teile gegliedert:

- **Hauptteil**
  In diesem Teil erhalten Sie Informationen über allgemeingültige Berechtigungen.
- **Szenariospezifischer Teil**
  In diesem Teil erhalten Sie Informationen zu speziellen Berechtigungen in den einzelnen ALM- und Run SAP like Factory-Prozessen.

Der Hauptteil bietet Ihnen grundlegende Informationen zu allen berechtigungsrelevanten Themen um den SAP Solution Manager. So erfahren Sie zum Beispiel, wie Sie Berechtigungs- und Rollenanpassungen durchführen, oder lernen die Funktionen der Benutzerverwaltung kennen. Wir empfehlen Ihnen, den Hauptteil komplett zu lesen, bevor Sie mit der Planung Ihrer Berechtigungen beginnen, da alle Informationen für Ihren SAP Solution Manager und die angebundenen verwalteten Systeme relevant sein können.

Der zweite Teil des Security Guides ist der szenariospezifische Teil. Dieser bietet Ihnen Informationen zu den einzelnen Szenarien, die Sie in Ihren Systemen einsetzen können. Zu den bereitgestellten Informationen zählen beispielsweise:

- eine Übersicht über alle technischen Verbindungen zu angebundenen Systemen
- eine Übersicht und Beschreibung der technischen Benutzer und der Endbenutzer in den Systemen
- eine Übersicht und Beschreibung der benötigten Rollen und der Berechtigungen für die Benutzertypen

Im Gegensatz zum Hauptteil sollten Sie den szenariospezifischen Teil nur dann zu Rate ziehen, wenn Sie das beschriebene Szenario auch in Ihrer Systemlandschaft einsetzen bzw. einsetzen möchten.

12.4.2 SAP Solution Manager – Security and Authorizations Wiki

Das Wiki SMAUTH im SAP Software Developer Network ist eine zusätzliche Informationsquelle, die den SAP Security Guide ergänzt. Sie können es über die URL *http://wiki.sdn.sap.com/wiki/display/SMAUTH/Home* aufrufen. Das Wiki enthält ausschließlich Informationen zum SAP Solution Manager 7.1. Tabelle 12.4 zeigt im Überblick die dort behandelten Themen.

Thema	Beschreibung
Berechtigungsobjekte	Übersicht und Analyse aller Berechtigungsobjekte im SAP Solution Manager 7.1
Anwendungsbeispiele (Use Cases)	Überblick über die szenariospezifische Verwendung von Berechtigungsobjekten
Best Practices	Empfehlungen, wie mit den Berechtigungsobjekten umzugehen ist
Technische Infrastruktur	Auflistung der minimalen Voraussetzungen der technischen Infrastruktur für die eingesetzten Szenarien
Glossar	Definition der im Berechtigungsumfeld eingesetzten Termini
FAQ	häufig gestellte Fragen im Umfeld der SAP Solution Manager-Berechtigungen

Tabelle 12.4 Überblick über die Struktur des Wikis SMAUTH

Den Bereich Berechtigungsobjekte können Sie nutzen, um Informationen zu Berechtigungsobjekten zu finden, die im Standard von SAP nicht vollständig ausgeprägt sind. Dadurch können Sie Berechtigungsobjekte, die in Ihrer

Systemumgebung eine besonders kritische Aufgabe erfüllen, identifizieren und entsprechend ausprägen.

Darüber hinaus bietet Ihnen diese Übersicht die Möglichkeit, Berechtigungsobjekte nach ihrer Verwendung in den einzelnen Szenarien einzuteilen. So ist es möglich, eine Mehrfachverwendung von Berechtigungsobjekten in den Szenarien frühzeitig zu identifizieren und diese Berechtigungen beispielsweise in Infrastrukturrollen auszulagern, wenn dies sinnvoll erscheint.

Der Unterpunkt USE CASES bietet Ihnen Anwendungsbeispiele für typische Anforderungen, die durch eine gezielte Berechtigungsvergabe gesteuert werden können. Die Einteilung der Anwendungsbeispiele erfolgt szenariospezifisch. Haben Sie das gewünschte Szenario gewählt, folgt eine Übersicht über die derzeit verfügbaren Anwendungsfälle, zum Beispiel wie Sie die Sichtbarkeit von Systemen steuern können. Die eigentlichen Anwendungsbeispiele sind immer nach demselben Schema aufgebaut und setzen sich aus der Motivation, der Lösung und dem Ergebnis zusammen.

Allgemeine Hinweise, wie Sie beispielsweise SAP-Standardrollen kopieren oder was Sie bei der Überprüfung der Berechtigungen nach einem Upgrade beachten sollten, finden Sie im Bereich BEST PRACTICES.

Detaillierte Informationen zu den Grundanwendungen sowie für spezielle Szenarien benötigte Verbindungen finden Sie im Unterpunkt TECHNISCHE INFRASTRUKTUR. In diesem werden nicht nur die Bezeichnungen oder Ports der genutzten Verbindungen genannt, sondern auch die für die Kommunikation erforderlichen Benutzer.

Sollten Sie in den einzelnen Punkten Fragen zu verwendeten Termini haben, empfehlen wir Ihnen, das GLOSSAR oder den Bereich FAQ zu Rate zu ziehen.

12.5 Erstellen eines Berechtigungskonzepts

Möchten Sie einzelne oder alle Funktionen des SAP Solution Managers nutzen, ist es notwendig, Verantwortlichkeiten und die daraus folgenden Benutzer sowie Berechtigungen nach einem definierten Schema zu erstellen und zu dokumentieren. Dies betrifft nicht nur die Endbenutzer, sondern auch die technischen Benutzer.

Neben der daraus folgenden Übersichtlichkeit und Nachvollziehbarkeit der getroffenen Entscheidungen wird durch ein Berechtigungskonzept der von Ihnen genutzte Sicherheitsstandard umgesetzt.

Das Berechtigungskonzept umfasst dabei nicht nur die Benutzer und Verbindungen, die auf dem SAP Solution Manager vorhanden sind, sondern setzt sich, wie in Abbildung 12.13 zu sehen ist, auch mit den angebundenen Systemen auseinander.

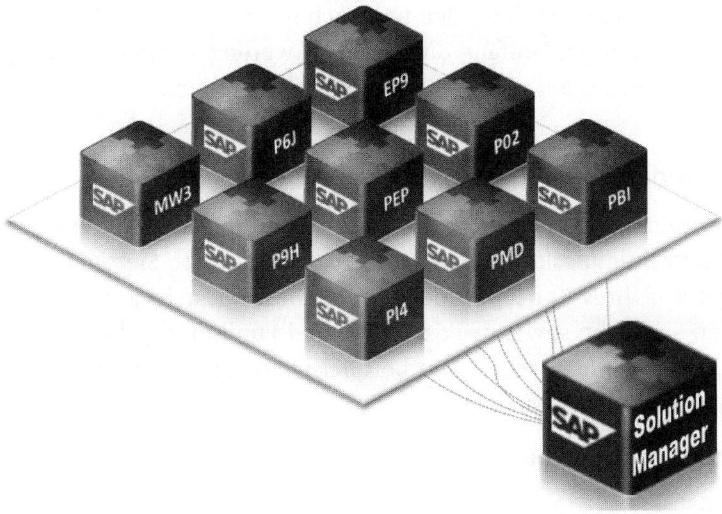

Abbildung 12.13 SAP Solution Manager – angebundene Systeme

Dies ist notwendig, weil zum Teil sicherheitskritische Funktionen auf den angebundenen Systemen durchgeführt werden. Die Risiken, die auf den Systemen auftreten können, sind:

- Beschädigung des SAP Solution Managers durch unbefugtes Ändern der Datenbestände und das unerlaubte Anpassen der Konfiguration
- Beschädigung der angebundenen Systeme durch einen Benutzer auf dem SAP Solution Manager infolge eines fehlenden Berechtigungskonzepts

Es ist das Ziel eines Berechtigungskonzepts, diese Risiken zu minimieren. Um ein Berechtigungskonzept zu erstellen, sollten Sie ein systematisches Vorgehen entwickeln. Dabei empfiehlt es sich, die Erstellung in einzelne Schritte zu untergliedern. Diese Schritte stellen den Prozess dar, der durchlaufen werden sollte, wenn eine Funktionalität in das Konzept aufgenommen wird oder sich der Umfang einer bestehenden Funktion ändert. Das Berechtigungskonzept des SAP Solution Managers umfasst im Allgemeinen die folgenden Bestandteile:

- Anforderungsanalyse
- Grobkonzept

- Detailkonzept
- Implementieren und Testen
- Übergabe an den Betrieb

Beachten Sie, dass diese Schritte zur Erstellung eines Berechtigungskonzepts lediglich eine Empfehlung darstellen und auch in einer anderen Reihenfolge und mit einem anderen Umfang durchgeführt werden können. Im Folgenden werden wir näher auf die einzelnen Schritte eingehen.

12.5.1 Anforderungsanalyse

Die Anforderungsanalyse ist die Grundlage und der erste Schritt zur Erstellung eines Berechtigungskonzepts. In diesem Schritt sollten Sie zunächst den Geltungsbereich Ihres Konzeptes definieren. Dieser besteht aus den unterschiedlichen Systemen sowie den Szenarien und Funktionen, die Sie nutzen möchten. Der Geltungsbereich kann beispielsweise aus den folgenden Szenarien und Funktionen bestehen:

- Konfigurationsvalidierung
- Ursachenanalyse
- Maintenance Optimizer
- Service Level Reporting (SLR)
- zentrale Systemadministration
- Verwaltung von Änderungsanträgen
- Entwicklerfunktionen
- Verwaltung des SAP Solution Managers

Für die weitere Planung des Berechtigungskonzepts ist es wichtig, die einzelnen Funktionen der Szenarien zu überblicken. Auf diese Weise können Sie einschätzen, welche sicherheitskritischen Eigenschaften die einzelnen Szenarien besitzen. Die Administration des SAP Solution Managers birgt beispielsweise ein wesentlich größeres Gefahrenpotenzial als der Maintenance Optimizer. Die Beschreibung der Funktionalitäten und Szenarien im SAP Solution Manager Security Guide (siehe Abschnitt 12.4.1, »Security Guide for SAP Solution Manager 7.1«) ist dabei ein guter Anhaltspunkt, um das Gefahrenpotenzial einschätzen zu können.

Zudem sollten Sie betrachten, welche Sammelrollen im SAP Solution Manager Security Guide beschrieben werden. Die Sammelrollen und die enthaltenen Einzelrollen bilden die Basis des Rollenkonzepts. Sie sollten bestimmen, welche Interessengruppen ein Szenario oder eine Funktionalität nutzen sollen. Eine Interessengruppe der SAP Solution Manager-Administration kann beispielsweise der Systemverantwortliche oder das Basis-Team sein, die die Systemlandschaft betreuen.

Als Nächstes sollten Sie darüber nachdenken, ob nur Endbenutzer oder auch technische Benutzer in dem Berechtigungskonzept betrachtet werden sollen. Außerdem sollte festgelegt werden, in welchem Umfang diese Benutzer betrachtet werden sollen. So können Sie beispielsweise aufnehmen, welche Rollen den technischen Benutzern zugewiesen sind, oder nur die Benutzernamen auflisten. Legen Sie anschließend eine Liste der Benutzergruppen an. Beispiele für Endbenutzergruppen sind:

- Systemadministratoren
- Berechtigungsadministratoren
- Anwender – intern
- Anwender – extern
- Entwickler
- Systemverantwortliche

Ausgehend von diesen Angaben, können Sie die so genannte SoD-Matrix (Segregation of Duties) erstellen. Dabei handelt es sich um eine Darstellung, in der das Verhältnis zwischen Benutzergruppen und Funktionen festgehalten wird.

In Tabelle 12.5 sehen Sie ein Beispiel für eine solche SoD-Matrix. Die Kreuze in Tabelle 12.5 zeigen dabei, welche Szenarien bzw. Funktionen ein Benutzer verwenden darf und ob er lediglich Anzeigeberechtigungen oder Administrationsberechtigungen erhalten soll. In unserem Beispiel soll der *Systemadministrator* das Szenario SAP Solution Manager-Administration mit administrativen Berechtigungen verwenden können. Für die Konfigurationsvalidierung sowie das SLR soll er hingegen nur Anzeigeberechtigungen erhalten. Der *externe Anwender* hingegen soll das SLR, die zentrale Systemadministration sowie die Verwaltung von Änderungsanträgen administrativ nutzen können.

Ziel der Anforderungsanalyse ist es, die zu erwartenden Benutzergruppen zu benennen und diese den unterschiedlichen Funktionen in den Szenarien zuzuordnen.

Szenario/Funktion	Berechtigung	Systemadministrator	Interner Anwender	Externer Anwender	Entwickler
Konfigurationsvalidierung	Administration		X		
	Anzeigen	X	X	X	X
Ursachenanalyse	Administration		X		
	Anzeigen			X	
Maintenance Optimizer	Administration		X		
	Anzeigen			X	
SLR	Administration		X	X	
	Anzeigen	X	X	X	X
zentrale Systemadministration (CSA)	Administration		X	X	
Verwaltung von Änderungsanträgen	Administration		X	X	
Entwicklerfunktionen	Administration				X
Verwaltung des SAP Solution Managers	Administration	X			

Tabelle 12.5 Beispiel für eine SoD-Matrix

12.5.2 Grobkonzept

Im Grobkonzept wird ausgehend von den Informationen aus der SoD-Matrix analysiert und dokumentiert, welche Rollen bereits durch den SAP-Standard ausgeliefert werden und somit auch im Konzept genutzt werden können. Diese Information kann im szenariospezifischen Teil des Security Guide for SAP Solution Manager 7.1 nachgeschlagen werden (siehe Abschnitt 12.4.1).

Der SAP Solution Manager bietet für jedes Szenario eine oder mehrere Sammelrollen an. Stehen für ein Szenario mehrere Sammelrollen zur Verfügung, unterscheiden sich diese in der Reichweite der eingeräumten Berechtigungen. Beispielsweise gibt es für den Maintenance Optimizer eine Sammelrolle mit Berechtigungen für einen Administrator und eine Sammelrolle mit Anzeigeberechtigungen für Endbenutzer.

Nachdem Sie entschieden haben, welche Rollen Sie übernehmen möchten, sollten Sie festlegen, welche Namen die Kopien im Namensraum des Kunden erhalten sollen. Dabei können Sie beispielsweise den SAP*-Namensraum in einen anderen Namensraum wie ZSM_DEV* ändern. Damit können Sie bei Verwendung einer zentralen Benutzerverwaltung leichter erfassen, für welches SAP-System die Rolle vorgesehen ist. Für den Maintenance Optimizer wird beispielsweise im Grobkonzept aufgenommen, dass von SAP zwei Sammelrollen vorgesehen sind, die die Funktionen eines Administrators und eines Anzeigebenutzers abdecken können.

Die Sammelrolle SAP_MAINT_ADMIN_COMP ist dabei für den Administrator gedacht und besteht aus den folgenden Einzelrollen:

- SAP_MAINT_OPT_ADMIN
- SAP_SM_SOLUTION_DIS
- SAP_SYSTEM_REPOSITORY_ALL
- SAP_SMWORK_BASIC_CHANGE_MAN
- SAP_SMWORK_CHANGE_MAN

Die Sammelrolle für den Anzeigebenutzer ist SAP_MAINT_DISP_COMP und enthält die Einzelrollen:

- SAP_MAINT_OPT_DIS
- SAP_SM_SOLUTION_DIS
- SAP_SYSTEM_REPOSITORY_DIS
- SAP_SMWORK_BASIC_CHANGE_MAN
- SAP_SMWORK_CHANGE_MAN

Ziel des Grobkonzeptes ist es, die benötigten Sammel- und Einzelrollen zu benennen und den zukünftigen Namensraum und somit den Rollennamen festzulegen.

12.5.3 Detailkonzept

Da die Berechtigungen einiger Rollen, die im Grobkonzept festgelegt wurden, nicht vollständig ausgeprägt sind, müssen Sie diese Ausprägungen im Detailkonzept festlegen und dokumentieren.

Informationen darüber, wie Sie Berechtigungen ausprägen sollten oder welche Berechtigungsvergabe in einem Anwendungsfall sinnvoll ist, finden Sie in den bereits vorgestellten Informationsquellen für die Berechtigungsvergabe (siehe Abschnitt 12.4). Denken Sie daran, immer eine Begründung für

Ihre Entscheidungen festzuhalten, um diese bei einem anschließenden Review nachvollziehen zu können.

Außerdem sollten Sie im Detailkonzept die im Grobkonzept festgelegten Rollen zu neuen Sammelrollen zusammenstellen. So ist es in dem vorangegangenen Beispiel (siehe Tabelle 12.5) von Vorteil, wenn Sie für die Benutzergruppen Systemadministratoren, interne Anwender, externe Anwender und Entwickler jeweils eine Sammelrolle erstellen, die alle Einzelrollen der Szenarien beinhaltet, die die jeweilige Benutzergruppe benötigt. Dies erleichtert Ihnen die Vergabe der Berechtigungen für die einzelnen Benutzergruppen.

12.5.4 Implementierung und Testen

Nach der Erstellung des Detailkonzeptes können Sie mit der Implementierung der Berechtigungen beginnen. Dafür müssen Sie die SAP-Standardrollen entsprechend der Namenskonvention aus dem Grobkonzept in den Kundennamensraum kopieren und nach den Vorgaben des Detailkonzepts ausprägen. Wenn Sie eigene Rollen konzipiert haben, müssen Sie diese im SAP Solution Manager-System und eventuell in den verwalteten Systemen erstellen. Sofern Sie die Rollen auch für andere Systeme ausrollen möchten, empfehlen wir Ihnen, die erstellten Rollen einem Transportauftrag zuzuordnen.

Anschließend sollten Sie für jede Benutzergruppe Testbenutzer erstellen und anhand von typischen Aufgaben der einzelnen Benutzergruppen eingehend überprüfen, ob Ihr Berechtigungskonzept richtig umgesetzt wird.

12.5.5 Übergabe an den operativen Betrieb

Nachdem Sie alle Tests erfolgreich abgeschlossen haben, können Sie Ihr Berechtigungskonzept an den operativen Betrieb übergeben. Dabei übergeben Sie eine Dokumentation, in der die verschiedenen Aspekte festgehalten werden, die für die Arbeit mit den Rollen für den operativen Betrieb notwendig sind.

Zunächst einmal sollten Sie angeben, auf welchen Systemen und Mandanten Sie Benutzer erstellt haben. Je nachdem, wie detailliert Ihr Berechtigungskonzept aufgebaut ist, können Sie dabei technische Benutzer neben Endbenutzern erfassen. Darüber hinaus sollte die Dokumentation beinhalten, welche Sammel- und Einzelrollen in den unterschiedlichen Systemen und Mandanten an die jeweiligen Benutzer vergeben werden müssen, um den Betrieb zu ermöglichen. Sofern Ihr Berechtigungskonzept Infrastrukturrollen vorsieht, sollten Sie auch diese angeben, damit der operative Betrieb nachvollziehen kann, welche Infrastrukturrollen verwendet werden und in welchem Fall sie einem Benutzer zugeordnet werden müssen. Außerdem empfiehlt es sich, eine Aufstellung der Arbeitsprozesse beizufügen, die im jeweiligen Szenario durchgeführt werden. Dadurch kann schnell festgestellt werden, wann eine entsprechende Berechtigung für einen Benutzertyp relevant ist. Schlussendlich sollten Sie nicht vergessen, einen Transportauftrag zu dokumentieren, in dem alle transportfähigen Änderungen aufgelistet werden.

12.6 Kundenbeispiel – Berechtigungskonzept bei Munich Re

Nachdem uns Herr Carsten Bein in Abschnitt 2.6 bereits einen Einblick in das SAP Solution Manager-Upgrade-Projekt gegeben hat, stellt er uns im Folgenden vor, wie Munich Re bei der Erstellung eines Berechtigungskonzeptes vorgegangen ist.

Ausgangssituation und Herausforderungen

Die Konzeption und Pflege applikationsspezifischer Berechtigungen in einem SAP-System ist sehr aufwendig, da sehr viele organisatorische, prozessuale, aber auch gesetzliche Rahmenbedingungen beachtet werden müssen. Dies trifft in besonderem Maße auf ein SAP Solution Manager-System zu, da es mit allen verwalteten Systemen verbunden ist. Gerade vor diesem Hintergrund ist das Thema Berechtigungen innerhalb eines SAP Solution Manager-Systems besonders sensibel.

Die Standardrollen, die von SAP ausgeliefert werden, sind eine sehr gute Grundlage für die Implementierung des SAP Solution Managers. Sie enthalten jedoch aus unserer Sicht einige kritische Berechtigungen, sodass wir in der Regel Kopien der Standardrollen erstellt haben, um Sie an unsere Bedürfnisse anzupassen.

Eine besondere Herausforderung bei der Entwicklung eines tragfähigen Berechtigungskonzeptes bestand darin, die Organisationsstruktur und die vorhandenen Prozesse der Munich Re durch die Anpassung der SAP-Standardrollen abzubilden. Die IT von Munich Re ist nach so genannten Services strukturiert. So existiert z. B. je ein Service der sich primär um die Basisadministration kümmert, den Applikationsbetrieb sicherstellt, Entwicklungen umsetzt oder dezidierte Tests durchführt.

schiedlich und können beispielsweise darin bestehen, Funktionen in angebundenen Systemen über RFC-Verbindungen auszuführen.

Die für ein Szenario relevanten Benutzer sowie die benötigten Berechtigungen können im *Security Guide for SAP Solution Manager 7.1* nachgelesen werden. Hier ist für jedes Szenario ein eigenes Kapitel im szenariospezifischen Teil vorgesehen. Eine grafische Darstellung der Kommunikationsverbindungen sowie der technischen Benutzer, die diese Verbindungen nutzen, ist jeder Szenariobeschreibung vorangestellt.

Neben diesen technischen Benutzern sind für manche Szenarien auch Dialogbenutzer notwendig, um spezielle Aktionen auf den verwalteten Systemen durchführen zu können. Diese Dialogbenutzer benötigen Rollen für den funktionalen Zugriff. Die folgenden Szenarien erfordern Berechtigungen auf den verwalteten Systemen, um die vollständige Funktionsweise zu garantieren:

- Maintenance Optimizer
- Einführung/Upgrade
- Assistent zur Lösungsdokumentation
- Testmanagement
- Business Process Change Analyzer
- Jobverwaltung
- Technische Verwaltung
- Betrieb von Geschäftsprozessen
- Verwaltung von Änderungsanträgen
- Quality Gate Management

Die in diesen Fällen benötigten Berechtigungen in den verwalteten Systemen können sehr unterschiedlich ausfallen und sind daher nicht in den Dokumentationen für Berechtigungen im SAP Solution Manager enthalten. Beispielsweise müssen Sie für das Szenario Maintenance Optimizer einem Benutzer die Berechtigungen zuweisen, um den Support Package Manager (Transaktion SPAM) nutzen zu können. Erst dadurch können Sie heruntergeladene Support Package Stacks implementieren.

12.3.4 Work-Center-Rollen im SAP Solution Manager

Work-Center-Rollen sind im SAP Solution Manager jene Rollen, die Ihnen Zugriff auf die unterschiedlichen Work Center ermöglichen. Dabei kann man

Ein optimales Berechtigunsgkonzept steht immer im Spannungsfeld zwischen individueller Rollenkonzeption und der Übernahme von Standardrollen. Bei der Planung eines Berechtigungskonzeptes muss daher stets zwischen den Vor- und Nachteilen des jeweiligen Ansatzes abgewogen werden.

Umsetzung des Berechtigungskonzepts

In unserem Fall haben wir unser bestehendes SAP Solution Manager-Berechtigungskonzept im Zuge unseres Upgrade-Projektes auf den SAP Solution Manger 7.1 überarbeitet und neu strukturiert. Wir folgen nun einem modularen Ansatz, bei dem unseren fachlichen IT-Servicerollen bestimmte Einzel- oder Sammelrollen zugeordnet werden. Zur Visualisierung haben wir eine SoD-Matrix erstellt, die einzelne Verantwortlichkeiten konzeptionell klar voneinander abgrenzt.

Durch die Modularisierung können wir szenariospezifische Rollen des SAP Solution Managers über organisatorische Grenzen hinweg administrieren, um gezielt auf notwendige Anpassungen reagieren zu können, die durch Veränderungen des Softwarestandes hervorgerufen werden. Darüber hinaus erhöht der modulare Ansatz unsere Flexibilität und erlaubt uns, schneller auf organisatorische Veränderungen in unserem Berechtigungskonzept reagieren zu können.

Die Rollen werden mithilfe eines eigenen Werkzeugs für das Identity und Access Management (IAM) verteilt. Dafür werden in der IAM-eigenen Datenbank die benötigten Rollen und die dazugehörigen Genehmiger registriert. Beantragt ein Benutzer über das IAM-Webfrontend eine Rolle, so wird zunächst der Genehmigungs-Workflow gestartet. Wird die Anfrage genehmigt, weist das IAM-Werkzeug dem Benutzer die beantragte Rolle zu. Für bestimmte Services kann eine so genannte *Business-Rolle* bestellt werden, die sämtliche für den jeweiligen Service benötigten Einzel- und Sammelrollen umfasst.

Durch diesen Workflow kann das umständliche und zeitraubende Beantragen von einzelnen Rollen entfallen. Aufgrund unserer Erfahrungen im SAP Solution Manager Upgrade-Projekt können wir anderen SAP-Kunden nur empfehlen, Kopien der SAP-Standardrollen zu verwenden und nach Möglichkeit auf Anpassungen zu verzichten.

12.7 Weitere Dokumentationen

Links

- Berechtigungen von S-Benutzern ermitteln: *http://service.sap.com/user-admin/*
- Security Guide for SAP Solution Manager 7.1: *http://service.sap.com/instguides* und dort unter SAP Components • SAP Solution Manager • Release <Current Release> • Operations • Security Guide <Current Release>
- SAP Software Developer Network (SDN): Wiki SMAUTH *http://wiki.sdn.sap.com/wiki/display/SMAUTH/Home*

SAP-Hinweise

Im Zusammenhang mit dem Berechtigungswesen im SAP Solution Manager kann der SAP-Hinweis 1572183 (Berechtigungen für SAP Solution Manager-RFC-Benutzer) nützlich sein.

A Literaturverzeichnis

Anderhub, Vital: *Service Level Management – der ITIL-Prozess mit dem SAP Solution Manager*. 2. aktual. u. erw. Aufl. Bonn: SAP PRESS 2011.

Banner, Marcus; Klein, Heinzpeter; Riesener, Christian: *Praxisleitfaden SAP NetWeaver PI – Administration*. 2. aktual. u. erw. Aufl. Bonn: SAP PRESS 2009.

Beims, Martin: *IT-Service Management in der Praxis mit ITIL3. Zielfindung, Methoden, Realisierung*. München: Hanser 2009.

Bock, Wolfgang; Macek, Günter; Oberndorfer, Thomas; Pumsenberger, Robert: *ITIL. Zertifizierung nach BS 15000/ISO 20000*. Bonn: Galileo Press 2006.

Föse, Frank; Hagemann, Sigrid; Will, Liane: *SAP NetWeaver AS ABAP – Systemadministration*. 4. aktual. u. erw. Aufl. Bonn: SAP PRESS 2011.

Faustmann, André; Klein, Gunnar; Siegling, André; Zimmermann, Ronny: *SAP NetWeaver AS Java – Systemadministration*. Bonn: SAP PRESS 2009.

Kasturi, Rajeev: *SAP R/3 ALE & EDI Technologies*. New York: McGraw Hill 1999.

Kessler, Torsten; Hügens, Torben; Drexler, Frank; Abdel Hadi, Mohamed: *Reporting mit SAP NetWeaver BW und SAP BusinessObjects. Das umfassende Handbuch*. Bonn: SAP PRESS 2012.

Kösegi, Armin; Nerding, Rainer: *SAP Änderungs- und Transportmanagement*. 4. aktual. u. erw. Aufl. Bonn: SAP PPRESS 2013.

SAP AG: *Onlinedokumentation Release SAP NetWeaver 7.3*. In: *http://help.sap.com*.

SAP AG: *Installationsleitfaden SAP NetWeaver 7.3*. In: *http://service.sap.com/instguides*.

SAP AG: *SAPinst Troubleshooting Guide V1.20*. In: *http://service.sap.com/sapinst*.

SAP AG: *Leitfaden Sprachimport*. In: *http://service.sap.com/instguides*.

SAP AG: *Leitfaden zur Installation der Online-Hilfe*. In: *http://service.sap.com/instguides*.

SAP AG: *Security Guides Bd. I-III.* In: *http://service.sap.com/securityguides.*

Schäfer, Marc O.; Melich, Matthias: *SAP Solution Manager.* 3. aktual. u. erw. Aufl. Bonn: SAP PRESS 2011.

Schneider, Thomas: *SAP-Performanceoptimierung. Analyse und Tuning von SAP-Systemen.* 6. aktual. u. erw. Aufl. Bonn: SAP PRESS 2010.

Schreckenbach, Sebastian: *Praxishandbuch SAP-Administration.* Bonn: SAP PRESS 2010.

Stefani, Helmut: *Datenarchivierung mit SAP.* 2. aktual. u. erw. Aufl. Bonn: SAP PRESS 2007.

Sternberg, Torsten; Friedrich, Matthias: *IT-Service-Management mit dem SAP Solution Manager.* Bonn: SAP PRESS 2013.

B Glossar

ABAP Advanced Business Application Programming. Programmiersprache des SAP-Systems für die Entwicklung von Anwendungsprogrammen.

ACID-Prinzip Beschreibt die gewünschten Eigenschaft der Verarbeitung von Informationen in einem Datenbankmanagementsystem (DBMS). Dabei steht im deutschen das ACID für folgende Eigenschaften: Atomarität, Konsistenz, Isoliertheit und Dauerhaftigkeit, weshalb sich in deutschen Publikationen der Informatik teilweise auch die Abkürzung AKID finden lässt.

Adaptive Computing Controller (ACC) SAP Adaptive Computing Controller (ACC) basiert auf der J2EE-Engine des SAP NetWeaver AS und versetzt Administratoren in die Lage, die gesamte Landschaft von einem einzigen Punkt aus zu steuern.

Applikationsserver (AS) Synonym: Anwendungsserver. Rechner, auf dem sich mindestens eine SAP-Instanz befindet.

Button Element der grafischen Benutzeroberfläche (→ Graphical User Interface (GUI)). Ein Einfachklick auf einen Button führt die Funktion aus, die mit dieser Taste verbunden ist. Buttons lassen sich nicht nur mit der Maus, sondern auch über die Tastatur auslösen. Dazu wird der Tastencursor auf den betreffenden Button gesetzt und die Enter-Taste oder ENTER-Drucktaste gedrückt. Buttons können Text und/oder grafische Symbole enthalten.

CA Wily Introscope Byte Code Adapter Der CA Wily Introscope Byte Code Adapter wird im Zusammenhang mit dem CA Wily Introscope Enterprise Manager eingesetzt, um Performancedaten zu sammeln und zu speichern.

CA Wily Introscope Enterprise Manager Eigenständige Serverkomponente zur Sammlung von Applikationsinformationen von Komponenten ohne eine ABAP-Basis. Durch die vollständige Integration in den SAP Solution Manager können die Informationen für die Überwachung und Auswertungsszenarien genutzt werden.

CCDB → Konfigurations- und Änderungsdatenbank

Common Information Model (CIM) Standard für das Management von IT-Systemen, der von der Distributed Management Task Force (DMTF) entwickelt und verabschiedet wurde. Durch ihn soll es vor allem verteilten Anwendungen möglich sein, eine einheitliche anbieter- und plattformunabhängige Managementschnittstelle zur Verfügung zu stellen.

Computing Center Management System (CCMS) Werkzeug zur Überwachung, Steuerung und Konfiguration des SAP-Systems. Mit dem Computing Center Management System werden 24-Stunden-Systemverwaltungsfunktionen unterstützt. Sie können die Systemlast analysieren und verteilen sowie den Ressourcenbedarf der verschiedenen Systemkomponenten überwachen.

Datenbank Eine Datenbank umfasst Dateien, die zur permanenten Datenspeicherung auf der Festplatte nötig sind, und eine oder mehrere Datenbankinstanzen. Jedes SAP-System besitzt nur eine Datenbank.

Dialog-Workprozess SAP-Workprozess zur Bearbeitung von Benutzeranforderungen, die im Dialog arbeiten.

Dispatcher Koordinierender Prozess der Workprozesse einer Instanz.

Distributed Management Task Force (DMTF) Die Distributed Management Task Force ist eine Normungsorganisation, bestehend aus Unternehmensmitgliedern der IT-Industrie. Sie ist in Arbeitsgruppen organisiert, die zu gleichen Anteilen aus Herstellern und Anwendern bestehen, um die Entwicklung, Anpassung und Interoperabilität von Standards für das Systemmanagement und Initiativen für die Koordination des Systemmanagements in Unternehmens- und Internetumgebungen zu koordinieren (siehe dazu auch *www.dmtf.org*).

Data Provider Connector (DPC) Der Data Provider Connector ist für die Übermittlung von Monitoring-Daten in die Monitoring- und Alerting-Infrastruktur (MAI) zuständig. Die benötigten Informationen können über einen Push- oder Pull-Mechanismus übermittelt werden; es werden verschiedene Datenquellen wie das lokale → CCMS, SAP NetWeaver-Management-Agenten oder CA Wily Introscope unterstützt.

Extraktor-Framework (EFWK) Das Extraktor-Framework in der Datenbeschaffungsschicht des SAP Solution Managers wird eingesetzt, um Daten aus angeschlossenen Systemen aktiv einzusammeln (Pull-Mechanismus) oder entgegenzunehmen (Push-Mechanismus) und dann schlussendlich im Business Warehouse des SAP Solution Managers zu speichern.

Endanwender-PC »Im Allgemeinen ein Computer oder eine Verarbeitungseinheit, die Daten produziert und manipuliert, bevor sie ein anderer Prozessor empfängt.« (Computer Fachlexikon, Microsoft Press).

End-to-End-Methodik Die End-to-End-Methodik beschreibt eine Sammlung mehrerer aufeinander abgestimmter Vorgehensweisen, bei denen verschiedene Werkzeuge aus der SAP Solution Manager-Infrastruktur zum Einsatz kommen, um eine Ursachenanalyse durchzuführen, betrachtet vom Endanwender-PC bis hin zum Backend.

Feature Package (FP) Für den SAP Solution Manager werden neue Funktionalitäten mittels spezieller → Support Packages ausgeliefert, den Feature Packages. Feature Packages werden genauso gehandhabt wie Support Packages, sie enthalten jedoch durchaus neue Funktionalitäten, die Einfluss auf bestehende Prozesse nehmen können. Das Einspielen von Feature Packages sollte daher entsprechend sorgfälig geplant werden.

Graphical User Interface (GUI) Grafische Benutzeroberfläche: Medium, über das der Benutzer Informationen mit dem Computer austauschen kann. Mit der Benutzeroberfläche können Sie Befehle auswählen, Programme starten, Dateien anzeigen und andere Optionen durchführen, indem Sie Funktionstasten drücken bzw. → Buttons anklicken, Menüoptionen auswählen und Icons mit der Maus anklicken.

Hintergrundverarbeitung Background-Verarbeitung. Verarbeitung, die nicht am Bildschirm im Dialog abläuft. Bei diesem Verfahren werden Daten im Hintergrund verarbeitet, während andere Funktionen parallel dazu am Bildschirm ausgeführt werden können. Obwohl die Prozesse bei der Hintergrundverarbeitung nicht sichtbar für den Benutzer und ohne seine direkte Einflussnahme ablaufen (es gibt keine Dialogmöglichkeit), haben sie dieselbe Priorität wie Onlineprozesse.

Hochverfügbarkeit (HA) Eigenschaft eines Service oder eines Systems, für einen Großteil der Zeit im Produktivbetrieb zu bleiben. Hochverfügbarkeit für ein SAP-System bedeutet, dass ungeplante und geplante Ausfallzeiten auf ein Minimum reduziert werden. Hierfür ist eine gute Systemverwaltung entscheidend. Eine Senkung der ungeplanten Ausfallzeiten kann durch vorbeugende Hardware- und Softwarelösungen erreicht werden, deren Ziel es ist, Single Points of Failure in den Services zu reduzieren, die das SAP-System unterstützen. Eine Senkung der geplanten Ausfallzeiten kann durch eine optimale Einplanung notwendiger Wartungsaktivitäten erreicht werden.

HTML Hypertext Markup Language. Plattformunabhänige Sprache zur Erstellung von Text- und Grafikseiten im Internet.

HTTP Hypertext Transfer Protocol. Protokoll zur Übertragung von Daten zwischen einem Webserver und dem Webclient.

IMG Implementation Guide. Werkzeug zur kundenspezifischen Anpassung des SAP-Systems. Der Einführungsleitfaden enthält für jede Anwendungskomponente:

- alle Schritte für die Einführung des SAP-Systems
- alle Standardeinstellungen und alle Aktivitäten zur Konfiguration des SAP-Systems

Die hierarchische Struktur des IMGs bildet die Struktur der SAP-Anwendungskomponenten ab und listet alle für die Implementierung des SAP-Systems relevanten Dokumentationen auf.

Instanz SAP-Instanz. Administrative Einheit, in der Prozesse eines SAP-Systems zusammengefasst werden, die einen oder mehrere Dienste anbieten.

Folgende Dienste können von einer SAP-Instanz bereitgestellt werden:

- D: Dialog
- V: Verbuchung
- E: SAP-Sperrverwaltung (Enqueue)
- B: Hintergrundverarbeitung (Background)
- S: Druckaufbereitung (Spool)
- G: SAP-Gateway

Eine SAP-Instanz besteht aus einem → Dispatcher und einem oder mehreren Workprozessen für jeden der einzelnen Dienste und aus einem gemeinsamen Satz von SAP-Puffern im Shared Memory.

Der Dispatcher verwaltet Verarbeitungsanforderungen; Workprozesse führen diese aus. Jede Instanz stellt mindestens einen Dialogdienst und ein Gateway zur Verfügung. Wahlweise kann der Dispatcher weitere Dienste bereitstellen. Es darf allerdings nur eine Instanz vorhanden sein, die den Dienst der SAP-Sperrverwaltung bereitstellt.

ITS Internet Transaction ServerSchnittstelle zwischen dem SAP-System und einem Webserver zur Erzeugung von dynamischen HTML-Seiten.

IT-Service-Management (ITSM) Framework zur Verwaltung von IT-Systemen, das sich auf die Qualität der für den Kunden erbrachten Serviceleistungen konzentriert.

Job Scheduling Management (JSM) Ist ein konzeptioneller Ansatz und beschreibt die Gesamtheit von Methoden, Maßnahmen, Werkzeugen und Verantwortlichkeiten für ein optimales Management von Jobs. Job Scheduling Management betrachtet alle Aspekte einer Jobausführung: den Jobantrag (als Änderung am System), die Jobdokumentation und -überwachung sowie die Automatisierung und ständige Optimierung von Jobs.

Konfigurations- und Änderungsdatenbank (CCDB) Sammlung von Tabellen und Schnittstellen, um Änderungen in der technischen Konfiguration verwalteter Systeme nachzuvollziehen. Dazu wird Solution Manager Diagnostics als verwaltendes System verwendet.

Landscape Management Database (LMDB) Landschaftsdatenbank, die im SAP Solution Manager 7.1 eingeführt wurde. Sie stellt zentral alle Informationen eine Systemlandschaft betreffend dar.

Mandant Eine für sich handelsrechtlich, organisatorisch und datentechnisch abgeschlossene Einheit innerhalb eines SAP-Systems mit getrennten Stammsätzen innerhalb einer Tabelle.

Maintenance Optimizer (MOPZ) Ein Szenario innerhalb des SAP Solution Managers, das durch den Vorgang für die Planung, das Herunterladen und die Implementierung von SAP Support Packages und Patches leitet und die Installation sowie das Einbinden von Enhancement Packages in ein Upgrade für SAP-Produkte unterstützt.

Manager of Managers (MoM) Ein CA Wily Introscope Enterprise Manager hat begrenzte Kapazitäten. In besonders großen und komplexen Landschaften bedient man sich daher oft eines MoMs. Bereits installierte CA Wily Introscope Enterprise Manager können somit als Knoten in den Manager of Managers aufgenommen werden.

Monitoring- und Alerting-Infrastruktur (MAI) Infrastruktur zur technischen Überwachung und automatisierten Alarmierung von technischen Komponenten im SAP Solution Manager.

SAP NetWeaver Business Client (NWBC) Desktopbasierte Integrationsplattform von SAP, die die verschiedensten Applikationen präsentieren kann.

Operating System (OS) Betriebssystem einer Server- oder Computereinheit. Verwaltung von Ressourcen und Zugriffen auf diese.

Performance Systemdurchsatz, Durchsatz, Leistung, Maß für die Leistungsfähigkeit eines EDV-Systems.

Plug-in-Komponente Plug-in-Komponenten sind als Add-ons realisiert. Sie liefern anwendungsunabhängige Funktionalität, die von anderen Komponenten genutzt wird.

Pop-up-Fenster Bildschirmfenster, das von einem Primärfenster aus aufgerufen und in diesem eingeblendet wird.

Port Bezeichnung für den Kanal, über den das SAP-System mit einem externen System Daten elektronisch austauscht.

POWL Generische Designvorlage, mit der Sie zur Laufzeit einen persönlichen Arbeitsvorrat (Personal Object Worklist = POWL) anzeigen können. POWL-Komponenten werden mit der Web-Dynpro-Komponente `FPM_POWL_UIBB` implementiert (= POWL-UIBB).

Push-Mechanismus Informationen werden automatisch von der entfernten Komponente an eine zentrale, verarbeitende Instanz geschickt. Zu diesem Zweck existiert im SAP Solution Manager die Diagnostics-Agenten-Infrastruktur, die Informationen in periodischen Abständen an den SAP Solution Manager übermittelt.

Pull-Mechanismums Informationen werden im Gegensatz zum → Push-Mechanismums von der verarbeitenden Instanz angefordert und von der entfernten Komponente eingesammelt.

RFC (Remote Function Call) RFC ist ein SAP-Schnittstellenprotokoll, das auf CPI-C beruht. Damit wird die Programmierung von Kommunikationsabläufen zwischen Systemen wesentlich vereinfacht. Mit RFCs können vordefinierte Funktionen auf einem entfernten System oder innerhalb desselben Systems aufgerufen und ausgeführt werden. RFCs übernehmen die Kommunikationssteuerung, die Parameterübergabe und die Fehlerbehandlung.

SAP Central Process Scheduling (SAP CPS) by Redwood Ein in SAP NetWeaver integriertes Softwareprodukt für die Jobautomatisierung in heterogenen Landschaften. Mit SAP CPS by Redwood werden komplexe Jobausführungsstrukturen (Jobketten) abgebildet und automatisch ausgeführt.

SAP GUI SAP Graphical User Interface. (→ Graphical User Interface)

SAProuter Softwaremodul, das als Teil eines Firewall-Systems funktioniert und die Netzwerkverbindungen zwischen Ihrem SAP-Netz und der Außenwelt (zum Beispiel SAP-Net-Verbindung) kontrolliert und steuert.

SAP Management Console (SAP MMC) Universales Framework für zentralisiertes Systemmanagement, Monitoring und Kontrolle. Die SAP Management Console ist ein Java-Applet, das aus jedem Webbrowser gestartet werden kann, der Java unterstützt. Sie kann somit verwendet werden, um Remote-Systeme zu verwalten, ohne dass sie zuvor lokal installiert werden muss.

SCS-Instanz AS Java-Instanz eines SAP-Systems, die den Enqueue-Server und den Message-Server enthält (SCS = SAP Central Services). Diese Instanz ist im Java-Cluster genau einmal vorhanden und kann als Single Point of Failure (SPOF) hochverfügbar (→ Hochverfügbarkeit (HA)) gemacht werden.

Server Der Begriff Server ist im SAP-Umfeld mehrdeutig und sollte daher nur dann verwendet werden, wenn absolut klar ist, ob damit eine logische Einheit, wie zum Beispiel eine SAP-Instanz, oder eine physische Einheit, wie ein Rechner, gemeint ist.

SID SAP System Identifier. Platzhalter für den dreistelligen Namen eines SAP-Systems.

Single Sign-on (SSO) Mechanismus, durch den der Benutzer nicht mehr für jedes System, an dem er sich anmeldet, ein Kennwort eingeben muss. Mit dem Single Sign-on weist sich der Benutzer nur einmal aus und kann sich danach an allen Systemen anmelden, die Teil der SSO-Umgebung sind.

Simple Object Access Protocol (SOAP) Simple Object Access Protocol ist ein XML-basiertes Protokoll für den Informationsaustausch in einer dezentralen, verteilten Umgebung. Folgende Elemente werden durch eine SOAP-Spezifikation definiert:

- ein Verarbeitungsmodell für Nachrichten
- ein Envelope (»Umschlag«) für den Austausch von XML-Dokumenten
- die Fehlerbehandlung
- die Verwendung eines Transportprotokolls (zum Beispiel HTTP)
- ein Verschlüsselungsschema für Datentypen

Support Package Von SAP ausgelieferte Sammlung von Korrekturen zu einem definierten Releasestand einer SAP-Komponente.

Systemlandschaft Konkrete, beim Kunden installierte Systemkonstellation. Die Systemlandschaft beschreibt die benötigten Systeme und Mandanten und deren Bedeutung sowie die Transportwege für den Einführungs- und Wartungsprozess. Als Methoden und Techniken stehen hier insbesondere das Kopieren eines Mandanten und das Transportsystem im Vordergrund. Die Systemlandschaft könnte zum Beispiel aus einem Entwicklungssystem, einem Testsystem, einem Konsolidierungssystem und einem Produktivsystem bestehen.

System Landscape Directory (SLD) Zentrale Infrastrukturkomponente, die die Informationen über die eingesetzten Systeme und die verwendeten Versionen sowie Support-Package-Stände etc. über die Systemlandschaft sammelt und verwaltet.

Transaktionscode Folge von alphanumerischen Zeichen, die eine → Transaktion im SAP-System benennt.

Transaktion Datenbanktransaktion: Operationseinheit auf der Datenbank, die die → ACID-Prinzipien erfüllt.

URL Uniform Resource Locator. Adresse im Internet

XML eXtensible Markup Language. Eine Spezifikation des W3C. XML ist eine schlanke Version von SGML, die speziell für Webdokumente entwickelt wurde. Sie ermöglicht die Erzeugung eigener Tags zur Bereitstellung von Funktionen, die mit → HTML nicht implementiert werden können. So unterstützt XML beispielsweise Links auf mehrere Dokumente, im Gegensatz zu HTML-Links, die jeweils nur ein Dokument referenzieren können. XML hat sich als Standard für den Datenaustausch durchgesetzt. Im SAP-Umfeld wird XML sowohl für den Datenaustausch mit externen Systemen als auch (seit Basis-Release 6.10) als Beschreibungssprache in den Konfigurationsdateien bei der Installation genutzt.

C Autoren

Corina Weidmann ist Wirtschaftsinformatikerin und begann nach ihrem Studium 2000 bei der SAP SI AG in Dresden als SAP Service Consultant. In dieser Zeit sammelte sie umfangreiche Erfahrungen in der Analyse und Bewertung von Performanceanfragen für SAP R/3- und SAP SCM-Systeme. Es folgte eine Spezialisierung auf das technische Monitoring im Systembetrieb und Geschäftsprozess-Monitoring mithilfe des SAP Solution Managers in nationalen und internationalen Projekten im Auftrag der SAP AG. Seit 2008 ist sie Geschäftsführerin der Bautzen IT.Group GmbH & Co. KG in Dresden und verantwortet unter anderem den Fachbereich Application Lifecycle Management mit dem SAP Solution Manager. Sie können Corina Weidmann unter folgender E-Mail-Adresse kontaktieren: *corina.weidmann@bautzen-it.de*.

Bevor **Liane Will** sich mit der SAP-Systemadministration und dem SAP Solution Manager beschäftigt hat, war sie in den Bereichen Datenbankberatung und Support tätig. Heute arbeitet sie als Chief Service Architect im Active Global Support der SAP AG. Dort leitet sie ein Team zur Implementierung und Optimierung des Application Lifecycle Managements und des technischen Betriebs auf Basis des SAP Solution Managers. Die dafür notwendigen Erfahrungen sammelte sie in Kundenprojekten. Liane Will ist auch Autorin des SAP-PRESS-Buchs *SAP NetWeaver AS ABAP – Systemadministration* (2011). Sie können Liane Will unter folgender E-Mail-Adresse kontaktieren: *liane.will@sap.com*.

Lars Teuber arbeitet seit 2008 als Berater für SAP-Basis-Themen bei der Bautzen IT.Group GmbH & Co. KG in Dresden. Er ist Diplom-Wirtschaftsinformatiker und Ingenieur der Daten- und Informationstechnik. Seit 2005 betreut er sowohl Projekte der technischen Systemüberwachung als auch SAP Solution Manager-Einführungs- und Upgrade-Projekte. Erste Erfahrungen konnte er bereits mit den Vorgängerversionen des SAP Solution Managers 3.2 und 4.0 sammeln. Der Schwerpunkt seiner Expertisen liegt auf der weltweiten Beratung und Optimierung der basisseitigen Betreuung von SAP-Systemlandschaften. Sie können Lars Teuber unter folgender E-Mail-Adresse kontaktieren: *Lars.Teuber@bautzen-it.de.*

Alexander Poplawski arbeitet als Berater bei der Bautzen IT.Group GmbH & Co. KG in Dresden. Sein Studium der Wirtschaftsinformatik an der Fachhochschule Reutlingen hat er mit dem Bachelor of Science abgeschlossen. Bereits während des Studiums sammelte er erste Erfahrungen mit dem SAP Solution Manager 7.0 und der Geschäftsprozessüberwachung. Seit 2010 ist er in zahlreichen nationalen und internationalen Projekten im Rahmen von SAP Solution Manager-Implementierungen involviert. Seine Themenschwerpunkte sind neben der technischen Implementierung von Systemüberwachungs- und Berichtswerkzeugen auch die konzeptionelle Erarbeitung von Optimierungsansätzen im technischen Betrieb von Systemlandschaften.

Erik Dietzel ist bei der SAP AG im Bereich des Active Global Supports angestellt. Der Schwerpunkt seiner Expertisen liegt auf dem basisseitigen Betrieb von SAP-Systemlandschaften mit dem SAP Solution Manager. Nach seinem Studium, das er als Diplom-Wirtschaftsinformatiker abgeschlossen hat, sammelte er im Support wertvolle Erfahrungen im Bereich der SAP-Performanceanalyse und -optimierung. Seit 2006 unterstützt er weltweit SAP-Kunden in Einführungs- und Upgrade-

Projekten des SAP Solution Managers. Später machte er sich das SAP-Sicherheits- und Berechtigungskonzept sowie die technische Systemüberwachung im SAP Solution Manager zur Aufgabe und betreut heute auch in diesem Bereich zahlreiche Kunden.

Dr. Vital Anderhub studierte Informatik an der Technischen Universität Berlin. Anschließend arbeitete er als wissenschaftlicher Mitarbeiter an der Humboldt-Universität in Berlin und promovierte dort im Fach Volkswirtschaftslehre. Seit 2000 ist er als Senior Support Consultant im Active Global Support der SAP AG beschäftigt. Er hat Analysen des Systembetriebs bei mehreren namhaften SAP-Kunden durchgeführt und außerdem die SAP-Schulung »Systemadministration mit dem SAP Solution Manager« konzipiert.

Max Dummer arbeitet bei der Bautzen IT.Group GmbH & Co. KG in Dresden und ist Diplom-Wirtschaftsinformatiker. Sein Fokus liegt auf der Betreuung von Kunden in den Bereichen Lösungsdokumentation, Geschäftsprozessüberwachung und Application Lifecycle Management. In diesen Bereichen unterstützt er weltweit SAP-Kunden in Einführungs- und Upgrade-Projekten des SAP Solution Managers 7.0 und 7.1.

Diplom-Wirtschaftsinformatiker **Axel Schulze** ist Berater bei der Bautzen IT.Group GmbH & Co. KG für die Themen Lösungsdokumentation und -implementierung. Im Vorlagenmanagement betreut er Kunden bei der Steuerung von globalen Roll-out-Projekten. Zudem berät er weltweit Unternehmen beim Aufbau einer Dokumentation ihrer Geschäftsprozesse und Systeme mit dem SAP Solution Manager.

Dominique Noth arbeitet bei der SAP AG in Walldorf. Er ist Diplom-Wirtschaftsinformatiker. Von 2006 bis 2011 war er als Berater in verschiedenen SAP Solution Manager-Projekten tätig. Seit 2011 ist er im Produktmanagement des SAP Solution Managers für die Management Dashboards zuständig. Zu seinen Aufgaben zählen unter anderem die Weiterentwicklung der Management Dashboards sowie der weltweite Roll-out bei den Kunden.

Daniel Rudolph studierte Wirtschaftsinformatik an der Berufsakademie Dresden und arbeitet seit 2011 als Berater bei der Bautzen IT.Group GmbH & Co. KG. Für nationale und internationale Kunden ist er als Berater und Trainer für die Themen Basisarbeit und Berechtigungsverwaltung mit dem SAP Solution Manager tätig. In diesem Kontext unterstützt er Kunden insbesondere bei der Planung und Etablierung von Berechtigungskonzepten.

Dr. Heinz-Ludwig Wolter promovierte im Fach Physik an der Technischen Universität Hannover. Er arbeitet seit 1998 als Senior Support Engineer im Active Global Support für die SAP AG. Seit 2001 ist er als Referent für den SAP Solution Manager sowohl für die SAP Education als auch vor Ort für SAP Premium Engagement-Kunden tätig. Zu seinen Kursen gehören die SAP-Schulungen »Ursachenanalyse mit dem SAP Solution Manager« und »Change Control Management«. Er ist verantwortlich für Entwicklung und Lieferung von Expert Guides Implementation Services für die Bereiche »Custom Code Management« und »Solution Manager Roadmap Design Service«.

Florian Schmidt studierte Wirtschaftsinformatik und ist seit 2007 im SAP-Umfeld tätig. Seit 2011 arbeitet er als Berater für die Bautzen IT.Group GmbH & Co. KG in Dresden. Seitdem unterstützt er nationale und internationale Kunden in Upgrade-Projekten sowie bei der Einrichtung des SAP Solution Managers. Auf Applikationsebene beschäftigt er sich schwerpunktmäßig mit den Themen Ursachenanalyse und Systemüberwachung für verschiedene Satellitensysteme.

Ferry Treuter ist Diplom-Ingenieur für Kommunikationstechnik. Seit 2005 ist er als Berater für die SAP AG in unterschiedlichen Bereichen tätig und verfügt über Erfahrung in der Integration und im Betrieb von SAP-Systemen. In den ersten beiden Jahren war er international im Bereich Performanceoptimierung für SAP ERP- und SAP Enterprise Portal-Systeme tätig. Seit 2008 arbeitet er im Bereich Application Lifecycle Management und kümmert sich als Berater um die Integration von Szenarien im SAP Solution Manager. Seine Kernthemen sind das Job Scheduling Management, Datenvolumenmanagement und die Geschäftsprozessüberwachung. Neben der Prozessbetrachtung und der Implementierung der genannten Szenarien in Systemlandschaften internationaler Kunden arbeitet Ferry Treuter in der Serviceentwicklung und gibt Schulungen.

Torsten Sternberg ist Diplom-Ökonom und Diplom-Kaufmann und begann seine Karriere 2005 bei der SAP Systems Integration AG in Dresden. Dort war er in nationalen und internationalen Projekten als Trainer und Berater für die Themen Service Desk und Change-Request-Management zuständig. Seit 2008 arbeitet Torsten Sternberg bei der Bautzen IT.Group GmbH & Co. KG und betreut dort die Themen IT-Service-Management und Software-Change-Management. Als Teamleiter ist er zudem für die Organisation von Beratungsleistungen rund um die Themen IT-Service-Management und Change-Request-Management verantwortlich. Darüber hinaus fungiert er als Projektleiter und Trainer für diese Themen. Sie können Torsten Sternberg unter folgender E-Mail-Adresse kontaktieren: *torsten.sternberg@bautzen-it.de*.

Thomas Hoefer arbeitet bei der Bautzen IT.Group GmbH & Co. KG in Dresden. Erste Erfahrungen im Umgang mit dem SAP Solution Manager sammelte er während seiner Tätigkeit bei SAP Ltd. in Dublin, Irland. Seit 2012 ist er in zahlreichen nationalen und internationalen Projekten im Rahmen von SAP Solution Manager-Implementierungen involviert. Seine Themenschwerpunkte sind neben der technischen Implementierung von Systemüberwachungswerkzeugen auch die konzeptionelle Erarbeitung von Optimierungsansätzen im technischen Betrieb von Systemlandschaften.

Oliver Lutz betreut seit 1997 sowohl Projekte im Bereich SAP-Upgrades, Unicode-Konvertierungen, der technischen Systemüberwachung sowie verschiedene SAP Solution Manager-Monitoring-Projekte. Seit 2002 ist er als Freiberufler im SAP-Basis-Umfeld tätig. Erste Erfahrung konnte er bereits mit den Vorgängerversionen des SAP Solution Managers 3.x/4.0 sammeln. Sein Aufgabengebiet liegt in der weltweiten Analyse, Beratung und Optimierung von SAP-Basis-Systemlandschaften. Zudem entwickelt Oliver Lutz als technischer Berater Expert Guided Implementation-Schulungen für die SAP. Sie können Oliver Lutz unter folgender E-Mail-Adresse kontaktieren: *ol@oliver-lutz.de*.

Erich Weirich ist Diplom-Mathematiker und entwickelt als freiberuflicher technischer Berater Expert Guided Implementation-Schulungen für die SAP. Im SAP-Basis-Umfeld ist er seit 1994 aktiv. Seit Release 3.2 des SAP Solution Managers hat er diesen bei einer Reihe von Unternehmen für die technische Überwachung komplexer Landschaften eingesetzt. Neben den technischen Aspekten liegt sein Schwerpunkt auf maßgeschneiderten IT-Service-Management-Prozessen und der Projektmethodik. Sie können Erich Weirich unter folgender E-Mail-Adresse kontaktieren: *erich.weirich@weirich-it-consulting.de*.

Index

A

B

C

D

E

F

G

H

I

J

K

L

M

N

O

P

Q

R

S

T

U

V

W

X

Z